최고운 문학 정신의 현상과 계승

지은이

이구의 李九義

1958년 경상북도 의성 출생.
영남대학교 국어국문학과를 졸업하고, 동 대학원에서 박사학위를 받았다. 현재 경북대학교 한문학과 명예교수이다.
『고려조 한시 연구』(문화관광부 우수학술도서), 『신라 한문학 연구』(대한민국학술원 우수학술도서), 『최고운 문학 연구』(대한민국학술원 우수학술도서), 『조선시대 시인과 시정신』(4권) 외 50권의 단독·공동 저·역서를 출간하였고 140여 편의 논문을 발표하였다.

경북대학교 학술총서 22

최고운 문학 정신의 현상과 계승

초판 1쇄 2025년 1월 31일 · **초판 2쇄** 2025년 12월 13일
지은이 이구의 · **펴낸이** 허영우 · **펴낸 곳** 경북대학교출판부
출판등록 1973년 10월 10일 ㉣97호 · **주소** 대구광역시 북구 대학로 80 · **전화** 053-950-3830
팩스 053-953-4692 · **이메일** press@knu.ac.kr · **홈페이지** www.knupress.com
ISBN 978-89-7180-650-0 93810

정가는 뒤표지에 있습니다. 파본은 바꾸어 드립니다.

이 저서는 〈2024년 경북대학교 학술총서 집필 및 출간지원사업〉의 재원으로 출간되었습니다.

최고운 문학 정신의 현상과 계승

이구의 지음

경북대학교출판부

서문

이 책은 필자의 신라 시대 연구서로서는 네 번째, 최고운(崔孤雲) 연구서로서는 세 번째로 간행되는 책이다. 1995년에 『최고운의 삶과 문학』, 2002년에 『신라 한문학연구』, 2005년에 『최고운 문학연구』가 나왔다. 학부 2학년 여름 방학, 내 나이 21살 때 지도교수님이신 윤영옥 선생님의 권유로 신라 시대와 최고운과 인연을 맺은 지 어언 46년이라는 세월이 지났다. 선생님께서 돌아가신 지 15년이 지났고, 나도 정년을 코앞에 두고 있다. 내가 최고운을 만난 것이 숙명인 것 같기도 하다.

학부 1학년 때 E. H. Carr의 『역사란 무엇인가(What is history)』라는 책을 읽은 적이 있다. 이 책에서 Carr는 "역사란 과거와 현재의 작용(Action)과 반작용(Reaction)"이라 하였다. 그때부터 도대체 작용은 무엇이고, 반작용은 무엇인가 하고 혼자서 되뇌곤 하였다. 또 역사와 문학은 어떤 상관성이 있는가, 문학은 무엇이고 철학은 무엇인가를 고민하였다. 이 고민에서 벗어나기 위하여 학부 때는 철학과에서 개설하는 과목 가운데 한국철학과 동양철학 관련 과목, 중문과에서는 중국 문학 관련 과목 모두를 선택하여 중국 문학의 기본지식을 얻을 수 있었다. 세월이 지나고 나니 학부 시절 수강한 과목들이 내가 공부하는 데 많은 도움이 되었다.

언제부터인가 나는 문학 작품 안에 숨어 있는 작가 또는 자아(自我)의 지향(志向)이 무엇인가를 고민하기 시작하였다. 같은 시대 또는 같은 지역에서 태어난 사람들도 그 지향이 다를 수 있다. 한 어머니 뱃속에서 태어난 형제도 성격이나 모습이 다르다. 이는 각자 추구하는 방향이 다르기 때문이다.

이 책의 내용은 크게 3부로 나뉘어 있다. 제1부 '최고운 문학 정신의 현상'에서는 지금까지 연구된 바 없는 최고운 작품을 통하여 그의 지향이 무엇인가를 논의하였다. 첫 번째는 '다문화 시점에서 본 최고운'이라 하여, 요즈음 사회 문제가 되는 디아스포라 문학의 입장에서 최고운의 문학을 논의하였다. 두 번째는 '최고운 문학과 시대정신'이라 하여, 그가 당대에 어떠한 정신으로 삶을 추구하였는가를 고찰하였다. 세 번째는 '최고운 시문에 나타난 장안'이라 하여, 그의 작품에 나타난 장안의 의미를 논의하였다. 그의 시에서 장안은 단순히 당나라 서울의 의미가 아니며 장안의 의미를 구체적으로 밝힐 필요가 있기 때문이다. 네 번째는 '최고운 문학에 나타난 풍류 정신'을 논의하였다. 풍류는 신라의 정신을 논할 때 뺄 수 없는 용어이기 때문이다. 다섯 번째는 최고운의 불교 작품에 나타난 그의 지향을 논의하였다. 먼저 그가 지은 불교 관련 작품을 표로 제시하고, 그 의미를 찾아내었다. 이어서 불교 작품에 나타난 그의 지향의식을 고찰하였다.

제2부 '최고운 문학 정신의 계승'에서는 크게 7장으로 나누어 최고운의

문학 정신이 현재까지 어떤 모습으로 계승하고 있는가를 고찰하였다. 첫 번째는 최고운의 삶과 문학 작품을 인문 자원으로 어떻게 활용하여야 하는가에 대하여 논의하였다. 두 번째는 그의 의식이 후대에 어떤 모습으로 전승되었는가를 고찰하였다. 그 대상으로 고려 시대 최해(崔瀣)를 택하였다. 세 번째는 최고운의 문학 창작 현장과 유적이 어디에 어떤 모습으로 남아 있는가를 고찰하였다. 그 현상을 표로 정리하였으며, 필자 나름대로 그 의미를 부여하였다. 이 장에 등장하는 창작 현장과 유적은 필자가 발품을 팔아 직접 답사한 결과를 정리한 것이다. 네 번째는 충남 지역의 최고운 문학 창작 현장과 유적을 논의하였다. 이 장에서는 충남 지역에 분포한 최고운 문학의 창작 현장과 유적을 직접 답사하고, 유적지 안내판에 보이는 문제점을 지적하고, 그 개선 방안을 제시하였다. 다섯 번째는 함양 학사루 음영 시에 나타난 최고운의 모습을 살펴보았다. 이 장에서는 최고운이 천령군(天嶺郡), 곧 지금의 함양 태수를 하면서 누각에 올랐다 하여 이름 붙인 학사루 음영 시에 나타난 후대인들의 최고운에 대한 견해를 논의하였다. 여섯 번째 '농산정 음영 시와 최고운'에서는, 합천 가야산에 있는 농산정을 후대 사람들이 어떻게 묘사하였는가를 고찰하였다. 이 장에서는 두 부분으로 나누어 농산정 현판에 걸린 시와 문헌에 실린 시를 구분하여 논의하였다. 일곱 번째 '가야산 음영 시와 최고운 형상'에서는 최고운 이후 후대 사람들이 합천 가야산을 어떻게 묘사하였는가를 고찰하였다.

제3부는 부록으로, 최고운이 살았던 남북국 시대에 북쪽의 발해 시인들의 시와 시 가운데 나타난 시정신(詩精神)을 논의하였다. 첫 번째는 부사(副使)로 일본에 간 양태사(楊泰師)의 시를 논의하였다. 아울러, 양태사 전

후 발해와 일본의 관계, 사신의 교환 등을 필자의 안목으로 고찰하였다. 두 번째는 정사(正使)로 일본에 가서 외교 활동을 한 왕효렴(王孝廉)의 작품과 그를 수행한 석인정(釋仁貞)·석정소(釋貞素)의 작품을 들어, 그들의 작품 속에 녹아 있는 정신을 논의하였다. 세 번째는 발해의 유민으로 원나라에서 살았던 왕정균(王庭筠)의 시에 나타난 자아와 외물을 고찰하였다. 그의 작품을 통하여, 그가 살았을 때 시와 그림의 상관성, 시에 나타난 외물의 형상과 그 의미를 분석하여 왕정균의 정신 영역을 찾아내었다.

지금은 국제화·세계화 시대이다. 민족이나 나라, 그 나라의 문학 또는 문화의 최종 목표는 그 문학 또는 문화의 세계화이다. 문학 또는 문화의 세계화는 하루아침에 오지 않는다. 세계화하기 이전에 우리 문화가 자립하여야 한다. 예술이나 체육 분야는 어느 정도 세계화를 이루고 있다. 앞으로는 우리 문학 또는 우리의 정신이 세계화하여야 한다. 문화 자립은 그 구성원의 정신이 바로 서야 가능하다. 우리 정신이 보편화·일반화하지 않으면, 우리 문화·문학은 세계화할 수 없다. 우리 정신의 보편화 또는 일반화는 인문주의 실현에서 나온다. 이 인문주의의 실현이 인문학자들의 최종 목표여야 한다.

학문한다고 흉내 내면서 살아온 세월이 많이도 지났다. 하지만 그동안 이룬 것은 크게 드러나지 않는다. 나는 학부 때부터 여러 선생님의 은혜를 입었다. 그 가운데 모산(慕山) 심재완(沈載完), 정여(靜如) 윤영옥(尹榮玉) 선생님의 영향이 크다. 모산 선생님은 내가 학부 2학년 7월부터 대학원을 마칠 때까지 4년 반 동안 당신의 연구실에서 글공부하도록 배려하여 주셨다. 정여 선생님은 학부 2학년부터 박사학위를 받을 때까지 최고운을 연구하도록 지도하여 주셨다. 그 덕택에 나는 학부 논문부터 석사, 박사 논문 주제를 모두 최고운으로 정할 수 있었다. 두 분께서 이 세상을 떠나신 지 10년이 더 지났다. 오늘따라 두 선생님의 모습이 마치 살아 계시는 듯 눈앞에 아른거린다.

이제 한 학기만 지나면 나도 교단을 떠나게 된다. 고등학교 교사로, 대학 강사·교수로 살아온 지가 올해 40년째이다. 퇴직 후 자유의 몸이 되면, 그동안 하지 못한 연구를 하려 한다. 끝으로 이 책의 출판을 맡아 주신 경북대학교출판부 관계자 여러분께 고마운 마음을 전하며, 강호 제현의 질정을 바란다.

2024년 10월 20일

아양정사(峨洋精舍)에서 필자 씀

목차

제2부 최고운 문학 정신의 계승 175

제1부

최고운 문학 정신의 현상

제1장

다문화 시점에서 본 최고운

1. 외국 유학과 다문화

다문화(多文化), 곧 디아스포라(Diaspora)라는 말은 '흩어진 사람들'이라는 뜻으로, 본래 팔레스타인을 떠나 온 세계에 흩어져 살면서 유대교의 규범과 생활 관습을 유지하는 유대인을 이르던 말이다. 우리나라 사람이 외국에 나가 우리나라의 규범과 관습을 유지했다는 기록은 삼국시대로 거슬러 올라간다. 그 대표적인 사람으로 김법민(金法敏)[1]과 김인문(金仁問)[2]을 들 수 있다. 이 두 사람은 신라 제29대 임금인 태종무열왕의 아들로 제28대 진덕여왕 때 당나라에 볼모로 잡혀 있었다. 아쉽게도 이들의 작품은

1 김법민(金法敏, ?~681)은 신라 제30대 임금인 문무왕(재위 661~681)의 이름이다. 그는 태종무열왕의 원자이다. 어머니는 소판(蘇判) 김서현(金舒玄)의 작은딸이자, 김유신(金庾信)의 누이인 문명황후(文明王后)이다. 비(妃)는 자의황후(慈儀王后)로 파진찬(波珍飡) 선품(善品)의 딸이다. 법민은 영특하고 총명해 지략(智略)이 많았다. 진덕여왕 때 고구려와 백제의 압력에 대항하기 위해 당나라까지 가서 외교 활동을 하였다. 부왕 태종무열왕 때 파진찬으로서 병부령을 역임하였으며 얼마 뒤 태자로 책봉되었다. 660년(태종무열왕 7) 태종무열왕과 당나라의 소정방(蘇定方)이 연합해 백제를 정벌할 때 법민도 종군해 큰 공을 세웠다.

2 김인문(金仁問, 662~694. 4. 29.)은 신라의 왕족이자 문무왕 때의 장군이면서 정치가이고, 태종무열왕의 둘째 아들이며 문무왕의 친동생이다. 자는 인수(仁壽)이다. 신라의 삼국통일에 참여하여 활동하였으며 당나라에 사신으로 다녀오기도 하였다. 보령 성주사지 「낭혜화상탑비(朗慧和尙塔碑)」에 의하면 그의 작위는 임해공(臨海公)이다.

남아 있는 것이 없다.

또 한 사람은 설요(薛瑤, ?~693)이다. 신라 사람으로서 당(唐) 고종 때 당나라에 건너가서 좌무장군(左武將軍)을 지낸 설승충(薛承沖)의 딸이다. 어려서부터 얼굴이 고와서 소호(小號)를 선자(仙子)라 하였다고 한다. 그녀는 15세 때 아버지를 여의고 낙망한 나머지 불교에 귀의하려고 출가하였으나 6년이 지나도록 뜻을 이루지 못하고, 마침내 고시체(古詩體)로 「반속요(返俗謠)」를 지어 불계를 버리고 환속하였다. 그 뒤 시인인 곽진(郭震)의 첩이 되어 여생을 보내다가 당나라 통천현(通泉縣) 관사에서 죽었다. 그녀가 지은 「반속요」는 중국의 남방 문학을 수용한 최초의 작품이 된다. 지역별로 중국의 문학을 남방 문학과 북방 문학으로 나눈다. 남방 문학의 대표적 작품이 『초사(楚辭)』이고, 북방 문학의 대표적 작품이 『시경(詩經)』이다. 우리가 알고 있듯이 『초사』는 한 구의 길이가 길다. 3, 4언(言)도 있으나 대부분 8언 이상이다. 「반속요」는,

化雲心兮思淑貞	구름 같은 마음 맑고 곧음 생각하고
洞寂滅兮不見人	산골짝의 적막 인적을 볼 수가 없네.
瑤草芳兮思芬蒕	꽃다운 봄풀이여, 향기로움 생각하니,
將奈何兮是靑春	장차 어찌하리, 아까운 이내 청춘을.

이라 하여 한 구가 7자로 구성되어 있고, 그 중간에 허사(虛辭)인 '혜(兮)'[3] 자가 들어가 있다. 이에 반하여 『시경』은 한 구절이 4언을 기본으로 하고 있

3 북방 문학이라도 시(詩)가 아닌 가(歌)에는'혜(兮)' 자가 들어간 작품이 있다. 기자가 지은 「맥수가(麥秀歌)」와 기자의 백성이 지었다는 「지덕가(至德歌)」가 그것이다. 이 두 작품을 차례로 들어 보면 다음과 같다.

다.『시경』에 가장 먼저 나오는 주남(周南)「관저(關雎)」[4] 편 제1장을 보면,

關關雎鳩	꽈악꽈악 우는 물수리,
在河之洲	하수의 모래섬에 있네.
窈窕淑女	얌전하고 고운 아가씨,
君子好逑	군자의 좋은 짝이라네.

라 하고 있다. 우리나라 한시(漢詩)는 북방문학인『시경』체를 먼저 수용하였다. 이는 삼국시대 북쪽에 자리 잡은 고구려에서 중국의 북방 문학을 받아들였기 때문이다. 그 예로 작자 미상의「인삼찬(人蔘贊)」[5]이 있다.

설요의 뒤를 이어, 승려인 김지장(金地藏, 696~793)과 혜초(慧超, 704~787)를 들 수 있다. 김지장(金地藏)은 신라의 왕자로 당나라 숙종(肅宗) 때에 중국 구화산(九華山)에 은거하면서 두 수의 시를 지었다. 김지장이 오용지(吳

「맥수가(麥秀歌)」[기자(箕子)]

麥秀漸漸兮	보리 이삭은 점점 자라고,
禾黍油油	벼와 기장 무성도 하여라.
彼狡童兮	저 교활(狡猾)한 아이는,
不與我好兮	나와는 사이가 좋지 않네.

「지덕가(至德歌)」(기자 조선의 백성)

河水潑潑兮	하수가 콸콸 흘러가니,
曷維其極兮	어찌 다함이 있으리오.
日月休光兮	해와 달의 좋은 빛은,
維后之懿德兮	우리 임금의 어진 덕이라네.

4 『詩經集傳』卷1.

5 시의 내용을 들어 보면 다음과 같다.

三椏五葉	세 갈래 줄기 다섯 잎사귀,
背陽向陰	양지 등지고 음지로 자라.
欲來求我	나를 찾으러 오고 싶거든,
檟樹相尋	피나무 아래를 찾아보시오.

用之)에게 지어 주었다는 「쌀을 준 데 대한 보답으로[酬惠米]」[6]라는 시가 『전당시속보유(全唐詩續補遺)』에 실려 있는데, 그 내용을 먼저 들고 논의를 계속하기로 한다.

棄却金鑾衲布衣	비단옷을 버리고 무명옷으로 갈아입고,
修身浮海到華西	바다 건너 도 닦으러 구화산에 왔다네.
原身自是皇太子	본디 이내 몸은 황태자(皇太子)였나니,
慕道相逢吳用之	수행 길에서 사모하는 오용지를 만났네.
未敢叩門求地語	가르침 주는 것만으로도 고맙기만 한데,
昨叨送米續晨炊	어제는 이렇게 쌀까지 찧어 보내 주셨네.
而今飧食黃精飯	좋은 쌀로 밥 지어 배부르게 먹고 나니,
腹飽忘思前日飢	지난날의 배고픔도 모두 다 잊어버렸네.

이 시는 『가정지주부지(嘉靖池州府志)』 권9에 실려 있다. 이 시는 「송동자하산」 시보다 그 시기가 앞선다고 할 수 있다. 「송동자하산」 시가 수행의 만년기라면, 이 시를 지은 시기는 수행의 초기나 중기라고 할 수 있다.

수련(首聯)과 함련(頷聯)에서, 시인 자신의 신분과 수행 길에 오용지를 만난 일을 묘사하고 있다. 수련에서 시인이 속세에 있을 때의 신분은 비단옷을 입을 수 있을 정도였음을 알 수 있다. 비단옷은 관리나 아니면 신분이 높은 집안에서 입는다. 일반 서민들은 비단옷을 입지 못한다. 따라서 여기서 알 수 있는 것은 시인이 일반 서민의 신분은 아니라는 것이다.

수련의 대구(對句)를 보면, 시인은 단지 중국의 어느 지역에서 구화산으로 온 것이 아님을 알 수 있다. 바다를 건너왔다고 하였으니, 이는 바로 외

6 童養年 輯錄, 『全唐詩續補遺』 [附錄], 陳尙君 輯校 『全唐詩補編』 上(北京: 中華書局, 1992). 559쪽.

국에서 온 것이다. 곧 신라에서 중국의 구화산으로 왔다. 그가 중국의 구화산으로 온 목적은 불도를 닦기 위함이다. 신라 시대 많은 승려가 그렇게 하였듯이 김지장도 바다를 건너 불도를 닦기 위해 중국의 구화산, 곧 현재 안휘성(安徽省) 서부 양현에 있는 산으로 왔다.

구화산은 중국 4대 명산 가운데 하나이다. 이 산에는 99봉(峯) 18경(景)이 있다. 불교가 한창 번성할 때는 사찰과 암자가 무려 105개였고, 승려 수가 3천이나 되었다 한다. 구화산에는 수많은 사찰이 구름 가운데 산재해 있다. 이 구화산에 불교가 터전을 잡은 시기는 남북조 때이다. 남조의 양무제 천감 2년(503)에 복호라는 승려가 사보암이라는 곳에 복호암을 세워 수행하였다. 개원·천보 연간(713~755)에는 김교각이 출가하여 승려가 되었다. 그는 바다를 건너 구화산에 이르러 수행하였으며, 동애봉의 바위 굴에서 지냈다. 이에 많은 신도가 감동하였으며, 그 지방의 유지 제갈절 등이 추렴하여 김교각 스님을 위해 절을 지었다.

건중 2년(781) 지주 태수 장암주가 조정에 청하여 화성(化城)이라는 편액을 받았다. 김교각 스님이 입적할 때는 산이 울고 골짜기가 떨어졌으며, 뭇 새들이 슬피 울었고, 땅에는 불빛[火光]이 솟구쳤다고 한다. 시신은 3년이 지나도 생시와 다름없어 스님들은 지장보살로 여겼고, 육신탑(肉身塔)을 세워 이를 기렸다고 한다. 이때부터 구화산은 지장보살 도량(道場)을 이루었고 많은 사람이 구화산을 찾았다.

함련에서, 그 자신이 왕자였지만 불도를 수행하는 길에 오용지를 만났다고 하였다. 오용지는 구체적으로 어떤 인물인지 알 수 없다. 그러나 이 시를 통해서 볼 때 오용지는 김지장에게 불도를 전수하였으며, 가끔 그에게 음식물을 제공하였다. 경련(頸聯)에서 구체적으로 나타난다. 가르침을 주는 것만으로도 고마운 일인데, 어제는 쌀까지 찧어 보내 주었다는 말이 있기 때문이다. 함련과 경련 두 연을 보면 자아, 곧 시인은 비록 과거에는 왕자의 신분으로 부족함이 없었지만, 현재는 끼니를 걱정해야 할 형편이 되었음을 알 수 있다. 그만큼 스스로 고행하고 있다. 이는 마치 석가가 왕자의 신분으로 고행하여 불도를 깨달은 것과 비슷하다.

미련(尾聯)에서 보면, 자아는 우선 밥으로 배를 채웠다. 우리 속담에 금강산도 식후경이라는 말이 있듯이, 인간에게 가장 중요한 것은 의식주이다. 그 가운데 가장 급한 것이 '식(食)'이다. 옷이나 잠자리는 그래도 다른 것, 또는 다른 곳으로 대치할 수 있으나 먹는 것은 다른 것으로 대치할 수 없다. 무엇이든 먹어야 한다. 그렇지 않으면 생명을 이을 수 없다.

앞에서도 들었지만, 전설에 김지장은 흰 흙으로 밥을 지어 먹었다고 한다. 이는 두 가지 의미를 내포하고 있다고 할 수 있다. 하나는 김지장의 능력이 일반 사람과는 다르다는 것, 곧 초인적인 능력을 갖추었다는 것이다. 다른 하나는 수도할 당시 김지장은 그만큼 궁핍하였다는 것이다. 인간은 곤궁한 가운데 성공을 이룬다. 물론 부귀하다 해서 성공하지 못하리라는 법은 없다. 그러나 어려움을 이기고 마침내 자신의 목표를 달성하는 것이 무엇보다도 값지다. 어려운 가운데서 다른 사람이 한 번 하면 자신은 백 번 하고, 다른 사람이 열 번 하면 자신은 천 번 한다면 이루지 못할 일이 없다.

김지장은 귀한 신분을 가지고 있었지만, 자기 스스로 고행의 길을 가서 마침내 불도를 깨달았다. 이 시는 그가 불도를 깨닫기 전에 지은 것 같다. 곧, 다음의 「송동자하산」 시보다 앞서 지었다. 「송동자하산」 시가 김지장이 늙어 어느 정도 불도를 깨우친 뒤에 지은 것이라면, 이 시는 김지장이 불도를 수행하는 과정에 지은 것이라 하겠다. 『전당시』를 보면, "김지장은 신라의 왕자인데, 지덕 초에 바다를 건너와서 구화산에서 살았다. 시 한 수가 있다."[7]라고 하면서 「동자가 산을 내려감을 전송함[送童子下山]」을 싣고 있다. 그 원문을 들면 다음과 같다.

空門寂寞汝思家	쓸쓸한 절간에서 너는 집을 생각해,
禮別雲房下九華	산사를 하직하고 구화산을 내려가네.
愛向竹欄騎竹馬	대나무 난간에서 말 타기를 좋아하였고,
懶於金地聚金沙	땅에 앉아 금모래 모으기에 게을렀지.
添瓶澗底休招月	시냇물로 병 채우려 달 부르지 마라,
烹茗甌中罷弄花	차 달이는 다기 장난 그만두곤 하였지.
好去不須頻下淚	잘 가거라 부디 눈물은 흘리지 말고,
老僧相伴有煙霞	늙은 나야 자연을 벗 삼으면 되느니라.

이 시는 이미 많은 사람이 언급하였다. 일일이 다 거론할 수 없지만, 국문학사나 한문학사, 그리고 한시전집(漢詩全集)에 대부분 실려 있다. 그러나 구체적으로 분석한 곳은 없다. 앞에서도 말하였듯이, 김지장이 남긴 두 수의 시 가운데 이 시는 위의 「수혜미」보다 그 시기가 뒤이다. 이 시는 김지장이 어느 정도 불도를 터득하고, 또 삶이 무엇인가를 깨닫고 나서 지었다.

옛날 자신이 고뇌에 싸였듯이, 불도를 익히고자 절을 찾아 수행하고 있던 동자승이 절에서의 생활을 청산하고 산에서 내려간다. 동자승의 몸은 비록 산속에 있지만, 마음은 항상 자기 고향에 가 있었다. 여느 어린이들처럼 동자승도 산에 들어오기 전에 즐겼던 놀이를 생각한다. 그 가운데서

---

7 "金智藏, 新羅國王子, 至德初, 航海居九華山, 詩一首." 『全唐詩』 卷808, 宏業書局 影印本(下), 1982. 再版, 2282쪽 下段.

도 대나무 말을 타는 것을 그리워하는 것이다. 마음이 언제나 다른 곳에 있으니, 절에서 불경을 읽든, 아니면 외우든 간에 온통 관심이 없다. 함련의 대구(對句)에서 금지에서 금모래를 모으는 데 게을렀다고 하였으니까. 여기서 금지는 말할 것도 없이 절을 가리키고, 금모래는 바로 불도를 가리킨다.

절이 싫어 동자승이 절을 내려가는데, 노승인 김지장은 그 동자승에게 부탁한다. 자신은 자연을 벗하며 자연과 함께 살아가겠으니, 너무 아쉬워 말라는 것이다. 비록 고향이 그리워 머물던 절을 떠나는 동자승이지만, 그래도 한편으로는 서로의 이별이 아쉬워 눈물을 흘린다. 이를 바라보는 노승은 불가의 색즉시공, 공즉시색(色卽是空, 空卽是色)이나, 일체유심조(一切唯心造)와 같은 말을 모두 터득한 상태이다. 그러니 슬퍼하거나 기뻐하는 경지를 이미 넘었다. 그는 동자승이 떠나면서 눈물을 흘리자 그를 달래며 전송하고 있다. 자신은 노을과 안개, 곧 자연을 벗하며 살아가겠으니 너무 걱정하지 말고 가라고 한다.

형식적으로 보면, 「수혜미」는 율시에 가까운 고시이며, 「송동자하산」 시는 율시이다. 한시의 발전 단계로 봐도 「수혜미」가 먼저 나왔음을 알 수 있다. 현존하는 신라의 시 가운데 율시로서는 「송동자하산」이 처음이다. 그뿐만 아니라 그는 승려로서 불도를 터득하여 구화산에서 지장보살로 화신(化身)하였다. 이 점을 미루어 보면, 김지장이 비록 두 수의 시만 남겼지만, 그의 문학은 어느 정도 디아스포라 문학에 가깝다고 하겠다.

혜초는 통일신라 시대의 승려이다. 그도 오늘날 인도 땅인 다섯 천축국(天竺國)을 다녀와 여행기 『왕오천축국전(往五天竺國傳)』을 남겼다. 혜초가 인도를 여행하였을 때 그의 나이는 20에서 21살 사이로 인도에 오래 머물지 않았기 때문에 이를 디아스포라 문학이라 보기는 어렵다.

2. 최고운과 다문화적 삶

우리가 잘 알고 있듯이, 최고운은 한 시대를 풍미한 사상가요, 뛰어난 문인이었다. 그는 우리나라뿐만 아니라 중원 천하에까지 그 이름을 날린 분이다. 또 이전까지 우리 문학의 수준을 한 단계 더 끌어올린 분이라고 할 수 있다. 이 점에 대해서는 그 누구도 이의를 제기할 수 없다.

그는 태어났을 때부터 육두품으로서 성골이나 진골들에 비해 엄청난 신분의 제약이 있었다. 고운의 아버지 최견일(崔肩逸)은 이러한 제약에서 벗어나고자 자기 아들을 당나라로 조기 유학 보낸다. 그때가 신라 경문왕 8년으로 서기로는 868년, 그의 나이 12살 때였다. 그가 당나라에 건너간 때부터 다문화 생활, 곧 디아스포라의 삶이 시작된다. 그 당시 그의 아버지는 육두품 중에는 가장 높은 직위에 있었으나 법제적으로 그 이상의 신분 상승은 할 수 없었다. 따라서 과거에 급제하면 누구나 높은 관직에 오를 수 있는 당나라로 어린 고운(孤雲)을 보냈다. 떠나보내는 아버지와 떠나는 아들의 심정이 애타기만 하였다. 그러나 고운의 아버지 최견일은 겉으로는 아들에게 엄하였다. 10년 안에 과거에 합격하지 못하면 내 아들이 아니라며 사랑하는 아들에게 벅찬 요구를 하였다. 이에 고운은 아버지의 말을 듣고, 남들이 한 번 만에 하는 일을 자신은 백 번 하고, 남들이 열 번 하는 일을 자신은 천 번 할 만큼 노력하였다. 다음 글을 보면 그 정황을 알 수 있다.

> 신은 나이 12세에 집을 나와 중국으로 건너갔는데, 배를 타고 떠날 즈음에 돌아가신 아버지께서 훈계하기를 "앞으로 10년 안에 진사(進士)에 급제하지 못하면 나의 아들이라고 말하지 마라. 나도 아들을 두었다고 말하지 않을 것이다. 가서 부지런히 공부에 힘을 기울여라."라고 하였습니다.

> 신이 엄한 가르침을 가슴에 새겨 감히 잊을 겨를이 없이 상투를 천장에 매달고 바늘로 무릎을 찌르며 아버지 뜻을 받들려고 노력하였습니다. 그리하여 실제 남들이 한 번 하면 저는 백 번, 남들이 열 번 하면 저는 천 번 하는 노력[8]을 기울인 끝에 중국의 문물을 구경한 지 6년 만에 과거 급제자 명단인 금방(金榜)의 끝에 이름을 걸게 되었습니다.[9]

그는 자신의 학문에 대한 노력을 『예기』, 지금은 『중용』에 나오는 글을 용사(用事)하여 표현하고 있다. 이 글의 핵심은 성(誠)이다. 정성을 들여 박학(博學)·심문(審問)·신사(愼思)·명변(明辯)·독행(篤行)하여 잘하지 못하면 그만두지 말아야[不能不措] 한다. 이렇게 하여야 무엇을 이룰 수 있다.

그의 급제는 남다른 노력의 결과임을 알 수 있다. 우선 다른 나라에서 생활하기 위하여 한어(漢語)의 습득이 필요하였다. 그의 목표는 과거 급제였기에 경서를 탐독하고 시부(詩賦)를 익혔다.[10] 아버지의 절박함이 고스란히 전해졌는지 고운은 당나라 사람들도 어렵다는 과거(빈공 진사)에 6년 만에 급제하였다. 낯선 곳에서 낯선 이들과 낯선 언어로 생활하면서 그가 얼마나 노력하였을지 짐작할 수 있다. 또 그가 얼마나 총명하였는지도 알 수 있다.

고운은 학문에 정진하여 그의 나이 18살 되던 해(874, 경문왕 4, 甲午)에

---

8 '인백기천(人百己千)'이라는 구절을 대부분 연구자는 '남이 백 번 하면 자신은 천 번 한다.'는 말로 풀이하였다. 그러나 이 구절은, 최고운이 『중용』의 구절을 용사(用事)하여 자신의 노력과 성공을 서술하였다는 사실을 알아야 한다. 『중용』에는, "남이 한 번에 잘할 수 있는 일이면 나는 백 번을 할 것이며, 남이 열 번에 잘할 수 있는 일이면 나는 천 번을 할 것이다.[人一能之, 己百之. 人十能之, 己千之.]"라는 말이 나온다.

9 "臣自年十二, 離家西泛, 當乘桴之際, 亡父誡之曰, 十年不第進士, 則勿謂吾兒, 吾亦不謂有兒, 往矣勤哉, 無隳乃力. 臣佩服嚴訓, 不敢弭忘, 懸刺無遑, 冀諧養志, 實得人百之己千之, 觀光六年, 金名榜尾." 崔致遠, 『桂苑筆耕集』, 「序文」.

10 崔致遠, 『桂苑筆耕集』 卷17, 「再獻啓」에, "譯殊方之語言, 學聖代之章句."라는 구(句)가 있다.

예부시랑(禮部侍郞) 배찬(裵贊)의 검시하(檢試下)에서 단번에 합격한다. 그때 처음으로 선주(宣州) 율수현위(溧水縣尉)가 되었다. 그리고 2년여 후 21살을 전후한 나이에 현위직(縣尉職)을 그만두고 박학굉사과(博學宏辭科)를 준비하려 종남산(終南山)으로 들어간다.

최고운은 당나라에 가서 그곳에서 외국인을 위하여 마련한 빈공진사과(賓貢進士科)에 합격하였다. 당나라가 외국인을 위하여 빈공과(賓貢科)를 설치한 것은 이민족에 대한 무차별 정책과 중국 위주의 과거를 통하여 그들의 신분을 상승시키려는 자발적인 노력의 단면이다. 하지만 그것은 어디까지나 형식적인 노력에 불과하였다.[11]

그는 외로움이 사무쳤다. 그가 이방인이라 당나라에서 자신의 마음을 헤아려 줄 사람이 없었다. 이때 그의 심정을 읊은 시가 「접시꽃[蜀葵花]」[12]이다. 그 내용을 들어 보면 다음과 같다.

寂寞荒田側	적막하여라 묵정밭 가까운 곳에서,
繁花壓柔枝	여린 가지 무겁게 다닥다닥 핀 꽃.
香經梅雨歇	향기는 매우(梅雨) 지나면 시들고,
影帶麥風欹	그림자는 맥풍(麥風)에 비스듬해.
車馬誰見賞	수레나 말 타신 분 누가 감상하리,
蜂蝶徒相窺	그저 벌과 나비만 찾아볼 뿐이네.
自慙生地賤	천한 곳에 태어나 스스로 부끄러워,
堪恨人棄遺	남들에 버림받아도 참고 지내네.

11 李慧淳, 「新羅末賓貢諸子의 詩에 관하여」, 『韓國漢文學研究』 제7집, 韓國漢文學研究會, 1984, 3쪽.

12 崔致遠, 『孤雲集』 卷1.

이 시에서 자아[13]는 자신을 접시꽃에 우의(寓意)하고 있다. 수련을 보면, 20대 초반의 최고운이 접시꽃을 보고 현재 자신의 처지와 결부시켰다. 사람들의 발걸음이 드문 적막한 곳, 아무도 관리하지 않은 묵정밭 가에 접시꽃이 다닥다닥 피어 있다. 이 접시꽃이 장소를 가리지 않고 적응하여 자라 꽃을 피웠듯이, 자아 자신도 비록 현실이 어렵지만 잘 적응할 것이란 의지가 내면에 숨어 있다.

함련에 가면, 이 접시꽃이 피는 시기를 자아가 묘사하고 있다. 그 핵심어가 매우(梅雨)와 맥풍(麥風)이다. 매우는 매실이 누렇게 익을 무렵에 내리는 비라는 뜻으로, 초여름부터 시작되는 장맛비를 가리킨다. 맥풍은 보리 익는 계절, 곧 맥추(麥秋)에 불어오는 바람을 말한다. 맥신(麥信)이라고도 한다. 음력으로는 5월이요, 양력으로는 6월경이다. 이 꽃은 꽃가루가 많아서 벌과 곤충이 즐겨 찾는다. 이러한 광경을 자아가 경련에서 묘사하고 있다. 자아는 접시꽃처럼 외진 데서 태어났다. 그가 중국이 아니라 신라에서 태어났기 때문이다. 그러나 그는 자신을 포기하지 않고 마치 벌들이 다닥다닥 붉게 피어 있는 접시꽃을 찾아오듯 언젠가는 사람들이 자기 주위에 모여들 것이라 기대한다. 따라서 미련(尾聯)에 그려냈듯이, 이방인인 자신을 남들이 거들떠보지 않아도 이를 참고 견딘다.

또, 「우강 역정에 붙임[題芋江驛亭]」[14]이라는 시에서도, "산이 곧 평지 되고 물이 또한 말라야, 인간의 이별이 비로소 그치리니.[直得山平兼水渴, 人

---

13 여기서 자아(自我)는, 시 가운데 화자(話者)인 서정적(抒情的) 자아(自我), 곧 persona를 뜻한다. 또 "시는 시인의 뜻을 말한 것[詩言志]"(『書經』, [虞書], 「舜傳」)이라는 말이나, "마음속에 있으면 뜻이 되고, 말로 드러내면 시가 된다.[在心爲志, 發言爲詩.]"(『詩經』, 「大序」)라는 말에서, 시인의 생각과 자아의 생각이 일치하는 것으로 보았다. 필자도 이 견해에 맞추어 시인과 자아를 동일시하였다. 이 책에서 '자아'는 모두 '서정적 자아'를 가리킨다.

14 徐居正 外, 『東文選』 卷19.

間離別始應休.]"라고 하여, 전혀 가능성이 없는 두 사실을 내세워 자신의 심정을 더욱 강조하고 있다. 물론 산이나 물은 그의 심정을 술회하는 데 도움을 주는 보조 대상에 지나지 않는다.

그가 수도 장안에 사는 우신미(于愼微) 장관에게 보낸 시, 「장안의 여관에서 이웃에 사는 우신미 장관에게 줌[長安旅舍與于愼微長官接隣]」[15]에도 이러한 심정이 잘 나타나 있다.

上國羈棲久	상국에서 오래도록 죽치고 있으니,
多慙萬里人	만리타향 나그네 너무도 부끄럽네.
那堪顔氏巷	안씨의 누항 어떻게 견디리오마는,
得接孟家隣	맹가의 이웃에 사는 행운 얻었다오.
守道惟稽古	오직 옛것을 상고하며 도 지키는 분,
交情豈憚貧	사람 사귈 적에 가난하다 꺼리리오.
他鄉少知己	객지라 알아줄 사람이 별로 없으니,
莫厭訪君頻	그대를 자주 찾아간다고 싫어 마오.

이 시의 수련에서는 고운 자신의 처지를 묘사하고 있다. 현재 그는 상국, 곧 당나라에서 아무 일도 하지 않고 있다. 이때 마침 우신미 장관이 이웃에 살고 있음을 알았다. 그는 누추한 시골에 살았던 공자의 제자 안회(顔回)와 같은 안빈낙도의 생활은 엄두도 내지 못하는 범인의 처지이지만, 어렸을 때의 맹자처럼 훌륭한 이웃과 함께 사는 행운을 누리고 있다고 하였다. 곧, 자아가 상대방인 우신미를 한껏 치켜세우고 있다. 『논어』「옹야(雍也)」편에, 공자가 "한 그릇의 밥과 한 바가지의 물로 누추한 시골에서

15 崔致遠, 『孤雲集』 卷1.

사는 것을 다른 사람들은 견디지 못하는데, 안회는 그 즐거움을 한결같이 변치 않으니, 안회는 참으로 어질다."[16]라 칭찬한 말이 나온다. 맹가의 이웃은, 마지막에 학궁(學宮)의 옆으로 이사하였다는 맹모(孟母) 삼천지교(三遷之敎)의 고사를 인용하고 있다.

미련에서, "객지라 알아줄 사람이 별로 없으니, 그대 자주 찾아간다고 싫어하지 마오."라 하여 자신의 외로운 입장을 넌지시 묘사하고 상대방인 우신미 장관의 환심을 사려고 하고 있다. 그 자신이 현실에 적응해 나가기 위하여 자신의 처지를 극복하려 한다. 그 노력의 일단이 이 시에 나타나고 있다. 그는 「뜻을 펴 태위께 올림[陳情上太尉]」[17]이라는 시,

海內誰憐海外人	중국의 누가 이방인을 예뻐하겠소만,
問津何處是通津	어느 곳이 통진인지 나루를 물었지요.
本求食祿非求利	본래 식록 구함 명리를 구함 아니니,
只爲榮親不爲身	어버이 영광 바랄 뿐 나 위함 아니네.
客路離愁江上雨	나그네 길 시름은 강가 빗줄기처럼,
故園歸夢日邊春	어느 봄날 꿈에라도 고향에 돌아갈까.
濟川幸遇恩波廣	내 건너다 다행히 넓은 은혜 물결 만나,
願濯凡纓十載塵	십 년 묵은 갓끈 먼지 씻고 싶습니다.

의 미련(尾聯)에서도 강한 의지를 드러내고 있다. 그 자신이 관직에 나아가고자 하는 의지, 또는 희망을 드러내고 있다. 그가 고변(高駢)[18]에게 보

---

16 "一簞食, 一瓢飮, 在陋巷, 人不堪其憂, 回也, 不改其樂, 賢哉回也." 『論語』 卷8, 「雍也」.

17 崔致遠, 『桂苑筆耕集』 卷20.

18 고변(高駢)에 대해서는 『구당서(舊唐書)』 권19 「희종본기(僖宗本紀)」와 『신당서(新唐書)』 권9 「희종(僖宗)」 조를 보면 그 행적을 알 수 있다.

낸「다시 바치는 계[再獻啓]」에 이러한 정황이 나타난다.

그는 유도(儒道)를 따른다고 하여 그 자신이 유자임을 자처하고 있다. 벼슬길에 나아가서도 세속의 욕심을 차리는 데 급급하지 않고 욕심 없이 자연 가까이 지내고자 하였다. 그는 인간의 출셋길, 곧 요로(要路)와 통진(通津)에는 신경을 쓰지 않고, 아득히 멀리 청산과 녹수, 곧 자기 고향으로 돌아갈 생각만 하였다. 그만큼 고향인 신라를 그리워하며 중국에서 하루하루를 보내었다.

최고운이 요로와 통진, 곧 출세에 관심이 없었던 것은 아니었다. 그는 말직인 선주(宣州) 율수현위(溧水縣尉)를 그만두고 박학굉사과(博學宏辭科)에 응시하기 위하여 3년 동안 종남산(終南山)에서 과거(科擧)를 준비하였다. 그러나 생활이 어려워지자 고변(高駢)에게 자신을 천거해 달라고 부탁하여 관역순관(舘驛巡官)의 직급을 받았다. 그는 고변이라는 사람을 만나고부터 자신의 이름을 드러낼 계기를 마련하였다. 고변에 올린 장계(狀啓)에, "객사에 들기가 원수보다 싫으니, 어디를 가야 생계를 편히 하겠습니까?"[19]라고 하여 자신의 착잡한 심정을 하소연하기도 하였다.

그가 바란 대로 고변은 관역순관의 자리에 그를 앉혔다. 그 뒤 고운의 나이 23살 되던 해(879) 황소(黃巢)의 난이 심해지자 고변은 제도행영도통(諸道行營都統)이라는 관직을 맡았고, 이때 고운은 고변의 서기관이 된다. 그 이듬해(880) 그는 고변의 주천(奏薦)으로 도통순관(都統巡官) 승무랑(承務郞) 전중시어사(殿中侍御史) 내공봉(內供奉)에 임명되고, 비은어대(緋銀魚

---

19 "蹋壁冥搜, 杜門寂坐, 席冷而窓風擺雪, 筆乾而硯水成永 …(中略)… 及其凍枕傷神, 孤燈伴影, 寒漏則滴殘別淚, 遙礀則擣破羈心 …(中略)… 投客舍而方甚死讐, 指何門而欲安生計." 崔致遠,『桂苑筆耕集』卷17,「再獻啓」.

袋)를 하사받았다.[20] 이에 고변에게 7언으로 된 「기덕시(紀德詩)」[21] 30수를 지어 바치기도 하였다. 그 서문의 일부를 들어 보면 다음과 같다.

> 저 같은 사람은 다른 나라에서 건너온 데다 재주도 하품에 속합니다. 그래서 유가에서 덕행을 사모하며 안연(顔淵)이나 염경(冉耕)의 담장을 엿보기는 하였어도, 글 짓는 사람들의 무리에서 우열을 겨루며 조식(曹植)과 유정(劉楨)의 경지에 다가가 도전하지는 못하였습니다. 다만 다행스럽게도 낙국(樂國)에 노닐며 어진 덕의 교화를 접하게 되었기에, 오래전부터 가슴속에 품어 온 정성을 노래로 불러 보려고 하다가, 이번에 공덕을 칭송한 절구 시 30수를 지어서 삼가 별지와 같이 봉해 올리게 되었습니다. …(중략)… 그렇기는 하지만 성인은 격려하는 성의가 깊으시어 교화할 수 없는 사람들이 사는 고장[互鄕]의 동자를 거절하지 않으셨고, 학자들은 세심하게 따지는 뜻이 절실해서 모두 귀곡(鬼谷) 선생에게 의지하였습니다. 삼가 바라건대, 특별히 볼품없는 글솜씨를 용서하시고, 모쪼록 읽어 보시는 은혜를 내려 주셨으면 합니다. 제 소원은 장강 북쪽에서의 어진 교화를 따라 바다 동쪽에 끝내 아름다운 소식을 전하는 것입니다. 겉모습만 보시고 저를 알아주시는 은혜를 입었기에, 지극히 두려운 마음을 금하지 못하겠습니다. 덧붙여 7언으로 된 공덕을 칭송한 시 30수를 삼가 사도 상공에게 바칩니다.[22]

---

20 崔致遠, 『桂苑筆耕集』 卷18, 「辭職狀啓」 第2 참조.

21 기덕시에 들어 있는 시의 제목은, 「兵機」·「筆法」·「性箴」·「雪詠」·「射鵰」·「安化」·「練兵」·「磻溪」·「射虎」·「秦城」·「生祠」·「射鞭」·「安南」·「天威徑」·「岜口徑」·「收城碑」·「執金吾」·「天平」·「釣魚亭」·「相印」·「西川」·「平蠻」·「築城」·「荊南」·「漕運」·「浙西」·「降寇」·「朝上淸」·「陳情」이다.

22 "如某者, 跡自外方, 藝唯下品, 雖儒宮慕善, 每嘗窺顔冉之墻, 而筆陣爭雄, 未得摩曹, 劉之壘, 但以幸遊樂國, 獲睹仁風, 久貯懇誠, 冀伸歌詠, 輒獻紀德絶句詩三十首, 謹封如別. 定王拙舞, 適足自嫌, 嫫母濃粧, 轉爲人笑, 不足贊揚休烈, 翻憂浼黷尊威. 然聖人以激勸誠

앞에서 보듯이 최고운은 자신을 발탁하여 준 고변을 공자에, 자신을 안회(顏回)와 염경(冉耕)에 견주고 있다. 『논어』를 보면, 공자의 제자들을 장점에 따라 네 가지로 분류하여 "덕행에는 안연(顏淵)·민자건(閔子騫)·염백우(冉伯牛)와 중궁(仲弓)이고, 언어에는 재아(宰我)와 자공(子貢)이고, 정사(政事)에는 염유(冉有)와 계로(季路)이고, 문학에는 자유(子游)와 자하(子夏)이다."[23]라고 하였다. 후세에 이를 공문 사과(孔門四科)라고 하였다. 염경(冉耕)은 그의 자(字)인 백우(伯牛)로 더 잘 알려졌다. 그는 공자가 호향(互鄕)[24]동자를 물리치지 않았듯이, 고변도 덕이 있었기 때문에 이방인인 고운 자신을 물리치지 않았다고 한다. 그는 자신을 발탁하여 준 고변이 고맙기만 하였다. 그가 고변(高駢)에게 올린 기덕시 가운데 마지막 작품인 「사정을 진술함[陳情]」[25]에도 그의 심정이 녹아 있다.

또 그는 글을 잘 짓는 문필가(文筆家)의 표본으로 후한 시대 건안(建安)

深, 不間互鄕童子, 學者以揣摩志切, 皆投鬼谷先生. 伏惟特恕荒蕪, 俯垂采覽, 所冀趨仁化於江北, 終得傳美譚於海東. 唐突藻鑑, 下情無任戰慄之至. 謹啓. 附七言紀德詩三十首, 謹獻司徒相公." 崔致遠, 『桂苑筆耕集』 卷17, [啓狀], 「獻詩啓」.

23 "德行顏淵閔子騫冉伯牛仲弓, 言語宰我子貢, 政事冉有季路, 文學子游子夏." 『論語』 卷11, 「先進」.

24 "호향(互鄕) 사람과는 말하기 어려운데 동자가 와서 뵙자, 제자들이 의심스럽게 생각하였다. 공자께서 말씀하시기를, '도에 나오는 것을 인정할 뿐, 물러가는 것은 상관할 일이 아니니, 무엇 때문에 오직 심하게 하겠는가. 사람들이 자기 마음을 깨끗이 하고서 찾아오면 그의 깨끗한 것을 인정할 뿐이요, 그의 과거의 일까지 문제 삼지는 않는다.[互鄕, 難與言. 童子見, 門人惑. 曰與其進也, 不與其退也, 唯何甚. 人潔己以進, 與其潔也, 不保其往也.]'라고 하였다." 『論語』 卷7, 「述而」.

25 그 내용을 들어 보면 다음과 같다.

俗眼難窺氷雪姿	속인의 눈으로 빙설의 자태 뵙기 어려워,
終朝共詠小山詞	아침 내내 소산의 노래를 함께 불렀지요.
此身依托同鷄犬	이 몸이 의지함이 닭이나 개와 같으니,
他日昇天莫棄遺	이다음 높은 자리 오르면 내버리지 마소.

– 崔致遠, 『桂苑筆耕集』 卷17

연간의 시인인 조식(曹植, 192~232)과 유정(劉楨, ?~217)을 들고 있다. 그가 수많은 책을 읽었지만, 가장 많이 읽은 책이 양(梁)나라 소명태자(昭明太子) 소통(蕭統, 501~531)이 엮은 『문선(文選)』이었던 것을 생각하면 이 점을 이해할 수 있다. 곧, 조식과 유정의 작품들이 『문선』에 실려 있다. 『계원필경집』에서는 『문선』의 분류 39가지를 바탕으로 하여 문의 분류를 19가지로 나누고 그 갈래마다 특성을 살려 글을 지었다.[26]

이와 같은 분류는 한국문학 사상 최초의 시도이며 또한 그의 독자적인 분류이다. 문장을 편집할 때도 임의로 한 것이 아니라 양식의 차이, 상대방의 신분이나 일이 일어난 차례를 염두에 두고 편집하였다. 이전까지는 아무도 시도하지 않았던 양식을 분류하였다는 점도 훌륭하지만, 자신의 일정한 법칙을 가지고 엄격하게 체제를 나누었다는 점에서 더 돋보인다. 이런 그의 문 분류는 후대 문인들의 문학 형태나 그 분류의 기준이 되었다. 그의 문 분류는 우리 문학 양식을 확립하는 데 중요한 역할을 하였고, 문학다운 문학이 발생할 수 있었던 계기를 마련하였다.

한편 그는 자기 학문의 태도에 대해서도 밝히고 있는데, 그가 의식적으로 추구하고자 하였던 것은 유학자의 삶이었다. 최고운은 자기 자신을 말할 때 '유자(儒者)', '유인(儒人)'이라는 말을 곧잘 하였다. 또 그 자신이 수행하고 있는 길을 '유도(儒道)'라는 말로 표현하곤 하였다. 이는 신라

26 『문선(文選)』의 39가지 분류는, 부(賦)·시(詩)·소(騷)·칠(七)·조(詔)·책(冊)·영(令)·교(教)·문(文)·표(表)·상서(上書)·계(啓)·탄사(彈事)·전(牋)·주기(奏記)·서(書)·이(移)·격(檄)·난(難)·대문(對問)·설론(設論)·사(辭)·서(序)·송(頌)·찬(贊)·부명(符命)·사론(史論)·사술찬(史述贊)·논(論)·연주(連珠)·잠(箴)·명(銘)·뇌(誄)·애(哀)·비문(碑文)·묘지(墓誌)·행장(行狀)·조문(弔文)·제문(祭文)이다.
『계원필경집(桂苑筆耕集)』의 19가지 분류는, 표(表)·장(狀)·주장(奏狀)·당장(堂狀)·별지(別紙)·서(書)·계(啓)·위곡(委曲)·재사(齋詞)·원(願)·제문(祭文)·격(檄)·비명(碑銘)·찬(贊)·전(傳)·서(序)·거첩(擧牒)·기(記)·소(疏)이다.

중기의 석학 강수(强首)가 한 말과도 서로 통한다고 할 수 있다. 강수는 아버지가 "너는 유학을 할 것이냐, 아니면 불학을 할 것이냐?" 하고 물었을 때, "저는 유학을 공부하겠습니다."라고 하였다. 그도 강수처럼 언제나 유자(儒者)임을 자처하였다. 유학의 근본정신은 다름 아닌 현실주의이다. 그러니 유자임을 자처한 최고운도 현실 세계에 참여하지 않을 수 없었다. 그는 나이 18세에 당나라 빈공과[27]에 급제하여 선주 율수 현위라는 말직을 맡은 지 한 해 만에 박학굉사과(博學宏辭科)로 다시 입신하기 위하여서 그 관직을 사임하게 된다. 다음 글에서 그때 자신의 심정을 서술하고 있다.

> 지금 잠시 한 직위를 내어놓고 박학굉사과로 다시 나아가기를 바라다가 또 벼슬을 그만둘 것을 생각하고는 혼자서 자연 속에서 옛 문헌을 섭렵하였습니다. 날마다 시 짓기를 일과로 하였으나 솜씨가 보잘것없었습니다. 그리고 몇 해 동안 부(賦)를 지었는데, 육기와 같이 부를 잘 짓는 사람들을 부끄러워하겠습니까? 따라서 부지런히 갈고 닦아 좋은 그릇이 되기를 기다리는 것입니다. 고기를 잘 잡는 것은 낚싯대를 얼마나 잘 드리우느냐에 달렸지, 낚싯바늘에 달린 것은 아닙니다. 또 정곡을 맞추는 것은 마음을 한곳에 모음으로써 적중할 수 있습니다. 따라서 군은 지조를 잘 간직하여 좋은 때를 기다려야 합니다.[28]

---

27 한편 중국의 당은평(党銀平)은 당나라에는 빈공과라는 과거가 없었다고 한다. 党銀平, 「唐代有無賓貢科新論」, 『中韓經濟文化交流周 學術會議 發表論文』, 2001. 中國 揚州.

28 "今者乍離一尉, 欲應三篇, 更願進修, 且謀退縮, 獨依林藪, 再閱丘墳, 課日攻詩, 虞訥之詆訶無避, 積年著賦, 陸機之哂笑何慙, 俟其敦閱致功, 琢磨成器, 求魚道在垂竿而不掛曲鉤, 射鵠心專撚筈而冀銜後鏃, 端操勁節, 佇望良時." 崔致遠, 『桂苑筆耕集』 卷17, 「初投獻太尉啓」.

그의 나이 21살 되던 해(877) 박학굉사과에 응시하기 위하여 율수 현위를 사직하고 종남산(終南山)에 들어가 공부를 시작한다. 자기 자신이 생각한 뜻이 있어 자연을 벗 삼아 책을 읽으면서 시부(詩賦) 짓는 일을 일과로 한다. 이 구절을 가만히 생각하면, 마치 그가 세상을 초탈한 것 같기도 하다. 하지만 다른 측면으로 보면 세상을 초탈한 것이 아니라 자기 자신의 성정을 좀 더 닦고 난 뒤에 세상에 나아가고자 한 것 같다. 지나친 말이 될지는 몰라도 그는 자연의 변화를 지켜보면서 불변의 진리를 터득하고자 하였다. 물론 그가 불변의 진리를 터득한 것, 곧 불교에서 말하는 득입(得入)의 경지에 든 것은 그의 만년이다. 하지만 그러한 득입 세계의 동경은 그의 초년부터이다.

그 자신은 머나먼 타국까지 가서 입신양명하려고 하였다. 하지만 그의 순수한 마음은 바로 정일집중(精一執中)이었다. 그가 말한 남들이 백 번 하면 나는 천 번 한다는 인백기천(人百己千)의 성의(誠意)는 그가 젊어서부터 만년까지 일관되었다. 그 결과 그가 학문적으로 완전한 득입(得入)의 경지에 이르렀다.

그는 학문을 우선으로 하였다. 그리고 그 자신이 학문하다가 여유가 생기면 다시 벼슬길에 나아가고자 하였다. 그가 나아가고자 한 벼슬길은 자신의 생활 방편이었지, 부귀를 욕심내지 않았다. 그의 시에는 자신의 초조함, 또는 외로움을 읊고 있는 작품이 많이 있기는 하다. 이는 그가 젊은 나이었기 때문에 아직 성정이 완전히 겸비되지 못한 데서 오는 외로움 내지는 초조함이었다. 그는 자신의 학문에 대한 태도를 다음과 같이 서술한다.

곰곰이 여러 가지로 다소곳이 생각해 봐도 배우는 것만 못한 것 같습니다. 부지런히 힘써 배운다고 하더라도 오히려 선현들의 가르침을 잃어버릴까 염려하였습니다. 따라서 벼슬에 연연하지 않고 유학의 도만을 따랐습니다.[29]

윗글에서 알 수 있듯이, 그 자신이 사색만 하는 것이 아니라, 자기보다 나은 스승을 찾아 진리를 배우려 하고 있다. 이는 공자의 생각이기도 하고, 또 공자의 학풍을 잇는 부류 가운데 한 사람인 순자(荀子)의 생각이기도 하다. 공자는 "내가 종일토록 먹지 않고, 밤새도록 자지 않고 생각하였으나 전혀 유익함이 없었는지라, 배우는 것만 못하였다."[30]라고 하고 있다. 먹지 않고 자지 않고 곰곰이 생각하였지만 얻은 것이 없다. 학문에 바탕을 두지 않는 사색은 잡념에 지나지 않는다. 따라서 먼저 학문을 익혀야 한다. 궁리(窮理)와 진성(盡誠) 공부를 같이 한다면 이보다 더 나은 학문의 방법은 없다. 그는 바로 공자의 이러한 학문의 태도를 깊이 생각하여 본받고자 하였다. 그가 유도라고 한 것은 공자의 학문관인 것 같다. 이처럼 학문에 정진하고자 하다가 보니 벼슬의 높낮이에 대해서는 별로 관심이 없었다.

그가 당나라에 있을 당시의 정황은 자신에게 외로움을 느끼게 하고 있다. 그에게는 이방에 대한 외로움도 있었겠지만, 그것보다는 참으로 진정한 학문의 도에 대해서 의논할 만한 사람이 없는 데에 대한 회의가 더 강하였다.

29 "萬計深思, 不如學也, 百年謹苦, 猶恐失之, 所以未競宦塗, 但遵儒道." 崔致遠, 『桂苑筆耕集』 卷17, 「再獻啓」.

30 "終日不食, 終夜不寢, 以思無益, 不如學也." 『論語』, 「衛靈公」 篇.

3. 열정으로 이룬 대문장가

최고운은 율수현(溧水縣)의 현위(縣尉)로 재직할 때 곳곳을 여행하면서 많은 시를 남겼다. 이는 당대의 문화이기도 해서 마음 맞는 이와는 시 교류도 이어 갔다. 그가 시를 주고받은 사람은 45명 정도 된다. 그 가운데 대표적인 사람이 고변(高駢, 821~885)·배찬(裵瓚)·고운(顧雲, 850~894)·두순학(杜荀鶴, 846~904)·나은(羅隱)·이복(李福)·장교(長喬)·이관(李琯)·고언휴(高彦休)·정숙(鄭俶)·제갈은(諸葛殷)·설려(薛礪)·허권(許權)·소종(邵宗)·왕계(王棨)·장완(臧浣)·송현(宋絢)·원낭중(元郎中)·고비서(高祕書)·낙잠(駱潛)·주번(周繁)·장웅(張雄)·장고(張翺)·양섬(楊贍)·오만(吳巒)·참산 청상인(巉山 淸上人)·오첨(吳瞻)·이전(李展)·전인의(田仁義)·우신미(于愼微)·이원외(李員外)·배료(裴璙)·배졸 서자(裴拙 庶子)·여도사(女道士)·선왕 악관(先王 樂官) 등이다.[31] 대표적인 인물을 보면 다음과 같다.

① 고변(高駢, 821~885): 고운과 고변의 관계는 조선 시대의 학자인 이규경(李圭景, 1788~?)의 「문창(고운) 사적 변증설(文昌事迹辯證說)」에서, “고변이 공을 대우함도 두터웠고, 공이 고변에 보답함도 또한 엷지 않았다.”라는 기록에서 알 수 있다.

고변의 자는 천리(千里)이며, 당나라 때 남평군왕(南平郡王)을 지낸 고숭문(高崇文)의 손자이다. 앞에서도 말하였듯이, 고운은 고변의 연부(蓮府)에서 4년 동안 서기(書記)의 일을 맡았다. 고운은 당 희종(僖宗) 광명(廣明) 원년(880) 겨울, 선주 율수 현위의 임기를 마치고 깊은 산에 은거하며 박학굉사과(博學宏詞科)를 준비하려 하였다. 그러나 경제적인 어려움으로 어쩔

---

31 졸저, 『崔孤雲文學研究』, 亞細亞文化社, 2004, 73~78쪽 참조.

수 없이 친구 고운(顧雲)의 추천으로 당시 회남절도사(淮南節度使)이던 고변의 휘하에 들어가게 되었다. 그는 고변의 휘하에서 자신의 글재주를 충분히 발휘하였으니, 그가 고변 대신에 지은 시문들이 이를 입증하고 있다. 「처음 태위께 올리는 장계[初投獻太尉啓]」, 「다시 바치는 장계[再獻啓]」, 「시를 바치면서 드리는 장계[獻詩啓]」, 7언 「기덕시(記德詩)」 30수 등이 그 대표적인 예이다. 그는 「처음 태위께 올리는 장계[初投獻太尉啓]」에서 "제가 감히 간담을 해쳐 글을 올리되, 엄한 꾸중을 피하지 않고 문득 평소의 정성을 적습니다. 졸작인 잡편장 다섯 축과 아울러 진정한 7언장구시 100수를 목욕재계하고 올립니다."[32]라고 하고, 「다시 바치는 장계[再獻啓]」에서는, "삼가 사도상공께서 빛을 주심이 자애로운 햇빛보다 더하고, 비춰 주심이 차가운 재에 미쳤습니다. 멀리 고향을 떠나 오랫동안 외방에 머물렀는데, 특별히 풍부한 먹이를 주시어 아침에 배고픔을 면하게 하셨습니다."[33]라고 하여 고운이 고변의 은혜를 많이 입었음을 스스로 인정하고 있다.

고운은 고변의 휘하에 있는 동안 고변의 특별한 주천(奏薦)으로 도통순관 승무랑 시어사 내공봉 사자금어대(都統巡官 承務郎 侍御史 內供奉 賜紫金魚袋)의 관작을 받았으며 「격황소서(檄黃巢書)」를 지어 문명(文名)을 세상에 알리기도 하였다. 그가 고변을 위해서 지은 기덕(記德)시 30수 가운데 「독수리를 쏨[射鵰]」[34]이라는 시를 들어 보면 다음과 같다.

32 "某固敢隳肝瀝膽, 進牘抽毫, 不避嚴誅, 輒申素懇, 謹錄所業雜篇章五軸, 兼陳情七言長句詩一百篇, 齋沐上獻." 崔致遠, 『桂苑筆耕集』 卷17.

33 "伏蒙司徒相公, 光逾愛日, 照及寒灰, 念以遠別海隅, 久沈江徼, 特垂豊饌, 俾濟朝飢." 崔致遠, 『桂苑筆耕集』 卷17.

34 崔致遠, 『桂苑筆耕集』 卷17.

能將一箭落雙鵰	한 화살로 두 마리 독수리 떨어뜨려,
萬里胡塵當日銷	오랑캐 만 리 티끌 그날로 사라지네.
永使威名振沙漠	위엄 있는 이름 길이 사막에 떨쳤으니,
犬戎無復吠唐堯	오랑캐들 다시는 요임금에 못 짖으리.

이 시는 고변이 젊은 날 독수리 한 쌍이 나는 것을 보고 '내가 장차 귀하게 되려면 이것들을 맞혀야 한다.'고 하고 마침내 한 화살로 두 마리 독수리를 쏘아 맞혔다는 일화를 들어 고변의 위엄이 두드러졌음을 묘사하고 있다. 고변의 「설시(雪詩)」[35]에 「설영(雪詠)」[36]이라는 시로 화답하였는데, 그 내용을 차례로 들면 다음과 같다.

六出花飄入戶時	눈발이 나부끼며 문틈으로 들어올 때,
立看修竹變瓊枝	긴 대나무 구슬 가지로 변함 보았다네.
逡巡好上高樓看	천천히 높은 다락 위로 올라가 보니,
蓋盡人間惡路歧	인간의 나쁜 일 가닥난 길 다 덮었네.
五色毫編六出花	다섯 색깔 붓으로 육출화를 엮어 내어,
三冬吟徹四方誇	삼동에 읊조리니 사방에서 추앙한다네.
始知絶句勝聯句	비로소 절구가 연구보다 나음 알았으니,
從此芳名掩謝家	이로부터 꽃다운 이름 사가보다 낫다네.

위에서 알 수 있듯이, 고운은 고변에 대하여 상당히 호감을 느끼고 있다. 고변의 명성이 세상에 유명한 진(晋)나라 사도온(謝道韞)의 '버들 꽃이

35 計有功,『唐詩紀事』卷63, 張15, 鼎文書局, 1978, 983쪽.

36 崔致遠,『桂苑筆耕集』卷17.

바람 따라 나부끼네.[柳緒因風起]'라는 구절보다 낫다고 칭찬하고 있다. 이처럼 이들은 직급상의 상하가 아니라 문인으로 서로 교감하고 있다는 것을 알 수 있다.

② 배찬(裴瓚, ?~?): 배찬은 생몰연대가 불확실하다. 『신(新)·구당서(舊唐書)』에도 그의 전기가 실려 있지 않다. 다만 사마광(司馬光)의 『자치통감(資治通鑑)』이나 서송(徐松)의 『등과기고(登科記考)』, 고운의 『계원필경집』 등에서 그 흔적을 찾을 수 있다.

그는 맹주(孟州) 제원[濟源: 지금의 하남성(河南省) 제원현(濟源縣)] 출신이다. 당나라 건부(乾符) 원년(874)에 예부시랑 지공거(禮部侍郎知貢擧)가 되었으며, 같은 해 7월에는 호남도단련관찰처치등사 겸담주자사(湖南都團練觀察處置等使兼潭州刺史)를 지냈는데 담주(潭州)는 지금의 호남성(湖南省) 장사(長沙)이다. 건부 3년에 이임(離任)하여 몇 년 쉬다가, 중화(中和) 4년(884) 이부시랑(吏部侍郎)이 되어 동락[東洛: 지금의 하남성 낙양(洛陽)]을 주전(主銓)하였다. 같은 해 4·5월 사이에 제원(濟源)에서부터 부임하는 도중에 예부상서(禮部尚書)가 되었으며, 5월에 회하(淮河)와 양자강(揚子江)을 거쳐 성도(成都)로 가는 도중에 회남절도사 막부가 있는 회남[淮南: 지금의 강소성(江蘇省) 양주(揚州)]에 들른 적이 있다.

고운은 배찬과는 좌주(座主)와 문생(門生) 관계이다. 당 의종(懿宗) 함통(咸通) 15년(874) 고운의 나이 18살 되던 해 그는 귀인택(歸仁澤), 고운(顧雲), 유숭망(劉崇望), 하후택(夏侯澤), 장서(蔣曙) 30명과 함께 진사시(進士試)에 합격하였다.

고운은 건부 4년(877)에서 중화 4년(884)까지 율수 현위를 맡았다가, 고변의 막부에 들어갔다. 이때 배찬은 맹주(孟州) 제원(濟源)에 은거하고 있었다. 고운이 배찬에게 보낸 편지 「제원별지(濟源別紙)」를 보면 다음과 같은 구절이 있다.

> 살피지 못한 요즈음 존체 어떠하십니까? 엎드려 생각하니, 맹진(孟津)의 특별한 지역이요, 연수(沇水)의 맑은 근원입니다. 바람은 맑은데 샘물 흐르는 소리 들리는 곳에, 새벽 구름발이 걷히듯 올라가니 산빛이 나타납니다.[37]

배찬이 머무르고 있는 곳은 맹진(孟津), 곧 주나라의 무왕(武王)이 은나라의 주왕(紂王)을 정벌할 때 모였던 장소이다. 그곳으로 연수(沇水)가 흐른다. 이 강은 제수(濟水)라고도 하는데, 제원현(濟源縣)으로부터 흘러나와 동남쪽으로 흘러서 황하로 들어간다. 고운은 배찬이 머무는 장소가 예사롭지 않다고 한다.

이 외에도 「이부시랑에 제수됨을 축하하는 별지[賀除吏部侍郎別紙]」,[38] 「예부상서에 제수됨을 하례하는 별지[賀除禮部尙書別紙]」,[39] 「초주의 행리를 맞으며 별지[迎楚州行李別紙]」[40] 두 수[二首], 「오월 초하루 별지[五月一日別紙]」[41] 등의 편지와 「좌주상서가 난을 피하여 유양으로 가는 도중에 절구 세 수를 사랑스레 보여 주었기에 받들어 화답함[和座主尙書避亂過維揚寵示絶句三首]」[42]과

---

37 "不審近日, 尊體何似. 伏想孟津別壤, 沇水淸源. 風晴而歌枕泉聲, 雲曉而卷簾山色." 崔致遠, 『桂苑筆耕集』 卷19.

38 崔致遠, 『桂苑筆耕集』 卷19.

39 崔致遠, 『桂苑筆耕集』 卷19.

40 崔致遠, 『桂苑筆耕集』 卷19.

41 崔致遠, 『桂苑筆耕集』 卷19.

42 崔致遠, 『桂苑筆耕集』 卷20.

「예부상서 배찬에게 드리는 장계[與禮部尙書裴瓚狀]」[43] 등의 작품이 있다. 이 가운데 「좌주상서가 난을 피하여 유양으로 가는 도중에 절구 세 수를 사랑스레 보여 주었기에 받들어 화답함」이란 시 세 수 가운데 한 수를 들어 보면 다음과 같다.

年年荊棘侵儒苑　　해마다 유원에는 가시만 돋아나고,
處處烟塵滿戰場　　곳곳 싸움터엔 연기와 먼지 가득.
豈料今朝覲宣父　　오늘 아침 선부님께 절을 드리고,
豁開凡眼睹文章　　그 문장에 좁은 안목 넓힐 줄이야.

이를 통해 시를 지을 당시는 한창 내란이 심하였다는 것을 알 수 있다. 고운이 배찬과 만난 것은 그의 나이 18세 이후였다. 그 당시는 황소(黃巢)와 왕선지(王仙之)가 난을 일으켜 당나라가 온통 내란에 휩싸였던 시대였다.

③ 고운(顧雲, 850~894): 당나라에서 고운(顧雲)과 가장 가까이 지내던 벗은 역시 고운(顧雲)이다. 고운(顧雲)의 자는 수상(垂象)이며 지주[池州: 지금의 안휘성(安徽省) 귀지현(貴池縣)] 출신이다. 함통 15년(874) 고운(孤雲)과 함께 진사시에 합격하였다. 이 두 사람은 고변의 막부(幕府)에서 함께 종사관(從事官)으로 근무하기도 하였다.

중화 2년 5월 당나라 조정에서 고변의 병권(兵權)과 이권(利權)을 박탈하자 고변이 고운(顧雲)을 조정에 보내 표를 올려 하소연한 적이 있다. 『구당서(舊唐書)』[44]에 실려 있는 당시의 표문은 바로 고운(顧雲)이 지은 것

43 崔致遠, 『孤雲集』 卷1.
44 『舊唐書』 卷182, 「高駢傳」.

이다. 그 뒤 사탁(師鐸)의 난으로 삽천[霅川: 지금의 절강성(浙江省) 호주(湖州)]에 기거하면서 저술에 전념하였다. 당나라 소종(昭宗) 대순(大順) 연간(890~892)에 그는 양소업(羊昭業), 노지추(盧知趨), 육희성(陸希聲), 전익(錢翊), 풍악(馮渥), 사공도(司空圖) 등과 함께 선(宣)·의(懿)·희종(僖宗)의 3대 실록 수찬(修撰)에 참여하였다. 그 뒤 일이 끝나자, 우부원외랑(虞部員外郎)이 되었다가 건녕(乾寧) 원년(894)에 죽었다.

『신당서(新唐書)』「예문지(藝文志)」에는 고운(孤雲)의 항 바로 다음에 고운(顧雲)의 『고씨편유(顧氏編遺)』 10권, 『초천총재(苕川總載)』 10권, 『찬신문원(纂新文苑)』 10권, 『계사(啓事)』 1권, 『부(賦)』 2권, 『집유구록(集遺具錄)』 10권 등의 책 이름이 기재되어 있다. 또 『문헌통고(文獻通考)』에는 『봉책연화(鳳策聯華)』 3권을 지었다는 기록이 있고, 『송사(宋史)』「예문지(藝文志)」에는 『소정잡필(昭亭雜筆)』 5권을 지었다는 기록이 있는 것으로 보아 고운(顧雲)의 저술이 상당히 많음을 알 수 있다.

중화 4년(874) 고운의 나이 29살 되던 해, 그가 귀국하게 되자 십일 년 동안이나 사귀었던 고운(顧雲)이 시를 지어 주며 그를 전송하였는데 그 시의 내용은 뒤에서 다시 논의된다. 이인로(李仁老)는 그의 『파한집(破閑集)』[45]에서 고운(顧雲)이,

因風離海上	바람을 따라 바다 위로 떠나서,
伴月到人間	달을 벗하여 인간에게 이르니.
徘徊不可住	배회하여도 머무를 수 없어서,
漠漠又東還	아득히 또 동쪽으로 돌아가네.

45 李基白, 『新羅政治社會硏究』, 一潮閣, 1974, 113~120쪽.

라는 시를 지어 주며 고운을 송별하였다고 한다. 또 고운은 귀국해서 「사자로 갔던 고운(顧雲)에 늦은 봄 즉흥시로 화답함[暮春卽事和顧雲友使]」[46]이라는 시를 지어 고운(顧雲)을 그리워하였다. 그 시의 내용을 들면 다음과 같다.

東風遍閱百般香	봄바람에 온갖 향 내음을 맡아 왔지만,
意緖偏饒柳帶長	마음만은 늘어진 버들가지처럼 넉넉해.
蘇武書回深塞盡	소무의 글월은 깊은 변방에서 전해 오고,
莊周夢逐落花忙	장주의 꿈은 지는 꽃을 좇느라 바쁘네.
好憑殘景朝朝醉	남은 경치에 의지하여 아침마다 취해도,
難把離心寸寸量	이별의 정은 일일이 헤아리기 어려우이.
正是浴沂時節日	때는 바로 기수에 멱 감는 시절이어니,
舊遊魂斷白雲鄕	예 놀던 곳 생각에 애끊는 백운향이네.

늦은 봄, 꽃은 피어서 지고 버들가지는 늘어졌는데, 이별의 정을 못 잊어 날마다 술을 마신다. 몸은 늙어 가는데 옛날 지우(知友)와 놀던 일 생각하니 혼이 흰 구름 위로 떠가는 기분이다. 위의 시는 별에 얽힌 고운 자신의 심정을 잘 그리고 있다. 또 『고운집』에는 「시어사 고운에 화답하여 중양절에 국화를 읊음[和顧雲侍御重陽詠菊]」[47]이라는 시가 실려 있는데, 그 내용을 들면 다음과 같다.

紫萼紅葩有萬般	자색 꽃받침 붉은 꽃 온갖 것 피었으나,
凡姿俗態少堪觀	평범하고 속된 모습은 볼 것 별로 없네.

---

46 "國有五品, 曰聖骨而曰眞骨曰得難, 貴姓之難得, 文賦云, 口求易而得難, 從言六頭品數多爲貴, 猶一命至九, 其四五品不足言." 『朝鮮金石總覽』(上) 74쪽. 得難 註.

47 崔致遠, 『孤雲集』 卷1.

豈如開向三秋節	어찌 가을 석 달 동안 피는 꽃 같으랴,
獨得來供九夕歡	국화 홀로 아흐렛날 기쁨을 바친다네.
酒泛餘香薰坐席	술 남은 향기 무르익어 자리 훈훈한데,
日移寒影掛霜欄	해 그림자 서리 맞은 난간에 걸려 있네.
只應詩客多惆悵	시객의 마음 슬프고도 안타깝기만 한데,
零落風前不忍看	바람에 떨어지는 모습 차마 못 보겠네.

이상의 시들에서 고운(顧雲)과 고운(孤雲)이 깊이 교유하였다는 것을 알 수 있다. 이보다 앞서 고운(孤雲)의 「헌시계(獻詩啓)」에는 다음과 같은 기록이 있다.

> 제가 가만히 동년 고운 교서의 「상공에 바치는 장계」 1수와 단가 10편을 보건대, 학파는 고래가 바다 물결을 뿜는 듯하고 붓의 날카롭기는 칼날이 은하수에 기댄 듯하니, 찬송에 올려 영원히 전할 것입니다.[48]

이처럼 고운은 고운(顧雲)의 넓은 학식과 문예를 칭송하고 있다. 그리고 경복(景福) 2년(893) 고운(顧雲)이 이미 시명(詩名)이 높았던 두순학(杜荀鶴)의 『당풍집(唐風集)』에 서문을 쓴 것을 보아도 문인들 사이에는 그의 명성이 높았다는 것을 알 수 있다. 또 그의 나이가 다른 사람보다 많았을 것으로 보인다. 당시 두순학의 나이가 48세였으니, 고운(顧雲)의 나이는 이와 같았거나 아니면 더 많았을 것이다. 이때 고운(孤雲)의 나이가 37세였으니, 두순학보다는 열한 살 아래이다. 고운(顧雲)의 천거로 고운(孤雲)이 고변의 막부로 들어갔다는 내용으로 보아, 고운(顧雲)과도 10살 이상의 나이 차이

48 崔致遠, 『桂苑筆耕集』 卷17.

는 있었을 것으로 보인다.

④ 두순학(杜荀鶴, 846~904): 두순학은 자가 언지(彦之), 호가 구화산인(九華山人)으로 지주(池州) 석태(石埭) 출신이다. 건부(乾符) 3년(876)에서 건부 6년(879) 사이 고운이 율수 현위를 지낼 때, 두순학의 집 또한 그곳과 가까이 있었다. 따라서 두 사람이 서로 만나 창화(唱和)하였는데, 『전당시』에 고운을 위해서 지은 「율수 최소부에게 줌[贈溧水崔少府]」[49]이라는 시가 실려 있다. 그 내용을 들면 다음과 같다.

庭戶蕭條燕雀喧	집안은 조용한데 제비 참새 지저귀고,
日高窓下枕書眠	한낮 창 아래에서 책을 베고 잠드네.
只聞留客教沽酒	들리는 것은 유객에게 술 사려 한 것,
未省逢人說料錢	그대는 사람을 돈으로 헤아리지 않아.
洞口禮星披鶴氅	동구에 예성이 뜰 때 학창의 펼치고,
溪頭吟月上漁船	시내 가서 달 읊으며 낚싯배에 올라.
九華山叟心相許	구화산 늙은이와 서로 마음 통하나니,
不計官卑贈一篇	관직 생각하지 않고 시 한 수 드리네.

이처럼 고운과 서로 마음이 통함을 넌지시 읊조리고 있다. 위 시에서 소부(少府)라 함은 바로 현위(縣尉)의 존칭(尊稱)이다. 여기서 율수 최소부는 바로 고운(孤雲)을 가리킨다.

부선종(傅璇琮)[50]의 주장에 따르면, 두순학은 중화 2년(872)에 이미 양주(揚州)에 도착하였다. 두순학과 고운(孤雲)은 이때 처음으로 만나게 되

49 『全唐詩』 卷692.

50 傅璇琮, 『唐五代文學編年史-晩唐卷』, 遼海出版社, 2000, 543쪽.

었다. 『전당시』에는 「난이 끝난 뒤 여행하던 중에 벗을 만나[亂後旅中遇友人]」[51]라는 시가 있는데, 그 내용을 들면 다음과 같다.

念子爲儒道未亨	생각하니 그대 유도 익힘이 형통하지 않아,
依依心向十年兄	무던히 십년지기 이 형에게 마음 쏠렸네.
莫依亂世輕依託	난세에 가벼이 의탁함을 믿지나 마시고,
須學前賢隱姓名	모름지기 선현들의 성명 숨김을 배우게나.
大國未知何日靜	모르겠네, 대국이 그 언제나 안정이 될지,
舊山猶可入雲耕	옛 산은 오히려 운경(雲耕)에 들 수 있네.
不如自此同歸去	이곳에서부터 함께 돌아감만 못하나니,
帆挂秋風一信程	가을바람에 돛대 걸고 한 통 편지 보내네.

이 시를 자세히 음미해 보면, 고운은 난을 피해서 고국인 신라로 돌아온 것 같다. 난세나 대국이라는 말은 바로 그 당시 당나라의 형세를 묘사하고 있다. 고운이 당나라에서 신라로 돌아오기 위해서는 반드시 바다를 건너와야 한다. 이것은 바로 마지막 구(句)의, "가을바람에 돛대 걸고 편지 한 통 보낸다."라는 내용과 일치한다.

⑤ 나은(羅隱, ?~?): 『삼국사기』 [열전] 「최치원(崔致遠)」 조에 "처음에 중국에 유학할 당시에 강동(江東)의 시인 나은(羅隱)과 알고 지내었다. 나은은 자부심이 대단하여 남을 쉽게 인정하지 않았는데, 공이 지은 가시(歌詩) 5축(軸)을 누가 그에게 보이자, 그만 감탄하여 마지않았다고 한다."[52]

---

51 『全唐詩』 卷692.

52 "始西遊時, 與江東詩人羅隱相知. 隱負自高, 不輕許可人. 人示以公所製歌詩五軸, 隱乃歎賞." 金富軾, 『三國史記』 卷46, [列傳] 6, 「崔致遠」 條.

라는 말에서 고운과 나은의 관계를 짐작할 수 있다.

그의 본명은 횡(橫), 자는 소간(昭諫)으로 당나라 문종(文宗) 태화(太和) 7년(833)에 전당(錢塘) 여항(餘杭)에서 태어났다. 자신의 재주를 믿고 오만하며, 풍자를 많이 써서 글을 지었기 때문에 진사시에 10번이나 낙방하였다 한다. 따라서 이름도 은(隱)으로 바꾸었다 한다. 그러나 그의 재주는 당시의 재상이었던 정전(鄭畋)과 이울(李蔚)의 인정을 받았다.

부선종(傅璇琮)의 『당오대문학편년사(唐五代文學編年史)』를 보면, 함통(咸通) 11년(870) 겨울에 나은은 「강북(江北)」[53]이라는 제목의 시를 지었다고 한다. 그 내용을 들면 다음과 같다.

廢宮荒苑莫閑愁	황폐한 궁정과 정원에 근심을 막을 길 없어,
成敗終須要彻頭	성공과 실패는 모름지기 절두를 해야 한다네.
一種風流一種死	일종의 풍류가 일어나 일종의 풍류가 죽으니,
朝歌爭得似揚州	아침에 부르는 노래 양주와 비슷하기를 다투네.

이 시를 언제 지었는지는 확실하지 않다. 그러나 이 시를 짓기 이전에 그는 이미 강남과 강북을 왕래하였다. 나은은 함통 10년(870), 함통 14년(873), 중화 3년(883) 세 번에 걸쳐 중국 양주(揚州)를 다녀간 적이 있다. 만약에 나은이 처음 양주에 왔을 때 이 시를 지었다면, 그때 고운은 장안(長安)의 국자감(國子監)에서 공부하고 있을 때여서 두 사람이 서로 만나지 못하였을 것이다.

---

53 羅隱, 『羅隱集』 卷1.

이 밖에 『나은집(羅隱集)』 [잡저(雜著)]에 「영녕 이상공께 올리는 계[投永寧李相公啓]」라는 글이 실려 있는데, 이 글은 건부(乾符) 6년(879)에 지은 것으로 당시 하동절도사(河東節度使)였던 이울(李蔚)에게 보낸 장계이다. 나은은 이 글에서, "한양의 계리가 군문에 나아가서, 광생(狂生)을 경차(慶次)하여 모시고 손님 대접을 받았습니다."[54]라 하고 있다. 나은이 한양의 계리를 하고 있을 때는 바로 함통 14년(873)으로, 그 당시 이울(李蔚)은 회남절도사(淮南節度使)를 맡고 있었다. 이때 나은 역시 회남에 머물고 있었다. 그러나 이때 고운은 장안에서 진사시(進士試)에 응시하였다. 나은이 세 번째로 강남, 강북 사이를 오간 것은 당나라 중화(中和) 3년(873) 한여름이었다. 그 당시 나은이 지은 「후토묘(后土廟)」[55] 시를 들어 보면 다음과 같다.

四海干戈尙未寧	사해에는 전쟁이 아직 끝나지 않았는데,
又于淮水建儀形	또 다시 회수에서 의형(儀形)을 세우네.
九天玄女猶無怪	구천의 현녀는 오히려 괴이할 것 없는데,
后土夫人豈有靈	후토 부인이 어찌 신령스러움이 있으랴.
一帶野雲侵鬢綠	한 줄기 구름이 푸른 가지 속에 스미고,
兩條宮柳入眉靑	두 가닥 궁류가 눈썹에 들어 푸르다네.
韋郎少年知何在	위랑의 소년이 어디에 있는 줄 알리요,
端坐惟看太白經	단정히 앉아서 태백경만을 볼 따름이네.

54 "所以漢陽計吏, 得造詣軍門, 慶次狂生, 叨蒙客禮." 羅隱, 『羅隱集』, [雜著], 「投永寧李相公啓」.

55 羅隱, 『羅隱集』 卷2.

하광원(何光遠)은 이 시에 대하여, “이때는 한창 무더운 여름으로 파리가 자리에 들어왔는데, 발해공이 부채로 그것을 쫓았다. 그때 고운(顧雲)이, ‘파리가 부채를 맞고 부채 안에 앉았네.’라고 하였다. 그러자 나은이 이 시에 응수하기를, ‘백택(白澤)이 정을 맞으니 정이 문에 있네.’라고 하였다. 비평하는 사람들은, ‘두 사람이 재주로 서로 기롱(譏弄)하였으니, 두 구절이 모두 좋다.’고 하였다. …(중략)… 나은이 슬그머니 「후토묘」 시를 지어서 풍자하고, 밤새도록 배를 타고 돌아갔다.”[56]라고 하였다.

위의 “사해에는 전쟁이 아직 끝나지 않았네.[四海干戈尙未寧]”라는 말은 그 당시 당나라의 정치 상황과 서로 부합한다. 또 고변은 이 시가 나오기 한 해 전 회남(淮南)에 영선루(迎仙樓)를 세웠다. 나은은 이 시를 한창 무더운 여름에 지었다. 비록 나은이 여러 차례 양주(揚州)를 다녀갔지만, 이때 비로소 고운(孤雲)이 고운(顧雲)과 만났다. 위에서도 말하였듯이, 나은은 재주는 뛰어났으나 과거에는 급제하지 못하였다. 고려 시대 임춘(林春)은 「벗의 시에 차운함[次友人韻]」[57]이라는 시에서 다음과 같이 읊고 있다.

科策未消羅隱恨	과책에서는 나은의 한 없애지 못하고,
離騷空寄屈平哀	이소에는 헛되이 굴원의 슬픔 부쳤네.
裵陽自是無知己	배양은 스스로 알아주는 벗 없었나니,
明主何曾棄不才	명주가 어찌 일찍 재주 없다 버렸으리.

56 “是時盛暑, 有靑蠅入坐, 渤海公命扇驅之, 顧雲曰, 靑蠅被扇扇離坐, 隱立酬之曰, 白澤遭釘釘在門, 議論者以才調相譏, 兩句全美, …(中略)… 潛題后土廟刺之, 連夜挂帆而返.” 何光遠, 『鑑戒錄』 卷8.

57 徐居正 外, 『東文選』 卷13.

이 시의 기구(起句)를 보면, 나은이 과거에 급제하지 못하였다는 것을 알 수 있다. 나은은 과거(科擧)의 책문(策文)에 한이 서렸다고 하였다. 이를 뒤집어 보면 그는 과거에서 책문 때문에 낙방하였다는 말이 된다. 자신의 목적을 이루었으면, 한이 남았을 리 없다.

⑥ 이복(李福, ?~?): 이복은 당 건부 원년(871)에서 건부 6년(879) 10월 사이에 산남동도절도사 겸양주자사(山南東道節度使 兼襄州刺史)를 지냈다. 고운이 그를 위해 지은「양양 이 상공께 올려 관급을 사양하는 계[上襄陽李相公讓館給启]」를 보면 다음과 같다.

> 삼가 받자옵건대, 상공께서는 제가 외진 곳으로부터 와서 멀리 낙국(樂國)에 참예(參詣)하였음을 생각하시어, 특별히 힘을 북돋아 주시고 가엾게 여기시어 영광스럽게도 양식을 내려 주셨습니다. 군량(軍糧)을 넉넉하게 받아 명아주 잎과 콩잎으로 끼니를 잇는 슬픔을 면하고 매번 극진한 대접을 받을 때마다 입에 잘 맞는 음식에 배부르기는 합니다. 은혜는 불고기를 먹인 것보다 깊고, 신세는 생선만 축냈던 것이 부끄럽습니다.[58]

⑦ 장교(張喬, ?~?): 고운이 장교(長喬)에게 준「진사 장교가 시골에서 병중에 보낸 시에 화답함 장교의 자가 송년이다[和張進士喬村居中見寄喬字松年]」[59]를 보면,

58 “伏蒙相公, 念以來從絶域, 遠詣樂郊, 特賜獎憐, 榮垂撫恤. 厚霑館穀, 免嗟藜藿之餐, 每捧簋飧, 但飽鹽梅之味, 莫不恩深啗炙, 迹忝食魚.” 崔致遠,『孤雲集』卷1.

59 安鼎福,『東史綱目』卷五(上),「眞聖女王 己酉三年」條.

一種詩名四海傳	한 시인으로서 온 나라에 유명하니,
浪仙爭得似松年	낭선[賈島]인들 송년과 같겠는가?
不唯騷雅標新格	소아로 새 격조 세웠을 뿐 아니라,
能把行藏繼古賢	착한 행동은 옛 어진 이를 이었네.
藜杖夜携孤嶠月	밤에는 산위 달빛 따라 지팡이 짚고,
葦簾朝捲遠村煙	먼 마을 아침 연기 보며 주렴 걷네.
病來吟寄漳濱句	병이 들자 장빈(漳濱)의 시를 읊어,
因付漁翁入郭船	성에 드는 어옹의 배편에 부친다네.

라 읊고 있다. 여기서 고운은 장교를 당나라 때의 유명한 시인인 가도(賈島, 779~843)에 견주었다. 또 그는 장교가 『이소(離騷)』와 『시경(詩經)』으로 시의 격조를 세웠다고 하였다. 곧, 『이소』와 『시경』을 그 시의 저변으로 삼았다는 말이다. 『이소』는 고대 중국 남방 문학을 대표하며, 『시경』은 중국 북방 문학을 대표한다. 이 점으로 미루어 보면 장교는 중국의 남·북방 문학을 두루 섭렵하였으며, 또 그 시체(詩體)들을 체득하였다는 것을 알 수 있다.

고운이 병중에 있는 장교에게 시를 지어 주는 것은 후한 때, 또는 위(魏)나라 때의 시인 유정(劉楨)이 장빈(漳濱)을 문병할 때 지어 주었던 시에 비유하였다. 장교와 친교를 맺게 된 것을 말할 것도 없이 재당기(在唐期)이겠지만, 장교의 생졸 연대를 알 수 없다.

그는 지주[池州: 안휘성(安徽省)] 출신으로 당나라 의종(懿宗) 함통(咸通) 연간(860~873)에 진사시에 합격하였다. 시에 뛰어나 정곡(鄭谷) 등과 교유하면서 방림십철(芳林十哲) 가운데 한 사람으로 꼽혔다. 황소의 난이 일어난 뒤 향리인 지주(池州)의 구화산에 은거하면서 시 짓기에 전심하였다.

『신당서(新唐書)』 권60, 「예문지(藝文志)」 권4 별집류(別集類)에 그의 문집 2권이 실려 있다.

⑧ 오만(吳巒, ?~?): 고운이 오만에게 지어 준 시, 「진사 오만이 강남으로 돌아감을 전송함[送吳進士巒歸江南]」[60]을 보면 다음과 같다.

自識君來幾度別	그대와 안 뒤로부터 몇 번째 이별인가,
此回相別恨重重	이번 서로 갈림에는 한이 더욱 겹치네.
天戈到處方多事	전쟁은 가는 곳마다 한창 어수선한데,
詩酒何時得再逢	시와 술로 어느 때 우리 다시 만나리?
遠樹參差江畔路	아득히 강변길에는 나무들이 우뚝우뚝,
寒雲零落馬前峰	차가운 구름 앞 산봉우리에 내려앉네.
行行遇景傳新作	가다가 경치 좋거든 새 작품 전해 주게,
莫學嵇康盡放慵	게으른 혜강의 버릇 제발 배우지 말고.

만났다가는 헤어지고, 헤어졌다가는 만나고 다시 헤어지는, 이별의 한이 겹친다. 더구나 때는 전시, 나라 안은 어지럽다. 시를 짓고 술을 마시면서 서로 담화하는 즐거움은 사라지고 말았다. 떠나가는 벗에게 소식 전해주기 바라는 마음뿐이다. 이 작품을 그의 나이 25세를 전후해서 지은 것으로 보인다.

이상 고운(孤雲)이 만난 사람 가운데 작품을 남긴 몇 사람의 행적을 서술하였다. 그가 사귄 사람들을 표로 나타내면 다음과 같다.

---

60 車相轅, 『中國文學史』, 東國文化社, 1958, 436쪽.

[표 1] 고운(孤雲) 교유도

성명(姓名), 생몰(生歿)			
출신지(出身地)	**신분(관직)**	**교유 현황**	**참고자료**
1. 고변(高駢, 821~885)			
경조(京兆), 지금의 섬서성(陜西省) 서안시(西安市)	검교태위동평장사(檢校太尉同平章事), 경성동면도통(京城東面都統), 경서경북신책군병마제치등사(京西京北神策軍兵馬制置等使), 회남절도부대사지절도사사(淮南節度副大使知節度使事), 발해군왕(渤海郡王)	고운이 양주 회남 절도부(揚州淮南 節度府)에 있을 때 그의 막주(幕主)였다. 고운의 문채(文采)와 재주를 알아, 고운이 어디에 정착할 곳이 없었던 상황일 때 그를 받아들여 종군(從軍)을 윤허하였다. 그 뒤 고운의 재주가 점점 드러날 때, 고운을 조정에 천거(薦擧)하였다. 마지막으로 고운이 봉사(奉使) 귀국할 때 도와주었다. 고운과는 서로 예물을 주고받았고, 창화(唱和)한 시가 있으며, 주고받은 편지가 있다. 특히 고운은 그의 공적을 기려 「기덕시(記德詩)」 30수를 지었다.	『계원필경집(桂苑筆耕集)』, 『구당서(舊唐書)』, 『신당서(新唐書)』, 『자치통감(資治通鑑)』, 『삼국사기(三國史記)』, 『고운선생문집(孤雲先生文集)』(하권).
2. 배찬(裵瓚)			
맹주(孟州) 제원(濟源), 지금의 하남성(河南省) 제원(濟源)	예부시랑지공거(禮部侍郎知貢擧), 호남도단련관찰외치등사 겸담주자사(湖南都團練觀察外置等使兼潭州刺史), 이부시랑(吏部侍郎), 주전동락(主銓東洛), 예부시랑(禮部尙書)	고운의 좌사(座師), 일찍 고운이 친 과거를 주관한 적이 있다. 고운과 주고받은 편지 「예부 상서 배찬에게 드리는 편지[與禮部裵尙書瓚狀]」가 있다.	『계원필경집(桂苑筆耕集)』, 『고운선생문집(孤雲先生文集)』(하권), 『등과기고(登科記考)』, 『자치통감(資治通鑑)』
3. 고운(顧雲)			
지주(池州) 석태(石埭), 지금의 안휘성(安徽省) 석태(石台)	전후에 걸쳐 시비서성(試秘書省) 정자(正字)를 맡은 적이 있다. 시비서성교서랑(試秘書省校書郎), 진해군절도행영초토판관(鎭海軍節度行營招討判官), 회남절도행영도통판관(淮南節度行營都通判官), 회남절도관찰지사(淮南節度觀察支使), 우부원외랑겸수국사(虞部員外郎兼修國史)	고운과 동년(同年)이다. 고운이 양주(揚州)에 있을 때 동료였다. 고운과 동학(同學)하며 같은 일을 할 때, 그에게 많은 도움을 주었다. 「사자로 갔던 벗 고운에 늦은 봄날 즉흥시로 화답함[暮春卽事和顧雲友使]」이라는 시 외에 서로 주고받은 편지와 시문이 있다.	『계원필경집(桂苑筆耕集)』, 『고운선생문집(孤雲先生文集)』(하권), 『삼국사기(三國史記)』, 『당오대문학편년사(唐五代文學編年史)·만당권(晩唐卷)』, 『당방진문직료좌고(唐方鎭文職僚佐考)』

성명(姓名), 생몰(生歿)			
출신지(出身地)	신분(관직)	교유 현황	참고자료
4. 두순학(杜荀鶴, 846~904)			
지주(池州) 석체(石埭), 지금의 안휘성(安徽省) 석태(石台)	만당기(晩唐期)의 명시인(名詩人)	고운과 주고받은 시문(詩文)이 있다.	『전당시(全唐詩)』, 『율수현지(溧水縣志)』, 『당오대문학편년사(唐五代文學編年史)·만당권(晩唐卷)』
5. 나은(羅隱, 834~909)			
월주(越州) 신성(新城), 지금의 절강성 (浙江省) 부양시(富陽市)	만당기(晩唐期)의 명시인(名詩人)	당나라 중화(中和) 3년(883) 여름, 고운과 고변(高駢), 고운(顧雲) 등이 회남막부(淮南幕府) 해풍정(海風亭)에 노닐었는데, 이때 고운이 지은 시에 대하여 대단히 칭찬한 적이 있다.	『삼국사기(三國史記)』, 『당오대문학편년사(唐五代文學編年史)·만당권(晩唐卷)』
6. 장교(張喬)			
지주(池州) 구화(九華), 지금의 안휘성(安徽省) 석태(石台)	만당 시인(晩唐詩人)	고운과 창화(唱和)한 시 「진사 장교가 시골에서 병중에 보낸 시에 화답함[和張進士喬村居病中遣寄]」이 있다.	『고운선생문집(孤雲先生文集)』(하권)
7. 이복(李福)			
농서(隴西), 지금의 감숙성(甘肅省, 寧夏)일대	산남동도절도사 동평장사 겸양주자사(山南東道節度使同平章事兼襄州刺史): 건부원년(乾符元年: 874) 2월부터 건부 6년(879) 10월까지 재임	고운이 병이 나 양주(襄州) 관역(館驛)에 머무를 때, 그에게 많은 편익을 제공하였다. 고운과 주고받은 편지가 있다.	『고운선생문집(孤雲先生文集)』(하권), 『구당서(舊唐書)·이복전(李福傳)』
8. 이관(李琯)			
	회남절도부사(淮南節度副使), 지류후(知留后)	고운이 회남 막부에 있을 때 그의 상관이었다. 일찍 고변에게 고운을 적극 천거하였다. 서로 주고받은 편지가 있다. 고운이 고변의 명을 받아 그를 대신해서 지은 거첩(擧牒)이 있다.	『계원필경집(桂苑筆耕集)』, 『당문습유(唐文拾遺)』, 『당방진문직료좌고(唐方鎭文職僚佐考)』
9. 고언휴(高彦休)			
경조(京兆), 지금의 섬서성(陝西省) 서안시(西安市)	조의랑 수경조부 함양현위 주국섭철염순관(朝議郎守京兆府咸陽縣尉柱國攝鹽鐵巡官)	고운이 회남 막부에 있을 때 그의 동료였다. 고운이 고변의 명을 받고 그를 대신해서 지은 거첩(擧牒)이 있다.	『계원필경집(桂苑筆耕集)』, 『당문습유(唐文拾遺)』, 『당방진문직료좌고(唐方鎭文職僚佐考)』

성명(姓名), 생몰(生歿)			
출신지(出身地)	신분(관직)	교유 현황	참고자료
10. 정숙(鄭俶)			
	회남절도장서기(淮南節度掌書記)	고운이 회남 막부에 있을 때 그의 상관이었다. 고운은 일찍 고변의 명을 받들어 그를 대신해서 거첩(擧牒)을 지은 적이 있다.	『계원필경집(桂苑筆耕集)』, 『당문습유(唐文拾遺)』, 『당방진문직료좌고(唐方鎭文職僚佐考)』
11. 제갈은(諸葛殷)			
	섭회남절도관역순관 전지권주무(攝淮南節度館驛巡官專知權酒務)	고운이 양주 회남 막부에 있을 때 그의 동료였다. 고운은 일찍 고변의 명을 받들어 그를 대신해서 거첩(擧牒)을 지은 적이 있다.	『계원필경집(桂苑筆耕集)』, 『당문습유(唐文拾遺)』, 『당방진문직료좌고(唐方鎭文職僚佐考)』
12. 제갈성(諸葛成)			
	경성동면초유사(京城東面招諭使), 회남절도아추(淮南節度衙推)	고운이 양주 회남 막부에 있을 때 그의 동료였다. 고운은 일찍 고변의 명을 받들어 그를 대신해서 거첩(擧牒)을 지은 적이 있다.	『계원필경집(桂苑筆耕集)』, 『당문습유(唐文拾遺)』, 『당방진문직료좌고(唐方鎭文職僚佐考)』
13. 설려(薛礪)			
	회남절도관찰판관(淮南節度觀察判官)	고운이 양주 회남 막부에 있을 때 그의 동료였다. 고운은 일찍 고변의 명을 받들어 그를 대신해서 거첩(擧牒)을 지은 적이 있다.	『계원필경집(桂苑筆耕集)』, 『당문습유(唐文拾遺)』, 『당방진문직료좌고(唐方鎭文職僚佐考)』
14. 허권(許權)			
	회남절도관찰아추(淮南節度觀察衙推)	고운이 양주 회남 막부에 있을 때 그의 동료였다. 고운은 일찍 고변의 명을 받들어 그를 대신해서 거첩(擧牒)을 지은 적이 있다.	『계원필경집(桂苑筆耕集)』, 『당문습유(唐文拾遺)』, 『당방진문직료좌고(唐方鎭文職僚佐考)』
15. 소종(邵宗)			
	회남절도관찰아추(淮南節度觀察衙推)	고운이 양주 회남 막부에 있을 때 그의 동료였다. 고운은 일찍 고변의 명을 받들어 그를 대신해서 거첩(擧牒)을 지은 적이 있다.	『계원필경집(桂苑筆耕集)』, 『당문습유(唐文拾遺)』, 『당방진문직료좌고(唐方鎭文職僚佐考)』

성명(姓名), 생몰(生歿)			
출신지(出身地)	신분(관직)	교유 현황	참고자료
16. 왕계(王棨)			
	우사마전중시어사 겸 회남절도염철순관 지 단양감사(右司馬殿中侍御史兼淮南節度鹽鐵巡官 知丹陽監事)	고운이 양주 회남 막부에 있을 때 그의 동료였다. 고운은 일찍 고변의 명을 받들어 그를 대신해서 거첩(擧牒)을 지은 적이 있다.	『계원필경집(桂苑筆耕集)』, 『당문습유(唐文拾遺)』, 『당방진문직료좌고(唐方鎭文職僚佐考)』
17. 장완(臧浣)			
	충회남절도권조사순관, 지염성감사(充淮南節度權粜使巡官,知鹽城監事)	고운이 양주 회남 막부에 있을 때 그의 동료였다. 고운은 일찍 고변의 명을 받들어 그를 대신해서 거첩(擧牒)을 지은 적이 있다.	『계원필경집(桂苑筆耕集)』, 『당문습유(唐文拾遺)』, 『당방진문직료좌고(唐方鎭文職僚佐考)』
18. 송현(宋絢)			
	장사랑 전중시어사 내공봉 사비어대 회남절도판관(將仕郎殿中侍御史內供奉賜緋魚袋淮南節度判官)	고운이 양주 회남 막부에 있을 때 그의 동료였다. 고운은 일찍 고변의 명을 받들어 그를 대신해서 「주청종사관장(奏請從事官狀)」을 지은 적이 있다. 고운과 주고받은 편지가 있다.	『계원필경집(桂苑筆耕集)』, 『당문습유(唐文拾遺)』, 『당방진문직료좌고(唐方鎭文職僚佐考)』
19. 원낭중(元郎中)			
		일찍 적극적으로 고운을 고변에게 천거한 적이 있다. 고운과는 주고받은 편지가 있다.	『계원필경집(桂苑筆耕集)』
20. 고비서(高秘書)			
경조(京兆), 지금의 섬서성 서안시(陝西省 西安市)	고변의 사십삼숙(四十三叔)	고운과 주고받은 편지와 창화(唱和)한 시문(詩文)이 있다.	『계원필경집(桂苑筆耕集)』
21. 낙잠(駱潛)			
월주(越州) 회계(會稽), 지금의 절강성 회계현(浙江省 會稽縣)	회남진봉사, 검교상서겸어사중승 사비어대(淮南進奉使, 檢校商書兼御史中丞賜緋魚袋[『계원필경집(桂苑筆耕集)』에는 회남선경공군응접사(淮南先遣供軍應接使)로 되어 있다.]	고운이 양주 회남 막부에 있을 때 그의 동료였다. 고운은 일찍 고변의 명을 받들어 그를 대신해서 지은 「사조장식진봉장(謝詔裝飾進奉狀)」 안에서 이 사람을 언급하고 있다.	『계원필경집(桂苑筆耕集)』, 『회남진봉사검교상서겸어사중승 사비어대 회계 낙공 묘지(淮南進奉使 檢校尙書 兼御史中丞 賜緋魚袋 會稽駱公墓志)』[1949년 이후 양주(揚州)에서 출토, 현재 양주박물관에 소장되어 있다.]

성명(姓名), 생몰(生歿)			
출신지(出身地)	신분(관직)	교유 현황	참고자료
22. 주번(周繁)			
	양주(揚州) 담당 수재(秀才)	고운과 주고받은 편지가 있다.	『계원필경집(桂苑筆耕集)』
23. 장웅(張雄)			
	초주(楚州) 지방장관(地方長官)	고운과 주고받은 편지가 있다.	『계원필경집(桂苑筆耕集)』
24. 장고(張翶)			
	수주(壽州) 주군장관(駐軍長官)	고운과 주고받은 편지가 있다.	『계원필경집(桂苑筆耕集)』
25. 양섬(楊贍)			
	양주(揚州) 담당 수재(秀才)	고운과 창화(唱和)한 시가 있다.	『계원필경집(桂苑筆耕集)』
26. 오만(吳巒)			
	양주(揚州) 담당 수재(秀才)	고운과 창화(唱和)한 시가 있다.	『계원필경집(桂苑筆耕集)』
27. 참산 청상인(巉山 淸上人)			
	청주(靑州) 참산(巉山)의 스님	고운이 지어 준 시가 있다.	『계원필경집(桂苑筆耕集)』
28. 오첨(吳瞻)			
	만당기 강남(江南)의 진사(進士)	고운이 지어 준 시 「신축년 진사 오첨에게 부침[辛丑年寄進士吳瞻]」이 있다.	『고운선생문집(孤雲先生文集)』(하권)
29. 이전(李展)			
	우이주군통령(盱眙駐軍統領)	고운과 창화(唱和)한 시 「이전 장관이 겨울에 산사에 노닐었던 것에 화답함[和李展長官冬日遊山寺]」이 있다.	『고운선생문집(孤雲先生文集)』(하권)
30. 전인의(田仁義)			
	당(唐) 건부(乾符) 연간의 진사	고운과 창화(唱和)한 시가 있다.	『전당시일(全唐詩逸)』
31. 우신미(于愼微)			
	고운이 장안의 여사(旅舍)에 있을 때 이웃에서 지내던 사람	고운이 그에게 지어 준 「장안의 여관에서 이웃에 사는 우신미 장관에게 줌[長安旅舍與于愼微長官接隣有寄]」이라는 시가 있다.	『고운선생문집(孤雲先生文集)』(하권)
32. 이원외(李員外)			
	연주(兗州) 사신(士紳)	고운이 지어 준 시가 있다.	『전당시일(全唐詩逸)』

성명(姓名), 생몰(生歿)			
출신지(出身地)	신분(관직)	교유 현황	참고자료
33. 배료(裴璙)			
맹주(孟州) 제원(濟源), 지금의 하남성(河南省) 제원(濟源)	고운의 좌사(座師)인 배찬(裴瓚)의 아들, 전 호남관찰순관(前湖南觀察巡官)	고운이 그를 위해 고변에게 편지를 써 관직을 청한 일이 있다.	『계원필경집(桂苑筆耕集)』
34. 배졸서자(裴拙庶子)			
		고운의 동년(同年)으로 서로 주고받은 편지가 있다.	『계원필경집(桂苑筆耕集)』
35. 여도사(女道士)			
	양주(揚州) 어느 도관(道觀)의 여도사	고운이 그녀에게 지어 준 「여도사를 이별하며[留別女道士]」라는 시가 있다.	『계원필경집(桂苑筆耕集)』
36. 희랑화상(希郎和尙)			
	가야산 해인사 화엄사종(華嚴司宗)	건녕(乾寧) 4년(897) 고운을 해인사에 초청하여 경전을 강론하는 것을 듣기를 청하였으나, 이루지 못하였다. 고운이 그에게 지어 준 「희랑화상께 드림[贈希郞和尙]」이라는 시 6수가 있다.	『고운선생문집(孤雲先生文集)』(하권), 『균여전(均如傳)』
37. 박인범(朴仁範)			
신라 왕경(王京: 경주) 출신	건부(乾符) 4년(877) 당조(唐朝)에 빈공진사(賓貢進士) 급제. 신라 한림학사(翰林學士), 수예부시랑(守禮部侍郎)	중화(中和) 3년(883) 신라의 탐후사(探候使) 신분으로 입당(入唐)하여 회남(淮南)에 이르렀다. 그때 고운의 영접을 받았으며, 고운이 고변을 대신하여 지어 준 「신라 탐후사 원외랑 박인범[新羅探候使朴仁範員外]」이라는 편지가 있다.	『계원필경집(桂苑筆耕集)』 권10, 『삼국사기(三國史記)』, 『동문선(東文選)』, 『백운소설(白雲小說)』, 『조선불교통사(朝鮮佛敎通史)』
38. 김준(金峻)			
	신라 혜성군(槥城郡) 태수(太守), 서경부태수(西京副太守), 입당고주사(入唐告奏使)	당(唐) 경복(景福) 2년(893) 초, 고주사(告奏使) 신분으로 고운과 함께 입당하려 하였으나 이행하지 못하였다. 그해 겨울 고운이 그에게 지어 준 「서경 소윤 김준과 작별하며[留別西京金小尹峻]」라는 시가 있다.	『삼국사기(三國史記)』, 『고운선생문집(孤雲先生文集)』(하권)

성명(姓名), 생몰(生歿)			
출신지(出身地)	신분(관직)	교유 현황	참고자료
39. 최인연(崔仁渷, 868~944)			
신라 왕경(王京: 경주)	고운의 아우라 하나, 확실한 근거는 없다. 신라 말기와 고려 초기의 문신(文臣)이다.	고운이 지은 「유당신라국고양조국사대낭혜화상백월보광지탑비명 병서(有唐新羅國故兩朝國師大郎慧和尙白月葆光之塔碑銘井序)」라는 비문의 글씨를 썼다.	『삼국사기(三國史記)』, 『고려사(高麗史)』, 『고려사절요(高麗史節要)』, 『조선금석총람(朝鮮金石總覽)』
40. 김인규(金仁圭)			
	신라 입 회남사(新羅入淮南使), 검교창부원외랑(檢校倉部員外郎), 수한림랑 사비어대(守翰林郎賜緋魚袋)	중화(中和) 4년(884) 10월 고운과 함게 배를 타고 귀국길에 올랐다. 고운과 서로 주고받은 시가 있다.	『계원필경집(桂苑筆耕集)』
41. 금천사 주지(金川寺主持)			
	금천사(金川寺) 주지	고운이 그에게 지어 준 「금천사 주지에게 줌[贈金川寺主]」이라는 시가 있다.	『고운선생문집(孤雲先生文集)』(하권)
42. 재곡사(梓谷寺) 스님			
	신라 재곡사(梓谷寺)에 홀로 산 스님	고운이 그에게 지어 준 「재곡사에 홀로 사는 스님에게[贈梓谷蘭若獨居僧]」라는 시가 있다.	『고운선생문집(孤雲先生文集)』(하권)
43. 운문사 지광스님(雲門寺 智光上人)			
	신라 운문사(雲門寺)의 스님	고운이 그에게 지어 준 「운문사에 사는 지광스님에게[贈雲門蘭若智光上人]」라는 시가 있다.	『고운선생문집(孤雲先生文集)』(하권)
44. 호원(顥源) 스님			
	신라의 스님	고운이 그에게 지어 준 「호원스님에게 부침[寄顥源上人]」이라는 시가 있다.	『고운선생문집(孤雲先生文集)』(하권)
45. 선왕(先王) 때 악관(樂官)			
	당나라 사람으로 신라 헌강왕(憲康王) 또는 정강왕(定康王) 때의 악관(樂官)	고운이 그에게 지어 준 「당성에 놀러 갔더니 선왕 때의 악관이 있었다. 장차 서국으로 돌아가려 할 때 밤중에 여러 곡을 불면서 선왕의 은혜를 그리워하며 슬피 울기에 시를 지어 줌[旅遊唐城 有先王樂官將西歸 夜吹數曲 戀恩悲泣以詩贈之]」이라는 시가 있다.	『고운선생문집(孤雲先生文集)』(하권), 『동문선(東文選)』

그가 중국에 유학하였을 때 강동(江東) 시인 나은과 소통하였다. 나은은 자부심이 대단하여 남을 쉽게 인정하지 않았는데, 최고운이 지은 가시(歌詩) 5축(軸)을 어떤 사람이 나은에게 보여 주자[61] 그 시를 보고 그만 감탄하여 마지않았다고 한다. 또 동년(同年)인 고운(顧雲)과 벗으로 친하게 지냈다. 최고운이 귀국할 때 고운(顧雲)이 송별 시를 지어 그에게 주었다. 그만큼 고운(顧雲)과 고운(孤雲)의 마음이 서로 통하였기 때문이다. 고운(顧雲)은 두순학(杜荀鶴)이나 은문규(殷文圭) 등과 친하게 지내면서 구화산(九華山)에서 함께 공부하였다. 두순학은 함통(咸通) 15년(874)에 과거에 급제하여 고변(高駢)을 따라 회남(淮南)에서 종사(從事)하였다. 필사탁(畢師鐸)의 난 뒤에는 삽주(霅州)로 물러나 살면서 저술 활동을 하였다. 두순학은 최고운보다 열 살이나 많았지만, 그들은 시를 매개로 좋은 친구 관계를 유지하였다.

당나라 사람들의 시를 정리한 책인 『전당시(全唐詩)』나 『천재가구(千載佳句)』에도 고운의 시[62]가 수록되어 있다. 그의 시인으로서의 위상을 짐작할 수 있다.

---

61 앞의 주)52 참조.

62 이 책은 일본인 大江維時(888~963)가 당시에서 명련(名聯)을 뽑아 상하권으로 편성한 사본이다. 이 책에는 고운(孤雲)의 연구(聯句) 9연(聯)을 비롯하여 김입지(金立之)(6), 김운경(金雲卿)(1), 김가기(金可記)(1), 박앙(朴昂)(1) 등 신라 사람의 시가 18연(聯)이 들어 있다. 그중에 고운의 작품은 다음과 같다.

권(卷)	부(部: 15)	항(項: 25)	순서	제목
상	사시(四時)	춘흥(春興)	1	「장안의 봄[長安春]」
		추흥(秋興)	2	「교주에서 이원외에게 바침[交州獻留李員外]」
	지리(地理)	산수(山水)	3	「낙중의 벗에게 남겨 줌[留贈洛中友人]」
			4	「자화산에 오름[登慈化山]」
	인사(人事)	형제(兄弟)	5	「아우 엄부를 전송하며[送舍弟嚴府]」
하	연희(宴喜)	한방(閑放)	6	「곤주에서 이원외께 올림[袞州留獻李外]」
		춘연(春宴)	7	「봄날[春日]」
	유방(遊放)	춘유(春遊)	8	「과거에 급제한 뒤 진사 전인의께 드림[成名後酬進士田仁義見贈]」
	이별(離別)	수행(水行)	9	「강가에서 회포를 적음[江上書懷]」

고운은 한편으로는 진정한 학문을 하고 싶었다. 그러나 다른 한편으로는 자신의 입신출세를 위하여 무척 애쓴 사람이었다. 특히 당나라에 있을 때는 그러한 노력을 많이 하였다. 그가 영달하는 것은 일차적으로는 당연히 자신의 영달이다. 그리고 이차적인 것은 부모에 대한 보답이며, 나아가서는 조국 신라에 대한 보답도 된다. 앞에서 든 「진정상태위」에 "어버이를 위할 뿐 내 몸 위함이 아니네.[只爲榮親不爲身]"라 하여 나 자신을 위한 것이 아니라 단지 어버이를 영화롭게 하기 위하여서라고 한 예에서 그 일단을 알 수 있다. 또 「산양에 머물 때 태위께서 잇따라 옷감을 보내면서 어버이를 뵙고 축수(祝壽)하는 예물로 하라고 하여 삼가 시를 지어 사례함[行次山陽 續蒙太尉寄賜衣段 令充歸覲 續壽信物 謹以詩謝]」[63]이라는 기다란 제목의 시에는 "이미 국신을 전하고 가신을 겸하였으니, 집안의 영화만이 아니라 나라의 영화일세.[旣傳國信兼家信, 不獨家榮亦國榮.]"라고도 하였다. 이 시는 태위인 고변에게 지어 준 시이다. 그의 머릿속에는 자신뿐만 아니라 가정과 국가라는 관념이 자리 잡고 있었다. 그는 소외감에 젖어 들기도 하고, 한편으로는 그것을 극복하려고도 하였다. 「객장에게 주는 편지[與客將書]」라는 글을 보면,

> 온 나라의 사람들이 모두 혜택을 받게 되었으니, 어찌 다른 나라의 선비만이 홀로 버림받게 하겠습니까? 저는 어리석은 재주를 헤아리지 않고 감히 덕이 밝은 분에게 몸을 던졌으니, 어찌 장군께서 선발하시고 추천해 주실 줄 알았겠습니까.[64]

---

63 崔致遠, 『桂苑筆耕集』 卷20.

64 "然則擧中國之人, 咸承煦育, 豈可令外方之士, 獨見棄遺, 某不揆庸才, 敢投淸德." 崔致遠, 『桂苑筆耕集』 卷19, [雜書], 「與客將書」.

라는 대목이 있다. 이 글은 그가 어느 장군의 도움을 받은 데에 대해서 감사의 편지를 올린 것이다. 먼저 진문(秦文) 가운데 이사(李斯)가 지은 「축객을 간언하는 글[諫逐客書]」[65]이라는 제목의 글 가운데 있는 구절, "어찌 다른 나라의 선비만이 버림을 받게 하겠습니까?"를 인용하여 자신의 지향(志向)을 드러내고 있다. 중국 사람들이 고운 자신을 다른 나라 사람이라는 이유로 소외시키는 데 대한 자신의 견해를 이사(李斯)가 진나라 장양왕(莊襄王)에게 올린 글의 의미로써 대신하였다. 이윽고 고운은 관직에 나아감으로 자신이 처한 외로운 상황을 벗어났다.

4. 외로움을 이긴 이상적 관리

인간은 이상을 간직하면서 어쩔 수 없이 현실 속에서 살아가야 한다. 현실은 과거·현재·미래의 연속선에서 직접 체험하게 되는 것이지만, 이상은 희망과 꿈의 형태로 미래 지향적이면서 현실과 밀접한 상관관계를 이룬다.

사람들은 대부분 희망적 이상을 지니고 현실을 살아간다. 이 희망적인 이상은 인간의 삶을 유지하기 위한 필수조건이며, 이 때문에 인간은 현실의 어려움을 이길 수 있다. 그런데 미래로 지향하지 못하고, 이상도 소유하지 못하고 관념의 세계로 파묻혀야만 하였던 사람도 있다. 피안의 세계, 유토피아, 이상향, Idea의 세계, 무릉도원 등으로 표현되는 것들은 이상과 현실의 프리즘을 통해 굴절시킨 관념의 세계이다.

65 "昭王得范雎, 廢穰侯, 逐華陽, 彊公室, 杜私門, 蠶食諸侯, 使秦帝業. …(中略)… 客何負於秦哉! 向使四君卻客而不納, 疏士而弗用, 是使國無富利之實, 而秦無彊大之名也." 謝冰瑩 外, 『新譯古文觀止』, 三民書局印行, 1984. 修正4版, 200~201쪽.

인간은 늘 관념의 세계를 동경한다. 어떤 사람들은 관념의 세계에 의도적으로 몰입하고, 그 속에 안주하려고 한다. 사람들은 어떤 필요에 따라 이상과 현실을 굴절시켜 가고 있다. 고운의 시 가운데 「생각을 붙여[寓興]」[66]를 보면,

願言扃利門	바라나니 이욕의 문에 생각을 끊고,
不使損遺體	부모님이 주신 몸 손상하지 말아라.
爭奈探珠者	어찌하여 구슬을 찾는 저 사람들은,
輕生入海底	목숨 걸고 바다 밑으로 들어가는고.
身榮塵易染	몸의 영화 세속 티끌에 쉬이 물들고,
心垢水難洗	마음의 때는 물로도 씻기 어렵다네.
澹泊與誰論	담박한 이치 누구와 의논해 보리오,
世路嗜甘醴	세상 사람들 달콤한 것만 즐기는데.
不使損遺體	부모께 받은 귀한 몸 상하지 말아라.

라고 하여 그가 현실 세계에서 맛보는 어려움을 읊고 있다. 자아가 보기에, 세상 사람들은 안일한 생각만 하고 있다. 오직 이욕과 쾌감에만 사로잡혀 정신적인 가치를 추구하지 않는다. 정신적인 가치를 추구하는 자아가 보기에 안타깝기만 하다. 맹자가 양(梁)나라 혜왕(惠王)을 만났을 때, "임금께서는 어찌 이(利)만 말씀하십니까? 또한 인의(仁義)도 있는데요."[67]라고 한 것처럼, 고운은 이욕을 넘어서 보다 정신적 가치를 추구하였다. 그는 담박한 사리, 곧 사물의 당연한 이치[事物當然之理]인 도를 논의하고 싶었다.

---

66 徐居正 外, 『東文選』 卷4.

67 "何必曰利, 亦有仁義已矣." 『孟子』, 「梁惠王」 上篇.

공자는 "아침에 도를 들으면, 저녁에 죽어도 좋다."[68]라고까지 하였다. 하지만 세상 사람들은 영리에만 혈안이 되어 도와 같은 말에는 관심조차 없다. 죽을 줄도 모르고 진주를 찾아 바다 밑으로 잠수하는 사람을 볼 때면, 최고운은 한없이 무상함을 느낀다. 눈앞의 이익에만 눈이 어두워 자기 목숨을 가벼이 여기기 때문이다. 이는 마치 당랑재후(螳螂在後)와 같은 것이다. 단지 눈앞의 이익에만 눈이 어두워 장차 그 뒤에 올 재화(災禍)는 생각하지 않는다. 그의 「봄날 새벽에 우연히 지음[春曉偶書]」[69]의 경련(頸聯)에서는 "세상이 어지러워 좋은 경치에 주인 없어, 뜬구름 같은 인생 명리가 또 무슨 소용.[亂世風光無主者, 浮生名利轉悠哉.]"이라 하고 있다. 세상이 혼란하니 명리를 구하는 것도 별로 의미가 없다. 세상이 언제 어떻게 변할지 모르는 상태이기 때문이다. 그가 생각하고 있는 현실 세계는 태평세(太平世)도 아니요, 그렇다고 승평세(升平世)도 아닌 쇠난세(衰亂世)이다. 나라에 도가 없는 상태이니, 부유하고 귀하게 되는 것이 부끄러운 것이다. 만약에 도가 유지된다면 문제는 달라진다. 나라에 도가 있다면, 가난하고 천하게 사는 것을 수치스럽게 생각하여야 한다.

어지러운 세상이니 좋은 경치를 완상할 만한 여유를 가진 사람이 드물

---

68 "朝聞道, 夕死可矣."『論語』,「里仁」篇.

69 시의 내용을 들어 보면 다음과 같다.

叵耐東流水不回	어쩌나, 동으로 흐른 물 돌아오지 못해,
只催詩景惱人來	시경을 재촉만 하여 사람을 괴롭게 하네.
含情朝雨細復細	정 머금은 아침 비 가늘디가늘게 내리고,
弄艶好花開未開	농염한 꽃은 어여뻐라 반쯤 피어 있구나.
亂世風光無主者	세상이 어지러워 좋은 경치에 주인 없어,
浮生名利轉悠哉	뜬구름 같은 인생 명리가 또 무슨 소용.
思量可恨劉伶婦	생각하면 유령의 아내 행동이 안타까워,
強勸夫郎疏酒盃	남편에게 술잔 그만 마시라 떼를 쓰다니.

– 崔致遠,『孤雲集』卷1

다. 모두 눈앞의 명리에만 급급해 있기 때문이다. 그러한 전경을 본 그의 심정은 한없이 안타깝다. 참다운 인생이 무엇인지 세상 사람들도 모르고 있다. 자연의 섭리를 따르지 않는 세상 사람들을 볼 때 그는 그들과 자신과의 사이가 마치 물과 기름처럼 서로 섞일 수 없음을 느꼈다.

어느 시대나 사회를 막론하고 경멸스러운 인간들이 존재하기 마련이다. 특히 어지러운 시대 상황 속에도 부귀영달에 급급한 인간들의 작태(作態)를 보는 시인의 시선은 불신을 넘어서 멸시에 가깝다. 그의 시 가운데 「가을날 다시 우이현을 지나며 이장관에게 부침[秋日再經盱眙縣寄李長官]」[70]이라는 시의 미련(尾聯)에서는, "우습다 이내 신세 봄날의 제비처럼, 우뚝 솟은 큰집에 다시 날아드네.[自笑身如春杜鷰, 畵樑高處又來飛.]"라고 하여 현실 앞에서 자신이 윗사람을 찾아가는 모습을 봄날 제비에 비유하여 읊고 있다. 앞뒤를 보아도 현실에 적응하기는 어렵기만 한데, 이장관 댁의 환대에 감동하고 있다. 이 시는 그가 율수(溧水) 현위(縣尉)를 그만두고 박학굉사과(博學宏辭科)에 응시하려고 준비하며 궁핍하고 고단한 생활을 하던 무렵의 시인 듯하다.[71] 이를 견디다 못해 그는 고변(高駢)에 계(啓)를 올려 도움을 청하였다.

고운이 과거에 급제하고 처음으로 발령받았던 곳은 중국 강소성(江蘇省)에 위치한 율수현이었다. 그의 나이 겨우 스무 살. 지금도 그렇지만 당시에도 어린 축에 속하였기에 당나라 황제 희종조차 선생의 나이를 짐작하지 못하였다고 한다. 그만큼 학문이 깊었음을 알 수 있다. 그뿐만 아니라, 백성을 생각하고 보살피는 마음이며 그들에게 필요한 것이 무엇인지

---

70 崔致遠, 『孤雲集』 卷1.

71 金榮華, 「崔致遠在唐事跡考」, 『中韓交通史事論叢』, 福記文化圖書有限公司, 1985. 初版, 6~7쪽.

를 알고 행동하는 모습 등에서 정치인의 참모습을 보여 주기도 하였다. 그가 지은 「쌍녀분기(雙女墳記)」 혹은 「최치원전(崔致遠傳)」, 「선녀홍대(仙女紅袋)」의 이야기에 이 점이 잘 드러나 있다.

어느 날 고운이 율수현(溧水縣) 남쪽에 있는 초현관(招賢館)을 둘러보다가 두 처녀의 무덤[雙女墳][72]을 발견한다. 이 무덤에 정략결혼을 비관해서 자살한 자매가 묻혔다는 사연을 듣고 억울하게 죽어 간 자매를 위해 고운은 다른 세상에서 우리가 함께 만나 이야기를 할 수 있다면 그대들을 위로하고 싶다며 시를 짓는다. 그러자 꿈속에 두 자매의 영혼이 나타나, "여기에 오랫동안 있었는데, 유람을 오는 사람들은 많았지만 시를 지어 애도하는 사람은 없었다."라고 하면서 만약 괜찮다면 다시 만나고 싶다고 하였다. 그날 밤 고운의 숙소에 두 영혼이 찾아와 그와 함께 밤새 시를 짓고 사랑을 나누었다. 그 뒤 많은 이들이 쌍녀분을 영험하다고 여겨 찾아가 기도를 드리며 소원을 빌기도 하고, 제사를 모시면서 복을 기원하기도 하였다. 평소 고운이 억울한 백성의 소리는 물론, 죽은 이의 영혼까지도 달랠 정도였기에 전설로까지 남아 전해 내려오는 것이다. 고운이 백성을 얼마나 위하였을지 상상해 볼 수 있다.

그가 이 「쌍녀분기」[73]를 지은 목적은 바로 출세하기 위해서이다. 이 글

---

72 이 무덤은 현재 중국 강소성(江蘇省) 고순현(高淳縣)에 있다. 필자는 이곳에 두 번 다녀왔다.

73 이에 대하여는 아직 지은이가 확정되지 않았다. 그러나 이 분야 전공자는 대부분 「쌍녀분기」를 최고운이 지은 것으로 보고 있다. 우리나라의 학자로는 조수학, 이구의, 김건곤 등이다. 중국에서는, 원(元)나라 때 간행된 『지정금릉신지(至正金陵新志)』에도 「쌍녀분기(雙女墳記)」는 최고운이 지었다고 한다. 현재의 진후상(陳后翔), 복양강경(濮陽康京), 위욱승(韋旭升), 서사홍(徐士鴻) 등도 「쌍녀분기(雙女墳記)」는 최고운이 지었다고 한다. 다만 그 지었다는 시기가 다소 차이가 나는데, 고국번(高國藩)은 청나라 옹정(雍正) 시대 고순현(高淳縣) 공생(貢生) 형맹린(邢孟麟)의 「쌍녀묘에 조상하며[弔雙女墓]」의 "그윽한 원한이 역사에 의해 전해졌네.[幽恨惟憑驛使傳]"에 의거하여, 역사(驛使)를 최고운으로 본다면 건부(乾符) 6년(879)에 회남절도사(淮南節度使) 고병(高駢)이 최고운을 관역순관으로 임명

을 지어 자신의 글재주를 남에게 알리고자 하였다. 이 「쌍녀분기」는 당나라 때 전기소설을 지은 사람들이 자신들의 소설을 상관 또는 유력자에게 보여 주어 입신출세하고자 쓴 글인 온권(溫券)과 그 성격을 같이한다.

온권은 명경(明經)이나 진사(進士) 시험에 응시하기 이전에 시험관 또는 정부의 요직에 있는 사람에게 자신의 글재주를 알리는 글이다. 최고운은 이러한 온권의 일종으로 이 글을 지었고, 희화를 통하여 자신의 글재주를 자랑하였다. 그의 재주는 선녀의 입을 통해서 간접적으로 나타내기도 하고 자신이 직접 이야기하기도 한다. 이 「쌍녀분기」의 13번째 시에 그 흔적이 나타난다. 「벗이 제야에 붙여 준 시에 화답함[和友人除夜見寄]」[74]이라는 제목의 시에서도 자기 입장을 그의 친구에게 말하고 있다.

이상은 곧 사람의 시각과 같다. 시각에 따라 사물과 시야가 달라지듯 이 이상에 따라 사(事)와 물(物)은 그 사람에게 각기 다른 시야를 허용한다. 고운의 이상은 한 마디로 담박한 사리를 논하는 데 있었다. 이는 자연스러운 인간성 구현이다.[75] 또 다른 그의 이상은 바로 명분을 바로 하자는 정명사상(正名思想)이다. 「옛적을 그리며[古意]」[76]라는 시를 들어 보면 다음과 같다.

하였으므로 최고운이 율수현위로 있을 때 쌍녀분을 찾아간 것이 아니라, 관역순관으로 있을 때 쌍녀분에 가서 「선녀홍대」를 지었다고 한다.(高國藩, 「崔致遠 仙女紅帶與高淳縣招賢館」, 『廣東民俗』, 1997. 第4期, 28쪽) 그러나 청나라 가경(嘉慶) 시대 고순현의 능생(廩生) 공소운(孔昭雲, 1809~?)은 이 「선녀홍대」는 최고운이 율수 현위로 재직할 때 지었다고 한다. 필자는 공소운의 견해에 공감한다.

蘇洪水 主編, 『雙女墳與崔致遠』, 『高淳文史資料』 14, 高淳縣印刷恩廳, 1998.(제1판)에는 쌍녀분(雙女墳) 관계 논문이 몇 편 실려 있는데, 그 필자와 제목을 들면 다음과 같다.

진후상(陳后翔)의 「千年古迹雙女墳」과 「韓國文運泰斗崔致遠」, 진후상(陳后翔)과 복양강경(濮陽康京)이 공동으로 집필한 「雙女墳考査記」, 복양강경(濮陽康京)의 「雙女墳與招賢驛初探」, 위욱승(韋旭升)의 「孤雲先生居唐宦途足迹考述」 등이다.

74 崔致遠, 『桂苑筆耕集』 卷20.

75 「우흥(寓興)」이나 「춘효우서(春曉偶書)」와 같은 시에 그러한 내용이 담겨 있다.

76 徐居正 外, 『東文選』 卷4.

狐能化美女	여우는 미녀로 둔갑하고,
狸亦作書生	살쾡이도 서생으로 변한다네.
誰知異類物	그 뉘라서 알리오, 동물들이,
幻惑同人形	사람으로 변해 홀리고 속임을.
變化尙非艱	변화는 오히려 어렵지 않으나,
操心良獨難	마음가짐이 참으로 어려워라.
欲辨眞與僞	참됨과 거짓을 분별하려거든,
願磨心鏡看	마음의 거울을 닦고서 보게나.

위 시의 미련에서, "참과 거짓 분별하려거든, 마음의 거울 닦고서 보게나.[欲辯眞與僞, 願磨心鏡看.]"라고 하여, 한편으로는 하소연하듯 하며 또 다른 한편으로는 불특정 상대방을 비꼬는 듯하다. 그가 생각하기로는 현재도 암울하며, 또 미래에도 실현 가능성이 적다고 느낀다. 달리 말하면 그의 이상이 현실과 어긋났다.

이러한 어려움 속에서 그의 나이 21살(877) 때 겨울 그는 박학굉사과에 응시하기 위해 율수 현위를 그만두고 입산 수학에 들어갔다.[77] 그러나 이미 저축한 녹봉이 바닥나고 글 읽을 양식이 떨어져, 박학굉사과의 준비를 중도에 그만두고 양양(襄陽) 이울(李蔚)의 문객이 되었으니[78] 그때 그의 나이 22살(878)이었다. 같은 해 고변의 추천으로 관역순관이 되고부터[79] 이

77 "某東海一布衣也. …(中略)… 前年冬, 罷離末尉, 望應宏詞, 計決居山, 暫爲隱退, 學期至海,更自琢磨." 崔致遠, 『桂苑筆耕集』 卷18, 「辭職狀啓」 第二.

78 "俱緣祿俸無餘, 書糧不濟, 輒携勃箒 來掃膺門." 崔致遠, 『桂苑筆耕集』 卷18, 「辭職狀啓」 第二; "伏蒙相公, 念以來從絶域, 遠詣樂郊, 特賜獎憐, 榮垂撫恤. 厚霑館穀, 免嗟藜藿之餐." 崔致遠, 『孤雲集』 卷1, 「上襄陽李相公讓館給啓」.

79 "伏尉相公, 迥垂獎憐, 便署職秩, 跡趨鄭驛, 身寓陶窓." 崔致遠, 『桂苑筆耕集』 卷18, 「辭職狀啓」 第二.

러한 어려움은 서서히 풀려 갔다. 이듬해 그가 23살 되던 해(879) 고변이 제도행영병마도통(諸道行營兵馬都統)에 임명되어 반적(叛賊) 황소의 토벌에 나설 때, 고변의 종사관이 되어[80] 이로부터 서기의 대임을 도맡게 되니, 표장서계(表狀書啓)가 모두 그의 손에서 나왔다. 그의 나이 24살(880) 때는 고변의 주천(奏薦)으로 도통순관 승무랑 전중시어사 내공봉(都統巡官 承務郞 殿中侍御史 內供奉)에 임명되고, 비은어대(緋銀魚袋)를 하사받았다.[81]

그가 25살(881) 때 7월에 「격황소서(檄黃巢書)」[82]를 지어 그 문명(文名)이 세상에 알려졌다. 그의 "너는 본디 시골 백성으로 갑자기 억센 도적이 되어 우연히 시세를 타고 강상을 어지럽게 하였다.[汝素是遐甿, 驟爲勍敵, 偶因乘勢, 輒敢亂常.]"라고 한 말이나, "너는 평민 출신으로 농촌에서 일어나 불을 지르고 겁탈하는 것을 좋은 짓으로 안다.[汝出自閭閻之末, 起於隴畝之間, 以焚劫爲良謀.]"라는 말에서 그는 서로 간의 자리매김을 강조하고 있다.

자신의 위치를 바로 알아서 자신의 위치에 맞는 행동을 할 때 비로소 사회에는 질서가 있게 된다. 질서가 있는 사회가 되면 저절로 조화한다. 그렇지 않고, 자리매김이 되지 않으면 말이 순하지 못하다. 말이 순하지 못하면 예악이 일어나지 않는다. 예악이 일어나지 않으면 형벌에 중심을 잃게 된다. 형벌에 중심을 잃게 되면 백성들이 손발을 둘 데가 없어진다. 따라서 정명(正名)을 반드시 하여야 한다. 이러한 고운의 생각은 그가 젊었을 때이건 늙었을 때이건 간에 일관되게 나타난다. 당시 황소(黃巢)는 반

---

80 "去年中夏, 伏遇出師, 忽賜招呼, 猥加驅榮, 許隨龍旆." 『桂苑筆耕集』 卷18, 「辭職狀啓」 第二; "某伏蒙仁恩, 特賜公牒, 改署館驛巡官, 今隨旌旆西去者." 崔致遠, 『桂苑筆耕集』 卷18, 「謝改職狀」.

81 崔致遠, 『桂苑筆耕集』 卷18, 「辭職狀啓」 第2 참조.

82 崔致遠, 『桂苑筆耕集』 卷11.

란군이었다. 반란을 일으켰으니 자신의 자리매김을 하지 못하였다. 그러나 무엇보다도 그가 양주(揚州) 지역의 절도사인 고변을 대신해서 지은 격문 「황소에게 보내는 격문[檄黃巢書]」을 빼놓을 수 없다. 고운은 더 높은 관직에 오르기 위해 율수현(溧水縣)의 현위를 사임하고 양주로 갔으나, 어지러운 정세로 과거제가 폐지되면서 꿈을 이루는 대신 고변 밑에서 문서를 담당하는 직무를 맡게 된다. 특히 황소(黃巢)의 난으로 민심이 혼란스러울 때 민심을 수습하기 위하여 적장(賊將)인 황소에게 보낸 격문이 「격황소서」이다. 그가 "이 세상 사람들이 모두 너를 죽이려 할 뿐만 아니라, 땅속의 귀신까지도 몰래 너를 죽이려 이미 의논하였을 것이다.[不唯天下之人, 皆思顯戮, 抑亦地中之鬼, 已議陰誅.]"라고 한 대목에 이르러 혼비백산(魂飛魄散)한 황소가 자기도 모르게 평상에서 내려앉았다고 한다.[83]

이 일을 계기로 고운은 국가로부터 정5품 이상이 받는 자금어대(紫金魚袋)를 하사받았으며, 도통순관[84]이라는 벼슬에까지 오르게 된다. 이 외에도 무려 20권에 달하는 『계원필경집』은 고운이 당나라에서 돌아와 당시 당나라의 정치, 경제, 사회, 문화 등 전반적인 상황을 시, 산문, 전황 보고, 축하문, 편지 등의 다양한 형식으로 구체적이면서도 정확하게 소개한 역사적 자료이다. 덕분에 우리나라는 물론 동아시아 등지에서도 역사적 사실과 상황을 파악하기에 이만한 자료가 없다고 할 정도로 매우 높이 평가받고 있다.

---

83 李奎報, 『白雲小說』 第3則 참조.

84 그의 『계원필경집』 「서문」을 보면, "회남에서 본국에 들어오면서 조서 등을 보내는 사신을 겸한, 전 도통순관 승무랑 시어사 내공봉 자금어대를 하사받은 신 최치원은 저술한 잡시부(雜詩賦) 및 표주집(表奏集) 28권을 올립니다. 그 구체적인 내용은 다음과 같습니다.[淮南入本國, 兼送詔書等使, 前都統巡官, 承務郎侍御史, 內供奉, 賜紫金魚袋, 臣崔致遠, 進所著雜詩賦及表奏集二十八卷, 具錄如後]."라 하고 있다.

항상 올바른 마음을 가지기 위하여서는 자신이 조심하여야 한다.[85] 그는 마음의 수양이 중요하다고 역설하고 있다. 자신을 수양하기 위하여서는 먼저 마음을 바로 하여야 하며[正心], 마음을 바로 하기 위하여서는 뜻이 정성스러워야 한다[誠意]. 그렇게 하여야 옳고 그른 것이 드러나고 명분이 분명해지며, 제도도 확립되어 사회질서를 안정시킬 수가 있다.[86] 그러나 그는 정군정의(正君正義)를 실현할 가능성이 희박하다고 생각하였다. 그의 나이 26살 되던 해(882) 1월 그가 모시던 고변이 출병하라는 황제의 명에 불응하여 자리에서 쫓겨나고 왕탁(王鐸)이 후임으로 임명되었다. 고운은 이제 의지할 곳이 없게 되었다. 그뿐만 아니라 그의 나이 28살 되던 해(884) 6월 황소의 난(875~884)이 완전히 평정되었다. 그 자신이 이제는 당나라에서 할 일이 없어졌다. 따라서 그는 그리운 고향 신라로 돌아올 수밖에 없었다.

5. 친구와 연인을 이별하고 귀국하다

고운은 그의 나이 28세(884) 되던 해에 10월 신라로 귀국할 뜻을 밝히니, 당나라 희종이 사신의 임무를 주고 조서(詔書)를 가지고 가게 하였다. 그러나 한편으로 그는 당나라를 떠나야 할지, 그곳에 머물러야 할지를 결정하지 못하고 잠시 망설이기도 하였다. 그러나 그는 「고향으로 돌아가 부모님을 뵐 것을 허락한 데 대한 감사의 장계[謝許歸覲啓]」[87]를 올리고 당

---

85 “君子, 終日乾乾, 夕惕若, 厲无咎.”『周易』, [乾卦], 「九三爻辭」.

86 “以明是非, 定名分, 立制度, 以安定社會秩序.” 穆超, “春秋的根本精神.” 戴君仁 等著, 『春秋三傳 研究論文集』, 黎化事業股份有限明文公司, 1981. 43쪽.

87 崔致遠, 『桂苑筆耕集』 卷20에 실려 있는 「謝許歸覲啓」를 보면, “비록 해도를 찾아 영광

나라에서 출발하여 다음 해 신라에 도착하였다.

이러한 사실은 그의 시 「돌 산봉우리[石峰]」[88]라는 시 밑에 자주(自主)하기를, "중화 갑신년 겨울 10월에 사신의 임무를 띠고 대주산 밑에 배를 띄우게 되었다."라고 한 데서 알 수 있다. 중화(中和) 갑신은 중화 4년(884)이고 고운의 나이 28살 때의 일이다. 『삼국사기』에도, "28살에 부모를 뵈러 돌아갈 뜻을 품으니, 희종이 그것을 알고 광계 원년 조서를 가지고 사신으로 오게 하였다."[89] 하여, 그의 나이 28살 때 당나라에서 출발하였다 하고 있다. 도중에 풍랑을 만나 유산에 이르러 바람이 멎기를 기다렸으나 이내 겨울이 되어 곡포(曲浦)에 정박하여 그해 겨울을 보내고 이듬해 봄에 떠나게 되었다.[90] 즉 28세에 회남에서 출발하였으나 막상 신라에 당도한 것은 29세 되는 헌강왕 11년 춘삼월이었다.[91]

그가 28살 되던 해인 헌강왕 10년 갑진(甲辰), 당나라 희종(僖宗) 중화(中和) 4년(884) 8월 황제의 조칙을 가지고 신라로 돌아오려 할 때[92] 그의 동년(同年)인 고운(顧雲)이 다음과 같은 「송시(送詩)」[93]를 지어 주었다. 이 시에서는,

---

되게 돌아감은 고금에 견줄 데가 없으나, 또 연파를 바라보고 눈물을 흘리니, 가야 할지 있어야 할지 결정하지 못하겠습니다.[雖尋海島以榮歸, 古今無比, 且望烟波而感泣, 去住難安.]"라 하고 있다.

88 "中和甲申年十月 奉使, 泛泊舟於大珠山下." 崔致遠, 『桂苑筆耕集』 卷20.

89 "年二十八歲, 有歸寧之志, 僖宗知之, 光啓元年, 使將詔書來聘." 金富軾, 『三國史記』 卷46, [列傳], 「崔致遠」 條.

90 崔致遠, 『桂苑筆耕集』 卷20, 「上太尉別紙」 4.

91 金富軾, 『三國史記』 卷11, [新羅本紀] 第11, 憲康王十一年春三月條에 '崔致遠還'이라는 句節이 있다.

92 "奉帝詔來聘本國." 崔致遠, 『海雲先生略選』 卷1, 「年歲考」.

93 徐居正 外, 『東文選』 卷12.

我聞海上三金鼇	내 들으니 바다에는 세 마리 금자라 있다던데,
金鼇頭戴山高高	금자라 머리 위엔 높고도 높은 산을 이었고,
山之上兮	산 위에는,
珠宮貝闕黃金殿	구슬 궁전 자개 대궐 황금의 전각이요,
山之下兮	산 아래에는,
千里萬里洪濤	천리만리나 넓은 파도라네.
傍邊一點鷄林碧	그 옆에 한 점 계림이 푸르른데,
鼇山孕秀生奇特	자라산 정기로 영특한 이 태어났네.
十二乘船渡海來	열두 살에 배 타고 바다를 건너와서,
文章感動中華國	문장으로 온통 중국을 감동시켰고,
十八橫行戰詞苑	열여덟 살 때에는 문단을 휩쓸어서,
一箭射破金文策	한 화살로 금문책을 쏘아 뚫었다네.

라고 하여 고운(孤雲)의 자질이 뛰어났음을 묘사하고 있다. 열두 살에 바다를 건너 중국에 와서 뛰어난 문장력으로 중국을 감동하게 하였고, 열여덟 살에는 과거에 응시해서 단번에 합격한 영광을 입었다는 것을 말하고 있다. 이렇게 보면, 최고운은 디아스포라의 한 사람으로 어려움이 많았지만 이를 극복하고 성공하였다고 할 수 있다.

그가 고국인 신라로 돌아오기 전 그와 다정하게 지내던 여인이 있었다. 그 여인은 양주(揚州)의 어느 도관(道觀)에서 수도하고 있는 여도사로 성과 이름은 알 수 없다. 고운이 그녀에게 지어 준 「여도사를 이별하며[留別女道士]」[94]라는 시가 있다. 그 내용을 들어 보면 다음과 같다.

94 崔致遠, 『桂苑筆耕集』 卷20.

每恨塵中厄宦途	세상 벼슬길 액운이 항상 안타까운데,
數年深居識麻姑	몇 년 동안 마고선녀 안 것 너무 기뻐.
臨行與爲眞心說	떠나려 할 때 그대와 진심을 말하니,
海水何時得盡枯	그 언제 바닷물이 마를 수 있으리까?

위 시를 보면 고운이 양주에서 일을 마치고 신라로 돌아올 때 고운이 몇 년 동안 사귀어 온 여도사에게 지어 준 이별의 시라는 것을 알 수 있다. 벼슬살이에는 언제나 어려움이 따랐는데, 다행히 여도사를 만나 마음을 나누었다. 자아가 이 여도사와 몇 년 동안 사귀게 되어 기뻤다고 한다. 어찌 보면 고운이 당나라에 있을 때 가깝게 지내던 연인이었는지도 모른다. 하지만 그는 신라로 돌아올 때 이 여도사를 데려오지 않았다. 기약도 없는 이별을 앞두고 이 시를 지어 여도사에게 주었다. 지금껏 자신의 진심을 말하지 못하다가 떠날 때가 되어서야 서로의 진심을 말한다. 그 진심은 다름 아닌 이 여도사와 다시 만나길 바라는 마음이다. 그만큼 두 사람 사이에는 정이 남았다. 결구에서 자아는 그 언제 바닷물이 마를 것이냐고 하였다. 이를 두고 보면 두 사람의 정이 대단히 각별하였음을 알 수 있다. 하지만 두 사람은 다시 만날 기약이 없다. 사랑하면서도 이별하여야 하는 고통, 곧 애별리고(愛別離苦)이다. 고운은 배를 타고 바다를 건너오면서 「바다에 배 띄워[泛海]」[95]라는 시를 지었다.

掛席浮滄海	돛을 걸고 푸른 바다 배 띄우니,
長風萬里通	길게 불어온 바람 만 리 통하네.

---

95 崔致遠,『孤雲集』卷1.

乘槎思漢使	뗏목 탄 한나라 사신도 생각나고,
採藥憶秦童	약 캐러 간 진나라 아동도 생각나.
日月無何外	허공에는 해와 달이 떠 있고,
乾坤太極中	태극에서 나온 하늘과 땅이라네.
蓬萊看咫尺	봉래산이 아주 가까이에 보이니,
吾且訪仙翁	나도 잠깐 신선을 찾아가 보리라.

고운이 귀국하자 헌강왕은 그를 시독겸한림학사 수병부시랑 지서서감(侍讀兼翰林學士 守兵部侍郎 知瑞書監)에 임명하였다. 그 가운데 한림학사(翰林學士)란 신라에서 국자감 습업(習業)을 마치고 돌아온 견당(遣唐) 유학생에게 의례적으로 주던 직책이니, 고운은 「숙위학생 수령 등을 파견할 때 입조하는 장[遣宿衛學生首領等入朝狀]」에서,

> 신이 가만히 생각해 보니, 우리나라 사람이 중국에서 배우는 것은 오직 예와 악이며, 더욱이 남은 힘으로써 문장을 공부하고 바른 소리로써 언어를 바로잡아 문장은 표장을 지어 해외의 신절(臣節)을 아뢰게 하고, 말은 정과 예를 통하여 중국의 사행을 받들게 하며, 직책은 한림이라 하여 종신토록 종사하게 됩니다.[96]

라고 하여 한림의 임무가 사대문장(事大文章)과 사행영접(使行迎接)임을 밝히고 있다. 과연 고운은 당에 보내는 국서를 작성하기도 하였고 비문(碑文)·기(記)·찬(讚)·원문(願文) 등 국가에서 필요로 하는 여러 문장을 지었으

---

96 "臣竊以東人西學, 惟禮與樂, 至使攻文以餘力, 變語以正音, 文則俾之修表章, 陳海外之臣節. 語則俾之達情禮, 奉天上之使車, 職曰翰林, 終身從事." 徐居正 外, 『東文選』 卷47.

니 현재 남아 있는 글을 보아도 알 수 있다. 고운이 일반 유학생과 달리 부여받은 직책은 시독(侍讀)과 병부시랑지서서감(兵部侍郞知瑞書監)이라고 하였으니 그는 당나라에서 특별한 대우를 받았음을 알 수 있다. 그가 귀국한 다음 해인 헌강왕 12년(886) 정월에는 당에서 지었던, 금체부 5수 1권, 5언 7언 근체시 100수 1권, 잡시부 30수 1권, 『중산복궤집(中山覆簣集)』 1부 5권, 『계원필경』 1부 20권[97] 등 28권을 왕에게 올렸다. 이해 7월에 헌강왕이 승하하자 고운은 곧 외직으로 나가 태산군(太山郡) 태수(太守)가 되었다. 『가승(家乘)』[98]이나 『삼국사기』[99]를 보면 그가 귀국하여 당에서 닦은 학식으로 자기의 뜻을 펴 보려 하였으나 신라는 이미 쇠퇴의 길로 접어들었기 때문에 의심하고 꺼리는 사람이 많아서 용납되지 못하므로 외직으로 나갔다고 그 이유를 말하고 있다.

그가 31세 되던 정강왕(定康王) 2년(光啓丁未) 11월에는 「왕비 김씨가 돌아가신 아버님과 형님을 위해서 복을 구하려 곡식을 시주하면서 바라는 글[王妃金氏爲先考及亡兄追福施穀願文]」을 지었다. 그런데 그 끄트머리에 '중화 정미년 창월 부성 태수 최치원(中和丁未年暢月, 富城太守, 崔致遠)'이라고 명기하고 있다. 중화에는 정미가 없으므로 광계 정미(光啓丁未)의 오기임이 분명하고[100] 태산 태수(太山太守)에서 부성 태수(富城太守)로 옮겼음을 알 수 있다.

---

97 "私試今體賦五首 一卷, 五言七言今體詩共一百首 一卷, 雜詩賦共三十首 一卷, 中山覆簣集 一部 五卷, 桂苑筆耕集 一部 二十卷."

98 "憲康王十二年丙午七月, 王薨, 朝廷多疑忌, 出爲太山郡太守." 崔致遠, 『孤雲集』, [附錄], 「家乘」.

99 "致遠, 自以西學多所得, 及來將行己志, 而衰李多疑忌 不能容, 出爲太山郡太守." 金富軾, 『三國史記』 卷46, [列傳] 第6, 「崔致遠」 條.

100 중화(中和) 5년 3월에 당(唐) 희종(僖宗)이 광계(光啓)로 개호(改號)하였는데, 고운(孤雲)은 그 전에 귀국하였으므로 이 사실을 모르고 계속 중화(中和)로 사용하였다.

그의 나이 37세 되던 진성왕(眞聖王) 7년 신라에서는 납정절사(納旌節使) 김처회(金處誨)가 당으로 사신 가던 도중에 익사하였으므로 혜성군 태수(槥城郡太守) 김준(金峻)을 고주사(告奏使)로, 부성군 태수 고운을 하정사(賀正使)로 삼아 당에 파견하였다. 그러나 그때 흉년이 들고 곳곳에 도적이 일어나서 가기가 위험하여 사행 길을 그만둘 수밖에 없었다. 그 뒤 다시 사신으로 갔으나 그 연대는 알 수 없다.[101]

31세에 부성 태수였는데, 37세까지 6년간이나 한 고을의 태수로 재임하였다는 것이 의심스럽지만 달리 반증할 만한 자료가 없어 그대로 믿기로 한다. 그는 귀국하여 지은 것으로 보이는 「가을밤 비 오는 가운데[秋夜雨中]」[102]라는 시에서 자신의 외로운 처지를 읊고 있다. 그 내용을 들어 보면 다음과 같다.

秋風唯苦吟	쓸쓸한 가을바람에 애달픈 노래.
擧世少知音	온 세상에는 알아주는 이 적다네.
窓外三更雨	깊은 밤 창 밖에는 비 듣는 소리.
燈前萬里心	등불 아랜 아득히 먼 외로운 마음.

이 시에서 한 곳에 용사(用事)하고 있다. 지음(知音)이 그것이다. 지음(知音)은, "백아가 거문고를 연주하니, 그 거문고 소리가 고아하고 오묘하였다. 오직 종자기가 그 소리를 알아주었는데, 종자기가 죽자 그 소리를 아는 사람을 찾기 어려워 백아는 마침내 거문고를 부수고 활줄을 끊고는 죽

101 金富軾, 『三國史記』 卷46, [列傳] 第6, 「崔致遠」 條.

102 徐居正 外, 『東文選』 卷19.

을 때까지 다시는 거문고를 연주하지 않았다."[103]라는 말에서 유래된 것으로 마음이 서로 통하는 친한 벗을 의미한다.

고운은 이 밖에도 「봄날 시골 정자에서 노닐며 벗의 시에 화답함[和友人春日遊野亭]」[104]이라는 시의 미련(尾聯)에, '친구끼리 서로 불러 기쁘게 취하는 자리[知己相邀歡醉處]'에서 지기(知己)라는 말을 쓰고 있다. 지기 또한 "월석보가 말하기를, 내 들으니 군자는 자기를 모르는 사람에게 굽히고, 자기를 알아주는 사람을 믿는다.",[105] "선비는 자신을 알아주는 사람을 위해서 목숨을 바치고, 여자는 자기를 기쁘게 하는 사람을 받아들인다. 정장은 자기를 알아주는 사람에게 등용된다.",[106] "이 세상에 한 사람이라도 자기를 알아주게 되면, 안타까워하지 않는다."[107] 등에서 알 수 있듯이 친한 친구 사이를 뜻한다.

이처럼 고운은 지음(知音)과 지기(知己)라는 말을 써 자기의 외로운 신세를 더욱 절실하게 하여 준다. 그는 「장안의 여관에서 이웃에 사는 우신미 장관에게 줌[長安旅舍與于愼微長官接隣]」이라는 시의 '타향에서는 알아주는 이 적고[他鄕少知己]'나 「가을 밤 비오는 가운데[秋夜雨中]」의 '온 세상 알아주는 이 적어[擧世少知音]'와 같은 구절에서는 백아와 종자기 사이와 같이 서로 터놓고 이야기할 상대자가 없음을 한탄하였다.

그는 현실 세계를 무관심하게 보지 않았다. 도리어 현실 세계를 날카롭

---

103 "伯牙操琴, 琴聲高妙, 唯鍾子期知音. 子期死, 知音難覓, 伯牙遂破琴絶弦, 終身不復鼓琴." 呂不韋, 『呂氏春秋』, 「本味」.

104 崔致遠, 『孤雲續集』.

105 "越石父曰, 吾聞君子詘於不知己, 信知己者." 司馬遷, 『史記』, 「晏嬰傳」.

106 "士爲知己者死, 女爲說己者容, 政將爲知己者用." 司馬遷, 『史記』, 「刺客傳」.

107 "使天下一人知己者, 足以不恨." 司馬遷, 『史記』, 「虞翻別傳』.

게 보고 있다. 그러나 그에게는 개혁을 단행할 만한 힘이 없고, 다른 사람에 의해서도 개혁될 기미가 보이지 않는다. 이때 그 자신이 성찰의 세계로 빠져들어 가게 된다. 자신을 성찰하다 보니 과거의 경험 세계로 거슬러 올라가게 된다. 과거의 경험 세계로 거슬러 올라가서 돌이켜 생각하니 모든 것이 헛되게 느껴진다. 그러니 어둠 속에서 방황할 수밖에 없다.

그는 방황하였지만, 지조를 버리지는 않았다. 그와 같은 지식인이면서, 또 당나라까지 유학까지 한 최언위와 최승우는 지조를 버렸다. 최언위는 고려에 귀화하여 대상원봉대학사 한임원령 평장사(大相元鳳大學士翰林院令平章事)를 지냈으며, 최승우는 후백제 견훤의 휘하에 들어가 「견훤을 대신해서 고려왕에게 보내는 편지[代甄萱寄高麗王書]」라는 글을 지었다.

고운은 그가 지향하고자 하는 세계가 벽에 부딪히자 외로움을 느끼고 정신적으로 방황하였다. 이때 지향하는 공간, 곧 자연을 자신의 고통을 달래 주는 안식처로 생각하였다. 그는 오직 평범한 자연 속의 한 사람이 되고자 하였다. 그는 서서히 세속의 욕심을 버렸다.

고운은 재야 하층민들의 추앙을 받았다. 그 근거는 설화와 소설에서 나타난다. 설화나 소설에서 금돼지가 등장하는 것은 그가 그만큼 존귀한 존재임을 뜻한다. 그가 하층민의 추앙을 받은 것은 그가 강자가 아니라 약자였기 때문이다. 바로 그의 만년의 불우하였던 삶과 신비한 행동이 서민들의 동정심을 불러일으켰으며, 이러한 동정심이 신선 사상과 연결되면서 그를 신이적인 인물로 만들었다.

최고운이 당나라 때 조기 유학의 선두자이자 참된 지식인이라는 점이 주목받으면서, 그를 한중교류의 진정한 출발점으로 보는 시각이 늘어났다. 「격황소서(檄黃巢書)」 한 편으로 위기의 당나라를 구하였다. 이런 사실로 그가 대중적 인기를 얻었다. 그는 우리나라와 중국의 교류 1,000년을 두고 가장 상징적으로 꼽는 인물이다. 앞으로도 최고운이라는 이름이 한중교류의 아이콘(icon)으로 영원히 남을 것이다.

그는 고운(孤雲)이라는 그의 자(字)만큼이나 그의 당대에는 외로웠다. 하지만, 치원(致遠)이라는 이름만큼이나 후세에 길이 남았다. 그는 우리 문학사에는 지울 수 없는 위대한 존재이며 한 시대를 불우하게 살았던 지성의 영웅이다.

제2장

최고운 문학과 시대정신

1. 신분의 제약과 최고운

최고운(857~?)은 태어난 순간부터 일차적으로 어려움이 있었다. 그의 신분이 육두품이었기에 여러 가지 제약이 있었다. 그는 열두 살 되던 해(868, 경문왕 8)에 이 신분의 제약을 벗어나 출세하고자 당나라로 조기 유학하였다. 아버지가 10년 안에 중국에서 과거에 급제하지 못하면 자기 아들이 아니니, 힘써 공부하라고 한 사실[108] 때문에 정신적으로 많은 부담이 있었다. 이 부담이 그가 글공부를 더 열심히 하는 계기가 되기도 하였지만, 그는 자신의 의도와는 상관없이 주어진 사회의 범위 안에서 생활하여야 하였다.

최고운은 자신을 낳아 준 아버지의 말을 듣고 학문에 정진하여 그의 나이 열여덟 살 되던 해(874, 경문왕 14, 甲午)에 예부시랑(禮部侍郎) 배찬(裵贊)의 검시하(檢試下)에서 단번에 합격하고 처음으로 선주(宣州) 율수현위(溧水縣尉)의 직책을 받았다. 당나라에 유학한 이후부터 그는 아버지와의 약

108 金富軾,『三國史記』卷46, [列傳] 6,「崔致遠」條.

속을 지키기 위하여 노력하였다. 이 대목에서 우리는 최고운의 의지가 대단히 강하였다는 사실을 알 수 있다.

신라 사람으로 당나라에 유학한 이들은 대부분 강한 의지가 있었다. 고려 말 최해(崔瀣, 1287~1340)의 말을 빌리면, 신라 사람으로 오대(五代)·양당(兩唐) 때 중국에 가서 과거에 합격한 사람이 56명이라 한다.[109] 외국 사람이 다른 나라에 가서 과거에 합격한다는 것은 그만큼 그들의 의지가 강하지 않으면 불가능하다. 자국민과 언어, 문화가 다르며 이를 극복하기 쉽지 않기 때문이다.

2. 어려움을 극복한 강한 의지

최고운은 관직에 나아가기 위하여 당나라에 갔다. 그러나 그곳에서 과거에 합격한 뒤에도 관직 생활은 쉽지 않았다. 그의 시「뜻을 펴 태위께 올림[陳情上太尉]」[110]의 미련에는, "내 건너다 다행히 넓은 은혜 물결 만나, 십 년 묵은 갓끈 먼지 씻고 싶습니다.[濟川幸遇恩波廣, 願濯凡纓十載塵.]"라고 하여 어려움 속에서도 관직에 나아가 출세하여야 한다는 강한 의지를 보인다. 그는 현실 참여에 대한 강한 의지를 드러내면서, 한편으로는 그 자신이 당시 당나라의 국교였던 도교나 인도에서 전해 와 한창 무르익어 가던 불교보다는 유교(儒教)를 따르는 유자(儒子)임을 자처하였다. 그의「다시 바치는 계[再獻啓]」를 보면,

---

109 崔瀣,「東人之文四六序」.

110 崔致遠,『桂苑筆耕集』卷20.

또 저는 토사(兎絲)와 같으니 누가 몸에 두르겠습니까. 혼자서 거미처럼 그물을 짜고 있을 뿐입니다. 만 가지 꾀를 내어 생각해 보아도 배우는 것이 훨씬 나으니, 한평생 열심히 공부하면서도 다시 잃어버릴까 두려워해야 할 일입니다. 그런 까닭에 벼슬길을 다투지 않고 유자의 길만을 따랐으며, 처음 관직을 얻었을 때도 세속에 붙어 따르기를 싫어하고, 거처를 가려서 정할 때도 임천(林泉)을 탐내며 그리워하였습니다. 세상의 요로와 통진에는 눈을 돌리지 않았고, 물외의 청산과 녹수를 찾아 가끔 꿈속에 돌아가곤 하였습니다. 바라는 바는 다시 연도(鉛刀)를 갈아서 끝내 철인(鐵印)을 구하는 것입니다. 그래서 자취를 거두어 학문의 수택(藪澤)에 똬리를 틀고, 몸을 추슬러 문사(文詞)의 밀림을 헤집고 있습니다.[111]

라고 하고 있다. 그는 벼슬자리도 아무 데나 나아가지 않았고, 자기가 거처할 만한 곳을 택하였다. 그뿐만 아니라 자연, 또는 고향으로 돌아갈 생각을 하였다. 당나라에서 이방인이었으니 그러한 감정이 드는 것은 당연하다. 하지만 그가 젊어서부터 청산과 녹수, 곧 자연에 관심이 있었던 것은 만년에 자연에 귀의하는 동기가 되었다. 그는 인간의 요로(要路)와 통진(通津), 곧 출셋길에 혈안이 되지 않았다. 그는 그만큼 고향을 그리워하며, 중국에서 하루하루를 보내고 있었다.

고운이 머나먼 타국까지 가서 입신양명하려고 하였지만, 그의 순수한 마음은 바로 정일집중(精一執中)이었다. 약관의 나이에 지녔던 이러한 생각은 그의 만년까지 일관되었다. 그의 시에는 초조함, 또는 외로움을 읊은

111 "且某也兎絲誰絡, 蛛網自營. 萬計尋思, 不如學也. 百年勤苦, 猶恐失之. 所以未競宦塗, 但遵儒道, 筮仕而懶趨塵土, 卜居而貪憶林泉. 人間之要路通津, 眼無開處, 物外之青山綠水, 夢有歸時. 所願更淬鉛刀, 終求鐵印, 斂跡而跧藏學藪, 安身而跌宕詞林." 崔致遠, 『桂苑筆耕集』 卷17.

부분이 많다. 이는 아직 성정이 완전히 겸비되지 못한 데서 오는 외로움 내지는 초조함이었다. 먹지 않고 자지 않고 사색하였으나 아무것도 얻는 것이 없다. 학문에 바탕을 두지 않는 사색은 잡념에 지나지 않는다. 따라서 먼저 공부하여야 한다. 궁리 공부와 아울러 진성 공부를 한다면 이보다 더 나은 학문의 방법이 없다. 그는 공자의 이러한 학문의 태도를 깊이 생각하여 본받고자 하였다. 그가 유도라고 한 것은 공자의 학문관과 연결된다. 학문에 정진하고자 하다 보니 벼슬의 높낮이에 대해서는 그다지 관심이 없었다.

3. 현실에서의 소외와 학문에 대한 열정

최고운은 당나라에서 많은 외로움을 느꼈다. 그에게는 이방이라는 데에 따른 외로움도 있었겠지만, 진정한 학문을 의논할 만한 사람이 없어 회의가 더 강하였다. 그는 진정한 학문을 하고자 하였지만, 다른 한편으로는 자신의 입신출세를 위해 대단히 애썼다. 그의 영달(榮達)은, 첫째 자신의 영달이다. 둘째는 부모에 대한 보답이며, 나아가서는 조국 신라에 대한 보답도 된다. 앞에서 든 「뜻을 펴 태위께 올림[陳情上太尉]」에 "어버이를 위할 뿐 내 몸 위함이 아니네.[只爲榮親不爲身]"라 하여 나 자신을 위한 것이 아니라 단지 어버이를 영화롭게 하기 위해서라고 한 예에서 그 일단을 알 수 있다. 또 「산양에 머물 때 태위께서 잇따라 옷감을 보내면서 어버이를 뵙고 축수(祝壽)하는 예물로 하라고 하여 삼가 시를 지어 사례함[行次山陽續蒙太尉寄賜衣段 令充歸覲 續壽信物 謹以詩謝]」[112]이라는 긴 제목의 시에

112 崔致遠,『桂苑筆耕』卷20.

는 "이미 국신을 전하고 가신을 겸하였으니, 집안의 영화만이 아니라 나라의 영화일세.[旣傳國信兼家信, 不獨家榮亦國榮.]"라 하였다.

그의 「접시꽃[蜀葵花]」[113]이라는 시의 미련(尾聯)에서, "천한 곳에 태어난 스스로 부끄러워, 남들에게 버림받아도 참고 지내네.[自慚生地賤, 堪恨人棄遺.]"라고 하여, 그가 이방인이라는 사실 때문에 중국에서는 자신의 실력에 맞는 직위에 천거해 줄 사람이 없다고 한다. 이방인이라는 이유만으로 현실에 버림받고도 이를 참아야 한다. 그러려니 그 답답함은 이루 말할 수 없다. 외로움이 사무치고 또 그렇게 소외되어야 하는 자신이 안타깝다.

그의 「우강 역정에 붙임[題芋江驛亭]」[114]이라는 시에도, "산이 곧 평지 되고 물이 또한 말라야, 인간의 이별이 비로소 그치리니.[直得山平兼水渴, 人間離別始應休.]"라고 하고 있다. 우강역(芋江驛)은 현재 중국 강소성(江蘇省) 소주(蘇州)에 있다. 역(驛)은 사람들이 만나 헤어지는 공간이다. 만나고 헤어지는 주체가 아는 사람일 수도 있고 그렇지 않을 수도 있다. 자아가 알고 있는 사람, 나아가 친한 사람을 우강역에서 만났다가 이별한다. '산이 평지 되고 강물이 말라야 인간의 이별이 그칠 것'이라 하였기 때문이다. 자아는 전혀 가능성이 없는 두 사실을 내세워 자신의 심정을 더욱 강조한다. 산이나 물은 그의 심정을 묘사하는 데 도움을 주는 보조 대상에 지나지 않는다. 이 시는 자연은 언제나 조화를 이루지만, 사람들은 화합을 깨기 일쑤임을 묘사하고 있다.

최고운의 또 다른 이상은 명분을 바로 하자는 정명주의(正名主義)이다.

113 徐居正 外, 『東文選』 卷4.

114 徐居正 外, 『東文選』 卷19.

이는 그의 「고의(古意)」[115]나 「격황소서(檄黃巢書)」[116]에 나타난다. 최고운이 당나라 조정의 편에 서서 이 글을 지었기 때문에 황소를 역적으로 몰고 있다. 그러나 그가 활동한, 곧 이 글을 지을 당시에는 당나라 조정도 명분을 바로 하지 못하였고, 또 할 수 없던 때였다. 그러하였기에 정명 정신이 더욱 절실하게 그의 머릿속에 자리 잡았다.

> 공은 중국 유학에서 배운 것이 많다고 생각하여 본국에 돌아온 뒤에 자신이 뜻한 바를 실행하려고 하였으나, 말세에 그를 의심하고 꺼리는 사람이 많아서 태산군 태수가 되었다.[117]

그는 자신이 중국에서 보고 들은 정견(政見)을 고국인 신라에서 펼치고자 하였다. 그러나 당시는 신라가 쇠퇴해 간 때였기에, 대신들 특히 진골들의 반발에 부딪혀 외직인 태산 군수로 나갔다. 자신이 지녔던 신라에 돌아와서 고국인 신라를 위해 힘쓰겠다는 포부가 수포(水泡)로 돌아갔다. 여기서 그는 정신적으로 방황하게 된다. 이러한 정신적인 방황이 심해지자, 행동으로 나타나게 된다.

그가 귀국하여 지은 것으로 보이는 시 「가을밤 비 오는 가운데[秋夜雨中]」[118]에는, "쓸쓸한 가을바람에 애달픈 노래, 온 세상엔 알아주는 이 적다네.[秋風唯苦吟, 擧世少知音.]"라고 하여, 현실 세계에 불만이 있기에 그는 과거의 세계로 돌아가 추체험(追體驗)하는 모습이 그려진다.

---

115 앞의 주)76 참조.

116 崔致遠, 『桂苑筆耕集』 卷11.

117 "公自以西學多所得, 及來欲所蘊, 衰季多疑忌, 出爲太山郡今泰仁太守, 唐昭宗景福二年, 卽眞 聖王之七年, 公時爲富城郡今瑞山太守." 『三國史記』 卷46, [列傳] 6, 「崔致遠」 條.

118 徐居正 外, 『東文選』 卷19.

4. 참된 이치를 찾아 자연에 귀의하다

최고운은 고국에 돌아온 뒤에도 벼슬길에 나아갔지만, 이내 정치 현실에 혐오를 느꼈다. 그가 실현하고자 하는 나라의 안정 또는 융화는 권력자들의 반발로 수포가 되었다. 이렇게 되자 그는 차츰 현실에 대한 관심을 멀리하게 되었다.

그가 '계림에는 누런 잎이 지고, 곡령에는 소나무가 푸르다.[雞林黃葉, 鵠嶺青松.]'라는 말을 고려 태조인 왕건에게 올렸기에 부득이 세상을 등지게 되었다는 말이 있다. 고려 태조가 수명(受命)할 것을 알고 위의 구절을 고려 태조에게 올리자, 신라 임금의 노여움을 사서 가야산에 은거하였다고 한다.[119] 그가 벼슬에 나아갔지만, 벼슬을 해도 세속의 욕심을 부리지는 않았다. 그는 자연을 좋아하였고, 또 그곳으로 돌아가기를 동경하였다. 그의 몸은 비록 관직에 나가 있으나, 마음은 항상 물외의 청산과 녹수에 머물러 있었다.

자연을 동경한 끝에 「산에 사는 스님께 드림[贈山僧]」[120]에서는, "두고 보오, 이 다음 나의 자취를, 한 번 청산에 들면 다시 안 나오리니.[試看他日吾踪蹟, 一入青山更不還.]"라 하여 자연으로 돌아가겠다는 강한 의지를 내보이고 있다. 고운이 자연으로 돌아간 것은 일시적인 것이 아니었다. 그는 영원히 자연에 돌아갔다. 고운은 40세를 전후해서 속세를 떠난 뒤로 영원

119 『新增東國輿地勝覽』 卷20, 「慶州古跡上書莊」 條 및 卷30 「陜川伽倻山」 條 參照.
또 조선 시대의 안정복은 경주에 상서장(上書莊)을 둔 것을 무척 못마땅하게 생각하여, "최고운의 일은 자못 의심스럽다. 최고운은 신라 왕실의 중신이면서 몰래 고려 조에 의탁하여 황엽 청송과 같은 구절을 지었다.[崔孤雲事, 竊有疑焉, 孤雲以羅室重臣, 潛托麗朝, 有黃葉青松之句.]"라고 비판하였다. 安鼎福, 『東史問答』 卷10.

120 孤雲崔致遠先生文集刊行委員會, 『한글번역 孤雲崔致遠先生文集』, 第一文化社, 1982, 522쪽.

히 속세로 돌아오지 않았다.

고운의 「가야산 독서당에 붙임[題伽倻山讀書堂]」[121]이라는 시를 보면, 그가 자연에 귀의하게 된 이유가 더욱 잘 나타나고 있다. 그 시의 전, 결구를 보면, "항상 시비 소리 귀에 들릴까 두려워, 흐르는 물로 산을 감싸게 하였네.[常恐是非聲到耳, 故敎流水盡籠山.]"라는 말이 있다. 이 시에서는 아직도 그가 현실 세계에 대해 미련을 버리지 못한다. 세상일에 애착은 있지만, 현재의 여러 상황이 자기의 뜻대로 되지 않아 어쩔 수 없이 현실을 떠났다. 그는 자연에 의탁해서 자신의 괴로움을 달래려고 한다. 하지만 내면에는 현실에 참여하고자 하는 의식이 강하게 자리 잡고 있었다.

최고운이 속세를 떠나 지은 시와 문장은 대부분 불교와 관련이 있는 글이다. 우리가 흔히 말하는 사산비명(四山碑銘)이나 「법장화상전(法藏和尙傳)」(900), 「석순응전(釋順應傳)」(900), 「석이정전(釋利貞傳)」(900) 등의 글에서는 모두 고승들의 행적을 기술(記述)하고 있다. 아직 진위(眞僞)의 논란이 있는 「희랑화상께 드림[贈希朗和尙]」이라는 제목 밑의 여섯 수의 시와 「화개동(花開洞)」 시 8수에서도 세속을 멀리하는 자아의 심정을 묘사하고 있다. 특히 「희랑화상께 드림[贈希朗和尙]」 시는 불가의 중도(中道)의 원리를 담고 있다. 이 중도의 원리[122]는 그가 속세를 등지고 난 뒤의 문학관에 많은 영향을 주었다.

중도의 원리, 곧 『중론』이 체계화한 이 사상의 바탕은 널리 알려진 연기(緣起) 설이다. 세상의 일체 사물과 사실들은 모두 자존적 실체성[自性]이 없고, 일정한 원인과 조건에 의해 생겨나고 변화하며 사라진다는 성찰이

---

121 崔致遠, 『孤雲集』 卷1.

122 이 점은 뒤의 제5장에서 다시 논의한다.

연기설이다. 대승불교의 이론은 유·무의 두 가지 극단론을 부정한다. 「희랑화상께 드림[贈喜朗和尙]」[123]이라는 제목 밑의 두 번째 시를 보면,

龍堂妙說入龍宮　　용당의 오묘한 말 용궁으로 들어,
龍猛能傳龍種功　　용맹이 용종의 공을 전하였다네.
龍國龍神定歡喜　　용국의 용신이 응당 기뻐하리니,
龍山益表義龍雄　　용산이 의룡의 웅장함을 드러냈네.

라고 하였다. 용맹 보살이 용궁에 들어가서 화엄경을 가지고 나와서 세상에 전교하여 훌륭한 공을 전하였다 해서 용당, 용궁이라는 말을 사용하였다. 여기서 용맹 보살은 바로 『중론』을 지은 용수 보살을 말한다. 용수 보살은 인도의 고승이다. 희랑화상(希朗和尙)은 9세기 초 최고운이 해인사에 은거할 당시의 화엄 학승(學僧)이었다. 그는 신라 말 후백제와 고려가 대치할 때는 고려 태조 왕건의 복전(福田)[124]이기도 하였다. 후백제 견훤의 복전이었던 관혜(觀惠)와 고려 왕건의 복전이었던 희랑 두 사람은 고려와 후백제에 상당한 영향력을 행사하였다.[125] 최고운이 천령군[天嶺郡: 지금의 함양(咸陽)] 태수를 지낼 때 희랑화상이 해인사 주지로 있었다. 이 두 사람은 유·불의 사상적 차이는 있었지만 교분이 깊었다. 그가 희랑화상에게 지어 준 시 여섯 수에서 이러한 정황이 보인다.

그는 또 심학(心學)과 구학(口學), 곧 형이상학(形而上學)과 형이하학(形

---

123 崔致遠, 『孤雲集』 卷1, 『伽倻山海印寺古籍』(木板本).

124 복전(福田)의 사전적 의미는, 공양을 받을 만한 법력이 있는 사람에게 공양하고 선행을 쌓아서 내생(來生)의 복을 마련하는 일이다.

125 이우성, 「남북국시대와 최치원」, 『창작과 비평』 제10권 4호(통권 38호), 1975.

而下學)을 한가지로 보았다. 그가 심학과 구학을 한가지로 생각한 것은 바로 이 화엄 사상과 관계있다. 그는 "심학하는 사람은 높고 구학하는 사람은 수고롭지 않았던가? 그렇기에 옛날에 군자들은 배우기를 조심하였다. 그렇지 않으면 심학하는 사람은 덕을 세우고 구학하는 사람은 말을 세웠다."[126]라고 한다.

최고운은 심학과 구학의 대조(對照)를 통하여 자신의 의견을 개진해 나가고 있다. 그는 심학과 구학 가운데 자신은 구학, 곧 문학을 주로 하였으며 반면에 무염(無染) 화상은 심학을 주로 하였다고 하였다. 정도의 차이는 있지만, 심학을 다른 말로 바꾸면 도학(道學)이 되고, 구학을 다른 말로 하면 문학이 된다. 그는 이 심학과 구학의 관계가 상호 대립적이 아니라 상호 보완적이라고 보았다. 문학과 도학이 다르지 않다는 뜻이다.

그는 화엄 사상을 통하여 인간의 각성한 의식을 촉구하고 성숙한 정신의 자유와 자율·책임, 그리고 삶의 가능성을 긍정한다. 보다 근원으로 올라가면, 용수보살의 중관론적(中觀論的) 사유의 세계까지 소급할 수 있다. 시간의 흐름 속에서의 인간적 소망·기획·행위·성취는 있음[有]도 아니고 없음[無]도 아니다. 있음이 아니라는 것은 독립되어 생성되고 자존(自存)하는 항구적 실체가 아니라는 것이다. 또 없음이 아니라는 것은 역사 안의 모든 사물과 현상들이 항존성(恒存性)을 가지는 않으나, 그렇다고 완전한

---

126 "豈心學者高, 口學者勞耶. 故古之君子愼所學, 抑心學者立德, 口學者立言." 崔致遠, 『孤雲集』 卷2, 「無染和尙碑銘」.
그의 나이 34세(진성여왕 4, 890) 때 이 비명(碑銘)을 지으라는 왕명을 받았다고 한다. 이 글은 『춘추좌씨전』 양공(襄公) 24년 조에 나오는 삼불후(三不朽), 곧 입덕(立德)·입공(立功)·입언(立言) 가운데 입덕과 입언을 들어 자신의 논리를 펴나가고 있다. 그는 "돌아보니, 부유가 지금 지음.[顧腐儒之今作也]"이라고 하여 자신이 유자(儒者)임을 자처하고 있다. 이때 유자(儒者)는 문유(文儒)의 의미이다.

공허(空虛)로 부인할 수 있는 허무도 아니라는 것이다.

최고운이 처음 자연으로 들어갔을 때 그는 완전히 현실에 대해 미련을 버리지 못하였다. 그러나 차츰 시간이 지나면서 현실 세계의 이욕(利慾)에 관심이 없어지고, 오직 자연 속에서 달관의 경지에 이르렀다. 초창기의 원심적(遠心的) 마음의 상태가 점차 구심적으로 변하여 마침내는 완전히 구심화(求心化)하였다. 이러한 마음의 구심화는 그가 해인사로 들어가고 난 뒤의 일이다. 그의 시 가운데서 여기에 해당하는 대표적인 것은 이수광의 『지봉유설』[127]에 실려 있는 「화개동(花開洞)」이라는 제목 아래의 여덟 수의 시이다. 이 시들은 아직 진위(眞僞) 여부가 논란이 되고 있다.

이 시들이 최고운이 지은 것이 아니라 해도, 그가 입산하기 전에는 사물을 상당히 어둡게 봤지만, 입산하고 난 뒤에는 사물을 있는 그대로 보았다. 곧, 사물을 밝게 보고 있다. 처음에는 「가야산 독서당에 붙임[題伽倻山讀書堂]」에서 나타나듯이, 그는 자유의 속박에서 벗어나지 못하였다. 스스로도 자유롭지 못하였고, 자기 외의 다른 요소들도 그의 자유를 억압하였다. 그러나 입산하고 난 뒤의 시에 이르면 그는 한 사람의 완전한 자유인이 된다. 세속의 번뇌(煩惱)·망상(妄想)을 떨쳐 버리고 열반의 경지에 이르니, 이것이 바로 피안의 세계이다. 중국에 있을 때나 또 신라에 귀국한 뒤에 느꼈던 엘리트의식의 좌절로 그는 어둠 속에서 방황하였다. 하지만 그러한 것이 다 부질없는 짓임을 알고, 오도(悟道)의 경지에 이르렀을 때 그는 격정(激情)에서 벗어난다.

최고운이 「화개동(花開洞)」 시 네 번째 전·결구에서, "지극한 도는 문자

127 李睟光, 『芝峰類說』 卷13, [文章部] 6 「東詩」(景印文化社 影印本). 이 시는 아직 진위의 논란이 있다. 설령 이 시가 아니더라도 최고운의 의식은 초월적인 세계에 이르렀다.

를 떠나, 본디 눈앞에 있는 것.[至道離文字, 元來是目前.]"이라고 읊었듯이 눈앞에 보이는 것이 도이다. 산속에서 자연의 변화에 따라 자신이 살아가니, 자연의 원리를 터득하였다. 그러니 인생을 비관하는 하소연이지만 굳이 고사를 끌어다 자신의 심회를 밝히려고 애쓸 필요 없다. 세상의 부귀나 공명이 부질없음을 이미 깨달았기 때문이다. 그러니 세속의 사람들과는 차원이 다른 세계가 있고, 여기에 참 즐거움과 기쁨이 있다. 감정의 북받침에서 해방되자, 그는 한 사람의 완전한 자유인으로 살아가게 되었다. 그러자 그의 문학에 관한 생각, 곧 그의 문학관도 달라졌다.

> 저 덕도 간혹 말을 빌려서 일컫고, 이 말도 간혹 덕에 기대어 썩지 않는다. 칭찬할 만하면 마음이 멀리 후세들에게 보여 줄 것이요, 썩지 않는다면 입[口]도 또한 옛날 성현들에 부끄럽지 않을 것이다.[128]

그는 시에서 지극한 도는 문자를 벗어난다고 하여 불립문자(不立文字)를 주장하였다. 그러나 사람의 덕을 후세에 전하기 위해서는 문자가 필요하였다. 이는 원효(元曉)가 주장한 이언진여(離言眞如)의 세계와 서로 통한다. 원효도 도는 문자를 벗어나 존재한다고 하였지만, 그 자신의 견해를 후세에 전하기 위해 부득이 문자를 사용하지 않으면 안 되었다. 최고운도 이러한 원효와 같이 자기 생각을 후세에 전하기 위한 수단으로 문자의 힘을 빌렸다.

---

128 "彼德也或憑言而可稱, 是言也或倚德而不朽, 可稱則心能遠示乎來者, 不朽則口亦無慙乎昔人." 崔致遠, 『孤雲集』 卷2, 「無染和尙碑銘」.

제3장

최고운 시문에 나타난 장안

1. 장안이라는 이름

최고운의 시문(詩文)에 나타난 장안(長安)의 모습은 단순히 지리, 또는 지형상의 모습만이 아니다. 최고운이 중국에서 활동한 시기는 당나라 때였다. 당대 장안은 13개 왕조의 수도였다. 한국에서도 장안은 수도(首都)의 대명사로 자주 쓰인다. 그만큼 장안이 중요한 위치를 점하고 있다.

서안(西安)의 고대 이름인 장안은 관중 평야의 중앙에 자리 잡고 있다. 이곳은 금성 천리, 풍요의 땅[金城千裏, 天府之國]으로 알려져 있으며 중국 문명의 발상지 가운데 하나이다. 남전원인(藍田猿人)과 반포 씨족(半坡氏族)에 이어 기원전 11세기부터 서기 10세기까지 13개 왕조가 이곳에 수도를 세웠다. 로마, 카이로, 아테네와 함께 세계 4대 고대 수도로 알려진 장안은 중국 역사상 가장 많은 왕조, 가장 오랜 시간, 가장 큰 영향력을 가진 수도이다.

서주(西周) 왕조는 문화와 무술을 발전시키고 의례와 음악을 만들어 중국 문명의 기초를 놓았다. 진(秦)왕은 유하(劉河)를 정복하고 통일된 봉건 제국을 세웠다. 한(漢)나라는 유교(儒教)를 받들고 실크로드[絲綢之路]를 열어 중국 봉건 왕조 통치의 이념적 기반을 다지고 동서로 로마와 어깨를 나란히 하는 대국을 이룩했다. 당(唐)나라는 이곳을 수도로 정하고 문화를 개방하기 위해 열심히 노력하여 영광스러운 당나라를 건설하였다.

2. 시문에 나타난 장안의 모습

1) 생활 주거 공간으로서의 장안

최고운의 시에서는 먼저 장안을 거주의 공간으로 여기고 있다. 이때 장안은 그에게 있어 그다지 의미가 없다. 그가 사는 주위 환경이 어떠하냐에 더 관심이 있었기 때문이다. 그가 실제로 장안에서 생활하면서 지은 「장안의 여관에서 이웃에 사는 우신미 장관에게 줌[長安旅舍 與于愼微長官接隣]」[129]이라는 시에서 이러한 정황이 나타난다.

제목에 장안이라는 말이 들어가지만, 이 시는 자아의 처지와 희망을 묘사하고 있다. 먼저 수련부터 보면, 자아는 상국(上國), 곧 높은 나라 또는 큰 나라에서 빌붙어 지낸 지 오래되었다고 하였다. 여기서 상국은 말할 것도 없이 중국, 당시는 당나라를 가리킨다. 자아가 당나라에 와서 생활한 지가 오래되었다. 타향 생활을 하다 보니 자아는 여러 가지 어려움이 있었다. 약한, 또는 작은 나라에서 큰 나라로 유학 와서 생활하기란 쉽지 않다. 어린 나이의 자아였기에 작은 나라 출신이라는 점이 너무도 부끄럽기까지 하다. 여기서 우리는 두 가지를 생각해 볼 수 있다. 첫째는 자아가 실제로 작은 나라에서 태어난 것을 부끄러워하는 경우이다. 둘째는 상대방을 치켜세우기 위하여 그렇게 말하는 경우이다. 여기서는 앞에 있는 것보다 뒤

129 앞의 주)15 참조.

에 있는 것이 더 적합하다. 실업자인 자아 곁에 우신미(于愼微)라는 장관이 살고 있다. 힘이 없고 삶이 어려운 자아에게 그 삶에서 벗어날 좋은 기회가 왔다. 따라서 자아는 상대방인 우신미 장관을 치켜세울 수밖에 없다.

함련에서 이러한 정황을 더욱 절실하게 묘사하고 있다. 출구에서는 자아 자신을 안빈낙도한 안회(顔回)에 비유하고, 대구(對句)에서는 상대방인 우신미 장관에게 맹자(孟子)의 어머니가 환경이 좋은 곳으로 이사하여 맹자를 교육한 고사를 용사하고 있다. 공자의 제자인 안회는 가난하게 살면서도 도를 즐겼다.[130] 공자가 안회를 아끼고 사랑한 이유도 여기에 있다. 또 맹자의 어머니는 아들을 잘 가르치기 위하여 세 번이나 집을 옮겼다. 우리가 흔히 말하는 맹모삼천지교(孟母三遷之敎)가 바로 그것이다. 출구에서는 그 자신의 처지를 읊고, 대구에서는 그가 좋은 이웃을 만난 것을 묘사하였다. 여기서 좋은 이웃은 우신미 장관을 말한다. 자아는 상대방인 우신미 장관을 높이 칭찬하고 있다. 자신의 삶을 조금이라도 개선해 줄 수 있는 능력이 있는 사람이 우신미 장관이었기 때문이다.

경련(頸聯)은 바로 그 자신의 처지일 수도 있고 우신미 장관의 입장일 수도 있다. 그는 도를 지키기 위해서 옛글을 공부하는 사람이니 우신미 장관에게 자아 자신을 뿌리치지 말라는 바람이 담겨 있다.[131] 또 우신미 장관의 처지에서 보면, 우신미 장관 자신도 도를 지키기 위해 옛글을 공부하는 사람이다. 도를 추구하는 우신미 장관이 어찌 자아 자신이 가난하다고 하여 뿌리칠 수 있겠느냐고 말한다. 이는 우신미 장관에게 자신을 멀리하지 말라는 경고이기도 하다.

---

130 “賢哉回也, 一簞食, 一瓢飮, 在陋巷, 人不堪其憂, 回也不改其樂, 賢哉回也.” 『論語』「雍也」篇.
131 拙著, 앞의 『崔孤雲文學硏究』, 208~209쪽 참조.

미련에 가면, 자아의 솔직한 심정이 드러나고 있다. 자아가 타향살이를 하고 있어 아는 사람이 적으니, 당신을 자주 찾는 것을 싫어하지 말라고 한다. 당신은 바로 우신미 장관이다. 겉으로는 비록 태연한 척 자아 자신의 심정을 묘사하고 있지만, 실제로 이때 자아는 대단히 초조하였다. 지푸라기라도 잡고 싶은 심정에서 이 시를 지었다고 할 수 있다. 이러한 상황이었기에 장안에 대하여 특별한 의미를 부여할 만한 여유가 없었다.

이 시는 최고운이 그의 나이 21살 되던 해 선주(宣州) 율수 현위를 그만두고 박학굉사과를 준비할 때 지은 것으로 보인다. 그가 박학굉사과를 준비한 곳이 장안의 남쪽에 자리하고 있는 종남산(終南山)이었다. 그는 생활의 궁핍으로 그의 나이 22살 되던 해 박학굉사과 준비를 중도에 그만두고 양양(襄陽) 이울(李蔚)의 문객(門客)[132]이 되었다. 따라서 그가 이 시를 지은 시기 그의 나이는 21살에서 22살 사이라는 것을 쉽게 알 수 있다. 물론 이에 대하여 반론을 제기할 수 있다. 최고운이 처음 정착한 것이 장안이기 때문이다. 그의 나이 12살부터 18살까지 그는 장안에 머물면서 수학하였다. 그가 배찬(裵瓚)이 주관하는 시험에 합격하여 율수 현위로 나가기 전까지 그는 쭉 장안에 머물렀다.

최고운이 고변의 종사관을 지낼 때 장안에 간 적이 있는지는 확실하지 않다. 하지만, 정황으로 미루어 보면 그가 고변의 막부에 있을 때도 장안을 간 적이 있음을 알 수 있다. 그가 그때 이 시를 지었다고 단정할 수는 없

---

132 이 당시 그는 이울(李蔚)에게 다음과 같은 내용의 글을 올린다. “삼가 상공(相公)께서는 제가 먼 곳에서부터 아득히 낙교(樂郊) 지방에 이르렀음을 생각하시고, 특별히 아끼시고 돌보아 주시는 영광을 베푸셨습니다. 관곡(館穀)을 넉넉히 주시어 명아주 잎이나 콩깍지로 끼니를 잇는 슬픔을 면하게 되었습니다.[伏蒙相公念以來從絶域, 遠詣樂郊, 特賜獎憐, 榮垂撫恤, 厚霑館穀, 免嗟藜藿之餐.]” 崔致遠, 「上襄陽李相公讓館給啓」, 『孤雲集』 卷1.

다. 일은 힘들지 몰라도 직장이 있어 생활하는 데 큰 어려움이 없었기 때문이다. 물론 당시는 당나라 말기였기 때문에 나라가 대단히 혼란하였던 것은 사실이다. 그렇다고 하여 직장이 있는 사람이 우신미라는 장관에게 시를 지어 주면서까지 자신의 어려운 처지를 하소연하지는 않았을 것이다.

그가 몸담고 있던 회남절도사(淮南節度使) 막부는 양주(揚州)에 있었다. 양주와 장안은 상당이 멀리 떨어져 있다. 그의 시에서 장안이라는 말이 그다지 등장하지 않는 이유도 여기에 있다. 그가 장안에 오래 머물지 않았기 때문이다. 실제로 그의 시 127수 가운데 장안이 등장하는 시는 3수와 1연(聯)밖에 없다.

이 시에 나타난 장안은 그다지 깊은 의미가 없다. 장안이라는 공간보다 우신미라는 사람을 더 중하게 여겼기 때문이다. 장안의 여관에서 지내다가 우연히 우신미라는 장관이 이웃에 살고 있다는 것을 알았다. 20대 초반의 나이에 자신보다 훨씬 나이 많은 장관을 만났다. 자아(自我)는 실업자이고, 세계(世界)는 고관(高官)이다. 자아는 벼슬에 나가지 않은 사람이고, 세계는 높은 지위에 있는 사람이다. 세계, 곧 대상은 자아가 벼슬길에 나가는 방편이 될 수 있다. 따라서 자아가 자신을 낮추고 상대방을 치켜세우리라는 것은 쉽게 짐작할 수 있다. 실제로 자아는 상대방을 치켜세우고 있다. 중국(中國)을 상국(上國)이라 하고, 또 그 자신은 만리타향에서 온 나그네라고 한 것이 그 증거이다.

2) 행정과 문화의 중심지 장안

최고운이 고변의 막부에 들어가서 고변에 「헌시계(獻詩啓)」[133]를 올리고

133 최고운의 「헌시계(獻詩啓)」의 내용 일부를 들면 다음과 같다. "다만 다행스럽게도 낙국(樂

「7언 기덕시 30수를 삼가 사도 상공께 바침[七言紀德詩 三十首 謹獻司徒相公]」이라는 시를 지어 바쳤다. 그 가운데 7번째인 「병사를 훈련시킴[練兵]」[134]을 보면 다음과 같다.

隴水聲秋塞草閒	농수에 가을 들고 변방엔 풀 시든 때,
霍將軍暫入長安	곽(霍) 장군이 잠시 장안에 들어왔네.
太平天子憐才略	태평 천자가 재략(才略)을 사랑하시어,
曾請陳兵盡日看	군대를 사열시켜 온종일 구경하시네.

농수(隴水)는 농서(隴西),[135] 곧 지금의 감숙성(甘肅省)에 있는 강 이름이다. 후한 광무제(後漢光武帝)가 외효(隗囂)를 치기 위하여 몸소 정벌하였을 때, 여러 장수(將帥)의 의견이 엇갈렸다. 이에 농서에서 복파장군(伏波將軍)

國)에서 노닐며 인풍(仁風)을 접하게 되었기에, 오래전부터 가슴속에 품어 온 정성을 노래로 불러 보려고 소원하다가, 이번에 공덕(功德)을 칭송한 절구시(絶句詩) 30수(首)를 지어 삼가 별지(別紙)와 같이 봉해 올리게 되었습니다. 정왕의 졸렬한 춤은 자기가 봐도 어설프기 짝이 없고, 모모(嫫母)의 진한 화장은 남의 비웃음을 사기에 십상이니, 아름다운 공적을 찬양하지는 못한 채, 오히려 존귀한 위엄을 모독하지나 않을까 걱정입니다.[但以幸遊樂國, 獲覩仁風, 久貯懇誠, 冀伸歌詠. 輒獻紀德絶句詩三十首, 謹封如別. 定王拙舞, 適足自嫌. 嫫母濃粧, 轉爲人笑. 不足贊揚休烈, 翻憂浼黷尊威.]" 崔致遠, 『桂苑筆耕集』 卷17.

134 崔致遠, 『桂苑筆耕集』 卷17(『韓國文集叢刊』 1, 101쪽).

135 당나라 시인 진도(陳陶)가 섬서(陝西)에서 흉노족(匈奴族)과 싸웠던 변경(邊境) 사람들을 「농서행(隴西行)」에서 다음과 같이 묘사하고 있다.

誓掃匈奴不顧身	흉노를 무찌르고자 제 몸도 돌보지 않으니,
五千貂錦喪胡塵	오천 명의 병사 오랑캐 땅에 묻히고 말았네.
可憐無定河邊骨	아아, 가련하도다 강가에 나뒹구는 백골들은,
猶是春閨夢裏人	처자식들이 봄날 꿈처럼 그리던 사람이었네.

자아는 무공을 세운 장군과 찬란히 꽃 피운 정치와 문화 뒤에는 백골로 뒹굴어야만 하는 수많은 사람의 희생이 있었다고 한다. 군사에 있어서만이 아니라 황실, 고관대작, 대부호의 뒤에도 백성들의 이러한 고통이 깃들어 있음은 말할 것도 없다. 이 시는 최고운의 위의 시와는 분위기가 사뭇 다르다.

마원(馬援)을 불러 자문하였는데, 마원이 황제 앞에서 쌀을 모아 산과 골짜기를 만들어 놓고 손가락으로 가리키며 형세를 설명하자, 광무제가 기뻐하며 그 계책대로 진군해서 대승을 거둔 고사가 전한다.[136]

이 시는 위의 제목에서 알 수 있듯이, 최고운이 고변의 덕을 찬양한 시이다. 따라서 자아가 대상을 치켜세울 수밖에 없다. 농수는 감숙성에 있는 강 이름이지만, 여기서는 변방을 가리킨다. 변방에 가을이 들어 풀들이 시들었다. 가을과 시듦은 불가분의 관계에 있다. 가을이 오면 만물이 시들어 떨어[凋落]진다. 숙살기(肅殺氣)가 들기 때문이다. 이때가 되면 사람, 특히 남자가 서글퍼진다. 송옥(宋玉)의 「추비부(秋悲賦)」를 들지 않더라도 그러한 정황을 충분히 알 수 있다. 또 이는 당나라의 국운(國運)이 기울고 있다는 것을 암시하고 있기도 하다. 최고운이 당나라에 머물었던 시기는 만당기였다.

승구(承句)에서 이러한 상황이 반전된다. 외적 상황이 쇠퇴하는 때이지만, 자아가 본 고변(高騈)은 그렇지 않다. 자아는 곽장군이 잠시 장안에 들어왔다고 하였다. 여기서 장안은 당시(當時) 당나라의 수도로 행정과 문화의 중심지를 가리킨다. 곽장군은 한무제(漢武帝) 때에 흉노를 정벌하여 큰 공을 세운 표기장군(驃騎將軍) 곽거병(霍去病)을 말한다. 자아는 고변을 곽장군에 비유하였다. 이를 보면 이 시는 황소의 난이 일어나고 난 뒤에 지은 것으로 보인다.

전구(轉句)에서, 자아는 태평 천자가 고변의 재략을 사랑하였다고 하였다. 자아가 생각한 장안은 천자가 계시는 곳이기도 하다. 천자가 계시기 때문에 이곳에는 태평 시대가 열렸다고 하였다. 여기서 우리는 최고운의

---

136 『後漢書』 卷24, 「馬援列傳」.

지향의식을 알 수 있다. 그의 지향의식은 태평세를 이루는 것이었다. 태평세를 이루기 위해서는 먼저 인의 정치를 실천하여야 한다. 인의 정치를 시행하는 사람은 다름 아닌 천자, 곧 황제이다. 실제로 그가 당나라에 머물던 시기는 인의 정치와는 거리가 멀었다. 최고운이 이렇게 읊은 것은 그의 이상을 묘사한 것에 지나지 않는다.

자아는 또 천자가 재략(才略)을 사랑하였다고 하였다. 여기서 재략을 지닌 사람은 다름 아닌 고변이다. 천자가 고변의 능력을 인정한다는 말이다. 따라서 결구(結句)에서 묘사하고 있듯이 천자는 고변의 군대를 사열시켜 온종일 구경하고 있다. 최고운이 이 시를 언제 지었는지는 확실하지 않다. 그의 나이 23살 되던 해(879) 고변이 제도행영병마도통(諸道行營兵馬都統)이 되면서 종사관으로 최고운을 추천하였고 마침내 그가 종사관으로 임명되었다. 그의 나이 25살 되던 해(881) 7월 「격황소서(擊黃巢書)」를 지었다. 이 글 가운데, "이 세상 사람들이 모두 너를 죽이려 할 뿐만 아니라, 땅속의 귀신까지도 모두 너를 죽이려 이미 논의하였을 것이다."[137]라는 대목에 이르러 황소가 혼비백산하여 자기도 모르게 평상에서 내려와 앉았다는 일화가 있다. 그는 「격황소서」를 지을 무렵에 이 시를 지은 것으로 보인다. 그의 나이 26살 되던 해(882) 1월에 고변이 출병하라는 황제의 명을 어겨 직책을 잃었기 때문이다.

그가 「격황소서」를 짓기 전에 황소의 반란군은 그 세력이 대단히 약해졌다. 다음의 두 편의 장계를 보면 그 정황을 알 수 있다. 먼저 「경성을 수복한 것을 하례한 장문[賀收復京城狀]」을 보면 다음과 같다.

---

137 "不唯天下之人, 皆思顯戮, 抑亦地中之鬼, 已議陰誅." 李奎報, 「白雲小說」 第3則 參照.

> 제가 하중 절도사(河中節度使) 왕 사공[王司空: 왕중영(王重榮)]의 첩보를 받아 보니, "4월 10일에 본도와 안문 절도사(雁門節度使) 이 복야[李僕射: 이극용(李克用)] 및 도감(都監) 양 표기[楊驃騎: 양복광(楊復光)] 휘하의 제도(諸道)의 마군(馬軍)이 일제히 경성에 들어가서 적군과 교전하여 대략 적의 보군(步軍) 1만여 인을 죽였다. 적의 마군은 바로 성을 빠져나가 달아났고, 황소도 그 생사를 알지 못하는 상태이다. 도망간 적도는 계속해서 병마를 보내 추격 중이며, 이와 함께 경성도 완전히 수복하였다."라는 내용이었습니다.[138]

또 그가 고변 대신에 지은, 「황소의 적도를 죽인 것을 하례한 장문[賀殺黃巢賊徒狀]」을 보면 다음과 같은 내용이 있다.

> 제가 진주원의 장보를 받아 보니, "정난군의 탁발 상공과 보대군의 동방규 상서가 의군현 남쪽에서 적도를 살육하고 적장을 생포하였다고 아뢰었다. 또 봉상 이상공이 서울에 주둔하고 있는 반란군 무리가 패하여 도주한 것을 탐지하였다고 아뢰었다. 6월 13일에 성상이 선정전에 납시어 의장을 갖추고 하례를 받았다."라는 내용이었습니다.[139]

이처럼 고변이 장안에 들어갔을 때 최고운도 그를 수행하여 장안에 간 것 같다. 장안을 어느 정도 수복하고 나서 그가 고변의 덕을 칭송하면서

---

138 "右得河中節度使王司空牒報, 四月十日, 當道與雁門節度使李僕射及都監楊驃騎下諸道馬軍, 齊入京城, 與賊軍交戰, 約殺賊步軍一萬餘人. 其馬軍賊便走出城, 黃巢亦未知存亡, 其逃遁賊徒, 尋差兵馬追奔, 並已收復京闕訖者." 崔致遠, 『桂苑筆耕集』 卷6(『韓國文集叢刊』 1, 31쪽).

139 "右得進奏院狀報, 定難軍拓跋相公, 保大軍東方逵尙書奏, 於宜君縣南, 殺戮賊徒, 並生擒賊將. 又鳳翔李相公奏, 探知京中賊徒潰散. 六月十三日, 聖上御宣政殿, 排仗受賀者." 崔致遠, 『桂苑筆耕集』 卷6(『韓國文集叢刊』 1, 31쪽).

이 시를 지은 것으로 보인다. 이처럼 최고운의 시에 나타난 장안은 행정, 문화, 정치의 중심지였다. 따라서 현재 우리가 흔히 말하는 서울과 의미상 그다지 차이가 나지 않는다.

앞에서도 언급하였듯이 그의 시에 장안이라는 말이 들어가는 작품이 많지 않다. 그것은 그가 주로 생활하였던 곳이 장안이 있는 현재의 섬서성(陝西省)이 아니라 양주(揚州), 곧 현재의 강소성(江蘇省) 일대였기 때문이다. 최고운의 글 가운데서도 역시 장안이 행정과 문화의 중심지임을 서술하고 있다. 그의 작품 가운데 「하원재사(下元齋詞)」를 보면 다음과 같은 구절이 있다.

> 삼가 바라옵건대, 태상의 삼존과 시방(十方)의 여러 성현께서는 곡진히 현묘한 거울을 드리우시어 간절한 소원을 들어주소서. 그리하여 취련(翠輦)이 일찍 **장안**에 돌아와서, 정시(正始)의 황풍(皇風)을 다시 떨치게 해 주소서.[140]

취련(翠輦)은 취우(翠羽)로 장식한 제왕의 거가(車駕)를 가리킨다. 서촉(西蜀)에 피신해 있는 당 희종(唐僖宗)이 얼른 장안의 도성으로 돌아올 수 있게 되기를 바란다는 말이다.[141] 여기서 우리가 주목하여야 할 단어는 취련(翠輦)·장안(長安)·정시(正始)·황풍(皇風)이다. 황제가 당시의 수도인 장안으로 돌아와 다시 바른 정치를 시작하여 황제의 풍도를 떨치라는 말이다. 이것이 최고운의 희망이었다. 최고운 자신이 당시 당나라에서 관리로

---

140 "伏乞太上三尊, 十方衆聖, 曲垂玄鑑, 俾遂丹誠. 早廻翠輦於長安, 復振皇風於正始." 崔致遠, 『桂苑筆耕集』 卷15(『韓國文集叢刊』 1, 88쪽).

141 『竹書紀年』 卷上, 『宋書』 卷29 「符瑞志」 下.

있었기 때문에 당나라를 주체로 함은 당연하다. 또 하나는 당나라 황실의 부흥을 부처의 힘을 빌려 실현하려 하였다는 점이다. 여기서 우리는 최고운의 불교관을 알 수 있다. 다름이 아니라 신라 왕실에서 추구하였던 호국불교(護國佛敎)로서의 의미이다. 물론 당시의 상황이 매우 급하였기에 최고운이 그렇게 표현한 것도 있다. 또 불교 의식으로 제(齋)를 지낼 때 읽는 재사(齋詞)이기 때문에 불교적 성격이 강하게 드러날 수밖에 없다.

그러나 그가 추구한 것은 정시(正始)와 황풍(皇風)이다. 바르게 시작한다는 것은 겉으로 드러난 정치가 그렇게 될 수도 있다. 정치가 바르게 되려면 그 정치를 하는 사람의 마음이 발라야 한다. 부정(不正)을 저지르면서 바른 정치를 할 수 없다. 바른 정치를 하면 가만히 있어도 백성들이 그 정치하는 사람, 곧 황제를 칭송한다. 그러니 황제가 백성들의 칭송을 받기 위하여서는 백성과 동고동락(同苦同樂)하여야 한다. 최고운은 이것을 갈망하고 있다.

그의 나이 34살 되던 해(890, 진성여왕 4) 대낭혜화상(大朗慧和尙) 무염(無染, 800~889)의 비명(碑銘)을 지으라는 임금의 명을 받고 지은 「무염화상비명(無染和尙碑銘)」의 일부를 보면 다음과 같은 구절이 나온다.

> 널리 기술하고 갖추어 말하여 반드시 후손[可畏]들에게 물려주어 후손들이 처음부터 끝까지 연구하도록 하여야 할 것이다. 혹시라도 서소(西笑)하는 이가 소매 속에 넣었다가 서쪽 중국인의 비웃음을 면할 수 있게만 된다면 그런 다행이 없겠다. 내가 감히 무엇을 더 바라리오. 그대는 귀찮다 꺼리지 말라.[142]

---

142 "宜廣記而備言之, 殆貽厥可畏. 後生俾原始要終, 脫西笑者或袖之, 脫西人笑則幸甚. 吾敢求益, 子無憚煩." 崔致遠, 『孤雲集』 卷2(『韓國文集叢刊』 1, 167쪽).

앞의 글에서 서소(西笑)에 관한 원주(原注)를 보면, “서소는 관동의 방언이다. 사람들이 장안의 음악을 들으면 서쪽을 향하여 웃었다. 지금 중원 사람들을 가리켜 서소자라 한다.”[143]라고 하였다. 또 그와 비슷한 시기에 당나라에 가서 공부하고 있던 박인범에게 보낸 「신라 탐후사 박인범 원외에게 보낸 편지[新羅探候使朴仁範員外]」를 보면 다음과 같은 구절이 나온다.

> 만약 원외가 단지 회유(淮壖)에만 왔다가 곧바로 해변으로 돌아간다면 위에 알릴 수는 있겠지만 외부의 의론을 막기는 어려울 것이니 어떻게 하겠습니까. 동쪽으로 돌아갈 생각을 하지 말고 모쪼록 서소(西笑)할 결심을 하도록 하십시오. 성주(聖主)도 바야흐로 기대가 크니, 현왕(賢王)이 장차 은총을 받게 될 것입니다.[144]

윗글에서 우리가 주의하여야 할 단어는 서소(西笑)이다. 서소(西笑)는 원래는 중원(中原)의 사람이 서쪽의 장안(長安)을 향해 웃음 짓는다는 뜻인데, 여기서는 서촉(西蜀)에 몽진한 황제에게 조회하기 위해 찾아간다는 뜻으로 쓰였다. 후한(後漢) 환담(桓譚)의 『신론(新論)』「거폐(祛蔽)」에 “사람들이 장안의 음악을 들으면 문을 나서면서 서쪽을 향해 웃음 짓고, 고기맛이 좋은 것을 알면 푸줏간을 대하고서 입맛을 크게 다신다.[人聞長安樂, 則出門西向而笑. 知肉味美, 則對屠門而大嚼.]”라는 관동(關東)의 속담을 소개하는 부분이 나온다. 후한 때 환담이 말하였던 것처럼 최고운도 이 서소

143 “西笑者, 關東俚語. 人聞長安樂, 則西向而笑. 今指中原人曰西笑者也.” 崔致遠, 『孤雲集』 卷2, 「無染和尙碑銘」 注.

144 “儻員外止到淮壖, 却歸海徼, 縱得上陳有理, 其如外議難防. 無念東還, 決爲西笑. 聖主方深倚望, 賢王佇荷寵榮.” 崔致遠, 『桂苑筆耕』 卷20(『韓國文集叢刊』 1, 53쪽).

(西笑)라는 단어를 통하여 장안이 행정, 문화의 중심지임을 드러내고 있다.

그가 그의 나이 30살 되던 해(886, 헌강왕 12) 봄에 임금의 명을 받고 지은 「대승복사 비명 병서(大崇福寺碑銘 並序)」[145]를 보면 다음과 같은 구절이 있다.

> 그러나 선대왕(先大王)이야말로 현명하고 온순한 데다 노성하고 인자하여 백성들의 추대를 받았으니 우리를 버리고 어디로 가시겠는가. 이에 대저(代邸)에서 입신하고 나서 자문[(慈門: 불문(佛門)]에 뜻을 기울이며 선조께 수치를 끼칠까 염려하여 불사를 일으킬 것을 발원하였다.

원주(原注)를 보면, "한나라 문제가 대왕으로 장안에 이르러 대저에서 황제의 직위를 받았다."[146]라고 한다. 대저(代邸)는 제왕의 지위에 오르기 전에 거하던 곳을 뜻하는 말이다. 한 문제(漢文帝)가 황제가 되기 전에 대왕(代王)에 봉해졌으므로, 그의 거처를 대저라고 칭하였는데, 진평(陳平)과 주발(周勃) 등이 여씨(呂氏)를 소탕하고 소제(少帝)를 폐한 뒤에 대왕을 대저에서 영입하여 황제로 추대하였던 고사[147]에서 나온 것이다.

이처럼 최고운이 의미하는 장안은 행정, 교통, 문화 등의 중심지였다. 장안이 이러한 의미를 내포하고 있는 것이 최고운의 작품에 가장 많이 나타난다. 비록 그가 장안에 머문 시간이 길지는 않지만, 중국에 있던 많은 시간 동안 최고운은 장안을 무시하지 않았다. 어쩌면 그는 장안에 살고 싶었는지도 모른다. 그가 박학굉사과를 준비하려 한 것도, 고변의 막부에 들어

---

145 "然以賢以順, 且長且仁. 爲民所推, 捨我奚適, 乃安身代邸. 注意慈門, 慮致祖羞, 願興佛事." 崔致遠, 『孤雲集』 卷3(『韓國文集叢刊』 1, 180쪽).

146 "漢文帝以代王至長安, 受皇帝位於代邸." 崔致遠, 위의 책, 같은 곳.

147 『漢書』 卷4, 「文帝紀」.

가서 「격황소서」를 지어 황소의 반란군을 격퇴하려고 장안으로 간 것도 이러한 욕구에서 비롯하였다고 할 수 있다. 물론 겉으로는 그가 공사(公私)를 구분하였다.

3) 중국을 대신하는 의미의 장안

최고운이 고국에 돌아와서 지은 시문을 보면, 그가 쓴 장안은 중국을 의미하기도 한다. 그의 「봄날 친한 벗을 불러도 오지 않기에[春日邀知友不至]」[148]라는 시를 들어 이 점에 대해 논의하여 보기로 한다.

每憶長安舊苦辛	장안에서 고생하던 일을 생각할 때마다,
那堪虛擲故園春	고향 동산 봄날을 그냥 보낼 수 있으랴.
今朝又負遊山約	오늘 아침 산놀이 가잔 약속 또 저버리니,
悔識塵中名利人	속세의 명리 좇는 사람 내가 왜 알았는지.

『동문선』 권19에는 「봄날에 벗을 청하였으나 오지 않아 절구를 부침[春日邀知友不至因寄絶句]」으로 되어 있다. 이 시는 최고운이 신라로 돌아와 벼슬을 그만두고 탈속하기 전에 지은 것으로 보인다. 자아가 벼슬살이를 그만두고 친한 벗과 유산(遊山)하기로 약속하였다. 그러나 그 날짜가 되어도 친구는 나타나지 않아 자아는 실망한다. 자아의 실망은 단순히 친한 친구가 약속을 어긴 것에 대한 것만이 아니다. 그는 친구를 통하여 세상인심에 실망하였다.

자아는 중국에 있을 때 고생을 하였다. 그 자신의 고생은 오직 금의환향

---

148 崔致遠, 『孤雲集』 卷1(『韓國文集叢刊』 1, 151쪽).

(錦衣還鄕)하기 위해서이다. 겉으로 보면, 자아는 금의환향하였다. 실제 최고운은 고국으로 돌아올 때 중국 황제의 명을 받은 사신의 자격으로 돌아왔다. 기구(起句)에서, 자아는 장안에서 고생하던 일을 생각할 때마다 라고 하였다. 자아는 중국, 곧 당나라를 장안으로 불렀다. 어쩌면 장안이 당나라의 수도였기 때문에 그랬을 수도 있다. 지금도 우리나라에서는 중국의 수도(首都), 또는 중국을 대신하는 말로 장안이라는 말을 자주 쓴다. 위 시에서 알 수 있듯이 자아 역시 장안(長安)이라는 단어에 중국 또는 수도의 의미를 동시에 부여하고 있다. 『전당시(全唐詩)』와 『천재가구(千載佳句)』에 최고운의 시 「장안의 버들[長安柳]」[149] 1연(聯)이 실려 있는데 그 내용을 들면 다음과 같다.

煙低紫陌千行柳	안개 낀 서울 거리엔 버들이 가닥가닥,
日暮朱樓一曲歌	해거름에 누각 위에선 한 가락 노랫소리.

위 시에서 장안은 물론 당시 당나라의 수도를 의미한다. 최고운이 이 시를 언제 지었는지는 정확하지 않다. 그가 고변 막부에 들어가서 지었는지, 아니면 율수 현위를 그만두고 박학굉사과(博學宏詞科) 시험을 준비하기 위하여 종남산으로 들어갔을 때 지었는지 확인할 수 없다. 그러나 그가 이 시를 지은 시기는 그의 나이 22살 때부터 28살 때 사이임이 확실하다. 곧 그는 20대에 이 시를 지었다.

위 시를 보면 자아의 지향이 드러나지 않는다. 20대의 자아가 보고 듣고

---

149 『全唐詩逸』 卷中.
大江維時 編, 『千載佳句』 卷上 [春興] 條에는 이 시의 제목이 「長安春」으로 되어 있다.

느낀 것을 묘사하고 있을 뿐이다. 그 속에는 시간과 공간, 그리고 지금 자신이 처한 상황이 드러나고 있다. 첫째, 시간상으로 보면 계절은 봄과 여름 사이이다. 물론 가을이 될 수도 있으나 그렇게 되면 시의 의미가 죽어버린다. 버들가지가 가닥가닥 늘어졌다고 하였으니, 늦은 봄일 가능성이 크다. 이규보의 『백운소설(白雲小說)』에 나오는 김부식과 정지상의 일화에서 김부식이 봄날에 읊은 시, "버들가지는 천 가닥 푸르고, 복사꽃은 만 송이가 붉구나.[柳色千絲綠, 桃花萬點紅.]"와 정지상이 김부식에게 고치라고 한, "버들가지는 가닥가닥 푸르고, 복사꽃은 송이송이 붉구나.[柳色絲絲綠, 桃花點點紅.]"[150]라고 한 구절을 통해서도 그 사실을 알 수 있다. 또 하루로 보면 해가 질 무렵인 오후이다. 대구(對句)의 해거름[日暮]이라는 단어에서 그러한 정황을 알 수 있다.

둘째, 공간적으로 보면 넓게는 중국[唐]의 장안이다. 제목에서 장안이라는 말이 명시되어 있기 때문이다. 좁게는 장안에 있는 어느 누각 위이다. 이 시는 자아가 장안의 어느 누각 위에서 봄날의 경치를 묘사한 것이다. 시간적 배경은 어느 봄날 황혼 녘이고, 공간적 배경은 장안의 어느 누각 위이다. 이 시구(詩句)에서는 장안에 관한 자아의 생각이 구체적으로 드러나지 않고 있다. 설령 장안이 아닌 다른 곳에서 읊더라도 이러한 시구(詩句)가 나올 수 있다.

봄날 황혼 녘이라는 시어(詩語)에서 희망과 절망을 동시에 느낄 수 있다. 봄은 희망적이다. 만물이 생동하는 계절이 봄이기 때문이다. 그러나 황혼은 그렇지 못하다. 황혼은 하루의 해가 저무는 때이니 희망적이라기보다는 절망적이다. 자아의 심정은 희망적이라기보다는 절망적이다. 비록

---

150 李奎報,『東國李相國集』, [附錄],「白雲小說」參照.

계절이 봄날이지만, 자아의 마음은 그렇지 않다. 어디서 들려오는지 모를 한 가락 노랫소리가 자아의 외로움을 암시하고 있다. 누가 부르는지는 모르지만, 그 노래는 자아의 마음과 일치한다. 그만큼 자아 자신도 외로움을 느끼고 있다. 이처럼 이 시는 비록 봄날을 읊고 있지만, 그 이미지는 밝은 면보다는 어두운 면이 더 짙게 투영되고 있다. 이런 점에서 미루어 보면 이 시는 최고운이 율수 현위를 그만두고 박학굉사과를 준비하기 위하여 장안 근처의 종남산에 들어갔을 때 지은 것으로 보인다. 자아 자신의 정신 상태가 초조하고 불안하였기에 그가 본 사물이 밝거나 긍정적이지 못하였다.

앞에서도 잠시 언급하였지만, 그는 장안이라는 단어를 쓰지 않고 어떤 단어나 구절에서 비유(比喩)를 통하여 장안을 뜻하기도 하였다. 중국에 있을 때도 가끔 썼지만, 그가 신라에 귀국하고 나서는 이러한 비유법을 자주 사용하였다. 먼저 그의 나이 30살 되던 해(886, 정강왕 원년)에 지은 「진감화상 비명(眞監和尙碑銘)」을 보면 다음과 같은 구절이 나온다.

> 의공[義公: 도의(道義)]이 사방으로 멀리 선지식(善知識)을 찾아다니며 부처님 진리를 일찍 터득하고 먼저 고국에 돌아가자 (진감) 선사는 그 길로 종남산으로 들어갔다.[151]

윗글에 장안이라는 말은 나오지 않는다. 그러나 종남산(終南山)이라는 말로 미루어 진감선사가 수도하기 위해 간 곳이 장안 근처라는 것을 알 수 있다. 종남산은 장안의 남쪽에 있는 산, 곧 장안의 진산(鎭山)이다. 위수

151 "四遠參尋, 證佛知見. 義公先歸故國, 禪師卽入終南." 崔致遠, 『孤雲集』 卷2.

(渭水)는 장안의 북쪽으로 흐르는 강이다. 일반적으로 산이 뒤에 있고 강이 앞으로 흐르는 배산임수(背山臨水)가 되어야 좋은 자리이다. 그러나 어느 도시이건 큰 도시는 앞에 산이 있다. 이를 남산이라 하는데, 남산이란 앞산이라는 뜻이다. 우리나라에서는 이 종남산과 위수를 서울의 남산과 한강의 다른 이름으로도 써 왔다. 그러면 종남산은 장안 앞에 있는 산이다. 이에 대한 자세한 설명은 청나라 고조우(顧祖禹)가 엮은 『독사방여기요(讀史方輿紀要)』에 실려 있다. 그 내용을 들어 보면 다음과 같다.

> 종남산은 산 이름이다. 진령(秦嶺)의 주봉(主峰) 가운데 하나인데, 섬서성(陝西省) 서안시(西安市) 남쪽에 있다. 곧 좁은 의미의 진령(秦嶺)이다. 옛 이름은 태일산, 지패산, 중남산, 주남산이라고도 하였다.[152]

실제로 진감선사(眞鑑禪師)가 수도하러 간 곳이 종남산이다. 그만큼 종남산은 도당(渡唐) 유학한 신라의 지식인들에게는 학문을 닦거나 수도하기 좋은 곳이었다. 그것은 종남산이 장안에 있었기 때문이다. 따라서 우리는 종남산이 넌지시 장안을 의미한다는 것을 알 수 있다. 그의 나이 29살 되던 해(885, 헌강왕 11)에 봉암사(鳳巖寺) 지증대사(智證大師)의 탑비명(塔碑銘)을 지으라는 임금의 명을 받고, 그의 나이 37살 되던 해(893, 진성여왕 7)에 완성한 「지증화상 비명 병서(智證和尙碑銘 竝序)」[153]의 명(銘)을 보면 장안을 의미하는 구절이 보인다.

---

152 "終南山山名. 秦嶺主峰之一. 在陝西省西安市南. 一稱南山, 即狹義的秦嶺. 古名太一山, 地肺山, 中南山, 周南山." 淸 顧祖禹, 『讀史方輿紀要』, [陝西] 1 參照.

153 崔致遠, 『孤雲集』 卷3.

麟聖依仁乃據德	공자는 인(仁)과 덕(德)에 의지하였으며,
鹿仙知白能守黑	노자는 백을 알면서도 흑을 잘 지켰네.
二教徒稱天下式	두 종교만 세상 법도로 여겼기 때문에,
螺髻眞人難确力	석가의 가르침은 경쟁하기 어려웠다네.
十萬里外鏡西域	십만 리 밖에서 서역의 거울이 되었다가,
一千年後燭東國	일천 년 후에야 동국의 촛불이 되었다오.
鷄林地在鼇山側	계림이라는 곳은 금오산 옆에 있는지라,
仙儒自古多奇特	예부터 도교와 유교에 뛰어난 자 많았네.

위는 「지증화상 비명」의 일부이다. 최고운은 귀국 후 승려나 절에 관련한 비문을 여럿 지었다. 그 가운데 가장 유명한 것이 사산비명(四山碑銘)이다. 「진감선사 비명」·「대숭복사 비명」·「낭혜화상 비명」·「지증대사 비명」이 그것이다. 위 예문을 보면, 앞의 4구에서는 그의 종교관이 드러나고 있다. 공자는 인(仁)과 덕(德)에 의지하였고, 노자는 백(白)을 알면서 흑(黑)을 잘 지켰다고 하였다. 이는 곧 노자가 유(有)를 알면서 무(無)를 주장하였다는 말이 된다. 이 구절을 보면, 우리는 당시에 어느 종교를 지향하였는가를 알 수 있다. 바로 유교와 도교이다. 물론 도가와 도교는 다르다. 당나라의 국교는 도교였지만, 정치적으로는 유교를 도입하지 않을 수 없었다. 당시에 두 종교만 법도로 여긴 나머지 불교는 등한시하였다고 하였다. 그러다가 서역(西域)을 거쳐 불교가 당나라에 들어왔고, 이어서 우리나라에 전파되었다. 이를 자아는 "십만 리 밖에서 서역의 거울이 되었다가, 일천 년 후에야 동국의 촛불이 되었다오.[十萬里外鏡西域, 一千年後燭東國.]"라 하였다. 원주(原注)를 보면, "성광자는 장안에서 중인도까지가 5만 8천 리고,

서쪽으로 나구차국(那拘遮國)까지가 5만 8천 리라고 말하였다."[154]라고 하였다. 이는 최고운이 장안을 지리적 중심지로 인식하고 있다는 말이 된다. 곧 당시 거리의 기준점이 장안이었다는 것이다. 역시 「지증화상 비명」에는 다음과 같은 구절이 있다. 거리의 기준점이라는 것은 행정의 중심을 의미하며, 행정의 중심은 곧 문화의 중심을 의미한다.

> 을사년(885, 헌강왕 11)에 이르러 백성 가운데 유도를 매개로 하여 황제의 나라에 가서 급제자의 명단에 이름을 올리고 시어사의 직함을 받은 최고운이라는 사람이 한후[漢后: 당 희종(唐 僖宗)]의 조서를 받들고 회왕[淮王: 고병(高駢)]의 예물을 지참하고서 귀국하였다. 비록 봉황이 날아오는 상서에 견주기에는 모자란다고 하더라도 학이 돌아온 그것과는 사뭇 비슷한 점이 있다고 하겠다.[155]

위 예문을 보면 장안이라는 말이 없다. 그러나 황제의 나라, 한후(漢后)라는 단어를 통하여 장안을 연상할 수 있다. 한후는 글자 그대로 풀이하면 한나라 황제를 가리킨다. 그러나 여기서 한나라는 곧 중국을 의미한다. 또 중국은 당나라를 뜻한다. 최고운이 중국에서 활동한 시기가 당나라 때였기 때문이다. 최고운은 당나라 황제의 예물을 가지고 사신의 자격으로 신라에 왔다. 당나라의 수도는 말할 것도 없이 장안이다. 그곳에 당나라 황제가 살고 있었다. 좁은 의미에서 보면 당나라의 수도를 뜻하지만, 넓은

---

154 "成光子曰, 自長安至中印度境, 五萬八千里. 西至那拘遮國, 五萬八千里." 崔致遠, 『孤雲集』 卷3.

155 "至乙巳歲, 有國民媒儒道, 嫁帝鄉而名掛輪中, 攀柱下者, 侍御史, 着鐵冠立柱下曰, 崔致遠, 捧漢后龍緘, 賚淮王鵠幣. 雖慚鳳擧, 頗類鶴歸." 崔致遠, 『孤雲集』 卷3.

의미에서 보면 장안이 당나라를 대신하는 말로 쓰였다. 위 예문에서, 최고운이 중국을 대표하는 말로 장안이라는 단어를 썼다.

최고운이 신라에 귀국하고 나서 지은 글을 통하여 보면, 첫째로 장안 대신 다른 단어를 사용하여 장안을 표현하였다. 둘째로 직접 장안을 의미하는 단어를 쓰지 않았지만, 의미상 장안을 뜻하는 단어를 사용하였다. 셋째로 그가 사용한 장안이라는 말은 좁게는 당나라의 수도를, 넓게는 중국 전체를 의미하기도 하였다.

이처럼 그의 작품에 나타난 장안의 모습은 크게 세 가지이다. 이 가운데 그가 가장 추구한 것은 다름 아닌 문명의식이다. 그의 이러한 의식에서 장안은 동경의 대상이 되기도 하였고, 또 위안의 대상이 되기도 하였다. 비록 그의 중국 생활 가운데 그가 장안에서 생활한 기간이 그다지 길지 않으나 그의 의식 속에는 장안은 곧 문명 세계라는 등식이 자리 잡고 있다. 이는 곧 그의 의식이 문명 세계를 지향하고 있었다는 말이 된다. 이러한 의식을 바탕으로 그가 환국하여 지은 작품 가운데서도 중국과 장안을 동일시하였다. 아울러 이 두 단어, 곧 장안과 중국이 문명의 도시 또는 문명의 나라임을 강조하고 있다.

제4장

최고운 문학에 나타난 풍류 정신

1. 풍류의 의미와 근거

풍류 정신이라 하면 언뜻 도교 내지는 선교 사상을 떠올리기 쉽다. 그러나 풍류 정신은 도교나 선교 사상에만 국한되지 않는다. 풍류 정신은 유교·불교·도교, 그리고 민간신앙이 합쳐 이루어졌다. 곧, 어떤 한 종파를 내세워 풍류 정신이라 하는 것은 무리가 있다.

고려 시대 학자이면서 시인, 화가인 이인로(李仁老)가 "우리 태조가 등극하실 것을 미리 알고 글을 올려 몸소 전달하였으나 벼슬에 뜻이 없어 가야산에 은거하다가, 어느 날 아침 일찍 일어나 문을 나간 뒤 간 곳 없이 사라졌다. 갓과 신을 남겨 놓았으므로 아마도 신선이 되어 올라간 것 같다."[156]라고 한 뒤 많은 사람이 최고운은 신선이 되었다고 하였다. 그 뒤 그를 추앙하는 시를 지은 사람들은 최고운, 곧 신선이라는 등식을 당연한 것으로 생각하였다.

한 사람의 풍류 정신이 몸 밖으로 드러나는 것은 그의 종교가 무엇인지

156 "豫知我太祖龍興, 獻書自達, 然灰心仕宦, 卜隱伽倻山, 一旦早起出戶, 莫知其所歸, 遺冠履於林間, 蓋上賓也." 李仁老, 『破閑集』 卷中.

이전에 그 사람의 마음가짐이 어떤지에 달려 있다. 당사자의 마음속에 사욕이 있으면 풍류 정신이 나타날 수가 없다. 내면에 사욕이 가득하면서 겉으로만 풍류를 외친다면 이는 외출용언어(外出用言語)에 지나지 않는다. 진정한 의미의 풍류 정신은 어떤 종교를 바탕으로 하기보다는 자기 내면이 진실하냐 아니냐에 달려 있다. 풍류를 두고 많은 학자가 논의해 왔다. 먼저 풍류의 사전적인 의미를 들어 보면 다음과 같다.

> ① 바람이 붊, ② 유향함. 세상에 널리 퍼짐, ③ 풍습·풍속, ④ 남아 있는 기풍, 유풍(流風)과 여운(餘韻), ⑤ 소탈하고 거리낌 없음, 또는 고상하고 멋스러움, ⑥ 문학 작품이 고상하고 운치 있음을 형용하는 말, ⑦ 걸출하여 평범하지 않음, ⑧ 아주 뛰어난 인물, ⑨ 풍모·풍도, ⑩ 훌륭한 절조·품격, ⑪ 사치스럽고 경박함, ⑫ 풍격(風格)과 유파(流派), ⑬ 자태가 아름다워 사람을 감동하게 함을 이르는 말, ⑭ 명예로운 은총, ⑮ 남녀 간의 애정 문제.[157]

이처럼 여러 가지 의미가 있다. 그러나 우리가 흔히 풍류도라고 할 때의 풍류는 위의 15개 항목 가운데, ④·⑤·⑦·⑧·⑩ 등의 의미에 가깝다.

중국 동진(東晋) 때의 고승(高僧) 도안(道安, 312~385)은 삼교일치론 등 여러 면에서 최고운에게 지대한 영향을 끼쳤다. 그는, "제가 듣건대 풍류가 기울고 추락하여 육경이 날로 이 때문에 편수(編修)되었으며, 빼기고 자랑하는 기풍이 늘어남에 따라 『노자』 두 편을 지었다고 합니다."라고 하여 풍류라는 말을 쓰고 있다. 이제삼왕(二帝三王)으로 계승되었던 풍류가 날

157 『漢語大辭典』 12, 611쪽.

로 기울고 추락하자 공자가 이에 발분(發憤)하여 육경을 편수하여 풍류의 실마리가 끊이지 않도록 하였다는 말이다. 여기서 풍류는 예로부터 내려오는 기풍과 사상적 흐름[遺風餘流][158]이라는 의미이다. 최고운은, "금선[金仙: 금색선인(金色仙人), 곧 부처]이 꽃을 들어 보이며 후세에 전한 풍류가 진실로 이에 합치되는구려."[159]라 하고는 지증대사를 망언사(忘言師)에 제수하였다고 한다. 여기서 그가 말한 풍류도 위의 뜻을 담고 있다.

우리가 알고 있듯이 최고운은 자신의 입신출세를 위해서 12살의 나이로 신라에서 당나라로 건너갔다. 29살 되던 해 3월 다시 신라로 돌아오기 전까지 그는 숱한 어려움을 겪으면서 그 나름대로 출세하였다. 그의 내면에는 현실과 이상이 서로 대립하고 있었다. 여기서 현실은 그가 직면한 당대 그 자신의 위상이다. 당나라에 있을 때는 외국인 신분으로 그 나라, 곧 당나라 선비들과 경쟁하였다. 그가 당나라 선비들과 경쟁하여 이기기 위해서는 고군분투하지 않을 수 없었다. 어떤 때 그는 이방인이라는 자신의 신분에 대해 비애감을 가진 적[160]도 있다. 또 어떤 때는 자신이 처한 사회를 통렬히 비판[161]하기도 하였다. 이러한 가운데 그의 풍류 정신이 싹을 틔우기 시작하였다. 최고운이 풍류 정신을 갖게 된 근거는 크게 세 가지로 나누어 찾을 수 있다. 첫째는 「난랑비서(鸞郎碑序)」이다.

> 나라에 현묘한 도가 있으니, 이를 풍류라 한다. 그 교를 세운 내력은 선사(仙史)에 자세히 실려 있다. 참으로 이는 삼교를 포함하고 많은

---

158 "僕聞風流傾墜, 六經所以緝修, 誇尚滋彰, 二篇所以述作."『廣弘明集』卷8, 釋安道「二教論」(歸宗顯本第一).

159 "金仙花目, 所傳風流, 固協於此." 崔致遠,「智證大師碑銘」.

160 그의「접시꽃[蜀葵花]」이라는 시에 그러한 정황이 나타난다.

161 그의「생각을 붙여[寓興]」라는 시에 그러한 정황이 나타난다. 앞의 주)66 참조.

> 사람과 접촉하여 교화한다. 이를테면 집에 들어와 어버이께 효도하고, 나아가 나라에 충성함은 공자의 주지요, 무위의 일에 처하고 말없이 가르침을 행함은 노자의 종지요, 모든 악한 일을 하지 않고, 모든 착한 일을 받들어 행함은 석가의 교화이다.[162]

이 단락은 이미 많은 사람이 인용하고 있다. 최고운이 말한 풍류는 삼교(三教), 곧 유·불·선교를 포함한다. 최고운의 이 사상은 신라 화랑도 정신과 일치한다. 나라의 현묘한 도가 단순히 화랑 세속오계[163]로 대표되는 신라의 화랑도만을 뜻하지는 않는다. 고대로부터 전해 오던 민족 고유의 선도(仙道)를 중심으로 하고, 여기에 삼교 사상을 더하여 민중을 교화하고 민족 동질성을 회복함으로써 난세를 극복하려는 원동력으로 삼고자 하였던 것으로 보인다.[164]

최고운은 말할 것도 없이 삼교를 통섭하였다. 그의 삶을 더듬어 보면 그가 삼교를 통섭한 것이 당연함을 알 수 있다. 그는 먼저 태어나면서 불교와 유교를 익혔다. 신라의 국교가 불교였으니, 그가 어린 나이이기는 하였지만, 당연히 불교에 젖었다. 또 입신출세하기 위하여 오경(五經)을 공부하였으니, 유학을 자연스레 체득하였다. 중국에 건너가 보니, 당시 당나라 국교가 도교였다. 따라서 그는 그다지 힘들이지 않고 선(仙), 곧 도가(道家)

---

162 "國有玄妙之道, 曰風流. 設教之源, 備詳仙史, 實乃包含三教, 接化群生. 且如入則孝於家, 出則忠於國, 魯司寇之旨也. 處無爲之事, 行不言之教, 周柱史之宗也. 諸惡莫作, 諸善奉行, 竺乾太子化也." 崔致遠, 『孤雲續集』.

163 김부식, 『삼국사기』 권45, 「귀산열전(貴山列傳)」에 원광 법사(圓光法師)의 세속오계(世俗五戒)가 실려 있는데, "첫째 임금을 충성으로 섬길 것, 둘째 어버이를 효도로 섬길 것, 셋째 벗을 믿음으로 사귈 것, 넷째 전투에서는 물러서지 말 것, 다섯째 생명을 죽일 때는 가려서 할 것이다.[一曰事君以忠, 二曰事親以孝, 三曰交友以信, 四曰臨戰無退, 五曰殺生有擇.]"라고 하였다.

164 황원갑, 『인물로 읽는 한국 풍류사』, 청아출판사, 2000. 88~89쪽, 「고운 최치원」 참조.

의 정신을 익힐 수 있었다. 또 신라나 당나라의 민간인들 사이에 널리 퍼져 있던 민간신앙도 그의 의식 속에 자리를 잡았다.

둘째는 위진남북조[165]와 당나라 시대에 유행한 전기(傳奇)에서 그 근거를 찾을 수 있다. 전기는 말 그대로 기이(奇異)한 이야기를 담고 있는 소설의 일종이다. 공자는, "괴이함과 용력과 패란의 일과 귀신의 일을 말씀하지 않으셨다.[不語怪力亂神]"[166]라고 하였다. 하지만, 이 전기(傳奇)에서는 괴·력·난·신(怪力亂神)을 말하고 있다. 이 전기(傳奇)는 온권(溫券)과 횡권(橫券)으로 작자가 자신의 입신출세를 위한 도구로 쓰였다. 처음 목표는 그렇지만 그 내면에는 풍류 정신이 깃들어 있다.

이 전기는 크게 두 가지로 나누어 볼 수 있다. 그것은 다름 아닌 애정(愛情)과 군담(軍談)이다. 이 가운데 우리가 주목해야 할 점은 애정이다. 최고운은 실제 전기의 일종인 「쌍녀분기(雙女墳記)」를 지었다. 이 기문(記文)에 대해서 진위의 논란이 있었다.

그러나 필자는 서두 부분과 결론 부분을 제외한 본문은 최고운이 지었다는 것을 확신한 적이 있다.[167] 실제로 중국에서는 이 쌍녀분을 발굴 조사한 적이 있다.[168] 그 결과 쌍녀분이 실제로 있었다는 결론을 내렸다.

---

165 실제로 도가(道家) 신선(神仙) 사상은 중국의 진한(秦漢)시대에 유행하였다. 도가신선사상 곧 중국 진한시대를 중심으로 한 사상에서 정(精)·기(氣)·신(神)을 어떻게 보고 있었는가? "기(氣)는 하나의 유행(流行)하는 존재(存在)와 존재하는 유행의 의의를 가지고 있으며, 신(神)은 기(氣)가 기타의 기(氣)나 물(物)에 널리 작용하는 것, 그리고 정(精)은 기(氣)가 내용물(內容物)을 가지고서 기(氣)나 물(物)에 드러남을 뜻한다.[氣乃以一流行的存在, 或存在的流行, 爲義. 神以氣之遍運于其他之氣或物爲義. 精則自氣之有其內縕而能表現于氣于物, 爲義.]" 唐君毅, 『中國哲學原論』, 原道篇貳 第四章. 「秦漢之神仙思想與鍊養精氣神之道之發展」, 學生書局印行, 1978. 3版.

166 『論語』 卷7, 「述而」.

167 졸고, 「「雙女墳記」의 眞僞攷」, 『孤雲學報』 第2輯, 孤雲學會, 2004, 271~327쪽.

168 이 쌍녀분의 발굴·조사가 시작된 시기는 1996년 4월 9일부터이며, 이를 주관한 사람은 당

셋째는 그의 시 풍격(風格)에서 그 근거를 찾을 수 있다. 풍류 정신은 풍격이 양강지미(陽剛之美)를 띠는 그의 시에는 나타나지 않는다. 예를 들어 풍격이 호방(豪放)하거나 웅혼(雄渾)한 시에서는 풍류 정신이 그다지 보이지 않는다. 최고운 시에 대한 후대의 평가를 들어 논의를 계속하기로 한다.

> ① 이규보: 그의 시는 그다지 높지 않다. 어찌 그 사람이 중국의 만당기에 있어서이겠는가?[169]
>
> ② 성현(成俔): 지은 작품을 살펴보니 비록 시구에는 능하였지만 듯이 가지런하지 않고, 사륙문에는 뛰어났지만, 말이 고르지 않다.[170]
>
> ③ 임경(任璟): 천 길 낭떠러지요, 만 리 큰 물결이네.[171]
>
> ④ 허균(許筠): 당나라 말기에 있어 또한 정곡이나 한악과 같은 무리이니, 의미가 천박하여 두텁지 않다.[172]

위에서 ③을 제외한 ①, ②, ④는 서로 견해가 비슷하다. ①, ②, ④의 견해는 뒤에서 다시 논하기로 하고 우선 ③ 임경의 견해를 당나라 사공도(司空圖)가 분류한 이십사시품(二十四詩品)의 범주에 넣는다면, 웅혼(雄渾)에 속한다.

> 위대한 활용성은 밖에서 변화하고, 진실한 본체는 안에서 충만하다. 공허로 돌아와 혼연한 데로 들어가고, 강건함을 쌓아 웅자(雄者)가 된다. 만물의 이치를 다 갖추어 큰 하늘에 꽉 들어찬다. 마구 피어나는 뭉

시 북경대학(北京大學) 동방학계(東方學系) 교수 위욱승(韋旭升)이다. 이에 대한 기록은, 陳后翔·濮陽康京, 「雙女墳考查記」, 中國人民政治協商會議 江蘇省高淳縣委員會 文史資料委員會編, 『雙女墳與崔致遠』, 2001, 29~37쪽에 실려 있다.

169 "其詩不甚高, 豈其人, 中國在於晚唐後故歟." 李奎報, 『白雲小說』.

170 "所著觀之, 雖能詩句, 意不精, 雖工四六, 而語不整." 成俔, 『慵齊叢話』 卷1.

171 "千仞絶壁, 萬里洪濤." 任璟, 『玄湖瑣談』.

172 "在唐末, 亦鄭谷韓渥之流, 率挑淺不厚." 許筠, 『惺叟詩話』.

게구름이요, 거리낌 없이 멀리 불어가는 바람과 같다. 형상의 밖에 뛰어 넘어 오묘한 이치를 얻는다. 그것을 가짐에 억지가 없고, 그것을 오게 함이 무궁하다.[173]

고운의 시 가운데는 이처럼 웅혼함을 느끼게 하는 작품은 거의 없다. 단지 「넘실거리는 물결[潮浪]」과 「희랑화상께 드림[贈希朗和尙]」이라는 시 여섯 수 가운데 두 번째에서 약간의 웅혼함을 느낄 수 있을 뿐이다. 따라서 임경의 평은 적당하지 못하다.

이와는 반대로 시가 음유지미(陰柔之美)를 띨 때 풍류 정신이 나타난다. 고운의 시는 대부분 음유지미를 띠고 있다. 그의 시의 풍격(風格)은 비장(悲壯), 고적(孤寂), 섬농(纖穠)·청광(淸曠)[174]하다. 이 가운데 섬농(纖穠)[175]과 청광(淸曠)한 풍격을 지닌 시가 대부분 풍류 정신과 관련이 있다. 위에서 소개한 이규보, 성현, 허균 등이 고운 시를 불심고(不甚高), 의부정(意下精), 도천불후(挑淺不厚)라 평한 것은 모두 그의 시가 음유지미를 지니고 있음을 말하고 있다.

---

173 "大用外腓, 眞體內充, 返虛入渾, 積健爲雄, 具備萬物, 橫絶太空, 慌慌油雲, 寥寥長風, 得其環中. 持之非强, 來之無窮."

174 拙著, 『崔孤雲文學硏究』, 亞細亞文化社, 2004, 285~300쪽 참조.

175 "물이 풍성히 흐르고, 봄이 완연한데, 깊은 골짜기에 미인이 가끔 보인다. 벽도(碧桃) 꽃이 만발하고, 바람이 이는 날 물가 버드나무 그늘진 길모퉁이에 지저귀는 꾀꼬리가 많다. 이때 좀 더 멀리 가면, 그러한 경치를 알게 됨이 더욱 참되어진다. 만약 다하지 않는 뜻을 가지고 하면, 옛사람과 더불어 새로워지리라.[采采流水, 蓬蓬遠春, 窈窕深谷, 時見美人. 碧桃滿樹, 風日水濱. 柳陰路曲, 流鶯比隣. 乘之愈往, 識之愈眞, 如將不盡, 與古爲新.]" 司空圖·遠枚, 『詩品集解』·『續詩品注』, 「纖穠」 條.

176 "가을바람은 쓸쓸하고, 가을 산은 깊고도 깊네. 나뭇잎은 다 떨어졌는데, 홀로 앉아 거문고 연주하네. 한 소리 가려 훌쩍 지나쳐, 성근 숲속으로 울려 퍼지네. 하늘 밖으로 메아리 울리니, 사방 산만이 이내 마음 알리라. 이내 신세 가리지 아니하고, 황급히 고금의 일 묻는다네. 또한 외로이 나는 기러기 있어, 내려와 내 거문고 소리에 화답하네.[秋風森森, 秋山沈沈. 木葉盡脫, 獨坐鼓琴. 一聲選駘, 穿透疎林. 空外應響, 四山知心. 不辨身世, 遑問古今.

그의 시 가운데 풍류 정신과 관련이 있는 풍격은 청광(淸曠)이다. 청광은 청월(淸越)[176]과 광달(曠達)[177]로 나뉜다. 광달(曠達)은 자기 뜻에 자적(自適)하고 속세의 일에 구속되지 않은 것을 말한다. 그의 시 가운데 청월(淸越)한 풍격(風格)을 지닌 시들은 그가 당나라에 있을 때나 환국하여 지은 시에서 골고루 나타난다. 그가 지은 「중화 갑진년 겨울 시월에 사신의 임무를 띠고 대주산 밑에 배를 띄우게 되었는데 눈에 보이는 광경에 시를 짓게 하여 음풍농월하여 10수가 쌓였으니 이를 고원외에게 부침[中和甲辰年十月奉使泛泊舟於大珠山下凡所入目命爲篇名嘯月吟風貯成十首寄高員外]」이라는 제목 아래의 「돌 봉우리[石峰]」, 「밀려오는 물결[潮浪]」, 「물가 모래[沙汀]」, 「들판에 난 불[野燒]」, 「두견새[杜鵑]」, 「바다 갈매기[海鷗]」, 「산꼭대기 우뚝 솟은 바위[山頂危石]」, 「바위 위의 작은 소나무[石上矮松]」, 「단풍 든 나무[紅葉樹]」, 「바위 위에 흐르는 샘물[石上流泉]」 등이나 그가 귀국하고 난 뒤 지은 「황산강 임경대(黃山江臨鏡臺)」의 풍격은 청광(淸曠)하다. 이들 시 가운데 「단풍 든 나무[紅葉樹]」[178]를 들면 다음과 같다.

白雲岩畔立仙姝	흰 구름 바위 가에 선녀가 서듯,
一族煙蘿依畵圖	한 떨기 우거진 덩굴 그림 같네.

亦有孤雁, 來和予音.]" 司空圖·遠枚, 詩品集解. 附祿 四演補, 淸越條.

177 "사람이 태어나 이 세상 살아감에, 더 살고 덜 사는 그 차이 얼마리오. 기쁘고도 즐거운 일 짧기만 하고, 근심스러운 일 참으로 많아라. 어찌하여 술통을 가지고, 날마다 자연 속으로 가서 즐기리. 초가집 추녀 끝은 꽃줄기가 덮었는데, 비는 부슬부슬 내리며 지나가네. 기울인 술 다 마셔 버리면, 여장 짚고 거닐며 노래 부른다네. 누구인들 예 사람 되지 않으랴만, 남산만 예대로 우뚝 솟아 있다네.[生者百歲, 相去幾何. 歡樂苦短, 憂愁實多. 如何尊酒, 日往煙蘿. 花覆茆簷, 疎雨相過. 倒酒旣盡, 杖藜行歌. 孰不有古, 南山峨峨.]" 司空圖, 『二十四詩品』, 「曠達」條.

178 崔致遠, 『桂苑筆耕集』 卷20.

麗色也知於世有	어여쁜 그 모습 세상에 있다지만,
閑情長得似君無	한가로운 정 그대 같은 이 없네.
宿粧含露疑垂泣	간밤에 내린 이슬 울음 흔적인가,
醉態迎風欲待扶	바람에 흔들리는 모습 잡으려네.
吟對寒林却惆悵	삭막한 숲 보며 읊으니 서글퍼져,
山中猶自辨榮枯	산중에도 오히려 영고성쇠가 있네.

이 시는 단풍나무를 제재로 하여 읊고 있다. 이 시에서는 앞의 청월(清越)의 풀이에 나오는, 소슬한 가을바람이 불고 나뭇잎 떨어진 산속에서 외로이 거문고를 뜯으며 오가는 기러기에게 고향 소식을 묻는 나그네의 정취와 같은 정감을 만끽할 수 있다. 수련(首聯)에서는 직유법을 사용하여 단풍나무를 묘사하고 있다. 자아는 단풍나무를 선녀가 서 있는 모습과 같다고 하였다. 흰 구름이 끼어 있는 산 위의 바위 가에 단풍나무가 서 있다. 그는 단풍나무 가지가 뻗은 것을 그림에 비유하고 있다. 자아의 안목이 섬세하다.

함련에서, 여색(麗色)은 단풍나무의 아름다운 색깔이다. 군(君)은 홍엽수(紅葉樹), 곧 단풍나무를 가리킨다. 자아는 단풍나무를 인격화하고 있다. 경련을 보면, 함로(含露)는 수읍(垂泣)을 뜻하는데, 은유법을 쓰고 있다. 취태(醉態)는 단풍나무가 흔들거리는 모양을 나타내는데, 의인법을 쓰고 있다. 미련에서는 수사법은 쓰지 않았다. 시 전체에서 느낄 수 있는 미학은 청월(清越)한 풍격(風格)이다. 흰 구름·선녀·연라(煙蘿)·한정(閑情)· 함로(含露)·영풍(迎風)·한림(寒林) 등의 시어(詩語)에서 소슬한 정취를 느낄 수 있다.

고운의 시에는 사람 한평생 가운데 환락(歡樂)의 고단(苦短)함과 우수(憂愁)의 번다(繁多)함을 한 두루미의 술로 달래다가 술이 다하면 지팡이를 짚고 그 어디론가 다시 훌쩍 떠나는 듯한 정취를 지녔다. 이러한 광달(曠達)함을 지니는 시는 주로 그가 탈속한 뒤에 지은 작품에서 나타난다.

2. 풍류 정신의 생성

인간은 누구나 자신의 심경이 복잡할 때 그가 처한 현실 세계를 떠나고자 한다. 실제로는 그 자신도 현실 세계에 참여하고 싶어 한 것인지도 모른다. 현실 세계에 참여하고 싶지만, 주위의 상황이 자신을 용납하지 않을 때 누구나 현실을 비판하려고 한다. 물론 그 사람의 국량에 따라 다소 차이가 있을 수 있다. 최고운도 이 점에서는 자유로울 수 없었다. 「생각을 붙여[寓興]」[179]라는 시는 그가 중국에 있을 때 지었는지 신라에 돌아와서 지었는지 확실하지 않다. 이 시는 『고운집(孤雲集)』에 실려 있어, 그가 신라에 돌아와서 이 시를 지은 것으로 보인다. 자아가 사는 세상에는 마음속에 욕심이 없는 사람이 드물어 보인다. 왜냐하면 세상 사람들은 단술, 곧 달콤한 것만을 좋아하기 때문이다. 이처럼 자아의 내면에는 물론 욕심이 없을 수 없겠지만, 일반인과는 다른 점이 있다. 자아의 마음속에 욕심이 없으니 자연 현상을 있는 그대로 보고, 느끼고, 들을 수 있다. 그의 「고의(古意)」[180]라는 시에서는 인간의 탈을 쓰고 나쁜 행동을 하는 사람을 비판하고 있다. 여우가 미녀로 둔갑하고 삵이 서생으로 바뀌었다. 겉으로는 점잖은 체하지만, 속으로는 음흉하거나 간사하기 그지없는 인간의 이중성을

179 崔致遠, 『孤雲集』 卷1. 이 작품은 앞의 제2장에서 논의하였기에, 이 장에서는 구체적으로 논의하지 않는다. 앞의 주)66 참조.

180 崔致遠, 『孤雲集』 卷1.

자아는 고발하고 있다. 보통 사람들은 이러한 인간의 이중성을 알아채지 못한다. 겉으로 보면 전혀 표시가 나지 않기 때문이다.

그러나 자아 자신은 이들에게 당해 보았다. 따라서 세상인심이 얼마나 야박하다는 것을 경험하였다. 자아의 희망은 세상 사람들이 바른 마음을 가지고 욕심 없이 지내는 것이다. 그러나 세상 사람들은 그렇지 않고, 또 그럴 가능성도 없다. 이 점에 자아의 말은 듣는 이 없는 아우성인지도 모른다. 자아의 생각은 현실 세계에서 용납되지 않고, 앞으로도 그렇게 될 희망이 없다. 그는 욕심이 없는 세계를 바라고 있다. 이 경지에 도달하여야 풍류를 즐길 수 있다. 최고운의 다음 글을 통해 그가 젊었을 때부터 현실과 초월의 두 세계 가운데 초월 세계를 동경하였음을 알 수 있다. 이러한 그의 견해가 그가 중국에 있을 때 고변에게 올린 장계(狀啓)에 보인다.[181] 이 글에서 보면, 고운은 벼슬에 나아갔지만, 벼슬을 해도 진토(塵土), 곧 영리를 따지는 일을 싫어하였다고 한다. 그는 자연을 좋아하였고 또 그곳으로 돌아가려 하였다. 비록 몸은 관직에 나가 있으나 마음은 항상 물외(物外)의 녹수(綠水)에 머물러 있었다. 그의 마음은 외물, 곧 자연 속에 있었다. 그의 다음 글에서 그러한 정황이 나타난다.

> ① 저는 산에 가서 살지 못하고 오히려 세속의 힘든 일에 종사하여 객사는 군영 깊숙이 있으니, 비록 누추한 집보다는 나으나 참으로 누항과 같습니다.[182]
>
> ② 숨어서 사는 사람이 바르게 살아서 길하다고 한 것은 도(道)를 행

---

181 앞의 주)111 참조.

182 "某未遂山棲, 尙從塵役, 所居客舍, 深在軍營, 雖異衡門, 實同陋巷." 崔致遠, 『桂苑筆耕集』 卷19, 「謝降顧狀」.

하는 법입니다. 숨어서 사는 사람은 중들이 이에 가깝습니다.[183]

③ 본래의 희망은 산을 살 돈의 여유가 있으면 (산을 사서) 문득 산 골짜기에 숨는 것이 (내 생각에) 딱 맞습니다.[184]

위에서 알 수 있듯이, 고운은 항상 산에 들기를 동경하였다. ②에서 보면, "산에서 조용히 지내는 사람은 스님들이 이에 가깝다."라고 하였다. 스님들과 같이 산에서 조용히 지내면서, 자기가 바라는 진리[道]를 닦고자 한다. ③의 말에는 산을 살 여유만 생기면 산을 사서 그 골짜기에서 살아가겠다는 자기 의지가 담겨 있다. 그가 산에 들어가려고 하는 이유는 청정·자적(淸淨自適)하기 위해서이다. 다음 글에서 그 일단을 알 수 있다.

비록 앞으로 집을 짓고 밭을 갈려고 하나 처세하는 도리가 서툴러서 문을 닫고 찾아오는 손님을 사절하고 청정·자적함과 비슷하다.[185]

집을 짓고 농사짓는 일은 현실 세계를 살아가기 위한 하나의 방편이다. 그는 처세하는 방법이 서툴러 문을 닫고 찾아오는 사람을 만나지 않았다고 한다. 여기서 보면, 그가 현실에 적응하지 못하고 있다. 현실에 적응하려면 항산(恒産)을 하여야 하지만, 그는 그렇지 못하였다. 이 때문에 그는 현실 세계를 벗어나 결신(潔身)의 단계에 접어들었다. 자기 몸과 마음을 깨끗이 하고 자연 속에서 유유자적한다. 자연 속에서 자기가 말한 현묘한

183 "幽人貞吉, 其履道乎, 幽人何謂, 梵子或亦近是." 崔致遠, 『孤雲集』 卷1, 「善安住院壁記」.
184 "本望少贍山資, 便諧谷隱." 崔致遠, 『桂苑筆耕集』 卷19, 「答裵拙庶子書」.
185 "雖將築室反耕, 道拙世塗, 僅類杜門却掃." 崔致遠, 『桂苑筆耕集』 卷19, 「謝周繁秀才以小山集見示展」.

도[玄妙之道]를 즐기고 있다. 그의 시 가운데 현실 세계를 등질 것을 예고한 시가 있다. 어떤 스님에게 지어 준 시인데, 그 제목이 「산에 사는 스님께 드림[贈山僧]」[186]이다. 이 시의 내용을 들면 다음과 같다.

僧乎莫道青山好	스님이시여 청산이 좋다는 말 마오,
山好何事更出山	산이 좋다면 왜 다시 산을 떠나오.
試看他日吾踪蹟	두고 보오, 이다음 나의 자취를,
一入青山更不還	한 번 청산에 들면 다시 안 나오리니.

이 시에서 자아가 자기 의지와 결심을 묘사하고 있다. 어떤 스님이 산이 좋아서 산으로 들어왔지만, 그 산에 머무르지 않고 다시 산을 떠나 속세로 돌아간다. 하지만, 자아의 결심은 이 스님의 행동과는 다르다. 그는 한 번 산에 들어가면 다시는 나오지 않겠다고 한다. 자아의 강한 의지를 드러내고 있다. 자아, 곧 최고운은 자기 결심을 끝까지 지키겠다는 각오가 되어 있다.

3. 풍류 정신의 발전

그가 가야산에 들어가기 직전에 지은 것으로 보이는 「황산강 임경대(黃山江臨鏡臺)」[187]라는 시를 들어 보면 다음과 같다.

煙巒簇簇水溶溶	내 낀 멧부리 웅긋중긋 강물 출렁출렁,
鏡裏人家對壁峯	물에 비친 인가가 푸른 산 마주하였네.

186 崔致遠, 『孤雲集』 卷1.

187 崔致遠, 『孤雲集』 卷1.

何處孤帆飽風去　　외로운 배 바람 싣고 어디로 떠가는고,
瞥然飛鳥杳無踪　　잠깐 사이 새는 날아 아득히 사라지네.

이 시는 강, 구체적으로는 황산강 위에 뜬 한 척의 배를 보고 지은 것이다. 지금 그가 있는 곳은 임경대(臨鏡臺) 가이다. 임경대에서 바라본 경치를 읊고 있다. 크고 작은 봉우리가 옹긋중긋 솟아 있는데, 그 산봉우리 밑으로 강물이 넘실거리며 흐르고 있다. 또 사람들이 사는 집이 멀리 푸른 산봉우리를 사이에 두고 떨어져 있다. 그렇게 자연과 인간이 조화하고 있다. 그 가운데 어디서부터 왔는지도 모르는 배 한 척이 나타나 바람같이 지나가 버린다. 자연과 인간이 서로 조화하고 있다.

이 시에서 보면 자아 내면에는 그다지 욕심이 있어 보이지 않는다. 자아 자신이 자연 속에서 그 이치에 잘 적응해 가고 있다. 여기서 자아는 자연의 풍류를 즐기고 있다. 자연은 언제나 변하는 것 같지만 변하지 않는다. 사람들은 자연이 춘하추동 사계절에 따라 변한다고 한다. 그러나 그 범위를 확대하면 자연은 언제나 그대로이다. 신생, 성장, 사멸하기는 하지만 그 순환의 이치는 한가지이다. 자아는 이러한 자연의 섭리에 따라 자신의 삶을 살아가려 한다. 마치 솔개가 하늘 위에서 날고, 물고기가 강물 속에서 뛰어오르는 것과 같다. 자아의 정신이 이 경지에 이르면 세상에 대해 욕심이 그다지 생기지 않는다. 물욕이 없어지니 저절로 그 정신은 자연으로 돌아가게 되었다. 이 시에서 자아는 현실 세계에 집착하기보다는 그 영역을 넘어섰다.

첫 구를 보면, 정지하고 있는 산과 흐르고 있는 강물이 조화를 이루고 있다. 곧, 정적인 산과 동적인 강물이 조화를 이루어 마치 한 폭의 그림을

대하고 있는 느낌을 준다. 또 산과 물이 합쳐지면 주역의 괘(卦)로는 몽괘(蒙卦)[188]에 해당한다. 이는 바로 몽매한 사람을 깨우쳐 중용(中庸)의 도(道)로 나아가게 한다는 의미가 포함되어 있다. 여기서 그가 깨우치기를 바라는 것은 다름 아닌 인간의 마음이다. 마치 한 척의 배가 강 위를 홀연히 지나가듯, 인생도 영원한 자연 속에서 태어나 순간적으로 사라진다. 그러나 인간들은 자신을 돌아볼 줄 모른다. 자연은 산과 강이 서로 조화를 이루고 있지만, 그 속에 사는 인간은 그렇지 못하다. 그 자신이 세상에서 버림을 받게 되자 자연을 찾았으며, 그 자연을 통해서 그는 인간의 몽매함을 절실히 느꼈다. 이러한 정신세계에서 그는 자연 속에 지나가는 배를 보고 조용히 읊고 있다.[189]

그가 이 시를 조용히 읊고 있지만, 아직은 사회에 대한 미련이 남아 있다. 일찍이 최자[190]가 논평하였듯이, 그는 임경대에서 보이는 황산강의 경치를 남김없이 읊고 있지만, 그리면서도 늘 그의 시가 그러하듯 이 시도 자연 묘사뿐만 아니라 인간의 덧없는 운명까지를 생각하게 한다.[191] 고운이 자연에 귀의하게 된 이유가 더욱 잘 나타나 있는 것은 「가야산 독서당에 붙임[題伽倻山讀書堂]」[192]이라는 시인데 그 시를 들면 다음과 같다.

狂噴疊石吼重巒	돌 사이 세찬 물결에 온 산이 울리니,
人語難分咫尺間	사람의 말 곁에서도 알아듣기 어렵네.

---

188 "山下出泉, 蒙, 君子, 以, 果行, 育德." 『周易』, 「蒙卦」 卦象; "蒙以養正, 聖功也." 「蒙卦」 彖辭.

189 拙著, 『崔孤雲文學研究』, 265~266쪽 참조.

190 "公凡所留詠, 率不過絶句一首, 就中嘉景無不破的." 崔滋, 『補閑集』 卷上, 張32(大提閣影印本).

191 金重烈, 「崔致遠 文學 研究」, 고려대학교 박사학위논문, 1983, 105~106쪽.

192 崔致遠, 『孤雲集』 卷1.

常恐是非聲到耳	언제나 시비 소리 귀에 들릴까 두려워,
故教流水盡籠山	짐짓 흐르는 물로 온 산 감싸게 하였네.

이 시에서는 아직도 그가 현실 세계에 대한 미련을 버리지 못하고 있다. 세상에 대해 애착은 있지만, 현재의 여러 상황이 자기의 뜻대로 되지 않자 어쩔 수 없이 현실을 피하였다. 산을 울리는 거센 물소리가 사방에 가득 차 있기에 세상에서 시비하는 소리가 들리지 않는다고 한다. 물이 흐르는 소리가 워낙 크기 때문에 사람들의 말소리가 들리지 않는다.

여기서 그는 자연에 의탁해서 자신의 괴로움을 달래려고 한다. 그가 항상 두려워하는 것은 세상에서 서로 옳고 그르다고 다투는 소리이다. 이러한 다투는 소리가 물소리 때문에 들리지 않으니 그로서는 천만다행이다. 하지만 만약에 서로 다툼이 없었다면, 그는 그대로 현실 세계에 참여하고 말았을 것이다. 그가 마음속으로 현실에 참여하고자 하는 강한 의지가 잠재하였기에 이렇게 읊고 있는지도 모른다.

고운(孤雲)의 「운봉사에 붙임[題雲峯寺]」[193]이라는 시를 보면 위의 「가야산 독서당에 붙임」 시에 나타난 자아보다 욕심이 많이 줄었음을 알 수 있다. 이 절은, 신라 진평왕 10년인 588년에 운달조사(雲達祖師)가 운달산(雲達山) 자락에 절을 새로이 짓고 그 이름을 운봉사(雲峯寺)라 하였다.

捫葛上雲峯	칡덩굴 부여잡고 운봉에 올라,
平看世界空	굽어보니 세상 텅 비었구나.
千山分掌上	천 산은 손바닥에 흩어 있고,

193 徐居正 外, 『東文選』 卷9·『三韓詩龜鑑』.

萬事豁胸中	만사는 가슴 속에 탁 트이네.
塔影日邊雪	탑 그림자는 하늘가 눈이요,
松聲天半風	솔 소리는 반공중의 바람이네.
煙霞應笑我	안개와 노을이 나를 비웃겠네,
回步入塵籠	발길을 돌려 속세로 들어가니.

이 절의 지금 이름은 김룡사(金龍寺)이며, 경상북도 문경시(聞慶市) 산북면(山北面)에 있다.[194] 운봉사가 산 위에 있음을 수련(首聯)에서 알 수 있다. 자아가 힘들여 산을 올라 운봉사에 도착하였다. 그곳에서 아래를 보니 온 산이 내려다보인다. 높은 곳에 오르니 자아의 가슴도 탁 트이는 것 같다. 함련(頷聯)과 경련(頸聯)에서는 인공미와 자연미가 조화를 이루고 있다. 탑 그림자와 하늘, 그리고 솔바람 소리가 어우러지기 때문이다.

자아가 자리한 이곳은 세속과 떨어져 있다. 그러나 자아는 이곳을 떠나 다시 산에서 내려간다. 안개와 노을이 나를 비웃겠느냐고 하여 자아가 속세로 돌아가는 것을 스스로 비웃고 있다. 이 정도로 자아 자신을 돌아볼 수 있는 경지라면 그의 마음속에는 오욕(五慾)이 거의 사라졌다고 할 수 있다. 마음속의 욕심이 사라졌으니, 자아는 자연 속에서 살 수 있다. 그의 마음은 세속의 굴레를 벗어나 자연의 풍류를 즐기고 있다. 그러나 이 시에서는, 아직도 속세에 대한 미련이 조금은 남았다. 고운이 이 시를 지은 시기는 그가 봉암사(鳳巖寺) 비문을 지은 시기와 비슷할 것이다. 그가 봉암사 비명을 지은 것이 그의 나이 30살 되던 해였다. 최고운이 봉암사에 갔다가 이곳을 들렀거나, 아니면 봉암사에 가는 도중에 이곳에 갔을 가능성

---

194 『佛敎大事典』.

이 있다. 문경(聞慶) 가은면(加恩面)에 있는 봉암사와 이 절은 그다지 먼 거리에 있지 않기 때문이다.

고운이 속세를 떠나 해인사에 들어가면서부터 그의 풍류 정신은 상당히 발전한다. 이때 그 정신적 바탕이 된 것은 불교의 중관(中觀) 또는 중도(中道)의 원리와 화엄 사상(華嚴思想)이다. 그의 「희랑화상께 드림[贈希朗和尙]」이라는 제목 밑의 시 가운데 두 번째 시에서도 이러한 정황이 보인다.[195] 이 시는 언뜻 보아서 그 의미를 이해할 수 없다. 용(龍) 자가 앞에 들어가고 두 글자로 된 단어가 여러 차례 나오기 때문이다. 용맹(龍猛) 보살이 용궁에 들어가서 화엄경을 가지고 나와서 세상에 전교하여 훌륭한 공을 전하였다고 해서 용당·용궁이라는 말을 썼다. 여기서 용맹 보살은 바로 『중론(中論)』을 지은 용수(龍樹) 보살을 말한다. 용수 보살은 인도의 고승(高僧)이다. 희랑은 9세기 초 고운이 해인사에 은거할 당시의 화엄 학승이었다. 고운은 희랑화상과 상당한 교분이 있었다. 그가 희랑에게 지어 준 시 여섯 수가 이를 입증한다.

고운이 화엄 사상에 깊이 몰입하였던 것은 당시 분열된 지배층과 피지배층을 융합하게 하려는 의도도 있었을 것이다. 지방 분권적인 경향을 지닌 신라 하대의 선종에 대한 중앙집권적 정치이념과 어느 정도 관련이 있다. 이어서 그가 희랑화상에 지어 준 시 가운데 처음 것[196]을 들어 보면 다음과 같다.

步得金剛地上說	금강지가 그 자리에서 하신 말씀을,
扶薩鐵圍山間結	보살들이 철위산에서 모두 모였네.

---

195 시의 내용은 앞의 주)123에 있다.

196 崔致遠, 『孤雲集』 卷1, 『伽倻山海印寺古籍』.

苾蒭海印寺講經	비구가 해인사에서 경전을 강론하니,
雜花從此成三絶	화엄경이 이로부터 삼절을 이루겠네.

위의 시 가운데 3·4구(句)를 보면 비추, 곧 비구 스님이 해인사에서 경전을 강설(講說)하였다 하였다. 이 경전은 바로 잡화(雜花), 곧 화엄경(華嚴經)이다. 해인사에서부터 화엄 사상이 유포된다는 것을 나타낸다. 왜냐하면, 해인사에는 바로 화엄학의 대가인 희랑화상이 그곳에 살고 있기 때문이다.[197]

결구에서 "잡화가 이로부터 삼절을 이루리."라고 하였다. 잡화는 바로 화엄경이다. 삼절은 위편삼절(韋編三絶)이다. 이 말은 공자가 만년에 『주역』을 애독하여, 죽간(竹簡)을 엮은 가죽끈이 세 번이나 끊어졌다[198]는 고사에서 나왔다. 이 말은 책을 읽는 데 힘쓴다는 뜻이다. 비추라는 말에서 고운이 스님처럼 아무 일에도 구애받지 않음을 알 수 있다.

앞에서도 말하였듯이 대승불교의 이론은 유·무의 두 가지 극단론을 부정한다. 이러한 인식론적 기초에서 예상되는 삶의 태도는 극단적인 현실 부정이나 현실에의 집착을 모두 넘어선 경지라고 규정할 수 있다. 세상의 온갖 사물·사실들과 사람의 삶은 그 자체로서 영속하는 절대적 실체가 아니므로 이에 집착하는 범부(凡夫)의 미망(迷妄)을 끊어야 한다. 한편 완전한 허무라고 할 수도 없으므로 이를 부인하고 모든 것을 포기하는 허무주의 또한 정당한 인식에 근거한 삶의 전망일 수 없다. 이어서 고운이 희랑화상에 지어준 시 가운데 세 번째[199]를 들어 이에 관한 논의를 계속하기로 한다.

---

197 拙著, 앞의 『崔孤雲文學硏究』, 270~272쪽 참조.

198 "孔子晩而喜易, …(中略)… 讀易, 韋編三絶, 曰假我數年, 若是. 於我易則彬彬矣." 司馬遷, 『史記』 卷17, 「孔子世家」.

199 崔致遠, 『孤雲集』 卷1, 『伽倻山海印寺古籍』.

磨羯堤城光遍照　　마갈제성에서 광명이 두루 비추었고,
遮拘盤國法增耀　　차구반국에서 불법이 더욱 빛났다네.
今朝慧日出扶桑　　오늘 아침 지혜의 해 부상에서 나와,
引得文殊降東廟　　문수보살이 동묘에 강림했음을 알리.

마갈제성은 석가모니가 대도(大道)를 이룬 중인도(中印度)에 있던 나라로 불교와 가장 관계가 깊은 나라이다. 석가모니가 이 나라의 이연선하(尼連禪河)에서 성도하였으며, 이후 역대 임금들의 보살핌으로 불교 교학의 중심지가 되었다. 기구는 부처님의 대도(大道)의 광명이 두루 세상을 비추었다는 말이다. 승구의 차구반국은 우전국(于闐國)에서 2천여 리 떨어진 곳이 있다고 하는데, 석가모니 부처님이 많이 상주하면서 설법하였던 나라이다. 곧, 석가모니 부처님의 대도(大道)가 세상에 퍼지자, 부처님이 설교하시던 차구반국도 그 설법으로 인해 빛났다.

이러한 대도(大道), 곧 불도(佛道)와 불법(佛法)이 우리나라에 전파되었다. 지혜의 해가 동방에 떴으니, 문수보살이 여래(如來)의 좌보처(左補處)인 동묘(東廟)에 강림하였다고 한다. 동방인 우리나라에 문수보살이 강림하여 교화한다. 여기서 문수보살만큼 지혜가 있는 사람이 바로 희랑화상이다.

이처럼 고운은 희랑화상을 칭송하고 있다. 그가 화엄 사상을 강조하여 의식의 각성을 촉구한다. 이는 성숙한 정신의 자유·자율과 책임, 그리고 삶의 가능성의 긍정이다. 보다 근원으로 올라가면 용수보살의 중관론적 사유의 세계까지 소급한다. 시간의 흐름 속에서 인간적 소망·기획·행위·성취는 유(有)도 아니고 무(無)도 아니다. 유(有)가 아니라는 것은 독립되어 생성되고 자존하는 항구적인 실체가 아니라는 뜻이며, 무(無)가 아니라는 것은 역사 안의 모든 사물과 현상들이 항존성(恒存性)을 가지지 않기는 하나, 그렇다고 해서 완전한 공허로 부인될 수 있는 허무만도 아니라는 뜻이다.

> 이룸을 여의고는 무너짐을 얻을 수 없다. 이것은 무엇 때문일까? 만일 이룸을 떠나서 무너짐이 있다면, 이는 이룸을 인하지 않고 무너짐이 있는 것이므로 무너짐은 원인이 없으며, 또 이룸의 법칙이 없이 무너질 수 있으리라.[200]

사람의 삶이 가진 온갖 소망, 기획, 업적 및 그 얽힘으로써의 역사는 절대적 유와 절대적 무의 사이, 완전한 선과 완전한 악의 사이에서 낙관과 비관의 어느 한 편으로도 자신을 내던지지 않는 성숙의 정신이 이루어 나가는 영원한 원동력이 된다. 최고운이 유교와 불교만을 체득하였을 때는 아직 풍류 정신이 완성되지 않았다. 그가 시간과 공간의 초월 단계에 이르렀을 때 그의 풍류 정신이 완성 단계에 이르게 된다. 이 점에 대해서는 항(項)을 바꾸어 논의하기로 한다.

4. 풍류 정신의 완성

고운이 속세를 떠나 자연으로 들어가기 시작하였을 때부터 그의 정신은 변하여 갔다. 초창기의 원심적(遠心的)인 마음의 자세가 점차 구심적으로 변하여 갔고, 마침내 그의 정신은 완전히 구심화(求心化)하기에 이르렀다. 마음의 구심화는 그의 나이 40세 이후에 이루어졌다. 곧, 그가 관직을 버리

---

200 『中論』, 128쪽.

고 자연을 벗 삼아 유람할 때의 일이다. 사실, 그가 해인사에 들어가서도 속세에 대한 미련이 있었다. 이때는 그의 풍류 정신도 아직 완성되지 않았다. 하지만, 그가 「화개동」[201] 시 여덟 수를 지을 당시, 그의 풍류 정신은 완성 단계에 이르렀다. 그 여덟 수의 시 가운데 첫 번째 시를 들면 다음과 같다.

東國花開洞	우리 나라 화개동이라는 곳은,
壺中別有天	항아리 속의 별천지와 같다네.
仙人推玉枕	신선이 한잠을 자고 일어나니,
身世欻千年	몸과 세상이 어느 사이에 천년.

우리나라의 화개동이란 곳은 인간 세계와 동떨어진 것이다. 곧, 삶의 피안(彼岸)이다. 화개동이란 곳은 시간의 영원성 가운데 존재하는 세계이다. 물론 화개동은 지리산 밑에 있는 마을 이름이다. 하지만 인적 없이 산이 사방으로 둘러싸여 마치 병 속에 든 것 같은 기분이다. 이 시구(詩句)는 이백의 시에 나오는 "다른 세계가 있어 인간 세상 아니네.[別有天地非人間]"[202]라는 말과 비슷하다. 인간 세계에 있는 온갖 사특함과는 거리가 먼

201 李晬光, 『芝峰類說』 卷13, [文章部] 6 「東詩」, 景印文化社 影印本, 232~233쪽.

202 당나라 시인 이백(李白)의 「산 속에서의 문답[山中問答]」이라는 시를 보면, "묻노니 나는 무슨 생각으로 푸른 산에 사는고, 웃으며 대답하지 않아도 마음 저절로 한가해. 복사꽃이 흐르는 물 따라 아득히 사라지고, 별 따로 있는 세상이요 인간 세계 아니네.[問余何意(事)栖碧山, 笑而不答心自閑. 桃花流水窅然去, 別有天地非人間.]"(『全唐詩』 卷178)라는 구절이 있다. 역시 당나라 때의 시인인 저광희(儲光羲)의 「임강정오영(臨江亭五詠)」이라는 다섯 수의 시 가운데 두 번째에, "작은 정원 앞으로 산이 가로 놓이고, 길은 큰 강가에서 다하였다네. 이곳에서 왕업을 일으켰으니, 송나라 왕의 어짊만 못하여라. 조류는 건업의 강물에서 생기고, 바람 불어 광릉의 연무 흩누나. 곧 바로 맑은 물결 속 바라보니, 다만 딴 세계가 있다고만 하겠네.[山橫小苑前, 路盡大江邊. 此地興王業, 無如宋主賢. 潮生建業水, 風散廣陵烟. 直望淸波裏, 只言別有天.]"(『全唐詩』 卷139)라는 내용이 있다.

세상, 오직 착함만이 존재하는 세계가 바로 별유천지(別有天地)이다. 자아의 정신은 번뇌망상(煩惱妄想)이 가득한 진토(塵土)를 벗어나 열반의 경지에 이르렀다.

이처럼 인간 세계와는 동떨어진 세계에서 신선이 한 번 자고 일어났는데 인간 세상의 시간은 천년이 지났다. 시간과 공간 개념의 초월이다. 여기서 자아는 세상의 이욕을 완전히 초탈하고 달관의 경지에 이르렀다. 자아가 인간의 욕심에서 벗어났으니, 자연을 벗하는 풍류 정신이 시 속에 가득하다. 같은 제목의 두 번째 시를 보면 다음과 같다.

萬壑雷聲地	골짜기마다 물소리 우레와 같고,
千峰雨色新	봉우리마다 비 맞는 초목 새로워.
山僧忘歲月	산 속의 중들은 세월을 잊었건만,
惟記葉間春	나뭇잎 사이에 든 봄은 기억하네.

기구(起句)를 보면, 이 시는 최고운의「가야산 독서당에 붙임[題伽倻山讀書堂]」[203] 시에 나오는 시의 뜻 그대로 속세와의 단절이다. 산봉우리마다 비를 맞아 산뜻한 초목의 빛깔이 더욱 새롭고 신비하다. 이 시에서 속세의 단절과「가야산 독서당에 붙임」에서 속세의 단절은 서로 다르다.「독서당」에서 속세의 단절은 고운의 인위적 단절이다. 다시 말하면 고운의 머릿속에는 아직 세속에 대한 미련이 남아 있다.

하지만 이 시에서는 그렇지 않다. 이 시의 서정적 자아, 고운은 세속에 대한 미련을 완전히 버렸다. 산승(山僧)이 세월을 잊은 것처럼 고운 자신

---

203 앞의 주)192 참조.

도 세월의 흐름을 잊은 것이다. 나뭇잎이 났다가 지는 것을 보고 세월의 흐름을 안다. 바로 자연과 그가 일치하고 있는 경지, 곧 물아일체이며 물심일여(物心一如) 상태에 이르렀다. 그러니 시간이 흐르는 것을 의식하지 않는다. 그럴 필요가 없다. 왜냐하면, 세속에 대한 미련을 완전히 버렸기 때문이다. 속인(俗人)들은 시간의 흐름을 안타까워한다. 하지만 세속에 대한 미련을 버리고 번뇌망상에서 벗어난 그로서는 그렇게 할 필요가 없다. 자아는 시간과 공간의 무한성, 또는 영원성을 강조한다. 이것이 풍류(風流)이다. 그 세 번째 시를 들어 보면 다음과 같다.

雨餘多竹色	비 온 뒤 대 빛깔 더욱 푸르러,
移坐白雲開	옮겨 앉으니 흰 구름이 열리네.
寂寂因忘我	고요한 가운데 나를 잊었는데,
松風枕上來	솔바람이 베갯머리 스치고 가네.

비 온 뒤에 대나뭇잎이 더욱 파랗다. 그런데 고운이 흰 구름이 이는 곳으로 자리를 옮겨 잡는다. 흰 구름은 보통 허무, 곧 덧없음을 나타낸다. 이 덧없음은 한편으로는 자신의 마음속에 욕심이 없는 것을 나타낸다. 자아의 정신은 사심(私心)이 없는 상태, 무아(無我)의 경지에 이르렀다. 번뇌망상이 없는 허심(虛心)의 상태, 곧 열반(涅槃)[Nirvana]의 상태이다. 열반은 멸(滅), 적멸(寂滅), 멸도(滅度), 원적(圓寂), 무위(無爲), 무작(無作), 무생(無生) 혹은 해탈(解脫, Vimoksa)과 같은 말이다.

바로 불어서 꺼버림의 상태[吹消狀態]이며, 번뇌의 숲이 없는 상태, 모든 번뇌를 궁구하여 생태계(生態界)를 초월한 불생불멸(不生不滅)의 법을 체득한 경지, 또는 번뇌를 초극한 정신의 평화 상태이다. 그러니 조용히 자신을 잊을 수밖에 없다. 전구(轉句)의 망아(忘我)가 바로 그것이다. 여기서 망아(忘我)라는 것은 바로 자아(自我)의 집착에서 벗어나 바로 공(空)의 상태에 이르렀음을 뜻한다.[204]

현세의 일체에 집착함은 물의 파랑(波浪)과 같아, 나고 죽음의 현상에 집착하니 이것이 바로 고통스러운 이승이다. 반대로 현세의 일체에 집착하지 아니하는 것은 물결이 일지 않는 물과 같이 태어나고 죽음이 없는 현상이니, 곧 행복한 열반의 경지이다. 그의 정신은 피안(彼岸)의 세계, 욕심 없는 세계에 안주하였다. 같은 제목의 네 번째 시를 보면 다음과 같다.

春來花滿地	봄이 오니 꽃이 땅에 가득하고,
秋去葉飛天	가을 가니 낙엽 하늘에 흩날려.
至道離文字	지극한 도는 문자를 떠나서,
元來是目前	본디 우리 눈앞에 있는 거라네.

봄이 오면 꽃이 천지에 가득하고 가을이 되니 낙엽이 하늘에 나부낀다. 바람은 보이지도 않고 만진다 해도 잡히지 않는다. 그러나 그 바람이 미치는 곳은 광대무변(廣大無邊)하여 끝이 없고 그 흐름은 영원무궁(永遠無窮)하여 쉼이 없다. 우주의 생성변화는 자연적으로 이루어진다. 사람이 인위적으로 하지 않아도 저절로 변화가 이루어진다[無爲而無不爲]. 이와 같은 생성변화의 법칙이 바로 도(道)이다. 그러니 달리 다른 글이 있을 필요가 없다. 바로 눈앞에 전개되고 있는 현상이 도이기 때문이다. 자아는 이 도,

---

204 拙著, 앞의『崔孤雲文學硏究』, 278~279쪽 참조.

곧 풍류를 마음껏 즐긴다.

한번 양(陽)이 되고 한번 음(陰)이 되는 것[一陰一陽], 이것이 바로 도이다. 그러니 도(道)는 멀리 인간을 떠나 있는 것이 아니다[道不遠人人遠道]. 다만 사람들이 그 도를 찾지 못하고 있다. 도낏자루를 쥐고 도낏자루를 다듬어도 그 도가 어디에 있는 줄을 모른다. 이것이 인간이다.

계절이 저절로 바뀌듯 자아 자신도 자연에 순응하면서 살아간다. 그러니 다른 어떤 욕심이 생기지 않는다. 지극한 도는 문자로 설명할 수 없다. 지도리문자(至道離文字)요, 이언진여(離言眞如)의 세계이다. 지극한 도는 문자를 벗어난다고 하였듯이 그가 지도(至道)를 터득한 뒤의 사물을 대하는 태도가 이 시에 나타난다. 자아는 세상의 번뇌를 말끔히 씻어 버렸다. 그의 마음은 청정무구(淸淨無垢)하여 득도(得道)의 경지에 이르렀다. 그곳에 이르니 만상(萬象)이 다 있는 그대로 보인다. 만상을 있는 그대로를 볼 수 있으니, 자연과 자아가 일치한다. 자연과 자아가 일치하니 자연의 풍류를 만끽할 수 있다. 같은 제목의 다섯 번째 시를 들어 논의를 계속하기로 한다.

澗月初生處	시내에 달이 처음 솟아나고,
松風不動時	솔바람 고요히 불지 않을 때.
子規聲入耳	두견새 소리 귀에 들려오니,
幽興自應知	그윽한 흥취를 절로 알겠네.

맑은 시냇물에 달이 비쳐 있고 솔바람은 잔잔하다. 그러한 가운데 두견새 소리가 맑게 들려오고 있다. 두견새는 본디 원한에 사무쳐 운다고 한다. 촉나라 망제(望帝)의 죽은 넋이 두견이가 되었다고 한다. 이러한 두견새 소

리가 맑게 들리는 것은 자아, 곧 고운의 심정이 맑음을 의미한다. 자아 자신이 본 대로 느낀 대로의 물상(物相)을 사악(邪惡)한 생각 없이 그의 심경에 반영하고 있다. 자아는 보이는 대로 보고, 들리는 대로 듣고, 느끼는 대로 느꼈다. 자신의 마음속에 사욕이 없으니, 세상의 삼라만상이 있는 그대로 보인다.

여섯, 일곱, 여덟 번째 시도 다섯 번째 시와 분위기가 일치한다. 고운이 「화개동(花開洞)」 시 여덟 수를 지었을 당시 그의 정신세계는 완전히 자연(自然)과 동화(同和)하고 있다. 세속의 번잡함에서 벗어나 오도(悟道)의 경지에 이르렀다. 이 시점에서 그는 진정한 풍류를 즐기고 있다. 풍류 정신의 완성 단계라 할 수 있다. 조선 후기 학자인 응와(凝窩) 이원조(李源朝, 1792~1872)가 경주부윤(慶州府尹)으로 있을 때 지은 「낭산 독서당 유허비문(狼山讀書堂遺墟碑文)」을 보면 다음과 같은 말이 있다.

> 선생은 학문으로는 성묘(聖廟)에 배향할 만하고 문장으로는 사맹(詞盟)의 주인이 되었으며, 뜻은 백이의 세상을 피한 것을 본받았고 자취는 장자방의 신선을 구하겠다고 한 말을 본받았다.[205]

최고운의 학문과 문장, 삶의 태도 또는 처세에 대해서 언급하고 있다. 백이숙제(伯夷叔弟)처럼 세상을 피하였고, 장자방처럼 선계(仙界)를 추구하여 그는 풍류를 즐길 줄 아는 완전한 자유인이 되었다. 여기서 그의 풍류 정신이 완성 단계에 이르렀다.

205 "生以學, 則躋聖廟, 以文則主詞盟, 以志則伯夷之避世, 以跡則子房之托仙." 李源朝, 「狼山讀書堂遺墟碑文」(崔致遠, 『孤雲集』, [事蹟]).

제5장

불교 관련 작품과 지향의식

1. 최고운의 불교 관련 작품

최고운이 중국에 머물 때도 불교 관련 작품을 짓기는 하였지만, 그의 불교 관련 작품 대부분은 그가 29살 되던 해 신라로 돌아오고 난 뒤에 지어졌다. 그가 29살 되던 해(885, 헌강왕 11) 3월 신라에 도착하자 헌강왕은 그를 시독겸한림학사 수병부시랑 지서서감(侍讀 翰林學士 守兵部侍郎 知瑞書監)으로 임명하였다. 이해에 그가 봉암사 지증대사의 탑비명(鳳巖寺 智證大師 塔碑銘)을 지으라는 왕명을 받았다. 30살(886, 헌강왕 12, 정강왕 1) 되던 봄에 「대숭복사비명(大崇福寺碑銘)」을 지으라는 헌강왕(憲康王)의 명을 받았고, 「쌍계사 진감선사 탑비명(雙谿寺 眞鑑禪師 塔碑銘)」을 지으라는 정강왕(定康王)의 명을 받고 비문을 지었다. 31살 되던 해(887, 정강왕 2, 진성여왕 1) 7월에 쌍계사에 진감선사의 탑비가 세워졌다.

그의 나이 32살 되던 해(888, 진성여왕 2, 戊申) 11월에 대낭혜화상(大朗慧和尙) 무염(無染, 800~?)이 입적(入寂)하였다. 34살 되던 해(890, 진성여왕 4)에 무염국사의 탑비명을 지으라는 왕명을 받고 「성주사낭혜화상비명(聖住寺朗慧和尙碑銘)」을 지었다. 이해에 태산군(太山郡), 지금의 태인(泰仁) 태수로 부임하였다. 그러나 36살 되던 해(892, 진성여왕 6)에 견훤(甄萱)이 전주(全州)와 지금의 광주(光州)인 무주(武州)의 동남 군현(郡縣)을 점령하여 후백제(後百濟)를 건국하면서 최고운은 태수의 직을 수행할 수 없게 되었다.[206]

그의 나이 37살 때(893, 진성여왕 7)에 그가 「지증대사 적조탑비명(智證大師寂照塔碑銘)」을 완성하였다.[207] 39살(895, 진성여왕 9) 되던 7월에 「해인사 묘길상탑기(海印寺妙吉祥塔記)」를 지었다. 41살(897, 진성여왕 11, 효공왕 1)에 방로태감(防虜太監) 겸 천령군[天嶺郡: 지금의 함양(咸陽)] 태수로 임명되었다.[208]

그의 나이 44살(900, 효공왕 4, 庚申) 12월에 「해인사 선안주원벽기(善安住院壁記)」를 지었고, 몇 월인지는 알 수 없으나 이해에 「석순응전(釋順應傳)」과 「석이정전(釋利貞傳)」을 지었다. 48살(904, 효공왕 8, 甲子)에 해인사 화엄원(華嚴院)에서 「법장화상전(法藏和尙傳)」과 「부석존자전(浮石尊者傳)」을 지었다.[209] 52살(908, 효공왕 12) 겨울에 「신라 수창군 호국성 팔각등루기(新羅壽昌郡護國城八角燈樓記)」를 지었다. 67살(924, 경애왕 1)에 「지증대사적조탑비명(智證大師寂照塔碑銘)」이 세워졌다.

---

206 지금의 전라북도 정읍시(井邑市)에 속한 태인(泰仁)은 전주(全州)와 거리가 멀지 않다. 따라서 견훤에게 정복당하여 최고운이 부성군(富城郡) 태수로 전임된 것으로 보인다.

207 비명(碑銘) 서문(序文)의 끝부분을 보면, 이 비문은 최고운이 귀국하여 헌강왕으로부터 찬술의 명을 받은 이후 팔동(八冬: 8년)이나 걸려서 완성하였다고 한다. 비가 세워진 것은 이로부터 31년이 지난 경명왕 8년(924)이다.

208 최고운이 해인사(海印寺)의 희랑화상(希朗和尙)에게 보낸 시 끝에, '防虜太監 天嶺郡 太守 遏粲(阿飡) 崔致遠'(『新增東國與地勝覽』)이라는 명기(名記)가 있다. 지금의 경상남도 함양인 천령군은 후백제와 접경(接境)이며 군사적 요충지였으므로, 후백제의 침입을 막는 일종의 방어사[防禦使: 방로태감(防虜太監)]에다 태수직을 겸한 것 같다. 그가 아찬에서 면직되기 이전까지 재임하였던 것으로 보인다.

209 "于時天復四春, 俱首(甲子), 於尸羅國迦山海印寺華嚴院, 避寇養痾, 兩偸其便." 崔致遠, 『孤雲續集』, 「法藏和尙傳 後序」.

최고운이 지은 불교 관련 작품은 그가 중국에 있을 때는 주로 시를 지었다. 신라로 돌아온 뒤에는 비명(碑銘)을 비롯하여 운문과 산문을 많이 지었다. 그의 나이 30살 되던 해 「진감선사비명」과 「대숭복사비명」을 지었다. 그의 나이 48살(904) 때 해인사 「법장화상전」과 「부석존자전」을 지은 것이 마지막이다. 그의 불교와 관련된 작품을 표로 나타내면 다음과 같다.

[표 2] 최고운이 지은 불교 관련 시

순번	나이(연대)	제목	출전	비고
1	28살 이전	「윤주 자화사 상방에 올라[登潤州慈和寺上房]」	『고운집(孤雲集)』 권1, 『해운선생약선(海雲先生略選)』 권3, 『동문선(東文選)』 권12	5언율시
2	28살 이전	「각간암 바위[刻看菴巖石]」	『해운선생약선(海雲先生略選)』 권3	7언절구
3	28살 전후	「바다 어귀 절에 있는 버들을 읊음[題海門蘭若柳]」	『계원필경집(桂苑筆耕集)』 권20	7언절구
4	28살 전후	「해동으로 돌아올 무렵 참산의 봄 경치를 바라봄[將歸海東巉山春望]」[210]	『계원필경집(桂苑筆耕集)』 권20, 『해운선생약선(海雲先生略選)』 권3	7언율시
5	28살 전후	「김원외가 참산의 청○ 스님에게 준 시에 화운함[和金員外贈巉山淸上人]」[211]	『계원필경집(桂苑筆耕集)』 권20, 『해운선생약선(海雲先生略選)』 권3	7언절구
6	42살(898년) 이전	「산에 사는 스님께 드림[贈山僧]」	해운대(海雲臺) 구전(口傳)	7언절구
7	41살(897년) ~42살(898년)	「희랑화상께 드림[贈希朗和尙]」	『고운집(孤雲集)』 권1, 『가야산해인사고적(伽倻山海印寺古籍)』	7언절구 6수
8	미상	「진주 불우 쌍계사 호원스님에게 부침[晉州佛宇雙溪寺寄顥源上人]」	『고운집(孤雲集)』 권1, 『해운선생약선(海雲先生略選)』 권3, 『신증동국여지승람(新增東國輿地勝覽)』 권30	7언율시 '진주 불우 쌍계사'라는 말은 『신증동국여지승람』에만 있음

210 崔致遠, 『桂苑筆耕集』 卷20, 『海雲先生略選』 卷3.

211 崔致遠, 『桂苑筆耕集』 卷20, 『海雲先生略選』 卷3.

순번	나이(연대)	제목	출전	비고
9	미상	「금천사 주지에게 줌[贈金川寺主]」	『고운집(孤雲集)』 권1, 『동문선(東文選)』 권19	7언절구
10	미상	「재곡사에 홀로 사는 스님에게 줌[贈梓谷蘭若獨居僧]」	『고운집(孤雲集)』 권1, 『동문선(東文選)』 권19	7언절구
11	미상	「운문사 지광 스님에게 줌[贈雲門蘭若智光上人]」	『고운집(孤雲集)』 권1, 『해운선생약선(海雲先生略選)』 권3, 『동문선(東文選)』 권9	5언율시
12	미상	「운봉사에 붙임[題雲峯寺]」	『고운집(孤雲集)』 권1, 『해운선생약선(海雲先生略選)』 권3, 『동문선(東文選)』 권9	5언율시
13	44살(900년) 전후	「순응화상찬(順應和尙讚)」	『고운집(孤雲集)』 권3	4언 22구, 1구 4자 결(缺), 해인사 창건주
14	44살(900년) 전후	「이정화상찬(利貞和尙讚)」	『고운집(孤雲集)』 권3	4언 6구
15	미상	「종남산 지상사 지엄존자 진찬(終南山 至相寺 知儼尊者眞讚)」	『고운속집(孤雲續集)』	4언 16구
계	15제 20수	(찬 3편 포함)		

[표 3] 최고운이 지은 불교 관련 문

순번	나이(연대)	제목	출전	비고
1	29살(885년)	「해동화엄초조기신원문(海東華嚴初祖忌晨願文)」	『원종문류(圓宗文類)』 권22	
2	29살(885년)	「고종남산엄화상보은사회원문(故終南山儼和尙報恩社會願文)」	『원종문류(圓宗文類)』 권22	
3	29살(885년)	「화엄사회원문(華嚴社會願文)」	『원종문류(圓宗文類)』 권22	
4	30살(886년)	「화엄경사원문(華嚴經社願文)」	『원종문류(圓宗文類)』 권22	
5	30살(886년)	「대숭복사비명(大崇福寺碑銘)」	『고운집(孤雲集)』 권3	30살에 임금의 명을 받음
6	31살(887년)	「쌍계사진감선사비문(雙溪寺眞鑑禪師碑銘)」	『고운집(孤雲集)』 권2, 『계원유향(桂苑遺香)』	30살에 비명(碑銘)을 지으라는 임금의 명을 받음
7	34살(890년)	「성주사낭혜화상비명(聖住寺朗慧和尙碑銘)」	『고운집(孤雲集)』 권2, 『조선금석총람(朝鮮金石叢覽)』	

순번	나이(연대)	제목	출전	비고
8	37살(893년)	「지증대사적조탑비명(智證大師寂照塔碑銘)」	『고운집(孤雲集)』 권3	29살(885) 때 헌강왕으로부터 이 비문을 지으라는 명을 받고 이해에 완성하였음
9	39살(895년)	「해인사묘길상탑기(海印寺妙吉祥塔記)」	『한국금석유문(韓國金石遺文)』	묘길상탑은 보물 1242호로 지정. 전란에서 사망한 원혼들의 명복을 빈다는 내용
10	42살(898년)	「가야산해인사결계량기(伽倻山海印寺結界場記)」	『동문선(東文選)』 권64, 『고운집(孤雲集)』 권1, 『해인사고적(海印寺古蹟)』	
11	44살(900년)	「선안주원벽기(善安住院壁記)」	『동문선(東文選)』 권64, 『고운집(孤雲集)』 권1, 『해인사고적(海印寺古蹟)』	
12	44살(900년)	「석순응전(釋順應傳)」	『신증동국여지승람(新增東國輿地勝覽)』 권29	
13	44살(900년)	「석이정전(釋利貞傳)」	『신증동국여지승람(新增東國輿地勝覽)』 권29	
14	48살(904년)	「부석존자전(浮石尊者傳)」	『삼국유사(三國遺事)』 권4	부석존자=의상(義湘)
15	48살(904년)	「당 대천복사 고사주 번경대덕 법장화상화엄종주현수국사전(唐大薦福寺故寺主飜經大德法藏和尙華嚴宗主賢首國師傳)」	『송판법장화상전(宋版法藏和尙傳)』, 『고운속집(孤雲續集)』	
16	50살(906년)	「신라 수창군 호국성 팔각등루기(新羅壽昌郡護國城八角燈樓記)」	『동문선(東文選)』 권64	
-	67살(924년)	「지증대사적조탑비명(智證大師寂照塔碑銘)」이 세워짐	『고운속집(孤雲續集)』	
17	미상	「대화엄종불국사비로자나문수보현상찬 병서(大華嚴宗佛國寺毗盧遮那文殊普賢像讚 幷序)	『고운속집(孤雲續集)』	
18	미상	「대화엄종불국사아미타상찬 병서(大華嚴宗佛國寺阿彌陀像讚 幷序)	『고운속집(孤雲續集)』	

순번	나이(연대)	제목	출전	비고
19	미상	「왕비김씨위고수석가여래상번찬 병서(王妃金氏爲考繡釋迦如來像幡讃 幷序)」	『고운속집(孤雲續集)』	
20	미상	「상재국척대신등봉위헌강대왕결화엄경사원문(上宰國戚大臣等奉爲獻康大王結華嚴經社願文)」	『고운속집(孤雲續集)』	
21	미상	「왕비 김씨 위선고급망형 추복시곡원문(王妃金氏爲先考及亡兄追福施穀願文)」	『고운속집(孤雲續集)』	
22	미상	「왕비 김씨 위망제 추복시곡원문(王妃金氏爲亡弟追福施穀願文)」	『고운속집(孤雲續集)』	
23	미상	「번경증의대덕 원측화상(613~696) 휘일문(飜經證義大德圓測和尙諱日文)」	『고운속집(孤雲續集)』	
24	미상	「종남산 엄화상 보은사회 원문(終南山儼和尙報恩社會願文)」	『고운속집(孤雲續集)』	지엄화상(智儼和尙)
25	미상	「해동화엄초조기신원문(海東華嚴初祖忌晨願文)」	『고운속집(孤雲續集)』	의상대사(義湘大師)
26	미상	「화엄사회원문(華嚴社會願文)」	『고운속집(孤雲續集)』	
계	26제 26편			

앞의 [표 2]에서 알 수 있듯이 최고운이 지은 불교 관련 시가 12제 17수, 찬(讃)이 3편이다. 그가 지은 시 127수에 비하면 그가 지은 불교 관련 시는 많은 편이 아니다. 일반적으로 찬(讃)에 서문이 붙으면 산문으로 분류할 수 있으나 위의 작품에는 서문이 없고 한 구(句)가 4언(言)의 운문으로 이루어졌기에 찬(讃)을 시 안에 포함하였다.

그가 지은 시 안에는 「바닷가 절의 버들[海邊蘭若柳]」 1수와 「희랑화상께 드림[贈希朗和尙]」 6수를 제외하면 그의 불교에 관한 생각이 그다지 드러나지 않는다. 「바닷가 절의 버들」은 그가 중국에서 신라로 돌아오기 직전, 곧 그의 나이 29살 봄에 지은 것으로 보인다.

「희랑화상께 드림[贈希朗和尙]」은 최고운이 그의 나이 41살 되던 해(897,

진성여왕 11, 효공왕 1, 丁巳) 여름이나, 42살 되던 해(898, 효공왕 2, 戊午) 여름에 지은 것으로 보인다. 『가야산해인사고적(伽倻山海印寺古蹟)』에 "희랑대덕 군이 여름철에 가야산 해인사에서 『화엄경』을 강의하였는데, 나는 오랑캐를 막느라고 강의를 들을 수가 없었다. 이에 한 번 읊조리고 한 번 노래하여, 측성운(仄聲韻) 5수와 평성운(平聲韻) 5수로 하여 절구시(絶句詩) 10수를 지어 한 장(章)을 이루어 그 일을 기린다."[212]라는 기록이 있기 때문이다. 이 명기(名記)로 보면 이 시는 10수(首)임이 분명한데, 현재는 6수만이 전하고 있다.

그가 41살 되던 해 방로태감(防虜太監) 겸 천령군(天嶺郡) 태수로 임명되어, 42살 되던 해 11월에 아찬(阿湌)에서 면직되었기 때문이다. 「희랑화상께 드림」이라는 시는 그가 가야산 해인사로 들어가기 직전에 지은 것으로 보인다. 그가 속세를 등진 때가 그의 나이 42살[213]이었다.

순응화상(順應和尙)은 766년 당에 들어가 선을 익히고 귀국한 뒤 성목태후(聖穆太后)를 비롯한 신라 왕실의 후원을 받아 해인사 창건 불사를 시작하였다. 이로 보아 그의 신분이 그리 낮은 편이 아니었음을 알 수 있다. 한편, 최고운은 말년을 해인사에 머물면서 순응화상과 관련한 자료를 남겼다. 그는 44살 되던 해(900) 「석순응전(釋順應傳)」과 「석이정전(釋利貞傳)」을 지었다. 그 무렵 「순응화상찬(順應和尙讚)」과 「이정화상찬(利貞和尙讚)」을 지었던 것으로 보인다. 두 편의 화상전(和尙傳)은 현재 온전히 전하

212 "希朗大德君, 夏日於伽倻山海寺, 講華嚴經. 僕以捍虜所拘, 莫能就聽, 一吟一咏, 五側五平, 十絶成章, 歌頌其事." 『伽倻山海印寺古籍』.

213 "최후에 가족을 데리고 가야산 해인사에 은거하면서 친형인 승려 현준(賢俊) 및 정현사(定玄師)와 도우(道友)를 맺었다. 한가로이 지내다[捿遲偃仰] 노년을 마쳤다.[最後帶家隱伽耶山海印寺, 與母兄浮圖賢俊及定玄師, 結爲道友. 捿遲偃仰, 以終老焉.]" 金富軾, 『三國史記』 卷46, [列傳] 6, 「崔致遠傳」.

지는 않지만, 그 내용의 일부가 1530년(중종 25) 완성된 『신증동국여지승람(新增東國輿地勝覽)』 고령군과 합천군 조에 실려 있다.

904년 최고운의 나이 48살 되던 해 그는 「법장화상전(法藏和尙傳)」을 지어 신이성(神異性)을 나타내는 종교적 신비성에 긍정적으로 배려하고 있다. 그가 다른 승전들인 「부석존자전(浮石尊者傳~義相傳)」·「석순응전(釋順應傳)」·「석이정전(釋利貞傳)」을 지은 시기도 이 「법장화상전」을 지었던 때와 비슷하다. 「화엄초조기신원문(華嚴初祖忌晨願文)」이나 「부석존자전(浮石尊者傳)」을 두고 볼 때, 최고운은 의상대사(義湘大師)를 우리나라 화엄학의 시조[海東華嚴初祖]로 여겼다.

2. 불교 관련 작품에 나타난 지향

1) 화엄종 도통 계보 정립

우리가 익히 알고 있듯이 최고운이 불교 관련 작품을 지은 시기는 그가 환국하고 난 뒤이다. 우리가 사산비명(四山碑銘)이라 하는 「진감선사비명(眞鑑禪師碑銘)」, 「대숭복사비명(大崇福寺碑銘)」, 「지증대사적조탑비명(智證大師寂照塔碑銘)」, 「낭혜화상백월보광탑비명(朗慧和尙白月葆光塔碑銘)」은 그의 나이 30대에 지은 작품이다. 이 작품들은 최고운이 자발적으로 지은 것이 아니라 당시 임금의 명(命)에 의한 것이었다.

이에 반하여 최고운이 그의 나이 40살 이후에 지은 시문(詩文)은 타의에 의해서가 아니라 자발적인 것이 대부분이다. 이때 지은 작품들은 그의 불교에 대한 의식이 담겨 있다. 최고운이 살던 당시 신라 불교는 크게 화엄종(華嚴宗)과 법상종(法相宗) 두 종파가 자리 잡고 있었다. "이는 화엄과 법상 두 종파이다. 고요히 있으면 순수한 산왕(山王)의 기세이고, 움직이면 우람한 해회(海會)의 웅장함이다."[214]에서 알 수 있듯이 신라가 삼국을 통일하고 난 뒤 불교의 화엄, 법상 두 종파 가운데 화엄종이 우위를 차지하고 있었다. 이는 의상대사가 중국에 유학하여 화엄교학(華嚴教學)을 신라에 전파한 것과 무관하지 않다.

최고운도 화엄학에 많은 관심이 있었다. 앞의 표에서 든 작품 가운데 「희랑화상께 드림[贈希朗和尙]」이라는 제목 밑의 6수의 시와 「순응화상찬(順應和尙讚)」, 「이정화상찬(利貞和尙讚)」, 「종남산 지상사 지엄존자 진찬(終南山 至相寺 知儼尊者 眞讚)」 등의 찬(讚) 3편, 「부석존자전」, 「해동화엄초조기신원문(海東華嚴初祖忌晨願文)」, 「고종남산엄화상보은사회원문(故終南山儼和尙報恩社會願文)」, 「화엄사회원문(華嚴社會願文)」, 「번경증의대덕 원측화상(613~696) 휘일문(飜經證義大德圓測和尙諱日文)」, 「당 대천복사 고사주 번경대덕 법장화상화엄종주현수국사전(唐大薦福寺故寺主飜經大德法藏和尙華嚴宗主賢首國師傳)」, 「석순응전(釋順應傳)」, 「석이정전(釋利貞傳)」, 「부석존자전(浮石尊者傳)」 등이 이에 속한다.

이들 작품에서 거론한 주인공들은 화엄종 또는 화엄학의 맥을 이은 사람들이다. 이 화엄경은 석가에서 지엄, 법장이 중국 화엄을 발전시켰고, 지엄의 제자인 의상대사가 우리나라에 화엄종을 처음 연 이래 여러 화엄승을 거쳐 희랑화상(希朗和尙)에게 닿았다. 다음 글을 보면 석가, 용수, 지엄, 의상과 법장의 학맥을 알 수 있다.

---

214 "就是方廣相應二宗也, 靜則粹山王之氣, 動則儼海會之雄." 崔致遠, 「新羅伽倻山海印寺善安住院壁記」.(『東文選』 卷64)

옛날에 (석가가) 학림[鶴林: 곡림(鵠林)]에서 돌아가셨을 때는 금관(金棺)에 빛을 덮었고, 용수(龍樹)가 묘음(妙音)을 맨 먼저 부르짖었을 때는 옥축(玉軸)에서 꽃다운 향기가 올라, 깊은 못에 남몰래 숨겨져 있던 보배를 찾았고 사바세계[沙界]에서 중생(衆生)을 교화하게 되었습니다. …(중략)… 문인 법장화상은 우리 선사(先師) 의상대덕과 함께 불법을 물었고, 묘문(妙門)을 깊이 연구하였습니다.[215]

윗글에서 최고운은 석가 열반한 사실과 용수보살(龍樹菩薩)이 『화엄경』을 지어 중생을 교화한 일, 이어서 지엄화상(智儼和尙)의 문인인 법장화상(法藏和尙)과 의상대사(義湘大師)의 화엄학에 관한 연구 등을 서술하고 있다. 그는 「희랑화상께 드림[贈希朗和尙]」[216]이라는 제목 밑의 시 가운데 첫 번째에서 석가모니에 대하여 묘사하고 있다.

금강지(金剛地)는 석가모니가 보리수 아래서 성도(成道)한 뒤 14일째 되는 날, 금강보좌(金剛寶座)를 떠나지 않고 바로 그 자리에서 해인삼매(海印三昧)에 든 채 보현보살(普賢菩薩)·문수보살(文殊菩薩)과 같은 상근기(上根機)의 보살들을 위해 스스로 깨달은 『화엄경』을 설법한 사실을 함축하고 있다. 철위산(鐵圍山)은 불교에서 말하는 구산(九山)의 하나이다. 범어 Cakravada(斫迦羅婆羅)를 번역한 말로 금강산(金剛山), 금강위산(金剛圍山), 철륜위산(鐵輪圍山)이라 하기도 한다. 지변산(地邊山)을 둘러싸고 있는 산으로 구산(九山) 가운데 가장 밖에 있으며, 온통 철(鐵)로 되어 있다고

---

215 "昔鶴林示寂滅之期, 金棺掩耀, 龍樹誦玄微之義, 玉軸騰芳, 探秘寶於淵居, 化群生於沙界. …(中略)… 門人法藏和尙, 與我先師大德, 同叩玄楗, 深窺妙門." 崔致遠, 『孤雲續集』, 「故終南山儼和尙報恩社會願文」.

216 崔致遠, 『孤雲集』 卷1, 『伽倻山海印寺古籍』(木板本). 시의 내용은 앞의 주)196에 있다.

한다. 같은 제목의 시 세 번째[217]에서도 석가에 대하여 묘사하고 있다.

대승불교는 다섯 종파[五宗]로 나뉜다. 천태종(天台宗)·화엄종(華嚴宗)·법상종(法相宗)·삼론종(三論宗)·율종(律宗)이 그것이다. 화엄종을 창시하거나 발전시킨 사람으로는 인도의 이조(二祖)와 중국의 오조(五祖)가 있다. 이를 합하여 화엄칠조(華嚴七祖)[218]라 하는데, 인도의 이조는 마명보살(馬鳴菩薩)·용수보살(龍樹菩薩) 두 조사(祖師)이다. 중국의 오조(五祖)는 초조(初祖) 종남 두순(初祖終南杜順), 제2조 운화 지엄(雲華智儼), 제3조 현수 법장(賢首法藏), 제4조 청량 징관(淸涼澄觀), 제5조 규봉 종밀(圭峰宗密)이다.

화엄종을 처음 연 사람이 두순(杜順), 화엄교학의 창시자 지엄(智儼), 화엄종을 대성한 법장(法藏), 화엄과 선을 융합한 징관(澄觀), 원각경 연구에 뛰어난 종밀(宗密)이다. 이 가운데 지엄화상(智儼和尙)과 법장화상(法藏和尙)은 신라 불교와 밀접한 관련이 있다.

지엄화상(智儼和尙, 602~668)은 화엄교학(華嚴敎學)을 창시한 사람이다. 그는 12살에 신승 두순(杜順)의 문하에 들어가 27세에 깨침을 얻어 『화엄경소(華嚴經疏)』를 지었다. 그의 저서에는 『화엄공목장(華嚴孔目章)』, 『화엄오십요문답(華嚴五十要問答)』, 『금강반야경소(金剛般若經疏)』, 『입도선문비요(入道禪門秘要)』, 『입법계품초(入法界品抄)』 등이 있다. 그의 제자는 많으나 의상(義湘)과 법장(法藏)이 유명하다. 최고운은 지엄화상에 대하여 「종남산 지상사 지엄존자 진찬(終南山 至相寺 知儼尊者眞讚)」, 「해동화엄초조기신원문(海東華嚴初祖忌晨願文)」, 「고종남산엄화상보은사회원문(故

---

217 崔致遠, 『孤雲集』 卷1, 『伽倻山海印寺古籍』(木板本). 시의 내용은 앞의 주)199에 있다.

218 "第一馬鳴菩薩, 第二龍樹菩薩, 第三支那之元祖帝心尊者杜順, 第四雲華尊者智儼, 第五賢首大師法藏, 第六淸涼大師澄觀, 第七圭峰大師宗密也. 此七祖宋淨源奉勅記之. 見八宗綱要." 『佛光大辭典』.

終南山儼和尙報恩社會願文)」, 「종남산 엄화상 보은사회원문(終南山儼和尙報恩社會願文)」 등을 지었다.

법장화상(法藏和尙, 643~712)[219]은 화엄종의 성립과 명칭의 확립한 사람이다. 그는 『화엄경』을 새로이 번역하는 사업에 참여하였을 뿐만 아니라 정치적인 활동에도 탁월한 능력을 지녔다. 따라서 측천무후 및 조정의 귀족들과도 깊은 관계를 맺고 있었다. 그러한 정치세력의 도움으로 화엄종을 널리 확장하였다.

『삼국사기』의 기록에 따르면, 고운은 42살 되던 해 해인사로 들어갔다 한다.[220] 최고운이 천령군[慶南 咸陽] 태수로 있을 때 그는 당시 화엄학의 대가였던 해인사 스님 희랑화상(希朗和尙)과 친하였다. 또 해인사는 화엄학의 수련법인 해인삼매(海印三昧)와 깊은 관련이 있다. 해인사라는 말을 '해인삼매'에서 따왔기 때문이다.

또 하나는 해인사를 창건한 순응화상(順應和尙)의 스승이자 의상대사의 10대 제자 가운데 한 사람인 신림(神琳) 스님이다. 해인사는 신라 제40대 애장왕 3년(802)에 순응화상에 의해 처음 만들어졌으며, 대(代)를 넘겨 이정화상(利貞和尙)에 의해 완성되었다.

의상대사(義湘大師, 625~702)는 삼국시대 화엄종의 개조(開祖)이자 화엄

---

219 그는 17살 때 구법(求法)하려 지엄(智儼)의 문하에 입문하였고, 28세로 사미계(沙彌戒)를 받았다. 또 구역(舊譯) 60권 『화엄경』 가운데 입법계품(入法界品)에서 빠진 부분을 보충하였다. 신역(新譯) 80권을 번역할 때는 그 손수 베껴 완성된 『화엄경』을 강의하였다. 법장의 저서로는 『화엄경탐현기(華嚴經探玄記)』, 『망진환원관(忘盡還源觀)』, 『유심법계기(遊心法界期)』, 『화엄지귀(華嚴旨歸)』, 『문의강목(文義綱目)』, 『화엄삼매관(華嚴三昧觀)』 등 많은 저서가 있다. 그의 제자로는 굉관(宏觀), 문초(文超), 화엄사(華嚴寺)의 지광(智光), 하은사(荷恩寺)의 종일(宗一), 정법사(靜法寺)의 혜원(慧苑), 경행사(經行寺)의 혜영(慧英) 및 신라 승려인 승전(勝詮)이 있다. 『佛光大辭典』, 『佛教大辭典』, 金勝東 編著 『佛教印度思想辭典』 등 참조.

220 金富軾, 『三國史記』 卷46, [列傳] 6, 「崔致遠傳」.

십찰(華嚴十刹)을 건립한 사람이다.[221] 그는 661년(문무왕 1) 당에 유학하여 처음 양주(揚州)에 머물다가 얼마 뒤 종남산(終南山) 지상사(至相寺)에 가서 중국 화엄종(華嚴宗)의 제2 대조(代祖)로 화엄학의 기초를 다진 지엄(智儼) 밑에서 8년 동안 화엄(華嚴)을 공부하였다. 이때 의상의 나이는 38살에서 44살까지에 이르는 시기이다. 의상이 지엄 밑에서 불경을 수학할 때 남산율종(南山律宗)의 개조(開祖) 도선율사(道宣律師)와 중국 화엄종의 제3조 현수(賢首)를 만났다. 그가 귀국한 뒤에도 현수, 곧 법장화상(法藏和尙)과 교유를 이어 갔다.

신라에 화엄종을 확립한 인물이 의상대사였으며 그의 제자들에 의해 화엄 사상이 신라 사회 전체로 확산, 파급되었다. 의상이 깨달은 화엄 사상은 넓고도 깊었다. 그가 남긴 「화엄일승법 계도(華嚴一乘法界圖)」에서 이를 충분히 입증하고 있다. 의상 이전부터 이미 우리나라에 화엄 사상이 전개되어 있었지만, 화엄 사상이 크게 유포되기 시작한 것은 의상대사로부터였다.[222] 의상의 공적을 치하하고 그의 명복을 빌기 위하여 최고운은 의상대사의 전기(傳記)인 「부석존자전(浮石尊者傳)」과 그의 기일(忌日) 축원

---

221 최고운은 의상의 기일(忌日)에 「화엄 초조 기일 축원문[華嚴初祖忌晨願文]」을 지어 의상의 명복을 빌기도 하였다.

222 의상은 화엄학을 전하기 위하여 많은 절을 창건하였다. 곧, 중악(中嶽) 팔공산(八公山) 미리사(美里寺), 남악(南嶽) 지리산(智異山) 화엄사(華嚴寺), 북악(北嶽) 부석사(浮石寺), 강주(康州) 가야산(伽倻山) 해인사(海印寺), 웅주(熊州) 가야현(伽耶縣) 보원사(普願寺), 계룡산(雞龍山) 갑사(甲寺), 삭주(朔州) 화산사(華山寺), 금정산(金井山) 범어사(梵魚寺), 비슬산(毗瑟山) 옥천사(玉泉寺), 전주(全州) 모악산(牟岳山) 국신사(國神寺) 등 화엄십찰(華嚴十刹)이다. 이 밖에도 불영사(佛影寺), 삼막사(三幕寺), 초암사(草庵寺), 홍련암(紅蓮庵) 등이 있다. 또 그는 많은 제자를 길렀다. 아성(亞聖)으로 불린 오진(悟眞)·지통(智通)·표훈·진정·진장(眞藏)·도융(道融)·양원(良圓)·상원(相源)·능인(能仁)·의적(義寂) 등 10명의 제자를 비롯하여 3,000명의 제자가 있었다. 『송고승전』에 이름이 보이는 범체(梵體)나 도신(道身), 그리고 『법계도기총수록(法界圖記叢隨錄)』에 나타나는 신림(神琳) 등이 의상의 훌륭한 제자들이었다. 이들은 항상 스승을 모시면서 화엄학을 수학하였다.

문(祝願文)인 「화엄초조기신원문(華嚴初祖忌晨願文)」을 지어 의상대사가 우리나라 화엄종의 비조(鼻祖)라는 사실을 밝히고 있다.

이처럼 최고운은 인도의 석가(釋迦)·용수(龍樹)로부터 중국의 지엄(智儼)·법장(法藏), 신라의 의상(義湘)·순응(順應)·이정(利貞)을 거쳐 희랑화상(希朗和尙)으로 이어 가는 화엄 도통의 계보를 정립하였다.

2) 진리의 세계와 고요한 마음

최고운은 진리의 세계가 말에 기대어[依言眞如] 있기보다는 말을 떠나 교감[離言眞如]한다고 하였다. 그의 「희랑화상께 드림[贈希朗和尙]」이라는 제목 밑의 6수 가운데 네 번째 시가 이러한 생각을 담고 있다. 그는 계절이 자연적으로 바뀌듯이 자기 자신도 그렇게 자연에 순응하면서 살아간다. 그러니 다른 어떤 욕심이 생겨날 수가 없다. 「진감화상비명(眞鑑和尙碑銘)」에는 그의 언어관이 더 구체적으로 나타난다.

> 더구나 불법(佛法)은 문자를 떠난 것으로 언어를 구사해 볼 여지가 전혀 없는 데야 더 말해 무엇하겠는가. 만약 뭐라고 말하기라도 한다면 그것은 북쪽으로 수레를 몰면서 남쪽에 있는 초(楚)나라의 영(郢)으로 가려고 하는 것이나 다름없을 것이다. (하지만) 국왕의 외호(外護)와 문인의 대원(大願)을 생각한다면 문자를 사용하지 않고서는 사람들의 눈을 분명하게 밝혀 줄 수가 없다.[223]

---

223 "况法離文字, 無地措言, 先生自言北學中州, 未能盡得聖人之道, 則況於佛家文字, 無所措言, 苟或言之, 北轅適郢, 道之相違也. 以國主之外護, 門人之大願, 非文字, 不能昭昭乎羣目." 崔致遠, 『孤雲集』 卷2, 「眞鑑和尙碑銘 並序」.

그는 지극한 도는 말로써 설명할 수 없지만, 이 도를 사람들에게 분명히 깨우쳐 주기 위해서는 글이 필요하다고 하였다. 그는 도(道), 곧 진여(眞如)의 세계는 글로 설명할 필요가 없지만[離言眞如], 이를 다른 사람들에게 전달하기 위해서는 글을 빌릴 수밖에 없다[依言眞如]고 하였다. 그는 또 도(道)에 대해서도 나름대로 정의하고 있다.

> 얼마나 위대한가. 하늘이 귀하게 여기는 것은 사람이요, 사람이 으뜸으로 여기는 것은 도(道)이다. 사람이 도를 크게 할 수 있으니 도는 사람과 멀리 떨어져 있지 않다. 그러하기에 도가 존귀(尊貴)하면 사람도 자연히 존귀하게 된다.[224]

윗글을 보면, 최고운의 도에 대한 정의는 유가서(儒家書)에 나오는 이론과 다르지 않음을 알 수 있다. 곧, 그는 『중용』의 "도는 사람과 멀리 떨어져 있지 않다. 따라서 사람이 도를 행하면서 사람을 멀리한다면, 그것은 도라고 할 수 없다."[225]라는 구절과 『논어』의 "사람이 도를 크게 할 수 있지, 도가 사람을 크게 할 수 있는 것이 아니다."[226]라는 구절을 인용하여 도를 정의하고 있다.

통일 후의 신라 사회를 지탱한 이데올로기는 화엄 사상이었다. 화엄교학으로 무장한 화엄종 승려들이 화엄 사상을 생산하고 전파하는 연구소, 혹은 전진기지가 화엄종 사찰이었다. 당시 신라에는 화엄십찰(華嚴十剎)

---

224 "偉矣哉. 天所貴者人, 人所宗者道. 人能弘道, 道不遠人, 故道或尊焉." 崔致遠, 『孤雲集』 卷1, 「善安住院壁記」.

225 "道不遠人. 人之爲道而遠人, 不可以爲道." 『中庸章句』 第13章.

226 "人能弘道, 非道弘人." 『論語』 卷15, 「衛靈公」 篇.

이 있었는데, 해인사는 그러한 화엄십찰 가운데 하나였다. 신라 제40대 애장왕 3년(802) 해인사를 창건한 스님이 순응화상(順應和尙)이다. 순응화상은 의상대사의 10대 제자 가운데 한 사람인 신림(神琳)의 제자이다. 순응화상에서 시작한 해인사 불사가 대를 넘겨 이정화상(利貞和尙)에 의해 완성되었다. 최고운은 이 두 화상의 전(傳)과 찬(讚)을 지어 이들의 공적을 드러내었다.

해인(海印)이라는 말은 화엄종의 근본 경전인 『화엄경』, 곧 『대방광불화엄경(大方廣佛華嚴經)』의 해인삼매(海印三昧)에서 유래하였다. 이 화엄경의 세계관은 일심법계(一心法界)로 요약할 수 있다. 온갖 세속의 것들이 깨끗이 사라져서 지혜의 눈으로 바라본 세계가 일심법계이다. 그 세계는 객관적 사실의 세계, 영원한 진리의 세계이다. 그러한 세계는 모든 번뇌를 벗어나 바른 깨달음의 경지에 이른 세계를 뜻하는 것인데, 깨달음의 눈인 부처의 눈으로 바라본 세계가 바로 일심법계이다. 일심법계에는 물질적 유기세계(有機世界)인 기세간(器世間)과 중생들의 세계인 중생세간(衆生世間), 바른 깨달음에 의한 지혜의 세계인 지정각세간(知情覺世間)이 있는 그대로 다 나타난다.

해인사는 법보사찰이다. 통일 후의 신라 사회를 지탱한 이데올로기가 화엄 사상이었으며, 화엄교학으로 무장한 화엄종 승려들이 이 해인사에 머물고 있었다. 해인사도 이 당시 화엄십찰(華嚴十刹) 가운데 하나로 창건되었다. 이 해인사는 의상(義湘)→신림(神琳)→순응(順應)→이정(利貞)→희랑(希朗)의 순으로 화엄종 도통(道統)을 이어 갔다.

희랑화상(希朗和尙)은 통일신라 때 해인사(海印寺)에 있던 고승이다. 그는 경상도 거창(居昌) 출신으로 최고운과 시문(詩文)으로 사귀었고, 『화엄경(華嚴經)』에 정통하였다. 뒤에 고려 태조 왕건(王建)의 귀의를 받았으며, 견훤의 귀의를 받은 관혜(觀惠)의 남악(南岳)에 대항하여 북악(北岳)이라는 일파를 세웠다. 그의 목상(木像)이 해인사에 있다. 해인사의 부속 암자인 희랑대(希朗臺)는 그가 지은 것으로 알려져 있다. 이 시와 관련하여, 『가야산해인사고적(伽倻山海印寺古籍)』에 "희랑대덕 군이 여름철에 가야산 해인사에서 화엄경을 강의하였는데, 나는 오랑캐를 막아내느라고[227] 강의를 들을 수 없었다. 이에 한 번 읊고 한 번 노래하여 측운(仄韻) 5수, 평운(平韻) 5수의 절구 시 10수를 지어 장(章)을 이루어 그 일을 기린다. 방로태감(防虜大監) 천령군 태수 알찬(遏粲, 阿湌) 최치원."[228]이라 하고 있다.

미망을 끊으려면 마음을 안정시켜야 한다. 마음이 안정되려면 욕심을 없애야 한다. 욕심을 없애려면 마음이 곧아야 한다. 바다에 파도가 치듯이 어지러운 마음을 안정시키는 것이 해인(海印)이다. 최고운의 「희랑화상께 드림[贈希朗和尙]」 시 네 번째를 들어 이에 대한 논의를 이어 가기로 한다.

天言秘敎從天授	하늘의 비교는 하늘에서 받았고,
海印眞詮出海來	해인의 진전은 바다에서 나왔네.
好是海隅興海義	좋아라, 신라에 해인 뜻 일으켜,
只應天意委天才	하늘의 뜻 천재에게 맡긴 것뿐.

---

227 이우성 교수는 "以捍虜所拘, 莫能就聽."에 대해, "반대파의 심한 반대를 받아 희랑(希郞)의 화엄경 강연에 참석조차 할 수 없었다."라고 하였다. 李佑成, 『韓國의 歷史像』, 創作과批評社, 1982, 160쪽.

228 "希朗大德君, 夏日於伽倻山海寺, 講華嚴經, 僕以捍虜所拘, 莫能就聽. 一吟一咏, 五側五平, 十絶成章, 歌頌其事. 防虜太監 天嶺郡守 遏粲 崔致遠." 『伽倻山海印寺古籍』. 이러한 기록은 『新增東國與地勝覽』 卷31, [咸陽郡誌], 「名宦」 條 등에도 보인다.

이 시에서 우리가 주목하여야 할 시어(詩語)는 해인(海印)이다. 해인(海印)이라는 말은 화엄종의 근본 경전(經傳)인 『화엄경(華嚴經)』, 곧 『대방광불화엄경(大方廣佛華嚴經)』의 해인삼매(海印三昧)라는 말에서 나왔다. 해인(海印)은 마음이다. 바다는 깊고 넓으며, 무한한 보배를 간직하고 있다. 마음이 바다와 같이 깊고도 넓다. 깨달음의 세계를 통하여 자신의 마음을 비쳐 볼 수 있다. 깨달음의 세계, 곧 참된 진리의 세계가 비워지기를 바라기 위해서는 먼저 물결이 일어나지 않아야 한다. 파도가 일고 있는 바다에는 만상이 비치지 않는 법이다. 파도는 바람이 불어 일어난다. 바람이 불지 않으면 바다는 고요하여 만상이 저절로 비친다. 마음의 바다에 무명의 바람이 불지 않아 번뇌의 파도가 그치면 고요한 법성(法性)의 세계, 곧 진전(眞詮)이 나타난다. 파도가 잠든 바다와 같이 마음이 평정(平靜)하여 진실한 실상이 해인이요, 번뇌(煩惱)가 잠든 마음의 바다가 해인삼매(海印三昧)이다.

거센 바람이 그치고 파도가 잔잔해져 바다가 고요해지면 거기에 우주의 온갖 모습이 다 드러나듯 한 경지가 곧 해인삼매(海印三昧)이다. 우리 마음의 바다에는 갖가지 번뇌의 물결이 일고 어리석음이라는 바람이 분다. 그 어리석음의 바람이 잦아들고 번뇌의 물결이 잠잠해지면 지혜의 바다[海]에 도장[印]을 찍듯이 무량한 시간, 무한한 공간에 있는 일체의 모든 것이 본래의 참모습으로 발현하게 된다. 이것이 바로 해인삼매이자 부처가 이룬 깨달음의 내용이며, 우리가 돌아가야 할 참된 근원이고 본래 모습이다. 해인사라는 절 이름을 바로 이 말에서 따왔으니, 곧 화엄경의 내용을 압축해서 드러내고 있다. 최고운은 그의 「법장화상전(法藏和尙傳)」에서 다음과 같이 말한다.

내가 비록 영(郢)나라 사람들의 취향에 맞게 노래하는 것에는 부끄럽지만, 월빈(越矉)을 본받아 저 원종(圓宗)을 우러르고 영수(盈數)를 나열하되, 곧 법장 스님이 지은 『화엄삼매관(華嚴三昧觀)』 직심(直心) 가운데 열 가지 뜻을 본떠 다음의 비유를 짝지으려 한다. 첫째 족성(族姓)의 광대한 마음, 둘째 유학(遊學)에 몹시 깊은 마음, 셋째 삭염(削染)한 방편의 마음, 넷째 강연(講演)에 견고한 마음, 다섯째 경전을 번역하는 데 끊임이 없는 마음, 여섯째 저술로 중생을 굴복시켜 인도하는 마음, 일곱째 몸을 닦는 데 교묘한 방법으로 사람에게 이익을 주는 마음, 여덟째 속세를 제도하는 데 둘로 하지 않는 마음, 아홉째 가르침을 드리움에 거리낌이 없는 마음, 열째 시멸(示滅)에 뚜렷이 밝아진 마음인데, 심심[深心: 자리행(自利行)]과 비심[悲心: 이타행(利他行)]이 서로 비등하게 짜여 있음을 알 수 있다. 유서(儒書)에, "바른 것은 굽은 것 위에 두어야 한다."라고 하였고, "생각에 삿됨이 없어야 한다."라고 하였다. 불경[佛經: 『유마경(維摩經)』]에는 "정토가 바로 도량이다."라고 하였으니, 바로 직심을 가리킨 말이다. 일은 장차 실제 있었던 것 그대로 나타내고, 말은 번거로움을 쳐내지 않고 인연을 모두 들어 그런대로 본래의 발자취를 밝힌다.[229]

윗글에서 우리가 먼저 주목하여야 할 단어는 화엄삼매(華嚴三昧)이다. 화엄삼매는 불공, 교화, 십바라밀 따위의 모든 수행의 근본이 되는 삼매이

229 "愚也, 雖慚郢唱, 試效越矉, 仰彼圓宗, 列其盈數, 仍就藏所著華嚴三昧觀, 直心中十義而配譬焉. 一族姓廣大心, 二遊學甚深心, 三削染方便心, 四講演堅固心, 五傳譯無間心, 六著述折伏心, 七修身善巧心, 八濟俗不二心, 九垂訓無礙心, 十示滅圓明心. 深悲兩心, 互准可見. 書云 措諸枉, 思無邪. 經曰 爲淨土, 是道場, 乃直心之謂也. 事將顯實, 語不芟繁, 悉擧因緣, 聊彰本跡." 崔致遠, 『孤雲續集』, 「大唐薦福寺故寺主飜經大德法藏和尙華嚴宗主賢首國師傳」.

다. 삼매(三昧)는 불교 잡념을 떠나서 오직 하나의 대상에만 정신을 집중하는 경지이다. 이 삼매의 경지에 이르러야 바른 지혜를 얻고 대상을 올바르게 파악할 수 있다. 여기서 삼매의 주체는 바로 마음이다. 마음 가운데서도 삿된 마음이 아니라 곧은 마음이다. 마음이 왜곡되거나 편협하지 않아야 진여(眞如)를 볼 수 있다. 이것이 진여삼매(眞如三昧)이다. 진여는 자리(自利)와 이타행(利他行)의 근본이다. 진여는 때 묻지 않은 청정(淸淨)한 공덕을 갖춘다. 이 때문에 최고운이 법장화상의 「화엄삼매관」 가운데 곧은 마음, 곧 직심(直心)의 열 가지 의미를 바탕으로 「법장화상전」을 지었다.

3) 생명 존중과 나라의 안정

신라 불교는 호국불교였다. 부처의 힘을 빌려 나라를 지키고자 하였다. 최고운의 불교에 관한 생각도 이 테두리 안에 있었다. 당나라에 있을 때나 신라로 돌아왔을 때나 그의 몸과 마음은 안정되지 않았다. 개인적으로도 그러하겠지만, 나라 전체가 혼란 속에 빠진 시기였다. 당나라는 왕선지(王仙芝, ?~878)나 황소(黃巢, ?~884) 같은 농민의 반란, 우리나라에서는 신라 말기에 있었던 국가군(國家群), 견훤의 후백제(892~936)와 궁예의 후고구려(마진·태봉 901~918) 후삼국이 대치하여 정세가 불안한 상태였다. 최고운은 혼란한 틈에도 생명을 귀하게 여겼다. 그의 「바다 어귀 절에 있는 버들을 읊음[題海門蘭若柳]」[230]이라는 시를 들어 이에 대한 논의를 이어가기로 한다.

廣陵城畔別蛾眉	광릉성 기슭에서 작별하였던 미인을,
豈料相逢在海涯	바닷가에서 만날 줄 어찌 알았으리.

---

230 崔致遠, 『桂苑筆耕集』 卷20.

只恐觀音菩薩惜　　단지 관음보살 아까워할까 두려워,
臨行不敢折纖枝　　떠날 때 여린 가지 꺾지 못하겠네.

이 시는 그가 회남절도사(淮南節度使) 막부(幕府)가 있는 양주(揚州)를 떠나 고향인 신라로 돌아올 때, 그의 나이 29살 봄에 지은 것으로 보인다. 이 근거는 기구(起句)의 광릉성(廣陵城)[231]이라는 말에서 찾을 수 있다. 기구에서, 자아가 작별하였던 미인이라 하였다. 여기서 미인은 아름다운 여인이 아니라 예쁘게 싹을 틔운 버들을 가리킨다. 버들잎에 예쁘게 나는 계절은 봄이다. 시간상으로 보면, 자아가 그전 해 봄에 광릉성, 곧 양주를 떠났다는 말이 된다.

승구(承句)에 가면, 자아가 지난해 광릉성에서 보았던 버들잎을 올해는 바다 어귀에서 보고 있다. 자아가 버들의 여린 가지를 볼 줄을 몰랐는데, 그 여린 가지를 보게 되었다. 여기서 자아가 인연이 묘하다는 것을 느낀다.

전구(轉句)와 결구(結句)에서, 자아가 관음보살(觀音菩薩), 곧 관세음보살(觀世音菩薩)이 아까워할까 봐 여린 버들가지를 꺾지 못하겠다고 하였다. 관세음보살은 자비로 중생의 괴로움을 구제하고 왕생의 길로 인도하는 불교의 보살이다. 관세음보살은 산스크리트어로 아발로키테슈바라(Avalokiteśvara)이다. 중국에서 이 말을 뜻으로 옮겨 광세음(光世音)·관세음(觀世音)·관자재(觀自在)·관세자재(觀世自在)·관세음자재(觀世音自在) 등으로 썼는데 줄여서 관음(觀音)이라 하였다. 관세음(觀世音)은 세상의 모든

231 광릉성(廣陵城)은 양주(揚州)에 있는 성으로 무성(蕪城)이라고도 한다. 서한(西漢)의 오왕(吳王) 유비(劉濞)가 이곳에 도읍을 정하고 성을 쌓았다. 그 뒤에 남조(南朝) 송(宋) 경릉왕(竟陵王) 유탄(劉誕)이 광릉을 점거하고 반란을 일으켰다가 패망하여 마침내 황폐하였는데, 포조(鮑照)가 「무성부(蕪城賦)」를 지어 슬퍼하였으므로 무성이라는 이름을 얻게 되었다.

소리를 살펴본다는 의미이고, 관자재(觀自在)는 이 세상의 모든 것을 자재(自在)로이 관조(觀照)하여 보살핀다는 뜻이다.

자아가 생각하기로, 사람들은 봄에 예쁘게 돋아난 버들가지를 꺾고 싶어 한다. 자아 역시 마찬가지이다. 자아는 버들을 아미(蛾眉), 곧 미인으로 은유(隱喩)하고 있다. 버들의 여린 가지가 아름답지만, 자아는 버들가지를 꺾지 않는다. 아직 이별하고 싶지 않기 때문이다. 버들가지를 꺾는다는 말은 누구와 이별한다는 것을 뜻한다. 이 말은 한(漢)나라 때 장안(長安)의 동쪽 파교(灞橋)에서 사람들이 헤어질 때 버드나무 가지를 꺾어 이별의 선물로 준 데서 비롯하였다.[232] 자아가 관세음보살이 슬퍼할 것이기 때문에 버들가지를 꺾을 수 없다고 하였다. 자아가 아직 세상에 관심이 있다는 말이다.

그는 구제중생(救濟衆生)을 목표로 하는 관세음보살의 정신처럼 생명을 존중한다. 하찮은 버들가지이지만 그것에도 생명이 있다. 동물이건 식물이건 생명은 소중하다. 그것도 이제 막 싹이 터서 세상에 처음 고개를 내미는 여린 가지는 더욱 귀하게 여겨야 한다. 이것이 최고운의 생명 존중 정신이다. 인간의 생명을 존중하기 위해서는 자지 자신이 발라야 한다. 자기 자신을 바르게 하기 위해서는 마음을 안정시켜야 한다. 개인의 마음이 안정되려면 국가와 사회가 안정되어야 한다. 국가와 사회가 안정되려면 나라의 질서가 바로 서야 한다. 나라의 질서가 바로 서려면 명분이 바로 서야 한다. 이것이 정명이다. 최고운은 다음 글에서 그의 견해를 드러내고 있다.

> 얼마나 위대한가. 하늘이 귀하게 여기는 것은 사람이요, 사람이 으뜸으로 여기는 것은 도(道)이다. 사람이 도를 크게 할 수 있으니 도는

232『三輔黃圖』參照.

사람과 멀리 떨어져 있지 않다. 그러하기에 도가 존귀해진다면 사람도 자연히 존귀해지게 된다. 도를 도울 수 있는 것이 있다면 그것은 바로 사람의 덕을 높이는 일이다. 그러니 도는 존귀한 것이요, 덕은 귀중한 것이다. 돌아보건대, 오직 도덕 면에서 으뜸이 되어야만 물정(物情)을 흡족하게 할 수 있고, 반드시 명분을 바로잡아야만[必也正名] 대덕(大德)이라 부를 수 있다. 이는 도강명대(道強名大)와 덕성이상(德成而上)이라는 말에서 유래한다. 『예기』에, "지위를 얻고 명예를 얻고 수명을 얻는다."라고 하였으니, 돈화(敦化)가 어쩌면 이것을 두고 하는 말이 아니겠는가?[233]

위에서 보면, 그는 먼저 하늘이 귀하게 여기는 것은 사람이고, 사람이 으뜸으로 여기는 것은 도라고 하였다. 여기서 그는 사람과 하늘을 분리하지 않았다. 그는 또 "도가 혹 존귀해진다면 사람도 자연히 존귀해지게 마련이다."라는 구절은 『노자(老子)』 장의 "도가 존귀하고 덕이 귀중한 것은 어느 누가 그렇게 만든 것이 아니고 언제나 절로 그러한 것이다."[234]에서, "반드시 명분을 바로잡아야만"은 공자와 자로의 문답에서 따왔다. 위(衛)나라 정치를 위해서는 무엇부터 할 것이냐는 자로(子路)의 물음에 대해서, 공자가 "반드시 명분을 바로잡겠다.[必也正名乎]"라고 대답하였는데, 이에 대해 자로가 현실과 먼 발언이라고 비평하자, 공자가 그 이유를 알기 쉽게 설명해 준 내용이 『논어』 「자로(子路)」 편에 나온다.

---

233 "偉矣哉. 天所貴者人, 人所宗者道. 人能弘道, 道不遠人, 故道或尊焉, 人自貴矣, 能助道者, 惟崇德歟. 然則道之尊, 德之貴, 睠惟法首, 方治物情, 必也正名, 乃稱大德. 是由道強名大, 德成而上. 禮稱得位得名得壽, 則敦化之說, 將非是歟." 崔致遠, 『孤雲集』 卷1, 「善安住院壁記」.

234 "도가 존귀하고 덕이 귀중한 것은 어느 누가 그렇게 만든 것이 아니고 언제나 절로 그러한 것이다.[道之尊, 德之貴, 夫莫之命, 而常自然.]"(『老子』 第51章)라는 구절에서 따왔다.

도강명대(道強名大)는 『노자(老子)』의 “나는 그 이름을 알지 못한다. 그래서 도라고 이름 붙였다. 그리고 그것을 억지로 대라고 부르기로 하였다.”[235]라는 말을 요약한 것이고, 덕성이상(德成而上)은 『예기』의 “덕성을 이룬 사람은 상위에 자리하고, 기예를 이룬 사람은 하위에 자리한다. 품행을 이룬 사람은 앞에 자리하고, 사업을 이룬 사람은 뒤에 자리한다.”[236]라는 말에서 인용하였다.

“지위를 얻고 명예를 얻고 수명을 얻는다.”라는 말은 『중용』의 “큰 덕의 소유자는 반드시 이에 합당한 지위를 얻고, 반드시 이에 합당한 작록(爵祿)을 받고, 반드시 이에 합당한 명예를 얻고, 반드시 이에 합당한 수명을 얻게 마련이다.”[237]라는 말을 요약해서 정리하였다. 고운 당시에는 『중용』이 분리되지 않고 『예기』 속에 편입되어 있었다. 돈화(敦化)라는 말은 『예기』「중용(中庸)」의 “작은 덕은 냇물의 흐름과 같고, 큰 덕은 만물을 정성스럽고 깊이 있게 가르치고 이끈다.”[238] 라는 구절에서 따왔다. 이 구절에 대하여 정현(鄭玄)은 “소덕천류는 적셔 주고 싹을 틔우는 의미로 제후를 비유한 것이요, 대덕돈화는 만물을 정성스럽고 깊이 있게 가르치고 이끄는 의미로 천자를 비유한 말이다.”[239]라고 해설하기도 하였다.

위에서 보면 그가 『노자』, 『논어』, 『예기』「중용」의 구절을 인용하여 자신의 견해를 드러내고 있다. 그는 먼저 사람이 이 세상에서 가장 귀하다고 하였다. 사람이 만물(萬物)의 영장(靈長)이라는 말과도 통한다. 그는 또 만

---

235 “吾不知其名, 字之曰道, 强爲之名曰大.” 『老子』 第25章.

236 “德成而上, 藝成而下. 行成而先, 事成而後.” 『禮記』, 「樂記」.

237 “大德必得其位, 必得其祿, 必得其名, 必得其壽.” 『中庸章句』 第17章.

238 “小德川流, 大德敦化.” 『禮記』, 「中庸」.

239 “小德川流, 浸潤萌芽, 喩諸侯也. 大德敦化, 厚生萬物, 喩天子也.” 위와 같은 곳, 鄭玄 註.

물의 영장인 사람에게 가장 중요한 것은 도(道)와 덕(德)이라고 하였다. 사람이 도덕 면에서 으뜸이 되어야만 물정(物情)을 흡족하게 하고 이를 실현하기 위해서는 반드시 명분을 바로잡아야 한다고 하였다. 그가 말한 물정은 외물(外物)의 정(情)이다. 이를 사람에 가져오면, 자기 이외의 다른 사람들 마음을 흡족(洽足)시키는 것이 도덕을 갖춘 사람의 자세라 하였다. 도덕을 갖추기 위해서는 반드시 명분을 바로 하여야 하며, 이러한 사람을 큰 덕을 갖춘 사람, 곧 대덕(大德)이라 부를 수 있다고 하였다. 대덕은 지선(至善)에 이른 사람, 지어지선(止於至善)한 사람이다. 그가 희랑화상(希朗和尙)을 희랑대덕(希朗大德)이라 한 것도 이러한 의미이다. 희랑화상은 큰 덕을 갖춘 스님이었다. 이를 확장하면 희랑대덕은 돈화(敦化), 곧 백성을 두텁게 구제하는 사람이다. 이러한 교화가 잘 되어 중생을 구제하는 세계가 최고운이 바라는 세계이다.

사람이 지선에 이르기 위해서는 먼저 상하 계층의 질서를 지켜야 한다. 예(禮)에서 가장 중요하게 여기는 것이 질서이다. 이 질서는 명분을 바로 하는, 곧 자기 지위에 맞는 분수를 바로 하는 정명(正名)[240]에서 나온다. 명분이 바르지 않으면 사회질서가 바로 서지 않는다. 정치에도 마찬가지이다. 정치에서 가장 먼저 하여야 할 일이 명분을 바로 하는 것이다. 명분을 바로 하는 방법은 임금은 임금 노릇을 하고, 신하는 신하 노릇을 하며, 아버지는 아버지 노릇을 하고, 아들은 아들 노릇을 하는 것이다.[241]

---

240 "자로가, '위나라 군주가 선생님을 기다려 정치를 한다면, 선생님께서는 무엇을 먼저 하시겠습니까.' 하고 물으니, 공자께서 대답하시기를, '반드시 명분부터 바로잡을 것이다.'라고 하였다.[子路曰, 衛君待子而爲政, 子將奚先. 子曰必也正名乎.]"라는 구절이 『論語』, 「子路」篇에 보인다.

241 『논어』를 보면, "공자께서 대답하셨다. 임금은 임금 노릇 하며, 신하는 신하 노릇 하며, 아버지는 아버지 노릇 하며, 자식은 자식 노릇을 하는 것입니다.[君君臣臣父父子子]"(『論

위와 같이 최고운은 관음보살(觀音菩薩)의 의미를 따와서 생명을 중히 여겼다. 또 그는 『논어』, 『노자』, 『예기』「중용」에 나오는 구절을 인용하여 자신의 견해를 드러내었다. 그가 추구하는 이상 세계는 돈화(敦化)의 세계이다. 이를 달성하기 위하여 정명하여야 하며, 정명하기 위하여 도덕을 갖추어야 한다고 하였다. 이처럼 그는 중생을 구제하여 도덕을 갖춘 세계가 되기를 바랐다.

불교 관련 작품은 아니지만, 그가 「낭혜화상비명(朗慧和尙碑銘)」에서, "나라에 현묘한 도가 있으니 그를 '풍류'라 한다. …(중략)… 중생을 교화한다.[接化群生]"[242]라고 한 말이나, "그리고 방편의 문을 잠시 열어 제악(諸惡)을 조용히 없애 주시고, 아낌없이 자비를 베풀어 중생을 널리 보호해 주소서."[243]라 한 구절에서, 그가 지향하는 말이 구제중생(救濟衆生)이라는 점을 알 수 있다. 그 이유는 그가 당시 처한 세계가 그러하지 못하였기 때문이다. 그가 살았던 당시 신라나 당나라는 왕조(王朝)의 말기적 현상으로 ㉠ 당시 임금이나 황제의 음란(淫亂), ㉡ 고관·귀족(高官貴族)의 부정(不正) 또는 탐학(貪虐), ㉢ 도적의 봉기(蜂起)로 사회질서의 문란, ㉣ 백성의 궁핍(窮乏) 또는 피폐(疲弊) 현상이 일어났다. 이때 가장 필요한 것이 백성을 어려움에서 구해내는 것이었다. 이는 곧, 제도중생(濟度衆生) 또는 구제중생(救濟衆生)을 목적으로 하는 대승불교(大乘佛敎)와도 통한다.

語』 卷12, 「顔淵」 篇)라는 구절이 있다. 또 『周易』 「家人」 卦 「彖辭」에서는, "아버지는 아버지답고 자식은 자식답고 형은 형답고 아우는 아우답고 남편은 남편답고 부인(婦人)은 부인(婦人)다움에 집 안의 법도가 바르게 되리니, 집안을 바르게 하면 온 세상이 안정되리라.[父父子子兄兄弟弟夫夫婦婦而家道正, 正家而天下定矣.]"라고 하였다.

242 崔致遠, 『孤雲續集』, 「鸞郎碑序」.

243 "暫開方便之門, 廣庇衆生, 無惜慈悲之室." 崔致遠, 『桂苑筆耕集』 卷15, 「天王院齋詞」.

4) 중관을 통한 원융의 세계

최고운은 그의 이상이 좌절되자 스스로 입산하게 되었다. 그의 이상은 사람과 사람, 의식과 의식이 서로 융합하여 나라가 안정되는 것이었다. 하지만 그가 처한 현실은 그의 이상과는 동떨어져 있었다. 그의 시 가운데 현실 세계를 등질 것을 예고한 시가 있다. 시의 제목이 「산에 사는 스님께 드림[贈山僧]」[244]이다. 이 시는 7언절구로 운목(韻目)은 평성(平聲) 산운(刪韻)이다. 이 시에는 그의 결심이 내재하여 있다. 어떤 스님이 산이 좋아서 푸른 산속으로 들어갔지만, 그 산에 머물지 못하고 다시 산을 떠나 속세로 내려간다. 여기서 산은 절을 의미하겠지만, 또 한 가지는 세속의 욕심을 끊는다는 의미이다. 그가 한 번 산에 들어가면 다시는 산에서 나오지 않겠다는 강한 의지를 드러내고 있다.

그가 속세를 떠나기 전에도 불교의 여러 종파 가운데 화엄종에 관심이 있었지만, 속세를 떠나고 난 뒤 그는 화엄 사상을 기반으로 사(事)와 이(理)를 융합 또는 화합하려 하였다. 유교나 도교에서도 그러하겠지만, 그는 화엄 사상 가운데 곧은 마음과 안정된 마음을 실현하는 것을 강조하였다. 그 대표적인 말이 앞에서 언급한 해인(海印)과 직심(直心), 그리고 『주역』에서 따온 유인정길(幽人貞吉)[245]이다. 주체와 객체가 서로 화합하려면 곧고도 안정된 마음이 기반이 되어야 한다. 마음이 흔들리거나 사욕(邪慾)이 생기면 주체와 객체가 융합할 수 없다.

그의 「희랑화상께 드림[贈希朗和尙]」이라는 제목 밑의 시 여섯 수 가운

---

244 孤雲崔致遠先生文集刊行委員會, 『한글번역 孤雲崔致遠先生文集』, 第一文化社, 1982. 522쪽. 시의 내용은 앞의 주)186에 있다.

245 『周易』 「履卦」 九二爻辭에 "바른길을 밟으니 탄탄하다. 마음이 조용하고 안정된 사람이라야 바르고 곧으며 길하리라.[履道坦坦, 幽人貞吉.]"라는 말이 나온다.

데 여섯 번째 시를 들어 논의를 이어 가기로 한다.

三三廣會數堪疑	삼삼의 광회 숫자는 의심할 수 있지만,
十十圓宗義不虧	십십의 원종 뜻이야 잘못될 리 없다네.
若說流通推現驗	화엄학의 유통을 경험으로 미루어 보니,
經來未盡語偏奇	경의 미진한 해석 문자가 다른 탓이네.

기구(起句)와 승구(承句)에서, 우리는 삼삼(三三)·광회(廣會)·십십(十十)·원종(圓宗)에 대하여 주목할 필요가 있다. 삼삼(三三)은 구회(九會)이다. 구회(九會)는 석가모니가 생존 시에 화엄의 교리에 대해 직접 『화엄경』을 설명하는 법회를 모두 아홉 차례 열었다는 말이다. 마음을 안정시키고 곧게 하려면 지혜를 넓혀야 한다. 자아는 석가가 아홉 번의 법회를 열어 『화엄경』 교리를 전파한 것에 견주었다. 이는 『신역 화엄경(新譯華嚴經)』에서는 칠처구회(七處九會), 『구역 화엄경』에는 칠처팔회(七處八會)로 되어 있다. 광회(廣會)은 광학(廣學)의 법회, 곧 화엄 법회 이름이다.[246] 십십(十十)은 시방세계(十方世界)요, 원종(圓宗)은 우주의 모든 현상은 서로 걸림 없이 원만하게 융합되어 있다는 가르침이다. 삼삼(三三)·광회(廣會)가 원인이라면 십십(十十)·원종(圓宗)은 결과이다.

십십(十十)의 원종(圓宗)은 중중무진(重重無盡)의 원융무애(圓融無碍)한 교리를 펼치는 화엄종(華嚴宗)이라는 뜻이다. 십이라는 숫자는 화엄종에

---

246 『화엄경(華嚴經)』에서는 보살의 수행 단계를 모두 52계위(階位)로 나누는데, 그중 11계위에서 20계위까지를 십주(十住)라고 한다. 십주는 다시 초발심주(初發心住)로부터 마지막 관정주(灌頂住)까지 이어지는데, 관정주에 이른 보살이 구유(具有)하게 되는 3별상(別相) 중의 세 번째가 "열 가지 지혜를 널리 배워 일체의 법을 분명히 아는 것.[廣學十種智, 了知一切法.]"이다. 『舊華嚴經』 卷8, 「菩薩十住品」.

서 무궁무진하게 전개되는 법계(法界)를 표시한다. 그래서 화엄종에서 주장하는 법계연기론(法界緣起論)의 용어 가운데 하나인 중중무진을 십십무진(十十無盡)이라고 부르기도 하고, 일즉일체 일체즉일(一卽一切一切卽一)이나 일즉다 다즉일(一卽多多卽一)을 일즉십 십즉일(一卽十十卽一)이라고 하기도 한다. 중국 불교의 교판(敎判)에서는 『법화경(法華經)』을 소의경전(所依經傳)으로 하는 천태종(天台宗)과 『화엄경』을 소의경전으로 하는 화엄종을 원종이라 부른다.

고운(孤雲)이 화엄학의 원융(圓融) 사상을 강조하여 각성한 의식을 촉구하고 성숙한 정신의 자유, 자율과 책임, 그리고 삶의 가능성을 긍정하고 있다. 시간의 흐름 속에서 인간적 소망·기획·행위·성취는 있음[有]도 아니고 없음[無]도 아니다. 유가 아니므로 독립되어 생성되고 자존(自存)하는 항구적인 실체가 없고, 무가 아니기에 역사 안의 모든 사물과 현상들이 항존성(恒存性)이 없다. 유·무가 아니기에 완전한 공허로 부인될 수 있는 허무만도 아니다. 그의 「희랑화상께 드림」이라는 시 두 번째에서는 화엄학을 처음 연 인도(印度)의 고승(高僧) 용수보살(龍樹菩薩)의 행적을 묘사하고 있다.[247] 이 시에는 한 구(句)에 용(龍) 자가 두 번씩 나온다. 이 용자(龍字)는 뒷글자와 서로 결합하여 새로운 의미를 만들어 낸다. 곧, 용당묘설(龍堂妙說)=화엄경(華嚴經), 용궁(龍宮)=대룡궁(大龍宮), 용맹(龍猛)=용수보살(龍樹菩薩), 용종(龍種)=문수보살(文殊菩薩), 용산(龍山)=가야산(伽倻山), 의룡(義龍)=희랑화상(希郞和尙)의 등식이 성립한다.

용당(龍堂)의 묘한 말은 곧 『화엄경』을 가리킨다. 부처님이 돌아가신 지 6백 년 되던 무렵에 대승사상(大乘思想)을 크게 고취하였던 용수보살이

---

247 시의 내용은 주)123에 있다.

대룡궁(大龍宮) 수정방(水晶房)에서 3년 동안 좌선 정진(坐禪精進)하던 끝에 용궁에 들어가서 『화엄경』을 보고 돌아와 10만게(萬偈) 38품(品)의 하본(下本) 화엄경을 외워 냈다고 한다. 상본(上本) 화엄경은 삼천대천세계(三千大千世界)에 있는 미진(微塵)의 수(數)와 같은 게(偈)이고, 중본(中本) 화엄경은 49만 8천8백의 게(偈)로 되어 있다고 한다.[248]

용맹(龍猛)은 용궁에 들어가 『화엄경』을 가지고 왔다는 용수보살(龍樹菩薩)을, 용종(龍種)은 문수보살(文殊菩薩)을 가리킨다. 『수능엄삼매경(首楞嚴三昧經)』에 의하면, 문수보살은 과거에 평등세계(平等世界)의 용종상존왕불(龍種上尊王佛)로 성불(成佛)하였으나 석가(釋迦)의 양화(揚化)를 돕기 위하여 보살신(菩薩身)으로 화신(化身)하였다고 한다. 용산(龍山)은 가야산(伽倻山)을, 의룡(義龍)은 화엄교학(華嚴敎學)에 뛰어난 스님을 비유할 때 쓰는 말이다. 여기서는 희랑화상(希郞和尙)을 가리킨다.

희랑은 9세기 초 최고운이 해인사에 은거할 당시의 화엄 학승이었다. 또 그는 신라 말 고려와 후백제가 대치할 때 고려 태조 왕건의 복전(福田)이었다. 당시 후백제 견훤의 복전(福田)은 관혜(觀惠)였다. 이 두 사람은 고려와 후백제에 상당한 영향력을 행사하였다. 고운은 희랑화상과 상당한 교분이 있었다.

석가(釋迦)가 화엄을 강의하였고, 뒤이어 용수보살(龍樹菩薩)이 『중론(中論)』[249]을 지어 중관(中觀) 또는 중도(中道)의 원리를 밝혔다. 중도(中道)의

---

248 法藏撰, 『華嚴經文義綱目』(大正新修大藏經』 제35권, 493쪽) 참조.

249 용수(龍樹)의 『중론(中論)』의 구성은 27장으로 이루어졌다. 곧, ① 인과 연을 관찰하는 장[觀因緣品], ② 감과 옴을 관찰하는 장[觀去來品], ③ 6근(根)을 관찰하는 장[觀六情品], ④ 오온(五蘊)을 관찰하는 장[觀五陰品], ⑤ 6계(界)를 관찰하는 장[觀六種品], ⑥ 탐욕과 탐욕을 내는 이를 관찰하는 장[觀染染者品], ⑦ 삼상을 관찰하는 장[觀三相品], ⑧ 행위와 행위자를 관찰하는 장[觀作作者品], ⑨ 선행하는 존재를 관찰하는 장[觀本住品], ⑩ 불과 장

원리는 원시불교 단계에서부터 수행의 원리로서뿐만 아니라 세계의 모습을 인식하는 인식론적 원리이다. 종교적 수행의 면에서 볼 때 중도의 원리는 쾌락에 몰두하는 태도[安樂行]와 고의(故意)로 자신을 학대하며 무익한 고행을 일삼는 태도[極苦行]를 모두 그릇된 것이라 부정하고 정당한 수행의 방법을 실천해야 한다는 가르침이다. 인식의 차원에서 볼 때 중도의 원리는 이 세계의 사물 및 삶이 항상 하는 생각[常見]과 전혀 존재하지 않는 허무라는 생각[斷見]의 양극단을 부정하고, 이를 넘어선 만물의 참모습을 바로 보아야 한다는 가르침이다. 이것이 중관(中觀)의 세계이다.

또, 화엄 사상은 하나는 여럿이요, 여럿은 곧 하나[一卽多, 多卽一]라고 하는 원융사상(圓融思想)이다. 의상대사는 그의 「법성게(法性偈)」 7언 30구 가운데 제7, 8구에서, "하나가 곧 일체요 많은 것이 곧 하나이며, 하나 가운데 모두요 많은 가운데 하나이다.[一卽一切多卽一, 一中一切多中一.]"[250]라 하고 있다. 이는 곧 일심(一心)에 의하여 만물을 통섭(統攝)하려

작을 관찰하는 장[觀燃可燃品], ⑪ 최초의 궁극을 관찰하는 장[觀本際品], ⑫ 고를 관찰하는 장[觀苦品], ⑬ 행을 관찰하는 장[觀行品], ⑭ 합함을 관찰하는 장[觀合品], ⑮ 있음과 없음을 관찰하는 장[觀有無品], ⑯ 계박과 해탈을 관찰하는 장[觀縛解品], ⑰ 업을 관찰하는 장[觀業品], ⑱ 법을 관찰하는 장[觀法品], ⑲ 시간을 관찰하는 장[觀時品], ⑳ 원인과 결과를 관찰하는 장[觀因果品], ㉑ 생성과 괴멸을 관찰하는 장[觀成壞品], ㉒ 여래를 관찰하는 장[觀如來品], ㉓ 전도(顚倒)를 관찰하는 장[觀顚倒品], ㉔ 사제를 관찰하는 장[觀四諦品], ㉕ 열반을 관찰하는 장[觀涅槃品], ㉖ 12연기를 관찰하는 장[觀十二因緣品], ㉗ 그릇된 견해를 관찰하는 장[觀邪見品]이 그것이다.

250 의상대사가 지은 「법성게(法性偈)」 전부를 들어 보면 다음과 같다.

法性圓融無二相	법의 성품 원만하여 두 모양 없으니,
諸法不動本來寂	모든 물건 동작 없어 본디 고요하네.
無名無相絶一切	이름 없고 형상 없어 온갖 차별 끊겨,
證智所知非餘境	견성(見性)하면 알지 다른 경지론 몰라.
眞性甚深極微妙	참된 성품 깊고 깊어 지극히 미묘하니,
不守自性隨緣成	자기 성품 안 지키고 인연 따라 이뤄.
一中一切多中一	하나 속에 여럿, 여럿 안에 하나 있어,

는 정신이다. 원융 사상에는 세 가지가 있다. 첫 번째는 파도와 물이 서로 융합하는 것과 같이 사물과 이치가 서로 융합하는 사리원융(事理圓融)이다. 두 번째는 파도와 파도가 서로 어울리는 것과 같이 사물과 사물이 서로 융합하는 사사원융(事事圓融)이다. 세 번째는 물과 물이 서로 어울리는 것과 같이 이치와 이치가 서로 어울리는 이리원융(理理圓融)이다. 여기서 사(事)는 객체 또는 활용이고, 이(理)는 주체 또는 근본이다. 원융은 개체의 실체와 대립관을 부정하고, 불가득공(不可得空)으로 하는 불교의 근본진리를 더욱 논리화해서 체계화한 말이다. 이 원융은 사(事)와 이(理)의 완전한 상즉상입(相卽相入), 곧 융합이다.

최고운이 화엄 사상에 깊이 몰입하였던 것은 당시 분열된 지배층과 피

一卽一切多卽一	하나가 곧 전체며 전체가 곧 하나네.
一微塵中含十方	티끌 하나 속에 시방세계가 들어있고,
一切塵中亦如是	온갖 티끌 속에도 또한 이와 같다네.
無量遠劫卽一念	한량없이 오랜 세월도 눈 깜짝할 사이,
一念卽是無量劫	한순간 짧은 생각이 바로 오랜 세월.
九世十世互相卽	아홉 세상 열 세상 서로서로 넘나드나,
仍不雜亂隔別成	어지러이 섞이지 않고 달리 이루어져.
初發心時便正覺	처음 발심하신 때 바로 성불하는 자리,
生死涅槃相共和	생사나 열반이나 다른 것이 무엇인가.
理事冥然無分別	이(理)와 사(事) 그윽하여 분별없으니,
十佛普賢大人境	부처님과 보현보살 큰사람의 경계라네.
能仁海印三昧中	석가모니 부처님의 해인삼매 가운데서,
繁出如意不思議	여의주가 무성하게 생각지 않게 나타나.
雨寶益生滿虛空	비같이 많은 보배 허공 가득 내려오니,
衆生隨器得利益	중생은 그릇에 따라서 이익을 얻는다네.
是故行者還本際	그러므로 수행자 근본으로 돌아갈 때,
叵息妄想必不得	번뇌 망상 쉬지 않곤 돌아갈 수 없다네.
無緣善巧捉如意	인연 없는 방편으로 여의주 잡게 되면,
歸家隨分得資量	고향에 갈 양식 노자를 분수 따라 얻네.
以陀羅尼無盡寶	써도 써도 다함 없는 다라니 보배로서,
莊嚴法界實寶殿	장엄한 법계 참으로 궁전 누각 같다네.
窮坐實際中道床	마침내 중도자리에 실제로 앉게 된다면,
舊來不動名爲佛	예부터 변함없이 그를 부처라 하였다네.

지배층을 융합하려는 의도였다. 지방 분권적인 경향을 지닌 신라 하대의 선종(禪宗)에 대한 중앙집권적 정치 이념과 관련이 있다. 이는 겉으로는 사람과 사람이 융합하는 사사원융(事事圓融)이지만, 그 내면에는 사리(事理) 또는 이리원융(理理圓融)을 포함하고 있다. 사람에게는 육체만 있는 것이 아니라 정신 또는 사상이 있기 때문이다. 다음 글에서 그는 이리원융을 강조하고 있다.

> 나라에 현묘한 도가 있으니, 풍류라고 한다. 설교의 근원이 선사에 자세하게 실려 있으니, 참으로 삼교를 포괄하여 군생을 교화한다. 들어오면 집안에서 효도하고 나가면 나라에 충성하자는 것은 노나라 사구(司寇)의 종지이고, 무위로 일을 처리하고 불언(不言)의 가르침을 시행하자는 것은 주나라 주사(柱史)의 종지이며, 제악(諸惡)을 짓지 말고 제선(諸善)을 봉행하자는 것은 축건태자(竺乾太子)의 교화이다.[251]

윗글에서 알 수 있듯이 최고운은 유·불·도교에 치우치지 않았다. 치우치지 않았다는 말은 보편성을 유지하였다는 말이다. 보편성을 유지한다는 것은 개체보다는 전체, 분열보다는 융합에 그의 지향(志向)이 있었다는 말이다. 하지만 그는 전체를 위하여 개체를 무시해서는 안 된다고 생각하였다. 개체가 모여 다수가 되고 다수가 모여 전체가 되기 때문이다. 이 점에서 그의 생각은 하나가 여럿이고 여럿이 하나라는 불교 화엄 사상과 서로 통한다.

---

251 "國有玄妙之道, 曰風流. 設敎之源, 備詳仙史. 實乃包含三敎, 接化群生. 且如入則孝於家, 出則忠於國, 魯司寇之志也. 處無爲之事, 行不言之敎, 周柱史之宗也. 諸惡莫作, 諸善奉行, 竺乾太子之化也." 崔致遠, 『孤雲續集』, 「鸞郎碑序」.

제2부

최고운 문학 정신의 계승

제6장

최고운을 통한 인문 자원 활용

1. 인문 정신의 핵심

인문 또는 인문 정신의 핵심은 보편성 또는 일반성에 있다. 어떤 사람이나 사물은 제각각 개별적인 특수성으로 존재한다. 이 개별적인 것은 전체 가운데 하나일 뿐이다. 곧 특수성은 언제나 보편성에 포함되어 있다. 따라서 인문학에 접근하려 할 때, 개별적인 특수성을 살펴 그 구체성을 밝혀야 한다. 이 개별적인 특수성을 통하여 구체성을 밝히는 것도 보편성을 바탕으로 하여야 한다. 당군의(唐君毅)는 사람의 정신을 인문(人文), 비인문(非人文), 차인문(次人文), 초인문(超人文), 반인문(反人文) 등으로 구분한다.

지금 우리가 사는 시대에는 인문이 아닌 반인문, 비인문적 요소가 지배적이다. 이 가운데 비인문 정신은 사람 이외의 경험 대상이나 이해의 대상을 말한다. 곧 사람 이외의 자연, 추상적인 형수(形數) 관계에 대한 것이니 자연과학이나 수학에 포함된 사상이라 할 수 있다. 반인문 정신은 인성, 인륜, 인도, 인격 및 사람의 문화적 역사 가치에 대하여 소홀하게 여길 뿐만 아니라 이를 왜곡·말살하여 사람 이외, 사람 이하의 자연물에 동화시키거나 사람을 기독교에서 말하는 마귀(魔鬼)의 손에 들게 하거나 불가에서 말하는 마귀축생(魔鬼畜生)의 길, 곧 지옥에 떨어지게 하는 사상 정신을 말한다.[1] 이 반인문, 비인문적인 요소를 인문의 품에 안아야 한다.

우리 선조들은 인문학의 핵심이라 할 수 있는 문·사·철학을 구분해서 생각하지 않았다. 동양 전통 사고에서 문·사·철은 서로 분리된 것이 아니고 하나였다. 인문학의 인식 대상은 현재의 것도 있고 과거의 것도 있다. 특히 필자가 전공하고 있는 분야는 시간상으로는 과거의 것을 대상으로 한다. 과거의 인문학 유산이기에 인문학이 생겨난 그 실재 현장과 작품에 드러난 고유 가치를 찾아야 한다. 이 가치를 찾는 방법은 실질적인 것으로 올바른 것을 구한다는 뜻의 실사구시 방법이다. 이를 통하여 깨닫고 얻어낸 진리와 가치를 옛날로 돌려서는 안 된다. 이러한 가치 의미를 현재와 미래에 두어야 한다.

필자가 최고운을 처음 만난 것은 1978년 7월이었다. 당시 사람들은 최고운에 대한 관심이 거의 없었다. 그로부터 47~48년이 지난 지금 전국에서 최고운이 고부가가치의 대상으로 활용되고 있다. 2010년에 접어들면서 기관이나 단체에서 최고운에 대하여 많은 관심을 지니게 되었다. 그 예로 먼저 2013~2014년에 대한민국 예술의 전당에서 시행된 최고운 관련 발표회와 그의 서화전(書畵展)을 들 수 있다. 2014년 1월에는 국악방송에서 최고운에 대한 좌담회가 2시간 동안 진행되었다. 2014년 10월에는 동아 인문학회에서 최고운 특집으로 중국 서안(西安, 시안)에서 발표회를 개최했다. 이 몇 차례의 발표회나 좌담회에 필자가 참석하여 발표·토론하면서 많은 것을 느꼈다. 그중 하나가 오늘날 왜 최고운이 많이 거론되고 있는가 하는

---

1 唐君毅, 『中國人文精神之發展』, 學生書局, 1984(第6版), 17~20쪽 참조.
金周漢, 「文學과 人文精神」, 『韓民族語文學』 제16집, 韓民族語文學會, 1989. 9, 120~121쪽 참조.

것이었다. 그 이유 가운데 가장 큰 것이 바로 한·중 교류에 있었다.

이 한·중 문화 교류는 1990년대로 거슬러 올라간다. 최고운에 대한 문화 교류가 1998~1999년에 이루어졌다. 제1, 2차 최고운 연토회(硏討會)가 최고운이 처음 관직 생활을 한 중국 남경시(南京市, 난징) 율수현(溧水縣)에서 열렸다. 필자는 이때 제2차 연토회에 참석하여 주제 발표를 한 적이 있다. 또 2001년 10월 16일에는 중·한 경제 문화 교류주(中韓經濟文化交流注)라는 제목으로 중국 양주(楊州, 양저우)에서 3박 4일 동안 발표회가 열린 적이 있다. 이때 5개 세션으로 나누어 한·중 학자가 진지하게 최고운에 관해서 토론하였다.

이러한 학술회의를 거치면서 최고운에 관한 관심도가 점점 높아졌다. 1980년 초반까지만 하여도 최고운 관련 연구 성과물이 손으로 헤아릴 정도밖에 안되었는데, 2020년도에 이르자 6백 편가량의 논문이 나왔으며, 30여 권의 저·역서가 나왔다. 이렇게 보면 최고운에 관한 연구가 적다고는 할 수 없다. 그러나 아직 최고운에 대해서는 할 일이 많이 남아 있다. 그 가운데 가장 큰 것 중 하나가 최고운을 인문 자원으로 활용하는 방안을 마련하는 것이다.

2. 최고운을 통한 인문 자원 활용 방안

1) 우리 인문학의 세계화 목표

문화 또는 인문학은 세 단계의 과정을 거친다. 첫째는 식민지 단계이고, 둘째는 자립 단계, 셋째는 우리 문화 또는 인문학의 세계화 단계이다. 그러면 우리 인문학은 어디까지 왔는가? 필자가 생각하기로는 아직 식민지 단계를 벗어나지 못하고 있다. 한 예를 들어 보면, 한 나라 또는 한 사회의 척도라 할 수 있는 우리말에 있어 우리는 자립하고 있는가? 그 대답은 '아니요.'이다. 현재 우리가 쓰고 있는 우리말은 일본어나 영어의 영향을 많이 받고 있다. 일제로부터 독립한 지 60년이 지났지만, 우리는 여전히 일본어 투의 말을 많이 쓴다. 그뿐만 아니라 우리의 일상 언어에는 영어의 영향이 대단히 크다. 예를 들면, 우리말은 본래 수동태가 발달하지 않았지만, 근래 우리말에는 수동태 표현이 남용되고 있다.

또 우리의 의식은 어떠한가? 모르기는 몰라도 우리나라 국민의 상당수는 아직 사대주의 근성을 버리지 못하고 있다. 지금 우리가 당면한 문제 가운데 가장 먼저 해결하여야 할 일이다. 청나라 말 변법자강 운동가인 양계초(梁啓超)가 말한 중체서용(中體西用)이 아니라 한체서용(韓體西用), 또는 아체타용(我體他用)이라는 주체 의식의 실천이 꼭 이루어져야 한다. 식민지 형태의 인문학을 먼저 주체성 있는 인문학, 즉 인문학의 자립 단계까지 끌어올려야 한다. 그런 다음 세계 사람들이 우리 인문학에 관해 관심을 가지고, 또 우리 인문학을 수용하려고 하는 단계까지 올라가야 한다. 이것이 진정한 인문학의 세계화라 할 수 있다. 이 세계화를 이루려면 우선 자신의 정체성(正體性: identity)이 바로 서야 한다. 이 정체성은 자유롭고 자주적인 주체성(主體性: subjectivity)과도 통한다. 우리 자신이 주인이 되어야 한다. 자신이 주인이 되려면 우선 자신의 본분에 충실하여야 한다.

본분에 충실히 하는 것이 다름 아닌 정명(正名)이다. 공자는 『논어』에서 "반드시 명분이 바로 서야 한다. …(중략)… 명분이 바르지 못하면 말이 이치에 따르지 못하고, 말이 이치에 맞지 않으면 일이 이루어지지 않는다."[2]

---

2 "子曰 必也正名乎. …(中略)… 名不正, 則言不順. 言不順, 則事不成." 『論語』 卷19, 「子路」 第3章.

라고 하였다. 공자가 이 말을 하였을 당시 그는 초나라에서 위나라로 가서 있을 때였다. 당시 위(衛)나라의 군주인 출공(出公)의 첩(輒)이 자기의 아버지를 아버지로 여기지 않고, 자기의 할아버지를 아비로 삼아, 명분(名分)과 실상(實狀)이 문란하여 공자가 명분을 바로잡는 것을 우선으로 삼았다. 지금 우리가 사는 세상은 어떠한가? 명분과 실상이 바로 서고 있는가? 이에 대한 해답은 대단히 회의적이다. 현재 인문 또는 인문학이 위기에 처하여 있다. 현재 인문학이 침체하여 있다.

인문학에 종사하는 학자들은 다른 학문에 종사하는 학자들보다 상대적으로 힘이 든다. 그 이유는 첫째 학문 자체가 수익성이 낮다, 곧 항산적(恒産的)이지 않다. 진정한 선비 또는 학자라면 경제적 생산이 적어도 한마음으로 일관하여야 한다.[3] 말은 하기 쉽지만 이를 실천하기는 대단히 어렵다. 둘째 인문학에 종사하는 사람들은 그 업적을 쌓는 데 많은 시간이 필요하다. 따라서 자연과학자나 공학자들처럼 단시간에 획기적인 결과를 내기가 힘들다. 셋째 설령 훌륭한 성과를 내어도 자연과학이나 공학에 비해 현실성이 낮으므로 대중들의 주목을 받기 어렵다. 따라서 속도 경쟁 시대인 오늘날 인문학은 다른 학문에 비하여 뒤질 수밖에 없다. 그렇다고 정신 분야의 연구인 인문학을 소홀히 해서는 안 된다.

최고운은 주체 의식이 대단히 강한 분이었다. 흔히 말하는 동인의식이 그의 머릿속에 언제나 자리 잡고 있었다. 이 의식이 고려 말의 학자인 졸

---

3 『맹자(孟子)』「양혜왕(梁惠王)」 상편(上篇)을 보면, "일정한 생업이 없어도 언제나 착한 본심을 굳게 가질 수 있는 것은 선비만이 가능한 일이다. 일반 백성의 경우는 일정한 생업이 없으면 착한 본심을 지킬 수 없게 된다. 이처럼 착한 본심이 없어지게 되면 방탕하고 편벽되고 간사하고 넘치게 행동하는 등 못할 짓이 없게 된다.[無恒産而有恒心者, 惟士爲能. 若民則無恒産, 因無恒心. 苟無恒心, 放僻邪侈無不爲已.]"라는 말이 나온다.

옹(拙翁) 최해(崔瀣)나 조선 후기의 사상가인 수운(水雲) 최제우(崔濟愚, 1824~1864)로 이어진다. 그러나 지금 우리는 어떠한가? 우리는 우리 또는 자신을 주인으로 여기고 있는가? 이 점에 대하여 의문을 가지지 않을 수 없다.

현재 우리나라와 중국은 최고운을 화두로 인문학의 발전을 기대하고 있다. 두 나라의 교류는 말할 것도 없고, 최고운을 통하여 인문학의 고부가가치를 누리려 하고 있다. 이 시점에 우리가 가장 명심하여야 할 일은 우리가 주인이 되어야 한다는 점이다. 외국에 의존하거나 외부의 힘에 의지하여서는 안 된다. 우리의 내부부터 먼저 튼튼히 한 다음에 그 영역을 확장하여야 한다.

현재까지 최씨 문중의 몇몇 분이나 우리나라 학자들이 자행한 일은 그다지 손뼉을 칠 일이 아니었다. 이런 분들과 몇 차례 중국을 왕래하면서 보고 듣고 느낀 점이다. 한 예를 들면 최씨 문중에서는 중국의 한두 학자에 대해 보기 민망할 정도로 환대하였다. 또 우리나라 학자들은 중국에 가서 중국어로 서로 대화하는 것을 보았다. 어찌 생각하면 중국에 갔으니, 중국어로 대화하는 것은 당연한 일일 것이다. 그러나 중국 학자가 아닌 우리나라 학자들이 서로 중국어로 이야기하여야 하겠는가? 이는 그들의 의식이 식민지의 인문학 수준에 머물고 있다는 것을 입증하는 것이다. 이제 우리는 주체성 있는 인문학, 즉 인문학의 자립 단계까지 끌어올려야 한다. 그런 다음 세계 사람들이 우리 인문학에 관해 관심을 가지고, 또 우리 인문학을 수용하려고 하는 단계까지 올라가야 한다. 이것이 진정한 인문학의 세계화라 할 수 있다. 이 인문학의 세계화에 최고운을 활용하여야 한다.

2) 지역 인문학을 통한 문화의 세계화

한 지역의 인문학은 한 나라의 인문학이요, 한 나라의 인문학은 세계의 인문학이다. 인문학의 출발은 우리 자신, 우리가 사는 지역과 나라까지 그 영역을 확대하여야 한다. 이에 한 걸음 더 나아가 우리가 세계 인문학을 주도할 수 있는 위치에까지 가야 한다. 『맹자』에, "우리 어른을 어른으로 섬겨서 남의 어른에게 미치며, 우리 어린이를 어린이로 사랑해서 남의 어린이에게 미친다면 천하를 손바닥에 놓고 움직일 수 있다."[4]라고 하였다. 학문도 마찬가지요, 인문학도 이와 같다. 학문하는 사람은 자신의 학문영역을 충실히 하여 다른 분야의 학문영역에 이르러야 한다.

『중용』을 보면, "도가 사람과 멀리 떨어져 있지 않다. 따라서 사람이 도를 행하면서 사람을 멀리한다면, 그것은 도라고 할 수 없다."[5]라는 공자의 말이 나온다. 도가 사람에게서 멀리 떨어져 있지 않듯이 인문 또는 인문학도 사람과 인문이 멀리 있는 것이 아니다. 언제나 우리 곁에 있다.

조선 시대 학자들은 정치와 철학, 역사, 문학, 예술, 과학 등의 학문 분과를 인식하였지만, 이들에게는 최소한 성리학의 일원론적 세계관이 개별 학문의 존재 위에 군림하고 있었다. 따라서 개별 학문의 독자성은 그리 중시되지 않았다. 18세기 이후 일부 전문적인 학자 또는 시인들이 등장하기도 하였다. 하지만 20세기 이전까지 학자들은 한편으로 정치 활동을 하고, 다른 한편으로 그 여가 시간에 학문을 연구하였다. 관료로 진출하지 못한 지방의 선비들에게는 상대적으로 그 의미가 적기도 하였지만, 이들에게도 역시 인문학은 여기(餘技)였다.

---

4 "老吾老以及人之老, 幼吾幼以及人之幼, 天下可運於掌." 『孟子』, 「梁惠王」 上篇.

5 "道不遠人, 人之爲道而遠人, 不可以爲道." 『中庸章句』 第13章.

생활 일부로 나온 인문학 유산을 한 사람의 문학가 또는 예술가가 생활과 별개로 자신의 영혼을 다하여서 나온 것으로 연구하는 것은 바람직하지 않다. 지방화 시대에 생활의 일부로 존재하는 인문학 유산을 연구하기 위해서는 생활을 함께 연구하여야 한다. 이 점에서 융복합적인 사고와 정치(精緻)한 접근이 필요하다. 조선 시대에 어느 학자와 관련한 자료 가운데서 한 분야, 예를 들면 문학 자료만을 추출하여 다루어서는 안 된다. 당시에는 일상생활 속에 인문학이 존재하였다. 따라서 어느 학자의 학문을 연구하는 데에는 그의 일상생활에 관한 연구가 당연히 정밀하게 이루어져야 한다. 곧 과거나 현재의 인문학 주체자들이 '어떻게 살았는가?' 또는 '어떻게 살고 있는가?'가 중요한 연구 내용이 되어야 한다.

3) 관련 자료 집성을 통한 지역 인문학 연구

현재는 '세계적(global)'이라는 말과 '지역적(local)'이라는 말이 합쳐진 '글로컬(glocal)' 시대이다. 한 지역의 인문학이 한 나라의 인문학이요, 한 나라의 인문학이 세계의 인문학이 된다. 따라서 인문학의 출발은 지역학에서 시작하여야 한다. 우리나라 어느 지역이든 그 지역 나름대로 인문학 자원이 존재한다. 많은 부분은 지금 사람들이 이룬 것이 아니라 우리 선조들이 남긴 것들이다. 따라서 선조들의 문화유산을 종합·정리하여 그 자료집을 만들어야 한다.

이어서 최고운 관련 자료들을 집성하여 지역 인문학을 연구하여야 한다. 그러기 위해서는, 첫째 문헌 조사가 이루어져야 한다. 가장 단순하게 말하면 지리지 형식의 자료 집성 작업이 첫 번째 단계다. 이러한 일이 간단해 보이지만 품이 많이 들기에, 연구자들이 하려 하지 않는 것이 문제다. 옛사람은 이런 일을 하였지만 지금 학자들은 하려 들지 않는다. 평생을 두고 한 지역의 문화유산 자료를 모아 자료집을 만드는 데서 지역 인문학 연구가 시작한다. 실제로 최고운에 대한 자료는 어느 정도는 집성되었다. 그러나 국내외의 모든 자료를 망라하는 자료집이 아직 간행되지 않았다. 필자도 1978년부터 최고운에 관한 많은 자료를 모아 오고 있다. 실제로 필자의 책장 밑에는 15년이 더 지난 보자기에 싼 최고운 관련 자료가 들어있다. 일반인들이 알고 있는 것도 있고 그렇지 않은 것도 있다. 우리나라 것도 있고 중국 것도 있다. 우리나라 학자들도 단편 논문은 많이 썼지만, 그와 관련한 자료를 망라한 자료집을 간행하는 일은 소홀히 하여왔다. 중국 사람들도 마찬가지이다. 필자는 중국에 50번 가까이 다녀왔다. 전적으로 최고운 자료를 입수하기 위해서 간 것이 아니지만 많은 부분은 최고운과 관련하여 여행을 한 것이다. 이 자료가 언제 세상에 나오게 될지는 아직 기약할 수 없다. 지금까지는 여러 가지 여건이 맞지 않아 세상에 내어놓지 않았다.

원전 자료를 두루 섭렵하여 종합적인 자료지가 나와야 한다. 이 일이 다른 어느 일보다 앞서야 한다. 최고운에 관한 광범위한 원전 자료와 연구서를 두루 망라하는 총체적인 시각을 견지하여야 한다. 그리고 이러한 자료에 대해 미시적인 접근이 필요하다. 최고운에 관한 연구가 많이 이루어졌지만, 총체적으로 문헌 자료를 집대성한 책이 없다. 물론 일차적인 자료, 곧 『고운집(孤雲集)』, 『계원필경집(桂苑筆耕集)』 등은 번역되었다. 이에 더하여 우리나라 문집뿐만 아니라 중국이나 일본 등지에 흩어져 있는 자료를 수집·정리하여야 한다.[6] 많

6 최고운 관련 문헌 자료와 아울러 설화나 소설도 아울러 집대성할 필요가 있다. 최고운 설화는 『한국 구비문학 대계』(한국정신문화연구원) 권61~62에 실려 있다. 이 자료 수집에는 필자도

은 판본을 두루 모아 교감(校勘)[7]하고, 그 정본(定本)을 만들어야 한다. 이어서 이 정본을 우리말에 맞게 번역하여야 한다. 실제로 필자는 이에 대한 작업을 진행하고 있다. 그러나 필자 한 사람의 능력으로는 여러 면에서 한계가 있다. 이런 일은 인문학 연구자가 연합하여 진행할 필요가 있다. 지역 인문학 연구자가 지방자치단체와 힘을 합하여 자료를 구축한다면 상당한 시너지 효과를 내게 될 것이다.

이를 달성하기 위해서는 첫째, 민(民)·관(官)·학(學)이 서로 협력하여야 한다. 재야 학자와 학교에 있는 전문가, 그리고 지방자치단체가 융합하여 지역의 문화유산을 수집·정리하여야 한다. 이 일을 수행하기 위해서는 지역민 스스로 이기심을 버려야 한다. 이 문제가 겉으로는 쉬운 것 같지만, 인문학 발전에 가장 큰 저해 요소이다. 현재 지방자치단체장이나 지방 의회 의원, 국회의원은 모두 선출직이다. 이들이 사심(私心)을 버리고 선거공약에서 말한 것처럼 지역과 나라를 위한다면 인문학은 상당히 빨리 우리 곁에 자리 잡게 될 것이다.

둘째, 이 세 부류의 사람들이 협력하여 가장 먼저 하여야 할 일은 문헌조사이다. 문헌을 조사·정리한 뒤 이를 바탕으로 지역 인문학을 연구하여야 한다. 가장 단순하게 말하면 역사·지리지 형식의 자료 집성 작업이 첫 번째 단계다. 이러한 일이 간단해 보이지만 품이 많이 들기에, 연구자들이 하려 하지 않는 것이 문제다. 옛사람들은 이런 일을 하였지만 지금 학자들은 이 일에 대하여 그다지 관심이 없다. 한 개인이 아니면 지방자치단체와

1979년 2학기에 동참한 적이 있다.

7 이성애(李聖愛), 「계원팔경 교감기(桂苑筆耕校勘記)」(『이화여대논집(梨花女大論叢)』 27, 이화여자대학교, 1975)에서, 『계원필경』의 이본을 교감하였다.

그 지역 주민 그리고 학계에 종사하는 학자들이 서로 힘을 모아 이 일을 시행하여야 한다. 한 지역의 문화유산 자료를 모은 종합 자료집을 만들어야 그 지방의 인문학을 보다 심도 있게 연구할 수 있다.

셋째, 문헌을 통한 인문학 자료를 조사하는 일을 마치면 그 문헌이 생성되었던 현장을 찾아 이에 대한 근거를 조사하여야 한다. 한 지역의 역사·지리서에 나오는 문헌에서 확인한 곳의 위치를 정확하게 고증하여야 한다. 그런 다음 그 지역과 인연을 맺었던 사람들의 문집에서 이들 장소와 관련한 글을 찾아 그 자료를 보충하여야 한다. 이렇게 하면 한 지역에 대한 완벽한 자료집을 완성할 수 있다.

민선 지방자치단체가 출범한 뒤 한 지역의 여러 일을 수행하는 데 있어 분명히 좋은 점도 있다. 그러나 주민들의 투표를 통하여 지방자치단체장을 선출하기 때문에 그 지방자치단체장들은 이를 의식하지 않을 수 없다. 이들의 공적은 대부분 유형(有形)의 가시적인 것이다. 이에 더하여 무엇을 복원한다는 미명하에 옛 모습을 거의 망가뜨리고 있는 실정이다. 그 대표적인 것이 서원(書院)·향교(鄕校)·누정(樓亭)의 복원 또는 중건이다. 겉모습은 그럴듯하지만, 그 본디의 모습은 흔적 없이 사라지게 된다. 이 점에 대하여 그 책임을 맡은 사람들이 신중하여야 한다.

넷째, 최고운이 살았던 곳이나 그가 활동하였던 영역에 대한 자료를 정리하여야 한다. 우리나라는 어느 지역이나 산이나 강이 있다. 특히 한 지역을 관통하는 강은 인문학자들의 삶의 터전이었다. 강은 문화지도를 만드는 데 그 중심이 될 수 있다. 역사적으로 보면, 큰 강이 있는 주위에 주민이 많이 살았다. 그 지역 학자나 문인들이 물가에 집을 지어 살면서 그 곳을 배경으로 글을 지었다. 지역사회는 오랜 역사와 넓은 지경(地境)을 지니고 있다. 외형적으로는 웅장하지만, 그 내면은 그렇지 못하다. 현재 지역의 구성원들이 인문학에 대하여 노력한다고 하지만 괄목할 만한 성과를 내지 못하고 있다. 선조들은 뛰어났지만, 그 후손들이 그렇지 못하다는 말이다. 이 점을 냉철하게 돌아볼 필요가 있다.

곧, 최고운의 유적과 창작 현장에 대한 실증 작업이 이루어져야 한다. 이 작업은 1982년 최고운의 후손 가운데 한 분인 최준옥(崔濬玉, 1919~?)이 편집하고 고운선생사적편찬회(孤雲先生事蹟編纂會)에서 발행한 『고운 최고운선생사적고(孤雲崔致遠先生事蹟考)』[8]에서 어느 정도 이루어졌다. 최고운의 유적에 대한 실증이 많이 이루어졌다. 필자가 답사 또는 조사를 해보니 몇 곳은 이 책에 빠졌지만 대체로 우리나라에 산재하고 있는 최고운의 유적이나 창작 현장이 망라되었다.

그러나 이 시도가 세세한 것에까지는 미치지 못한 감이 들기도 한다. 이러한 작업은 30년이 더 지난 지금까지도 크게 진전이 없다. 30년 동안 그 지형도 많이 변하였다. 길이 넓어졌고 건물이 들어섰다. 또 최고운의 흔적이 없어진 곳도 있고 새로 만들어진 곳도 있다. 특히 해인사 주변에 있었던 최고운의 흔적은 많은 곳이 없어졌다.

지금 우리에게 필요한 것은, 문헌 조사 작업과 함께 현장 조사이다. 한 지역의 지도를 두고 문헌에서 확인한 곳의 위치를 정확하게 고증하여야 한다. 그런 다음 그 지역과 인연을 맺었던 사람들의 문집에서 이들 장소와 관련한 글을 보충하여야 한다. 이렇게 하면 최고운에 대한 완벽한 자료집이 완성될 수 있다. 실제로 필자가 최고운 유적지를 두루 답사한 결과 많은 곳에서 오류가 있음을 확인할 수 있었다. 첫째는 문헌에 대한 확실한

---

8 최준옥(崔濬玉), 『고운 최치원 선생 사적고(孤雲崔致遠先生事蹟考)』, 보전각(寶蓮閣), 1982.

고증 없이 지방자치단체에서 나름대로 안내판을 만들어 사실과는 차이가 나는 점이 많았다. 둘째는 이와 비슷한데, 원문 번역의 오류가 상당히 많다는 점이다. 안내판에 원문을 들고 그 내용을 우리말로 번역하였지만, 오역(誤譯)이 대단히 많았다. 이는 최고운과 그 해당 지방자체단체에 대한 불신을 초래할 수 있다. 셋째는 최고운이 한 것이 아닌데도 후세 사람들이 최고운의 유적 또는 최고운의 유필(遺筆)이라 단정한 것들이 있다는 것이다. 이 점에 대해서는 조심스럽게 접근할 필요가 있다. 무조건 최고운의 것이라 단정할 것이 아니라, 어떤 것은 최고운 본인의 것, 또 다른 것은 후대의 어떤 분이 남긴 것이라 구분할 필요가 있다. 물론 말은 쉽지만 이를 수행하기가 어려운 면이 있다. 실제로 현장에 가 보면 애매한 점을 많이 발견할 수 있다.

4) 유적과 창작 현장을 따라 문화지도를 제작하기

최고운의 발길이 닿은 곳을 산 또는 강을 따라 문화지도를 제작하여야 한다. 그것도 권역별로 문화지도를 만드는 것이 바람직할 것이다. 최고운의 유적은 경상도에 가장 많다. 다른 지역은 그 수가 적다. 현재 남아 있는 유적은 최씨 후손들이 그 지역에서 사당이나 재실을 짓고 최고운의 위패나 영정을 모시고 있는 수준이다. 이 점에 대해서는 필자가 이미 정리를 다 해 놓고 있다. 세부적인 것은 다음 기회에 다시 소개하기로 하고, 우선 『삼국사기』 [열전(列傳)], 「최치원(崔致遠)」 조[9]를 참고하여 최고운의 여정을 그려 보면 다음과 같다.

---

9 金富軾, 『三國史記』 卷46, [列傳], 「崔致遠」 條.

① 천령(天嶺) 태수로 갈 때: 경주(上書莊, 狼山 讀書堂, 西岳書院)→청도→창녕→고령→합천→거창→함양(學士樓, 上林, 思雲亭, 栢淵祠)

② 태산(泰山: 전북 태인) 태수로 갈 때: 경주→창녕→고령→합천→거창→함양→순창→태인(武城書院, 流觴臺, 感雲亭, 披香亭, 蓮池)

③ 부성(富城: 충남 서산) 태수로 갈 때: 경주→김천(學士臺)→추풍령→옥천→논산(伽倻谷, 孤雲寺)→부여→서천→홍성(月田里 雙龍溪谷)→예산(보령)→서산(伽倻山)→보령(麥島)→내포 지역(內浦地域) 최고운 유적

④ 의성(義城) 고운사(孤雲寺)로 갈 때: 경주→영천→군위 의흥→의성 가은[氷山]→고운사(孤雲寺)→안동(龍岡書院)→봉화(淸凉山, 致遠臺, 致遠峯)

⑤ 합천(陜川) 해인사(海印寺)로 갈 때: 경주→청도(鶴南書院, 淸道影堂記)→창녕→고령(碧松亭)→합천(海印寺, 學士堂, 紅流洞, 武陵橋, 疊石臺, 七星臺, 光風瀨, 落花巖, 泚筆巖, 書巖, 碁閣, 讀書堂, 淸凉寺, 孤雲庵, 妙吉祥塔碑)→거창(文昌侯 手植松, 遺址碑)→함양(智異山)

⑥ 하동(河東) 쌍계사(雙溪寺)로 갈 때: 합천→산청(廣濟嵒門)→진주(南岳祠)→하동(雲岩寺, 雙溪寺, 雙溪石門, 眞鑑禪師大空塔碑, 洗耳嵒, 팽나무, 靑鶴洞碑)

⑦ 마산(馬山) 월영대(月影臺)로 갈 때: 경주→창녕→함안→창원(燕賓樓, 靑龍臺)→마산(月影臺, 斗谷影堂, 孤雲臺)

⑧ 부산(釜山) 해운대(海雲臺)로 갈 때: 경주→양산(臨鏡臺)→부산(海雲臺)

⑨ 문경(聞慶) 봉암사(鳳巖寺)로 갈 때: 경주→영천→대구(九會堂, 大谷影堂)→칠곡→선산→상주→문경(鳳巖寺, 雲峯寺)

최고운은 실제로 경주 지역보다 경주 이외의 지역을 많이 돌아다녔다. 익히 알려져 있듯이 그는 12살에 중국에 가서 29살에 경주에 도착하였다. 경주에는 그가 12살 중국 가기 전에 살았다. 그리고 그가 29살 되던 해 신라로 돌아와 잠시 경주에서 지냈다. 앞의 여정(旅程)은 확실한 것이 아니다. 다만 그의 사람을 통하여 필자가 추측할 따름이다. 위의 여정이 전혀 신빙성이 없는 것은 아니다. 다만 어느 지역을 먼저 거쳤는지가 정확하지 않을 뿐이다.

또 하나는 창작 현장과 유적에서 어느 것이 사실이고 어느 것이 허구인지를 구분하여야 한다. 어찌 보면 허구를 그대로 놓아 두는 것이 최고운을 더 신비롭게 할지도 모른다. 그러나 문헌 자료를 통하여 철저하게 고증할 때 일반 관광객들에게 친근감을 느끼게 할 수도 있다. 예를 들면 합천 해인사에 있는 천 년 묵은 전나무[10]나, 충남 홍성군 월전리(月田里) 쌍룡계곡(雙龍溪谷) 가에 있는 최고운 무덤, 의성(義城) 고운사(孤雲寺) 뒤 등운산(騰雲山) 꼭대기에 있는 최고운 무덤[11] 같은 것이 이에 해당한다. 필자가 최고운 유적지를 답사하다 보니 이 두 곳 외에도 최고운 무덤이 있다는 곳이 몇 군데 더 있었다. 곧 합천(陜川) 가야산(伽倻山), 하동(河東) 지리산(智異山), 서산(瑞山) 가야산(伽倻山)이 그것이다. 사람은 한 사람인데 무덤이 몇 곳이라니 말이 되는가? 또 신라 시대에 생존한 다른 분들의 무덤은 대개 없는데 최고운의 무덤이 남아 있단 말인가? 있다면 어디에 있고, 없다면 왜 없는가? 이러한 의문들이 꼬리를 물고 일어나곤 하였다. 필자의 생

10 이 나무는 2019년 태풍 루나 때 뿌리가 뽑혀 넘어져 지금은 그루터기만 남았다.

11 2012년 10월 필자가 당시 고운사 주지를 만나 들은 이야기이다. 이 주지는 최고운이 그의 나이 54살에서 74살까지 이곳에서 살다가 죽어, 등운산 꼭대기에 묘를 썼다고 한다. 그러나 이 말은 신빙성이 없다. 어느 문헌에도 이러한 기록이 없기 때문이다.

각으론 현재 최고운의 무덤을 찾는 일은 불가능하다. 최고운의 무덤을 찾는 것보다 찾지 않는 것이 더 나을지도 모른다. 왜냐하면, 고려 시대 이인로(李仁老)가 최고운이 신을 벗어 놓고 흔적 없이 사라졌다고 한 이후부터, 최고운이 신비로운 인물로 세상에 알려져 있기 때문이다.

산과 강을 배경으로 하여 사람들이 어떻게 공동체를 구성하였으며, 한 지역의 주민과 다른 지역 선비들이 어떻게 교류하였는가 하는 문화지도를 만들어 지역과 지역을 연결하여 문화·관광 거리를 구축하여야 한다. 어느 지역이나 그 지역에서 태어난 사람만이 살지는 않았다. 그 지역 주민이 있는가 하면 그 지역을 다스렸던 관리가 있었고, 그 지역 정신을 이끌었던 학자가 있었다. 관리는 한 지역의 모든 것을 책임졌다. 그 가운데 주민들의 복지를 증진한 사람도 있고, 학문을 장려한 사람도 있다. 특히 본의 아니게 어떤 일에 연루되어 어느 지역에 귀양 간 관리들이 그 지역의 문화 또는 인문학을 창달한 분이 많았다.

5) 자취를 따라 문화·관광 거리를 구축하기

이어서 이 정리된 자료를 관광산업 자원으로 활용할 수 있도록 하여야 한다. 곧 최고운 관련 인문학 자료를 문화·관광 거리로 구축하는 일이다. 최고운 관련 인문학 자료집을 통하여 문화·관광 거리를 구축하는 일이 위기에 빠진 인문학의 한 돌파구일 수 있다. 최근 우리나라의 옛글도 접근 방식에 따라 현대 대중에게도 널리 읽힐 수 있음을 확인할 수 있다. 미시적인 신변잡사를 적은 것이 바로 생활로서의 인문학이다. 지역 인문학을 문화 콘텐츠나 문화·관광 자료로 연계함에서도 생활로서의 인문학이 큰 장점이 있다.

하지만 우리나라 어느 유적지를 가도 그 주변을 소개한 책이 거의 없다. 있어 보아야 반절지에 그 지역의 특산물, 관광지를 소개한 관광안내도뿐이다. 필자가 중국의 여러 지방을 여행하면서 느낀 것은 비록 사회주의 국가일지라도 이에 대한 안목이 있다는 것이다. 어느 지역, 어느 유적지를 가더라도 그곳에 대한 역사·지리·문학 등의 자료가 사진이 곁들여져 가판대에 전시되고 있는 것을 볼 수 있었다. 이 일을 경상북도와 경주시가 다른 지역보다 한발 먼저 진행하여야 한다. 겉으로만 어느 분이 위대하다고 하지 말고 무엇이, 또 어떻게 위대한지 육하원칙에 따라 구체적으로 그 근거를 제시하여야 한다. 이렇게 하면 우리의 후배들이 편리하게 우리의 문화유산을 접할 수 있게 될 것이다. 또 이를 통하여 최고운이라는 인물이 지금보다 훨씬 더 친근하게 대중에게 다가갈 수 있을 것이다. 우리나라 사람치고 최고운을 모르는 사람은 없다고 할 정도로 최고운은 많이 알려졌다. 그러나 최고운에 대하여 구체적으로 아는 사람이 드물다. 좀 안다고 해봐야 12살에 중국에 건너가서 그곳에서 벼슬하면서 「격황소서(擊黃巢書)」를 지었고, 29살에 귀국하였다는 정도를 아는 데 그치고 있다.

현재로서 최고운의 자취를 따라 문화지도를 만드는 것은 그다지 어려운 일이 아니다. 기본 자료는 거의 다 정리되어 있다. 이에 세부적인 사항 몇 조항만 더하면 된다. 이제 남은 일은 기술적일 문제이다. 얼마나 일반인들이 쉽게 알 수 있게 할 것인가 하는 점이다. 한 가지 유의할 점은 반드시 전문가에게 자문하여 더 믿을 수 있게 하여야 한다는 점이다. 문화지도에 오류가 있으면 안 하기보다 못하기 때문이다.

6) 지방자치단체 문화·관광 업무에 인문학 전공자를 배치하기

많은 지자체에서 시행하려 하고 있기도 하지만, 현재 대단히 필요한 것은 지역 전문가를 배치하는 것이다. 물론 최고운에 정통한 전문가를 지자체에 두는 것이 최고운을 인문 자원으로 활용하는 데 있어 가장 바람직한 방법 가운데 하나이다. 그러나 이렇게 하면 전문가의 역할이 한시적일 수밖에 없다. 최고운에 대한 자료가 아주 많지는 않기 때문이다. 필자가 주장하는 것은 어느 지자체이건 문화를 전담할 수 있는, 인문학을 연구한 석사 이상 학위 소지자가 있어야 한다는 것이다. 물론 어느 자자체든 많은 공무원이 있다. 하지만 인문학을 전공하지 않은 공무원이 문화 관련 업무를 맡아 전문성이 떨어지는 경우가 많다. 공무원을 뽑을 때 가능한 한 한문에 능통한 사람을 채용하면 더 좋을 것이다. 그러나 한문에 능통한 인재를 뽑기는 쉽지 않다. 한문을 공부하는 데 많은 시간이 필요하기 때문이다.

필자가 여러 지자체를 찾아가 본 결과, 어느 한 부서에 담당 공무원이 수시로 자리를 옮긴다. 물론 다른 부서에서는 이러한 인사이동이 필요하다고 할 수 있다. 그러나 문화 관련 업무는 그렇지 않다. 최소한 한 군 또는 한 시(市)에 한두 명씩의 지역문화 전문가가 그 지역문화를 전담하여야 한다. 그 직책의 명칭은 학예사나 다른 이름으로 하여도 된다. 필자가 이런 말을 하면 기관에서는 이러한 사람을 이미 두고 있다고 하고 있다. 그러나 최소한 대학원 이상을 나오고 인문학 분야를 전공한 사람이 이 일을 맡는 경우가 많지 않다. 인문학을 전공한 사람들이 배출되고 이들이 문화·관광 사업의 선두에 설 때, 진정한 의미의 문화·관광 사업이 실현될 수 있을 것이다.

7) 지역 인문학의 특징적 요소 부각

각 지역의 인문학 요소 가운데 그 지역의 특징적인 것을 부각해야 한다. 보편성 속에서 특수성을 찾는 것이 지역 인문학을 발전시키는 계기가 된다. 한 지역의 유·무형의 인문학 자원의 특수성만을 부각해서는 안 된다. 지역과 지역이 연계하여 각각 그 지역의 특성을 드러내어 관광 자원화하여야 한다. 이렇게 하면 다른 지역 또는 다른 나라 사람들이 이곳을 찾게 된다. 많은 사람이 모여들고 또 이에 관한 관심 두는 것 자체가 인문학 발전의 원동력이 된다.

우리나라에는 어디를 가든지 유형·무형의 자료가 남아 있다. 각 지역에 남아 있는 이 유산들의 장점을 최대한 활용하여야 한다. 이를 활용하기 위하여 먼저 인문 정신의 본령에 충실하여야 한다. 인문 정신의 기본은 사람이 먼저라는 것이다. 『동몽선습(童蒙先習)』에서는, "이 세상 온갖 사물 가운데 사람이 가장 귀하니 그 귀한 까닭은 오륜이 있기 때문이다."[12]라고 하였다. 이 말이 나왔을 때 우리나라는 전제군주 시대였다. 현재는 민주 시대이다. 일반 민중이 주인이 된 시대이다. 민주주의 나라는 자유가 보장된다. 이 자유에는 육체적인 자유(liberty)도 있지만, 정신적 자유(freedom)도 있다. 이 자유를 함부로 누려서는 안 된다. 자유가 지나치면 방종이 된다.

이 자유를 누리기 위해서는 각자 자신의 분수에 맞는 역할을 충실히 하여야 한다. 자신의 역할을 충실히 하기 위해서는 자신의 일관된 생각과 남을 이해하는 관용의 마음이 필요하다. 이를 한마디로 하면 충서(忠恕)이다. 자신의 마음을 다하는 것이 충(忠)이고, 자기의 마음을 미루어 남에게

---

12 "天地之間, 萬物之中, 唯人最貴, 所貴乎人者, 以其有五倫也."『童蒙先習』首章.

미치도록 하는 것이 서(恕)이다.[13]

주자(朱子)는 『중용(中庸)』에서 공자가 충서위도불원(忠恕違道不遠)[14]이라고 한 것은 바로 아래로 인간(人間)의 일을 배우면서 위로 천리(天理)를 통달(通達)한다는 뜻이라고 하였다. 인문학에 종사하는 사람부터 이러한 생각을 가지고 자기 일을 수행하여야 할 것이다.

13 "盡己之謂忠, 推己之謂恕." 『論語』, 「里仁」 第15章, 朱子 注.

14 「中庸」, 第13章 朱子 註.

제7장

최고운의 의식을 계승한 최해

1. 삶을 통하여 본 동질성

고운은 우리가 잘 알듯이, 12살(868)에 당나라에 유학하여, 18살(874)에 배찬(裵瓚)이 주시(主試)하는 빈공과에 합격하여 선주 율수 현위를 지냈다. 21살(877) 되던 해 겨울에는 선주 율수 현위를 그만두고 박학굉사과에 응시하기 위해 입산·수학하였다. 23살(879) 때 고변의 막부에 들어가서 그의 서기관이 되었다. 28살(884)에 귀국을 결심하고 신라로 향하였으나 풍랑 때문에 귀향하지 못하고, 29살(885) 되던 해 고국으로 돌아왔다. 그가 고국으로 돌아와서 10여 년 동안 벼슬살이를 하다가 42살(898)에 아찬(阿湌)에서 면직됨과 동시에 속세를 등지고 가야산에 들어갔다. 그 뒤 많은 불교 관계 글을 남겼다. 67살(924) 되던 해 「지증대사적조탑비명(智證大師寂照塔碑銘)」을 지은 것을 끝으로 더는 저술을 남기지 않았으며, 70살(927) 되던 해 자취를 감추었다.[15]

고려 말의 학자인 최해(崔瀣, 1287~1340)는 자가 수옹(壽翁), 호가 졸옹(拙翁), 본관은 경주이다. 문과에 급제하여 성균학관(成均學官)이 되고, 1320

15 졸저, 『신라한문학연구』, 아세아문화사, 2002, 547~550쪽 참조.

년에 원(元)나라에 들어가, 이듬해 원나라 제과(制科)에 급제하여 벼슬을 임명받았으나, 중도에 고려로 돌아와서 검교성균대사성(檢校成均大司成)이 되었다. 그는 유학(儒學)이라는 세계에서 평생을 살았으며, 익재(益齋) 이제현(李齊賢)과 더불어 당대에 그 문장이 뛰어났다. 만년에 손수 농사를 지으며 여생을 보냈다. 그는 고려 조의 명현(名賢)들의 시문을 추려서 『동인지문(東人之文)』 25권을 편집하였으며, 저서로는 『귀감(龜鑑)』, 『농은집(農隱集)』 등이 있다. 졸옹의 생평(生平)을 개관하면 다음과 같다.

- 고려 충렬왕 13년(1287)에 태어남. 그는 어려서부터 총명예지(聰明叡智)하여 9살 때 이미 시에 능하였다.
- 16살(1302), 과거 예비시험[擧子科]에 합격, 다음해 17살 때에 예부시험인 춘관시에 합격하여 성균학관에 보임됨.
- 20살(1306), 성균학유(成均學諭: 종9품) 자리가 비자 그 자리를 두고 졸옹과 이수(李守)가 경쟁하게 됨. 정승 최유엄(崔有渰, 1239~1331)은 이수를 그 자리에 앉히려고 하여, 졸옹의 부친인 최백륜(崔伯倫)이 심하게 최유엄을 비난하였음. 이 때문에 최백륜은 고란도로 귀양 가게 됨. 졸옹은 벼슬길에 나아간 초기부터 좌절을 맛보았음.
- 21살(1307), 모친상을 당함. 「스물한 살 되던 해 섣달 그믐밤[二十一除夜]」[16] 시를 지어 심정을 토로함.
- 23살(1309), 부친인 최백륜이 귀양에서 풀려남. 졸옹은 예문춘추검열(정9품)직을 받아 복직, 머잖아 장사(長沙) 감무(監務)로 강등

16 徐居正 外, 『東文選』 卷4.

됨. 「장사 감무를 맡고[責任長沙監務]」[17]라는 시를 지음.

- 28살(1314), 중앙으로 돌아와 예문춘추관 주부(藝文春秋館 主簿: 정8품)에 제수됨.
- 34살(1320), 장흥 고사(長興庫使: 종5품)로 전직. 원나라로 건너가 제과(制科)에 합격[18]하여, 요양로 개주판관(遼陽路 盖州判官)[19]에 제수됨. 이 시험에서 장원을 차지한 송본(宋本)이 졸옹의 문장을 높이 평가함. 관직 5개월 만에 사직하고 귀국함.
- 35살(1321), 귀국하여 통직랑 성균관승(通直郎 成均館丞: 종5품), 예문응교 지제교(藝文應敎 知製敎: 정5품)를 맡았음. 이후 전교(典校), 전의부령(典儀副令: 종4품)을 역임했음. 이때 많은 문장을 지었음.
- 40살(1326), 검교 성균관 대사성 예문관제학 동지춘추관사(檢校成均大司成 藝文提學 同知春秋館事: 정3품)를 훈직(勳職)받은 것으로 관직이 끝남.
- 44살(1330), 퇴직하고 「군부사중신청사기(軍簿司重新廳事記)」를 지었음. 이해는 충혜왕 즉위년이었으니, 이때까지 그는 관직에 있었다고 할 수 있다.

졸옹의 삶은 고운의 삶과 닮은 점이 많다. 첫째, 졸옹과 고운은 모두 어려서부터 총명하였다. 고운은 태어나면서부터 총명하였다는 말은 그다지

---

17 徐居正 外, 『東文選』 卷20.

18 "7년 10월에 안축, 졸옹, 이연종을 송나라에 보내어 과거에 응시하게 하였다. 8년 최해가 제과에 합격하여 요양 개주의 판관벼슬에 제수되었다.[七年十月, 遣安軸崔瀣李衍宗 應擧. 八年, 瀣中制科, 勅授遼陽蓋州判官.]" 『高麗史』 卷74, 選擧 2, 制科 忠肅王 7年 10月, 8年 (『高麗史』 中, 景仁文化社 影印本, 1976, 616쪽)

19 졸옹은 원 제과에 43인 가운데 21등으로 뽑혔다고 한다. 곧, "至治九年, …(中略)… 是年擧子尙未滿額, 登差牓者纔四十三人, 予幸忝第二十一名." (崔瀣, 『拙藁千百』 卷2, 「送奉使李中父還朝序」, 亞細亞文化社 影印本, 1981, 87쪽(이하 출판사와 연도는 생략하고 쪽수만 표시함).

하지 않는다. 그러나 그가 열두 살에 중국에 건너가서 수학한 것은 총명하지 않고는 불가능했을 것이다. 특히 그 시절에 외국으로 조기 유학한다는 것은 여간 뛰어나지 않은 이로서는 감당하기 힘든 일이기 때문이다. 졸옹은 위에서 언급한 것처럼 9살 때 시를 잘 지었다고 하니, 그의 타고난 재주는 높이 사기에 충분하다.

둘째, 고운은 당나라에서, 졸옹은 원나라에서 과거에 합격하였다. 물론 두 사람 다 대과에 급제한 것은 아니다. 그러나 외국인으로서 과거에 합격하기가 매우 어려웠다. 고운 이전 신라 사람으로 과거에 급제한 사람은 김운경, 김가기 등이 있다. 졸옹보다 먼저 원나라에 유학하여 그곳에서 과거에 합격한 사람 또한 몇 명이 있다. 졸옹은 안축(安軸), 이연종(李衍宗)과 함께 제과(制科) 예비시험인 정동행성향시(征東行省鄉試)에 합격하고, 이듬해 제과에 함께 응시하였으나 졸옹만이 합격하였다.

고운이 당나라에 가서 배찬이 주관하는 시험에 합격한 것이 18살 때, 졸옹이 원나라에 가서 제과에 합격한 것이 34살 때로, 합격 당시 나이는 차이 난다. 그러나 이 두 사람은 모두 외국에 가서 과거에 급제하였다는 공통점이 있다.

셋째, 환국한 후 관직 생활을 하다가 속세를 떠난 점이다. 고운이 환국한 때의 나이가 29살, 졸옹은 35살이다. 그러나 이들은 환국하여 고국에서 얼마 동안 관직 생활을 하였다. 고운이 중국에서 돌아와 신라에서 관직 생활을 한 것이 29살 때부터 42살[20] 때까지다. 이들은 중국에서 큰 꿈을 안

20 고운이 관직을 그만두고 가야산에 들어간 시기가 『삼국사기』에는 그의 나이 40세 때, 『동국문묘 십팔현 연보(東國文廟十八賢年譜)』에는 42세, 「부산 해운대 동상 비문(釜山海雲臺銅像碑文)」에는 44세로 되어 있으나, 여러 사정을 고려할 때 고운이 42살 때 관직을 그만두었다는 것이 확실하다. 김중렬, 「최치원」, 고려대학교 박사학위논문, 1983, 35쪽; 崔英

고 귀국하였다. 그러나 이들을 맞은 고국은 그리 평화롭지 못하였다. 나라 정세의 불안은 이들이 큰 꿈을 펼치는 것을 용납하지 않았다. 따라서 이들은 40대 초반 무렵에 관직을 그만두고 속세를 떠났고, 고운은 가야산으로, 졸옹은 사자산으로 들어갔다.

이처럼 고운과 졸옹의 삶은 ① 총명함을 타고남, ② 외국에서 공부하여 벼슬하거나, 그곳에서 과거에 합격한 점, ③ 관직에서 세상을 바로잡으려고 노력했지만 그렇게 하지 못하였으며, 비슷한 나이에 세상을 등졌다는 점 등이 닮았다.

2. 성격상 같은 점과 다른 점

고운의 성품에 대해 구체적으로 언급한 문헌은 그리 많지 않다. 『계원필경집』 서문에 나오는 구절, 즉 그의 아버지가 그에게 한 말, 또 그 말을 실천하기 위해서 노력한 점 등을 통해서 그의 성품을 유추할 수 있다.

> ① 신이 열두 살에 집을 떠나 서쪽으로 배를 타려 할 때, 돌아가신 아버지께서 훈계하시기를, '십 년 동안 공부하여 과거에 합격하지 못하면 나의 아들이라 하지 마라. 나도 아들을 두었다 하지 않을 터이니, 가서 부지런히 공부에 힘을 다하여라.' 하셨습니다.[21]
>
> ② 저는 아버지의 훈계를 마음에 새겨 조금도 잊지 않고 쉴 새 없이 노력[懸刺]하여 오로지 아버지의 뜻을 받들려고 했습니다. 참으

成, 『崔致遠의 哲學思想』, 553쪽; 李九義, 『新羅漢文學研究』 550쪽 참조.

21 "右臣, 自年十二, 離家西泛, 當乘桴之際, 亡父誡之曰, 十年不第進士, 則勿謂吾兒, 吾亦不謂有兒, 往矣勸哉, 無隳乃力." 崔致遠, 『桂苑筆耕集』, 「桂苑筆耕集序」.

로 남이 백 번 하여 이루면 저는 천 번 하여, 유학한 지 육 년 만에 이름을 금방(金榜)에 걸게 되었습니다.[22]

①은 고운의 아버지인 최견일(崔肩逸)이 고운에게 당부한 말이다. 최견일의 부탁은 고운이 중국에 가서 열심히 공부하라는 것이다. 최견일은 고운에게 급제하기까지 10년이라는 기한을 주었다. 그런데 어떠한가? ②에서 보면, 고운은 아버지가 정하신 기한이 채 되기도 전에 비록 향시(鄉試)지만, 과거에 합격하였다. 이로 미루어 보면, 그의 성격은 상당히 독한 면이 있다. 곧, 자기 일에 대해서 철저하였다. 이러한 성격 탓에, 출사(出仕)하여 주위 사람들에게 인정받았다.

윗글을 통해 볼 때, 고운의 성격은 우리가 흔히 말하는 외유내강(外柔內剛)형에 속한다. 겉으로 보기에는 부드러울지 몰라도 속내는 대단히 강하였다. 남들은 한 번 할 때 자신은 백 번 하였다고 했으니, 바로 공자가 학문한 것과 다르지 않다. 이는 물론 자신의 겸손을 나타내는 말이다. 그러나 그는 자기 내면에 대해서는 철저한 사람이라 할 수 있다. 자신이 성격이 철저하였기에 성공하게 되었다.

이에 비해 졸옹의 성격은 좀 다른 면이 있다. ① “재주가 기이하고 뜻이 높아 시대에 용납되지 않았다.”[23] ② “군은 윗사람을 찾아다니면서 문안드리기를 잘 하지 않고, 방탕하고 과감하게 다른 사람들의 옳고 그름을 말하기 좋아한 까닭에 벼슬에 올랐다간 갑자기 쫓겨나서 마침내 크게 쓰

22 “臣佩服嚴訓, 不敢未忘, 懸刺無遑, 冀諧養志, 實得人百之己千之, 觀光六年, 金名牓尾.” 崔致遠, 『桂苑筆耕集』, 「桂苑筆耕序」.

23 “才奇志高, 不容於時.” 李穀, 『稼亭集』 卷11, 「大元 故將仕郎 遼陽路 盖州判官 高麗國 正順大夫 檢校 成均大司成 藝文館提學 同知春秋館事 崔君墓誌」.

이지 못하였다."[24] ③ "이는 그의 성품이 웃어른을 잘 보살피지 못한 데다가 술을 좋아하고, 몇 잔을 마신 뒤에는 남의 옳고 그름을 말하기 좋아하고, 귀로 들은 것은 입속에서 삭이지 못하기 때문에 남들이 아끼고 소중히 여기지 않았다. 갑자기 추켜세웠다가 곧 배척해 버린다."[25]에서 졸옹의 성격이 드러난다.

①에서 졸옹은 비상한 재주를 지녔다는 것을 알 수 있다. 당대의 거유(巨儒) 이제현(李齊賢, 1287~1367)도 "졸옹은 내가 평생 두려워하는 사람"[26]이라고 할 정도였다. 날카로운 통찰력으로 사물을 바라볼 때는 보통 사람들이 느끼지 못한 것을 느낀다. 당시 졸옹이 처한 시대적 상황을 생각할 때, 졸옹의 비상한 재주에 대해 ②·③에서처럼 경박하다는 말이 나올 수 밖에 없었다.

졸옹은 나서 죽을 때까지 유학에 전념하였다. 물론 만년에는 사자산(獅子山)의 한 절에 가서, 땅을 빌려 농사를 짓고 살았다고 한다. 그러나 그는 자기 스스로 "은자는 평소에 부처를 좋아하지 않았지만, 마침내 그들의 소작인이 되고 말았으니 대저 평소의 뜻이 틀어진 것을 하소연하며 스스로 조롱한다."[27]라고 하였다. 그는 선비가 다른 길로 가는 것을 비난하였

---

24 "君, 不善伺候, 放蕩敢言, 而喜說人善惡, 故輒擧輒斥, 卒不大用." 李穀, 『稼亭集』 卷11, 「大元 故將仕郎 遼陽路 盖州判官 高麗國 正順大夫 檢校 成均大司成 藝文館提學 同知春秋館事 崔君墓誌」.

25 "是其性不善於伺候, 而又好酒數爵而後, 喜說人善惡, 凡徒耳入者, 口不解藏故, 不爲人所愛重, 輒擧輒斥而去." 崔瀣, 『拙藁千百』 卷2, 「猊山隱者傳」.

26 이제현은 그의 「김해부사 상서 정국경을 전송하면서 시(時)운으로 지음(送金海府使鄭尙書國徑得時字)」이라는 제목의 시에서 "平生拙翁吾所 畏, 與世齟齬人共嗤, 東人遺文手自錄, 又有拙藁皆倔奇, 一觀直欲覆醬瓿, 擴擴可笑群兒癡."(李齊賢, 『益齋亂藁』 卷4)라 읊고 있다.

27 "隱者素不樂浮屠, 而卒爲其佃戶, 盖訟夙志之爽, 以自戲云." 崔瀣, 『拙稿千百』 卷2, 「猊山隱者傳」.

다. 그뿐만 아니라 그는 자신이 사는 시대를 말세라 하였다. 졸옹이 생존했던 시기는 외세, 곧 원나라가 고려 국정을 조종한 때였다. 심지어는 부자 사이에 왕위 때문에 알력이 생겼다. 졸옹이 보니 주체성[28]은 간 곳이 없었다. 주체성은 간 곳이 없고, 자신의 욕심을 채우기 위해 이리저리 쏠려다니며 아부하는 무리를 그는 미워하였다. 그러나 뿌리 없는 인간들은 도리어 그들을 날카롭게 비판하는 졸옹을 미워하였다. 다음의 시에서 그 일단을 찾아볼 수 있다. 그의 「비 맞는 연[雨荷]」[29]이라는 시에,

貯椒八百斛	후추 8백 섬을 쌓아 놓았다고,
千載笑其愚	천 년간 그 어리석음 비웃었네.
何如綠玉斗	어떤가, 푸른 옥 한 말 가지고,
竟日量明珠	종일토록 밝은 구슬 헤아림이.

라 하고 있다. 목은(牧隱) 이색(李穡, 1328~1396)은 이 시를, "욕심내어 부자가 된 한 사람을 풍자한 시이다."[30]라고 하였다. 당나라 때의 재상인 원재(元載)가 죽임을 당한 뒤에 가산을 몰수하니 후추가 팔백 섬이나 되었다 한다. 후추가 팔백 섬이나 되었으니 다른 재물은 말할 것도 없다. 원재가 치부(致富)한 것에 대해서 오래도록 웃음거리가 되었다. 물론 당시 고려 사람들도 원재의 이야기를 하곤 했을 것이다. 그러나 졸옹 당시의 왕실이

---

28 졸옹의 주체성은 그의 다음 글에서 잘 드러난다. "若吾東人, 言語, 旣有華夷之別, 天資苟非明銳, 而致力千百, 其於學也, 胡得有成乎? 尙賴一心之妙, 通乎天地四方, 無毫末之差, 至其得意, 尙何自屈, 而多讓乎彼哉? 觀此書者, 先知其如是而已." 崔瀣, 『拙藁千百』 卷2, 「東人之文序」.

29 徐居正 外, 『東文選』 卷19.

30 "牧隱云, 此誚不廉饒富者." 위의 책, 자주(自註).

나 관리들은 어떠한가? 당나라의 원재보다 나을 것이 아무것도 없다. 바로 전(轉)·결구(結句)에서 '푸른 옥 한 말로 온종일 밝은 구슬을 헤아리는 것이 어떠한가?'라고 하였다. 밝은 구슬을 하나둘 헤아리지 못한다. 구슬이 너무나 많았기 때문에 말로써 그 양을 잰다. 그러니 당시 세가들의 부정은 짐작할 만하다. 구슬은 깨끗하다. 그러나 인간의 심사(心事)는 탁하기만 하다. 깨끗한 구슬과 인간의 흐린 마음을 대비하여 의미를 더욱 분명히 한다. 나라에 도가 없을 때는 귀하고 부유하게 되는 것을 부끄러이 여겨야 한다. 그러나 당시의 권문세가는 그것을 부끄럽게 여기지 않는다. 자아가 그러한 점을 말하면 도리어 경박한 사람이라고 욕한다. 심지어 관직까지 좌천시켜 버린다. 그러니 자아 자신은 스스로 탄식하며 슬퍼할 수밖에 없다.

졸옹의 생각은 한곳에 얽매이지 않았다. 다시 말하면, 그의 생각은 당대 사람들이 봐서는 파격적이었다. 그 당시의 많은 사람이 장래에 대한 식견이 낮았다고 한다면, 그는 장래에 대해 높은 식견을 지녔고 우리 것의 소중함을 느꼈다고 할 수 있다. 그의 생각이 시대를 앞서갔기 때문에 그는 언제나 외로웠다.

> 은자는 어릴 때부터 벌써 하늘의 이치를 아는 듯하였으며, 공부하게 되면서부터 한 방면에만 얽매여 있지 아니하였다. 겨우 그 취지와 방향만을 아는 정도에 그치고 공부를 완전히 마친 적이 없었으니, 그것은 넓게 보기만 하고 깊이 파고들지는 않았기 때문이다. 차츰 자라나서 비장한 각오로 출세하는 데 뜻을 두었으나 세상에서는 그것을 허락하지 않았다. 이것은 그의 성격이 남의 비위를 잘 맞추지 못하고, 또 술을 좋아하여 몇 잔을 마시면 남의 좋은 점, 나쁜 점을 이야기하

> 기 좋아하여 귀를 통하여 들은 것이면 입이 그것을 이해하고 간직할 줄 몰랐다. 따라서 남에게 아끼고 소중히 여김을 얻지 못했으며, 벼슬을 할 뻔하다가는 또 곧 배척당하여 쫓겨나게 되었다.[31]

윗글에서는 바로 졸옹 자신이 자신의 성격과 습성을 잘 말하고 있다. 이 내용을 보면 첫째, 그는 어릴 때부터 총명하였다. 둘째, 그는 한 방면만 공부하지 않고 두루 공부하였다. 셋째, 그는 한곳에 천착하지 않고 대강의 의미를 생각하며 넓게 공부하였다. 넷째, 그는 출세하기를 바랐지만, 그 바람이 꺾였다. 다섯째, 성격이 남의 비위를 잘 맞추지 못하고, 술을 좋아했으며, 남의 나쁜 점을 직설적으로 이야기하였다. 여섯째, 따라서 남에게 인정받지 못하여 관직 생활도 평탄하지 못하였다.

이것을 보면 그의 장단점이 드러나고 있는데, 그의 장점은 바로 총명함과 폭넓은 학문 능력이다. 그리고 그의 단점은 바로 직설적인 성격으로, 남의 단점을 바로 지적한다는 점이다. 어떻게 보면 이 결점이 장점도 될 수 있다. 그 당사자 앞에서는 좋은 말을 하지만, 당사자가 없을 때 좋지 않은 말을 하는 것보다는 이렇게 하는 것이 더 낫다. 또 그의 성격이 남의 단점을 그대로 이야기한다는 것에 우리는 그 당시의 국세를 생각하지 않을 수 없다.

이처럼 성격이나 습성에 있어 고운과 졸옹의 공통점은, ① 어릴 때부터 총명하였다는 점, ② 박문강기(博聞强記)하였다는 점, ③ 두 사람 모두 학문을 좋아하였다는 점이다. 고운과 졸옹의 다른 점은 ① 고운은 참을성이

---

31 "隱者方孩提, 已似識天理, 及就學, 不滯於一隅, 嘗得旨歸, 使無卒業, 其汎而不究也, 稍莊慨然有志於功名, 而世莫之許也, 是其性不善於伺候, 而又好酒 數爵而後喜, 說人善惡, 凡從耳而入者, 口不解藏, 故不爲人所愛重, 輒擧輒斥而去." 崔瀣, 『拙藁千百』 卷2, 「猊山隱者傳」.

있었으나, 졸옹은 참을성이 없었다는 점, ② 고운은 남의 잘못을 바로 지적하지 않았으나, 졸옹은 그렇지 않았다는 점, ③ 고운은 친구가 많았으나, 졸옹은 그렇지 못하였다는 점, ④ 고운은 술을 그다지 좋아하지 않았으나, 졸옹은 술을 좋아하였다는 점, ⑤ 따라서 고운의 성격이 인(仁)에 가깝다면, 졸옹의 성격은 의(義)에 근접한다고 할 수 있다.

3. 의식을 통하여 본 동질성

1) 동인의식과 민족의식

민족이란, ① 기원을 강조하고 정체성을 가진 과거 지향적 집단으로, ② 문화와 사회적 특성을 공유하는 집단이고, ③ 더 넓은 사회 체계 내에서 민족이라는 집단의 관계를 맺은 집단이며, ④ 친족 집단 또는 지역 집단보다 넓은 집단이지만 면식 집단(面識集團)이고, ⑤ 사회적 조건과 개인에게 다르게 작용하는 범주로서의 의미가 있는 집단이며, ⑥ 자기 집단과 다른 집단을 구별하는 이름을 상징적으로 갖는 집단[32]이다.

민족은 민족성을 지니고 있는데 민족성이란, ① 지리적 근원 또는 이민자의 고향, ② 인종·언어·방언, ③ 종교적 신앙, ④ 친척·이웃·지역을 연결하는 유대, ⑤ 전통 가치 그리고 상징, ⑥ 문학·설화·음악, ⑦ 선호하는 음식, ⑧ 거주와 고용의 유형, ⑨ 본국과 타국과의 정치적 관심, ⑩ 집단을 결속하는 특수한 제도와 행위, ⑪ 타자를 구별하는 내적 의식, ⑫ 자기를 구별하는 외적 의식 등을 갖는다.[33]

---

32 李光奎, 『民族과 國家』, 一潮閣, 1997, 17쪽.

33 위의 책, 같은 곳.

고운이나 졸옹이 민족의식 또는 동인의식을 갖게 된 배경은 크게 두 가지로 나누어 생각해 볼 수 있다. 먼저 그 하나는 외적 요인이다. 곧, 이들이 살았던 시대의 나라 안팎의 정치·사회적 요인에서 찾을 수 있다. 그들이 살았던 시기는 바로 나라의 운명이 다하여 가는 왕조 말기였다. 고운은 신라 말, 졸옹은 고려 말기의 사람이다.

고운은 그의 글 곳곳에서 동인의식, 즉 주체성을 드러내고 있다. 일반적으로 사상 면에서 고운은 유·불·도교, 곧 삼교(三敎)를 통섭하였다. 그의 「지증대사적조탑비명」 등에서 가장 먼저 나타나는 의식은 바로 동인의식이다. 이 점에 대해서는 누구도 부정할 수 없다. 이 동인의식은 그의 글 곳곳에서 나타난다. 특히 우리가 흔히 사산비명(四山碑銘)이라 하는 「대숭복사비명(大崇福寺碑銘)」, 「진감선사비명(眞鑑禪師碑銘)」, 「낭혜화상비명(朗慧和尙碑銘)」, 「지증대사비명(智證大師碑銘)」에서 이러한 의식이 드러나고 있다.[34] 그의 동인의식은 바로 우리의 주체성을 강조한 것이다. 이 주체성은 겉으로 드러난 고운의 의식이다.[35]

한편, 졸옹이 살았던 시대의 고려는 바로 원나라의 부마국(駙馬國)이었다. 따라서 의식이 있는 사람이라면 민족과 국가에 대해서 생각하지 않을 수 없었을 것이다. 사회·국가적으로 혼란할 때, 그것도 외세의 압력에 의해서 강제로 충성을 강요받았을 때는 그것에 비례해서 반감이 일어나게

---

34 졸고, 「崔致遠의 鳳巖寺智證大師碑文 攷」, 『韓民族語文學』 제42집, 韓民族語文學會, 2003. 6.
졸고, 「崔致遠의 朗慧和尙碑銘 攷」, 『東方漢文學』 제25집, 東方漢文學會, 2003. 12.
졸고, 「崔致遠의 大崇福寺碑銘 攷」, 『東方漢文學 硏究』 제26집, 東方漢文學會, 2004. 6.
졸고, 「崔致遠의 眞鑑禪師碑銘 攷」, 『退溪學과 韓國文化』 제35집, 慶北大學校 退溪硏究所, 2004. 8. 참조.

35 졸저, 『崔孤雲의 삶과 文學』, 國學資料院, 1995, 169~214쪽.
崔英成, 『崔致遠의 哲學 思想』, 亞細亞文化社, 2001, 417~427쪽 참조.

되어 있다. 그 한 예로 원나라의 지배를 받던 때[36]에, 충렬왕이 건강이 나빠지자, 그 뒤를 이어 충선왕이 왕위에 오르게 되었다. 그는 원나라 제국공주(齊國公主) 소생으로 그 또한 원나라의 계국대장공주(薊國大長公主)를 왕비로 맞았다. 그러나 그는 왕위에 오른 후 관제(官制)를 개혁하고, 정방(政房)을 없앴으며, 인재를 등용하고 전민겸병(田民兼倂)을 금지하는 등 정치개혁을 단행하였다.

그의 이러한 정치개혁은 원나라의 세력을 배경으로 하는 권세가를 배제하고 고려 중심의 정치 기강을 확립하여 보려는 데 있었다. 그러나 원나라 공주인 왕비의 질투와 부원파(附元派)의 책동으로 그는 마침내 왕위에 오른 지 일 년이 채 되지 않아 부왕(父王)인 충렬왕에게 다시 왕위를 물려주게 된다. 이처럼 당시의 정치·사회적 상황은 원나라 지배에 대한 반감이 일어나기도 했으나, 제도적으로 보면 원나라의 지배를 받고 있었다고 할 수 있다.[37] 이러한 원나라의 지배는 졸옹이 죽고 난 뒤 공민왕 때에 이르러서야 비로소 소멸하기 시작하였다. 이처럼 고운이나 졸옹이 살았던 때는 한 왕조의 말기로 여러 가지 병폐가 가득하였다. 그 가운데서도 가장 큰 것은 중국, 즉 당나라와 원나라의 영향 아래에 있었던 자신들이었다. 따라서 그들이 동인의식 또는 민족의식을 갖게 된 것은 당연한 것이었다.

그다음은 내적 요인으로, 바로 자신들의 삶과 의식 속에서 그 원인을 찾을 수 있다. 졸옹은 자신이 신라 말의 학자였던 고운의 후예라는 것을 상

---

36 "황원 중통 4년이다.[皇元中統四年也]" 崔瀣, 『拙藁千百』 卷1, 「有元高麗國故重大軍僉議贊成事上護軍判惣部事致仕謚忠順閔公墓誌」.

37 그의 「우사불립행성서(又謝不立行省書)」(崔瀣, 『拙藁千百』)를 보면, "엎드려 생각하건대, 우리나라는 대대로 역대 조정의 함육을 받아 나라 안에 군신의 분별이 한결같이 모두 옛날과 같습니다.[伏念小邦世荷累朝涵育, 國中君臣之分, 一皆依舊.]"라는 말이 나오는데 이 글로 미루어 봐도 원나라의 지배가 지속되었다는 것을 알 수 있다.

당히 자랑스럽게 여기고 있다. 먼저 다음 글을 보면 그 일단을 알 수 있다.

> 우리 집 문창공이 12살에 서쪽으로 가서 중산위를 지내고, 회남 고시중 막부(幕府)를 보좌하였고, 벼슬이 시어사 내공봉에 이르렀다. 28살에 사명을 받들고 고국에 돌아왔기로 고향 사람들이 지금까지 그것을 미담으로 전한다. 그때는 당나라 말엽으로 사방에서 전쟁이 일어나고 있었는데, 공은 객지의 외로운 몸으로 번진(藩鎭)에서 기식하였으며, 비록 헌질을 제수받았으나 그 직책이 진직(眞直)이 아니었다. 고국에 돌아오니 나라가 또 크게 어지러워 길이 막혀서 끝내 복명(復命)하지 못하였다. 그 평생을 논한다면 대단히 힘이 들게 노력은 했으나 그 영광된 것은 별로 없었다. 어찌 우리 중보(中父)와 같이 좋은 세상을 만나서 화려한 벼슬자리에 몸을 두고, 비록 나이가 장성해 가는데도 뜻은 더욱 겸손하다.[38]

이 글은 이중보(李中父)라는 사람이 원나라에 조빙(朝聘)하고 고려로 돌아가는 것을 졸옹이 전송하며 지었다. 글의 앞뒤 문맥으로 봐서 이때 졸옹은 원나라에 머물고 있었다. 윗글에서 알 수 있듯이, 고운은 당나라에 건너가서 처음에는 고생을 많이 하였다. 그는 열여덟 살(874)에 예부시랑 배찬(裵瓚)이 주관하는 빈공과(賓貢科)에 합격하였다. 그 뒤 그는 당나라 선주(宣州) 율수(溧水) 현위(縣尉)가 되는데 그때 그의 나이는 스무 살이었다. 그는 공적으로 879년 승무랑 전중시어사 내공봉(承務郎殿中侍御史內供奉)

---

38 "吾家文昌公, 年十二西游, 十八登咸通十五年第, 歷尉中山, 佐淮南高侍中幕, 官至侍御史內供奉, 二十八奉使歸國, 鄕人至今傳以爲美談, 當是時也, 屬於唐季, 四海兵興, 而公以羈旅孤跡, 寄食于藩鎭, 雖授憲秩, 職非其眞, 及乎東歸, 國又大亂, 道梗不果復命. 論其平生, 可謂勞勤, 而其榮無足多者. 曷若吾中父, 遇世休明, 致身華近 而且年方强壯, 志有謙光." 崔瀣, 『拙藁千百』, 「送奉使李中父還朝序」.

으로 도통순관(都統巡官)에 승차했으며, 이어 882년에는 자금어대(紫金魚帶)를 하사받았다.

이로 미루어 보면, 고운은 그가 중국에 있을 때 그 자신으로 봐선 어느 정도 성공하였다고 할 수 있다. 고운과 비슷하게 졸옹 자신도 원나라에 머물고 있었을 때는 성취감을 느끼게 되었다. 이러한 성취감이 그에게는 바로 민족의식으로 변하게 된다.

이 글의 처음에서도 언급했듯이, 졸옹은 충숙왕(8년) 때 원나라에 가서 과거를 보아 제과(制科)에 합격하였다.[39] 그때 함께 시험을 친 사람이 안축(安軸, 1282~1348)과 민사평(閔思平, 1295~1359)이었는데, 이들 두 사람은 시험에 낙방하고 졸옹 혼자만이 합격하였다. 여기서 그는 자신의 우월감을 은연중에 지니게 되었다. 자신이 원나라에 가서 과거에 합격한 것이나 고운이 당나라에 가서 과거에 합격한 것이 서로 부합하기 때문에 그가 고운을 드러냄으로써 저절로 자기 우월성을 드러낸다.

졸옹의 내적인 면을 보면, 그는 바로 자신과 자기 조상인 고운이 중국에서 과거에 합격함으로써 스스로 다른 사람보다 우월하다는 생각을 가지게 된 것으로 보인다. 이러한 생각이 밖으로 확장됨으로써 당시 고려가 원나라의 지배 아래 있었지만, 우리 민족의 능력이 중국, 즉 원나라에 뒤지지 않는다고 생각하였다. 이 점이 바로 그가 동인의식을 지니게 된 근거라 할 수 있다. 그의 민족의식이나 동인의식이 구체적으로 어떻게 나타나고 있는가를 고찰해 보기로 한다.

---

39 『고려사(高麗史)』를 보면, "연우 연간에 원나라에서 과거를 보인다는 소문을 듣고 말하기를, '자기의 배운 것을 시험해 보겠다.' 하고 응시하여 과연 제과에 합격하고 같은 해에 장원 급제하였다.[延祐科興聞詔, 乃曰可試所學, 旣而果中制科, 同年狀元.]"라는 기록이 있다. 『高麗史』 卷109, [列傳] 22, 「崔瀣」 條.

졸옹은 당시 우리나라에 대해서 해동(海東: 1회)·동방(東方: 5회)·동국(東國: 3회)·해우(海隅: 1회)·본국(本國: 1회)·삼한(三韓: 1회)이라 표현하고 있다. 그가 우리나라를 지칭할 때 쓰는 용어는 동방(東方)과 동국(東國)이 단연 우위를 점하고 있다. 우리 민족을 지칭할 때는 동인(東人)이라는 말로 통일하여 부르고 있다. 그리고 우리나라의 선비를 가리켜 동사(東士)라 하였으며, 우리나라 글을 동문(東文)이라 하였다.

여기서 보면, 졸옹이 동방·동인·동사라고 할 적의 동(東)은 바로 지리적인 위치를 말한다. 곧, 동방은 바로 중국의 동쪽에 있는 나라이고, 동인은 동방의 사람이고, 동사는 바로 동쪽에 있는 나라의 선비라는 뜻으로 받아들일 수 있다. 이것을 위에서 소개한 민족과 민족성에 맞추어 보면, 졸옹이 말하고 있는 동인은 바로 중국의 동쪽에 있는 나라, 그리고 그 나라에 거주하고 있는 민족의 정체성을 가리킨다고 할 수 있다. 그러면 졸옹의 동인의식이 어떠한 것인가를 논의해 보기로 한다.

첫째, 그의 동인의식은 바로 우리 민족이 중국 민족들과 대등하거나 우월하다는 데에 있었다. 다음 몇 단락에서 그 사실을 입증할 수 있다.

> ① 해동에 있는 나라가 4백 년 동안 태평하여 인물과 풍류가 중국에 짝할 만하였다.[40]
>
> ② 진사로 사람을 뽑는 것이 본래 당나라 장경 초년부터 성했는데 김운경이란 사람이 비로소 신라의 빈공으로 두사례(杜師禮)의 방에 이름이 올랐다. 이로부터 천우 말까지 무릇 빈공과에 오른 이가 58명이었으며 오대양당(五代梁唐)에도 32명이 있었으니, 대개

40 "海東有國, 承平四百年, 人物風流, 蓋侔于中華." 崔瀣, 『拙藁千百』 卷2, 「海東後耆老會序」.

발해의 10여 사람을 제외하고 나머지는 모두 우리나라 사람이었다. …(중략)… 또 친히 권적, 김단 등 네 사람에게 시험을 치게 하여 특별히 상사 급제를 주었으니, 이를 보면 우리나라는 대대로 인재가 끊이지 않았다는 것을 알 수 있다.[41]

③ 우리나라 선비 가운데 옛날에 중국의 수재들과 함께 과거에 응시해서 금방에 이름을 나열한 자가 이미 여섯 사람이었다.[42]

④ 지금 우리나라에서 태어나서 천자의 조정에 벼슬하여 청화(淸華)한 자리를 빛내고 청렴하고 삼감을 스스로 지킨다.[43]

①에서 ④까지의 내용을 보면, ①은 우리나라, 즉 고려는 400년 동안 시대가 태평하였고, 또 뛰어난 인물과 풍류의 멋이 있었다는 것이다. 사실, 이 말을 그대로 받아들이기에는 어려운 점이 있다. 고려 시대는 실제로 태평한 적은 그다지 없었고, 많은 세월 동안 내우외환(內憂外患)에 시달렸다. 특히 무신의 난과 거란족의 침입, 그리고 그가 생존하고 있을 당시까지도 지속되어 온 몽고족(蒙古族)의 지배는 더욱 그러하다. 그러나 그가 말한 '400년 동안의 태평한 시절'은 바로 중국을 의식하고 그렇게 말하였다고 할 수 있다. 곧, 시대가 태평했고, 그에 상응해서 인재가 많이 나왔고, 또 문물이 풍성하였다는 것을 의미한다고 하겠다. 이러한 그의 생각이 ②에

41 "進士取人, 本盛於唐, 長慶初, 有金雲卿者, 始以新羅賓貢, 題名杜師禮牓, 由此以至天祐終, 凡登賓貢科者, 五十有八人, 五代梁唐, 又三十有二人, 盖除渤海十數人, 餘盡東士 …(中略)… 又親試權適金端等四人, 特賜上舍及第, 擧是可見東方代不乏才矣." 崔瀣, 『拙藁千百』 卷2, 「送奉使李中父還朝序」.

42 "東士故與中原俊秀竝擧, 列名金牓, 已有六人焉." 崔瀣, 『拙藁千百』 卷2, 「送奉使李中父還朝序」.

43 "今夫起迹東方, 仕于天子之朝, 踐歷清華, 而廉謹自持." 崔瀣, 『拙藁千百』 卷2, 「崔御史爲大人慶八十序」.

오면 더욱 굳어진다. 곧, ②에서는 고려 시대뿐만 아니라 고려 이전에도 많은 인재가 배출되었다는 것이다. 그것도 중국에까지 가서 과거에 응시하여 합격한 사람이 이 정도이니 어찌 중국 사람들이 우리를 무시할 수 있겠는가 하는 것이다. 이러한 그의 생각은 ③과 ④에서도 똑같이 나타난다.

둘째, 그의 동인의식은 지나친 중국 일변도 이런 당시 문화에서 우리의 주체성을 확립하는 데 있었다.

> ① 후(後) 지원(至元) 무인년(1338) 여름에 나는 『동인지문사륙(東人之文四六)』의 편집을 끝마쳤다. 가만히 살펴보면 국조가 이미 중국의 책봉을 받아 대대로 서로 이어서 천명을 두려워하고 큰 나라를 섬기어 충성하고 겸손한 예를 다하지 아니한 적이 없었다. …(중략)… 이와 같은 등속은 참람을 범하여 참으로 듣고 보는 사람을 놀라게 한다. 그러나 중국에 있어서는 진실로 도외시하는 처지이니 무슨 혐의를 두겠는가? …(중략)… 지금 집정한 것이 신복(臣服)된 이전의 문자를 많이 취하였기 때문에 처음 보는 사람은 놀라고 의아해하지 않을 수 없는 것을 염려하여 그 머리에 써서 인증하는 것이다.[44]
>
> ② 또 손수 동인의 글을 모아서 『동국문감(東國文鑑)』이라 이름 붙여서 이 책을 『문선(文選)』과 『문수(文粹)』에 비기려고 하였다.[45]
>
> ③ 우리나라 사람들은 성질이 매우 거만하고, 또 학문에 힘을 써 기품을 양성하지 않는다. 이 때문에 혹은 세상을 따라 출세해서 처

44 "後至元戊寅夏, 予集定東文四六訖成, 竊審國祖已受冊中朝, 奕世相承, 莫不畏天事大, 盡忠遜之禮 …(中略)… 天朝若此等類, 大涉譖踰, 實駭觀聽, 其在中國, 固待以度外, 其何嫌之有也. …(中略)… 今所集定, 多取未臣服以前文字, 恐始寓目者不得不驚疑, 故題其端以引之." 崔瀣, 『拙藁千百』 卷2, 「東人四六序」.

45 "又手集東人之文, 號東國文鑑, 以擬配選粹." 崔瀣, 『拙藁千百』 卷1, 「金文正公墓誌」.

자를 잘 먹고 잘 입게 하려 하는데, 용렬한 사람은 그럴 수도 있지만, 군자의 논리에는 어긋나는 점이 있다. 의리를 밝히고 출처를 살피는 데 있어서까지도 다른 사람의 시비를 그의 영욕으로 여기지 않는 자가 없다.[46]

④ 우리나라는 옛날부터 중국을 섬길 줄 알았는데, 따라서 궁중·부중의 간판에도 중국을 모방하여 만든 것이 많았지만, 그것을 꺼린 적은 없었다.[47]

①과 ②에서 그가 말하고자 하는 것은 바로 우리 문인들의 작품집을 만들었다는 점이다. 이전까지는 우리 문인들의 작품집을 체계화하여 편집한 것이 없었는데, 이제 비로소 정리한 작품집을 엮어 냈다는 것이다. 곧, 지금까지 문화적으로 중국 일변도였으나, 이제부터는 우리의 것을 살릴 수 있다는 것이 그의 생각이다. 그의 이러한 생각은 ①·③·④에서 알 수 있듯이 지금까지는 우리의 것을 살리기에는 많은 문제점이 있다고 한다. 그가 생각하는 문제점 가운데 하나는 바로 ②에서 알 수 있듯이 우리 민족성이 거만하다는 것이다. 그가 생각하기에는 우리 민족성이 거만할 뿐만 아니라 학문에도 힘을 쓰지 않는 듯하였다. 사실 그가 본 우리 민족은 다름 아닌 당시의 권세가[48]들을 두고 한 말일 것이다. 권세가들이 기존의 기득

46 “東方人性多慢, 又不力學以養氣, 故或圖隨世立身, 飽煖妻孥, 庸人是之, 而有乖於君子之論, 至如明義利審出處, 不以人之是非爲其榮辱者, 盖無之也.” 崔瀣, 『拙藁千百』 卷1, 「故司憲持平金君墓誌銘」.

47 “本國越自古昔, 知尊中國, 然於宮府署額, 多倣中國而爲之, 未嘗有嫌也.” 崔瀣, 『拙藁千百』 卷1, 「軍簿司重新廳事記」.

48 ‘권세가’라는 말이 『고려사』에 더러 보이는데 예를 들면, “권세가와 간활한 무리들이 조작하여 남의 노비와 전정을 빼앗았다.[權勢之家, 奸猾之類, 造作文契, 奪人奴婢田丁.]”(『高麗史』 卷84, [刑法誌] 1, 職制 忠烈王 34年 忠宣王 復位敎)라는 구절과 “권세가가 사패를 모수하는 것을 일절 금하여라.”(『高麗史』 卷85, [刑法志] 2, 職制 忠烈王 34年 忠宣王 復

권을 기반으로 잘난 체만 하지 실제로 해야 할 학문에는 신경을 쓰지 않는다는 것이다. 그들은 학문에 힘쓰지 않고 모든 것에서 중국을 모방하는 데에 그친다는 것이다. 그는 권세가들이 문물·제도에 있어서 중국을 모방하기만 하여 궁중이나 부중(府中)의 현판까지도 모두 중국에 따른다고 하였다. 여기서 보면, 그는 바로 현실의 잘못된 제도를 개혁해야 하는 것은 물론이요, 권세가들이 그들의 고루성(固陋性)에서 벗어나야 한다는 것을 주장하고 있다. 이렇게 보면 그의 생각은 바로 신흥 사대부의 생각과 일치한다고 할 수 있다.

2) 우환 의식과 민중 의식

고운이나 졸옹은 두 사람 모두 우환 의식에서 살다 간 사람들이다. 그들이 처한 세계에서 그들은 현실을 항상 염려하고, 서민들의 삶을 걱정하였다. 졸옹의 「악정 윤신걸이 북으로 올라가는데 전송하며[送尹樂正莘傑北上]」[49]라는 시를 들면 다음과 같다.

人生一世間	세상에 태어나 살아가면서,
有命懸在天	그 명은 하늘에 달렸는데.
窮達各其分	궁달은 각기 받은 분수이니,
惟道貴如絃	오직 도는 곧은 것 귀하네.
奈何枉尋者	어찌 한길에 굽히는 사람,
悠悠動百千	유유히 많은 사람 움직이나.

位敎)라는 구절이 있다. 권세가는 바로 임금의 측근 세력을 가리킨다.

49 徐居正 外, 『東文選』 卷4.

先生中有恃	선생은 마음속에 믿음 있어,
物莫外相牽	외물에 이끌리지 않는다네.
願言一終始	처음부터 끝까지 한결같아,
名節兩俱全	명예와 절개 다 잘 지키소.

졸옹이 악정(樂正) 윤신걸(尹莘傑)을 전송하면서 지은 시이다. 인간의 운명은 하늘에 달려 있다. 그러므로 궁벽하거나 현달(顯達)하게 되는 것도 다 그의 직분이다. 도는 거문고나 가야금의 줄처럼 곧아야 한다. 그러나 자아가 처한 세계에서 곧은 도를 지닌 사람이 드물다. 사람들은 자기 자신을 굽혀서[50] 부귀와 영화를 찾고자 한다. 그러한 사람들이 한두 명이 아니다. 그러나 윤신걸만은 외물(外物)에 흔들리지 않는다. 마치 맹자가 말한 "부귀가 마음을 방탕하게 하지 못하며, 빈천이 절개를 옮겨 놓지 못하며, 위무가 지조를 굽히지 못하는"[51] 것이다. 부귀나 빈천, 위엄이나 무력으로는 그 곧은 마음을 바꿀 수 없다는 말이 된다. 여기서 곧은 마음을 지닌 사람은 윤신걸이다. 그러한 마음을 갖기를 바라는 것은 바로 자아, 곧 졸옹이다.

앞의 고운처럼, 졸옹은 생명(生命)을 바로 보는 도덕 실천을 강조한다. 이러한 도덕 실천의 강조는 바로 우환 의식[52]에서 생긴다. 소인은 바로 현실 생활, 즉 부귀나 명예 등에 근심하지만, 군자는 재물이나 권세의 부족에 대해 근심은 하지 않는다. 다만 근심하는 것은 덕(德)과 학(學)의 미진

---

50 『맹자』에, "옛 기록에 '한 자를 굽혀 한 길(여덟 자)을 편다.' 하였으니, …(중략)… 또 한 자를 굽혀서 한 길을 편다는 것은 이(利)로써 말한 것이니, 만일 이로써 한다면, 한 길을 굽혀서 한 자를 펴는 이가 있을지라도 또한 하겠는가.[志曰, 枉尺而直尋, …(中略)… 且夫枉尺而直尋者, 以利言也, 如以利, 則枉尋直尺而利, 亦可爲與.]"(『孟子』 卷6, 滕文公」 下篇 1章)라는 말이 있다.

51 "富貴不能淫, 貧賤不能移, 威武不能屈." 『孟子』 卷6, 「滕文公」(下).

52 牟宗三 著, 宋恒龍 譯, 『中國哲學의 特質』, 汎學社, 1979, 24~25쪽.

한 점뿐이다. 즉 『주역』에 "역(易)이 생겨남은 중고 시대였던가? 역(易)[53]을 지은 사람은 우환이 있어서였던가?"라 하고, "역(易)이 일어남은 은(殷)나라 말세였던가? 주(周)나라 성덕시(盛德時)였던가? 아니면 문왕(文王)의 시대였던가, 주(紂)의 시대였던가?"라 한다. 여기서 『주역』을 지은 사람은 매우 간난(艱難)한 시대에 살았던 사람임을 알 수 있다. 간난한 가운데라야 강렬한 우환 의식이 생겨날 수 있다.

이러한 점으로 미루어 볼 때 졸옹이 우환 의식을 갖는 것은 당연하다. 그는 원나라가 고려를 지배하던 때에 살았다. 왕위가 뒤바뀌어 치민(治民)이 소홀하였다. 이에 따라 부정부패가 증가하였다. 그의 「거처를 옮김[遷居]」[54]이라는 시를 보기로 한다.

平生業已誤爲儒	평생토록 닦아 온 길 이미 잘못된 선비 되어,
是處謀身拙且疎	이는 내 몸 꾀함에 있어 서툴렀기 때문이지.
莫怪遷居無物載	이사하는 데 실을 물건 없다 이상하다 마오,
聖賢經典尙盈車	그래도 성현의 경전만은 수레에 가득하다오.

앞에서 다룬 「악정 윤신걸이 북으로 올라가는데 전송하며[送尹樂正莘傑北上]」에서는 인간의 운명이 이미 정해졌다는 숙명론을 말하고 있다. 바로 인명(人命)은 재천(在天)이요, 부귀(富貴)는 천륜(天倫)이라는 것이다.

평생토록 닦은 길은 유학의 길이나, 이미 그릇된 선비가 되었다고 하였다. 스스로 자신을 반성하는 것이다. 여기서 자아는 자신을 위하는 것에

53 "易之興也, 其於中古乎? 作易者, 其有憂患乎?", "易之興也, 其當殷之末世, 周之盛德耶? 當文王與紂之時也."『周易』,「繫辭」下篇.

54 徐居正 外,『東文選』卷20.

는 소홀하였다고 한다. 졸(拙)은 모자란다는 의미로 받아들이지만, 순진 또는 순수의 뜻으로도 생각할 수 있다. 다시 소(疎)를 보면, 서툴다는 말로 쓰였다. 여기서 서툴다는 것은 기구(起句)의 '잘못된 선비 되어'는 시구(詩句)로 보아 학문의 길에서 서툴다는 의미로 볼 수도 있다. 그러나 그렇게 보는 것보다는 자신의 생업, 즉 재산, 명예 등을 가벼이 하였다는 말로 보아야 한다. 그렇게 보면 전(轉)·결구(結句)의 말과 잘 연결된다. 이사를 하는데 실을 물건이 없다. 그러나 이상히 여기지 말라고 하였다. 비록 재물이 없어도 마음만은 푸근하다. 물질적인 충족에서 오는 만족감이 아니다. 정신적인 충족에서 오는 흡족함이다. 책이 수레에 가득하므로 만족해 한다. 속물적인 영욕을 뛰어넘은 상태이다. 독서는 정신적 개안(開眼)이기 때문이다. 독서를 하면 도와 서로 사귀게 된다. 위에서 졸(拙)과 소(疎)는 깊은 뜻을 지니고 있다. 졸(拙)은 그대로, 소(疎)는 소(蕭)의 의미로 해석해 본다면 졸옹(拙翁)이 추구하는 방향과 일치한다는 것을 알 수 있다. 기교가 없는 졸(拙)로서 소산(蕭散)한 분위기를 자아낸다. 「오덕인 생일(吳德仁生日)」[55]이라는 시를 보면 그러한 내용이 담겨 있다.

夫道在率性	도는 본성을 따르는 데에 있어,
不可離須臾	잠시도 그것을 벗어날 수 없네.
非道久猾夏	도 아닌 게 오래 나라 어지럽혀,
命世大賢無	세상 이끌 큰 현인 없었기 때문.
吾邦古朝鮮	우리나라 옛 고조선 시대에는,
英俊時並驅	영웅과 호걸들이 함께 달렸다네.

55 徐居正 外,『東文選』卷4.

邇來道亦衰	그 뒤로는 도 또한 쇠퇴하여서,
寥寥歲月逾	오래도록 쓸쓸하고 적막하였네.
天豈似秦政	하늘은 어찌 진시황 때와 같이,
忍使斯民愚	차마 백성들을 어리석게 할까.
牛山鍾秀氣	우산에는 빼어난 기상을 모아,
降神生老吳	늙은 오공이 태어나게 하였네.
天資自淳粹	타고난 자질 저절로 순수하고,
道義與之俱	도의(道義)도 함께 갖추었다네.
獨專明大望	밝은 세대 촉망을 홀로 차지해,
早舊經濟圖	일찍이 경세제민을 계획했었지.
小吳字德仁	작은 오공의 자(字)는 덕인인데,
丹穴有鳳雛	단혈의 봉황 새끼처럼 있다네.
襁褓習箕裘	어릴 때부터 가업을 이었으니,
老吳德不孤	늙은 오공은 덕이 외롭지 않네.
便便五經笥	커다란 오경(五經) 담은 상자에,
汝爲君子儒	너는 군자유(君子儒)가 되어라.
生日會佳友	생일 날 좋은 친구들 모아서,
筵秩開金壺	자리 잡아 금 술병을 기울이네.
座客皆飮酒	앉은 손님들 모두 술을 마시며,
肝膽向君輸	진심으로 그대를 축하한다네.
皆云享眉壽	모두 같이 오래오래 사시어서,
終始保金軀	귀하신 몸 보전하라 하였다네.
而我本狷直	내 성질은 급하고도 강직해서,
客後煩相呼	손님 뒤에서 성가시게 외치네.
願君奉老吳	그대는 아버지를 잘 받들어서,
事業同三蘇	삼소(三蘇)처럼 사업 이루라 해.

도는 바로 본성을 따르는 데에 있다. 곧, 하늘이 명한 것을 성이라 하고, 성을 이끄는 것을 도라 한다.[56] 따라서 도와는 잠시도 떨어질 수가 없다. 떨어진다면 도가 아니다. 지금은 도가 아닌 것이 나라를 어지럽히고 있다. 또 세상을 지도할 현인도 나타나지 않고 있다. 옛날 고조선 때에는 영웅호걸이 함께 있었다. 하지만 지금은 그렇지 못하다. 고조선 이후로는 도가 쇠하였다. 이는 중국인들이 말하는 삼대 이후로는 도가 쇠하였다는 말과 서로 통한다.

세월이 지날수록 인간성이 점점 나빠진다는 것이다. 그 순박한 옛날의 풍습이 사라진 지가 이미 오래되었다. 당시는 진시황 때의 상황과 비슷하다는 것이다. 여기서 정(政)은 두 가지 의미로 해석할 수 있다. 그 하나는 바로 진시황 자신을 가리킨다. 진시황의 이름이 정(政)이기 때문이다. 그리고 다른 하나는 진시황의 때의 정치를 가리킨다. 어느 것으로 해석해도 모두 진시황의 행적을 비판하고 있다. 진시황은 배움이 있는 학자들을 죽이고 책을 불태웠다. 그리하여 백성들을 어리석게 만들었다.

고려 말에는 분서갱유는 하지 않았다. 그러나 진시황 때만큼 어지러웠다. 여기까지는 당대의 시대상을 반영하고 있다. 어진 사람이 없으니, 정치가 바로 될 리가 없다. 모두 사리사욕에 혈안이다. 시대를 앞서간 선각자의 눈으로 볼 때는 한심스러운 노릇이다. 자아와는 가치 추구의 방향이 서로 다르다. 여기서 군자유(君子儒)와 소인유(小人儒)가 구별된다. 그래서 자아는 군자의 선비가 되라고 하였다. 여기에서 대상은 바로 오덕인이다. 오덕인의 생일을 축하한 시이다. 모두 술을 마시고 축하한다. 좌중(座中) 사람들이 하는 말은 오덕인이 오래 살라는 것이다. 자아는 그 밖에 또 한

---

56 "天命之謂性, 率性之謂道."『中庸』1章.

가지를 바란다. 바로 오덕인의 아버지를 받들어 송나라의 소동파 부자와 같이 문명(文名)을 날리기 바란 것이다.

첫 구의 '솔성'과 '도'는 전체 시에 상당한 의미를 부여한다. 솔성과 수도를 통하여 천인합일, 천·지·인 삼위일체의 경지에 이른다. 이 경지에 도달한 사람은 정신적으로 도덕적으로 인격적으로 가장 완성된 자이다. 자아는 마음속으로 이러한 천인합일 사상을 추앙한다. 바로 천인동리(天人同理),[57] 동도(同道), 동성(同性), 동체(同體), 동덕(同德), 동용(同用)의 이상이 실현되기를 희망한다. 그러나 그러한 희망이 자아가 사는 당시에는 실현 불가능하다는 것을 알고 있다. 실현되어야 할 것이 실현되지 못함을 안타까워하고 있다.

정도의 차이는 있지만, 졸옹은 화려한 시, 곧 기교를 많이 부린 시보다 기교를 부리지 않은 고졸(古拙)한 시를 많이 지었다. 자신의 정신적 표랑과 시대를 앞서간 예지의 눈으로 자신을 성찰하고 거기서 자신의 위치를 발견하였다. 그는 남에게 용납되지 않는 자신을 알았다. 자아를 발견하자 그는 현실 세계를 초월하고자 하였다. 여기서 현실 초월이란 말은 도교나 불교의 영역에서가 아니라 유가의 영역에서이다. 바로 군자유(君子儒)가 됨이다. 여기서 졸옹(拙翁)이라는 그의 호도 시의 졸(拙)과 깊은 관계가 있다.

졸옹은 유가의 덕목을 중히 여겼다. 그리고 그 덕목들을 실천하려 하였다. 그는 특히 성리학을 좋아하였다. 그는 주자의 말을 따르고자 하였다. 주자가 구양수의 시를 평한 말을 졸옹이 그대로 따랐다. 졸옹은 충담(冲澹)·소산(蕭散)·평담(平淡)한 시를 좋아하였고, 자신도 그러한 시를 지었다. 이들 풍격에 해당하는 시는 그가 젊었을 때 지은 작품이라기보다는 만

57 申龜鉉, 「中庸의 天人合一思想」, 『哲學會誌』 2, 영남대학교 철학과 연구실, 1986, 101~108쪽.

년의 것으로 보인다. 그는 부체(賦體)의 직설법을 사용하여 충담·소산·평담한 시를 지었다. 또 졸옹은 유학자들의 우환 의식을 기반으로 한 도덕 실천을 강조하였다. 이러한 도덕 실천은 바로 민중의식을 바탕으로 한다.

졸옹이 살았던 시기는 고려 시대 말이었다. 성리학이 수입되기는 했지만, 아직은 무르익지 않았다. 졸옹은 성리학에 몰두하였다. 그러나 그는 송나라 때의 저명한 유학자나 조선 시대의 성리학자들에는 미치지 못한다. 이는 졸옹 자기 능력이라고 하기보다는 당시의 학문적 한계이다. 오늘의 시각에서 보면, 졸옹은 성리학이 발전한 조선 시대의 학자들에게는 미치지 못한다. 그러나 졸옹 당시의 시각으로 볼 때, 그는 시대를 앞서간 선각자였다.

고운이나 졸옹 두 사람은 우환 의식을 기반으로 위정자들의 도덕 실천을 강조하였다. 이러한 도덕 실천은 간접적이든 직접적이든 민중의식의 발로에서 비롯한 것이다. 고운의 시나 문에 나타나는 서민 의식이나, 졸옹의 시에서 보이는 충담·소산한 풍격 안에는 서민 또는 민중 의식이 그 저변에 자리 잡고 있음을 입증한다.

3) 보편성과 합리성의 추구

고운이나 졸옹은 성격 면에서는 차이가 있어, 자기 뜻을 표현하는 데는 차이가 있을지 몰라도 글들이 가졌던 공통인 정신은 보편성과 합리성을 추구한 것이라 할 수 있다. 먼저 다음 글을 보고 나서 이 점에 대해서 논의해 보기로 한다.

> ① 제가 듣기로는 성인은 천하를 한 집안으로 만들고, 중국을 한 사람 것으로 만들려면 반드시 그의 의로운 길을 개척하고 걱정거

리를 통달하여야 합니다.[58]

② 공자 말씀에 "마음이 너그러우면 대중을 얻고, 믿음성이 있으면 사람들이 신임한다."라고 하셨는데, 일찍이 이 말씀을 들었더니 지금, 이 말씀과 같은 사람을 본다네.[59]

③ 치원이 비록 공자의 전당을 구경하였지만, 사실 무엇을 알겠습니까? 진나라에서 어진 사람들을 모아들일 때 유여 같은 사람도 버리지 않았기 때문에 실록을 엮는 공적을 남겼습니다. 제가 바라는 것은 사방의 인사들이 웅대한 규모를 보고는 머리를 조아리며, 온 나라의 장병들이 황제의 행차를 우러러보고 안심하는 것입니다.[60]

④ 가섭의 참뜻을 강연하여 용과 함께 덕을 견주게 되고, 유교의 좋은 가르침을 받들어서 기린에 때를 잃지 않게 하며, 아득한 옛날의 풍교를 잘 일으켜서 길이 대동의 교화를 이루게 하려는 것입니다.[61]

먼저 ①에서 주의해야 할 구절은, '성인이 천하를 한 집안으로 만든다'와 '중국을 한 사람 것으로 만든다'라는 대목이다. 성인이 천하를 한 집안처럼 만듦은, 세계주의 내지는 국제주의를 의미한다. '사해는 한 집안[四海一家]'이라는 말이 있듯이 소아(小我)를 버리고 대아(大我)를 찾음이다. 여기서 소아를 버린다는 말은 무고한 백성들을 해치면서 공동체인 국가를

58 "聞聖人能以天下爲一家, 以中國爲一人者, 必闢於義, 達於其患." 崔致遠, 『桂苑筆耕集』 卷2, 「請巡幸第二表」.

59 "云寬則得衆, 信則任人焉, 嘗聆斯語, 今見其人." 崔致遠, 『桂苑筆耕集』 卷14, 「呂用之兼管山陽都知兵馬使」.

60 "致遠雖丘堂都奧, 師冕何知, 而秦國斂賢, 由余不棄, 謹成實錄, 敢紀殊庸, 所冀四海梯航, 閱雄圖而稽顙, 九州旄鉞, 望法駕而安心." 崔致遠, 『桂苑筆耕集』 卷16, 「西州羅城圖記」.

61 "演迦葉之眞宗, 龍堪比德, 擧儒童之善敎, 麟不失時, 克興上古之風, 永致大同之化." 崔致遠, 『桂苑筆耕集』 卷16, 「求化修大雲寺疏」.

이룩함이 아니다. 소아를 버리자고 한 것은 자기 자신의 사사로운 욕심을 버림이다. 자기 자신을 위하는 마음으로 남을 위하면 세상의 인심은 더없이 따뜻해진다. 온 세상 사람들이 모두 형제[62]같이 되기 때문이다.

또 중국을 한 사람 것으로 만듦의 중국은, 지금의 국가를 뜻하는 중국이 아니라 나라 안을 뜻한다. 한 사람의 임금을 중심으로 온 나라 백성들이 서로 응집한다는 의미가 된다. 이렇게 말하면 전형적인 전제군주 국가가 될 수도 있다. 그러나 군주는 바로 백성들을 두려워해야 한다. 민본주의 정치를 해야 한다는 말이다. 천하의 백성들을 가난에 울게 하면 하늘이 내려 준 임금의 왕위도 영원히 잃어버리기[63] 때문이다.

②는 사람이 처신하는 데 대해서 한 말이다. 마음을 너그럽게 쓰면 사람들이 모이고 믿음이 있으면 사람들이 저절로 그를 믿게 된다. 그러니 구차하게 남에게 인정을 받으려고 할 필요가 없다는 것이다.

③은 인재를 등용시키는 방법에 대해서 말하고 있다. 인재 등용에서는, 출신 지역이나 출신 성분을 따지지 말고 그 사람의 능력을 보아야 한다. 그렇게 하면 적재적소에 인재가 등용되어 많은 공적을 남길 수 있다. 이 인재 등용에 대한 구체적인 예로 진나라에서 유여(由余)를 등용해 실록을 편찬한 일을 들고 있다. 이러한 고운의 생각은 분명 세계주의요, 국제주의이다.

④는 앞에서도 언급했듯이, 고운은 보편적인 지향 속에는 유(儒)·불(佛)·선(仙)을 포함하고 있음을 알 수 있다. 불교 화엄경의 '하나는 여럿이고, 여럿은 하나[一卽多, 多卽一]'의 진리와 유학 사상서인 『예기(禮記)』의 대동

62 "四海之內, 皆兄弟也." 『論語』 卷12, 「顔淵」.

63 "四海困窮, 天祿永終." 『論語』 卷20, 「堯曰」.

(大同) 사상을 접목하고 있다. 사람들이 큰 도를 행하면 천하에는 공의(公義)가 구현된다. 어진 사람을 지도자로 뽑고 능력이 있는 사람에게 관직을 맡기며 신의와 화목을 가르친다. 그러므로 사람들은 자신의 어버이만 어버이로 여기지 않고 자기 자식만 자식으로 여기지 않는다. 또 역할로 보면 남자는 남자의 할 일이 있고 여자는 여자의 할 일이 있다. 각자가 일하는 것을 싫어하지 않고 또 자기만을 위해서 일하지도 않는다. 그러므로 남을 해치려는 음모가 없어지며 도적이나 난적(亂賊)도 생기지 않는다. 이러한 세상이 되는 것이 바로 대동(大同) 사회이다.[64]

고운의 대동 사상을 달리 표현하면, 국제주의나 세계주의이다. 이 국제주의나 세계주의는 필연적으로 보편주의로 귀결된다. 그의 이러한 보편주의의 준거는 바로 '지극한 도는 도[至道道]'이다. 하지만, 그가 말한 도(道)에 대해 그는 실제로 개념의 정의를 하지 않고 있다. 그는 보편적 지향 속에 유·불·선을 다 끌어들였고, 그것을 도라고 하였다. 하지만, 그의 도에 관한 구체적인 연구 실체가 없다.

그의 보편성은 차별성과 변별성을 극복하려고 함이었다. 그러나 그의 이러한 생각은 현실 세계의 위정자들로부터 소외당하였다. 그가 당나라에 있을 때도 물론 소외를 당했지만, 더 철저한 것은 바로 그가 환국하고 나서 신라의 중앙 위정자, 곧 권력을 유지하려는 무리로부터 소외되었다. 그의 의식이 국제주의나 세계주의이며, 그가 바라는 세계가 대동(大同) 세계나 도덕적 이상 세계였기 때문이다.

---

64 "大道之行也, 天下爲公, 選賢與能, 講信修睦, 故人不獨親其親, 不獨子其子, …(中略)… 男有分, 女有歸. …(中略)… 不必藏於己. …(中略)… 力惡其不出於身也, 不必爲己, 是謀閉而不興, 盜竊 亂賊而不作."『禮記』,「禮運」.

졸옹의 경우를 보면, 그는 먼저 『졸고천백(拙藁千百)』의 여러 글, 특히 「동인지문사륙서(東人之文四六序)」 같은 데서 동인의식이나 주체성을 주장하였다. 그의 이러한 주체성은 개체를 존중하는 그것에 머묾이 아니라 보편성의 확립에 있었다.

① 나는 여기서 인인(仁人)·군자(君子)는 작은 벼슬이라도 얕잡아 보지 아니하고 몸으로 백성들의 일에 솔선하는 것을 볼 수 있었으며, 양주 백성들이 가난한 것은 단지 양주 백성들의 허물만이 아니라 위정자의 부지런하고 게으름에도 달려 있다는 것을 알게 되었다.[65]

② 본국에 벼슬하면 본국 신하가 되고, 천자 조정에 벼슬하면 천자의 신하가 된다. 앞에 있는 것이 중요하지 않거나 뒤에 있는 것이 중요하거나 어찌 나에게 견주어 비교하겠는가? 옛말에 이르기를 '한 나라의 선비도 되고, 천하의 선비도 된다.'라고 했으니, 모든 것이 그 재주 아니면 뉘라서 이러하리.[66]

③ 왕국이 당나라 말에 일어나서 비로소 동방에 잔을 드리고 거듭 어진 덕을 쌓아서 대가 흐를수록 더욱 빛난다.[67]

④ 군자가 자기 자신을 행함에 우러러 하늘에 부끄럽지 않고 굽어서 사람에게 부끄럽지 않으며 안으로 자신의 마음에 부끄럽지 않아야 하니 어찌 스스로 그 도를 훼손해서 사특한 것을 따르겠는가?[68]

---

65 "予於此, 有以見仁人君子, 不卑小官, 而以身先民事, 而知梁民之貪, 不獨梁民之過, 而在爲政者之勤惰也." 崔瀣, 『拙藁千百』 卷1, 「送安梁州序」.

66 "仕王國, 爲王之臣, 仕天子之朝, 爲天子之臣, 彼輕此重, 曾何足計乎吾身. 古語云, 有一國之士, 有天下之士, 才非有兼人, 其孰能如此." 崔瀣, 『拙藁千百』 卷2, 「崔大監墓誌」.

67 "王國興於唐季, 始奠東方, 累仁積德, 歷世愈光." 崔瀣, 『拙藁千百』 卷1, 「有元高麗國故重大軍僉議贊成事上護軍判惣部事致仕謚忠順閔公墓誌」.

68 "君子行己, 仰不媿天, 俯不媿人, 內不媿心, 安得自毀其道, 以從於邪?" 崔瀣, 『拙藁千百』

⑤ 선비가 이 세상에 태어나서 때를 만나고 못 만남이 있다. 때를 만나면 그 도를 행하여 베푸는 것이 넓고, 때를 만나지 못하면 자기 자신이 물러나서 스스로 터득하는 것이 온전할 것이다. 그러면 때를 만나고 못 만나는 것은 바로 사람에게 있어서 행복과 불행이 있을 따름이니, 그러한 것들이 어찌 나에게 손해되고 이익됨이 있겠는가?[69]

①에서 보면, 어진 사람은 벼슬의 높낮이에 연연하지 않는다는 것이다. 어진 사람은 벼슬이 높고 낮은 것을 떠나서 먼저 백성들을 위해서 정치를 베푼다고 하였다. 따라서 한 지역을 맡아 다스리는 고을 원님은 그 지역 백성들이 불만 없이 잘살게 해야 하는데, 만약 그 고을 백성들이 잘살지 못하는 것은 그 백성들의 책임에만 그치는 것이 아니라 고을 수령의 근면성에 달려 있다는 것이다. 여기서 보면 그의 생각은 바로 위정자는 백성을 중심으로 하는 다스리는 사람이어야 한다. 곧, 나라를 다스리는 사람은 민본주의(民本主義)에 바탕을 두어야 한다.

②에서 보면, 그의 생각은 바로 세계주의로 넓어지고 있다. 우리나라에서 벼슬하면 우리나라 임금의 신하가 되고, 중국에서 벼슬하면 중국 천자의 신하가 되는 것이지 구태여 지역을 따질 필요가 없다는 것이다. 오늘날도 지역을 문제로 하여 서로 권력을 장악하려는 정치가들이 많다. 이러한 행태는 그가 살았던 시기에도 마찬가지였다. 우리나라는 역대로 중국의

卷1, 「問學業諸生策二道」.

69 "夫士生斯世, 有遇不遇, 遇則其道行, 蒙施博, 不遇則其身退, 自得者全 然則遇不遇, 迺在於人之幸不幸爾, 胡有損益於我哉?" 崔瀣, 『拙藁千百』 卷1, 「故司憲持平金君墓誌銘」.

간섭을 받아 왔다. 이러한 중국의 간섭은 중국의 처지에서 보면 당연하다. 중국을 제외한 주변 국가들이 모두 중국에 대한 하나의 제후국에 지나지 않아서이다. 그러나 우리나라의 처지에서 보면, 중국이 나라가 크다는 이유로, 문화가 더 발달하였다는 이유로 이웃 나라에 대해 지나치게 간섭하는 것이다. 그것도 능력과 관계없이 작은 나라의 백성들은 큰 나라인 중국에 가서 마음대로 활동할 수도 없다. 이에 대해서 졸옹은 상당히 반감을 지니고 있었다. 그의 견해가 세계주의, 곧 보편성을 견지하고 있었기에, 그는 인재 등용에 있어서 한계를 지음은 부당하다고 여겼다.

③에서는 그래도 고려 역사는 지속하고 있다는 것을 나타낸다. 중국은 나라가 크기는 하지만 한 나라가 천 년 동안 지속한 적은 없었다. 그러나 우리는 바로 덕을 쌓았기 때문에 역사가 오래간다는 것이다.

④에서 보면, 군자는 덕을 닦아야 한다는 것이다. 겉으로 드러나는 행위를 보면 그 사람의 마음가짐을 알 수 있다. 자신이 덕이 있으면 주위에 사람이 많이 모인다. 『논어』의 '덕이 있는 사람은 외롭지 않다. 반드시 이웃이 있으니까.'[70]라는 말을 보면 알 수 있다.

⑤에 오면 그 생각의 일단이 여실하게 드러나는데, 물리학에서 말하는 에너지 불변의 법칙과 같은 것이다. 즉 선비가 때를 만나고 못 만남이 있는데, 때를 만나면 그의 도를 세상에 널리 펼 수가 있고 때를 못 만나면 자기 생각을 펼 수는 없지만, 내면적으로 성찰하는 것이 더하여 도를 온전히 할 수 있다는 것이다. 이것은 바로 인생살이에서 깊이 자신을 성찰한 뒤에야 할 수 있는 말이다. 시대의 상하를 떠나서 사람들은 자신이 세상에 나아가기를 좋아한다. 대부분은 자신이 때를 만나지 못해서 출세하지 못하

70 "德不孤, 必有隣." 『論語』, 「里仁」.

면 대상을 부정적으로 보고 또 불안해한다. 이것이 어쩌면 인간의 욕구 가운데 하나인 명예욕이 강하게 작용하고 있기 때문일 것이다. 그러나 졸옹은 이 명예욕이 허무하다는 것을 일찍이 체험하였다. 앞의 생평(生平) 조에서 이미 언급했듯이, 그의 나이 20세를 전후해서 그는 이미 세상살이의 쓴맛을 경험하였다. 그의 시 「스물한 살 되던 해 섣달 그믐밤[二十一除夜]」에 그의 이러한 심정이 잘 드러나고 있다. 한창 명예욕이 있을 무렵 그는 큰 좌절을 맛보았다. 이러한 좌절감으로 그는 생각을 바꾸었다. 사람의 우불우(遇不遇)에 차이를 두어서는 안 된다는 것이 그의 견해이다.

> 또 내가 일찍이 말하기를, "말이 입에서 나와 글이 이루어지는데 중국 사람들의 배움은 고유한 것을 바탕으로 나아가므로 정신을 많이 허비하지 않고 이 세상의 뛰어난 재주를 혼자 부릴 수 있다. 그러나 우리나라 사람은 말이 이미 중국 것과 달라서 명민(明敏)한 천재의 힘을 천백 배나 쓰지 않으면 그 학문에 있어 어찌 성공할 수 있겠는가? 다만 일심(一心)의 묘(妙)는 천지 사방을 통하여 터럭만큼의 차이도 없으니, 그 뜻을 성취함에서는 어찌 스스로 굽혀서 저들에게 많이 지겠는가? 이 글을 보는 사람은 먼저 이와 같은 뜻을 알아야 할 것이다."라고 하였다.[71]

위에서 졸옹은 우리나라가 중국과 다른 이유를 말하고 있다. 그가 생각하는 우리나라와 중국의 다른 점은 문자의 고유성과 그렇지 못함에 기인

---

71 "又嘗語之曰 出乎口而成其文 華人之學 因其固有而進之 不至多費精神 而其高世之才 可坐數也 若吾東人 言語旣有華夷之別 天資苟非明銳而致力千百 其於學也 胡得有成乎 尙賴一心之妙通乎天地四方 無毫末之差 至其得意 尙何自屈而多讓乎彼哉 觀此書者 先知其如是而已." 崔瀣, 『拙藁千百』 卷2, 「東人之文序」.

한 것이다. 중국 사람들은 그들의 고유한 한문을 기본적으로 사용하기 때문에 우리나라 사람들보다 그만큼 노력을 하지 않아도 된다. 그러나 우리 민족에게는 문자가 우리 고유의 것이 아니므로 중국 사람들보다 노력을 훨씬 많이 해야 한다. 그러나 중국 사람이 한 번 만에 할 수 있으면 우리는 백 번 하고, 중국 사람이 열 번 만에 할 수 있으면 우리는 천 번을 하면 이루지 못할 것이 없다.[72] 왜냐하면, 혹 태어나서 알거나 배워서 알거나 애를 써서 알거나 간에 그 아는 것은 한결같기[73] 때문이다. 다시 말하면 사람이 노력해서 어느 수준에 이르면 그만이지, 그 출신이 어디든지 상관없다는 것이다. 그의 이러한 생각은 다음의 다산(茶山) 정약용(丁若鏞)의 생각과 서로 통한다.

> 고금의 문자가 서로 다르게 쓰이는 것은 중국과 오랑캐가 서로 말을 해석할 때 그 소리가 서로 다른 것과 같은 것이다. 훈고라는 것은 통역하는 것이다. 역관이 그 본뜻을 알지 못하고 자기 나라에 돌아가서 말하기를, "중화의 문물은 찬란하다." 하니 이는 가소로운 오랑캐 짓이다.[74]

이 글은 다산이 『시경』을 강의하면서 한 말이다. 경전을 잘못 해석하는

---

72 이는 본디 『중용』(20장)에 나오는 말로, "남이 한 번에 할 수 있으면 나는 백 번을 하며, 남이 열 번 만에 할 수 있으면 나는 천 번을 하여야 한다.[人一能之, 己百之, 人十能之, 己千之.]"라는 말을 필자가 약간 바꾸었다.

73 역시 『중용』(20장)의 "혹 태어나서 이것(공통된 도, 즉 달도[達道])을 알고, 혹은 배워서 이것을 알고, 혹은 애를 써서 이것을 아는데, 그 앎에 미쳐서는 한결같다.[或生而知之, 或學而知之, 或困而知之, 及其知一也.]"라는 말을 필자가 약간 바꾸었다.

74 "古今文字之異用, 如華夷解語之殊音, 訓者象譯也, 譯之不得其本意, 而歸而語其國曰, 中華文物盛矣, 斯爲可笑夷也." 丁若鏞, 『茶山詩文集』 卷13, 「詩經講義序」.

것은 바로 역관이 통역을 바로 하지 못함과 같다고 한다. 역관이 통역을 잘하면 의미가 바르게 전달되듯이, 경전에 훈고를 잘하면 의미를 잘 전달할 수 있다. 이 글은 앞의 졸옹의 말과 상반된 것 같기도 하다. 그러나 자세히 보면, 이 두 사람의 말은 서로 비슷하다고 할 수 있다. 곧, 노력을 얼마나 하는 것에 상관없이 그 내용을 분명히 알아야 한다는 것이다. 작자가 전달한 내용을 분명히 알기만 하면, 그 지리적인 위치와는 상관없다고 한다. 여기서 졸옹은 인간의 보편성을 강조한다.

제8장

최고운 문학의 창작 현장과 유적

1. 문학 창작 현장과 유적

최고운은 신라로 돌아와서 한곳에 머물지 않았다. 이는 비단 최고운에게만 한정하지 않는다. 사람이 태어나서 사회활동을 하다 보면 어느 한 지역에 머물 수 없다. 어려서는 공부를 위해서, 나이 들어서는 직장을 따라 이곳저곳을 돌아다니게 된다. 비단 직장만이 아니라 공·사적인 여행 또는 출장도 마찬가지다.

최고운 문학의 창작 현장 분포는 그가 직접 살았거나 갔던 곳과 후대 사람들이 그를 추모하여 세운 사우(祠宇) 등으로 나누어 볼 수 있다. 좁은 범위에서 최고운의 유적과 창작 현장은 앞엣것만을 한정한다. 그러나 넓게 보면 뒤엣것도 어느 정도 포함한다.

최고운의 유적은 많지만, 이를 작품과 연결하면 그다지 많지 않다. 현재 전하는 그의 작품은 우리가 흔히 말하는 경주(慶州), 사산비명(四山碑銘)이 있는 곳과 그 주위, 합천(陜川) 가야산(伽倻山), 청도(淸道) 호거산(虎踞山) 운문사(雲門寺), 공주(公州) 공산성(公山城) 등이다. 경주에서는 최고운이 상서장(上書莊)에서 진성여왕(眞聖女王)에게 「시무책십조(時務策十條)」를 올렸다고 하나 지금 그 내용이 전하지 않는다. 다만 그곳에는 후대에 세워진 건물과 비석이 남아 있을 뿐이다. 다음 글은 김부식의 『삼국사기』의 내용을 참고하여 두계(斗溪) 이병두(李丙燾)가 지은 것으로, 경주 남산의 상서장 터에 있는 「최문창후유허비명(崔文昌侯遺墟碑銘)」의 일부이다.

> 선생(先生)은 방외(方外)의 태산(太山)·천령(天嶺)·부성(富城) 등 제성(諸城)의 태수(太守)로 전전(轉輾)하였다. 어지러운 세상(世上)에 뜻을 잃은 선생(先生)은 마침내 모든 벼슬을 버리고 산수간(山水間)에 소요(逍遙)할 새, 혹은 정사(亭榭)를 짓고 송죽(松竹)을 심고 자연(自然)을 벗으로 시가(詩歌)를 읊조리며 서사(書史)를 연구하기도 하였다. 경주(慶州)의 금오산(金鰲山), 의성(義城)의 빙산(氷山), 합천(陜川)의 청량사(清凉寺), 지리산(智異山)의 쌍계사(雙溪寺), 양산(梁山)의 임경대(臨鏡臺), 동래(東萊)의 해운대(海雲臺), 창원(昌原)의 월영대(月影臺), 함양(咸陽)의 학사루(學士樓) 등은 다 선생(先生)이 노닐던 곳이었다.
>
> 최후(最後)에 온 가족(家族)을 거느리고 가야산(伽倻山)으로 들어가 은거(隱居)하며, 경세(經世)의 원대(遠大)한 포부(抱負)를 끝내 펴지 못한 채 고고(孤高)한 여생(餘生)을 마치었다. …(중략)… 또 단편적(單篇的)으로는 저 유명(有名)한 사산비문(四山碑文)—백월화상비(白月和尙碑), 진감국사비(眞鑑國師碑), 지증대사비(智證大師碑), 숭복사비(崇福寺碑)—와 난랑비서문(鸞郎碑序文), 화엄경결사문(華嚴經結社文), 법장화상전(法藏和尙傳) 등이 전(傳)하고 시문(詩文) 등이 동문선(東文選) 가운데 수록(收錄)되어 있다.[75]

---

75 이병두 찬(李丙燾 撰), 「최문창후유허비명(崔文昌侯遺墟碑銘)」, 1980. 원문은 한자로만 되어 있으나 독자들이 읽기 편하게 '한글(漢字)'로 병기하였다.

앞의 예문으로 미루어 보면 최고운이 주로 활동했던 지역은 경주의 금오산, 의성의 빙산, 합천의 청량사, 지리산의 쌍계사, 양산의 임경대, 동래의 해운대, 창원의 월영대, 함양의 학사루 등지이다. 그의 작품도 실제로 대부분 이 지역을 중심으로 이루어졌다. 『동국통감(東國通鑑)』에는 다음과 같은 기록이 있다.

> 처음 태조가 왕위에 오르기 전에 치원이 글을 주었는데, "계림은 잎이 누르고 곡령에는 소나무가 푸르다."라는 구가 있어 치원이 은밀히 조업을 도왔으므로, 그 공을 잊을 수 없다 하여 명령을 내렸다.[76]

합천 가야산 해인사 일대와 지리산 쌍계사 일대에 고운의 작품이 가장 많이 남아 있다. 합천 해인사 근처 홍류동(紅流洞)이라는 곳에는 독서당이 있었다.[77] 그 유명한 「가야산 독서당에 붙임[題伽倻山讀書堂]」[78]이라는 시가 바로 이 독서당을 제재로 하여 읊은 것이다. 이 시에 대해서는 후대에 수많은 사람이 차운하여 시를 지었다. 문헌을 통하여 상고하여 보면, 이 최고운의 시에 차운한 사람은 고려 시대 서하(西河) 임춘(林椿)에서부터 근세에 이르기까지 손꼽을 수 없을 만큼 많다. 홍류동 가 농산정 앞에 서 있는 안내판을 보면 다음과 같은 말이 있다.

> 이곳은 신라 말의 거유(巨儒) 고운(孤雲) 최치원(崔致遠) 선생이 은둔하여 수도하던 곳이다. 원 정자의 창건 시기는 알 수 없으며, 지금의

---

76 "初太祖在潛邸, 致遠貽書, 有鷄林黃葉鵠嶺青松之句, 謂致遠密贊祖業, 功不可忘, 乃有是命." 徐居正, 『東國通鑑』, 「高麗顯宗 庚申十一年」 條.

77 이 독서당은 해인사 서쪽에 있었다고 하나 정확한 위치를 알 수 없다.

78 崔致遠, 『孤雲集』 卷1. 이 시의 내용은 제1부 주)192에 있다.

것은 고운 선생의 후손과 유림에 의해 1936년에 중건된 것이다. 이후 1990년에 대대적인 보수공사를 하여 현재에 이르고 있다. 정자의 건너편에는 치원대(致遠臺) 또는 제시석(題詩石)이라 불리는 석벽이 있고 그곳에 고운의 7언절구 둔세시가 새겨져 있다. 정자 이름도 그의 시 한 구절을 빌려 농산(籠山)이라 하게 되었다. 정자는 정면 2칸, 측면 2칸 규모의 단아한 정방형 목조 와가 건물이다. 정자 현판에는 김영한(金寧漢)이 쓴 「농산정기(籠山亭記)」와 찬양사(讚揚辭) 4수(首)가 기록되어 있고 고운 선생의 둔세시를 차운한 시 8수(首)가 있다. 시중에는 점필재(佔畢齋) 김종직(金宗直) 선생의 차운시도 들어 있다.

또 『합천누정록(陜川樓亭錄)』[79]을 보면, 농산정은 1930년대 고운의 후손들이 그의 유적을 추모하기 위하여 세웠다고 한다. 그러나 한말에 절명한 황현(黃玹, 1855~1910)의 시에 「농산정에서 현판 시에 차운함[籠山亭次板上韻]」이나 위의 농산정 안내판의 내용으로 미루어 보면, 이 정자는 1900년대 이전에 건립된 것 같다. 곧, 조선 시대에 건립하여, 1936년 중건한 것이 아닌가 한다.

해인사에서 최고운이 남긴 작품은 「희랑화상께 드림[贈希郎和尙]」이라는 제목 밑의 여섯 수의 시이다. 이 시 제목 밑에는 다음과 같은 말이 있다.

희랑대덕 군이 여름날 가야산 해인사에서 화엄경을 강의하였는데, 나는 오랑캐를 막아 내느라고 그 강의를 들을 수 없었다. 한두 번 읊조리고 평성과 측성 운을 다섯 번씩 놓아 열 수의 절구 시를 이루어

---

79 합천군·합천문화사, 『합천누정록(陜川樓亭錄)』, 2002. 2, 312쪽.

80 "希郎大德君, 夏日於伽倻山海印寺, 講華嚴經. 僕以捍虜所拘, 莫能就聽. 一吟一詠, 五仄五平, 十絶成章, 歌頌其事. 防虜大監 天嶺郡太守 遏粲 崔致遠." 『伽倻山海印寺古籍』.

노래로써 그 일을 기린다. 방로대감 천령군 태수 알찬 최치원.[80]

위의 내용으로 미루어 보면, 최고운이 희랑화상의 화엄경 강의를 듣지 못하여 시로써 그의 일을 기린다고 하였다. 여기서 오랑캐는 후백제 견훤의 군사이다. 최고운은 희랑화상이 화엄경을 강의할 때 함양에 있었다. 이를 두고 보면 그가 이 시를 지은 곳이 합천이 아니라 천령군, 즉 경상남도 함양이다. 그러나 받는 사람이 머무는 곳이 해인사였다.

그가 희랑화상에게 지어 준 시는 열 수가 되어야 한다. 그러나 지금 전하는 시는 여섯 수밖에 없다. 아마도 네 수는 없어진 것 같다. 현재 전하는 여섯 수 가운데 첫 번째[81]와 두 번째[82]에서는 불교 용어가 대단히 많이 들어 있어 언뜻 보면 이해하기 어렵다. 예를 들어 두 번째 시에서 용(龍) 자가 한 구에 두 번씩 모두 여덟 차례 나온다. 그러나 용(龍) 자와 합친 말들은 모두 그 의미가 다르다. 곧, 용맹(龍猛)은 용수보살(龍樹菩薩)을, 용종(龍種)은 문수보살(文殊菩薩)을 가리킨다. 용산(龍山)은 가야산(伽倻山)을 말하며, 의룡(義龍)은 교학(敎學)에 뛰어난 스님을 비유할 때 쓰는 말로 여기서는 희랑화상(希郎和尙)을 가리킨다. 또 최고운이 남긴 작품 가운데 이 「가야산해인사결계량기(伽倻山海印寺結界場記)」가 있다.

최고운이 해인사를 지나 쌍계사에 가서 지은 작품이 있다. 「진주 쌍계사에 사는 호원 스님에게 부침[晉州佛宇雙溪寺寄顥源上人]」[83]이 그 대표적이다. 그러나 그가 언제 이곳에 가서 이 시를 지었는지가 확실하지 않다.

---

81 시의 내용은 제1부 주)196에 있다.

82 시의 내용은 제1부 주)123에 있다.

83 李荇 外, 『新增東國輿地勝覽』 卷30.

終日低頭弄筆端	하루 종일 머리 숙여 붓끝을 놀려 대는데,
人人杜口話心難	사람마다 입 다물어 마음 말하기 어려워.
遠離塵世雖堪喜	속세를 멀리 떠난 것은 기쁘다고 할지나,
爭奈風情未宜闌	품은 뜻은 막을 수가 없으니 어찌할거나.
影鬪晴霞紅葉逕	갠 노을 그림자가 단풍 길에 깔리고,
聲連夜雨白雲端	밤 빗소리 흰 구름 밑 여울로 이어지네.
吟魂對景無羈絆	경치를 읊조리는 심정에는 얽매임 없으니,
四海深機憶道安	사해의 깊은 기틀 도안을 생각하게 하네.

최고운이 지리산에 들어가서 지은 시가 이수광(李晬光)의 『지봉유설(芝峰類說)』[84]에 실려 있다. 「화개동(花開洞)」[85]이라는 제목 아래의 여덟 수의 시가 그것이다. 이들 가운데 두 수만을 들면 다음과 같다.

東國花開洞	우리나라의 화개동이라는 곳은,
壺中別有天	항아리 속의 별천지와 같다네.
仙人推玉枕	신선이 한잠을 자고 일어나니,
身世欻千年	몸과 세상이 어느 사이에 천 년.

萬壑雷聲地	골짜기마다 물소리 우레와 같고,
千峰雨色新	봉우리마다 비 맞는 초목 새로워.
山僧忘歲月	산속의 중들은 세월을 잊었건만,
惟記葉間春	나뭇잎 사이에 든 봄은 기억하네.

84 李晬光, 『芝峰類說』 卷13, [文章部] 6, 「東詩」(景印文化社 影印本).

85 위의 책, 232~233쪽.

이「화개동」시와 앞의「진주 쌍계사에 사는 호원 스님에게 부침」시를 최고운이 비슷한 시기에 지었을 것 같다. 이 시는 그가 벼슬은 그만두고 은둔 생활을 할 때 지은 것으로 보인다. 그가 이 화개동을 별천지로 생각하여 세속의 욕심을 끊을 수 있는 곳으로 여겼기 때문이다.

최고운이 운문사에 가서 지었는지 아니면 다른 곳에서 지었는지는 알 수 없지만, 운문사의 지광(智光) 스님에게 지어 준 시가 있다.「운문사 지광 스님에게 줌[贈雲門蘭若智光上人]」[86]이 바로 그것이다.

雲畔構精廬	구름 가에다 절을 지어 놓고는,
安禪四紀餘	선정(禪定)에 든 지가 50여 년.
筇無出山步	지팡이 산 밖을 나선 일 없고,
筆絶入京書	붓은 서울 가는 편지 안 쓰네.
竹架泉聲緊	대 홈엔 샘물소리 끊이지 않고,
松欞日影疎	소나무 창에 해 그림자 성겼네.
境高吟不盡	높은 경지라 시 또한 끝없는데,
瞑目悟眞如	눈을 감고는 진여를 깨우친다네.

운문사는 경북 청도군 신원리에 있다. 최고운이 이 운문사에는 어떻게 갔는지 알 수 없다. 아마도 그가 마산이나 합천으로 가는 도중에 이곳에 들렀을 가능성이 있다. 그의 여장(旅程)이 경주→청도→창녕→마산→진주→화개동일 가능성도 있고, 경주(慶州)→ 청도(淸道)→창녕(昌寧)→현풍(玄風)→고령(高靈)→합천(陜川) 해인사(海印寺)→ 거창

86 徐居正 外,『東文選』卷9; 趙云仡,『三韓詩龜鑑』; 張志淵,『大東詩選』.

(居昌)→함양(咸陽)일 가능성도 있다. 그가 고령에 갔다는 것을 입증할 수 있는 것이 「벽송정(碧松亭)」[87]이라는 제목 밑에 "늘그막 송정 아래 돌아와 누우니, 보이는 것 가야산 속 푸름뿐.[暮年歸臥松亭下, 一抹伽倻望裏靑.]"이라는 구절이 있기 때문이다. 그의 경상도 북부 지역의 또 다른 여정은 경주→영천(永川)→신녕(新寧)→군위(軍威) 고로(古老)→군위 의흥(義興)→의성(義城) 빙산(氷山)→의성 고운사(孤雲寺)→안동(安東)→안동 예안(禮安)→봉화 청량산(淸凉山), 경주→선산(善山[龜尾])→상주(尙州)→문경(聞慶) 가은(加恩)→문경 산북(山北) 등으로 추측할 수 있다.

실제로 그가 봉암사 비명을 지은 때가 그의 나이 30살 되던 해였다. 최고운이 봉암사(鳳巖寺)에 갔다가 이곳을 들렀거나, 아니면 봉암사에 가는 도중에 이곳에 갔을 가능성이 있다. 가은면(加恩面)에 있는 봉암사와 이 절과의 거리는 그다지 멀지 않다.

최고운이 충청남도 공주에 갔는지는 알 수 없다. 『신증 동국여지승람』 「공산성(公山城)」[88]을 보면 최고운의 시라 하여 다음과 같은 내용이 실려 있다.

---

87 崔致遠, 『孤雲集』 卷1.
벽송정은 현재 경상북도 고령군 쌍림면 신촌리에 있다. 통일신라 말기에 축조된 건물이라는 설도 있으나, 확실한 근거가 있는 것은 아니다. 그러나 정자 안에 통일신라 말의 학자 최치원의 시문이 있는 점으로 미루어 보아 유래가 오래된 건물인 것은 확실하다. 정자의 현판에는 정여창·김굉필 등의 시문도 남아 있다.
당시 지방에서 행세하던 유학자들로 구성된 유림에 의하여 이 정자가 운영되었으며, 경향각지의 선비들이 찾아와서 토론을 벌이고 유생들을 가르쳤다고 한다.
1920년 대홍수 때 건물의 일부가 파손되어 중수하면서 그 일부분을 현재의 위치로 옮겨지었다. 안림천이 잘 내려다보이는 산기슭에 자리한 이 건물의 구조는 정면 3칸, 측면 2칸의 팔작지붕 홑처마 집이다. 1985년 8월 5일 경상북도 문화재자료로 지정되었다.

88 李荇 外, 『新增東國輿地勝覽』 卷17, [公州牧], 「城郭」 條.

襟帶江山似畵成	성곽을 둘러싼 강산은 그림 같은데,
可憐今日靜消兵	가련타, 오늘에야 전쟁이 사라졌네.
陰風忽捲驚濤起	음풍이 갑자기 거센 파도 일으키니,
猶想當時戰鼓聲	당시 전고 소리 아직도 들리는 듯.

백제가 660년에 망하였으니, 최고운이 태어난 시기와는 시간 거리가 200년 정도 차이가 난다. 그가 보령(保寧)이나 서산(瑞山)에 갈 때 이곳을 지났을 가능성이 있다. 혼란기를 경험한 시인의 회포를 잘 묘사하고 있다.

최고운이 지은 사산비명(四山碑銘)은 각각 경상북도(慶尙北道) 문경시(聞慶市) 가은면(加恩面)의 봉암사(鳳巖寺), 경상남도(慶尙南道) 하동군(河東郡) 화개면(花開面) 운수리(雲水里) 쌍계사(雙溪寺), 경상북도(慶尙北道) 경주시(慶州市) 외동읍(外東邑) 말방리(末方里) 숭복사(崇福寺), 충청남도(忠淸南道) 보령시(保寧市) 성주면(聖住面) 성주리(聖住里) 성주사(聖住寺) 안에 있었으나, 대숭복사비(大崇福寺碑)는 현재 파손되어 남아 있지 않으며, 그 귀부(龜趺)만 경주박물관에 소장되어 있다.

「지증대사비명(智證大師碑銘)」의 원제목은 「대당 신라국 옛 봉암사 시호 지증대사 적조의 탑비명 및 서[大唐 新羅國 故鳳巖山寺 敎諡智證大師 寂照之塔碑銘 幷序]」[89]이다. 이 비문을 지은 시기는 이 비(碑)의 후기(後記) 부분에 보인다. 이 지증대사의 비문을 지으라고 명을 처음 받은 때는 헌강왕(憲康王) 11년(885)이다. 최고운의 나이 29세 되던 해이다. 이해 3월에 그는 당나라에서 신라로 귀국했다. 이로부터 8년이란 세월이 흘러 진성여왕 7

89 이 비명에 대해서는 졸고, 「崔致遠의 鳳巖寺智證大師碑文攷」, 『韓民族語文學』 第42輯, 韓民族語文學會, 2003. 6, 31~60쪽에서 상세히 고찰하였다.

년(893), 그의 나이 37세 되던 해에 이 비문을 완성했다. 또 31년이 지나 경명왕(景明王) 8년, 그의 나이 68세 되던 해에 이 비문(碑文)을 새긴 비(碑)가 건립되었다.[90] 그러나 이때까지 고운이 생존했는지는 불분명하다. 그가 마지막으로 지은 「신라 수창군 호국성 팔각등루기(新羅壽昌郡護國城八角燈樓記)」의 창작 시기가 효공왕(孝恭王) 12년(908) 겨울이다. 실제로 봉암사 경내의 안내판에는 다음과 같은 글이 있다.

> 이 탑은 봉암사를 창건한 지증대사의 부도로서 신라 헌강왕 8년(882)에 팔각 원당형을 기본으로 하여 세운 것이다.
>
> 여러 장의 판석으로 짠 방형의 지대석 위에 각부의 장식 조각이 섬세하고 수려하게 제작되어 당시 신라 부도의 대표적인 작품이다. 탑의 높이는 3.41m, 지대석 너비는 2.28m인 당당한 탑이다.
>
> 지증대사는 경주 김씨로 17세에 부석사의 경의 율사로부터 구족계를 받고 승려가 되었다. 말년에 봉암사를 창건하고 헌강왕 7년(881)에 왕사로 임명되었으나 사양하고 봉암사로 들어와 이듬해인 동왕 8년(882)에 입적하였다. 왕은 시호(諡號)를 지증(智證), 탑호(塔號)를 적조(寂照)라 내렸다.

최고운은 헌강왕(憲康王)의 명을 받아 이 비문을 지었다. 곧, 그가 이 비문을 지은 것은 자의(自意)에서 나온 것이 아니라 타의(他意)에 의한 것이다. 그가 이 비문을 봉암사에서 지었다고 보기는 어렵다. 물론 그가 봉암사에 머무르면서 지었을 수도 있으나, 그가 이 비명(碑銘)을 지은 시기와

90 崔英成, 『崔致遠의 哲學思想』, 아세아문화사, 2001, 551~554쪽 참조.
李九義, 『新羅漢文學硏究』, 아세아문화사, 2002, 548~550쪽 참조.

이 비명을 건립한 시기의 간격이 대단히 멀기 때문이다. 봉암사 「지증대사 적조탑비명」 앞에 있는 안내문에는 지증대사(智證大師)가 죽은 해에 이 비명을 세운 것으로 되어 있다. 그러나 실제로는 그렇지 않기 때문에 최고운이 이곳에 와도 이 비명을 짓고 난 뒤에 왔을 가능성이 있다.

「진감선사비명(眞鑑禪師碑銘)」의 본디 이름은 「신라의 옛 지리산 쌍계사 시호 진감선사 비명 및 서[新羅國 故 智異山 雙溪寺 教謚 眞鑑禪師 碑銘幷序]」[91] 이다. 최고운이 그의 나이 30세 되던 해(886) 정강왕으로부터 이 비명(碑銘)을 지으라는 명을 받았다.

이 비명(碑銘)은 신라 정강왕(886~887 재위)이 신라 말의 고승 진감선사 혜소(774~850)의 높은 도덕과 법력을 앙모하여 대사가 도를 닦던 옥천사를 쌍계사로 이름을 고친 뒤에 비를 건립하면서 지어진 것이다. 쌍계사의 이 비명 앞에 있는 안내문에는 다음과 같은 글이 들어 있다.

쌍계사 진감선사 대공탑비
雙溪寺 眞鑑禪師 大空塔碑

경상남도 하동군 호개면 운수리

신라 말의 명승 진감선사(眞鑑禪師) 혜소(慧昭)의 덕을 기려 세운 탑비(塔碑)이다. 선사의 속성(俗姓)은 최씨로 804년에 당으로 들어가 신감대사(神鑑大師) 아래에서 계를 받았고, 각지를 편력한 뒤 830년 신라로 돌아와 역대의 왕에게 숭앙을 받다가, 77세의 나이로 옥천사(玉

91 이 비명에 대해서는 졸고, 「崔致遠의 眞鑑禪師碑銘攷」, 『退溪學과 韓國文化』 第35輯 2卷, 慶北大學校 退溪硏究所, 2004, 151~185쪽에서 상세히 고찰하였다.

泉寺)에서 입적하였다. 헌강왕은 885년에 진감선사 대공탑비(眞鑑禪師 大空塔碑)라 추시하여 탑비를 세우도록 하였고, 정강왕(886~887 재위)은 옥천사를 쌍계사(雙溪寺)로 이름을 고쳤다. 이 비석은 887년에 건립되었다. 고운 최치원(857~?)이 글을 짓고 썼는데, 그의 사산비명(四山碑銘)의 하나로 꼽힌다. 전체 높이는 363cm, 비신의 높이는 213cm, 너비는 약 1m, 두께는 22.5cm이다.

위에서 알 수 있듯이 안내문에는 정확한 창작 연대가 나타나지 않고 있다. 하지만, 이 비석에 대한 해설은 비교적 상세하다.

「대숭복사비명(大崇福寺碑銘)」의 본디 이름은 「신라국 초월산 대숭복사비명 병서(新羅國 初月山 大崇福寺 碑銘 幷序)」[92]이다. 이 비명은 고운이 그의 나이 30세 되던 해(886) 봄에 당시 임금이었던 헌강왕으로부터 이 비명(碑銘)을 지으라는 명을 받아 지은 것이다. 헌강왕은 최고운에게 사산비명 가운데 이 비명을 가장 먼저 지으라고 하였다. 그러나 최고운이 이 절의 비명을 완성한 것이 언제인지는 정확하지 않다.

숭복사는 경문왕(景文王)의 모수(母后)인 소문왕후(昭文王后)의 외숙이며 경문왕의 비(妃) 숙정왕후(肅貞王后)의 조부인 파진찬(波珍飡) 김원량(金元良)이 세운 화엄 계통(華嚴系統)의 절이다. 이 절은 경주시(慶州市) 외동읍(外東邑) 말방리(末方里) 마을 동편의 토함산 기슭에 있었다. 절 뒤에 고니 모양의 바위가 있어 곡사(鵠寺)라 하였다가 헌강왕 11년(885)에 왕이 절 이름을 대숭복사(大崇福寺)로 바꾸고, 절의 내력을 담은 비명(碑銘)을 최고운에게 짓게 하였다. 이 비명은 『문선(文選)』에 보이는 왕건(王

---

92 이 비명에 대해서는 졸고, 「崔致遠의 大崇福寺碑銘攷」, 『東方漢文學 硏究』 第17輯, 東方漢文學會, 2004, 345~378쪽에서 상세히 고찰하였다.

巾)의 「두타사비명(頭陀寺碑銘)」에서 그 유래를 찾을 수 있다. 우리나라에서는 이 비명이 절의 비명으로서는 처음이다. 이 비명(碑銘)은 헌강왕과 정강왕(定康王)이 2년 사이에 잇따라 승하(昇遐)하여, 그 뒤 임금인 진성여왕(眞聖女王) 때가 되어서야 완성되었다. 최고운이 지은 사산비명 가운데, 이 「대숭복사비명(大崇福寺碑銘)」은 선승(禪僧)들의 탑비(塔碑)인 다른 세 비명과는 달리 신라 왕실에서 세운 원찰(願刹)의 내력을 담고 있음이 특징이다.

「낭혜화상비명(朗慧和尙碑銘)」[93]의 본디 이름은 「신라의 옛 양조 국사 시호 대낭혜화상 백월 보광의 탑비명 및 서[新羅國 故 兩朝國師 敎謚 大朗慧和尙 白月葆光 塔碑銘 幷序]」이다. 최고운이 34살 되던 해(890, 진성여왕 4)에 진성여왕으로부터 이 비명(碑銘)을 지으라는 명을 받았다. 그가 언제 이 비명을 완성했는지는 알 수 없다. 전후 상황으로 미루어 보아 그다지 오래 걸리지는 않았음을 알 수 있다. 성주사 터 안, 이 비명 앞의 안내문에는 다음과 같은 말이 있다.

성주사 낭혜화상 백월보광 탑비
聖住寺 朗慧和尙 白月葆光 塔碑

국보

소재지: 충청남도 보령시 성주면 성주리

이 탑비(塔碑)는 선종(禪宗)의 한 문파인 성주(聖住) 선문(禪門)을 일으킨 낭혜화상(朗慧和尙)을 위해 세운 것이다. 통일신라(統一新羅) 탑

93 이 비명에 대해서는 졸고, 「崔致遠의 朗慧和尙碑銘攷」, 『東方漢文學』 第25輯, 東方漢文學會, 2003, 135~171쪽에서 상세히 고찰하였다.

비(塔碑) 중 가장 크다.

비문(碑文)에는 낭혜화상의 행적이 잘 나타나 있고 글자 수가 5000자가 넘는 장문(長文)이다. 최고운이 글을 짓고, 그의 사촌 아우인 인연(仁渷)이 해서체(楷書體)로 글씨를 썼는데, 네 개[四基]의 비문 중 하나로 유명하다. 또 신라 골품제(骨品制)와 옛날[古]의 언어[語]를 연구하는 데 귀중한 자료이다.

비 머리인 이수(螭首)와 용머리[龍頭]를 가진 비석 받침은 크기가 크고 위세가 당당하고 조각(彫刻)도 생동감(生動感)이 있고 아름다워서 통일신라의 조각 수준을 잘 보여 준다.

낭혜화상은 무열왕(武烈王)의 8대손(八代孫)으로 성주사를 세운 왕자(王子) 흔(昕)과 같이 당(唐)에 들어가 선종(禪宗)을 공부하고 돌아와 성주사에 머물면서 선문구산(禪門九山)의 하나인 성주산파(聖住山派)를 일으켰다.

이처럼 사산비명 가운데 「대숭복사비명」을 제외한 나머지 비명들에 대해서 그 안내문과 다른 문헌을 바탕으로 그 내력을 살펴보았다. 위에서도 언급했듯이 이 사산비명은 최고운이 직접 그곳에 가서 지은 것이 아니라 다른 장소에서 지어 보냈을 가능성이 크다. 그러나 봉암사나 쌍계사 등지에 그의 친필 흔적이 있는 것으로 미루어 보아, 그가 한 번 이상은 이 네 곳을 다녀갔다고 보아야 할 것이다. 필자가 현장을 답사한 결과 남아 있는 세 비명도 마모가 심하였다. 그 가운데 가장 잘 보존된 것은 「진감선사비명」이다. 「지증대사비명」은 일반인의 출입이 제한된 비구니 사찰에 자리 잡고 있으나 판독이 어려울 만큼 마모가 되어 있었다. 「낭혜화상비명」은 세 비명 가운데 가장 마모가 심하였다. 물론 건물을 지어 보호하고 있지만, 국보라는 말이 무색할 정도로 방치되어 있다. 더욱 철저한 관리가 요구된다.

「지증대사비명」의 안내문에서 보아 알 수 있듯이, 안내문은 말 그대로 안내를 해야 하는데 많은 오류를 범하고 있다. 더 철저한 고증을 통해 안내문을 다시 만들어야 할 것이다. 다음은 경남 양산에 있는 임경대에 대한 해설이다. 현재 임경대가 있는 위치는 처음 이 대(臺)를 세울 때의 자리와 다르다. 이 점에 대해서는 이미 논의가 있었다.[94]

임경대
臨鏡臺

양산시(陽山市) 원동면(院洞面) 화청리(花淸里) 산(山) 72번지에 있으며 신라 말(新羅末, 西紀 875年頃)에 고운 최치원(崔致遠) 선생이 남주(南州)에 유산(遊賞)하실 적에 이곳에 머물다 간 곳이라 하여 『양산군지(陽山郡誌)』「고적」조(古蹟條)에 「임경대일운최공대 재군서황산강상층암절벽지상 최고운 유상지처야 금유지완연(臨鏡臺一云崔公臺 在郡西黃山江上層巖絶壁之上 崔孤雲 遊賞之處也 今遺址宛然)」이라 기록되어 있음은 물론 『동국여지승람(東國輿地勝覽)』「양산군(陽山郡)」「고적」조(古蹟條)에도 전(傳)해 내려오고 있습니다.

고운(孤雲) 최치원(崔致遠) 선생(先生)은 해동(海東)의 문장가이며, 대자연을 벗으로 삼아 풍류를 즐겼던 분이라 이곳에 당도(當到)하니 저 만치 강물이 맑고 깨끗하여 천하(天下)의 거울을 대함과 같다고 하여

94 송희준 외, 『임경대 유적지 기본조사 보고서』, 경북대학교 영남문화연구원, 2004, 27~69쪽.

'임경대(臨鏡臺)'라 칭(稱)하고 다음 7언절구(七言絶句) 한시(漢詩)와 함께 이 지방 '화제팔경(花濟八景)'을 남겼으니 낙동강(洛東江) 문학(文學)의 원조(元祖)가 되고도 남으리라.

烟巒簇簇水溶溶　산은 기묘하게 뾰족뾰족하고 물은 가득하게 늠실된다.
鏡裏人家對碧峯　거울 속에(낙동강) 사람의 집이 무늘봉을 마주 대하는데
何處孤帆飽風去　어느 곳에 돛단배가 바람을 가득 안고 떠나는고
瞥然飛鳥杳無蹤　문득 나는 새가 아득하게 자취 없이 사라지네

양산시(陽山市) 원동면(院洞面) 화청리(花淸里)

윗글은 새로 지어진 임경대 안에 걸려 있는 안내문이다. 시 번역[95]은 다소 미진한 부분이 있다. 그러나 이 임경대의 유래에 대해서는 『양산군지』를 인용하여 대략 밝히고 있다.

최고운 이후 이 임경대에 대해서 최초로 언급한 사람은 최자(崔滋, 1188~1260)이다. 고려 시대 최자는 『보한집(補閑集)』에서 임경대의 주위 경관과 최고운의 시 그리고 임경대의 내력에 대하여 다음과 같이 소상하게 언급하고 있다.

김해부(金海府)의 황산강(黃山江) 물길을 따라 6~7리 내려가면 푸른 벼랑이 깎아지른 듯 솟아 있고 마주 보는 곳에는 산봉우리가 강을 끼고 있다. 연기 피어오르는 10여 호의 집이 있는데 모두 대나무로 울타리를 둘렀고 띠 집을 지어서 마치 그림 속의 집과 같다. 당(唐)나라 시

95 필자의 번역은 제1부 주)187에 있다.

> 어사(侍御史)를 지낸 최치원(崔致遠)이 일찍이 돌을 쌓아서 대를 만들고 이름을 임경대라 하였다.[96]

임경대의 위치와 그 음영 시에 대해서는 송희준(宋熹準)이 상세히 고찰한 적이 있다. 그는 다음과 같이 임경대의 위치에 대해 언급하고 있다.

> 원래의 임경대는 경부선 하행선 화제에서 물금 방면 터널 입구에서 정임교(丁壬敎)가 차지한 경파대(境波臺) 사이의 낙동강변, 즉 깎아지른 병풍바위 같은 절벽 위에 있었던 것으로 추측된다. 그곳의 위는 푸른 소나무가 무성한 산이 누르고 있고 그 주위에서 붉은 바위의 벼랑이 둘러 있으며 앞으로는 험한 석잔도(石棧道)가 지나간다. 그러나 이 임경대는 경부선 철도를 부설할 때 물금과 화제 사이의 임경대와 석잔도를 깎아 내면서 없어진 것으로 추측된다.[97]

이 글을 보면 임경대의 원래 위치는 현재 위치가 아님을 알 수 있다. 필자도 윗글의 내용에 동의한다. 앞에서도 언급했듯이 최고운의 창작 현장은 주로 경상북도와 경상남도, 즉 경상도에 분포하고 있다. 이것은 그가 머문 공간 대부분이 경상도였음을 보여 준다. 그 가운데서도 경남 합천과 하동, 즉 가야산과 지리산 부근에서 창작활동이 활발히 이루어졌다.

---

96 "金海府黃山江, 沿流而下六七里, 蒼崖斗起, 面峰挾江, 有烟村十餘戶, 皆竹籬茅舍如在畵圖中. 唐侍御史崔致遠, 嘗累石爲臺, 名曰臨鏡 …(중략)… 歲久臺壞, 壁書漫滅, 後人移書於黃山樓, 所矚物象與詩反, 如縣額州榜何其背矣. 公凡所留詠, 率不過絶句一首, 就中嘉景無不破的. 故過客見之, 吟翫不足." 崔滋, 『補閑集』 卷上 第32張.

97 송희준 외, 앞의 글, 27~69쪽.

2. 유적의 현황과 문제점

최고운의 유적은 그가 신라에 돌아와서 벼슬할 때나 그 뒤 세상을 등지고 나서 여러 지역을 편력할 때 남긴 곳이 대부분이다. 먼저 그가 돌아다녔던 곳을 김부식은 『삼국사기』에서 다음과 같이 말하고 있다.

> 산림 아래나 강해 가에 대나 정자를 짓고 송죽을 심으며, 글을 읽고 시를 읊으며 지냈으니 경주 남산, 강주 빙산, 합주 청량사, 지리산의 쌍계사, 합포현 별서 같은 곳은 모두 그가 노닐었던 곳이다. 마지막에는 가족들을 데리고 가야산 해인사에 숨어 살았다. 모형(母兄)인 부도 현준과 정현사와 도우를 맺고 한가하게 쉬면서 여생을 마쳤다.[98]

윗글에서 우리는 최고운의 유적이 경주, 강주(의성), 합주(봉화), 지리산, 합포(마산) 등에 있을 것이라고 추측할 수 있다. 실제로 이 지역에는 그의 흔적이 많이 있다.

최고운의 일차적 유적은 '○○대(臺)'라고 이름 붙은 곳이 대부분이다. 그다음 이차적 유적은 정(亭)·누(樓)·당(堂)이다. 정(亭)과 누(樓)는 최고운 발길이 닿은 곳에 후대인들이 건물을 지어 기념한 것이요, 당(堂)은 정·누와 같은 성격을 지닌 것도 있고, 그렇지 않은 것도 있다. 먼저 일차적 유적을 표로 나타내면 다음과 같다.

---

98 "山林之下, 江海之濱, 營臺樹植松竹, 眈籍書史, 嘯詠風月, 若慶州南山, 剛州氷山, 陜州淸凉寺, 地異山雙溪寺, 合浦縣別墅, 此皆遊焉之所. 最後, 帶家 隱伽倻山海印寺, 與母兄浮圖賢俊及定玄師, 結爲道友, 棲遲偃仰, 以終老焉." 金富軾, 『三國史記』 卷46, [列傳], 「崔致遠」 條.

[표 4] 최고운의 유적 - 대(臺) 일람표

명칭	소재지	비고(문헌)
고운대(孤雲臺)	경남(慶南) 창원시(昌原市) 두척산(斗尺山) 봉우리 위	『신증동국여지승람(新增東國輿地勝覽)』 권32
월영대(月影臺)	경남(慶南) 창원시(昌原市) 해운동(海雲洞) 8번지 7호	'월영대(月影臺)' 친필(親筆) 각자(刻字), 『신증동국여지승람』 권32, [창원(昌原)], 「고적(古跡)」 조
임경대(臨鏡臺)	경남(慶南) 양산시(陽山市) 원동면(院洞面) 화청리(花淸里)	위치 미상
첩석대(疊石臺)	경남(慶南) 합천군(陜川郡) 가야면(伽倻面) 치인리(緇仁里)	홍류동(紅流洞)과 해인사(海印寺)의 중간 지점
청룡대(靑龍臺)	경남(慶南) 창원시(昌原市) 웅동면(熊東面) 가주리(佳主里) 가동(佳洞)	'청룡대(靑龍臺)' 친필(親筆) 각자(刻字), 「문창후 최선생 청룡대비(文昌侯崔先生靑龍臺碑)」, 1918, 노상직(盧相稷)
치원대(致遠臺)	경북(慶北) 봉화군(奉化郡) 명호면(明湖面) 청량산(淸凉山) 중턱	김생굴(金生窟) 옆에 있음.
칠성대(七星臺)	경남(慶南) 합천군(陜川郡) 가야면(伽倻面) 구원리(舊源里)	학사당(學士堂)이 있던 자리에서 약 1km 아래 지점
학사대(學士臺)	① 경남 합천군 가야면 해인사 안 서북쪽 담 밖, 전나무가 있음. 최고운이 심었다 하나 실제는 백불암(百弗菴) 최흥원(崔興遠, 1705~1786)이 심은 것임. ② 경북(慶北) 김천시(金泉市) 황금(黃金)2동(洞). 최고운이 인근 선비들과 교유강학(交友講學)하던 곳이라 전함.	『백불암집(百弗菴集)』 권7 「가야산 유산록(遊伽倻山錄)」 『김천향토사(金泉鄕土史)』 제2장, 「풍토(風土)」 제1, 전설(傳說) 조
해운대(海雲臺)	부산시(釜山市) 해운대구(海雲臺區) 동백섬	'해운대(海雲臺)'라는 친필 각자가 있음. 『신증동국여지승람』 권23, 「동래 고적(東萊古跡)」 조

위의 [표 4]에 수록된 대(臺) 중에서 임경대(臨鏡臺)를 제외하면 최고운의 작품이 남아 있는 것이 없다. '월영대(月影臺)', '청룡대(靑龍臺)', '해운대(海雲臺)'라는 친필(親筆) 각자(刻字)가 바위에 남아 있을 뿐이다. 그러나 이 친필이라고 알려진, 바위에 새긴 글자도 실제 최고운의 글씨인지, 아니면 후대인들의 것인지는 필자로서는 구분하기 어렵다.

이들 대(臺)를 제재로 하여 후대 시인들이 지은 시가 많이 있다. 현재 남아있는 누정(樓亭)을 표로 나타내면 다음과 같다.

[표 5] 최고운의 유적 - 누(樓)·정(亭) 일람표

명칭	소재지	비고(문헌)
농산정(籠山亭)	경남 합천군 가야면 치인리 홍류동	1936년 중건
연빈루(燕賓樓)	경남(慶南) 창원(昌原) 동헌(東軒)에 있었던 작은 누(樓)	『신증동국여지승람』 권32, 홍귀달(洪貴達, 1438~1504)의 「연빈루기(燕賓樓記)」
학사루(學士樓)	경남(慶南) 함양군(咸陽郡) 함양읍(咸陽邑) 운림리(雲林里)	임진왜란 때 불탄 것을 1692년에 복원, 1979년 현 위치로 이전함. 박지원(朴趾源), 「학사루기(學士樓記)」
사운정(思雲亭)	경남(慶南) 함양군(咸陽郡) 함양읍(咸陽邑) 대덕리(大德里) 상림(上林) 안	1906년 건립. 처음 이름은 '모현정(慕賢亭)'이었으나 뒤에 개칭하여 '사운정'이라 함.
벽송정(碧松亭)	경북(慶北) 고령군(高靈郡) 쌍림면(雙林面) 하거리(下車里)	최고운의 시 두 구가 있음.
가운루(駕雲樓)·우화루(羽化樓)	경북(慶北) 의성군(義城郡) 단촌면(丹村面) 구계리(龜溪里)	최고운이 여지(如智)·여사(如事) 두 대사와 함께 창건함.
감운정(感雲亭)·피향정(披香亭)	전북(全北) 정읍군(井邑郡) 칠보면(七寶面) 시산리(詩山里) 전북(全北) 정읍군(井邑郡) 태인리(泰仁面) 태창리(泰昌里)	피향정은 최고운이 태산 군수로 있을 때 창건해, 1716년과 1882년에 중수(重修)함.

『삼국사기』의 기록에 따라 경주 지역에 있는 최고운 유적을 보면, 「대숭복사비명」이 있었던 대숭복사 터, 상서장(上書莊), 그리고 낭산(狼山)에 있는 독서당(讀書堂)이다. 「대숭복사비명」에 대해서는 앞에서 언급했기에 생략한다. 상서장은 최고운이 왕건에게 "계림(鷄林)에는 나뭇잎이 누렇고, 곡령(鵠嶺)에는 소나무가 푸르다."라는 말을 올렸다 하여 그 이름을 상서장(上書莊)이라 하였다. 이곳에는 최고운의 영정(影幀)이 모셔져 있다. 그 위치는 경상북도 경주시 인왕동(仁旺洞) 금오산(金鰲山) 북쪽 기슭이며 창건 연대는 1876년이다. 「상서장(上書莊) 비문」은 최고운이 태어난 뒤 1천 20년이 지난 병자년(1876) 3월 어느 날 가선대부(嘉善大夫) 전 행병조참판(前 行兵曹叅判) 동지경연(同知經筵) 의금부(義禁府) 춘추관사(春秋舘事) 오

위도총부(五衛都摠府) 부총관(副摠管) 당시 월성부윤(月城府尹) 이돈상(李敦相)이 짓고 썼다. 그 곁에 서 있는 문창후유허비(文昌侯遺墟碑)는 1980년에 세워졌는데, 그 비명은 두계(斗溪) 이병도(李丙燾)가 짓고 고운의 후손인 최병무(崔秉武)가 썼다. 경주 지역에 최고운의 자취가 여러 곳 남았지만, 실제로 그의 작품은 「대숭복사비명」을 제외하면 거의 보이지 않는다.

최고운이 책을 읽던 곳이라 전해 오는 독서당(讀書堂)은 경주시 배반동(排盤洞) 낭산(狼山) 기슭에 있다. 여러 차례 중건(重建)을 거쳐 오늘날까지 모습을 보존하고 있다. 뜰 앞에는 고운이 사용했다는 우물[古井]이 그대로 있고 담장 밖에는 1981년까지 향나무가 있었다. 이 향나무는 고운이 손수 심은 것이라 하는데 1982년 도벌되었다. 응와(凝窩) 이원조(李源朝, 1792~1872)가 경주부윤(慶州府尹)으로 있을 때 「낭산독서당유허비문(狼山讀書堂遺墟碑文)」을 지었는데, 그 일부를 들면 다음과 같다.

> 선생은 학문으로는 성묘(聖廟)에 배향할 만하고 문장으로는 사맹(詞盟)의 주인이 되었으며, 뜻은 백이가 세상을 피한 것을 본받았고, 자취는 장자방이 신선을 구하겠다는 말을 본받았으니, 선생은 과연 어떠한 분인가?[99]

이원조는 이 글에서 최고운의 학문과 문장, 삶의 태도 또는 처세에 대해서 언급하고 있다. 상서장이나 독서당뿐만 아니라 오늘날 최고운의 유적지에 있는 건물 대부분은 후대에 지어졌다. 따라서 엄밀히 말하면 유적이

---

99 “先生, 以學則躋聖廟, 以文則主詞盟, 以志則伯夷之避世, 以跡則子房之托仙. 先生果何如人也.” 李源祚, 『凝窩集』 卷18, 「文昌侯崔先生讀書堂遺墟碑」.

아니다. 그가 중국에 가기 전인 12살 이전의 자취는 찾아볼 수 없다. 오늘날까지 남아 있는 최고운의 자취는 대부분 그가 중국에서 돌아오고 난 뒤에 짓거나 쓴 시문이나 글씨이다. 최고운의 유적에 관한 관심이 고조된 것은 1970년대 이후이다. 앞의 여러 표에서 보았듯이 유적지에 남아 있는 건물 대부분도 1970년 이후에 들어섰다.

최고운의 유적 가운데 빼놓을 수 없는 곳이 그가 천령군[咸陽] 태수로 재임하던 시절 조성했다는 상림(上林)과 그가 자주 올라 시를 지었다는 학사루(學士樓)이다. 상림은 현재 천연기념물이다. 소재지는 경상남도 함양군 대덕리이다. 안내판에는 다음과 같은 글이 실려 있다.

> 이 숲은 지금으로부터 약 1100년 전인 신라 진성여왕(887~897 재위) 때 당시 함양(咸陽) 태수(太守)를 지냈던 최치원(崔致遠) 선생이 호안림(護岸林)으로 조성한 인공림이라고 한다. 당시에는 지금의 위천수(渭川水)가 함양읍(咸陽邑)의 중앙을 흐르고 있어서 해마다 홍수로 인한 피해가 컸으므로 그것을 막기 위한 방책으로 이곳에 둑을 쌓아 강물을 돌리고 둑 위에 나무를 심어 가꾸게 된 것이라 한다. 처음에는 이 숲을 대관림(大館林)이라 이름 짓고 잘 보호하였으나 세월이 흐르는 동안 중간이 파괴되어 지금과 같이 상림(上林)과 하림(下林)으로 갈라졌으며 현재는 면적 약 188,358m^2 100여 종 20,000여 그루의 나무가 자라고 있다.

학사루는 경상남도 유형문화재이다. 경상남도 함양군(咸陽郡) 함양읍(咸陽邑) 운림리(雲林里)에 있다. 누각 앞에 놓여 있는 안내문에는 다음과 같은 기록이 있다.

이 누각의 창건 연대는 알 수 없으나 고운(孤雲) 최치원(崔致遠) 선생이 함양 태수(太守)로 있을 때 이곳에 올라 시를 자주 지었기 때문에 학사루(學士樓)라는 이름이 붙었다 한다. 조선 시대 관청의 객사(客舍) 자리인 함양초등학교 안에 있었던 것을 1979년에 현재 위치로 옮겼다. 이전 당시 발견된 기록에 따르면 임진왜란 때 불탄 것을 1692년(숙종 18)에 중수하였다고 한다. 원래 학사루는 객사의 부속 건물로 함양 읍성(邑城)의 중심에 위치하였다. 그러나 일제 강점기에 학사루를 제외하고 객사를 비롯한 다른 중요한 건물들이 모두 사라져 버렸다. 이 누각은 정면 5칸, 측면 2칸의 비교적 큰 2층 팔작지붕 건물이다. 그렇게 화려한 건물은 아니지만 누의 아래와 위, 지붕의 비례가 대단히 조화롭게 안정되어 있으므로, 조선 시대 관청에서 지은 누각 건축의 전형을 보여 주고 있다. 이 건물과 관련된 일화가 하나 있다. 김종직(金宗直, 1431~1492)이 함양군수로 있을 때 이곳에 걸려 있던 유자광(柳子光, 1439~1512)이 쓴 시(詩)를 철거한 일이 있는데 이것이 사적인 원한으로 발전하여 1498년(연산군 4)에 일어난 무오사화(戊午士禍)의 한 원인을 제공하였다 한다.

필자는 1978년부터 최고운의 유적지를 두루 돌아다녔다. 당시와 지금을 비교해 보면 많은 변화가 있다. 최고운 유적의 변화와 몇 가지 문제점을 살펴보자.

첫째는 유적에 관한 관심이 고조되면서 새로이 단장하거나 복원하였다는 점이다. 절 안의 유적지는 사찰에서 주도하여 보수 또는 복원하였다. 대표적인 것이 의성 고운사에 있는 가운루와 우화루이다. 1981년 필자가 그곳에 처음 갔을 때는 담장이 허물어져 그 모습이 초라하였으나 지금은 말끔히 단정되어 있다. 함양의 상림(上林)도 마찬가지이다. 상림 주위에는 1980년대에는 없던 것을 최근에 조성한 것도 있다. 그것은 역사인물공원(歷史人物公園)로, 이곳에서 함양과 관련 있는 인물 13분을 모시고 있다. 최고운을 중심으로 왼쪽과 오른쪽에 여섯 분씩을 모시고 있다. 단장한 것은 좋으나 원형을 훼손한 것 같아 아쉬움이 남는다.

둘째는 큰 도시에 있는 유적 주변의 환경이 많이 변모하였다는 점이다. 경주 낭산의 독서당이 있는 곳은 1980년대에는 큰길에서 그곳으로 가는 길이 없었다. 그러나 지금은 큰길에서 바로 통하는 곧은길이 나 있다. 해운대 동백섬은 1980년대에는 한적한 곳이었다. 그러나 지금은 주위에 아파트가 들어서고 길이 넓어졌으며 유적지다운 고즈넉한 맛이 없다. 해인사 홍류동 길가에 있던 학사당(學士堂, 1940년대 이전)이나 최문창후신도비(崔文昌侯神道碑)(1972년 건립), 최문창후유허비(崔文昌侯遺墟碑)(1976년 건립) 등은 2000년도에 들어 다른 곳으로 옮겨졌다.

필자는 1980년에 처음으로 해인사를 답방한 이래 30여 차례 그곳을 찾았다. 지금의 농산정은 그때 모습 그대로이다. 그러나 바위에 새겨진 홍류동(紅流洞)이라는 글씨는 훼손되어 그때 모습이 아니다. 옛 독서당 건물은 다른 곳으로 옮겨졌고, 그 주위의 비석들도 보이지 않게 되었다. 최고운을 연구하는 한 사람으로서 그 심정이 착잡함을 금할 길 없다. 바위에 새겨진 홍류동(紅流洞)이라는 글씨도 공사로 인해 훼손되어 수십 년 전 모습과 달라졌다.

셋째는 유적지에 있는 최고운 친필의 고증(考證) 문제이다. 최고운의 친필이라고 알려진 글씨가 새겨진 비석이 곳곳에 흩어져 있다. 쌍계(雙溪)·석문(石門: 하동 쌍계사 입구), 세이암(洗耳嵒: 하동 지리산), 광제암문(廣濟嵒門: 산청), 청룡산(靑龍臺: 마산), 해운대(海雲臺: 금산), 자필암(泚筆岩: 합천군 가야면 구원리), 야유암(夜遊岩: 문경 봉암사 입구), 고산유수 명월청풍(高山流

水, 明月淸風: 문경 봉암사에서 동쪽으로 1km 지점), 백운대(白雲臺: 봉암사에서 서쪽으로 500m 지점) 등이 그것이다. 이들 글자는 행초서(行草書), 해서(楷書), 예서(隸書) 등 다양한 서체로 되어 있다. 필자의 능력으로는 현재 바위에 새긴 글자가 최고운의 것인지 고증할 수 없다.

넷째는 특정나무들을 최고운이 심었다는 사실의 진위 확인 문제이다. 현재 최고운이 심었다는 나무는 현재 경상남도 하동군(河東郡) 화개면(花開面) 범왕리(凡旺里) 세이암(洗耳菴) 건너편에 있는 팽나무와 경상남도 거창군(居昌郡) 가북면(加北面) 몽석리(夢石里) 산기슭에 있는 여섯 그루의 소나무, 그리고 가야산 해인사 경내 학사대(學士臺)에 서 있는 전나무이다. 안내문을 보면, 가야산 학사대에 서 있는 전나무는 최고운이 지팡이를 거꾸로 꽂아 이 지팡이가 살아난 것이라 하고 있다. 그의 후손인 백불암(百弗菴) 최흥원(崔興遠, 1705~1786)의 『백불암집(百弗菴集)』을 보면, 다음과 같은 구절이 있다.

> 서쪽 위의 높은 대가 바로 학사대라 하는 것인데 고운이 손수 심은 소나무가 이미 고목이 되었고 그 그루터기만 남아 있었다. 내가 '이번 행차가 2월인데 하늘에서 비가 내리니 바로 소나무를 심기에 알맞다.'라 생각하고, 종을 불러 네 그루의 작은 소나무를 캐어다가 그 곁에 심게 하였다. 나중에 이 대에 오르는 사람들이 반드시 "보잘것없는 선비가 특별히 학사[최고운]께서 하신 일을 배웠다."라 하겠지만, 여러 승려가 과연 잘 보호하고 길러서 크게 자랄지는 모르겠다.[100]

100 "西上一高臺, 卽所謂學士臺, 而孤雲手植松已枯, 獨其查在矣. 余以爲此行適値二月, 天又雨, 正合植松. 乃命奴採四小松, 植其傍, 後之登此臺者, 其必曰措大特學學士之爲, 未知諸僧果護養得長否." 崔興遠, 『百弗菴集』 卷7, 「遊伽倻山錄」.

이 글로 미루어 보면 백불암이 하인을 시켜 심게 한 나무는 전나무가 아니라 소나무였다. 그것도 한 그루가 아니라 네 그루였다. 그러나 지금 남아 있는 나무는 전나무이며, 그것도 한 그루이다. 그러면 이 나무를 누가 심었다는 것인가? 첫째는 전나무와 소나무의 모습이 비슷하니 전나무를 소나무로 표현했을 가능성이 있다. 둘째는 백불암이 하인에게 심게 한 소나무가 말라 죽자, 그 장소에 어느 누가 전나무를 심었을 가능성이 있다. 지금으로서는 이 두 가지 모두 명확하게 입증할 수 없다.

이 밖에 호남과 호서 지방에도 최고운 유적지가 있다. 이곳은 대부분 그의 설화나 소설에 나오는 유적이다.

3. 배향 현황과 그 의의

최고운을 추향(追享)하기 위하여 세운 건물은 대부분 사우(祠宇)와 서원(書院)이다. 이는 최고운에 국한하는 것이 아니라 일반적인 경향이다. 최고운의 경우, 당(堂)이라 이름이 붙은 곳에서도 그의 영정(影幀)을 모시거나 배향(配享)하는 예도 있다. 그 배향 현황[101]을 표로 나타내면 다음과 같다.

[표 6] 최고운 배향 일람표

명칭	창건 연대	배향자	소재지	비고
남악서원(南岳書院)	1968	최치원·설총(薛聰)·김유신(金庾信)	경남(慶南) 진주시(晋州市) 금곡면(金谷面) 금곡리(金谷里)	남악사(南岳祠)라고도 하며 창건 연대는 미상

101 이 표는 최준옥의 앞의 책, 260~262쪽에 실린 「고운 선생 서원·영당·사우 일람표(孤雲先生書院·影堂·祠宇 一覽表)」를 바탕으로 수정·보완하였다.

명칭	창건 연대	배향자	소재지	비고
무성서원(武城書院)	1615	최치원·신잠(申潛)·정극인(丁克仁)·송세림(宋世琳)·정언충(鄭彦忠)·김약묵(金若默)·김관(金灌)	전북(全北) 정읍군(井邑郡) 칠보면(七寶面) 무성리(武城里) 원촌(院村)	
문창서원(文昌書院)	1969	최치원 영정(影幀)	전북(全北) 옥구군(沃溝郡) 옥구읍(沃溝邑) 읍내리(邑內里) 상평(上坪)	
백연서원(栢淵書院)	1670	최치원·김종직	경남(慶南) 함양군(咸陽郡) 함양읍(咸陽邑) 백연리(栢淵里)	훼철(毁撤)됨.
벽성서원(碧城書院)	1965	최치원·김유신(金庾信)·김보(金普)·김선(金璇)·김극일(金克一)·허조(許稠)·김종직·김영정(金永貞)·김일손(金馹孫)·김우항(金宇杭)	전북(全北) 김제군(金堤郡) 김제읍(金堤邑) 교동(校洞)	
서악서원(西岳書院)	1561	최치원·설총·김유신	경북(慶北) 경주시(慶州市) 서악동(西岳洞)	
염의서원(廉義書院)	1685	최치원·고경명(高敬命)·고용현(高用賢)	전북(全北) 옥구군(沃溝郡) 옥산리(沃山面) 당북면(堂北里) 한림동(翰林洞)	
용강서원(龍崗書院)	1977	최치원 영정	경북(慶北) 안동시(安東市) 용상동(龍上洞) 산(山)79-2	
학남서원(鶴南書院)	1916	최치원 영정	경북(慶北) 청도군(淸道郡) 각남면(角南面) 일곡리(日谷里)	
대곡영당(大谷影堂)	1971	최치원 영정	대구시(大邱市) 달서구(達西區) 대곡동(大谷洞)	
두곡영당(斗谷影堂)	1846	최치원 영정	경남(慶南) 창원시(昌原市) 두척동(斗尺洞) 두곡(斗谷)	
아산영당(鵝山影堂)	1888	최치원·최익현(崔益鉉) 영정	경북(慶北) 울진군(蔚珍郡) 울진읍(蔚珍邑) 명도리(明道里)	
지산영당(芝山影堂)	1737	최치원 영정	광주시(光州市) 광산구(光山區) 양과리(良瓜里)	
김산사(金山祠)	1931	최치원·설총·김유신	경기도(京畿道) 화성시(華城市) 창곡동(昌谷洞)	
금운사(錦雲祠)	1970	최치원 영정	경북(慶北) 영덕군(盈德郡) 강구읍(江口邑) 금호리(錦湖里)	
단동사(丹洞祠)	1949	최치원 영정	전북(全北) 익산시(益山市) 웅포동(熊浦洞)	

명칭	창건 연대	배향자	소재지	비고
도충사(道忠祠)	1907	최치원·최청(崔淸)·최몽량(崔夢亮) 영정	충남(忠南) 서천군(舒川郡) 한산면(韓山面) 원산리(院山里)	
부성사(富城祠)	1920	최치원 영정	충남(忠南) 서산군(瑞山郡) 지곡면(池谷面) 산성리(山城里)	
운암사(雲巖祠)	1923	최치원 영정	경남(慶南) 하동군(河東郡) 양포면(良甫面) 운암리(雲巖里)	
지산사(芝山祠)	1924	최치원·최익현 영정	전북(全北) 순창군(淳昌郡) 인계면(仁溪面) 지산리(芝山里)	
청성사(淸城祠)	1768	최치원 영정	경기도(京畿道) 포천군(抱川郡) 신북면(新北面) 가채리(加采里)	
상서장(上書莊)	1936	최치원 영정	경북(慶北) 경주시(慶州市) 인왕동(仁旺洞)	
구회당(九會堂)	1755	최치원 영정	대구시(大邱市) 동구(東區) 도동(道洞)	
학사당(學士堂)	1940	최치원 영정	경남(慶南) 합천군(陜川郡) 가야면(伽倻面) 치인리(緇仁里) 홍류동(紅流洞)	훼철됨.
옥산원(玉山院)	1929	최치원·김용니(金用泥)·두정란(杜廷蘭)·김완(金浣)·전영방(田永芳)·강진문(姜進文)·강진백(姜進佰)·김경신(金景信)·김업(金業)· 김려생(金麗生)·신석보(申碩輔)· 신대욱(申大旭)·두안복(杜安復)·문창현(文昌炫)	전북(全北) 옥구군(沃溝郡) 옥구읍(沃溝邑) 읍내리(邑內里) 상평(上坪)	
현충단(賢忠壇)	1764	최치원·조태채(趙泰采)·이건명(李健命)·최익현·임병찬(林炳讚)	전북 옥구군 옥구읍 읍내리 상평	본디 삼현사(三賢祠)였음.
해운대(海雲臺)	1971	최치원(崔致遠) 동상(銅像)	부산시(釜山市) 동래구(東萊區) 동백도(冬栢島)	

위의 표에서 알 수 있듯이 최고운을 가장 먼저 배향한 때는 명종 16년(1561)이며, 배향한 장소는 서악서원(西岳書院)이다. 그 뒤 조선 시대에도

몇몇 사우나 서원에서는 그를 배향하거나 그의 영정을 모시기도 하였다. 그러나 최고운을 배향하거나 영정을 모신 것은 대부분 1900년대 들어서이다. 『동경지(東京志)』를 보면 다음과 같은 말이 나온다.

> 경주 부윤(府尹)인 구암(龜岩) 이정(李楨)이 퇴계(退溪) 선생께 아뢰어 계해년(1563)에 위패(位牌)를 봉안하였다.
>
> 퇴계 선생은 서악정사(西岳精舍)라 이름 짓고 강당(講堂)은 시습(時習), 동재(東齋)는 진수(進修), 서재(西齋)는 성경(誠敬), 동쪽 하재(下齋)는 절차(切磋), 서쪽 하재(下齋)는 조설(操雪), 앞의 누각(樓閣)은 영귀(詠歸), 문은 도동(道東)이라 하여 누각 현판에 퇴계 선생의 필적(筆蹟)을 걸어 놓았다. 임진왜란(壬辰倭亂)에 전부 불타 버리고 위패(位牌)는 산골짜기로 옮겼다.
>
> 선조(宣朝) 33년(1600) 이시발 부윤(李時發 府尹) 때 옛터에 초가집을 짓고 위패를 봉안하였다. 그리고 선조 35년(1602) 이시언 부윤(李時彦 府尹) 때 다시 사당을 지었지만, 완전히 복구하지는 못했는데 광해군(光海君) 2년(1910) 최기(崔沂) 부윤 때 강당과 재실 및 전사청(典祀廳)과 장서실(藏書室)을 완성하였다. 인조 원년(仁祖元年, 1623) 여우길(呂祐吉) 부윤 때 부내의 선비 진사 최동언(進士 崔東彦) 등이 상소하여 액자(額字)를 내려 주기를 청하니, 서악서원(西岳書院)이라는 액자를 내렸는데 현판은 원진해(元振海)의 글씨이다. 그 후 인조(仁祖) 24년(1646) 이민환(李民寏) 부윤 때 다시 영귀루(詠歸樓)를 짓고 묘제(廟制)는 동향(東向)하여 홍유후 설총(弘儒候 薛聰)·개국공 김유신(開國公 金庾信)·문창후 최치원(文昌侯 崔致遠)을 차례로 배향하였다.[102]

---

102 "府尹 龜岩 李公楨, 稟於退溪李先生, 歲癸亥奉安, 退溪先生, 命名曰, 西岳精舍, 講堂曰時習, 東齋曰進修, 西齋曰誠敬, 東下齋曰切磋, 西下齋曰操雪, 前樓曰詠歸, 門曰道東, 樓

『서악지(西岳誌)』에서는 이 서악서원에 최고운을 배향한 이유를 기술하고 있다. 그 내용을 들면 다음과 같다.

> 동쪽 나라에 태어나서 그 문장과 공적이 중국을 휩쓸고 후세에 빛낸 이는 천고에 한 사람뿐이다. 이것이 성묘(聖廟, 공자를 제사 지내는 사당)에 배향하게 될 만한 원인이었다. 저 「청송황엽(靑松黃葉)」의 글귀를 예언하여 고려의 창업(創業)을 비밀리에 찬양하였다는 말은 천루(淺陋)한 사전(史傳)에 불과한 것이다. 기미를 보고 고도,(高蹈 벼슬에서 물러나 깨끗이 은거함)하여 마침내 자취를 감추어 여대(麗代)의 세상에 물들지 않고 자신의 소신을 특립독행(特立獨行)한 그 의(義)는 또한 백세(百世)의 스승이라 이를 만하다.[103]

최고운을 배향하는 곳은 그가 태어나고 성장한 경주와 벼슬살이를 했던 함양, 태인, 서산 인근의 서원이나 사우들이다. 그 밖에 안동이나 울진, 심지어는 포천 같은 곳에서도 그의 영정을 모시고 있다. 안동이나 울진은 그가 의성을 지나 청량산으로 갔던 길 중간에 있어 이해가 간다. 그러나 포천은 그의 행동반경과는 상당히 거리가 있다. 이것은 물론 부정적인 경우도 있지만, 우리나라 선비로서 최고운이 그만큼 중요한 위치를 차지하고 있음을 말한다.

楯間, 揭先生筆, 而俱燬于壬辰, 位版則移蔣于山谷中. 萬曆庚子, 府尹李時發時, 構草舍于舊址, 還安位版. 壬寅, 府尹李時彦時, 重新祠宇, 而猶未盡復. 庚戌, 府尹崔近時, 重創講堂齋舍, 及典祀廳藏書室. 天啓癸亥, 府尹呂祐吉時, 府尹進士崔東彦等, 陳梳請額, 賜額曰西岳西院, 扁額則 元振海筆也. 丙戌, 府尹李民奐時, 重建詠歸樓, 廟制東向, 弘儒候, 開國公, 文昌公, 而次並享."

103 "生乎東國而其文草事業, 至於驅駕中原, 暎曜後世者, 千古一人而已, 此其可以從祀聖廟也. 以靑松黃葉之句, 爲密贊麗業, 則必史傳之陋耳. 見幾高蹈, 終於隱晦迹, 不染麗代之世, 其特立獨行之義, 又可謂百世之師."(『西岳誌』, 서울대 奎章閣 所藏本)

최고운을 문묘에 배향한 이유는 크게 세 가지로 나눌 수 있다. 첫째, 문장과 공적이 중국을 휩쓸고 후세에 빛난 이는 천고에 한 사람뿐이기 때문이다. 둘째, 기미를 보고 벼슬에서 물러나 깨끗이 은거하여 세상에 물들지 않고 자신의 소신을 특립독행(特立獨行)한 그 의리(義理)가 또한 백세(百世)의 스승이 될 만하기 때문이다. 이는 비단 서악서원에만 국한한 것이 아니다. 다른 사우(祠宇)나 서원(書院)에서 최고운을 배향하는 것도 바로 이러한 이유에서일 것이다. 셋째, 그의 후손들, 즉 경주 최씨가 우리나라 곳곳에 흩어져 있으니, 이들이 자신의 조상을 천양(闡揚) 하기 위해서이다. 1970년대를 전후해서 경주 최씨 종친회에서는 최고운의 성화사업(聖化事業)을 대대적으로 펼쳤다.

[표 6]에서 알 수 있듯이 최고운의 영정을 모시고 있는 곳은 12곳이고, 최고운의 동상이 있는 곳이 한 군데이다. 아마도 우리나라 역대 명현들 가운데 영정을 봉안하고 있는 사우(祠宇)의 수를 말하면 최고운이 단연 수위일 것이다. 그러나 이 영정의 모습이 한결같지 않다. 실제 인물이나 사진이 존재하지 않으니, 그의 정확한 모습을 알 길이 없다. 다만 이를 추측해서 그렸을 것인데, 추측해서 그리는 사람은 저마다 다른 화가이기 때문에 영정의 모습이 서로 다를 수밖에 없다. 모습이 제각각 다를지라도 그 영정을 모시고 있다는 것은 그만큼 최고운을 추모하는 정이 깊다는 것을 입증한다.

제9장

충남 지역의 최고운 문학 창작 현장과 정신

충청남도 지역에서 최고운의 창작물이 남아 있는 곳은 그다지 보이지 않는다. 그의 창작물이 있는 곳은 1곳뿐이다. 그곳은 바로 충남 보령시 미산면(嵋山面) 성주리(聖住里) 성주산(聖住山) 성주사(聖住寺) 터에 있는 「낭혜화상비명(朗慧和尙碑銘)」이라 불리는 「대낭혜화상 백월보광 탑비명 병서(大朗慧和尙 白月葆光 塔碑銘 幷序)」이다. 문헌에는 이 비문(碑文)의 내용이 전하고 있지만, 이 비석이 있는 곳을 가서 보면 거의 판독이 불가능할 정도로 마모가 심하다.

최고운 유적은 여러 곳에 흩어져 있다. 그가 충청남도와 인연을 맺게 된 사정은 크게 두 가지가 있다. 첫째, 그 하나는 그의 나이 32살 되던 해 11월 대낭혜화상(大朗慧和尙) 무염(無染, 800~888)이 입적하고 난 2년 뒤인 890년 진성여왕으로부터 무염국사의 비명을 지으라는 명을 받고 그 비명을 지었다는 점이다. 둘째, 나머지 하나는 그가 충청도 부성군(富城郡), 곧 지금의 서산(瑞山) 태수(太守)를 역임하였다는 점이다. 최치원이 부성군 태수를 몇 년이나 역임하였는지는 정확하게 알 수 없다.[104] 그러나 그가 부

104 그가 31살 되던 정강왕(定康王) 2년[光啓 丁未] 11월에는 「왕비 김씨가 돌아가신 아버님과 형님을 위해서 복을 구하려 곡식을 시주하면서 바라는 글[王妃金氏爲先考及亡兄追福施

성군 태수를 재임하고 있을 때 「낭혜화상비명」을 지었다.

실제로 최고운의 창작 현장과 유적이 있는 곳도 이 두 지역을 중심으로 그 인근 고을에 이르고 있다. 곧 그가 충청남도에서 활동한 영역은 내포(內浦)[105]권역이다. 따라서 이 지역[106]의 여러 흔적을 소개하고, 이 지역을 필자가 직접 답사하고 난 뒤 느낀 여러 문제점과 앞으로 나아갈 점을 제시한다.

1. 서천의 도충사

도충사(道忠祠)는 충청남도(忠淸南道) 서천군(舒川郡) 한산면(韓山面) 원산리(院山里)에 있다. 이 사당(祠堂)은 1907년에 부여군(扶餘郡) 양화면(良化面) 오전리(吾田里) 정사동(精舍洞)에 영모재(永慕齋)로 건립되었다. 매년

穀願文」」을 지었다. 그런데 그 끄트머리에 '중화 정미년 창월 부성 태수 최치원(中和丁未年暢月, 富城太守, 崔致遠)'라고 명기하고 있다. 그가 이때 태산군(太山郡) 태수(太守)에서 부성군 태수로 자리를 옮겼음을 알 수 있다.

그의 나이 37살 되던 진성왕(眞聖王) 7년 신라에서는 납정절사(納旌節使) 김처회(金處誨)가 당으로 사신 가다 도중에 익사하였으므로 혜성군(槥城郡) 태수(太守) 김준(金峻)을 고주사(告奏使)로, 부성군(富城郡) 태수(太守) 고운을 하정사(賀正使)로 삼아 당에 파견하였다. 그러나 그때 흉년이 들고 도처에 도적이 횡행하여 통행이 위태하므로 부득이 중지되었다. 그 뒤 다시 봉사하였으나 그 연대는 미상이라고 『삼국사기』 권46, 열전 「최치원」 조에 기록되었다. 여기서 한 가지 지적할 것은 31세에 부성 태수였는데, 37세까지 6년간이나 한 고을의 태수로 재임하였다는 것이 의심스럽다는 점이다. 그러나 달리 반증(反證)할 만한 자료도 없으므로 그대로 믿기로 한다.

105 이중한의 『택리지(擇里志)』를 보면, 내포에 속하는 고을이 10곳인데, 곧 당진(唐津)·면천(沔川)·서산(瑞山)·태안(泰安)·해미(海美)·덕산(德山)·홍주(洪州)·결성(潔城, 結城)·대흥(大興)·보령(保寧)이다.

106 이 점에 대해서는 David A. Mason, 「Fresh Interpretation of Korea's Daoist Sage Choe Chiwon's Later Years From Relics Found in the Naepo Region」, 『孤雲 崔致遠과 玄妙之道』, 국제문화연구소 출판부, 2010. 11. 27, 149~152쪽에서 그 대강을 이미 소개한 적이 있다.

음력 3월 15일에 향사(享祀)를 지낸다. 최고운을 주향(主享)으로 모시고, 관가정(觀稼亭) 최청(崔淸)·충의공(忠毅公) 최몽량(崔夢亮)을 종배(從配)하고 있다. 1909년 최종화(崔鍾和)가 지은 「도충사기(道忠祠記)」를 들어 보면 다음과 같다.

가림현(嘉林縣) 오산(鰲山) 아래 정사동(精舍洞)에는 월성 최씨(月城崔氏)가 살고 있다. 그 선조(先祖)로 문창후(文昌候)와 감무공(監務公) 청(淸), 충의공(忠毅公) 몽량(夢亮)이 있다. 문창후는 도학(道學)과 문장(文章)으로 공자묘(孔子廟)에 배향(配享)되었다. 아울러 경주(慶州)와 함양(咸陽), 태인(泰仁)에는 서원(書院)이 있고, 영평(永平)·합천(陜川)·하동(河東)·대구(大邱)에는 진영(眞影)을 봉안(奉安)하여 향례(享禮)를 올리고 있다. 충의공이 순절(殉節)한 의주(義州)에는 충열사(忠烈祠)를 세워 그의 위패를 봉안(奉安)하고 있다. 오직 감무공만 집에서 나가지 않고 의(義)를 지키고, 그 이름을 숨기고 자취를 감추어 사람들이 그의 뜻에 따라 사당을 세우지 않았다.

세 분 선생의 높은 문장과 큰 충절(忠節)은 어느 곳이나 사당을 지어 받들어 모실 수 있거늘, 하물며 호중(湖中: 충청도)은 사대부(士大夫)의 터전이었고 가림(嘉林)은 그 자손(子孫)들이 사는 곳에 있어서랴? 그런데도 아직 사당을 세우지 못하고 여론만 분분(紛紛)하였다. 충의공(忠毅公)의 7세손(世孫) 취수처사(醉睡處士) 인주(寅柱)가 세 분 선생의 진영(眞影)을 얻어 와 이분들을 한곳에 합향(合享)하고자 정사동(精舍洞) 뒤에 사당(祠堂)을 지으려 했으나 그 뜻을 이루지 못하고 죽었다. 그 뒤 여러 고을 선비들이 뜻을 모으고 영읍(營邑)의 태학(太學) 제생(諸生)을 불러 통문을 돌려서 성공을 도왔으니 이는 떳떳한 본성을 지키고 덕을 좋아하는[秉彝好德] 양심은 더욱 오래가고 더욱 간절(懇

切)하기 때문이다. 이리하여 공사를 끝내니 나래를 편 듯 우뚝한 집에 이름을 도충사(道忠祠)라 하였다. 문창후[崔致遠]를 주벽(主壁)으로 하고, 감무공(監務公: 崔清)은 동벽(東壁)에 충의공(忠毅公: 崔夢亮)은 서벽(西壁)에 배향(配享)하였으니 옛 소목(昭穆)의 법에 따랐다.

이는 또 창주정사(滄洲精舍)의 배위(配位)의 차례에 따른 것이기도 하다. 봄가을에 향사(享祀)하는 것은 그 후손(後孫) 덕기(德基)의 정성과 노력으로 이룬 것이다. 유상(遺像)이 의젓하니 조손(祖孫)의 정령(精靈)이 서로 모여 양양(洋洋)[107]함이 살아 계시는 것과 같다. 이는 자손(子孫)들의 다행일 뿐만 아니라 선비들의 하나의 큰 성사(盛事)이기도 하다.

아! 문창후는 깊은 도학(道學)과 높은 문장(文章)으로 중국을 감동하게 하고 이를 우리나라에 유전(流轉)하여 실제로 사림들의 영원한 스승이 되셨다. 감무공의 일편단심(一片丹心)과 충의공의 순신대절(殉身大節)은 사람을 천지(天地)의 극(極)한 곳에 세우고 강상(綱常)을 영원히 지켰으니 그 밝기가 해와 별 같고 엄하기가 서릿발과 같다. 산이 무너지지 않는다면 그 절의는 없어지지 않을 것이며, 강과 바다가 말라버리지 않는다면 그 절개는 없어지지 않을 것이다. 어찌 위대(偉大)하지 아니한가? 생각해 보건대, 이 세상에는 도학(道學)과 충의(忠義)가 없어져 버렸다. 이러할 때 이 사당을 세우는 것이 어찌 우연한 일이겠는가? 반드시 감동하여 마음을 일으키는 사람이 있을 것이다. 나는 세 분의 자취를 우러러 사모하고 오늘날의 일을 슬퍼하면서 이 기문(記文)을 짓는다.

숭정기원(崇禎紀元) 뒤 다섯 번째 정미년(1909) 음력 9월 9일 화산(華山) 최종화(崔鍾和)가 짓는다.[108]

---

107 『중용장구(中庸章句)』 제16장에 "제사를 지낼 때면 귀신이 뚜렷하게 그 위에 있는 듯도 하고 좌우에 있는 듯도 하다.[承祭祀, 洋洋乎如在其上, 如在其左右.]"라는 말이 나온다.

108 "嘉林縣有鰲山, 其下有精舍洞, 月城崔氏居焉. 崔氏, 祖先文昌侯, 又有監務公清, 忠毅公夢亮. 文昌侯以道學文章, 配孔子廟, 慶州咸陽泰仁, 皆有書院, 永平陜川河東大邱, 皆奉影

이 기문을 보면 알 수 있듯이, 도충사는 최고운의 유적과는 직접적인 관련이 없다. 다만 이곳에 월성(月城: 慶州)최씨가 살면서 자신들의 조상 세 분, 곧 최고운·최청(崔淸)·최몽량(崔夢亮)을 제향하기 위하여 세운 사당(祠堂)이다. 이곳뿐만 아니라 우리나라에 산재하여 있는 최치원 유적지라는 곳 가운데 많은 부분이 실제 최고운과는 관계없는 곳도 있다. 따라서 어디까지를 그의 유적지라 하여야 할지 그를 연구하는 사람 가운데 한 사람으로서 고민하지 않을 수 없다.

2. 보령의 성주산과 보리섬[麥島]

보령의 성주산(聖住山)을 중심으로 한 몇 군데에 최고운의 흔적이 있다. 그가 부성군 태수를 지낼 때를 전후하여 이곳에 오갔을 가능성이 크다. 성주산 성주사(聖住寺)에는 최고운이 지은 「낭혜화상비명」이 있다. 비명(碑銘)을 지었다고 하여 실제로 지은이가 그 현장을 갔다고는 할 수 없다. 그러나 최고운은 반드시 이곳을 다녀갔을 것이다. 그가 경주에서 부성군(富

眞而享禮. 忠毅公就其殉節之地, 義州作忠烈祠. 唯監務公, 則杜門守義, 鏟石晦跡. 故人亦遂其志, 而未嘗立祠. 盖三先生高文大忠, 可以隨處侑享, 況湖中 士大夫之冀北, 而嘉林子孫之所居也. 尙未有祠, 輿論遲之, 忠毅公七世孫醉睡處士 寅柱氏, 得奉三先生寫眞, 將欲合享一宇, 經始於精舍洞後, 未果而沒. 其後列郡章甫, 通章籲營邑太學諸生發文而助成, 此可見秉彜好德之良心, 愈久而愈切也. 於是工役告訖, 屋宇翼然, 乃命之曰道忠祠. 以文昌爲主壁, 監務配東, 忠毅配西, 倣古昭穆法. 又效滄洲精舍配位之次, 以春秋享祀之, 此則又其孫德基誠力所就也. 遺像凜然, 祖孫之精靈, 相聚洋洋如在, 此非但子孫之幸, 抑亦多士之一大盛事也. 噫, 文昌侯道學之深, 文章之高, 感動中華, 流傳海東, 實爲士林百代之宗. 若夫監務公之一片丹心, 忠毅公之殉身大節, 立人極於天地, 扶綱常於萬世, 炳乎如日星, 嚴乎若霜雪, 山岳不頹則其義不滅, 河海不竭則其節不泯, 詎不偉歟. 環顧此世, 道學熄滅, 忠義掃地. 然則立是祠於今日, 豈偶然也哉, 其必有感發而興起者也. 餘仰慕三賢之迹, 窃悲今日之事, 因書此而記之. 崇禎紀元後 五 丁未 重陽 華山 崔鍾和 撰." 崔鍾和, 「道忠祠記」.

盛郡)으로 가려면 이 보령을 거쳐야 하기 때문이다. 물론 길을 둘러 가려면 이곳을 지나지 않을 수 있다. 그러나 오늘날이 아닌 신라 시대에 먼 길을 둘러 갈 이유가 전혀 없다. 가능한 짧은 길을 택하여 목적지에 도착하려 하였을 것이기 때문이다.

1) 성주산 성주사지(聖住山 聖住寺址)

성주산(聖住山) 성주사지(聖住寺址)는 충청남도 보령군(保寧郡) 미산면(嵋山面) 성주리(聖住里)에 있다. 이 성주산 성주사지 안에는 국보 낭혜화상 백월보광 탑비(朗慧和尙白月葆光塔碑)와 보물 성주사지오층석탑(聖住寺址五層石塔)·보물 중앙탑(中央塔)·보물 서삼층석탑(西三層石塔), 그리고 동삼층석탑(東三層石塔)과 석등(石燈) 등 통일신라 시대의 유물들이 남아 있다. 또 1974년 3월에 세워진 문창후 고운 선생 신도비(文昌侯孤雲先生神道碑)가 있다.

신라 29대 태종(太宗) 무열왕(武烈王)의 8대손인 백월보광(白月葆光)은 웅천(熊川) 오합사(烏合寺)의 주지가 되자 전국에서 많은 사람이 와서 그에게 배우기를 청할 정도로 선도(禪道)가 드높았다. 이로 인하여 임금이 성주사(聖住寺)란 이름을 내렸다. 이 절은 임진왜란 때 불에 타 무너졌다. 당시 불타 무너진 기와의 잔편(殘片)들이 지금도 이 절터 주변에 흩어져 있다.

2) 낭혜화상 백월보광 탑비

이 낭혜화상비는 보령시 미산면 성주리 성주사지 안에 있다. 이 비석은 신라 헌덕왕(憲德王) 때 당나라에 들어가 수학하고 돌아온 낭혜화상을 위해 세운 것이다. 그 비명은 최고운이 지은 사산비명(四山碑銘) 가운데 하나이며, 이 비석은 신라 시대의 비석으로는 최대의 걸작이다. 이 비석에 새겨진 아름다운 조각은 신라 시대 비석의 대표적인 걸작으로 꼽힌다. 귀부(龜趺)가 대단히 파손된 채 흙에 묻혀 있던 것을 1974년에 복원하였다. 그리고 그 뒤 비각(碑閣)도 새로 세웠다. 이 비석(碑石)의 설명이 『문화재대관(文化財大觀)』에 실려 있다. 그 내용을 들어 보면 다음과 같다.

聖住寺 朗慧和尙 白月葆光 塔碑(一基)

指定番號	國寶 第八號
所 有 者	國有
所 在 地	忠淸南道 保寧郡 嵋山面 聖住里
크　　기	總高 4.55m 碑身高 2.52m 同幅 1.5m
材　　料	龜趺及螭首 花崗巖 碑身 黑大理石
時　　代	統一新羅時代 眞聖王 四年(西紀 八九〇年)

羅代 碑石으로 最大의 巨作이며 龜趺의 一部에 損傷이 있을 뿐 다른 部分은 完存하다. 龜趺는 龜頭 以下가 埋沒되어 알 수 없으나 龜頭는 幻想的인 怪獸形인데 細刻이라고 할 만하다. 등에는 龜甲紋이 있고 中央에 碑座를 지고 있는데 四面에는 內部에 雲紋이 彫刻된 眼象을 두고 밑으로 큼직한 雲紋이 있다. 碑身은 完全한데 四角의 모를 죽였고 上端은 兩側에서 圓形으로 만들고 螭首를 받은 部分은 凸形을 이루었다. 螭首는 밑에 仰蓮을 刻하고 四面에 구름 속에 싸인 龍을 雄偉한 솜씨로 彫刻하였으며 前面에 題額이 있으나 文字는 磨損되었다. 巨大한 外形과 渾麗한 彫法은 新羅時代 石碑의 代表作이다. 碑文은 崔致遠 撰, 崔仁渷 書로 字徑 1.5cm의 楷書이다.

朗慧和尙은 武烈王 八世孫이며 哀莊王 二年(西紀 八〇一年)에 出

生하였다. 法名은 無染으로 일찍이 入唐하여 滯留하기 二十餘年 新羅 文聖王七年에 歸國하여 聖住寺에 있다가 眞聖王二年 入寂하니 春秋 八十九, 歷夏 六十五였다.

訃告를 듣고 王은 朗慧라 謚號를 내리고 塔名을 白月葆光이라 하였다. 建碑 年代는 碑文에 明記되어 있지 않으나 眞聖王 四年으로 推定되고 있다.

「낭혜화상비명(朗慧和尙碑銘)」[109]의 본디 이름은, 「신라의 옛 양조 국사 시호 대낭혜화상 백월보광의 탑비명 및 서[新羅國 故 兩朝國師 教諡 大朗慧和尙 白月葆光 塔碑銘 幷序]」이다. 고운이 그의 나이 34살 되던 해(890) 진성여왕으로부터 이 비명(碑銘)을 지으라는 명을 받았다. 비명을 지으라는 임금의 명을 받고 언제 이 비명을 완성했는지는 알 수 없다. 전후 상황으로 미루어 보아 그다지 오래 걸리지는 않았던 것 같다. 성주사 터 안에 있는 이 비명 앞의 안내문에는 다음과 같은 말이 들어 있다.

성주사 낭혜화상 백월보광 탑비
聖住寺 朗慧和尙 白月葆光 塔碑

소재지: 충청남도 보령시 성주면 성주리

이 탑비(塔碑)는 선종(禪宗)의 하나인 성주(聖住) 선문(禪門)을 일으킨 낭혜화상(朗慧和尙)을 위해 세운 것이다.

비문(碑文)에는 낭혜화상의 행적이 잘 나타나 있고 글자 수는 5000

109 이 비명에 대해서는 졸고, 「崔致遠의 朗慧和尙碑銘 攷」, 『東方漢文學』 제25집, 東方漢文學會, 2003, 135~171쪽에서 상세히 고찰하였다.

여 자가 넘는 장문(長文)으로 통일신라(統一新羅) 탑비(塔碑) 중 가장 크다. 최치원(崔致遠)이 글을 짓고, 그의 사촌(四寸) 아우인 인연(仁渷)이 해서체(楷書體)로 글씨를 썼는데, 네 개[四基]의 비문 중 하나로 유명하다. 또 신라 골품제(骨品制)와 옛날[古]의 언어[語]를 연구하는 데 귀중한 자료이다.

비 머리인 이수(螭首)와 용머리[龍頭]를 가진 비석 받침조각은 크기가 당당하고 조각(彫刻)도 생동감(生動感)이 있고 아름다워서 통일신라(統一新羅)의 조각 솜씨를 잘 보여 준다.

낭혜화상은 무열왕(武烈王)의 8대손(八代孫)으로 성주사를 세운 왕자(王子) 흔(昕)과 같이 당(唐)에 들어가 선종(禪宗)을 공부하고 돌아와 성주사에 머물면서 선문구산(禪門九山)의 하나인 성주산파(聖住山派)를 일으켰다.

라 하였으나, 2023년 10월 현재 이 안내문은 다음과 같이 바뀌었다.

보령 성주사지 대낭혜화상 탑비
保寧 聖住寺址 大朗慧和尙 塔碑

통일신라 말기 성주사에 머무르면서 선문 9산(禪門九山) 중 성주산문을 일으킨 무염대사(無染大師, 801~888)를 기리기 위하여 최치원(崔致遠)이 왕명에 따라 지은 비석으로 10세기 초에 세워졌다. 이 비석에는 5120여 자의 긴 비문이 새겨져 있는데, 최치원의 화려한 문장을 최인연(崔仁渷)이 해서체로 쓴 것이다. 내용은 무염대사의 성장과 출가, 중국에 유학하여 공부하는 과정, 귀국하여 성주사를 일으키고 불법을 전하는 과정 등이 기록되어 있어 신라 선종사(禪宗史)와 당시의 신분

> 제도 연구 등에 귀중한 자료가 된다.
>
> 남포오석(藍浦烏石)이 재료인 이 비석은 1천여 년의 풍상(風霜)을 견디며 고스란히 남아 있어 남포오석의 뛰어난 품질을 보여 준다.
>
> 이 비는 최치원의 명문장과 완벽한 보존 상태, 뛰어난 조각술 그리고 웅장한 크기 등이 어우러져 통일신라 말기의 우리나라 고승 탑비들 중에서 최고의 비로 인정받고 있다.

라고 한다. 이 「낭혜화상비명」은 최고운이 지은 사산비명(四山碑銘) 가운데 하나이다. 이 사산비명은 그가 직접 현장에 가서 짓지 않고 다른 장소에서 지어 보냈을 가능성이 크다. 그러나 문경(聞慶)의 봉암사(鳳巖寺)나 하동(河東)의 쌍계사(雙溪寺) 등지에서 보듯이 그의 친필의 흔적이 있는 것으로 미루어 보아, 그가 한 번 이상은 이 네 곳을 다녀갔다고 보아야 한다. 필자가 현장을 몇 차례 답사하여 보니 현재 남아 있는 세 비명(碑銘)도 마모가 심하였다. 그 가운데 가장 잘 보존되고 있는 비석은 「진감선사비명」이다. 「지증대사비명」은 일반인의 출입이 제한되고 있는 비구니 사찰에 자리 잡고 있으나 판독이 어려울 만큼 마모가 심하였다. 「낭혜화상비명」은 세 비명 가운데 가장 마모가 심하다. 현재는 건물을 지어 보호하고 있고, 그 주변을 단장하였다. 그러나 외형만 중시할 것이 아니라 그 내면도 충실히 보존하여야 할 필요가 있다.

3) 문창후 고운 선생 신도비(文昌侯孤雲先生神道碑)

이 비석은 성주사지(聖住寺址)의 낭혜화상 백월보광 탑비각(朗慧和尙 白月葆光塔碑閣) 뒤에 있다. 그 비문(碑文)을 들어 보면 다음과 같다.

문창후 고운 선생 신도비문
文昌侯 孤雲 先生 神道碑文

天地의 靈特한 氣運을 받으시어 德行과 文章事業을 꽃피워 千百有餘年에 오히려 慧星과 같이 빛나신 이 있으니 그는 곧 우리의 스승 孤雲 先生이시다.

先生의 姓은 崔氏요 諱는 致遠이요 號는 孤雲이시니, 沙梁部 사람으로 新羅 憲安王 元年 檀紀 三千一百九十年에 誕生하시다. 12歲 어린 나이로 唐나라에 遊學하시어 螢雪의 功을 닦으시더니 18歲에 科學에 及第하시어 宣州 漂水縣尉로부터 內供奉에 이르시고 마침내 入闕自由의 特典인 紫金魚袋를 받으시다. 이윽고 先生이 太尉 高騈의 從事官이 되시어 逆賊 黃巢를 치는 檄文을 지으셨으니, "오직 天下 사람만이 너 죽이기를 꾀할 뿐 아니라 저 地下의 鬼神들까지도 너를 쳐 죽이려 한다."는 句節에 이르러서는 黃巢가 落膽傷氣하여 저도 모르게 床에서 굴러 떨어졌다 한다.

이로 因하여 先生의 이름이 더욱 中原天地에 크기 떨치시다. 乙巳 11年 3月에 先生이 唐으로부터 돌아오시니 時年이 28歲러라. 唐僖宗이 先生의 還國을 挽留치 못하여 使臣의 資格으로 親書를 띠게 하셨더니 憲康王이 반기어 翰林學士를 除授하시다. 先生은 經天緯地의 抱負를 갖추시어 濟世安民의 雄圖를 펴려 하셨으나 매양 猜忌하는 무리의 抵害를 입어 뜻을 이루지 못하시고 다만 外任으로 太山(現 泰仁郡)·天嶺(現 咸陽郡)·富城(現 瑞山郡)郡 等의 太守를 歷任하시다. 眞聖女王 8年 先生이 年 37에 時務에 適切한 方案 十條目을 적어 올렸더니, 王이 기뻐하사 阿飡을 삼으시다. 先生이 그 重任을 痛感하시어 固窮盡瘁를 다짐하셨으나 奸人의 迫害는 날로 더하고 斜

陽의 國運은 一柱로 支撑키 어려웠다. 先生이 悲憤慷慨한 나머지 마침내 벼슬을 하직하고 名山大川을 두루 찾아 世念을 잊으셨으니 慶州 金鰲山·剛州 氷山·陜川 淸涼寺·海印寺 전나무와 智異山 雙溪寺 洗耳嵒·東萊 海雲臺·馬山 月影臺 別墅·梁山 臨鏡臺·咸陽 學士樓·沃溝 紫泉臺·藍浦 麥島 같은 곳은 다 先生의 優遊自適하신 곳이다. 特히 忠淸 保寧 聖住山은 先生이 어린 時節 學業을 專攻하신 곳이다.

聖住寺址에 남아 있는 白月和尙碑의 文은 先生이 지으시고 그 從弟(諱 仁渷)가 쓰신 것이다. 鸞郞碑·眞鑑禪師·知證大師 大空塔碑文과 華嚴經結社文은 다 先生이 親製이신 有名한 글이시다. 晩年에 家眷을 이끌고 伽倻山에 隱居하시어 淸風을 呼吸하시고 蘿月을 吟咏하시며 한가로이 餘年을 보내셨다. 星霜悠悠 千餘年 그 遺緖를 追尋하는 이 그칠 사이 없더니 드디어 國內士林이 檀紀 4305年 壬子 11月 12日 伽倻山 紅流洞 學士堂 뜰에 先生의 神道碑를 세우다.

先生이 지으신 바 中山覆櫃集·四六集·桂苑筆耕·經學隊仗 및 文集 30卷이 世上에 喧藉하고 唐書 藝文志에도 이 事實이 갖추어 登載되었다. 果然 先生은 하늘이 내신 儒宗이다. 平生事業이 文章과 教育을 己任으로 하시어 青天日月같이 後學에 臨하시고 晩唐의 修辭法과 倂儷文을 導入하시어 文體를 匡正하시니 이 萬世斯文의 座標가 아니신가!

高麗 顯宗이 內史令을 追贈하여 文廟에 配享하시고 文昌侯를 封하시다. 참으로 先生은 思想의 先驅者이며 理念의 實踐家이시다. 文學思想의 倡始는 千年文化의 源泉이요 道德理念의 提高는 百世倫紀의 基幹이다. 이 先生의 道德文章은 天地로 더불어 그 힘을 같이 하고 日月로 더불어 그 빛을 함께할진저, 이에 江湖士林이 先生의 遺訓을 追慕하고 精神을 奉揚하고저 그 後孫들과 힘을 모아 先生의

神道碑를 由緒 깊은 聖住寺址에 세워 위로 國民精神을 涵養하고 아래로 子孫萬代에 指標를 삼아 風俗醇化에 永遠한 龜鑑을 이룩하는 뜻에서 이 碑를 세우고 삼가 銘하노라.

聖住山 맑은 바람 千秋에 불어 있고, 西海의 푸른 물결 萬古에 출렁이네.

높고 깊은 道德文章 一月로 같이 하여, 民生의 나아갈 길 길이길이 비추시네.

檀紀 4307年(1974年) 甲寅 3月 日

前 忠淸南道 全羅南北道 道知事 後學 全義 李琦世 謹撰

大統領 朴正熙 碑面大字 親書

統一主體國民會議事務總長 前內務部長官 後學 密陽 朴璟遠 謹書

위와 같이 이 비석은 1974년에 건립되었다. 이 시기에는 이곳뿐만 아니라 다른 곳에서도 이와 비슷한 사업이 이루어졌다. 지금은 없어졌지만, 합천(陜川) 가야산(伽倻山) 해인사(海印寺) 입구 홍류동(紅流洞)에서도 최고운 현창(顯彰) 사업이 이루어졌다. 이 시기는 우리나라에서 새마을 운동이 일어났고, 통일벼를 개발하여 식량 자급자족을 실천하려는 때였다. 이와 더불어 조상에 대한 현창(顯彰) 사업이 곳곳에서 일어났다.

4) 맥도(麥島)

맥도(麥島), 곧 보리섬은 충청남도(忠淸南道) 보령시(保寧市) 남포면(藍浦面) 월전리(月田里) 용머리[龍頭]에 있다.

필자는 2015년 2월 3일 이곳을 처음 답사한 뒤 2019년과 2023년에 이곳을 다시 답사하였다. 당시 맥도에 가 보면 두 개의 안내판이 있었다. 첫 번째는 '고운 최치원 선생 선유지(Historic Site of Choe Chi-won)'라는 안내판이었는데 그 내용을 들어 보면 다음과 같다. 어쩌면 최치원이 신선이 되었다는 설화를 미루어 이 안내판을 만든 것 같기도 하다. 선유(仙遊)하였다는 말에서 그러한 맛을 느낄 수 있다.

> 남포면 월전리 보리섬[麥島]의 서쪽 바닷가에 있는 바위를 병풍바위라 부르는데 높이 3m, 폭 1.8m 되는 바위 8개가 병풍처럼 있다고 하여 병풍바위라 한다. 최치원이 신라 말의 혼란기에 세상을 비관하고 전국을 유랑할 때 이곳 보리섬과 성주사를 왕래하며 이곳의 아름다운 경치를 즐기면서 시문을 짓고 수학(修學)하면서 이 병풍바위에 글씨를 새겼다고 하는데, 현재는 마모가 심하여 글씨를 거의 알아볼 수가 없다.
>
> 최치원은 경주 최씨의 시조로 호를 고운(孤雲) 또는 해운(海雲)이라 하며, 신라 시대를 대표하는 한학자이고, 당나라 유학 시절에는 「토황소격문(討黃巢檄文)」을 써서 이름을 날렸다. 이 보리섬은 1995년 남포 방조제가 건설되기 전에는 해안에서 떨어진 아담하고 운치 있는 섬이었으나, 방조제 건설로 육지로 변했다.

두 번째 '고운 최치원 선생 유적(孤雲 崔致遠 先生 遺蹟)'이라는 제목의 안내판의 내용이 답사 당시에는 다음과 같았다.

> · 지정별: 문화재자료 제145호
> · 소유: 경주 최씨
> · 지정년월일: 1984년 5월 17일
> · 규모: 7,217.9m^2
> · 위치: 충남 보령시 남포면 월전리 813-8
> · 시대: 통일신라 말기

통일신라 말기 뛰어난 학자인 고운(孤雲) 최치원(崔致遠 857~?)이 선유(仙遊)한 곳으로 전해지는 유적이다. 최치원은 신라 6두품 출신의 유학자로 당에 유학한 후 돌아왔지만, 신분 제약으로 자신의 뜻을 실현하기 어려워지자 관직에 미련을 버리고 전국을 유람하였는데, 경치가 아름다운 이곳에서도 머물면서 병풍처럼 둘러진 암벽에 한시(漢詩)를 새겼다고 전해지나 지금은 마모되어 알아볼 수 없다.

1995년 남포방조제 건설 전에는 맥도(麥島: 보리섬)로 불린 섬이었으나 지금은 육지가 되었다.

로 되어 있던 것을 다음과 같이 안내문의 내용을 바꾸었다.

· 지정별: 충청남도 문화유산자료
· 소유: 보령시
· 시대: 통일신라
· 지정년월일: 1984년 5월 17일
· 위치: 충남 보령시 남포면 월전리 813-8

통일신라 말기 뛰어난 학자인 고운(孤雲) 최치원(崔致遠, 857~?)이 유람한 곳으로 전해지는 유적이다.

최치원은 신라 6두품 출신의 유학자로 당에서 유학하고 빈공과에 장원 급제하였다. 당 전역에 문장으로 이름을 떨쳤고, 귀국하여 헌강왕으로부터 중용되어 왕실이 후원한 불교 사찰 및 선종 승려의 비문을 짓고 외교 문서 작성도 맡았으며, 시무 10여 조를 올려 아찬(阿飡) 관등을 받았다. 그러나 귀족들의 득세와 지방에서 도적들의 일어나는 현실 속에서 신분 제약으로 자신의 이상을 실현하기 어려워지자 관직에 미련을 버리고 전국을 유람하였다.

최고운 유적에는 높이 3m, 너비 1.8m가 되는 바위 8개가 병풍처럼 서 있는데, 경치가 아름다운 이곳에서도 머물며 암벽에 한시(漢詩)를 새겼다고 전하나 지금은 마모되어 알아볼 수 없다. 1995년 남포 방조제 건설 전에는 맥도(麥島)로 불린 섬이었으나, 지금은 육지가 되었다.

위의 두 안내문을 보면, 다음 두 가지 사실을 알 수 있다. 첫째, 이 섬의 소유주가 경주 최씨에서 보령시로 바뀌었다. 둘째, 첫 번째 안내문보다 두 번째 안내문이 좀 더 구체적으로 최고운의 행적을 기술하고 있다는 점이다.

3. 홍성의 장곡면 월계리 용연

홍성군(洪城郡) 장곡면(長谷面) 월계리(月溪里) 용연(龍淵)에 여러 점의 최고운 유적이 있다. 현지의 안내판을 보면 자그마치 20곳이나 된다. 이 점에 대해서는 다시 한번 꼼꼼히 따져 보아야 할 문제이다. 먼저 이곳을 소개한 안내판의 내용을 보면 다음과 같다. 필자는 2009년부터 2024년 8월까지 여러 번 이곳을 답사하였다.

최치원 선생 유적지

위치: 홍성군 장곡면 월계리

신라 말기의 학자인 최치원 선생의 친필 금석문이 있는 유적지이다. 최치원 선생은 경주 최씨의 시조로 869년(경문왕 9) 13세로 당나라에 유학하고, 874년 과거에 급제, 선주(宣州) 표수현위(漂水縣尉)가 된 후 승무랑(承務郎) 전중시어사내공봉(殿中侍御史內供奉)으로 도통순관에 올라 비은어대(緋銀魚袋)를 하사받고, 이어 자금어대(紫金魚袋)도 받았다. 879년(헌강왕 5) 황소(黃巢)의 난 때는 고변(高騈)의 종사관으로서 「토황소격문(討黃巢檄文)」을 초하여 문장가로서 이름을 떨쳤다.

885년 귀국, 시독겸한림학사(侍讀兼翰林學事)가 되었으나, 894년 시무책(時務策) 10여 조(條)를 진성여왕에게 상소, 문란한 국정을 통탄하고 외직을 자청, 부성군(충남 서산) 등지의 태수(太守)를 지낸 후 아찬(阿湌)이 되었다.

그 후 관직을 내놓고 난세를 비관, 각지를 유랑하다가 가야산 해인사에서 여생을 마쳤다.

홍주향토문화연구회(洪州鄕土文化硏究會)에서 소개한 이곳의 최고운 유적은 스무 군데나 되는데, 그 내용을 옮겨 보면 다음과 같다.

① 枕漱臺, ② 楓嶽(崔孤雲 書), ③ 玉龍巖, ④ 臥龍巖, ⑤ 錦石, ⑥ 碑開靑玉狹, 飛出兩舟□, ⑦ 翠屛, ⑧ 石門(破損), ⑨ 雙溪, ⑩ □孤雲彩□□□鱗隱, ⑪ 醉石(□□孤雲彩, □□□□鯁陰), ⑫ 翠石□□色玲瓏, ⑬ 龍巖, ⑭ 端凝挺立如眞官, 縝潤朔成如圭瓚, ⑮ 龍隱別墅, ⑯ 月峽, ⑰ 隱居址(傳言), ⑱ 講堂址(傳言), ⑲ 墓(孤雲先生墓推定), ⑳ 遺蹟碑

위 두 건(件)의 글에서 우리는 몇 가지 의문을 가질 수 있다. 첫째, 글자 오류(誤謬)의 문제이다. 위의 '최치원 선생 유적지' 안내판에는 오자(誤字)가 두 글자 있다. 그것은 곧 표수(漂水)와 시독겸한림학사(侍讀兼翰林學事)이다. 표수(漂水)는 율수(溧水)로, 시독겸한림학사(侍讀兼翰林學事)는 시독겸한림학사(侍讀兼翰林學士)로 고쳐야 한다.

둘째, 각석(刻石)의 진위(眞僞) 문제이다. 필자도 ①에서 ⑯까지는 모두 최고운의 글씨로 추정하고 있다. 그러나 그의 글씨가 한곳에 이만큼 많을 수가 있을까 하는 것이다. 필자가 답사(踏査)하면서 한곳에 각석(刻石)이 이렇게 많은 지역은 보지 못하였다. 한 지역에 한 사람이 각석한 바위가 많아야 10곳 미만이다. 한두 군데 있는 것만으로도 충분한 가치를 지닐 수 있다.

셋째, 번역의 오류(誤謬) 문제이다. 쌍룡 계곡에 가면 바위에 새긴 글자 또는 문장 앞에, 나무판 위에 글자나 문장 해석을 세워 놓았다. 그 내용은 다음과 같다.

㉠ 醉石 … 취석
　돌의 모양이 아름다움에 도취되었다.
　○○고운채○ … 고운채
　○○○○鯁音 … 경음
　돌이 마모되어 뜻을 모름
㉡ 서당 앞에서 국수를 만들기 위하여 밀가루를 반죽할 때 쓰던 돌
㉢ 端凝挺立 如眞官 縝潤削成 如珪璪
　단정히 서 있는 풍경들은 정직한 관원 같고
　검은빛 윤기는 깎아 갈은 구슬 같구나
㉣ 龍隱別墅
　용은 별도의 농막에 숨어 있다.
㉤ 質凝雲彩 文折龍鱗 坐待明月 醉留佳賓
㉥ 月峽 … 월협
　고요히 흐르는 개울물에 달빛이 비치는 골짜기

㉠ 취석(醉石)의 풀이를 '돌의 모양이 아름다움에 도취되었다.'로 하고 있다. 언뜻 보면 그럴듯하지만, 실제는 '술에 취해 누웠던 돌 또는 바위'로

번역하는 것이 맞을 듯하다. 중국 강서성(江西省) 여산(廬山)에 가면 진(晉)나라 도연명(陶淵明)이 술에 취해 누워 잤다는 취암(醉巖)이 있다. 이를 미루어 보면 최치원이 술에 취해 누워 잤던 바위로 보아야 할 것이다. ㉢ 단응정립 여진관 진윤삭성 여규찬(端凝挺立 如眞官 縝潤削成 如珪瓚)을 '단정히 서 있는 풍경들은 정직한 관원 같고, 검은빛 윤기는 깎아 갈은 구슬 같구나.'라 하고 있는데, '단정히 서 있는 모습은 참된 관원 같고, 검은빛 윤기는 깎아 간 구슬 같네.'로 풀이함이 좋을 듯하다. ㉣ 용은별서(龍隱別墅)를 '용은 별도의 농막에 숨어 있다.'라고 하였는데, '용은별장(龍隱別莊)'이라 풀이하면 간단하다. ㉤ '질응운채(質凝雲彩), 문절용린(文折龍鱗). 좌대명월(坐待明月), 취류가빈(醉留佳賓).'을 '연달은 구름 빛은 용의 비늘처럼 찬란한데, 앉아서 맑은 달 바라보니 도취하여 떠날 수가 없구나.'로 번역하였다. 이 번역도 문제가 있다. '성질은 오색구름이 엉킨 듯하고, 겉모습은 용의 비늘처럼 찬란하네. 앉아서 밝은 달을 기다리고, 술 취해 좋은 손님 만류하네.'라고 하여야 한다. ㉥ 월협(月峽)을 '고요히 흐르는 개울물에 달빛이 비치는 골짜기'라 하였는데, 글자 그대로의 풀이는 '달빛이 비치는 골짜기'이다.

넷째, 내용의 모순(矛盾) 문제이다. 위의 '최치원 선생 유적지' 안내판에서는 최고운이 "각지를 유랑하다가 가야산 해인사에서 여생을 마쳤다."라고 하고 있다. 홍주향토문화연구회에서는 20곳의 유적 가운데 ⑲의 묘(墓)를 최고운의 묘로 추정하고 있다. 곧 안내문의 내용과 유적 소개의 내용이 서로 다르다. 최고운이 가야산에서 죽었으면 당연히 가야산에 묻혔을 것이다. 그 가야산도 서산과 홍성에 걸쳐 있는 가야산이 아니라, 경상남도 합천(陜川)에 있는 가야산이다. 물론 이에 대한 해답은 이미 나왔다. 몇 년 전 발굴(發掘)

조사에서 ⑲의 묘가 조선 후기의 무덤이라는 것이 판명 났기 때문이다.

위의 여러 오류가 2024년 8월까지 수정되지 않고 그대로 남아 있다. 2000년대, 2010년대의 최고운에 대한 열정도 많이 식었음을 실감한다. 최고운을 전공하는 사람으로서 아쉬운 마음을 금할 수 없다.

4. 서산의 부성사·삼선암·가야산

1) 부성사(富城祠)

부성사는 고운 선생의 영정(影幀)을 모신 곳이다. 그 위치는 충남(忠南) 서산시(瑞山市) 지곡면(池谷面) 산성리(山城里) 645-5이다. 이곳에 있는 안내판을 보면 다음과 같은 기록이 있다.

부성사
富城祠

문화재자료

최치원(崔致遠, 857~?)의 위패를 모신 사당이다. 최치원은 신라 말기 6두품을 대표하는 지식인으로 학자이며, 문장가이다. 호는 고운(孤雲)이다.

사당의 이름은 그가 893년 부성군(현 서산)의 태수를 지냈던 인연으로 인해서 서산의 옛 이름으로 붙여진 것이다. 조선 선조 때 그의 덕망을 추모하던 유림들이 건립하였는데, 건립 초기에는 '도충사(道忠祠)'라 불렀다 한다. 그 뒤 흥선대원군에 의해 철거되었다가 1907년 후손에 의해 재건되었다. 1913년 유림의 뜻을 모아 사우(祠宇)로 하면서 지금의 자리에 위치하게 되었으며, 이름도 '부성사(富城祠)'라고 불렀다.

사우(祠宇)와 내·외삼문(內·外三門), 동·서재(東·西齋)로 구성되어 있다. 내삼문은 솟을대문 형식이고, 사우는 정면 3칸, 측면 2칸 규모로 만들었으며, 내부에는 우무마루를 깔고 고운 선생의 영정과 위패를 모셨다.

최고운이 부성 태수(富城太守)가 되어 선정(善政)을 베풀었기 때문에 후세 사람들이 그의 유덕(遺德)을 추모하여 부성산(富城山) 기슭에 이 부성사를 세워 영정을 모셨다 한다. 그의 나이 37살 되던 해인 893년(진성여왕 7)에 부성군(富城郡, 지금의 서산) 태수로 재임하던 중에 하정사(賀正使)에 임명되어 당나라에 들어가게 되었다. 그러나 잇따른 흉년으로 각지에서 도적들이 창궐하여 일시 중단하였다가, 이해에 다시 하정사로 입당(入唐)하였다.[110]

『서산군지(瑞山郡誌)』를 보면, "산성리의 거사 최동연(居士 崔棟淵)이 서기 1911년에 부성산 기슭에 오현각(五賢閣)을 짓고, 최고운·정원외랑(鄭員外郎)·정양렬공(鄭襄烈公)·유사암(柳思庵)·고제봉(高霽峰) 등 오현(五賢)의 시문(詩文)과, 군수(郡守) 서옥순(徐玉淳)과 권익채(權益采)의 기문(記文)을 게시(揭示)하였다. 1926년에는 부성사를 짓고 일찍이 서산군 청사에 달려 있던 과선각(過仙閣)이란 현판을 이곳에 옮겨 달았다."라고 한다. 1964년 부성사를 중수할 때 이은택이 기문을 지었는데 그 내용을 옮겨 보면 다음과 같다.

110 李荇 外, 『新增東國輿地勝覽』 卷19, [瑞山郡], 「名宦」 條를 보면 이와 비슷한 기록이 나온다. 곧, "최치원(崔致遠): 진성왕(眞聖王) 때에 원이 되었는데 왕이 불러 당나라에 가는 하정사(賀正使)로 삼았으나 도적들이 한창 출몰하고 길이 막혀 가지 않았다."이다.

부성사 중수기
富城祠 重修記

사문(斯文)을 호위하고 정도(正道)를 지키는 도는 현자(賢者)를 높이는 예(禮)보다 앞서는 것이 없고, 조상을 추모하고 근본에 보답하는 예는 신명(神明)을 섬기는 공경보다 절실한 것이 없다. 따라서 집안의 묘단(廟壇)이나 고을의 사원(祠院)은 모두 추모와 치재(致齋)하기 위한 곳이다.

더욱이 사원(祠院)은 한 고을 사람들이 교화를 끼친 선현(先賢)의 덕을 추모하여 영원히 제사를 받드는 곳인데, 지금 이 부성사도 그 가운데 하나이다.

부성사는 문창후 고운 선생을 향사(享祠)하는 곳이다. 사우(祠宇)가 퇴락하고 정원(庭園)이 비좁아 향사(享事)를 거행할 때마다 송구하고 불안한 마음이 간절하였다. 이즈음 본군 군수(本郡郡守) 박재복(朴載福)과 교육장(教育長) 전시덕(全始德)이 이를 안타깝게 여겨 재력(財力)을 희사하여 사우(祠宇) 전체를 다시 고치니 사우(祠宇)가 정연하였다. 주방(廚房)이 깔끔하여 제물(祭物)을 차리기 좋고 신명(神明)이 오르내릴 수 있어 의식을 거행하는 데 차질이 없게 되었다. 이들은 스승을 높이고 어진 이를 추모하는 도에 큰 공을 세웠다. 온 사림(士林)이 모두 그들의 덕을 칭찬하기에, 지금 그 사실을 드러내어 영원히 기념으로 삼는다.

단기 4297년(1964) 8월에 원유사(院有司) 이은택(李殷澤)이 삼가 기록한다.[111]

111 "盖衛文護正之道, 禮宜先於尊賢, 追遠報本之禮, 敬莫切於事神. 故家有廟壇, 鄉有祠院, 皆所以追慕致齋之所也. 尤其祠院, 則鄉黨人士, 慕其先賢垂教之德, 永世薦享者, 而今玆富城祠, 卽其一也. 富城祠, 文昌侯孤雲先生餟享之所, 而祠宇頹圮, 庭園陜隘, 敬修享事,

2) 삼선암(三仙庵)

『서산군지(瑞山郡誌)』를 보면, “이 삼선암은 서산읍 읍내리의 부춘산(富春山)에 자리잡고 있는 조그마한 암자인데, 10세기 초엽(初葉)에 부성 태수를 지내던 최치원이 수도(修道)하기 위해 이곳에 암자를 지었으나, 그가 이곳을 떠난 뒤에 평소 그를 사모하고 따르던 승려(僧侶)가 이곳에 관세음보살상을 안치하고 뒤를 이어 온 것이 오늘에 이르게 된 것이라 한다. 그러나 최치원이 이 삼선암을 창건하였다는 실증(實證)이 없으니, 이는 신빙성이 없는 한낱 설화(說話)에 지나지 않는다.”[112]라고 하였다.

3) 가야산(伽倻山)

최고운이 「당나라 대천복사 옛 절 주지 번경대덕 법장화상전(唐大薦福寺故寺主飜經大德法藏和尙傳)」, 일명 「법장화상전(法藏和尙傳)」을 가야산(伽倻山)에서 지었다고 한다. 우리는 여기서 이 가야산이 어디에 있는 가야산을 가리키는지를 먼저 확정하여야 한다. 가야산은 우리나라에 몇 곳이 있다. 첫째, 가장 유명한 곳이 그가 40살 되던 해 가족을 데리고 숨었다는 경상남도 합천군과 경상북도 고령군, 성주군에 걸쳐 있는 가야산이다. 합천군 야로면에는 유명한 해인사(海印寺)가 있다. 이 가야산이 최고운과 가장 밀접한 관련이 있다. 둘째, 충청남도 서산시, 예산군, 홍성군에 걸쳐 있는 가야산이다. 이곳은 최고운이 부성군(富城郡) 태수(太守)를 지낼 때 주

恒切悚懼蹉跼之感矣. 本郡太守朴載福, 敎育長全始德, 慨然于斯, 乃施財而使重修, 祠宇整然, 厨房簡潔, 可以設籩豆宜昇降, 率禮無愆, 其於尊師慕賢之道, 大有功焉者也. 士林咸稱其德, 今記績而懸楣, 永以爲紀念焉. 檀紀 四二九七年 八月 日, 院有司 李殷澤 謹識.” 李殷澤,「富城祠重修記」.

112 『瑞山郡誌』,「祠宇」 條.

로 오갔던 곳이다. 셋째, 충청남도 논산시 감곡면에 있는 가야곡(伽倻谷)이다. 이곳은 조선 시대에는 연산현(連山縣)에 속했는데, 이곳에는 황산(黃山), 일명(一名) 천호산(天護山)이 있다. 이 천호산에는 백제 시대에 창건한 개태사(開泰寺)가 있다. 이 개태사에는 고려 태조 왕건의 진전(眞殿)이 있다. 이 개태사에서 논산 쪽으로 가다 보면 가야곡이 있다. 필자가 가야곡 입구까지는 직접 가 보았으나 고운사는 찾지 못하였다. 현재의 기록으로는 최고운과의 관련성을 찾을 수 없다. 그러나 이곳에 고운사(孤雲寺)[113]가 있었다는 기록을 미루어 보면 최고운과 무관하지 않다고 생각한다. 이 점에 대해서는 차후 구체적으로 논의할 것이다.

David A. Mason 교수는 내포(內浦)권역에 있는 가야산에서 최고운이 「법장화상전」을 지었다고 한다.[114] 이 점은 문제가 있다. 다음 글을 보면 이에 대한 해답이 나온다.

> 천복 4년(904) 봄, 나무줄기와 가지가 생기를 내뿜을 때, 시라국 가야산 해인사 화엄원에서 도적을 피하고 병을 조리하는 두 가지 편의를 도모하였다. …(중략)… 향기를 훔칠 곳이 없고 산속의 세 가지 냄새[三嗅]를 성취할 수 없어, 이 전(傳)을 지음에 스스로 뉘우치는 마음이 더욱 깊어진다.[115]

---

113 『신증동국여지승람(新增東國輿地勝覽)』 권18, [연산현(連山縣)], 「불우(佛宇)」 조(條)를 보면 연산현 천호산에 고운사가 있다고 한다. 이곳에서 임진왜란 때에는 조헌(趙憲)의 의병들이 묵은 적이 있으며, 우암(尤庵) 송시열(宋時烈)이 죽고 난 뒤 그의 문집을 이곳에서 교정하였다는 기록이 있다.

114 David A. Mason, 「Fresh Interpretation of Korea's Daoist Sage Choe Chi-won's Later Years From Relics Found in the Nae Region」, 『孤雲 崔致遠과 玄妙之道』, 국제선도문화연구소출판부, 2010, 149~152쪽 참조.

115 "于時, 天復四年春, 枝幹具首, 於尸羅國迦耶伽海印寺華嚴院, 避寇養痾, 兩偸其便. …(中略)… 無所竊香, 莫遂山中三嗅, 及修斯傳, 自責贈懷."

윗글을 미루어 보면, 최고운이 이 「법장화상전」을 합천(陜川) 가야산 해인사(海印寺)에서 지었음을 확인할 수 있다. 따라서 David A. Mason 교수의 주장이 잘못되었음을 알 수 있다. 최고운의 작품 가운데 연대를 밝힐 수 있는 것으로, 후대에 속한 작품들을 찾아보면 다음과 같다. 그의 나이 39세 되던 해(진성여왕 9년, 895)에는 「해인사묘길상탑기(海印寺妙吉祥塔記)」[116]를 지었다. 그리고 40세 되던 해(진성여왕 10년, 896)에는 「양위를 아뢰는 표(讓位表)」[117]를 지었다. 41세 되던 해(효공왕 원년, 897)에는 「왕위를 이어받음을 사례하는 표(謝嗣位表)」,[118] 「은혜에 감사하는 표(謝恩表)」,[119] 「북국이 윗자리에 있음을 허락하지 않은 데 대하여 사례하는 표(謝不許北國居上表)」[120]를 지었다. 그리고 그의 나이 42세 되던 해(효공왕 2년, 898)에는 「신라 가야산 해인사 결계량기(新羅伽倻山海印寺結界場記)」[121]를 지었다. 그의 나이 44세 되던 해(효공왕 4년, 900)에는 「신라 가야산 해인사 선안주원벽기(新羅伽倻山海印寺善安住院壁記)」[122]를 지었다. 48세 되던 해(효공왕 8년, 904)에는, 「당나라 대천복사 옛 절 주지 번경대덕 법장화상전[唐大薦福寺故寺主翻經大德法藏和尙傳]」[123]을 지었다.

충청남도 지역에 산재하여 있는 최고운 유적지의 안내문을 보면 짚고

---

116 1965년 발견. 그 말미에 '건녕 이년 신월 기망(乾寧 二年 申月 旣望)'이라고 명기하고 있다.

117 徐居正 外, 『東文選』 卷43. 본문 중에서 가정사(賀正使) 편에 보낸다고 하였고, 이듬해[眞聖女王 11年] 양위하였기에 이해에 쓴 것이 확인된다.

118 徐居正 外, 『東文選』 卷33.

119 徐居正 外, 『東文選』 卷33.

120 徐居正 外, 『東文選』 卷33.

121 "時有唐乾寧五紀之陬月也" 『東文選』 卷64.

122 徐居正 外, 『東文選』 卷64, 「巨唐光化三禩天一泰齋朦朧月霧日記」

123 "于時, 天復四春, 枝幹俱首, 於尸羅國迦耶山海印寺 華嚴院, 避寇養痾, 兩倫其便." 『大日本續藏經』 第668冊, 261~271쪽.

넘어가야 할 대목이 있다. 첫째, 경주 최씨의 시조가 최고운이냐 하는 문제이다. 비단 위의 예문(例文)에서뿐만 아니라 여러 문헌에서 고운(孤雲)이 경주 최씨의 시조라는 말을 자주 하고 있다. 이는 틀린 말이다. 경주(慶州) 최씨(崔氏)의 시조는 신라 육촌장(六村長) 가운데 한 사람인 소벌도리(蘇伐都利)이다.[124] 고운을 경주 최씨의 중시조(中始祖)라고 하면 말이 되지만, 시조라는 말은 적당하지 않다.

둘째, 앞에서도 언급하였듯이, 고운(孤雲)을 최치원의 호(號)라고 하는 점은 다시 한번 생각해 봐야 할 일이다. 우리가 알고 있듯이, 그의 성은 최(崔)씨요, 이름은 치원(致遠)이다. 그러나 그의 호(號)와 자(字)에 대하여는 스스로 언급한 일이 없고, 후대 사람들이 각기 다르게 부르고 있어 일정하지가 않다. 김부식(金富軾)은 『삼국사기』에서 "최치원의 자는 고운 또는 해운"[125]이라 하여 고운(孤雲)과 해운(海雲)을 그의 자(字)라 호에 대하여는 말이 없다. 이인로(李仁老)는 『파한집(破閑集)』에서 '문창공 최치원은 자가 고운이다.'[126]이라고 『삼국사기(三國史記)』의 설을 그대로 되풀이하면서 역시 호에 대하여는 언급하지 않았다. 이규보(李奎報)는 그의 「백운소설(白雲小說)」에서 "최치원 고운은 파천황의 큰 공이 있다. 따라서 우리나라의 학자들은 모두 그를 종주로 삼는다."[127]라 하였고, 또 그의 「당서에

124 『경주 최씨 상계 세보(慶州崔氏上系世譜)』(제일당출판인쇄사, 1988, 중간본)을 보면, '蘇伐都利(始祖) - 大伐利(2세) - 小伐利(3세) - 大平(4세) - 日天彬(5세) - 梲允(6세) - 唐(7세) - 犀(8세) - 忹(9세) - 局 (10세) - 茂(11세) - 岯(12세) - 玠(13세) - 敒(14세) - 殷義(15세) - 瑞鳳(16세) - 惠陽(17세) - 太士(18세) - 東雄(19세) - 享公(20세) - 林芬(21세) - 桂陽聖(22세) - 山允(23세) - 致遠(1세) - 殷含(2세) - 承老(3세)'로 되어 있다. 이 기록으로 보면, 고운의 아버지는 산윤(山允)이며, 아우는 서원(棲遠), 아들은 은함(殷含), 손자가 승로(承老)이다.

125 "崔致遠, 字孤雲, 或云海雲." 金富軾, 『三國史記』 卷46, [列傳] 第6, 「崔致遠」 條.

126 "文昌公, 崔致遠, 字孤雲." 李仁老, 『破閑集』 卷中.

127 "崔致遠孤雲, 有破天荒之大功, 故東方學子, 皆以爲宗." 洪萬宗 編, 『詩話叢林』 卷1 所載

서는 최치원 열전을 두지 않은 데 대한 의견[唐書不立崔致遠列傳議]」[128]에서는 최치원(崔致遠)·치원(致遠)·최치원(崔孤雲)·고운(孤雲)을 아무 구별 없이 혼용하고 있다. 고운(孤雲)을 굳이 호라고 밝히지는 않았으나, 호로 인정하고 있는 태도임이 틀림없다.

그러나 신라 시대 사람치고 호가 있는 사람이 없다. 당나라나 신라 때는 호를 사용하지 않았다고 한다. 당나라 문인 가운데 별호(別號) 또는 별명(別名)을 지닌 사람은 있어도 호가 있는 사람은 없다. 고운(孤雲), 해운(海雲), 해보 또는 해부(海夫)는 최치원의 자(字)이지 호가 아니다. 따라서 고운(孤雲) 최치원이라 한 점은 잘못이다.

셋째, 일반적으로 많이 알려진, 황소(黃巢)를 토벌하는 격문인 「토황소격문(討黃巢檄文)」의 본디 제목은 「격황소서(檄黃巢書)」이다. 언뜻 생각하면 전혀 문제가 없을 것 같지만, 일반 대중에게 제목 하나라도 정확히 알릴 필요가 있다.

넷째, 최고운이 예부시랑(禮部侍郎) 배찬(裵瓚)이 주관하는 과거에 합격하여 처음 관직을 받은 것은 표수(漂水)현위가 아니라 율수(溧水)현위이다. 최고운에 관한 초기 연구자들이 범한 오류인데, 아직 그 오류를 답습하고 있다. 글자 한 자라도 남에게 공시할 때는 신중해야 한다.

이어서 충남 지역 최고운 유적지에 대한 앞으로의 과제를 제시하면 다음과 같다. 첫째, 지방자치단체에서 최고운 유적지의 안내문(案內板)을 재정비할 필요가 있다. 특히 가야산(伽倻山)의 경우 해결해야 할 과제가 있

「白雲小說」(亞細亞文化社 影印本), 11쪽.

128 李奎報, 『東國李相國集』 卷22.
徐居正 外, 『東文選』 卷106.

다. 앞에서도 언급하였듯이 가야산은 충청남도에서 몇 개의 행정구역과 관련이 있다. 그러나 아직 이에 대한 행정관청의 관심이 미미하기 그지없다. 서산(瑞山)의 구경(九景), 예산(禮山)의 팔경(八景) 가운데 이 가야산이 중요한 위치를 차지하고 있다. 먼저, 서산시에서는

> 주봉인 가야봉(677.6m)을 중심으로 원효봉(677m), 옥양봉(621.4m), 일락산(521.4m), 수정봉(453m), 상왕산(307.2m) 등의 봉우리가 연결되는 …(중략)… 사시사철 경치가 수려해 관광객의 탄성을 자아내게 한다.
>
> 백제 시대 마애석불의 최고 걸작으로 손꼽히는 국보 서산마애삼존불상을 비롯한 보원사지, 개심사, 일락사 등이 가야산 자락의 품에 자리 잡고 있다. 또 한 국보 1점, 보물 6점, 기타 문화재 4점 등을 비롯한 각종 문화재가 산재해 있어 내포 문화권의 핵심 지역이며 그 자체가 거대한 문화재라 불려도 손색이 없다. 유서 깊은 문화유적과 오염되지 않은 자연경관을 찾아 매년 5십만 명 이상의 관광객이 찾아오고 있다.[129]

라고 하고 있다. 서산시청 홈페이지에서 위와 같이 가야산을 소개하고 있었으나, 2017년 8월 28일부터는 다음과 같이 소개하고 있다.

> 서산 제6경 가야산
>
> 아름다운 경치만으론 먼가 허전하시다구요. 서산 제6경 가야산에 오시면 수려한 자연경관과 함께 유서 깊은 문화유적들을 감상하실 수가 있습니다. 보물 6점과 기타 문화재 4점 등 각종 문화재를 품고 있

129 서산시청 홈페이지(http://www.seosan.go.kr) 참조.

는 가야산, 그 자체를 문화재라 불러도 손색이 없는 산입니다.

게다가 주봉인 가야봉과 석문봉은 등산객들 사이에서는 전망 좋은 봉우리로 손꼽히고 있죠. 이곳에서 바라보는 서해바다와 서산의 전경은 탄성을 절로 쏟아 내게 합니다. 문화유적도 보고 아름다운 자연경관도 감상하고 1석2조의 산, 가야산입니다.

윗글을 보면, 서산팔경(瑞山八景)으로서 가야산을 소개하고 있지만, 가야산에 관해서 구체적으로 언급하지 않고 있다. 이 점은 예산군이나 홍성군에서도 마찬가지이다. 예산군 홈페이지에서는 가야산을 다음과 같이 소개하고 있다.

가야산

위치: 충청남도 예산군 덕산면

신라 때는 가야산사를 짓고 나라에서 제사를 지냈으며 조선 시대까지도 덕산 현감이 봄, 가을로 제를 올렸던 곳으로, 능선을 따라 피어있는 진달래와 억새풀은 산행의 즐거움을 더해 준다. 높이 600m급의 산으로는 놀라운 고도감을 갖추고 있는데 이는 내륙의 산과는 달리 바다가 가까운 곳으로 상대적 해발 높이가 높기 때문이다.

대개의 산행은 남연군묘에서 계곡으로 들어가 석문봉에 가까운 안부에서 석문봉으로 올라가는 코스로 시작되거나 마무리된다. 석문봉은 가야산에서 가장 바위가 많은 봉우리로 이곳에서 옥양봉으로 가는 능선을 올라가게 되어 있다.

이들 봉우리는 산에서 느끼는 거리감이 항상 그렇듯이 먼 것 같은 인상을 주지만 실제로는 1시간 미만의 시간밖에 걸리지 않으며 안내판과 등산로도 잘 정돈되어 있어 가족과 함께 등산 후 인근의 많은 문화유적도 감상할 수 있어 산행의 기쁨을 배가할 수 있다.[130]

윗글을 보아도 신라 때 가야산사(伽倻山祠)를 지었다는 말뿐, 나머지는 모두 조선 시대 이후의 사실을 다루고 있다. 홍성군 홈페이지를 보면 홍성 8경[131]이 나오는데, 최고운과 관련된 항목이 전혀 없다. 이는 그만큼 그에 관심이 없었다는 말이 된다. 물론 홍성군에서는 월전리(月田里) 유적지에 대하여, 서산시와 예산군에서는 가야산(伽倻山), 보령시에서는 맥도(麥島) 등에 대하여 부분적으로 관심을 기울인 것이 사실이다. 지방자치단체의 행정이 분리되었기에 편리한 점도 있지만, 이처럼 일관성이 없는 것이 단점이다. 여기서 일관성이란, 최고운 유적을 하나로 연결하여 문화지도를 작성하는 일이다.

둘째, 최고운의 흔적에 대한 문헌 기록을 망라하여 정리하는 일이다. 이 점에 대해서는 위에서 언급하였다.

셋째, 문헌 기록에 대한 확실한 고증을 통하여 유적지를 재정비하는 일이다. 우리나라에 산재하여 있는 최고운 유적지는 1970년대부터 대대적으로 정비되기 시작하였다. 그러나 충청남도 지역의 고운 유적지는 이보다 상당히 뒤진다. 성주사지(聖住寺址)를 예로 들면, 20년 전에는 비석 두 개만이 빈 터에 남았었다. 필자가 2023년 아홉 번째 그곳을 답사하였을 때에는 관리소도 생기고 곳곳에 안내판과 조명시설도 갖추어져 있었다. 단

130 예산군청 홈페이지(http://www.yesan.go.kr) 참조.

131 홍성 팔경은 ① 용봉산, ② 홍주성과 여하성, ③ 만해 한용운 선생 생가, ④ 그림이 있는 정원, ⑤ 오서산, ⑥ 남당항, ⑦ 백야 김좌진 장군 생가, ⑧ 궁리포구이다. 홍성군청 홈페이지(http://www.hongseong.go.kr) 참조.

지 아쉬운 것은 너무 지나치게 현대화하였다는 점이다. 비단 이곳만이 아니다. 우리나라 어느 유적지치고 과장하지 않는 곳이 없다. 복원(復原)은 글자 그대로 가장 본디의 모습을 찾아가는 것이다.

넷째, 충청남도 최고운 유적에 대한 총체적 벨트화가 필요하다. 어찌 보면 이 일은 지자체에서 마음만 먹으면 쉽게 해결할 수 있다. 최고운의 유적이 남은 곳이 바로 내포(內浦) 권역이기 때문이다. 거리상으로 보아도 그다지 멀리 떨어져 있지 않다. 그가 태수(太守)를 지낸 서산(瑞山)[132]을 중

---

132 예로 권한(權攇, 1713~1770)이라는 사람의 「가야산(伽倻山)」이라는 시가 전하는데 그 내용을 들면 다음과 같다. 물론 이 시가 서산 가야산에서 지어졌는지는 확정할 수 없다. 그러나 시 속에 나오는 시어에서 미루어 보면 합천 가야산은 아닌 것 같다. 곧 몇 구의 '江縣', 셋째 구의 '海上山', 열 번째 구의 '大海'와 같은 시어에서 그러한 정황을 찾을 수 있다.

我行入江縣	행차가 강 고을로 들어가,
直上望西樓	곧바로 서루에 올라 보네.
蒼然海上山	짙푸른 바닷가 산 모습,
秀色滿數州	빼어난 빛 몇 고을에 가득.
偉哉造化勢	위대하도다 조물주의 위세,
蜿然氣不收	완연한 기운 걷히지 않네.
惟天鍾意厚	오직 하늘만 깊은 뜻 모아,
若與地靈謀	지령과도 서로 통하는 듯.
雲煙蕩胷臆	이내가 흉금을 탁 트이게,
大海若泓湫	큰 바다 깊은 소(沼)인 듯.
奮迅大薊島	대계도에 소식이 날아오니,
對挹仙人丘	선인들이 언덕에서 읍하네.
崖丘裂坤軸	벼랑이 지축을 찢어 놓은 듯,
陰騰鬼神幽	음기 가득 귀신이 숨은 듯.
磴道互撑幽	비탈길 서로 손잡고 오르니,
奇怪付冥搜	참으로 기괴하고도 기괴해.
岱岳勢可攬	우뚝한 산세는 아름다운데,
一氣變淸秋	계절은 맑은 가을로 변해.
神僧留舍利	신승(神僧) 사리 남겼지만,
遺躅不可求	남긴 자취 찾을 길이 없어.
於焉可托棲	이곳에 의지하여 살고 싶어,
况復羣仙遊	하물며 신선들이 노닌 데야.
浩歌越林麓	호탕한 노래 숲을 벗어나고,
興盡結我愁	흥이 다하니 내 시름겨워져.

심으로 하든지, 그가 지은 비문(碑文)이 남아 있는 보령(保寧)을 중심으로 하든지, 아니면 그가 노닐었던 홍성(洪城) 월전리를 중심으로 하든지에는 상관이 없다. 지자체에서 서로 양보만 한다면 전혀 문제가 되지 않는다. 그러나 지자체장이나 그 구성원들의 안목이 좁을 때는 문제가 생긴다. 닭이 먼저냐, 달걀이 먼저냐를 서로 우기다 보면 정작 최고운의 실체는 모두 잃게 된다.

嚴風蕩中郊	매서운 바람 중교를 휩쓰니,
歲暮且淹留	한 해의 끝자락에 또 머물러.

- 權擄, 『震溟集』 卷1, 『韓國文集叢刊』 續80, 443쪽

제10장

함양 학사루 시와 최고운 형상

1. 학사루와 모현정

함양(咸陽)에는 학사루(學士樓)가 있다. 함양의 신라 시대 때 이름은 천령군(天嶺郡)이다. 최고운이 중국에서 돌아와 진성여왕에게 시무책 10여 조를 올렸다. 왕은 그의 의견을 받아들였으나 신하들의 반발로 그 시무책이 시행되지 못하였다.[133]

함양에는 최고운의 유적지가 몇 곳 있다. 그 가운데 가장 유명한 곳이 상림(上林)이다. 상림은 그가 천령군 태수를 지낼 때 직접 조성한 그의 유적이다. 1906년 고을 유지들이 최고운을 추모하여 세운 모현정(慕賢亭)이 있다. 이 모현정을 1972년 중수(重修)하면서 사운정(思雲亭)이라 이름을 바꾸었다.

여러 문헌을 종합하여 보면, 890년 최고운의 나이 34살 되던 해 태산군(太山郡, 현 전북 태인), 37살 되던 해 부성군(富城郡, 현 충남 서산), 41살 되던 해 방로태감 겸 천령군 태수(防虜太監兼天嶺郡太守)로 임명되어 그 고을을

133 최치원의 나이 38살 되던 해(894) 2월 시무책 10여 조를 올리니 왕이 기꺼이 받아들이고 그를 아찬(阿飡)에 임명하였다. 졸저, 『崔孤雲 文學研究』, 658~659쪽 참조.

다스렸다. 이때 그가 관아 옆에 있던 누각에 오르곤 하였는데, 후대 사람들이 그가 오르내렸던 누각이라 하여 학사루라는 이름을 붙였다. 그가 그의 나이 28살 되던 해(884) 당나라에서 출발하여 그의 나이 29살 되던 해(885) 3월 신라에 도착하였다. 그 당시 신라의 임금이었던 헌강왕이 그에게 시독겸한림학사 수병부시랑 지서서감(侍讀兼翰林學士守兵部侍郎知瑞書監)이라는 벼슬을 내렸다. 이 학사루는 그가 한림학사(翰林學士)를 역임하였기에 한림학사를 줄여 '학사(學士)'라 하고 그 뒤에 '루(樓)' 자를 붙여서 생겨난 이름이다. 누각의 이름은 우리나라에 현존하는 누각 가운데 가장 오래되었다. 그러나 학사루는 1380년과 1592년의 두 차례 화재로 소실(燒失)된다. 임진왜란 때 소실된 학사루가 거의 100년이 지나 중건된다. 연암(燕巖) 박지원(朴趾源)의 「함양학사루기(咸陽學士樓記)」[134]에 그러한 정황이 나타난다.

2. 학사루 음영 시의 실제

[표 7] '학사루'가 제목에 들어간 시

순번	작자	제목	형식	작품 수	출 전
1	윤상(尹祥, 1373~1455)	「함양 학사루에 붙인 시에 차운함[次咸陽學士樓題]」	7언절구	1	『별동집(別洞集)』 권1
2	김종직(金宗直, 1431~1492)	「學士樓下梅花始開病中吟得二首」	7언절구	2	『점필재시집(佔畢齋詩集)』 권7
3	김종직	「학사루 연못 가에 진달래가 활짝 피어[學士樓池上躑躅盡開]」	7언율시	1	『점필재시집』 권8

134 朴趾源, 『燕巖集』 卷1(『韓國文集叢刊』 252, 24쪽).

순번	작자	제목	형식	작품 수	출전
4	김종직	「학사루 아래 매화 한 그루가 있는데, 비록 반이 말라 썩어졌으나 가지만은 오히려 늙을수록 단단하여 해마다 가장 일찍 꽃이 피었었다. 내가 신묘(辛卯)년 봄에 이 고을에 와서 보고 사랑하여 시를 짓기를, “학사루 앞에 오뚝 선 신선, 서로 만나 한번 웃으니 의젓하구먼. 교자 타고 지나다가 걱정도 되네. 금년은 봄바람이 하도 세어서.”라 하였으니, 대개 매화나무가 바람에 꺼꾸러질까 두려워해서이다. 또 극기와 함께 이 매화나무를 두고 시를 지은 것이 몇십여 편이나 되었다. 올해 3월 초아흐렛날 사시(巳時)에 서풍이 몹시 부는 바람에 나무가 획 쓰러져 넘어져서 가까이 가 보니, 이 나무가 의지하여 꽃을 피우던 줄기가 굵기는 겨우 두어 치이고, 그것도 가운데가 또한 썩어 있었다. 이러고도 오히려 여러 해를 버티다가 오늘에야 그만 쓰러지고 말았으니, 아, 이 어찌 운명이 아니리오. 이에 시를 지어 슬퍼하고, 이 시를 써서 극기(克己: 유호인)에게 부친다[學士樓下有梅一株 雖半枯朽 而枝梢猶老硬 每歲開花最早 余辛卯春到郡 見而愛之 題詩云 學士樓前獨立仙 相逢一咲故依然 肩輿欲過還攀慰 今歲春風太劇顚 盖懼其爲風所倒也 又嘗與克己賦詠幾十餘篇 今年三月初九日巳時 西風甚顚 劃然摧倒 就而視之 則所倚以敷榮者 徑僅數寸 中心亦朽矣 如是而猶支持許多年 今日乃萎絶焉 噫 非數耶 於是作詩吊之 書以寄克己]」	7언장율 22구	1	『점필재시집』 권9
5	노진(盧禛, 1518~1578)	「학사루 시운[學士樓韻]」	7언율시	1	『옥계집(玉溪集)』 권1
6	노진	「학사루 근체시[學士樓近體]」	7언율시	2	『옥계집』 권1
7	노진	「학사루(學士樓)」	7언절구	1	『옥계집』 권1
8	노진	「학사루 근체시[學士樓近體]」	7언율시	2	『옥계집』 권1
9	윤근수(尹根壽, 1537~1616)	「학사루 시에 차운함[次學士樓韻]」	7언절구	2	『월정집(月汀集)』 권2

순번	작자	제목	형식	작품 수	출전
10	윤근수	「학사루 시에 차운함[次學士樓韻]」	7언율시	2	『월정집』 권3
11	오숙(吳䎘, 1592~1634)	「학사루(學士樓)」	7언절구	1	『천파집(天坡集)』 권3
12	조구명(趙龜命, 1693~1737)	「학사루에서 등루부 차운함[學士樓次登樓賦韻]」	6언 42구, 4언 4구	1	『동계집(東谿集)』 권12
13	이덕무(李德懋)	「함양 학사루에서 2연을 지음[咸陽學士樓 得二聯]」	7언고시	1	『청장관전서(靑莊館全書)』 권69
14	신좌모(申佐模)	「학사루에서 자애[韓致肇]와 같이 지음[學士樓與紫崖共賦]」	7언율시	2	『담인집(澹人集)』 권8
15	정필달(鄭必達)	「학사루(學士樓)」	7언율시	1	『팔송집(八松集)』 권8
16	심유(沈攸, 1620~1688)	「도명의 함양 학사루 시에 차운함[次道明咸陽學士樓韻]」	7언절구	1	『오탄집(梧灘集)』 권4
17	정진상(鄭鎭商, ?~?)	「학사루(學士樓)」	7언절구	1	『퇴어당유고(退漁堂遺稿)』 권3
18	정기안(鄭基安, 1695~1767)	「학사루 시판(詩板) 시에 차운함[學士樓 次板上韻]」	7언율시	1	『만모유고(晩慕遺稿)』 권1
19	조태상(趙迨祥, ?~?)	「학사루(學士樓)」	7언율시	1	『함양누정지(咸陽樓亭誌)』, 96쪽
20	이방보(李峀+方輔, ?~?)	「학사루(學士樓)」	7언율시	1	『함양누정지』, 97쪽
21	홍우채(洪禹采, 1658~?)	「학사루(學士樓)」	7언율시	1	『함양누정지』, 97~98쪽
22	신치복(辛致復, 1680~1754)	「학사루(學士樓)」	7언율시	1	『함양누정지』, 98쪽
23	홍우전(洪禹傳, 1663~1728)	「학사루(學士樓)」	7언율시	1	『함양누정지』, 98쪽
24	성명 모름	「학사루 주련(學士樓柱聯)」	7언율시	1	『함양누정지』, 98~99쪽
총계		24제		30수	

[표 8] '학사루'가 내용에 들어간 시

순번	작자	제목	형식	작품수	출전
1	서거정(徐居正, 1420~1488)	「함양 군수 조위의 시에 차운함[次曺咸陽偉韻]」	7언율시	3	『사가시집(四佳詩集)』 권51
2	김종직	「칠석날 춘당대시(春塘臺試)를 맞음[七夕 邀春塘]」	7언절구	1	『점필재시집(佔畢齋詩集)』 권7
3	유호인(兪好仁, 1445~1494)	「군수 조태허(조위)께 보내 드림[寄呈郡守曺君大虛]」	7언절구(小詩)	11	『뇌계집(㵢谿集)』 권2
4	유호인	「함양 남계(藍溪)와 뇌계(㵢溪) 죽지곡[咸陽濫㵢竹枝曲]」	7언절구(小詩)	10	『뇌계집』 권2
5	유호인	「점필재 시에 차운함[次佔畢齋韻]」	7언절구(小詩)	6	『뇌계집』 권2
총계		5제		31수	

[표 7]과 [표 8]을 보면 제목과 작자의 수는 차이가 있지만, 실제 작품 수는 그다지 차이가 없다. 다른 누정 시에서도 그렇겠지만 구절 안에 그 대상의 제목을 넣어 읊은 경우가 많다. 다른 누정 음영 시와 확실히 다른 것은 위의 시들이 모두 7언이라는 점이다. 그것은 학사루 시를 지을 당시 시인들의 마음이 조급하지 않았다는 것을 입증한다. 실제로 임진왜란이나 기타 국난이 있었을 때 이 학사루 시를 지은 경우가 거의 없다. 이 학사루 누정시를 지었을 당시 시인들은 그만큼 정신적으로 여유가 있었다. 7언시는 5언시에 비하여 호흡이 길면서 부드럽다. 마음이 조급하면 이 형식의 시를 지을 수 없다.

이 학사루 음영 시에서 보면, 절구보다는 율시가 많다. 근체시에서 율시가 가장 시의 표본이다. 그것도 7언율시가 근체시의 모범이 된다. 곧 학사루 음영 시를 지은 사람들이 정도(正道)를 지키려 하였음을 알 수 있다. 이는 이 고을을 다스렸던 최고운에 대한 예우인지도 모른다. 곧 학사루를 개인이 지은 것이 아니라 관아에서 지은 것이었기 때문이기도 하다. 개인은 마음대로 할 수 있다. 그러나 공공 기관은 엄격한 규율이 있다. 이러한 생각이 시의 형식에 나타났다고 할 수 있다.

[표 7]에서 19부터 24까지의 시는 『한국문집총간(韓國文集叢刊)』에 실리지 않은 것들이다. 『함양누정지(咸陽樓亭誌)』[135]에 실려 있는데, 그 출전이 명확하지 않다. [표 8]을 보면 31수의 시 가운데 뇌계(㵢溪) 유호인(俞好仁, 1445~1494)의 시가 28수이다. '학사루'라는 말이 뇌계의 시 가운데 3수에 들어 있다.[136] '학사(學士)'라는 말이 1수의 시에, '유선(儒仙)'이라는 말이 2수의 시에 들어 있다.

3. 시에 나타난 최고운

1) 학자로서의 최고운

앞에서도 언급하였듯이 학사루라는 누각의 이름이 최고운의 관직 이름에서 따온 것이다. 그것도 한림학사였으니 문한(文翰)을 담당하는 관리이다. 학사루를 제재로 하여 읊은 시 가운데 가장 먼저 등장하는 것이 별동(別洞) 윤상(尹祥, 1373 ~1455)의 「함양 학사루에 붙인 시에 차운함[次咸陽學

135 咸陽文化院 刊, 『咸陽樓亭誌』(上), 大寶社, 2001, 96~99쪽 참조.

136 「군수 조태허 군에세 부쳐 줌[寄呈郡守曺君大虛]」 제목의 시 11수 중 제5수, 「함양의 남계·노계 죽지곡 절구 십 수[咸陽灆㵢竹枝曲十絶]」 제목의 10수 가운데 제1수, 「차점필재운(次佔畢齋韻)」이라는 시 6수 가운데 제1수 등이다. '儒仙'이라는 말이 들어간 시가 「기정군수조군대허(寄呈郡守曺君大虛)」 제5수, 「함양남죽지곡십절(咸陽灆㵢竹枝曲十絶)」 제6수이며, '學士'라는 말이 들어간 시는 「차점필재운(次佔畢齋韻)」 제6수이다. 따라서 빈도수가 그다지 높지 않다. 제목과 내용에 '學士樓'라는 말이 들어간 시는 김종직의 「학사루하매화시개병중음득이수(學士樓下梅花始開病中吟得二首)」(其一)이다.

士樓題」[137]이다. 그 내용을 들어 보면 다음과 같다.

頭流山迫白雲間　　두류산이 구름 사이에 다다랐는데,
傍麓經營問幾官　　어느 관리가 산 고을 다스렸던가.
最是許州鍾秀氣　　이 고을에 가장 빼어난 기운 모여,
稟生人傑滿朝端　　이를 품고 태어난 인걸 조정에 가득.

이 시의 형식은 7언절구이다. 기구(起句)와 승구(承句)에서 시인이 비록 학사루에 붙은 시에 차운하여 시를 지었지만, 언뜻 보면 시에는 최고운의 모습이 보이지 않는다. 기구에서는 함양의 지리적 배경을 읊었다. 곧 함양은 두류산, 곧 지리산 곁에 있다. 이 고을에서 보면 구름 속에 우뚝한 지리산이 보인다. 그런데 자아가 이 산기슭 고을을 누가 다스렸는가 하고 묻는다. 그 해답은 이미 나와 있다. 바로 신라 시대 때 최고운이다. 그러나 그 안을 들여다보면 전구와 결구에서 최고운의 모습을 그려 낼 수 있다. 자아가 함양에 가장 빼어난 기운이 모였다고 하였다. 최고운이 함양 출신은 아니다. 그러나 그 빼어난 기운이 모이게 된 것은 신라 시대 때 최고운이 이 고을을 다스렸기 때문이다. 학사의 유향(遺香)이 후대까지 내려오고

---

137 尹祥, 『別洞集』 卷1(『韓國文集叢刊』 8, 265쪽).
이 시의 제목으로 보아, 별동(別洞)보다 먼저 지은 사람의 시가 있을 것 같다. 그러나 그가 누구인지, 또 시의 제목이 무엇인지 알 수가 없다. 이 시는 그가 경상도 관찰사를 역임할 때 이 지역을 순시하면서 지은 것 같다. 이 외에 이 학사루 시를 지은 사람은, 첫째 이 지역 출신이거나, 둘째 이곳이나 이곳 주위에서 벼슬하였거나, 셋째 이 지역을 관리하는 높은 관청의 우두머리, 곧 경상도 관찰사를 지냈거나, 넷째 이 지역에 머물렀던 사람, 즉 임진왜란 때 관군이거나 아니면 의병이었던 사람이 대부분이다. 따라서 이 지역과 관련이 없는 인물이 이곳을 유람하면서 이 학사루 음영 시를 지은 경우가 거의 없다. 이 점이 합천 가야산 주위의 최고운 유적지에 대한 음영 시와 다른 점이다. 그 가장 큰 이유가 이 함양은 교통이 불편하여 사람들의 왕래가 드물었다는 점이다. 그것은 이 지역이 남쪽을 제외하고 모두 산으로 둘러싸여 있기 때문이다.

있다는 것을 넌지시 암시하고 있다.

결구(結句)에서 보면, 자아가 두류산의 기운이 이 고을에 모여 인재가 태어났다고 하였다. 이들이 또 대과에 급제하여 조정에 가득하다고 한다. 실제로 함양은 조선 시대에 경상남도에서 인재가 가장 많이 난 유서(由緖) 깊은 고을이다. 그 유서의 시작이 최고운이다. 최고운이 이 고을을 다스릴 때 조성한 상림(上林)[138]이 아직도 남아 있다. 이 상림은 조선 시대까지 대관림(大館林)으로 불리다가 일제 강점기에 상림과 하림(下林)으로 나뉘어 불렸다 한다.[139]

2) 유선으로서의 최고운

뇌계 유호인은 최고운을 유선(儒仙)이라 불렀다. 그의 「함양의 남계·뇌계 죽지곡 절구 십 수[咸陽灆溜竹枝曲十絶]」[140] 가운데 첫 번째 수를 들어 이에 대한 논의를 계속하기로 한다.

---

138 상림(上林)은 『동국여지승람』이나 『천령읍지』, 『함양읍지』 등에는 '대관림(大館林)'으로 되어 있다. 『동국여지승람』 권31이나 『천령읍지』에, "대관림은 뇌계(溜谿) 동쪽 언덕에 있다."라고 하고 있다. 『함양읍지』에는 "대관림은 함양부 서일리 뇌계 가에 있다. 뇌계는 함양부 서일리에 있는데 근원은 백운산(白雲山)에서 나와 동으로 흐르다가 사근역(沙斤驛)에 이르러 남계와 합류한다. 유호인이 뇌계 가에 살았다."라고 한다.
참고로 중국 문헌에 실린 상림의 의미는 다음과 같다. ① 궁중의 동산으로 상림원(上林苑)을 말한다(『古文眞寶』 前集, 李白의 「蘇武」라는 시에 "白雁上林飛, 空傳一書札."이라는 구절이 있다). ② 상림원(上林苑)은 진(秦)·한(漢) 때 장안에 있었던 황제의 정원으로 대궐을 뜻한다. ③ 한나라 때 사마상여가 상림원에서 지은 「상림부」를 가리키는 말인데, 이 상림부가 문장이 훌륭하기로 유명하다(蕭統, 『文選』의 司馬相如, 「上林賦」). ④ 진(秦)나라 때부터 있던 동산이었는데 한 무제가 그 규모를 크게 확장하였다. 천자가 군신을 거느리고 사냥을 즐기던 곳(司馬相如, 「上林賦」)이다. ⑤ 중국의 한 지방 이름이다(『古文眞寶』 後集에 陳無己의 「上林秀州書」라는 편지가 있다).

139 명남재, 「함양 상림과 학사루」, 『하천과 문화』 제9권 4호, 『인간과 하천』 4, 2013, 45쪽 참조.

140 俞好仁, 『溜谿集』 卷2(『韓國文集叢刊』 15, 108쪽).

學士樓頭明月輝	학사루 머리에 밝은 달이 휘영청,
儒仙一去鶴仍歸	유선이 떠난 뒤 학도 돌아갔다네.
鷄林黃葉千年後	신라가 망한 지 천 년이 지난 뒤,
誰認當時丁令威	그 누가 당시의 정령위 알아보리.

기구(起句)에서 보면, 시간상으로는 밤이다. 학사루 머리에 달이 휘영청 밝다고 하였으니 보름이거나 보름을 전후한 날이다. 달은 밝지만 차가운 느낌이 있다. 싸늘한 달빛을 먼저 묘사한 것은 그만큼 자아의 마음이 밝지만은 않다는 것을 뜻한다.

승구(承句)에서는 유선(儒仙)이 돌아갔다고 하였다. 여기서 유선은 말할 것도 없이 최고운을 가리킨다. 그러면 왜 유선이라는 말이 나왔을까? 최고운이 12살에 당나라에 건너가서 생활하다가 28살 되던 해 신라로 귀국하려 하자 그의 막역한 친구였던 고운(顧雲)이 그에게 「유선가(儒仙歌)」를 지어 주었던 것과 관련 있다. "열두 살 때 배 타고 바다 건너와, 문장으로 중국을 감동시켰다네.[十二乘船過海來, 文章感動中華國.]"[141]라고 하였다. 유선은 글을 매우 잘하는 선비이다. 예를 들어 두보(杜甫)를 시성(詩聖)이라 하고 이백(李白)을 시선(詩仙)이라 하는 말과 같다. 선(仙) 자가 들어갔으니 현실의 삶을 초월한 경지에 있는 사람, 곧 초인문정신(超人文精神)의 경지에 다다른 사람을 뜻한다.

전구(轉句)와 결구(結句)를 보면, 자아가 살았던 시점에서 신라가 망한 때까지의 시간적 거리가 천 년이라고 하였다. 정확하게는 700년 남짓하

141 李奎報, 『東國李相國集』 卷22, 「당서(唐書)에 최치원(崔致遠)의 열전(列傳)을 두지 않은 것에 대한 의론[唐書不立崔致遠列傳議]」(『韓國文集叢刊』 1, 519쪽).

다. 이를 반올림하면 천 년이 된다. 이는 시간상으로 그만큼 오랜 세월이 지났다는 말이다. 천 년이 지난 뒤에 최고운이 나타난들 그 누가 알아볼 수 있을 것인가 하고 자아가 반문(反問)한다. 물론 결구에서 최고운에 관한 언급이 없다. 정령위(丁令威)[142]를 용사(用事)하여 최고운과 일치시키고 있다. 정령위가 천 년 뒤에 고향에 나타난 것이나, 최고운이 천 년 뒤에 함양 학사루 앞에 나타남이

뇌계(㵢谿)의 「군수 조태허 군에게 부쳐 줌[寄呈郡守曺君大虛]」[143]이라는 시에서도 그가 최고운을 유선(儒仙)으로 불렀다. 그 11수 가운데 다섯 번째 수를 들어 보면 다음과 같다.

儒仙一去杳芳塵	유선이 한번 떠난 뒤 행적 묘연하니,
千古分留物色新	천고에 남은 자취 물색이 새롭다네.
學士樓名誰管得	학사루란 이름 그 누가 맡아 얻었나,
玉堂前後兩詞臣	전후 옥당에 두 분의 사신(詞臣)일세.

기구(起句)에서 알 수 있듯이 자아, 곧 뇌계가 최고운을 유선(儒仙)이라 하였다. 뇌계가 그렇게 부른 것은 그가 최고운의 삶을 동경하였기 때문이다. 그는 최고운의 자취가 서려 있는 상림(上林) 곁 뇌계(㵢谿) 가에서 태어났다.[144]

---

142 요동(遼東) 사람 정령위(丁令威)가 신선이 되고 나서 천 년 만에 학으로 변해 다시 고향을 찾아와서는 요동 성문의 화표주(華表柱) 위에 내려앉았는데, 소년 하나가 활을 쏘려고 하자 허공으로 날아올라 배회하면서 “옛날 정령위가 한 마리 새가 되어, 집 떠난 지 천 년 만에 이제 막 돌아왔소. 성곽은 예와 같은데 사람은 모두 바뀌었나니, 신선술 안 배우고 무덤만 이리 즐비한고.[有鳥有鳥丁令威, 去家千年今始歸. 城郭如故人民非, 何不學仙冢纍纍.]”(『搜神後記』 卷1)라고 탄식하고는 사라졌다는 전설이 전한다.

143 兪好仁, 『㵢谿集』 卷2(『韓國文集叢刊』 15, 97쪽).

144 앞의 주)139 참조.

뇌계의 근원은 지리산이다. 뇌계가 지리산의 한 줄기인 백운산(白雲山)에서 발원(發源)하여 동쪽으로 흐르다가 사근역(沙斤驛)에서 남계와 합류한다고 하고 있다. 이 뇌계라는 그의 호는 그가 태어난 시내 이름에서 따온 것이다.

위의 시에서 알 수 있듯이 뇌계는 최고운을 마음속으로 추종하였다. 자아 자신도 최고운과 같이 되기를 희망한다. 그 희망은 곧 최고운의 학문에 대한 성취이다. 따라서 자아의 머릿속에는 최고운을 신선보다는 선비 또는 유자(儒者)라 함이 마땅하다. 최고운을 유선이라 한 것이 이에 대한 증거이다. 뇌계, 그가 태어나 자란 곳이 함양이기 때문에 그가 최고운에 대해 지닌 느낌이 다른 사람들보다 더욱 절실하였다.

오랜 옛날 최고운이 함양 수령을 지내면서 치적을 남겼듯이 뇌계의 스승인 점필재 김종직도 이곳 수령을 지내면서 많은 치적을 남겼다. 점필재가 함양에서 길러 낸 제자들이 23명이다. 그의 제자 72명 가운데 함양 출신이 많은 부분을 차지하고 있다. 뇌계와 남계(藍溪) 표연말(表沿沫, 1449~1498)이 이곳에서 점필재를 만났다. 뇌계가 자신의 고향을 잊지 않았다고 한다면, 남계는 20대 초반에 고향을 떠나 객지 생활을 하였다. 정확히는 알 수 없지만, 남계가 한양에서 자신의 처가가 있는 곳인 상주(尙州) 함창(咸昌)으로 거처를 옮겼다가 1498년 무오사화(戊午士禍)에 연루되어 경원(慶源)으로 유배 가던 도중에 죽었다. 따라서 남계는 뇌계만큼 자신의 고향을 생각하지 않았다. 그가 일찍 어버이를 여의고 고향을 떠났기 때문이다.

3) 시선 또는 사선으로서의 최고운

최고운에 대한 다른 표현이 시선(詩仙) 또는 사선(詞仙)이다. 시(詩) 자와 사(詞) 자가 들어갔으니, 시를 잘 짓고 글을 잘하는 선비라는 의미이다. 이 말도 위의 「유선가(儒仙歌)」에서 비롯한다. 최고운은 어린 나이에 일찍 문장으로 중국을 감동하게 하였다고 하여 시선 또는 사선이라 불렸다. 월정(月汀) 윤근수(尹根壽, 1537~1616)의 「학사루 시에 차운함[次學士樓韻]」[145]이라는 7언절구 시 두 수 중 첫 번째 수를 들어 보면 다음과 같다.

風流當日兩詩仙　그 당시에 풍류 즐긴 두 시선께서,
一去遺蹤已杳然　떠나신 뒤 남긴 자취 이미 아득해.
樓畔梅花開又落　누각 곁의 매화는 피고 또 지는데,
吟魂倘在北山巓　시 읊은 혼 아직 북산에 계시려나.

월정(月汀)이 1570년대 경상감사(慶尙監司)를 역임하였을 때 이 시를 지은 것으로 보인다. 자아가 기구(起句)에서 당시 풍류를 즐기던 두 시선이라 하였다. 여기서 우리는 두 가지 표현에 주목할 필요가 있다. 첫 번째는 당시(當時)는 언제이며 풍류(風流)는 무슨 뜻인가 하는 것이고, 두 번째는 두 시선은 누구인가 하는 것이다. 이에 대한 해답을 얻기 위해서는 두 번째 물음부터 해결하여야 한다. 두 시선(詩仙)이 누구인가 하는 것이다. 두 사람 가운데 한 사람은 말할 것도 없이 학사루의 주인인 최고운이다. 또 한 사람은 학사루의 매화를 읊은 점필재(佔畢齋) 김종직(金宗直)이다. 전구(轉句)에서 그러한 정황을 알 수 있다. 두 사람 모두 함양 고을의 수령을

145 尹根壽, 『月汀集』 卷2(『韓國文集叢刊』 47, 197쪽). 두 번째 시는 다음과 같다.

山容如洗月輪明　씻은 듯한 산 모습 달빛이 밝은데,
文筆峯前句未成　문필봉 앞에서 시를 짓지 못하겠네.
十二曲欄人寂寂　열두 굽이 난간에 인적은 고요한데,
滿天風露酒初醒　하늘 가득 이슬 바람에 술 막 깨네.

지냈다. 따라서 첫 번째 물음의 당시(當時)는 최고운과 점필재가 함양 고을을 다스릴 때이다.

그러면 자아가 말한 풍류(風流)는 무엇인가? 지금 우리가 흔히 말하는 술 마시고 시 짓고 노래 부르고 춤추는 것을 말하는가? 물론 이러한 행위도 풍류라 할 수 있다. 그러나 여기서 자아가 말한 풍류는 먼 조상 때부터 지금까지 전해 내려오는 유풍여류(遺風餘流)를 말한다.

월정(月汀)의 「학사루 시에 차운함[次學士樓韻]」[146]이라는 시 두 수 가운데 두 번째 수를 들어 이에 대한 논의를 계속하기로 한다.

坐來方丈暮雲收　　절간에 앉아 있으니 저녁 구름 걷히고,
山翠嵐光映一樓　　푸른 산 아지랑이 누각에 어른거리네.

---

146 尹根壽, 『月汀集』 卷3(『韓國文集叢刊』 47, 216쪽). 이 시의 첫 번째 수를 들면 다음과 같다.

危途歷盡石稜稜　　뾰족한 바위 가파른 길을 지나고 나서,
林外高樓客裏憑　　숲 너머 높은 누각에 나그네 기대네.
風物謾催千古淚　　풍경은 부질없이 천고 눈물 재촉하고,
官銜空愧一條氷　　직함은 그저 한 줄기 얼음에 부끄러워.
黃紬幾想揮毫手　　몇 번이나 지방관으로 휘호하려 했나,
白髮難尋繫日繩　　백발에 해를 묶어둘 끈 찾기 어렵네.
欲寫羈愁知有處　　나그네 시름 묘사하기 적당한 곳 있어,
四山如玉水如綾　　사방의 산은 옥 같고 물은 비단 같네.

이 시의 운자(韻字)가 점필재 김종직(金宗直)의 「군청(郡廳)에서 바로 지음[郡齋卽事]」(『점필재시집』 권7)의 운자와 일치한다.

頭流秋氣日稜稜　　두류산 가을 기운 나날이 무르익어 가는데,
曲檻疎櫺却懶憑　　굽은 난간 격자창 앞에 할 일 없이 기대었네.
墻影半隈三畝竹　　담 그림자는 세 이랑 대를 절반이나 덮었고,
樓陰全護一池氷　　누대 그늘은 한 못의 얼음 완전히 가리었네.
使家下令眞流水　　관청에서 내리는 명령이 흐르는 물과 같은데,
傜戶藏姦若亂繩　　부역 기피의 간악함은 헝클어진 노끈 같구려.
吏散客歸欹枕睡　　아전과 손들 돌아간 뒤에 베개 베고 자는데,
夢魂猶自臥靑綾　　꿈속에선 아직도 청릉(靑綾) 속에 누워 있네.

陳迹十年渾似夢	십 년 묵은 자취는 온통 꿈만 같은데,
雕欄五月爽生秋	오월에도 난간은 시원하기가 가을 같네.
詞仙秀句追**黃鶴**	**사선**의 빼어난 시구 **황학루**에 버금가고,
使者嚴程向碧油	사신은 군막을 향하여 바삐 길을 가네.
滿地兵塵無處避	땅 가득한 전쟁 먼지 피할 곳이 없으니,
層霄安得控蒼虯	푸른 소나무 부여잡고 하늘에 오르리오.

이 시의 운자(韻字)가 점필재 김종직의 「맑은 제운루[齊雲樓快晴]」[147]라는 시의 운자와 일치한다. 당시 점필재의 이 두 수의 시가 학사루에 걸려 있었던 것으로 보인다. 위 시에서 우리는 경련(頸聯)을 주목할 필요가 있다. 먼저 이 구절에서 사선(詩仙)이 누구인가 함이다. 먼저 학사루 제시(題詩)가 걸린 점필재를 뜻한다고 보아야 한다. 자아는 학사루의 시를 당나라 최호의 '황학루(黃鶴樓)' 시에 이 시를 견주었다. 황학루는 중국 호북성(湖北省) 무한(武漢)에 있는 누각이다. 당(唐)나라 때 최호(崔顥)가 이곳에서 지은 「황학루에 올라[登黃鶴樓]」가 시의 제목이다. 자아가 생각하기로 점필

147 점필재의 「맑은 제운루[齊雲樓快晴]」(6월 16일) 시는 다음과 같다.

雨脚看看取次收	빗발은 어느덧 점차 걷히어 가는데,
輕雷猶自殷高樓	가벼운 천둥 아직도 누각 울리누나.
雲歸洞穴簾旌暮	구름이 골에 몰리니 주렴이 어둡고,
風颭池塘枕簟秋	바람못 위로 부니 자리가 서늘하네.
菡萏香中蛙閣閣	연꽃 향기 속 개구리 소리 개골개골,
鷺○影外稻油油	해오라기 그림자 밖엔 벼가 번들번들.
憑欄更向頭流望	난간에 기대어 다시 두류산 바라보니,
千丈峯巒湧玉虯	천 길 봉우리 옥룡이 솟은 듯하다네.

– 金宗直, 『佔畢齋詩集』 卷10)

월정(月汀)이 차운한 시가 바로 윗부분이다. 따라서 점필재의 두 수의 시가 학사루에 걸려 있었던 것으로 보인다.

재의 시가 최호의 시 못지않다는 뜻이다.

최호(崔顥)에 비길 사람이 점필재뿐인가? 그렇지 않다. 최호에 견주어 시선으로 지칭된 사람이 또 있다. 그는 다름 아닌 최고운이다. 담인(澹人) 신좌모(申佐模, 1799~1877)가 지은 「학사루에서 자애와 함께 지음(學士樓與紫崖共賦)」[148]이라는 시 두 수 가운데 첫 번째 수를 보면 그러한 정황을 알 수 있다.

風風雨雨打車簾	비바람 몰아쳐 수레 주렴 두드리고,
看盡紅流又白鹽	홍류와 백염[149]을 다 둘러보았다네.
石氣醒來還復醉	석기가 깨었다가 다시금 취하나니,
泉聲貪着未爲廉	탐욕에 샘물소리 나도 청렴치 못해.
文章歷落餘靑眼	문장은 못하지만 반가움만은 남아,
故舊逢迎半皓髯	옛 친구 만나니 수염 반은 세었네.
黃鶴樓中人不見	**황학루 가운데 사람 보이지 않는데,**
更將餘句禿毫拈	다시금 무딘 붓으로 시구를 더하네.

담인 신좌모의 벗인 것만은 확실하지만, 자애(紫崖)가 누구의 자인지 구체적으로 알 수 없다. 위의 월정의 시 미련(尾聯)에서, 황학루(黃鶴樓)는 학사루(學士樓)를 가리킨다. 사람이 보이지 않는다는 말에서 사람은 최고운을 가리킨다. 이 시에서는 최고운과 점필재가 당나라 최호(崔顥)만큼

148 申佐模, 『澹人集』 卷8, [嶠南紀行], 「學士樓」(『韓國文集叢刊』 309, 368쪽).

149 『서경』 「설명(說命)」 하(下)에 고종(高宗)이 전설(傅說)에게 "너는 짐의 뜻을 가르쳐서 만약 술과 단술을 만들거든 네가 누룩과 엿기름이 되며, 만약 간을 맞춘 국을 만들거든 네가 소금과 매실이 되어야 한다.[爾惟訓于朕志, 若作酒醴 爾惟麴糱 若作和羹 爾惟鹽梅.]"라고 하였다.

시를 잘 지었다는 사실을 묘사하고 있다. 위의 담인의 시는 최고운이 최호만큼 시를 잘 지었다는 것을 드러내고 있다. 따라서 월정의 시에서 사선(詩仙)은 점필재만을 가리키는 것이 아니라 최고운과 점필재 두 분을 가리킨다.

4) 신선으로서의 최고운

점필재 김종직의 「학사루 아래 매화가 처음 피었으므로 병중에 두 수를 읊음[學士樓下梅花始開花病中吟得二首]」[150]이라는 7언절구 두 수 가운데 그 첫 번째 수를 들어 보면 다음과 같다.

學士樓前獨立**仙**	학사루 앞에 홀로 서 계시는 **신선**이시여,
相逢一笑故依然	서로 만나 한번 웃으니 예전 그대로일세.
肩輿欲過還攀慰	견여 타고 지나려다 다시 잡고 위로하니,
今歲春風太劇顚	올해는 봄바람이 너무나 세차게 부는구나.

기구(起句)에서, 자아는 학사루 앞에 홀로 서 있는 신선이라 하였다. 여기서 자아가 신선이 누구를 가리키는지 금방 알 수 있다. 학사루라는 말이 앞에 있으니 이는 말할 것도 없이 최고운을 가리킨다. 자아가 최고운을 보았다. 본 것에만 그친 것이 아니다. 승구(承句)에 가면 자아가 신선, 곧 최고운을 만나니 그가 웃는다. 그 웃는 모습이 천 년 전의 최고운의 모습과 같다. 실제로 자아는 천 년 전의 최고운의 모습을 본 적이 없다. 현실감을 주기 위하여 이렇게 읊은 것이다.

---

150 金宗直,『佔畢齋詩集』卷7(『韓國文集叢刊』12, 261쪽).

전구(轉句)에 가면, 자아가 견여(肩輿), 곧 가마 타고 지나려다가 다시 잡고 위로한다. 이 위로하는 주체가 누구인지 명확히 알 수 없다. 최고운이 자아를 위로하는지, 자아가 최고운을 위로하는지 분명하지 않다. 기구(起句)에 그 해답이 나와 있다. 최고운이 학사루 앞에 서 있다. 따라서 가마 타고 지나가려는 사람이 자아이다. 자아가 신선인 최고운을 만나 지나가려 하지만 차마 그냥 가지 못한다. 그만큼 미련이 남아 있다.

결구에 가면, 자아가 올해는 봄바람이 세차게 분다고 하였다. 제목에서 알 수 있듯이 학사루 앞에 서 있는 매화가 이제 피기 시작한다. 이른 봄이니 날씨가 아직 춥다. 그동안 잠자고 있던 나무뿌리를 일깨우기 위하여 바람이 세차게 분다. 바람이 부는 것은 자연 현상이다. 이른 봄이라 자아 자신이 춥다는 것을 강조하기 위하여 봄바람이 세게 분다고 하였다.

천파(天坡) 오숙(吳䎘, 1592~1634)이 「함양의 영각[151]에 받들어 부침[寄奉咸陽鈴閣]」[152]과 「학사루(學士樓)」라는 시를 지었다. 그의 「학사루」[152] 시를 들어 보면 다음과 같다.

---

151 영각(鈴閣)은 한림원 혹은 장수나 지방 장관이 집무하는 곳을 말한다. 여기서는 함양 군수의 관소를 가리킨다.

152 吳䎘, 『天坡集』 卷3(『韓國文集叢刊』 95, 83쪽).

153 오숙의 「함양의 영각에 받들어 부침[寄奉咸陽鈴閣]」 시를 들면 다음과 같다.

見說㵢溪上	들리는 말에 뇌계(㵢溪) 가에,
千年學士樓	천 년이나 된 학사루가 있다네.
風簷遺暑濕	처마 바람엔 여름 습기 남았고,
雲檻壓頭流	주운의 난간 두류산을 누르네.
野暗村村柳	어두운 들엔 버들이 촘촘하고,
沙明點點鷗	흰 백사장엔 여기저기 갈매기.
秋來欲乘興	가을이 와서 흥을 타려 하여도,
江漢有歸舟	한강엔 돌아가는 배 있으려나.

– 吳䎘, 『天坡集』 卷1, 『韓國文集叢刊』 95, 10~11쪽

新羅學士玉京仙	신라의 학사이신 백옥경의 신선이시여,
一片浮雲去杳然	한 조각 뜬구름 같이 행적이 묘연하네.
方丈至今樓百尺	방장의 누각이 지금도 백 척이나 되는데,
月明笙鶴曲闌邊	밝은 달밤 굽은 난간에 생학 소리 들려.

기구(起句)에서 보면 자아가 신라의 학사인 최고운을 백옥경(白玉京)의 신선이라 하였다. 백옥경은 도가(道家)에서 말하는 천제(天帝)의 도성(都城)이다. 생학(笙鶴)은 신선이 학을 타고 생황을 연주하는 것으로, 일반적으로 선학(仙鶴)을 뜻한다.

학사루 음영 시(吟詠詩)의 유형을 대략 알아보았다. 이 학사루 음영 시만이 가지고 있는 특징은 학자 또는 시인으로 최고운을 읊고 있다는 점이다. 그것은 첫째, 최고운이 중국에서 건너와서 자신의 포부를 펼치지는 못하였지만, 아직 속세를 등지기 전이었다는 점에 기인한다. 그가 관리로서 임무를 수행한 곳이 천령(天嶺), 곧 함양(咸陽)이다. 그가 조성한 상림(上林)은 아직 있다. 상림은 최고운의 유적 가운데 우리나라에 유일하게 남은 공간이다. 둘째, 학사루가 최고운의 문학에 대한 명성을 보존하고 있었다는 점에 기인한다. 그는 당나라에서 신라에 귀국한 뒤 한림학사라는 말이 들어가는 관직을 얻었다. 이 관직의 이름이 학사루라는 이름으로 이어졌다. 따라서 학문 잘한 사람, 또는 시를 잘 지은 사람으로 최고운을 인식하였다. 셋째, 신선이라는 말을 이인로가 그의 『파한집(破閑集)』에서 언급한 뒤 뒷날 사람들이 학사루 음영 시에서 그 말을 그대로 수용하였다는 점에 기인한다. 실제로 학사루 음영 시에서 유선(儒仙)·시선(詩仙)·사선(詞仙)은 많아도 신선(神仙)은 많지 않다. 그것은 최고운이 현실 세계를 등지기 이전

현직에 있을 때 머문 곳이기 때문이다. 합천(陜川) 가야산(伽倻山)이나 가야산 입구에 있는 농산정(籠山亭), 또는 홍류동(紅流洞)을 읊은 시에는 신선(神仙) 또는 선(仙)이라는 글자가 대부분 들어갔다. 이는 최고운이 현실 세계에 머물고 있었느냐, 현실 세계를 떠났느냐의 차이에서 나왔다고 할 수 있다. 가야산은 그가 속세를 떠난 곳이다.

4. 후대인의 학사루 활용

일반적으로 누각과 정자는 휴식의 공간으로 활용되었다. 옛 사람들은 누각에 올라가서 공무를 집행하기보다는 친한 벗들과 모여 술을 마시면서 시를 짓고 즐겼다. 후대 사람들이 이 학사루를 어떻게 활용하였는지를 논의하여 보기로 한다.

학사루는 최고운 당대에 이미 있었다. 함양(咸陽) 관아(官衙) 옆에 있었기 때문에 공무의 여가에 최고운을 비롯한 후대 사람들이 이곳에 올라 휴식을 취하였다. 휴식을 취하는 동안 선비들은 가만히 있는 것이 아니다. 선비들이 누각과 정자에서 가장 많이 한 것이 시 짓는 일이다. 지금까지 전하는 문집에 누정 시가 없는 곳이 없다. 『한국문집총간(韓國文集叢刊)』을 보면 누(樓)·정(亭)·대(臺)를 제재나 소재로 하여 읊은 시가 대단히 많다. 그만큼 선비들이 누정에서 시를 많이 지었다. 이 학사루도 예외가 아니다. 학사루를 소재 또는 제재로 하여 읊은 시가 그다지 많지는 않지만, 이 학사루 곁을 지난 선비들이 이를 제재로 삼아 시를 지었다. 조선 초기 유자광(柳子光, 1439~1512)의 학사루(學士樓) 시판(詩板) 때문에 많은 선비가 죽임을 당하는 사건이 일어났다. 우리가 잘 알고 있듯이 무오사화의 발

단의 간접적인 원인이 된 것이 학사루에 걸린 유자광의 시판을 점필재(佔畢齋)가 떼게 한 일이었다.[154]

후대 사람들은 학사루를 다음과 같이 활용하였다.

1) 음영처(吟詠處)로서의 학사루

빈도수가 가장 높은 것이 이 학사루도 음영처(吟詠處)로 활용하였다는 점이다. 최고운 당시부터 고운이 이곳에 올라 시를 읊었다. 다음 글을 보면 이러한 정황을 알 수 있다.

> 학사루는 함양(咸陽)의 객관(客館) 서쪽에 있다. **선생이 태수(太守)로 재직할 때 그곳에 올라가 감상하였기 때문에 그런 이름이 붙었다.** 뒤에 병화(兵火)로 소실되었는데, 고을 관아를 옮길 때 누대도 옮겨 지으면서 그대로 학사루라고 일컬었다. 또 손수 심은 나무숲이 10여 리에 걸쳐 이어져 있는데, 고을 사람들이 비석을 세워서 이 일을 기록하였다.[155]

이와 비슷한 기록이 현재 함양 학사루 앞 표지판에 실려 있다. 그 내용을 들어 보면 다음과 같다.

---

154 “柳子光之父爲天嶺太守, 治民之私而脅制邑吏, 以其女嫁子光, 子光乃孽產也. 吏嘆曰, 吾女之命, 卜者皆云當爲一品, 而今歸孽子, 冤莫甚矣. 不知子光終爲一品, 而厥女爲貞敬夫人也. 他日子光得志到天嶺, 題詠于學士樓. 佔畢齋見之, 詬而去其板. 子光因此含恨, 遂註吊義帝於江中賦, 譖于燕山,蓋賦是佔畢齋所作也.噫, 以一題詠削去之故, 而佔畢不免身後之禍, 諸賢亦遭駢首之戮, 子光可謂兇險不測之人也. 詩曰, 讒人罔極, 其此之謂歟.” 高尙顔, 『泰村集』 卷4, [效嚬雜記] 上, 「叢話」·「[柳子光之兇險」 條(『韓國文集叢刊』 59, 262쪽).

155 “學士樓在咸陽客館西, 先生爲太守時所登賞故名. 後爲兵燹所燬, 移邑時, 樓亦移構而因名. 又有手植林木連亘十餘里, 郡人立碑而記事.” 崔致遠, 『孤雲集』, 「孤雲先生事蹟」(『輿地勝覽』).

함양 학사루
咸陽 學士樓

경상남도 유형문화재

경상남도 함양군 함양읍 운림리

이 누각은 창건 연대는 알 수 없으나 고운(孤雲) 최치원(崔致遠, 857~?) **선생이 함양 태수(咸陽太守)로 있을 때 이곳에 올라 시를 자주 지었기 때문에 학사루(學士樓)라는 이름이 붙었다**고 한다. 조선 시대 관청의 객사 자리인 현 함양초등학교 안에 있었던 것을 1979년에 현재 위치로 옮겼다. 이전 당시에 발견된 기록에 따르면 임진왜란 때 불탄 것을 1692년(숙종 18)에 중수하였다고 한다.

원래 학사루는 객사의 부속 건물로 함양 읍성(邑城)의 중심에 위치하였다. 그러나 일제 강점기에 학사루를 제외하고 객사를 비롯한 다른 부속 건물들이 모두 사라져 버렸다. 이 누각은 정면 5칸, 측면 2칸의 비교적 큰 2층 팔작지붕 건물이다. 그렇게 화려한 건물은 아니지만, 누의 아래와 위, 지붕의 비례가 대단히 조화롭게 안정되어 있으므로, 조선 시대 관청에서 지은 누각 건축의 전형을 보여 주고 있다. 이 건물과 관련된 일화가 하나 있다. 김종직(金宗直, 1431~1492)이 함양군수로 있을 때 이곳에 걸려 있던 유자광(柳子光, ?~1512)이 쓴 시(詩)를 철거한 일이 있었는데 이것이 사적인 원한으로 발전하여 1498년(연산군 4)에 일어난 무오사화(戊午士禍)의 한 원인을 제공하였다고 한다.[156]

위에서 알 수 있는 것은 최고운이 이 누각에 올라 시를 자주 지었기 때문에 그 이름을 학사루(學士樓)라 하였다는 점이다. 그 뒤의 기록은 학사루의

---

156 함양 학사루 안내문.

역사적인 사실이다. 실제로 최고운이 이 누각에 올라서 지은 시의 제목이 무엇인지는 알 수가 없다. 그의 시 가운데 천령군(天嶺郡)을 제재로 하여 지은 시가 남아 있지 않기 때문이다. 현재 문헌에 남아 있는 시 가운데 이 학사루를 제재로 하여 지은 시는 점필재 김종직의 작품이 가장 앞선다. 점필재의 「칠석에 춘당을 맞음[七夕邀春塘]」[157]이라는 시를 들어 보면 다음과 같다.

河邊靈匹度雲車	은하수 가의 신령한 배필 운거 타고 건너,
世上穿針術已疎	세상 사람의 바느질 솜씨 너무 서툴다오.
學士樓前月如練	**학사루** 앞 비친 달빛 펴 놓은 베와 같으니,
請君來曬腹中書	그대 와서 뱃속의 책을 포쇄(暴曬)하게나.

역시 점필재 김종직의 『학사루의 못가에 철쭉꽃이 활짝 핌[學士樓池上躑躅盡開]」[158]이라는 시를 들어 보면 다음과 같다.

閑搜老物小園中	작은 동산에서 한가히 묵은 곳 찾아서,
徙倚幽欄曲沼東	굽은 못 동쪽의 그윽한 난간 기대었네.
千柄芙蕖俱已倒	천 줄기 연은 이미 모두 사그라졌는데,
兩株躑躅忽能紅	두 그루 철쭉꽃은 불현듯 붉게 피었네.
似從黃菊爭時令	마치 국화 따라 절기를 다투는 듯 하나
可怕靑娥弄化工	서리 귀신이 조화를 희롱할까 두렵다네.
聞說神京更融煖	서울엔 날씨가 다시 따뜻해졌다 하는데,
桃梨櫻杏幻春風	복숭아 배 앵두 살구꽃 봄바람에 피었네.

157 金宗直, 『佔畢齋詩集』 卷7(『韓國文集叢刊』 12, 268쪽).
158 金宗直, 『佔畢齋詩集』 卷8(『韓國文集叢刊』 12, 270쪽).

점필재보다 11년 먼저 태어난 사가(四佳) 서거정(徐居正, 1420~1488)의 시에 학사루라는 말이 들어가는 작품이 있다. 「함양군수 조위의 시에 차운함[次曺咸陽偉]」[159]이라는 시 6수 가운데 네 번째 수가 그것이다. 그 내용을 들어 보면 다음과 같다.

頭流山聳萬丈餘　두류산은 만 길도 넘게 우뚝 솟아 있고,
學士樓前竹影疎　**학사루** 앞에는 대나무 그늘이 듬성한데.
盡日訟庭淸似水　온종일 송사하는 곳은 물처럼 맑으리니,
吟詩纔罷又看書　시 읊기를 다하자마자 다시 책을 보겠지.

1484년 매계(梅溪) 조위(曺偉, 1454~1503)가 31살 되던 해 8월 함양군수로 왔다. 그는 사람을 다스림에 어짊과 용서, 부지런함과 검소함을 근본으로 하였고, 학교를 세워 인재를 기르는 것을 자신이 해야 할 일로 여겼다.[160] 위 시에서 보면 자아가 조매계의 생활을 잘 묘사하고 있다. 낮에는 공무(公務)에 힘을 쏟는다. 곧 백성들 사이에 송사(訟事)가 생기면 이를 잘 처리하여 불만이 없게 한다. 이것이 매계의 진면목(眞面目)이 아니다. 자아가 보기에 매계는 틈나면 시를 짓고 책을 읽는다. 그만큼 매계가 학문 또는 문학을 좋아하였다는 말이다. 실제로 매계가 지은 시나 문장은 대단히 빼어났다. 매계는 점필재 제자 가운데 문학으로 인정받은 사람이다.

이어서 금계(錦溪) 황준량(黃俊良)이 1545년(인종 1) 4월에, 「두류산을 유

---

159 徐居正, 『四佳詩集』 卷51.

160 "成化二十年 我成宗大王十五年 甲辰, 公三十一歲. 八月, 乞郡, 拜咸陽郡守. 其治以仁恕簡儉爲本, 以興學育才爲務." 曺偉, 『梅溪集』, 「年譜」.

161 黃俊良, 『錦溪集 外集』 卷1.

람한 기행시[遊頭流山紀行篇]」[161] 354구를 지었다. 그 가운데 25, 26구에서 다음과 같이 읊고 있다.

學士樓中弔詩魂	학사루 안에서 시인의 넋을 슬퍼하고,
嚴川路上橫孤笻	엄천사로 가는 길 지팡이 비껴들었네.

위 시의 원주(原註)에, "최고운(崔孤雲)과 김계온(金季昷), 조태허(曺太虛)가 모두 천령 수령(天嶺守令)을 지냈고, 그곳에 학사루(學士樓)가 있다."[162] 한다. 계온(季溫)은 김종직, 태허(太虛)는 조위의 자(字)이다. 최고운, 점필재, 조위가 모두 이 고을 태수를 지냈다. 또 이들은 시로 유명하였다. 자아는 이들의 넋을 위로하려 한다.

여느 누(樓)·정(亭)·대(臺)와 마찬가지로 사람들은 학사루를 음영처(吟詠處)로 활용하였다. 제한적이기는 하지만, 함양을 지나는 사람들은 이 학사루 또는 그 주변의 경관을 읊었다. 그 음영 시인들이 고려 시대에는 없었고, 조선 시대 초기부터 나타나기 시작하였다. 그 가운데 가장 이른 사람이 앞에서도 언급하였듯이 별동(別洞) 윤상(尹祥)이다. 그의 뒤를 이어 사가(四佳) 서거정(徐居正), 점필재(佔畢齋) 김종직(金宗直), 그리고 함양 출신이거나 함양을 거쳐 간 점필재의 제자들 순이다.

우리가 주목할 일은 서사가(徐四佳)이다. 한문학사에서 서사가와 점필재는 서로 대칭되는 인물로 여겨져 왔다. 한 사람은 관각문인(館閣文人), 또 한 사람은 사람파(士林派) 문인의 대표로 여겨져 왔다. 그런데 왜 서사가가 조매계에게 시를 지어 주었을까? 이 점에 대해 의문을 가지지 않을

162 "崔孤雲, 金季溫, 曹太虛, 皆守天嶺. 有學士樓." 위의 책.

수 없다. 성종 때부터 점필재 제자들, 곧 사림파 문인들이 관계(官界)에 많이 진출하였다. 이때 공거(貢擧) 또는 지공거(知貢擧)로 과거시험을 관장하였던 사람이 바로 서사가이다. 따라서 매계가 함양군수로 나갔을 때 사가(四佳)가 그에게 시를 지어 준 일은 서사가와 조매계가 좌주(座主)와 문생(門生)의 관계에 있었기 때문이다.

학사루에서는 다른 누각의 효용과 같은 점도 있지만 다른 점도 있다. 수창(酬唱)하거나 강학(講學)하는 공간으로서의 누각의 기능은 여느 누각에서도 이루어졌다. 그러나 그곳에서 공무를 보거나 기숙(寄宿)하려 한 점은 이 학사루 외에 다른 누각에서는 찾아보기 힘들다. 예를 들어 밀양에 있는 영남루에서는 점필재와 그의 제자들이 술을 마시면서 수창하고 유흥을 즐긴 일이 있다. 그러나 학사루에서는 술을 마시면서 기생을 불러 노닌 기록이 전혀 보이지 않는다. 그 이유는 첫째, 학사루가 관아 곁에 있었기 때문이다. 강이나 내[川] 곁에 누각이 있는 것이 아니라 관청 옆에 이 학사루가 있었다. 곧, 학사루가 준관아(准官衙)였다. 따라서 그곳에서 음주나 가무는 할 수가 없었다. 둘째, 최고운이 직접 그곳에 올라가서 시를 짓고 휴식하였기 때문이다. 또 그가 이 함양에서 선정(善政)을 베풀었다. 그의 자취가 남아 있는 곳이 우리나라에서는 유일하게 이 함양이다. 다른 곳은 대부분 후대 사람들이 인위적으로 조작한 것이지만, 최고운이 직접 조성한 상림(上林)이 아직도 남아 있다. 따라서 최고운을 추앙하는 후대 사람들이 이곳에서 시를 지어 시인 자신의 회포를 묘사한 것이 당연하다.

2) 강학처(講學處)로서의 학사루

학사루는 학문을 강론하는 공간으로 활용되기도 하였다. 이 고을 출신이 뇌계 유호인에 대한 기록을 보면 다음과 같다.

> 뇌계(㵢溪) 유호인(兪好仁)은 천성이 순후(醇厚)하고 문장이 풍부하여, 성묘가 가장 중하게 여겼다. 공이 집현전 교리로 있을 적에 부모를 편하게 봉양할 뜻으로 고을살이를 청해서 함양(咸陽) 수령으로 나갔다. 공이 학문을 강론(講論)하는 데에는 밝았으나 백성을 다스리는 데에는 서툴렀다. **여러 학생과 학사루(學士樓)에 올라 날마다 경서(經書)와 『사기(史記)』를 토론하였다.** …(중략)… 상고하건대, 뇌계는 함양 사람인데, 어찌 본 고을에 원으로 나왔겠는가? 일찍이 들으니, 합천(陜川) 수령으로 있다가 죽었다고 한다. 이것은 기록하는 자의 잘못일 것이다.[163]

뇌계 유호인은 앞에서도 언급하였듯이 함양 출신이다. 그가 성종 때 관직에 나가 중앙에서 근무하다가 어머니 봉양을 위하여 자신을 고향으로 보내 줄 것을 임금에게 청하였다.[164] 이 말은 들은 임금이 그를 합천 군수로 임명하였다. 그러나 그는 합천 군수로 부임한 지 한 달 만에 죽었다. 언제인지는 모르지만, 그가 자신의 학사루에서 고향인 함양에서, 또 먼 옛날 이곳 수령이었던 최고운이 노닐던 곳에서 학생들과 경서와 사서를 강론하였다. 이는 그만큼 그의 머릿속에 학사(學士)라는 단어가 깊이 자리 잡았기 때문이다. 학사는 물론 관직명이다. 그러나 다른 관직과는 달리 책을

---

163 李墍, 『松窩雜說』.

164 이때 성종(成宗, 1451~1494)이 뇌계에게 지어 준 시조가 있다.

> 이시렴 부디 갈따 아니 가든 못할쏘냐
> 무단이 슬터냐 남의 말을 들었느냐
> 그려도 하 애도래라 가는 뜻을 닐러라
> - 金興圭 外, 『古時調大全』, 고려대학교 민족문화연구원, 2012, 4109.1

가까이하는 관리이다. 따라서 그가 학사루에 올라 글공부를 당연히 하여야 한다. 그가 한양에서 근무할 때에도 홍문관 등 학문과 교육을 담당하는 자리에 있었다. 실제로 그가 언제나 책을 가까이하였다.[165]

뇌계(㵢溪)보다 뒤에 태어나 관직 생활을 한 동계(東谿) 조구명(趙龜命, 1693~1737)은 「신진보사진에게 답한 편지[答申進甫思晉書]」에서 자신의 포부를 서술하고 있다.

> 학사루는 고운의 유적이다. 관아 곁에 지은 것이 비록 달리 볼 만한 것은 없지만 시끄러운 세속의 소리를 조금 멀리할 수 있어서이다. 그 뒤에는 푸른 대나무가 빽빽이 들어서 있어 그윽한 흥취를 자아낸다. 매번 그곳에 갈 때마다 이곳에서 **그대들과 같이 글을 읽고 회포를 풀고** 싶었다.[166]

뇌계가 학사루에서 강학을 실천하였다면, 동계(東谿)가 이를 실천하였는지는 알 수 없다. 편지 내용을 보면, 그가 학사루에서 벗들과 글을 읽고 강론하고 싶었다는 것은 알 수 있다. 이는 동계도 역시 학사라는 말을 염두에 두고 있었기 때문이다. 그가 최고운을 마음속으로 추종하고 있었다고도 할 수 있다.

학사루의 공간이 넓었기 때문에 강학하기에 적합하였다. 특히 함양에서 태어나 최고운을 마음속으로 추종한 뇌계 유호인에게는 넓은 공간의 편리성 때문만이 아니었다. 이 고을을 다스렸던 최고운의 흔적이 담긴 곳에

---

165 兪好仁, 『㵢溪集』, 「序文」 參照.

166 "學士樓者, 孤雲遺迹, 而傍衙舍而構者, 雖無異觀, 稍遠喧囂.其後翠竹千竿, 蕭然有幽趣. 每臨之, 輒思與進甫輩讀書談懷於此也." 趙龜命, 『東谿集』 卷10, 「答申進甫 思晉 書」, 甲辰(『韓國文集叢刊』 215, 209쪽).

서 그가 강학하는 것이 대단히 의의가 있었기에 그리하였다. 그의 시 가운데 함양이나 가야산을 소재로 지은 작품에는 최고운을 추숭(追崇)하는 내용이 많이 담겨 있다.

3) 공무처(公務處)로서의 학사루

임진왜란 당시 관군과 의병들이 이곳에서 창의문(倡義文)을 작성하기도 하였다. 조은(釣隱) 한몽삼(韓夢參, 1589~1662)이 지은 대소헌(大笑軒) 조종도(趙宗道, 1537~1597)의 「행장(行狀)」을 보면 그러한 정황을 알 수 있다. "마침 함양에서 초유사 학봉 김성일을 만나 학사루 위에서 격문을 지었다. 군현을 드나들며 사기를 진작시켰다. 뒤에 적들에 대항하는 장본(張本)은 모두 선생의 힘이었다."[167] 조은이나 대소헌은 모두 경남 함안(咸安) 출신이다. 경남 의령(宜寧) 출신인 송암(松庵) 이로(李魯, 1544~1598)의 글에서 그 정황을 알 수 있다.

> 공이 평생토록 간직하였던 충의를 천하 후세에 드러내지 못하였을 것이다. 말과 생각이 이에 미치자 나도 모르는 사이에 심장이 쪼개지고 뼈가 떨리었으니 아, 애통하고 애통하다. 나 이노(李魯)는 참으로 어떠한 사람이기에 공과 함께 한 시대에 나란히 태어나서 일찍이 젊어서는 나란히 과거에 급제하였고, 늙어서는 송백(松柏)처럼 변치 않는 우의를 맺었네. 학사루(學士樓) 위에서 함께 초유문(招諭文)을 지었고, 환아정(換鵝亭) 가에서 소모장(召募將)의 절부(節符)를 나누었다네.[168]

---

167 "適遇招諭使金鶴峯於咸陽, 喜卽與草檄於學士樓上. 出入郡縣, 奮倡士氣. 他日抗賊張本, 皆先生力也." 韓夢參, 『大笑軒先生逸稿』 卷2, [附錄], 「行狀」(『韓國文集叢刊』 47, 423쪽).

168 "其平生忠義之大節, 幾不得暴白於天下後世矣. 言念及此, 不覺心折而骨驚, 嗚呼痛哉. 魯誠何人. 生幷一時, 夙攀蓮籍之聯翩, 晩契松盟之膠漆. 學士樓上, 共草招諭之文. 換鵝亭畔, 分

임진왜란 때는 초유사(招諭使)인 학봉(鶴峯) 김성일(金誠一, 1538~1593)과 의병들이 이곳에서 초유문(招諭文)을 짓기도 하였다. 당시 의병들이 모여 항전한 곳이 진주, 초계, 함양, 산청 등지였다. 함양은 학봉 김성일과 송암 이로가 힘을 합쳐 창의한 곳이다. 학사루에서 그들이 초유문을 지은 것은 이 누각이 함양 객관(客館) 바로 옆에 있었기 때문에 가능하였다. 학사루는 개인이 지은 누각이 아니라 관청에서 지은 누각이다. 최고운 시대에 이미 이 누각이 있었다. 1308년과 임진왜란 때 불탄 것을 함양 관아(官衙)에서 중건(重建)하였다. 이 학사루가 관청과 주민이 소통하기에 가장 좋은 공간이었다. 따라서 이곳에서 공무를 수행한 것은 수월성을 위해서였다.

4) 피난처(避難處)로서의 학사루

학사루의 다른 효용은 피난처의 기능을 하였다는 점이다. 특히 홍수가 났을 때 사람들은 이곳에 올라가 홍수를 피하였다. 민인백(閔仁伯)의 다음 글을 보면 그 정황을 알 수 있다.

> 함양은 두류산의 기슭에 있다. 언제나 시냇물이 흘러내려 모두 완상할 만하다. 객관의 학사루가 바로 두류산의 청왕봉과 마주하고 있다. 누각의 이름은 최고운 때문에 붙여졌다. 고을의 서쪽 강문(江門)에 예부터 뇌계가 있었는데 물살이 대단히 세어서 큰 돌을 쌓아 제방을 만들어 물이 넘치는 것을 막았다. 그러나 간혹 여름 장마철에는 제방이 넘쳐 관사(官舍)에까지 물이 들어왔다. 그래서 고을 수령이 가족들을 데리고 학사루에서 홍수를 피하였다고 한다.[169]

佩召募之符." 金誠一, 『鶴峯集』, [附錄] 卷4, 「祭文(李魯)」(『韓國文集叢刊』 48, 364~365쪽).

169 "咸陽, 寔頭流之麓也. 尋常溪壑, 皆可賞玩. 客館之學士樓, 正對頭流之天王峯. 樓之得名,

학사루는 두류산(頭流山), 곧 지리산(智異山)과 마주하고 있다. 함양 서쪽에는 뇌계(灀溪)가 흐른다. 이 뇌계가 물살이 세어 큰 돌을 쌓아 제방을 만들었으나 장마철 냇물이 제방을 넘는 경우가 있었다. 민인백이 군수를 맡아 이 고을을 다스렸을 때 홍수가 났다. 그는 홍수를 피하여 학사루에 올라가서 홍수를 피하였다. 누(樓)는 2층이다. 1층은 각(閣)이다. 누와 각은 같은 건물에 1층과 2층으로 나뉘어 있다. 학사루가 2층으로 되어 있었기 때문에 홍수가 나서 시냇물이 넘쳐도 이 누에 올라가면 안전하였다. 관아가 단층으로 되어 있지만 누(樓)가 2층으로 되어 있고, 또 이 누각이 관아와 가까이 있었기에 호우기(豪雨期)에 피난하기 편리하였다.

실제로 누각을 피난처로 활용한 예가 거의 없다. 이 학사루가 피난처로 활용된 것은 함양 주변의 지형의 특성 때문이다. 함양은 주변이 지리산과 그 자락으로 둘러싸여 있다. 산이 높고도 깊으므로 장마철에는 물이 많아질 수밖에 없다. 큰 강이면 그 물을 모두 용납할 수 있지만 뇌계는 규모가 작아서 그 물이 넘칠 수밖에 없었다. 냇물이 넘치니 주위에 높은 곳으로 올라가 넘친 물을 피하였다. 여름 장마철 홍수가 났을 때 피난하기에 가장 적합한 곳이 이 학사루였다.

5) 기숙처(寄宿處)로서의 학사루

숙종과 영조 때의 문신으로 경상도 관찰사를 역임하고 영의정(1750)까지 오른 귀록(歸鹿) 조현명(趙顯命, 1690~1752)의 「석여에게 준 편지[與錫汝

以崔孤雲也. 郡西江門, 古有灀溪. 水勢甚壯, 疊大石爲堤, 以防汎溢, 而或值夏潦, 則溢入官舍. 故主倅有時率家屬, 避水於學士樓云.” 閔仁伯, 『苔泉集』 卷5, [遊賞], 「咸陽學士樓」(『韓國文集叢刊』 59, 93쪽).

書」(癸卯, 1723)[170]를 보면 다음과 같은 내용이 있다.

> 학사루에 방이 있다고 하는데, 항상 거처할 수 있는가? 죽림 한 본은 대략 얼마인가? 구전문사(求田問舍)[171]하러 가서 며칠을 묵다가 돌아와서 몇 군데를 차지하였다. 산대라고 하는 것은 죽산 경내에 있는데 산이 서쪽에서 뻗쳐 나와 남쪽으로 비스듬히 내려와서 앞으로 큰 들판을 감싸고 큰 내를 거슬러 서쪽으로 뻗어 가다가 멈춘다.[172]

귀록 조현명이 실제로 학사루에서 생활한 것은 아니다. 그가 그곳에서 생활할 수 있는지 자신의 아우인 동계(東谿) 조구명(趙龜命, 1693~1737)이 편지로 물어 보았다. 이 편지를 보낸 계절이 나타나지 않지만, 아마도 귀록이 자신의 아우에게 기숙하려 한 때는 겨울이 아니라 여름일 것이다. 여름철에 이 누각에서 생활하는 것이 가능하다. 일반적으로 누각이 민가 곁에 있는 경우가 흔하지 않다. 누가 2층으로 되어 있고 1층은 비어 있으며 대부분 목재로 구성되었기에 여름에는 통풍이 잘되어 대단히 시원하다. 겨울에는 추워서 지내기 곤란하지만 더운 여름에는 이곳이 시원하기에 생활하기에는 대단히 편리한 공간이었다. 또 이 학사루가 관아 옆에 있었기 때문에 여름철에 그곳에서 생활할 수 있다. 숙식을 모두 해결할 수 있었기 때문이다. 필자는 1981년부터 시작하여 2023년까지 40여 회 이 학사루에

---

170 趙顯命, 『歸鹿集』 卷13(『韓國文集叢刊』 212, 470쪽).

171 구전문사(求田問舍)는 원대한 뜻을 버리고 집안일만 보살피는 사람을 말한다. 삼국 시대 유비(劉備)가 "세상을 구할 뜻은 없이 시골에 내려가 집안일 돌볼 생각만 할 뿐[求田問舍]"이라고 허범(許汜)을 조롱한 고사가 있다(『三國志』, [魏志], 「陳登傳」).

172 "所謂學士樓有房室, 可常處否. 竹林一本之大約幾許. 問舍之行, 數宿卽還, 而占得數處. 所謂山臺, 在竹山境. 山出自西, 迤南而來. 前抱大野, 逆大川面西而止."

오갔다. 어느 고을이나 마찬가지로 40여 년 전 함양과 지금의 함양은 차이가 크다. 지금은 학사루 주변이 중심가가 되었지만, 그때는 그러하지 못하였다. 조금만 나가면 벼가 자라고 있는 논이었다.

최고운이 이 함양에 온 것이 그의 나이 41살 때이다. 아직 중국 생활에서 완전히 벗어나지 못할 때였다. 그가 이곳에 있을 때는 관리의 신분이었다. 이 학사루 또한 관청에 딸린 누각이었다. 이 누각은 개인이 지은 것이 아니었다. 조선 시대 관리들이 이 학사루에 올라 시를 읊기도 하고, 책을 펴서 강학하기도 하였다. 또 임진왜란 때에는 이곳에서 관군과 의병이 서로 마음과 힘을 합하여 초유문을 짓기도 하였다. 홍수 때는 이곳에 올라가 홍수를 피하였고, 여름철에는 이곳에서 지내기도 하였다.

제11장

농산정 음영 시와 최고운 형상

1. 농산정의 명칭

농산정(籠山亭)이라는 이름은 말할 것도 없이 고운의 「가야산 독서당에 붙임[題伽倻山讀書堂]」[173] 시의 결구에 나오는 "짐짓 흐르는 물로 온 산 감싸게 했다네.[故敎流水盡籠山]"라는 말에서 따온 것이다. 농산정은 홍류동 가에 있다. 따라서 농산정과 홍류동, 독서당에 대해 읊조린 시는 그 경계가 명확하지 않다.

고운이 가야산에 들어가 「가야산 동서당에 붙임」 시를 읊은 뒤, 많은 시인 묵객들이 가야산과 그 주위를 소재로 하여 시를 읊고 글을 지었다. 그곳에 관한 문헌은 고려 시대 서하(西河) 임춘(林椿)에서부터 근세에 이르기까지 손꼽을 수 없을 만큼 많다.

가야산과 해인사, 홍류동에 대해 읊조린 시부터 고찰하는 것이 순서이다. 그러나 이러한 자료는 분량이 대단히 많아 짧은 시간 안에 분류하여 그 특성을 알기는 쉽지 않다. 따라서 부득이 '농산정'에 대해 읊은 시를 먼

173 崔致遠, 『孤雲集』 卷1. 시의 내용은 제1부 주)192에 있다.

저 고찰하기로 한다. 실제로 홍류동 가 '농산정' 앞에 서 있는 안내판에 다음과 같은 말이 있다.

> 이곳은 신라 말의 거유(巨儒) 고운(孤雲) 최치원(崔致遠) 선생이 은둔하여 수도하던 곳이다. 원 정자의 창건 시기는 알 수 없으며, 지금의 것은 고운 선생의 후손과 유림에 의해 1936년에 중건된 것이다. 이후 1990년에 대대적인 보수공사를 하여 현재에 이르고 있다. 정자의 건너편에는 치원대(致遠臺) 또는 제시석(題詩石)이라 불리는 석벽이 있고 거기에 고운의 7언절구 둔세시가 새겨져 있다. 정자 이름도 그의 시 한 구절을 빌려 농산(籠山)이라 하게 되었다. 정자는 정면 2칸, 측면 2칸 규모의 단아한 정방형 목조 와가 건물이다. 정자 현판에는 김영한(金寧漢)이 쓴 「농산정기(籠山亭記)」와 찬양사(讚揚辭) 4수(首)가 기록되어 있고 고운 선생의 둔세시를 차운한 시 8수(首)가 있다. 시중에는 점필재(佔畢齋) 김종직(金宗直) 선생의 차운시도 들어 있다.

또 『합천 누정록(陜川樓亭錄)』[174]을 보면, 농산정은 1930년대 고운의 후손들이 그의 유적을 추모하기 위하여 세운 것이라고 한다.[175] 그러나 한말(韓末)에 절명한 황현(黃玹, 1855~1910)의 시에 『농산정에서 현판 시에 차운함[籠山亭次板上韻]」이나 위의 농산정 안내판의 내용으로 미루어 보면, 이 정자는 1900년대 이전에 건립된 것 같다. 곧, 조선 시대에 건립하여, 1936

174 陜川郡·陜川文化院 刊, 『陜川樓亭錄』, 2002, 312쪽.

175 현판에 걸려 있는 작품 이외에 중재 김황(重齋 金榥)이 지은 「문창후 고운 선생 홍류동 유적비(文昌侯孤雲先生紅流洞遺蹟碑)」(『重齋集』 後集 卷21), 교정(喬庭) 이범세(李範世, 1862~?, 이범세는 자가 사의(士儀)이며, 호가 교정(喬庭)으로 고종 26년(1889) 문과에 급제하였다.)가 지은 「농산정 상량문(籠山亭上樑文)」이 있어 농산정을 세운 의의를 알 수 있다.

년에 중건한 것이 아닌가 한다. 다음의 「농산정기(籠山亭記)」[176]에서 1936년 농산정을 복원한 일에 대한 사실을 알 수 있다.

> 옛날에 고운 최 선생께서 신라의 국운이 쇠함을 보고 가야산에 들어가 숨어서 다시 돌아오지 않았다. 산속에서 일찍 시를 지었는데, '흐르는 물로 산을 감쌈[流水籠山]'이라는 말이 있어 후세 사람들이 그 자취를 더듬고 그 풍도를 사모하여 시냇가에 정자를 지었으니, 곧 그 시의 말을 따와서 정자 이름을 붙였다고 한다.
>
> 이 정자는 세월이 오래되어 허물어져서 무릇 흥에 겨워 이곳에 온 사람들은 문득 여기에서 그 흥취를 다하여 주저하면서 탄식하지 않은 사람이 없었던 지가 여러 해 되었다. 하동 정씨 진기(鄭璡璣) 군이 동지 여러 사람과 모의해 그 공사를 시작한 지 몇 달이 지나지 않아 그 옛 모습을 복원하였다.
>
> 올해 봄에 내가 남쪽으로 유람하다가 이 고을에 이르니, 장보 윤병국이 나에게 그 일을 말하고, 기문(記文)을 지을 것을 부탁하였다. 내가 살펴보건대, 대저 가야산의 빼어난 경치는 홍류동 한곳에 있다. 여러 물줄기가 골짜기에서 흘러나와 위에서 떨어지면 폭포가 되고, 아

---

176 "昔孤雲崔先生, 見羅運之衰, 入伽倻山遯跡不返, 山中嘗得詩, 而有流水籠山之語, 後之人, 撫其跡而慕其風, 臨流作亭, 仍取其詩語爲之扁云. 斯亭也, 歲久傾頹, 凡乘興而來者, 輒興盡於此, 莫不躊躇而咨嗟者有年. 河東鄭君璡璣, 詢謀于同志諸人, 以起其工, 不幾月而復其舊焉. 今年春, 余南遊至此鄉, 章甫尹炳國, 爲余道其事, 徵余記, 余觀, 夫伽倻勝狀, 在紅流一境, 而衆水之瀉出于谷中者, 懸而爲瀑, 滙而爲潭, 縈回屈折, 蜿蜒淪漣, 澄光如鏡, 繁文如錦, 琮琤之響, 如環珮交鳴, 而有時遇石而觸擊, 噌吰鞳鞜, 如鍾鼓大作. 於是乎, 千峰萬壑, 擧籠罩於水聲之中, 雖喑啞叱咤之音, 尙不入於耳官, 何况世間是非之呫呫然動其喙者哉. 先生之世, 愁聞憫見者多焉, 故入山而藏其身, 借水而防其耳, 以安其心神, 乃發於咏歌者如此. 然先生高風遠韻, 超乎萬象之表, 寵辱不警, 淸眞獨葆, 悠悠塵囂, 自不至於其前, 何待以水籠山也歟. 其所謂常恐到耳者, 盖託之之辭耳, 末俗嘵嘵, 有不忍聞者, 有不欲聞者, 較諸先生之時, 已什百千萬, 不翅有志之士, 曷不欲瘖寐, 而無聽哉. 河東氏之爲此擧者, 非特取其流峙之勝, 必有慕乎先哲之風, 聊以自寓其志焉, 則豈非襟抱淸曠, 風標拔俗者耶. 范文正曰, 微斯人, 吾誰與歸, 余於河東氏亦云. 丙子秋." 金寗漢, 『及愚齋集』 卷12.

래에 모이면 소(沼)가 된다. 돌아 꺾여 굽이쳐 흘러가니 맑은 빛은 마치 거울과 같고, 여러 가지 빛깔은 비단과 같다. 콸콸 흘러내리는 소리는 마치 옥구슬을 찬 것처럼 서로 울린다. 때때로 돌에 부딪혀서는 북소리나 종소리처럼 크게 울리기도 한다. 이에 모든 산봉우리와 골짜기들이 모두 물소리 가운데 둘러싸이니, 비록 언어장애인을 꾸짖는 듯 큰소리라도 귀에 들리지 않는다. 하물며 세간의 옳고 그르다고 하는 시끄러운 소리에 있어서랴?

선생이 살아 계실 때도 듣기 부끄럽고 보기 민망한 것이 많았기에 산으로 들어가 그 몸을 숨겨, 물을 빌려 그 귀를 막고 마음을 안정시켜 마침내 시로 읊조린 것이 이와 같다. 선생의 뛰어난 시가 만물 가운데 두드러졌다. 사랑과 욕됨을 경계하지 않았고, 맑고도 참된 마음을 홀로 지켜 세속의 시끄러움을 멀리하여, 스스로 그 앞에 머무르지 않았으니, 어찌 물로 산을 감싸기를 기다렸겠는가? 그가 "항상 귀에 들리는 것이 염려스럽다."라고 한 것은 모두 의탁해서 한 말일 따름이다. 세상 말류들의 시끄러운 소리를 차마 듣지 못하고, 차마 들으려고 하지 않은 것이 선생이 살아 계실 때 비교하면 이미 열, 백, 천, 만 배나 된다. 비단 뜻있는 선비만이 어찌 자나 깨나 들림이 없기를 바라지 않겠는가? 하동 씨가 이 일을 한 것은 다만 시내 물과 산의 아름다움을 취한 것이 아니다. 반드시 선철(先哲)의 풍도를 사모하여 스스로 그 뜻을 부침이 있다. 그것은 곧 맑고도 욕심 없고, 풍도가 세속에서 벗어난 것이 아니겠는가? 범문정 공[177]이 말하기를, "이 사람이 아니면, 내가 누구와 돌아가리오."라 하였는데, 내가 하동 씨에게 또 그렇게 말한다.

병자년(1936) 가을.

---

177 송나라 범중엄(范仲淹, 989~1052)을 가리킴. 그는 자가 희문(希文)이며, 소주(蘇州) 사람으로 시호(諡號)가 문정(文正)이다. 시사와 산문에 두루 능통하였다. 문집에 『범문정공집(范文正公集)』이 있다.

앞의 기문은 먼저 고운이 가야산에 은거하게 된 동기에 관해서 서술하고 있다. 이 서술 내용은 『삼국사기』의 내용과 그다지 차이가 없다. 그리고 이어서 정진기라는 사람이 주축이 되어 농산정을 지은 사실에 대해 언급하고 있다.

윤병국이라는 사람이 정자를 다 짓고 급우재 자신에게 「농산정기」를 지어 주기 바랐던 사실을 들고 있다. 이어서 작자는 홍류동 부근의 자연경관과 또 고운이 「가야산 독서당에 붙임」 시를 남긴 사실에 대해서 언급하고 있다.

마지막으로 고운이 살아 있을 때도 온갖 시비 소리가 끊이지 않아서, 고운이 “항상 귀에 들리는 것이 염려스럽다.”라고 한 것은 모두 의탁해서 한 말일 따름이라 하고 있다. 이것은 바로 세상 말류들의 시끄러운 소리를 차마 듣지 못하고, 차마 들으려고 하지 않은 것이 고운의 마음인데, 지금은 고운이 살았던 시대보다 훨씬 더 그러한 말류들의 소리가 큼을 안타까워하고 있다. 따라서 이 정자를 다시 세운 뜻은 바로 고운의 훌륭한 풍도를 기리기 위해서라는 것이다. 이러한 고운의 자취를 기념하기 위해서 정자를 세운 정진기와 작자 자기 생각이 일치한다는 것을 마지막으로 서술하고 있다.

위의 사실을 종합해 볼 때 농산정은 말할 것도 없이 고운의 「가야산 독서당에 붙임」 시의 결구의 진농산(盡籠山)에서 그 이름을 따왔다. 이 정자를 언제 지었는지는 알 수 없다. 추측하건대, 조선 시대가 아닌가 한다.

이 정자를 다시 지은 해가 1936년이다. 이때 정자를 지으려고 하여 주선한 사람이 정진기(鄭璡璣)이며, 기문을 지은 사람이 급우재(及愚齋) 김영한(金甯漢)이다.

2. 현판 시에 나타난 최고운

우리가 먼저 주목해야 할 문제는 현판에 걸려 있는 시가 모두 차운시(次韻詩)라는 점이다. 16수 모두 고운의 시에 차운한 시이다. 원시나 차운시의 운자(韻字)는 만(巒), 간(間), 산(山)으로 평성 한(寒)운이다. 물론 화운(和韻)이 아니므로 고운의 시에 화답한 것이 아니다. 그러나 다른 사람의 시를 차운했다는 것은 그만큼 그 원운(原韻) 시를 지은 사람을 존경한다는 말이다. 차운시는 화운시(和韻詩)와는 다소 차이가 있다. 차운시가 원시(原詩)의 운만 따온 것이라면, 화운시는 원시의 운을 따서 직접 그 시에 화답한 것이다. 차운시나 화운시는 다 같이 처음 시를 지은 사람에게 호감을 느끼고 있다.

현판에 걸려 있는 시는 모두 『시경(詩經)』 육의(六義)[178] 가운데 시의 형

---

178 『시경(詩經)』 육의(六義)는 풍(風)·아(雅)·송(頌)·흥(興)·비(比)·부(賦)이다. 여기서 앞의 풍(風)·아(雅)·송(頌)은 시의 내용에 따른 분류이고, 흥(興)·비(比)·부(賦)는 시의 형식, 곧 작시법에 따른 분류이다.
흥(興)은 먼저 다른 사물을 말하여 읊을 말을 일으키는 것이다.[興者, 先言他物, 以引其所詠之詞也.](『詩經集傳』 卷1, 「周南·關雎」 朱子 注) 비(比)는 저것으로 이것을 비유함이다.[以彼物比此物也](『詩經集傳』 卷1, 「國風·螽斯」 朱子 注) 부(賦)는 그 일을 그대로 펴서 곧바로 말하는 것이다.[敷陳其事, 而直言之者也.](『詩經集傳』 卷1, 「周南·葛覃」 朱子 注)
풍(風)은 민속 가요의 시이다. 이것을 풍이라 이르는 이유는 윗사람의 교화를 입어서 말이 있고, 그 말이 사람을 감동하게 할 수 있으니, 마치 물건에 바람이 불어 소리가 있고, 그 소리가 또 물건을 움직일 수 있는 것과 같다.[風者, 民俗歌謠之詩也. 謂之風者, 以其被上之化以有言, 而其言, 又足以感人, 如物因風之動以有聲, 而其聲, 又足以動物也.](『詩經集傳』 卷1, 「國風」 朱子 注)
아(雅)는 바름이니, 정악의 노래이다. …(중략)… 정소아는 향연할 때 음악이요, 정대아는 조회할 때의 음악과 제사의 음복에 복을 받고 경계를 아뢰는 내용이다. 그러므로 혹 기뻐하고 화목하여 아랫사람들의 정을 다하고, 어떤 때는 공경하고 장엄해서 선왕의 덕을 드러내어, 말의 기운이 똑같지 않고 음절이 또한 다르다. 이는 주공이 예악을 제정할 때 정한 것이 많다. 변(變: 變大雅, 變小雅)에 이르러서는 일이 반드시 똑같지 않고, 각각 그 성조를 가지고 붙였으니, 그 차례와 시대는 상고할 수 없다.[雅者正也, 正樂之歌也. …(中略)… 正小雅, 燕饗之樂也, 正大雅, 會朝之樂, 受釐(禧)陳戒之辭也. 故或歡欣和說, 以盡群下之情, 或恭敬齊莊, 以發先王之德, 詞氣不同, 音節亦異, 多周公制作時所定也. 及其變也, 則事未必

식, 즉 시를 짓는 방법을 나타내는 삼의(三義) 가운데 흥체(興體)를 사용하였다. 곧, 경치를 먼저 읊고 뒤에 자신의 심정을 묘사[先景後情]하였다. 자연경관의 기이(奇異)함, 신령(神靈)함을 고운의 인품 또는 학식과 결부시키고 있다. 이것은 고운의 원시(原詩) 작법과는 다소 차이가 있다. 고운이 지은「가야산 독서당에 붙임」원시는 흥체이기보다는 부체(賦體)에 가깝다.

실제 정자 안에 걸려 있는 작품들을 둘러보면, 급우재(及愚齋) 김영한(金甯漢, 1878~1950)이 지은「농산정기(籠山亭記)」(1936년, 가을)와 찬양사(讚揚辭) 4수, 원시(原詩)를 차운(次韻)한 시 16수가 걸려 있다. 이 16수 안에 점필재의 시는 보이지 않는다. 먼저 현판에 걸려 있는 시를 들어 보면 다음과 같다.

최영하(崔榮夏)의「농산정(籠山亭)」, 최윤정(崔允鼎)의「삼가 최고운 선생 원운에 차운함[敬次孤雲先生原韻]」, 최재붕(崔在鵬)의「홍류동 시운[紅流洞韻]」, 최광석(崔光錫)의「농산정 시에 차운함[籠山亭次韻]」, 전효일(全孝一)의「삼가 농산정 원시에 차운함[謹次籠山亭原韻]」, 최한년(崔漢年)의「농산정 시에 삼가 차운함[籠山亭謹次]」, 최병구(崔炳九)의「농산정에서 삼가 선생의 시에 차운함[籠山亭敬次先生韻]」, 정종문(鄭鍾汶)의「삼가 농산정 시에 차운함[謹次籠山亭韻]」(1961년 10월부터 1962년 10월까지 제12대 합천군수를 지냄), 이 밖에 정종문의 시와 같은 제목으로 노상동(盧相東), 문기현(文琦鉉), 윤희수(尹僖洙), 이영태(李韺兌)의 시가 있는 같은 판에 새겨져 있다. 또 송우용(宋友用), 이정찬(李禎燦), 이영조(李英兆), 남승우(南勝愚) 등의「삼가 농산정 원시에 차운함[敬次籠山亭原韻]」이라는 시도 같은 판에

同, 而各以其聲附之, 其次序時世, 則有不可考者矣.](『詩經集傳』卷9,「小雅二」朱子 注) 송(頌)은 종묘의 악가이다. 대서에서 말한 성덕의 모급을 찬미하여 그 성공을 신명에게 고했다는 것이다.[誦者, 宗廟之樂歌, 大序所謂美盛德之形容, 以其成功告于神明者也.](『詩經集傳』卷19,「頌四」朱子 注)

들어 있다. 이렇게 보면 실제로 현재 현판에 걸려 있는 시는 16수가 된다.

원시(原詩)에 차운한 시인 대부분이 경주 최씨이거나 아니면 그 고을의 유지들이다. 후손들이 자신의 선조를 칭송하고 추앙하는 것은 당연하다. 또 지역 유지가 자신이 사는 고을을 드러내려면, 자기 고을과 관련 있는 인물을 드러내어야 한다. 따라서 현판에 들어 있는 시 가운데 고운을 폄하(貶下)한 작품이 한 수도 없다. 이것은 고운이 그만큼 위대하다는 말도 되겠지만, 시를 지은 시인들의 정신세계가 한정되어 있다고도 할 수 있다.

1) 비범한 재질

먼저 농산정 음영 시에서는 고운의 비범한 재질(才質)을 읊고 있다. 최영하(崔榮夏, ?~?)는 그의 「농산정(籠山亭)」이라는 시에서 다음과 같이 묘사하고 있다.

流水聲中聳翠巒	흐르는 물 가운데 우뚝 솟은 푸른 산,
淸風百世在此間	백세(百世)의 청풍이 이 가운데 있다네.
詩登雅譜亭名擅	시가 시집에 실려 정자 이름 드러나니,
長使人人仰若山	길이 사람마다 산처럼 우러르게 한다네.

이 시를 지은 최영하는 통정대부(通政大夫)로 1887년 육영공원(育英公院) 사첨(司籤)으로 관직생활을 시작하여, 1895년 궁내부외사과 주사, 궁내부참서관 겸 외사과장, 시종원시종(侍從院侍從), 1899년 농상공부협판, 외부협판, 한성부판윤(漢城府判尹, 겸임 한성부재판소 수반판사), 회계원경 등을 역임하였다.

기구(起句)에서는 먼저 산수의 빼어남을 묘사하였다. 물과 산이 서로 어우러져 있다. 이 자연과 어울려 영원히 맑은 풍도가 이 가운데 있다 하였다. 여기서 맑은 풍도의 주인공은 말할 것도 없이 고운일 것이다. 이러한 맑은 풍도를 읊은 시가 시집에 실려 전한다. 이 시는 바로 고운이 지은 「가야산 독서당에 붙임[題伽倻山讀書堂]」이다. 이러한 시를 지은 시인을 후세 사람들이 우러른다. 물론 고운이 시를 잘 지었다고 후세인들이 존경하는 것이 아니다. 그것은 그가 세속에 물들지 않고 고고한 인품[청풍]을 지니고 있었기 때문이다.

여기서 우리는 시인, 즉 자아는 첫째로 고운의 고고한 인품을 묘사하고 있다. 그의 고고한 인품은 마치 우뚝 솟은 산과 같이 고고하고, 밤낮으로 흐르는 시냇물처럼 영원하다. 곧, 길이 고운의 이름이 후세 사람들에게 유전(流轉)되어 남아 있다는 말이다. 농산이라는 정자의 이름이 처음 생긴 것은 바로 고운의 시구절에 '진농산(盡籠山)'이라는 말이 시집에 실려 있기 때문이라고 하였다. 둘째로 자아는 고운의 학식이 뛰어남을 묘사하고 있다. 학식이 뛰어나기 위해서는 비범한 재질을 갖추어야 가능하다. 재주가 그다지 뛰어나지 않더라도 노력만 하면 어느 정도 수준까지는 가능하다. 그러나 그 수준 이상이 되려면 노력만 가지고는 곤란하다. 남들보다 뛰어난 재주가 있어야 한다. 자아는 고운의 이러한 점을 강조하고 있다. 셋째로 자아는 이러한 고운을 후세 사람들이 산을 우러러보듯이 추앙한다고 하였다. 기구의 우뚝 솟은 산과 결구의 산처럼 우러르게 한다는 말이 서로 통한다. 자아는 먼저 산의 우뚝함을 읊조렸다. 이 높은 산을 결구에서는 고운의 인품에 결부시키고 있다. 수미쌍관(首尾雙關)이다. 또 거창(居昌) 군수를 지냈던 최윤정(崔允鼎)이 1962년(壬寅年 午月)에 「삼가 최고운 선생

원운에 차운함[敬次孤雲先生原韻]」을 지었다.

紅流洞裏白雲巒	홍류동 안에 흰 구름이 자욱한 산모롱이,
勝地奇形露世間	좋은 경치 기이한 모습 세상에 드러났네.
石面千年名不朽	돌에 새긴 이름 천 년간 없어지지 않고,
兩賢筆跡重於巒	두 분의 필적이 산 무게보다도 무겁다네.

이 시도 역시 위 시와 마찬가지로 자연과 인간을 동일시하고 있다. 여기서 자연은 바로 홍류동 근처의 산수이며, 인간은 바로 고운을 가리킨다.

자아는 흰 구름이 자욱한 홍류동 안의 산모롱이를 먼저 묘사했다. 구름이 산꼭대기가 아닌 모롱이에 꽉 끼어 있다. 이것은 고운의 원시(原詩) 중만(重巒)이라는 단어와 서로 통한다. 어느 산이든 구름이 낀다. 그러나 자아는 구태여 홍류동에 있는 산에 흰 구름이 자욱하다고 했다. 이러한 표현으로 자아는 고운을 미화하고 있다.

승구(承句)에서도, 고운 때문에 이 홍류동의 좋은 경치와 기이한 모습이 세상에 드러났다고 하였다. 여기서 좋은 경치와 기이한 모습은 홍류동의 흐르는 물과 우뚝 솟은 산을 가리킨다. 한편, 자아는 이러한 자연의 모습을 고운의 뛰어난 재질과 동일시하고 있다. 홍류동이나 가야산이 고운의 시로 인해서 세상에 알려졌다. 그만큼 이 홍류동은 고운과 밀접한 관계가 있다는 것이다.

자아는 돌에 새긴 두 사람의 이름이 천 년 동안 없어지지 않고 있다고 하였다. 여기서 두 사람은 고운과 우암(尤庵)이다. 우암 송시열(宋時烈, 1607~1689)이 고운의 「가야산 독서당에 붙임」 시를 농산정 건너편 바위에 새겼기 때문이다. 여기서 자아는 과장하고 있다. 고운은 천 년 전의 사람이 맞으나, 우암이 생존한 시기는 지금부터 거슬러 올라가면 4백 년도 되지 않는다. 그런데 자아는 천 년이라 하였다. 자아는 다소 과장하여 표현하고 있다. 그러나 고운의 고고한 명성이 천 년이 지난 지금에도 없어지지 않음을 묘사하고 있다. 또 한 수 더 떠서 두 분의 필적이 산 무게보다 무겁다고 하였다. 이 시는 첫째로 고운과 자연을 동일시하여 고운의 학식과 재질이 뛰어남을 묘사하였고, 둘째로 고운 인품의 고고함, 셋째로 고운 필체의 중후함을 나타내었다.

한 수의 시에 고운의 재질과 학식, 인품과 명성을 자아 나름의 수사법을 구사하여 그려 내고 있다. 다음의 시에서는 고운의 고고한 지조에 대해서 읊고 있다.

2) 고고(高古)한 지조

최병구(崔炳九)는 1973년(계축년 淸節)에 「농산정에서 삼가 선생의 시에 차운함[籠山亭敬次先生韻]」이라는 시를 지었는데, 그 내용을 들어 보면 다음과 같다.

曲曲成潭石作巒	굽이마다 못을 이루고 바위산을 만들어,
名區曾是別人間	유명한 곳 일찍 인간 세계와는 달랐네.
箇中那至塵烟事	이 가운데 어찌 속세의 일이 이르리오,
俯視淸流仰樂山	굽어 맑은 물 보고 우러러 산 좋아하네.

이 시도 앞에서 든 두 수의 시와 표현 면에서는 그다지 차이가 없다. 먼저 자연경관을 읊조리고 이어서 자아 자신의 심정을 자연과 결부하고 있

다. 시 전체의 대의는 고운의 원시(原詩) 내용을 많이 따왔다.

기구를 보면, 흐르는 시냇물과 산이 어우러져 조화를 이루고 있는 점을 묘사하였다. 흐르는 시냇물은 밤낮으로 그치지 않는다. 밤낮으로 그치지 않는 것은 자연의 섭리이다. 자연은 가만히 있는 것 가운데 변화하고, 변화하지만 언제나 그대로이다. 물이 끊임없이 흐르고 있지만, 언제 변함없이 흘러가고 있다. 공자도 시냇가에서 흐르는 것은 이[물]와 같다. 밤낮으로 끊이지 않는다고 하였다.[179] 물의 흐름은 외부의 힘이 가해지지 않으면 중단함이 없다. 또 물은 차례를 지킨다. 다른 힘이 아니면 뛰어넘지 않는다. 구덩이를 다 채우고 지나가서 바다에 이른다.[180] 따라서 군자는 소문이 실제보다 지나침[聲聞過情]을 부끄러워한다.

자아가 보기에, 고운은 성문과정이 아니다. 그는 산처럼 우뚝하였으며, 끝까지 지조를 지켜 세속에 물들지 않았다. 기구의 시냇물과 산은 홍류동 주위의 자연경관도 되겠지만, 고운의 인품을 말한다고도 할 수 있다.

이처럼 홍류동 주위가 이름 있는 곳이니 인간 세계와는 달랐다. 인간 세계와 다르다는 것은 세속의 영리에 물들지 않은 것을 말한다. 영리에 물들지 않으면 욕심이 없어진다. 욕심이 없으면 몸과 마음이 맑다. 몸과 마음이 맑으니, 바로 자연의 무욕(無慾)과 서로 맞아들어간다. 인간 세상에는 시비가 끊이지 않는다. 자연은 그렇지 않다. 자연은 서로 싸우지 않는다. 언제나 겸손하며 양보한다.

이러한 흐르는 물과 산처럼 끊임없고, 고고한 지조를 지킨 사람이 다름 아닌 고운이다. 몸을 굽혀서는 맑게 흐르는 물을 보고, 우러러서는 높이

179 "子在川上曰, 逝者如斯夫, 不舍晝夜."『論語』卷9,「子罕」篇.
180 "盈科而後進, 放乎四海."『孟子』卷8,「離婁」下篇.

솟은 산을 바라본다. 이는 마치 '솔개가 하늘 높이 날고, 물고기가 연못에서 뛴다.[鳶飛戾天, 魚躍于淵.]'라는 말과 같다. 이러한 이치를 터득한 사람이 바로 고운이다.

이처럼 이 시에서는 고운이 자신의 지조를 지키면서 자연의 섭리, 즉 도를 터득했음을 읊조리고 있다. 이와 내용이 비슷한 시를 정종문(鄭鍾汶)이 지었는데, 그 제목이 「삼가 농산정 시에 차운함[謹次籠山亭韻]」이다. 그 내용을 들면 다음과 같다.

紅流日夜吼重巒	홍류동 물이 밤낮 겹겹산 울리니,
學士遺風動世間	학사의 끼친 풍도 세간을 울리네.
景仰先生亭再葺	선생을 우러러 정자 새로이 짓나니,
白雲千古鎖青山	흰 구름 영원히 푸른 산에 드리우리.

자아는 홍류동 물이 밤낮으로 흘러 겹겹의 산을 울린다고 하였다. 이 표현은 고운의 원시(原詩)의 기구(起句)와 많이 닮았다. 고운이 홍류동에서 시를 읊고, 이곳에 은둔한 사실이 세상에 알려졌다. 여기서 학사는 바로 고운을 가리킨다. 고운의 풍도는 다름 아닌 세간에 물들지 않고 고고한 지조를 지킨 일이다.

이러한 그의 정신을 높이 사 새로이 정자를 짓는다. 자아는 이 시를 농산정을 재건한 뒤 짓는다고 하였다. 그러나 작가가 이 시를 지은 정확한 연대는 알 수 없다. 실제 시를 지은 시인 정종문(鄭鍾汶)은 동명이인(同名異人)인지는 모르겠으나, 같은 이름으로 1961년 10월부터 1962년 10월까지 제12대 합천 군수를 지낸 사람이 있다. 만약 시인과 동일 인물이라면, 정종문이 합천 군수를 지낼 때 농산정을 보수하였음을 알 수 있다.

이 시의 핵심 구절은 승구(承句)이다. 고운의 풍도(風度)이다. 이 풍도는 위에서도 말했듯이 고운의 지조이다. 이 지조를 지킨 고운은 물론 그 나름대로 많은 갈등이 있었을 것이다. 그러나 후세 사람들은 그의 이러한 자세를 높이 사고 있다. 결구에 흰 구름이 영원토록 이 푸른 산에 드리울 것이라 하였다. 여기서 흰 구름은 상서(祥瑞)로운 기운이라 할 수 있다.

고운의 곧은 정신과 상서로운 흰 구름이 서로 통한다. 이러한 인간과 자연의 섭리가 푸른 산처럼 영원할 것을 자아가 바라고 있다. 이처럼 이 시는 고운이 현실 세계에 물들지 않고 지조를 지킨 것을 비판 없이 추앙하고 있다.

이 농산정 음영 시 가운데는 고운이 신선이 되었다는 사실을 읊조려 초월 세계를 인정하고 있는 시가 있다. 절을 바꾸어서 이 점에 대해 논의해 보기로 한다.

3) 신선과 초월

최재붕(崔在鵬)은 「홍류동 시운[紅流洞韻]」이라는 시를 지었다. 먼저 그 내용을 들면 다음과 같다.

瀑作銀鈴石作巒	폭포는 은방울 소리 바위는 산 이루고,
先生遺蹟在斯間	선생의 남긴 자취 이 사이에 있다네.
一區獨漏烟塵世	이곳만 홀로이 인간 세상 벗어났나니,
認是三神卽此山	삼신산이 바로 이 산인 것을 알겠네.

먼저 기구(起句)에서, 폭포와 산이 어우러진 곳에 고운의 자취가 남아 있다고 하였다. 그런데 폭포 소리, 여기서는 물이 세차게 흐르는 소리가 마치 은방울 소리 같다 했다. 그만큼 듣기 좋은 소리란 뜻이다. 이 은방울

소리는 바위산과 서로 대조를 이루고 있다. 은방울 소리가 고운의 영향이라면, 바위산은 고운의 지조와 결부시킬 수 있다. 그만큼 고운의 영향이 오래도록 후세인들에게 미치는 것을 세차게 흐르는 물소리에 비유하였다. 바위와 같이 굳은 고운의 지조를 후세 사람들이 추앙하고 있다.

지조를 지켜 세속의 영리에 빠지지 않은 고운이 이 산에 숨었다. 따라서 자아가 보기에 이 산만이 인간 세상을 벗어난 것 같았다. 세속의 영리를 벗어난 산이니 신비롭다. 신비로운 산에는 신선이 살고 있다. 따라서 봉래(蓬萊), 방장(方丈), 영주(瀛洲)의 삼신산이 바로 이 산이라고 하였다. 이것은 고운이 죽어서 신선이 되었다는 이인로의 『파한집』의 말을 용사(用事)하여 지었다. 이는 곧 자아 자신이 초월 세계, 또는 초인문(超人文) 정신세계에 머물고 있음을 말하고 있다. 이처럼 이 시는 첫째로 고운의 흔적에 대한 회고, 둘째로 고운의 지조에 대한 찬양과 후세 사람들의 추앙, 셋째로 고운을 신선 세계와 결부하여 자아 자신의 초인문 정신세계를 드러내고 있다. 최광석(崔光錫)도 「농산정 시에 차운함[籠山亭次韻]」이라는 시를 지었다.

伽倻形勝聳層巒	가야산 모습 우뚝 겹겹 산모롱이,
仙境紅流洞壑間	신선의 경계 홍류동 계곡 사이에.
不忘光賢遺蹟地	빛나는 현자의 유적지 잊지 못해,
有亭幽闃是籠山	그윽한 정자 이름 농산이라 하였네.

이 시의 내용도 최재붕의 시와 서로 비슷하다. 먼저 앞 두 구는 주변 경관에 대해 읊조렸다. 우뚝한 가야산의 모습, 겹겹이 둘러싼 깊은 골, 홍류동이라는 계곡 등이 그것이다. 승구에서, 신선의 경계라 하여 홍류동을 신성시하고 있다. 앞에서도 언급했지만, 고려 시대 이인로가 다음과 같이 고

운의 행적에 대해서 언급한 적이 있다.

> 우리 태조가 등극하실 것을 미리 알고 글을 올려 몸소 전달했으나 벼슬에 뜻이 없어 가야산에 은거하다가, 어느 날 아침 일찍 일어나 문을 나간 뒤 간 곳 없이 사라졌다. 갓과 신을 남겨 놓았으므로 아마도 신선이 되어 올라간 것 같다.[181]

이인로가 이처럼 고운이 사라질 때 갓과 신을 남겨 놓았기 때문에 아마도 신선이 되었으리라 추측하였다. 그가 이렇게 말한 이래 그 말이 구전됐다. 지금은 고증할 길이 없지만, 이인로도 이전에 구전(口傳)되어 온 전설을 기록했는지 모른다.

「농산정 시에 차운함[籠山亭次韻]」 시의 자아 역시 구전되어 온 사실을 근거로 위와 같이 읊었다. 비록 전하는 말을 바탕으로 시를 지었다고 하지만, 자아의 의식 속에는 초월 세계를 인정하고 있다. 자아 자신이 초월 세계를 인정하지 않는다면, 이렇게 표현하지 않았다.

이러한 초월 세계를 인정하면서, 전구(轉句)에서는 역시 고운의 위대성을 읊조리고 있다. 자아는 고운을 현자(賢者)라 하였다. 현자는 군자와 통한다. 군자 역시 세속의 욕심과는 거리가 멀다. 세상의 영리에 집착하지 않고 자신의 덕을 길러 도에 나아가는 사람이 다름 아닌 군자이다. 이러한 사람이 임금이 되면 왕도(王道)가 된다. 그러나 고운은 임금이 아니었다.

자아는 고운과 같은 현자의 유적지를 잊지 못해 정자 이름을 농산정이라 하였다 한다. 이 시도 역시 고운에 대한 추모 또는 추앙에 지나지 않는

181 "豫知我太祖龍興, 獻書自達, 然灰心仕宦, 卜隱伽倻山, 一旦早起出戶, 莫知其所歸, 遺冠履於林間, 蓋上賓也." 李仁老, 『破閑集』 卷中.

다. 한 가지 주목해야 할 일은 자아가 고운을 신성시하여 스스로 초월 세계를 인정하였다는 점이다.

4) 상고(尙古)와 현실

우리 동양인들의 역사의식은 상고(尙古)주의, 정명(正名)주의와 순환사관(循環史觀)이다. 이러한 역사의식은 공자의 『춘추』 사관에서 비롯하였다. 『춘추』 사관을 한마디로 하면 포폄(褒貶)이다. 포폄을 다른 말로 하면 직필(直筆)이다.

옛것을 숭상한다는 것은 현실 세계에 불만이 있다는 말이다. 현실 생활에 불만이 있거나 못마땅할 때 우리는 흔히 옛날이야기를 한다. 비록 옛날이야기를 할지라도 그 옛날의 삶 자체로 돌아가라 하면 그다지 마음이 내키지 않을 것이다. 다음의 전효일(全孝一)의 「삼가 농산정 원시에 차운함[謹次籠山亭原韻]」도 옛날의 고운을 숭상하면서 시를 읊었다.

先生名節重伽巒	선생의 명절은 가야산보다도 더 무거워,
曾率妻孥隱此間	일찍 가족 데리고 이 사이에 숨으셨네.
百世儒賢追慕地	영원히 유현들이 추모하는 곳 되었나니,
俯聽流水仰看山	굽어선 흐르는 물소리 우러러 산을 보네.

자아는 먼저 고운의 명절(名節)을 읊었다. 이 점은 위의 최병구나 정종문의 시와도 서로 통한다. 기구와 승구는 『삼국사기』의 내용을 바탕으로 하였다. 자아는 고운의 명예와 절개가 가야산보다 더 무겁다고 했다. 그만큼 고운의 위대성을 묘사하고 있다. 그는 고운이 일찍이 가족을 데리고 가야산에 은둔한 사실에 대해서도 언급하고 있다. 이것은 일반적인 사실이다.

고운의 이러한 일반적인 사실에 대해서 자아는 영원히 유현(儒賢)들이 추모하는 곳이 되었다고 하여 특별한 일로 만들고 있다. 이 점에 대해서는 일찍이 고려 시대 이규보(李奎報)가 "최치원은 파천황의 큰 공이 있어, 우리나라 학자들이 그를 종주로 삼는다."[182]라고 한 적이 있다. 이 시의 자아도 이규보의 말처럼 고운을 추앙하고 있다.

자아의 머릿속에는 고운만큼 위대한 학자가 지금은 보기 힘들다는 것을 은연중에 표현하고 있다. 그것은 그만큼 자아가 과거의 사실, 곧 고운의 위대성을 강조하고 있다는 것을 입증한다. 한 개인이기는 하지만 자아의 의식 속에는 상고(尙古) 정신이 자리 잡고 있다. 다음의 최한년(崔漢年)의 「농산정 시에 삼가 차운함[籠山亭謹次]」도 이 시와 같이 상고 정신이 깃들어 있다. 먼저 그 내용을 들어 보면 다음과 같다.

千載孤亭立翠巒	천 년 동안 외로운 정자가 푸른 산에 우뚝,
雲翁不復此人間	고운옹 다시 인간 세상에 나지 않는다네.
誰更昌文東魯地	그 누가 우리 선비나라에 문명 창도하리,
寒烟籠得舊江山	차가운 연하(煙霞)만 옛 강산 감싸고 있네.

자아는 천 년 전의 일을 기념하기 위해 세운 정자가 산속에 우뚝 서 있다고 하였다. 실제로 현재의 정자 모습은 우뚝한 것이 아니다. 홍류동 시냇가에 조그맣고 소담스럽게 서 있다. 그런데 자아는 이러한 정자가 마치 높게 서 있는 것처럼 묘사하고 있다. 다소 과장된 표현이다.

승구와 전구에서 자아는 고운을 그리워하고 있다. 인간 세상에 고운이

182 "崔致遠孤雲, 有破天荒之大功, 故東方學者, 皆以爲宗." 李奎報, 『東國李相國集』, [附錄], 「白雲小說」.

다시 나지 않는다고 했다. 자아가 사는 현재, 고운만큼 탁월한 인재가 없다는 말이다. 이것은 바로 자아의 의식이 상고 정신에 머물고 있다는 것을 입증한다. 자아는 선비의 고장인 우리나라에 그 누가 다시 문명을 창도할 것인가 한다. 그만큼 지금은 인재가 드물다는 말이다.

자아가 사는 현재는 문명도 그다지 밝아 보이지 않는다. 그리고 그 밝지 않은 문명을 개조할 인물도 없는 것 같다. 그러니 자아의 심정은 답답하기만 하다. 이러할 때 차가운 이내[煙霞]가 옛 강산을 감싸고 있다. 여기서 옛 강산이란 바로 고운이 살았던 시대의 강산이다. 사람은 자취를 감추었지만, 자연은 언제나 그대로이다. 이러한 회고시는 시조에도 가끔 있다. 야은(冶隱) 길재(吉再, 1353~1419)의 "오백 년 도읍지를 필마로 돌아드니, 산천은 의구하되 인걸은 간데없다. 어즈버 태평연월이 꿈이런가 하노라."가 그 대표적인 예이다.

상고 또는 회고시에 나타나는 자아의 심정은 그다지 밝지 못하다. 현실에 자아 자신이 만족하지 못하기 때문이다. 자아가 현실에 만족하면 외물이 밝게 보인다. 그렇지 않으면 외물은 그다지 밝지 않다. 불만족의 정도가 심하면 외물은 어둡게 보인다. 사물을 있는 그대로 보는 것이 아니라, 보이는 대로 사물이 있기 때문이다.

3. 문헌 소재 시에 나타난 최고운

1) 음영 시인과 시 작품들

농산정을 배경으로 읊은 시는 모두 고운의 시 「가야산 독서당에 붙임[題伽倻山讀書堂]」, 곧

狂噴疊石吼重巒	바위 사이 세찬 물결 온 산을 울리니,
人語難分咫尺間	사람의 말 곁에서도 알아듣기 어렵네.
常恐是非聲到耳	언제나 시비 소리 귀에 들릴까 두려워,
故敎流水盡籠山	흐르는 물로 온 산을 감싸게 하였다네.

에 차운하였다. 농산정을 배경으로 읊은 시는 고려 시대 때의 것이 한 수도 없다. 그것은 정확한 건립 연대는 알 수 없지만, 농산정이 조선 시대 때 건립되었기 때문이다. 조선 시대에 건립된 것을 1936년에 이르러 개축하였다. 이 농산정 시는 『한국문집총간』에 실려 있는 것보다는 그렇지 않은 것이 더 많다. 그것은 농산정 시를 읊은 사람은 근세에 생존한 사람들이 많기 때문이다. 1936년 농산정을 개축하고 나서 세상 사람들은 이 농산정에 더 많은 관심이 있었다. 1900년대 이전에 나온 시들은 학사대(學士臺), 홍류동(紅流洞), 독서당(讀書堂), 가야산(伽倻山) 등의 제목으로 고운(孤雲)의 모습을 그려 내고 있다.

① 고운의 「가야산 독서당에 붙임[題伽倻山讀書堂]」 시에 처음 차운한 사람은 점필재(佔畢齋) 김종직(金宗直, 1431~1492)이다. 그는 「홍류동(紅流洞)」[184]이라는 시에서,

九曲飛流激怒雷	아홉 구비 폭포마다 성난 우레 부딪치고,
落紅無數逐波來	낙화는 수도 없이 물결 따라 쓸려 가네.
半生不識桃源路	반평생 몰랐다네 도원길이 어디인지,
今日應遭物色猜	오늘에야 만났거늘 조화옹이 시기하네.

183 「가야산 독서당에 붙임[題伽倻山讀書堂]」(崔致遠, 『孤雲集』 卷1)
184 金宗直, 『佔畢齋集』 卷14(『韓國文集叢刊』 12, 315쪽).

라 읊고 있다. 그는 「고운의 시운을 써서 시석에 붙임[題詩石用孤雲韻]」, 「해인사 현판 위의 시에 차운하여 세 수를 극기와 같이 지음[海印和板上韻三首與克己同賦]」[185] 등의 시를 남겼다. 그 가운데 「고운의 시운을 써서 시석에 붙임[題詩石用孤雲韻]」[186]이 고운의 「가야산 독서당에 붙임」 시에 차운하고 있다.

② 학가재(學稼齋) 이주(李紬, 1599~1669)가 지은 「최고운 시에 차운함[次崔孤雲韻]」[187]이 있다.

③ 월계(月溪, 자 省吾) 심일삼(沈日三, 1615~1691)은 「가야산에 놀러 갔다 어촌 양훤과 최학사의 시에 차운함[遊伽倻山與楊漁村暄次崔學士韻]」,[188] 「가야산 학사대에 놀러감[遊伽倻山學士臺]」(2수)[189] 등의 시를 남겼다.

---

185 그 내용을 들면 다음과 같다.

> "三師有遺蹟, 尋討愜曾聞. 道(顴)眞無敵, 神工自絶群. 祇園花想雨, 香積飯應分. 擾擾方袍士, 誰知如許勤."(三師, 順應, 理定, 希朗, 皆新羅人也. 應初基此寺, 定繼營, 朗又重修, 崔致遠有眞讚.)
> "孤雲佳遯客, 白日大名聞. 巾屨同蟬蛻, 風標混鶴羣. 碁盤空剝落, 詩石半刓分.細履彷徉地, 追懷祇自勤."(寺之少西, 有孤雲碁石.)
> "梓板千間架,殊方亦聳聞. 蠨蛸朝自織, 蝙蝠暮爲羣. 霧暗書楷澁, 風敲木理分. 須煩鬼呵護, 免使後王勤."(日本知有大藏板, 每請印木而去.) 金宗直, 『佔畢齋集』 卷14(『韓國文集叢刊』 12, 315쪽).
>
> 이 외에 「해인사 주지인 학의가 수다사 시권을 가져와 화답을 청함[海印寺住持學誼持水多寺詩卷請和]」, 「해인사에 비 온 뒤 대단히 서늘하여 밤중에 달을 보고 극기에게 줌[海印寺雨後凉甚夜半看月贈克己]」 등이 있다.

186 金宗直, 『佔畢齋集』 卷14(『韓國文集叢刊』 12, 315쪽).

187 李紬, 『學稼齋集』 卷1.

188 沈日三, 『月溪公遺集』(『靑己世稿』 卷3).

189 沈日三, 『月溪公遺集』(『靑己世稿』 卷3). 원문과 번역을 들면 다음과 같다.

天工好事畵圖開	천공이 일을 좋아해 화도를 열었으니,
列壑層巖次第廻	뭇 골짜기 층층 바위 차례로 돌아가네.
學士臺空名獨在	학사대는 비어 있고 이름만 남았나니,
桂風吹去又吹來	계풍(桂風) 불어갔다 다시금 불어오네.

④ 농암(聾巖) 이광언(李光彦, 1620~1698)의 『농암유고(聾巖遺稿)』에는 「가야산에 놀러 가서 무릉교를 지남[遊伽倻山過武陵橋]」[190]과 「해인사(海印寺)」,[191] 「학사대(學士臺)」,[192] 「홍류동에서 최고운 시에 차운함[紅流洞次崔孤雲韻]」[193] 등이 있다.

⑤ 백불암(百弗庵) 최흥원(崔興遠, 1705~1786)이 영조 33년(1757) 2월에 가야산을 유람하였다. 그때 「유가야산록」과 몇 수의 시를 지었는데, 「가야산으로 가는 길에 곽천경일주가 말하기를 유씨 성을 가진 선비가 이곳에 살면서 책을 읽기를 좋아했다고 해서 문득 사람들을 만나 물으니, 모두 모르기에 마침내 절구 시 한 수를 읊음[伽倻山路上郭天擎日柱云有劉姓士人居此好讀書逢人輒問之皆不知遂口吟一絶]」(丁丑)[194]과 「해인사(海印寺)」,[195] 「홍류동에서 이한음의 시에 차운함[紅流洞次李漢陰韻]」,[196] 「학사대에서 문창후 시에 차운하여 천경에게 사례함[學士臺次文昌侯韻謝天擎]」[197]이라는 시를 지었다.

---

190 李光彦, 「聾巖遺稿」(『光山世稿』 卷3). 그 원문을 들면 다음과 같다. "兩兩尋院去, 行行路轉斜. 武陵知不遠, 時有落來花."

191 李光彦, 「聾巖遺稿(『光山世稿』 卷3). 그 원문을 들면 다음과 같다. "羅代千年海印寺, 牧童猶記古哀莊. 當時民力靡於此, 剩得昏愚戒後生."

192 李光彦, 「聾巖遺稿」, 『光山世稿』 卷3. 그 내용을 들면 다음과 같다.

學士升仙世不知	학사가 승선했다는 말 세상 사람들 모르니,
是非千載兩存之	옳고 그름 천 년이 되어도 둘 다 존재하네.
荒臺落日空多感	황폐한 누대 지는 해에 헛된 감회 많나니,
山上孤雲處處疑	산 위의 외로운 구름 곳곳이 의아스럽다네.

193 李光彦, 『聾巖遺稿』(『光山世稿』 卷3).

194 "尋入好山水, 逢人問好人. 好人何處在, 信馬夕陽春." 崔興遠, 『百弗庵集』 卷1.

195 "東入紅流洞, 西登學士臺. 徘徊想像處, 得月故鄉來." 崔興遠, 『百弗庵集』 卷1.

196 "吾行輾轉遠尋奇, 幸值東風二月時. 莫謂花嫌春太早, 壁間堪愛未開枝." 崔興遠, 『百弗庵集』 卷1.

197 崔興遠, 『百弗庵集』 卷1.

⑥ 응와(凝窩) 이원조(李源祚, 1792~1872)도 「농산정에서 원시에 차운함(籠山亭次原韻)」[198]이라는 시를 남겼다.

⑦ 매천(梅泉) 황현(黃玹, 1855~1910)도 「홍류동(紅流洞)」,[199] 『농산정에서 현판 시에 차운함[籠山亭次板上韻]」, 「홍류동에서 돌에 새긴 이름이 대단히 많은 것을 보고[紅流洞見石刻題名甚多]」,[200] 「해인사에서 경담 스님에게 줌[海印寺贈鏡潭和尙]」[201] 등의 시를 지었다.

⑧교재(僑齋) 이만상(李萬相, 1857~1899)은 「갑신년 황매월과 최계형 병훈 종질 택희와 가야산에 가서 홍류동에 이름[甲申黃梅月與崔季衡炳熏從姪宅熙作伽倻行至紅流洞]」[202]과 「농산정에서 현판 시에 차운함[籠山亭次板上韻]」[203]을 지었다.

⑨ 일화(一和) 최현달(崔鉉達, 1867~1942)의 「삼가 농산정 시에 차운함[敬

---

198 李源祚, 『凝窩集』 卷2.

199 "甚靑峯轉黝, 斜日在松巓. 馬亂花前水, 人窺石竇天. 寺疑無徑入, 仙亦有心傳. 旣到紅流洞, 登亭更杳然." 黃玹, 『梅天集』 卷1.

200 "蒼崖丹刻日紛紛, 此事惟堪下士聞. 別有人間眞不朽, 至今岩壑盡孤雲." 黃玹, 『梅天集』 卷1.

201 "手種松遮戶外巒, 不曾送客出花間. 十年羡汝雙瞳碧, 坐領伽倻萬笏山." 黃玹, 『梅天集』 卷1.

202 李萬相, 『僑齋集』 卷1. 그 내용을 들면 다음과 같다.

千古紅流勝	천고의 홍류동(紅流洞) 명승지,
層巒碧四圍	층층이 푸른 산 사방 에워쌌네.
鶴唳松杉靜	고요한 숲속 학 울음소리 들리고,
鶯啼躑躅稀	꾀꼬리 울 때 두견화 드문드문.
靈源渡石境	신령스런 시내 바위틈을 지나니,
仙窟白雲扉	신선 굴엔 흰 구름이 막았다네.
儂豈題名客	내 어찌 시를 짓는 길손 되리오,
同君一醉歸	그대와 함께 취해서 돌아가리라.

203 李萬相, 『僑齋集』 卷1.
그는 또 「해인사 큰 절에 들어[入海印大伽藍]」라는 제목의 시를 지었는데, 그 내용을 들면 다음과 같다. "林霏初歇藥苗齊, 客子聯笻玉瀑溪. 梵宇鍾噪雲正起, 巖阿花落鳥相啼. 觀音妙法藏經裏, 學士遺蹤吹笛西. 靈境終爲仙窟宅, 伽倻聲價也還低."

次籠山亭]」[204]이 있다.

⑩ 독산(篤山) 이만성(李萬成, 1872~1922)의 「해인사(海印寺)」,[205] 「홍류동(紅流洞)」,[206] 「농산정(籠山亭)」[207] 등의 시가 있다.

⑪ 급우재(及愚齋) 김영한(金甯漢, 1878~1950)의 「가야산 해인사[伽倻山海印寺]」(2수),[208] 「농산정에서 최고운 시에 차운함[籠山亭次崔孤雲韻]」(2수), 「홍류동 바위 위에 삼가 오대 할아버지 문간공께서 지은 시를 찾음[紅流洞石上敬審五世祖考文簡公[209]題名]」 등이 있다.

⑫ 국포(菊圃) 전기주(全基柱, ?~?)는 가야산 일대를 유람하면서 「불일암(佛日菴)」,[210] 「농산정(籠山亭)」, 「홍류동(紅流洞)」,[211] 「해인사(海印寺)」[212]

---

204 崔鉉達, 『一和集』 卷3.

205 "到此唫詩最爲難, 看看還似未曾看. 樹木四圍無大陸, 樓臺高出似長安. 果然勝地名天下, 獨有孤雲繞石端. 最是虛空知佛學, 莫令吾道併相班." 李萬成, 『篤山集』 卷1.

206 "直向紅流洞口出, 輕輕芒屩下雲端. 層岩亂挿千睽戟, 曲水盤廻百折灘. 孤雲一去山餘翠, 豪族千家石點丹. 若使吾行春日到, 武陵如在此中看." 李萬成, 『篤山集』 卷1.

207 李萬成, 『篤山集』 卷1.

208 "重重翠樾擁香城, 流水聲中洞壑淸. 吹笛峯晴雲葉散, 藏經閣古土花生. 遠遊非爲尋仙跡, 暮境無如絶世情. 此地那能留不去, 相隨猿鳥結深盟.", "自古紅流擅嶺南, 一塵不著此精藍. 大張空樂吟風瀨, 淨洗靑銅霽月潭. 不有奇錄那易到, 縱無健步試窮探. 孤雲千載玄蹤遠, 但取遺詩石上談." 金甯漢, 『及愚齋集』 卷7.

209 문간공(文簡公)은 김학정(金學淳, 1767~1845)의 시호이다. 김학정은 호가 화세(華栖)이며, 이조판서를 지냈다.
원문과 번역문을 들면 다음과 같다.

我家文簡舊題名　우리 집안 문간공께서 옛날 지으신 시,
剔蘚摩挲一愴情　두리번거리며 찾으니 마음이 아파 오네.
當世宦錄三過嶺　관리로 세 번 영남을 지난 기록 있으니,
不知何日此山行　언제 이 산 다녀가셨는지 알 길 없어라.

210 "峯高應萬仞, 樹老已千秋. 靑鶴洞何在, 白雲天際浮." 全基柱, 『菊圃集』 卷1.

211 "山多別界溯流尋, 路轉峯回去益深. 紅霞滿袖留仙約, 碧水鳴筇洗客心. 世外誰藏兜率國, 春來始見武陵林. 午酒一盃初飮罷, 行行彳亍晩登臨." 全基柱, 『菊圃集』 卷1.

212 "尋眞盡日問紅流, 更覓仙源境自幽. 萬壑煙霞非俗態, 一筇山水屬淸遊. 怪鳥驚人穿石壁, 懸魚欺佛臥鍾樓. 十方花雨諸天暮, 共許雲僧雅契留." 全基柱, 『菊圃集』 卷1.

등의 시를 남겼다.

⑬ 청석(靑石) 서석화(徐錫華, ?~?)는 「홍류동 농산정에서 고운 최학사 시에 차운함[紅流洞籠山亭次孤雲崔學士韻]」(2수)[213]가 있다.

⑭ 회천(晦川) 송홍래(宋鴻來, ?~?)는 「농산정에 오름[登籠山亭]」[214]을 지었다.

⑮ 거암(蘧庵) 송인각(宋寅慤, 1827~1892)의 『거암유고(蘧庵遺稿)』에는 「농산정 현판 시에 차운함[籠山亭板上韻]」[215]이 있다.

위에서 열거한 시인과 시 작품은 다음 몇 가지 특징이 있다. 첫째, 문헌에 실려 있는 시들은 고운의 「가야산 독서당에 붙임」 시에 차운하였다. 둘째, 문헌에 실려 있는 시들은 그 시를 지은 각 시인의 출신 지역과 성씨가 다양하다. 셋째, 문헌에 실려 있는 시들은 현판에 실려 있는 시와 마찬가지로 흥체(興體)가 중심이 된다. 그러나 월계(月溪) 심일삼(沈日三)이나 급우재(及愚齋)의 시는 부체(賦體)에 가까워 고운의 원시(原詩)와 작법 면에서 가장 많이 닮았다.

2) 음영 시에 나타난 최고운

가) 신선과 초월

문헌에 실려 있는 농산정 음영 시에서 가장 많이 나타나는 고운의 형상

---

213 徐錫華, 『靑石集』 卷3.
역시 『청석집(靑石集)』 권3에는 「해인사(海印寺)」라는 시가 있는데, 그 내용을 들면 다음과 같다. "伽倻山勢雄蟠結, 海印寺觀擅鉅麗. 雕甍綉闥矒地開, 箏磬處處聞釋偈. 九光樓外蕭蕭立, 恍惚不似人間世. 羅王何事事佛深, 浚民病國殫勤勩. 中藏八萬大經閣, 蟲鳥不敢棲其際. 齊諧謬襲荒唐語, 東土相傳二千歲."

214 宋鴻來, 『晦川集』 卷1.
그는 「해인사(海印寺)」라는 제목의 시도 남겼는데, 그 내용을 들면 다음과 같다. "貝葉曇花羅漢宮, 琉璃纈碧碾香風. 龍蟠八萬藏經裏, 樹老三千大覺中. 婦女無知祈福業, 王公多事費恩功. 爲君一誦昌黎表, 佛骨無靈但寂空."

215 宋寅慤, 『蘧庵遺稿』(宋寅慤·宋寅濩, 『蘧觀聯芳集』 卷1, 松澗亭 刊, 1938).

은 바로 신선 또는 초월자로 등장하고 있다는 점이다. 이 점은 고려 시대 이인로가 『파한집』에서 언급한 이래 줄곧 구전하는 이야기이다. 시인들도 이러한 이야기를 형상하고 있다. 월계(月溪) 심일삼(沈日三, 1615~1691)의 「가야산에 놀러 갔다 어촌 양훤과 최학사의 시에 차운함[遊伽倻山與楊漁村晅次崔學士韻]」[216]에서도 신선이 되었다는 고운의 일화를 소재로 하고 있다. 그 내용을 들어 보면 다음과 같다.

閒驅快馬歷層巒	한가로이 말 달려 겹겹 산 지나니,
吹笛光風霽月間	피리 소리 광풍제월 가운데 들리네.
白鶴一雙來又去	흰 학 한 쌍이 왔다가는 다시 가니,
却疑方丈卽倻山	아마도 신선 사는 곳 가야산인 듯.

제목은 다르지만, 이 시 역시 고운의 「가야산 독서당에 붙임」 시에 차운하였다. 농산정에 걸려 있는 시도 모두 이 시에 차운한 것이다. 따라서 그 성격이 같다고 하겠다. 이 시는 작시 기법이 고운의 것과 많이 닮았다. 앞에서 언급했듯이, 현판에 걸려 있는 시가 모두 『시경』의 흥체(興體)라면 이 시는 엄격하지는 않지만, 부체(賦體)에 가깝다. 차운(次韻)만 하지 않고, 그 작시법까지 모방하였다.

이 시는 앞의 농산정에 걸려 있는 시와는 달리 그 격조도 높다. 고운의 시 의미를 힘들여 끌어들이지 않고도 고운의 행적을 잘 묘사하고 있다. 피리 소리[吹笛]나 광풍제월(光風霽月)이라는 시만 보아도 속세의 시끄러움과는 거리가 멀다. 흰 학과 신선도 고운의 행적과 밀접한 관계가 있다.

---

216 沈日三, 『月溪遺集』.

일반적으로 신선은 학을 타고 다닌다고 한다. 송나라 초기 시인인 임포(林逋)도 학을 타고 신선놀음하였다는 고사가 있다. 그러나 이 시의 자아는 고운 신선이 사는 곳이 가야산이라 했다. 이 결구는 승구와 맞물려 초인문(超人文) 세계에 머물고 있다. 이 점이 이 시의 한계이다. 이 시는 고려 시대 이인로가,

> 우리 태조가 등극하실 것을 미리 알고 글을 올려 몸소 전달했으나 벼슬에 뜻이 없어 가야산에 은거하다가, 어느 날 아침 일찍 일어나 문을 나간 뒤 간 곳 없이 사라졌다. 갓과 신을 남겨 놓았으므로 아마도 신선이 되어 올라간 것 같다.[217]

라고 한 말 가운데 마지막 구절, "갓과 신을 남겨 놓았으므로 아마도 신선이 되어 올라간 것 같다."라는 말을 따오고 있다. 농암(聾巖) 이광언(李光彦, 1620~1698)은 「홍류동에서 최고운 시에 차운함[紅流洞次崔孤雲韻]」[218]을 지었다. 그 내용을 들어 보면 다음과 같다.

洞門深鎖重巒	동구 깊고 깊어 겹겹 산 막았나니,
疑有仙蹤秘此間	선인의 자취 이 가운데 있는 듯하네.
海外三山如可數	해외의 삼산을 헤아릴 수만 있다면,
倻山應是一仙山	가야산이 바로 한 신선 산 되리라.

이 시의 내용 역시 앞의 심일삼(沈日三)의 시 내용과 비슷하다. 기구에서는 가야산 골짜기가 깊음을 묘사하고 있다. 다소 과장된 표현이지만, 동구

---

217 "豫知我太祖龍興, 獻書自達, 然灰心仕宦, 卜隱伽倻山, 一旦早起出戶, 莫知其所歸, 遺冠履於林間, 蓋上賓也." 李仁老, 『破閑集』 卷中.

218 李光彦, 「聾巖遺稿」(『光山世稿』 卷3).

가 겹겹의 산에 막혔다고 하였다. 이것은 속세와의 단절을 의미한다. 현실 세계와 단절되어 있으니 이곳이 바로 신선이 사는 세상이다. 자아는 '동구가 막힘 = 신선이 사는 세상'이라는 등식이 성립하는 것으로 보았다.

해외의 삼신산을 손꼽는다면, 가야산이 이 안에 들 것이라 하였다. 실제로 삼신산은 전설 속의 바다 위에 있는 세 산을 가리킨다. 그 세 산을 우리는 삼호(三壺)라 하기도 한다. 이 삼호는, 방호(方壺) 곧 방장(方丈), 봉호(蓬壺) 곧 봉래(蓬萊), 영호(瀛壺) 곧 영주(瀛洲)를 가리킨다.[219] 당(唐)나라 낙빈왕(駱賓王)의 「여도사 왕령비를 대신해서 도사 이영에게 줌[代女道士王靈妃贈道士李榮]」[220]이라는 시에도 "현도의 오부에는 풍진이 끊어졌고, 벽해의 삼산에는 파랑이 깊더라.[玄都五府風塵絶, 碧海三山波浪深.]"라는 시구(詩句)가 있다. 교재(僑齋) 이만상(李萬相, 1857~1899)도 「농산정에서 현판 시에 차운함[籠山亭次板上韻]」[221]을 지었는데 그 내용을 들면 다음과 같다.

雲霞骨角聳層巒	구름 사이로 우뚝 겹겹 산 드러나니,
瀛島方蓬盡此間	신선 세계 모두 다 이 가운데 있네.
終使紅流塵世去	길이 홍류동이 속세 벗어나게 하면,
漁人爭到武陵山	어부들은 다투어 무릉산에 이르리라.

219 "三壺, 則海中三山也. 一曰方壺, 則方丈也, 二曰蓬壺, 則蓬萊也, 三曰瀛壺, 則瀛洲也." 晉 王嘉, 『拾遺記』, 「高辛」.

220 『全唐詩』 卷77-19.

221 李萬相, 『僑齋集』 卷1.
그는 또 「해인사 큰 절에 들어[入海印大伽藍]」라는 제목의 시를 지었는데, 그 원문을 들면 다음과 같다. "林霏初歇藥苗齊, 客子聯笻玉瀑溪. 梵宇鍾嘷雲正起, 巖阿花落鳥相啼. 觀音妙法藏經裏, 學士遺蹤吹笛西. 靈境終爲仙窟宅, 伽倻聲價也還低."

이 시의 작법은 『시경』의 흥체(興體)를 따르고 있다. 자아의 시선이 위를 향하고 있다. 구름 사이로 겹겹의 산이 드러난다고 하였다. 자아는 기구(起句)에서 이 산이 신령스러움을 암시하고 있다. 현재 산 위에는 구름이 끼어 있다. 구름이 피어오르는 가운데 산봉우리가 보인다. 이것은 마치 신선이 사는 세계를 연상하게 한다.

승구(承句)에서 자아가 신선의 세계가 모두 이 가운데 있다고 하는 것은 결코 우연이 아니다. 실제로 이인로가 고운이 신을 벗어 놓고 자취를 감추었다 하였다. 그리고 그는 구름을 타고 신선이 되어 갔다는 전설이 전하고 있다고도 하였다. 이 시의 자아는 이 이인로의 말을 그대로 받아들이고 있다.

고운이 속세를 벗어나 홍류동에서 지냈듯이, 이 홍류동이 영원히 속세를 벗어날 수 있기를 자아가 바라고 있다. 그렇게 되면 고기를 잡는 어부들이 이 신선이 사는 산에 다 모여들 것이라고 하였다. 여기서 무릉산은 무릉도원(武陵桃源)과도 통한다. 이 말은 진(晉)나라 도연명(陶淵明)의 일화와도 관계있다.

자아가 찾은 곳은 가야산이다. 자아가 있는 곳은 가야산 가운데 홍류동이다. 이 시는 관념적이다. 실제로 자아가 무릉도원을 찾아간 것이 아니다. 단지 무릉과 가야산 홍류동을 연결하고 있을 뿐이다. 신선이 사는 세계, 즉 초월 세계를 자아는 인정하고 있다. 자아의 다른 의식은 보이지 않는다.

국포(菊圃) 전기주(全基柱, ?~?)와 회천(晦川) 송홍래(宋鴻來, ?~?)도 「농산정

222 全基柱, 『菊圃集』 卷1. 그 내용을 들면 다음과 같다.

曲曲清溪疊疊巒	굽이굽이 맑은 시내 겹겹 싸인 산모롱이,
那知靈境在人間	신령스런 경지 인간 세상에 있을 줄이야.
是非不到紅流洞	시비 소리는 홍류동에 이르지 못하나니,
認得孤雲隱此山	고운이 이 산에 숨은 뜻을 알 것만 같네.

(籠山亭)」[222]과 「농산정에 오름[登籠山亭]」[223]이라는 시를 지었는데, 전체의 내용은 고운이 지은 독서당 시의 기·승구의 내용을 답습했다. 이 두 사람의 시도 초월 세계를 인정하고 있다는 점에서 위의 시들과 같다.

나) 위업에 대한 찬양

일화(一和) 최현달(崔鉉達, 1867~1942)의 「삼가 농산정 시에 차운함[敬次籠山亭]」[224]을 들면 다음과 같다.

紅流洞壑白雲巒	홍류동 골짜기에 흰 구름 덮인 산,
彷佛先踪在此間	선조의 자취 이곳 있는 것 같네.
却恨耳孫聞道晩	한스러운 것은 후손 공부 늦은 것,
至今流水盡籠山	지금도 흐르는 물 산 감싸고 있네.

이 시도 작법상으로 보면 『시경』 흥체(興體)에 가깝다. 자아, 곧 시인은 고운의 후손이다. 고운 후손의 한 사람으로 선조의 자취를 찾아 이곳 홍류동에 왔다. 이곳에 와 보니 흰 구름이 산을 덮고 있다. 여기서 흰 구름은 물론 눈에 보이는 구름 자체도 되겠지만, 고운의 흔적을 더 신성시(神聖視)하는 것이기도 하다.

---

223 宋鴻來, 『晦川集』 卷1. 그 원문과 번역문을 들면 다음과 같다.

豪僧染俗豈仙巒	호걸 승 세속 물들었다면 어찌 신선 되랴,
貴客題名卽世間	귀하신 분 지은 시가 세상에 알려졌다네.
挽彼紅流如快世	저 홍류 이끌어 세상에 나아가게 한다면,
籠山還是舊籠山	농산은 다시금 그 옛날의 농산이 되리라.

그는 「해인사(海印寺)」라는 제목의 시도 남겼는데, 그 원문을 들면 다음과 같다. "貝葉曇花羅漢宮, 琉璃纈碧礀香風. 龍蟠八萬藏經裏, 樹老三千大覺中. 婦女無知祈福業, 王公多事費恩功. 爲君一誦昌黎表, 佛骨無靈但寂空."

224 崔鉉達, 『一和集』 卷3.

선조의 자취가 이곳에 남아 있다. 그것도 아득한 신라 시대부터 자아, 곧 시인에 이르기까지 그 명성이 시들지 않고 있다. 이러한 선조의 흔적이 있는 곳에서 자신을 되돌아본다. 후손인 자신은 공부가 뒤떨어졌다고 했다. 자아 자신이 그 선조에 대한 겸양(謙讓)이다. 그런데 자아는 지금도 흐르는 물이 산을 감싸고 있다고 했다. 그것은 자아 자신도 그의 선조와 같이 세속의 영리를 벗어났다고 하는 것이다.

이처럼 이 시는 첫째로 선조의 위업, 곧 학문이 뛰어났음을 찬양하고, 둘째로 자신의 겸양을 드러냈으며, 셋째로 선조와 자아 자신의 공통점을 묘사하고 있다.

독산(篤山) 이만성(李萬成, 1872~1922)은 「농산정(籠山亭)」[225]이라는 시를 지었다. 그 내용을 들어 논의를 계속하기로 한다.

疊石層岩鎖重巒	겹겹이 싸인 바위 겹겹 모롱이 막았고,
奔流何事出人間	세차게 흐르는 물 인간 세상 벗어났나?
淸風百世先生在	영원히 맑은 풍도 선생께서 계시나니,
一架亭頭萬仞山	한 채의 누정 앞에는 만 길 산이 우뚝.

이 시도 교재(僑齋) 이만상(李萬相)의 시와 마찬가지로 고운이 세속을 초탈한 것을 먼저 읊조리고 있다. 작법상으로 보면, 이 시 역시 『시경』의 흥체(興體)를 따랐다. 엄격하게 말하면 흥체와 부체(賦體)의 중간 형태이다.

첩석(疊石), 층암(層岩), 중만(重巒)에서 외부와의 단절을 드러내고 있다. 이 구절은 승구(承句)의 내용을 보지 않아도 인간 세상과는 완전히 격리되

225 李萬成, 『篤山集』 卷1.

었다는 것을 짐작할 수 있다. 기구(起句)에서는 겹겹의 바위와 산이, 승구에서는 세차게 흐르는 시냇물이 세상의 욕심과는 거리가 멀다. 물론 자아가 말은 하지 않았지만, 기구의 산은 가야산을, 그리고 승구의 시냇물은 바로 홍류동 가를 흐르고 있는 물이다.

자아는 영원히 맑은 풍도를 지낸 선생이라 하였다. 여기서 선생은 바로 고운을 가리킨다. 실제로 자아가 고운을 만난 것은 아니다. 그러나 자아의 상상에서 마치 고운을 만난 것처럼 묘사하고 있다. 맑은 풍도는 고운의 욕심 없는 모습이다. 세속의 욕심을 멀리한 고운이었다.

자아는 현재 농산정 앞에 서 있다. 농산정 앞에서 가야산을 바라보니 산이 높아서 만 길이나 되는 것 같다. 한 채의 정자는 고운을 기리기 위해 세웠다. 만 길의 산은 첫째로 가야산의 높음을 자아가 이렇게 묘사한 것이다. 물론 과장된 표현이다. 둘째로 고운의 인품이 이 높은 산처럼 고매(高邁)함을 나타낸다. 이 시의 핵심은 결구이다. 자아는 고운의 인품 또는 풍도(風度)가 비범하다는 것을 드러내려고 하였다.

급우재(及愚齋) 김영한(金甯漢, 1878~1950)도 「농산정에서 최고운 시에 차운함[籠山亭次崔孤雲韻]」[226]이라는 시를 지어 고운을 추앙하고 있다. 그 내용을 들어 논의를 계속하기로 한다.

頓隔塵喧聳翠巒	세상 시끄러움 피해 푸른 산 높이 솟아,
當年遐躅出人間	당시의 먼 발길 인간세상을 벗어났다네.
先生一去無消息	선생 한번 가시고 난 뒤 소식이 없나니,
水滿空潭月滿山	물 가득 텅 빈 소에는 달빛만 가득하네.

---

226 金甯漢, 『及愚齋集』 卷7.

石上高亭擁疊巒	바위 위 외로운 정자 겹겹 산 감싸고,
路回流水古松間	굽이쳐 흐르는 물 노송 사이 지나가네.
有時一點孤雲起	때때로 한 점 외로운 구름 일어나나니,
疑是先生尙在山	아마도 선생께서 아직 산에 계시는가?

위 두 수의 시는 고운에 대한 회고시이다. 첫째 수나 둘째 수 모두 고운을 선생이라 불렀다. 그것은 고운의 학식을 인정하고 있다는 말이다. 작시(作詩) 면에서 보면 원시(原詩)의 작법과 많이 닮았다.

첫째 수에서는 먼저 고운이 산속에 숨은 사실을 묘사하고 있다. 용취만은 실제로 높고 푸른 산과 고운의 학식과 인품이 높고도 청아(淸雅)함을 의미한다. 곧, 중의법을 썼다. 또 전구와 결구에서 고운이 사라진 것과 텅 빈 소(沼), 지친 달빛이 서로 통한다.

둘째 수의 고정(高亭), 노송(老松) 등에서 고고한 고운의 모습과 서로 관련 있다. 전구의 고운(孤雲)도 역시 중의법이다. 실제로 하늘에 뜬 외로운 구름도 되지만, 최고운도 된다. 자아가 하늘에 뜬 외로운 구름을 보고 최고운이 이 산, 곧 가야산에 있는가 하고 의아해한다. 자아의 고운을 향한 추념의 정이 깊다. 이 시에서는, 자아가 고고한 고운의 인품 또는 학식을 중의법으로 추앙하고 있다. 그는 고운 같은 사람이 현재 존재하지 않은 것을 아쉬워한다.

다) 회고와 현실

선인들의 자취를 찾아가 보면 고사(故事)에 대해 읊지 않을 수 없다. 우리나라나 중국의 시를 두루 살펴보면 많은 회고시가 있다. 회고시 대부분은 과거와 현재의 흥망성쇠에 대해 아쉬움을 주로 읊조렸다. 이를 두고 볼 때 회고시의 가장 눈에 띄는 점 가운데 하나는 상고주의(尙古主義)를 바탕으로 하고 있다는 점이다. 그러면 최고운을 대상으로 읊은 농산정 시에서는 어떠한 모습을 하고 있는지 알아보기로 한다..

점필재(佔畢齋) 김종직(金宗直, 1431~1491)이 지은 「고운의 시 운을 써 시비(詩碑)에 붙임[題詩石用孤雲韻]」[227]이라는 시를 들어 보면 다음과 같다.

淸詩光燄射蒼巒	맑은 시 밝은 빛 푸른 산모롱이에 비치니,
墨漬餘痕闕洌間	붓을 적신 자취 시냇물 가운데 남아 있네.
世上但云尸解去	사람들 시신이 분해되어 사라졌다 하지만,
那知馬鬣在空山	어찌 그 무덤이 빈산에 남아 있을 줄 알리.

점필재의 이 작품은 회고시(懷古詩)이다. 작시법으로는 『시경(詩經)』의 흥(興)체를 따랐다. 먼저 자연의 경관을 읊고 이어서 자아의 생각을 묘사하였다. 맑은 시와 밝은 빛이 푸른 산모롱이에 비친다. 기구의 심상은 개방, 진취적이다. 자연경관이 아름답고도 활기차다. 자아의 시각이 위를 향하고 있다.

승구(承句)에서, 이러한 자아의 시선이 방향을 바꾸어 아래를 내려다본다. 시냇물 가운데 글씨를 새긴 바위가 있다. 그것은 다름 아닌 홍류동(紅流洞)이라는 글자이다. 이 구절에서 자아의 마음은 쓸쓸하다. 고운(孤雲)은 이 세상에서 사라진 지 오래되었고, 그 자취만이 남아 있기 때문이다.

비록 몸은 죽었지만, 고운의 자취가 지금까지 남아 있다. 이러할 때 자아는 허전한 느낌이 든다. 어찌 보면 인생의 덧없음을 생각했을 수도 있다. 자아의 시선이 자신이 서 있는 위치보다 아래로 향하여, 홍류동이라

227 金宗直, 『佔畢齋集』 卷14.

바위에 새긴 글자를 보았다. 이때 자아는 먼 옛날의 일을 회상하고 있다.

이처럼 이 시의 전체 분위기는 그다지 밝지 못하다. 이 시는 단지 고운에 대한 회고에 지나지 않는다. 구체적으로 고운에 대한 평가가 없다.

학가재(學稼齋) 이주(李紬, 1599~1669)도 「최고운 시에 차운함[次崔孤雲韻]」[228]을 지었는데, 그 내용을 들어 보면 다음과 같다.

矗矗危巖立立巒	뾰족뾰족 솟은 바위 높디높은 산모롱이,
亂流經緯過其間	어지러이 굽이치는 물 그 사이로 흐르네.
學士盛名餘片石	학사의 명성 아직 조각돌에 남아 있나니,
伽倻勝事冠諸山	가야산 승사(勝事) 뭇 산 중에 으뜸일세.

이 시 역시 『시경(詩經)』의 흥(興)체를 따르고 있다. 먼저 자아의 눈에 들어오는 자연경관에 대해 읊조렸다. 자아의 시선은 앞에서 든 점필재의 시와 마찬가지로 위에서 아래로 향한다. 기구(起句)와 승구(承句)는 고운의 시 "바위 사이 세찬 물결에 온 산이 울리니[狂奔疊石吼重巒]"라는 구절의 의미를 두 구로 나누어 묘사하였다.

기구(起句)에서, 바위가 삐쭉삐쭉하고 높은 가야산의 모습을 묘사하였다. 높이 솟은 산은 고운(孤雲)의 학식과 비슷하다. 고운이 산과 같이 우뚝했다는 것을 암시한다. 승구(承句)에서, 어지러이 흐르는 물이 굽이쳐 그 사이로 흐른다고 하였다. 물이 굽이치는 모습을 자아는 경위(經緯)라 하였다. 이 경위라는 말은 몇 가지 의미를 내포하고 있다. 첫째는 위에서처럼 물이 굽이쳐 흐르는 모습이다. 둘째는 옳고 그름이다. 셋째는 세월의 흐

228 李紬, 『學稼齋集』 卷1.

름이다. 여기서는 이 세 가지의 의미를 다 포함하고 있다. 고운이 묘사하였듯이, 물줄기가 굽이쳐 바위를 치며 어지러이 흐른다. 흐르는 것은 단지 물만이 아니다. 세월도 마치 물 흐르듯이 지나간다. 자아가 살아가는 세상과 고운이 살았던 시대 사이에는 많은 시간 거리가 있다.

이러한 시간 거리를 메울 수 있는 흔적이 있다. 그것은 위의 점필재의 시에서와 마찬가지로 바위에 새긴 홍류동이라는 글자이다. 이 글자를 통해서 고운의 명성을 찾을 수 있다. 고운과 자아와는 약 800년의 세월 거리가 있다. 그러나 자아는 바위에 새긴 글자를 보고 고운의 위대함을 회상한다.

고운을 회상하는 데에 그치는 것이 아니다. 자아는 가야산이 유명하게 된 것은 고운의 자취가 있기 때문이라고 하였다. 고운의 전설이 있으므로 가야산이 뭇 산 가운데 으뜸이라고 하였다.

이처럼 이 시는 회고라는 점에서 볼 때는 점필재의 시와 비슷하다. 점필재의 시에서는 찾을 수 없는 것을 이 시에서 알 수 있다. 그것은 고운의 위대함을 찬양한 점이다. 학사의 명성이라 하였으니, 고운의 학식이 뛰어났음을 치켜세우고 있다.

구한말의 선비인 청석(靑石) 서석화(徐錫華)는 「홍류동 농산정에서 고운 최학사 시에 차운함[紅流洞籠山亭次孤雲崔學士韻]」[229]이라는 제목의 시 두 수를 지었다. 그 첫 번째 수의 내용을 들면 다음과 같다.

---

229 徐錫華, 『靑石集』 卷3.
역시 『청석집(靑石集)』 권3에 「해인사(海印寺)」라는 시가 있는데, 그 원문을 들면 다음과 같다. "伽倻山勢雄蟠結, 海印寺觀擅鉅麗. 雕甍綉闥矚地開, 箏磬處處聞釋偈. 九光樓外蕭蕭立, 恍惚不似人間世. 羅王何事事佛深, 浚民病國殫勤勩. 中藏八萬大經閣, 蟲鳥不敢棲其際. 齊諧謬襲荒唐語, 東土相傳二千歲."

瀧瀧淸泉矗矗巒　　콸콸 솟는 맑은 샘 쭉쭉 뻗은 산모롱이,
孤雲亭子此中間　　고운(孤雲)의 정자가 이 가운데 있도다.
是非不到仙家耳　　선가의 귀에는 시비 소리 들리지 않나니,
一色長存太古山　　한결같은 태고의 산 빛 길이 보존하리라.

이 두 수의 시 역시 고운에 대한 회고이다. 고운의 독서당 시의 내용과 그 분위기 면에서는 많이 닮았다. 첫 번째 시에서 보면, 콸콸 솟는 맑은 샘, 쭉쭉 뻗은 산모롱이는 대단히 힘이 있고 진취적이다. 이러한 가운데 고운의 정자, 즉 농산정이 그 가운데 있다. 기구의 시냇물과 산줄기가 암시하는 내용이 승구의 내용과 결부한다. 곧, 특히 시냇물이 세차게 흐르는 가운데 정자가 서 있다. 이것은 바로 세파의 회오리 속에서도 변하지 않는 지조를 상징한다고 할 수 있다. 마치 황하(黃河) 가운데 지주산(砥柱山)이 버티고 서 있는 것과 같다. 고운의 지조가 굳음을 간접적으로 묘사하고 있다.

그러니 시비하는 일이 있을 리가 없다. 자아는 선가의 귀라 하여 세상을 초월한 신선과 고운을 연결하고 있다. 고운으로 인해서 이곳이 시비 소리가 들리지 않는 초월 세계에 머물고 있다. 따라서 결구에 가면, 한결같은 태고의 산 빛을 보존하리라 하였다. 바로 속세의 때가 묻지 않았기 때문에 원초의 자연 그대로를 지킬 수 있다는 것을 자아는 말하고 있다. 이 점은 고운의 옛일을 회고하고 있다. 그가 지조를 지켰기 때문에 자연이 그 본래의 모습을 유지하고 있다는 것을 은연중에 강조하고 있다. 이 점에 대해서는 고운에 대한 찬사라 하여도 무방할 것이다. 두 번째 수도 첫 번째 수와 그 내용이 서로 비슷하다.[230] 송인각(宋寅慤)·송인호(宋寅濩)의 『거관연방

230 그 내용을 들면 다음과 같다.

집(蘧觀聯芳集)』에는 「농산정 현판 시에 차운함[籠山亭板上韻]」[231]이 있는데, 그 내용을 들어 논의를 계속하기로 한다.

聞道孤雲隱此巒	들었나니 고운이 이 산에 숨었단 말을,
至今人說是非間	지금도 사람들 시비 간을 이야기하네.
若使當時眞悟道	당시에 참으로 도 깨우치게 했더라면,
何須流水更籠山	어찌 흐르는 물로 산을 감싸게 했으리.

이 시는 고운을 용납할 수 없었던 당시 사회에 대해 안타까워하고 있다. 이 시의 작법은 『시경』의 부체(賦體)를 따랐다. 자아는 먼저 들었나니, 곧 문도(聞道)라는 말을 앞으로 내세워 뒤에 나올 말에 주의를 끌고 있다. 고운이 이 산속에 숨었다는 말이 문도(聞道)의 목적어가 된다.

승구에서, 지금도 사람들이 이 말에 관해 이야기하고 있다고 한다. 여기서 '말'은 곧 고운이 읊은 '상공시비성도이(常恐是非聲到耳)'라고 하는 「가야산 독서당에 붙임」 시의 전구를 가리킨다.

자아는 이어서 당시에 도를 깨우치게 했더라면 흐르는 물로 삼을 감싸게 했으리라고 의문을 제기한다. 전구(轉句)와 결구(結句)에서, 고운이 살았던 당시 사회에서 그를 받아들이지 못한 데에 대한 유감을 드러내고 있다. 이 구절은 다음의,

---

南遊一客溯重巒	남유(南遊)하는 길손 겹겹 산 거슬러 올라,
蛻却塵寰俯仰間	인간 세상의 허물을 잠시라도 벗어 버렸네.
無是無非心自定	시비하는 일이 없어 마음 저절로 안정되고,
不須流水故籠山	일부러 흐르는 물로 산 감싸지 않아도 되네.

231 宋寅愨·宋寅濩, 『蘧觀聯芳集』 卷1, 松澗亭 刊, 1938.

> 옛 계귀국이라 하던 곳, 그 땅에는 지금 왕기가 끊기었네. 세월은 아득한데 그때 그 사람들은 어디에, 강물은 예나 다름없이 출렁이건만. 옛 도읍 터에는 풀만 우거졌고, 남긴 풍속은 노랫가락에 실었다네. 최후와 설씨를 이제 뵐 길 없으니, 서럽고 서럽다마는 이제야 어찌하리.[232]

라고 하는 고려 초기의 시인 인빈(印份, ?~?)의 생각과 일치한다. 자아는 먼 옛날 고운의 일을 돌이켜 보았다. 그리고 그가 세상에서 용납되지 않은 사실을 안타까워한다. 이때 자아의 심정은 착잡하기만 하다. 회고시는 일반적으로 옛 사실을 먼저 읊조린다. 이어서 자아의 생각을 덧붙인다. 여기서 자아의 생각은 옛일에 대한 아쉬움으로 남는다. 위의 시들도 이러한 회고시의 작법을 그대로 따랐다.

라) 비판도 찬사도 없음

백불암(百弗庵) 최흥원(崔興遠, 1705~1786)은 영조 33년(1757) 2월에 가야산을 유람하였다. 그때 「유가야산록」과 시 몇 수를 지었는데, 「가야산으로 가는 길에 곽천경일주가 말하기를 유씨 성을 가진 선비가 이곳에 살면서 글공부하기 좋아했다고 해서 문득 사람들을 만나 물으니, 모두 모르기에 마침내 절구 시 한 수를 읊음[伽倻山路上郭天擎日柱云有劉姓士人居此好讀書逢人輒問之皆不知遂口吟一絶]」(丁丑)[233]과 「해인사(海印寺)」,[234] 「홍류동에서 이한음의 시에 차운함[紅流洞次李漢陰韻]」,[235] 「학사대에서 문창후

232 "昔年鷄貴國, 王氣歇山河. 代遠人安在, 江流水自波. 舊墟空草木, 遺俗尙絃歌. 崔薛無因見, 嗟嗟可奈何." 印份, 「東都懷古」(徐居正 外, 『東文選』 卷9).

233 "尋入好山水, 逢人問好人. 好人何處在, 信馬夕陽春." 崔興遠, 『百弗庵集』 卷1.

234 "東入紅流洞, 西登學士臺. 徘徊想像處, 得月故鄕來." 崔興遠, 『百弗庵集』 卷1.

235 "吾行輾轉遠尋奇, 幸値東風二月時. 莫謂花嫌春太早, 壁間堪愛未開枝." 崔興遠, 『百弗庵集』 卷1.

시에 차운하여 천경에게 사례함[學士臺次文昌侯韻謝天擎]」[236]이라는 시를 지었다. 이 가운데 「학사대에서 문창후 시에 차운하여 천경에게 사례함[學士臺次文昌侯韻謝天擎]」[237]을 들면 다음과 같다.

馬殘人病路高巒	말과 사람은 피곤한데 길이 높은 산으로,
西望牛頭出霧間	서쪽을 보니 우두성이 어둠 속에 비치네.
不有吾君勤導我	그대가 나의 산행 안내하지 않았더라면,
何能深入萬重山	어찌 만 겹 깊은 산에 들 수가 있었으리.

이 시는 비록 고운의 시에 차운하였지만, 고운에 대한 찬사나 비판이 없다. 다만 그의 산행을 도와준 천경(天擎: 곽일주[郭日柱])에게 감사의 뜻으로 지어 주었다. 따라서 고운에 대한 자아의 생각이 드러나지 않고 있다. 이 시는 『시경(詩經)』의 부체(賦體)로 자아의 생각을 묘사하고 있다. 자아나 자아가 타고 간 말이 모두 지쳤다. 그런데 길은 높은 산으로 향하고 있다. 이러할 때 자아의 심정은 고달프다. 몸이 피곤할 뿐 아니라 마음도 힘겹다. 기구(起句)에서는 자아가 처한 공간 배경을 묘사하고 있다. 자아는 한 곳에 정지하고 있는 것이 아니다. 지친 몸으로 험한 산길을 오르고 있다. 자아가 직접 걸어서 가지 않고, 말을 타고 가고 있다. 여기서 자아의 신분이 나타난다. 자아는 일반 사람이 아니라 소위 양반 계층에 속하는 사람이다.

말을 타고 가지만 자아는 지쳐 있다. 승구(承句)에는 자아가 처한 시간 배경이 나타난다. 자아는 밤에 산길을 가고 있다. 산을 오르기는 낮에도 힘

---

236 崔興遠, 『百弗庵集』 卷1.

237 崔興遠, 『百弗庵集』 卷1.

들다. 그런데 밤에 산을 오르니 낮에 오르는 것보다 훨씬 힘들 것이다. 기구(起句)나 승구(承句)의 분위기는 밝은 점보다는 어두운 점이 강하고, 개방(開放)·진전(進展)하기보다는 폐쇄(閉鎖)·정지(停止)하는 감이 있다.

전구(轉句)에서는 산길을 안내한 사람이 있었다. 자아의 산행을 안내한 사람은 다름 아닌 곽천경이다. 곽천경이 산길을 안내하지 않았더라면 하고 자아는 가정(假定)하고 있다. 이 가정의 결과가 결구(結句)에 나타난다. 곽천경이 산길을 안내하지 않았더라면 자아의 산행이 훨씬 힘들었을 것이라 한다. 이 시는 고운(孤雲)에 대하여 구체적인 언급이 없다. 우리가 알 수 있는 것은 가야산이 험하고 오르기 어렵다는 사실이다.

이 시는 실제로 고운의 후손이 지었다. 그 읊은 대상이 고운이 아니다. 자아 자신을 인도한 곽천경이라는 사람에게 감사하며 지어 준 시이다. 따라서 고운에 대한 찬사나 비판이 없다. 후손으로서 선조의 위업이나 행적에 대해서 한 구절 읊을 만하지만, 자아는 애써 이를 외면하고 있다. 그의 「유가야산록(遊伽倻山錄)」(1757)을 보면, 역시 곽천경의 안내로 가야산 일대를 유람하면서, 자신의 선조인 고운에 대해서 언급한 대목이 나온다. 곧, 문창후의 화상, 학사대에 고운이 심은 소나무가 이미 죽고 없어 하인들을 시켜 네 그루의 소나무를 다시 심은 일에 관하여 서술한 점[238]과 대조적이다.

마) 소극적 자세를 비판함

문헌에 실려 있는 시가 현판에 실려 있는 시와 두드러진 차이는 고운이 현실에 소극적인 점에 대해서 비판한 시가 있다는 점이다. 이에 해당하

238 崔興遠, 『百弗菴集』 卷7, 「遊伽倻山錄」(丁丑) 참조.

는 사람으로 두 사람을 들 수 있다. 응와(凝窩) 이원조(李源祚, 1792~1872)는 「농산정에서 원시에 차운함[籠山亭次原韻]」[239]이라는 시를 남겼다.

石轉千回繞碧巒	돌 뿌리 돌고 돌아 푸른 산을 감싸,
孤雲不是無心者	고운은 본디 무심한 사람 아니었네.
空敎流水出人間	헛되이 흐르는 물로 세상 벗어나게,
籠得平生幾處山	평생토록 몇 곳 산을 감싸게 하였나.

작법 면에서 보면, 이 시는 『시경』의 흥체(興體)를 따랐다. 먼저 자아가 처한 공간 배경을 묘사하고, 이어서 자아 자기 생각을 묘사하였다. 기구(起句)는 고운(孤雲)의 시 기구(起句)와 글자는 다르지만, 그 의미가 비슷하다. 푸른 산속에 바위를 굽이쳐 흐르는 물을 묘사하고 있다는 점에서이다. 돌고 도는 물줄기나 푸른 산은 생동감이 있다. 흐르는 물은 동적이고, 푸른 산은 정적이다. 그러나 산빛이 푸르다는 점에서 정적(靜的)이 아니라 동적(動的)이다.

승구(承句)에서, 이 흐르는 물과 고운(孤雲)을 연결하고 있다. 고운의 의식도 이 흐르는 물처럼 깨어 있었다는 것을 묘사하고 있다. 고운은 본디 무심한 사람이 아니라고 하였기 때문이다. 푸른 산 자체는 지각이 없지만, 고운이 의식 있는 사람임을 말하고 있다. 의식 있는 사람이 속세를 벗어났다.

그것을 생각하면 자아는 안타깝다. 바로 전구(轉句)에서, 자아는 고운이 부질없이 흐르는 물소리로 세상 시비(是非) 소리를 벗어나게 하였다는 사실을 유감스럽게 생각하고 있기 때문이다. 자아는 고운이 세상을 벗어난

239 李源祚, 『凝窩集』 卷2.

것을 유감으로만 여긴 것은 아니다.

결구(結句)에서, 평생토록 속세를 피해 여러 산을 돌아다닌 것을 못마땅하게 생각한다. 고운의 소극적인 자세를 자아가 비판하고 있다. 자아의 생각으로는, 고운처럼 지각이 있는 사람이 세상을 등지지 말고 현실 세계에 참여하여야 한다. 이를 자아가 바라고 있다. 현실 세계에 참여만 하지 말고, 현실 세계의 잘못된 점을 바룰 수 있어야 한다고 한다. 곧, 자아의 지향은 소극적이 아니라 적극적임을 드러내고 있다.

이 시는 첫째로 작법 면에서 보면 고운의 작법과 비슷하다. 둘째로 내용 면에서 자아가 고운의 깨어 있는 의식을 먼저 묘사하였다. 셋째로 그 깨어 있는 의식을 현실에 적극적으로 적용하지 않고 소극적으로 산속에 숨은 점에 대해 유감을 드러내고 있다.

이 응와의 시의 의미와 비슷한 생각으로 묘사한 시가 매천(梅泉) 황현(黃玹, 1855~1910)의 「농산정에서 현판 위의 시에 차운함[籠山亭次板上韻]」[240]이다. 그 내용을 들어 논의를 계속하기로 한다.

雷硠百折鎖重巒	우레 소리 굽이굽이 겹겹 산 막았고,
玉洞春流紫翠間	옥동 물 봄 맞아 자취 간을 흐르네.
山自孤雲詩益著	산이 고운 시로 더욱더 드러났나니,
籠山未必善藏山	농산이 반드시 잘 숨는 산은 아닐세.

이 시의 작법(作法)은 역시 흥체(興體)이다. 이 점은 농산정 현판에 걸려 있는 것과 별 차이가 없다. 기구와 승구에서 먼저 경치를 읊조렸다. 물리

240 黃玹, 『梅天集』 卷1.

세차게 흐르는 소리를 우렛소리에 견주었다. 그만큼 소리가 클 뿐만 아니라 물 흐르는 속도도 빠르다는 것을 은연중에 드러내고 있다. 기구(起句)의 우레와 급히 흐르는 물은 여름을 연상하게 한다. 여름은 삼라만상이 가장 활기를 띠는 계절이다.

실제로 자아가 처한 계절은 봄이다. 그 사실이 승구(承句)에서 잘 나타난다. 마치 옥같이 맑은 동구에 봄을 맞아 붉게 핀 꽃나무 사이로 시냇물이 세차게 흐르고 있다. 여기에서 우리는 홍류동(紅流洞)이라는 말을 다시 생각할 수 있다. 기구(起句)와 승구(承句)는 경치를 읊었고, 전구(轉句)와 결구(結句)는 자아의 심정을 묘사하였다.

전구에서는 고운 때문에 가야산이 명성을 얻게 되었다고 한다. 이는 고운이 그만큼 위대함을 입증한다. 자아 자신도 이 점에 대해서는 이의가 없다. 다른 시와 별다른 차이점을 보이지 않는다.

결구(結句)에서, 자아가 고운이 가야산에 숨은 점을 못마땅하게 생각한다. 농산(籠山)이 반드시 선장산(善藏山)이 아니라고 하였다. 이것은 바로 고운이 세상에 참여하지 않은 것을 꼬집고 있다. 곧, 학자로 명성이 있지만, 그의 소극적인 자세가 마음에 들지 않는다는 것이다. 매천의 의식과 고운의 의식이 서로 다르다. 이 점에서는 응와(凝窩) 이원조(李源祚)의 시와 서로 통하는 면이 있다.

이 밖에도 오서(梧墅) 박영원(朴永元, 1791~1854)의 「농산정 상량문(籠山亭上樑文)」[241]과 중재(重齋) 김황(金榥, 1896~1978)의 「문창후 고운 선생 홍류동 유적비(文昌侯孤雲先生紅流洞遺蹟碑)」[242]에서 고운에 대해 종합적으로 서술하고 있다.

---

241 朴永元, 『梧墅集』 冊5.

242 金榥, 『重齋後集』 卷21.

제12장

가야산 음영 시와 최고운 형상

1. 가야산과 최고운

가야산은 멀리 부족국가 시대 정견모주(正見母主)의 이야기에서 비롯하지만, 신라 시대 최고운(崔孤雲)이 그곳에 은거하였다는 사실에서 세간의 주목을 받아 왔다. 신라나 고려 시대에도 이 가야산에 대해서 읊은 시인과 시가 많았을 것으로 보이지만 지금 남아 전하는 작품은 신라 시대 최고운의 「가야산 독서당에 붙임[題伽倻山讀書堂]」(1수)과 「희랑화상께 드림[贈希朗和尙])」(6수)이다. 앞의 작품은 최고운이 공부하던 집을 제재로 하여 지은 것이고, 뒤는 그와 같은 시대에 해인사에서 살았던 희랑화상에게 지어 준 시이다. 어찌 보면 최고운은 가야산을 제재로 하였다기보다는 사물과 사람을 제재로 하여 시를 읊었다. 물론 시 속에서 자신의 심정을 묘사하고 있다.

고려 시대에는 가야산을 제재나 소재로 하여 지은 시가 별로 보이지 않는다. 다만 해인사를 제재로 하였거나 아니면 제목이나 내용에 해인사라는 말이 들어가는 시를 지은 사람이 더러 나타난다. 신라 시대 최치원의 작품을 제외하면, 고려 말 백비화(白賁華)의 「해인사에 붙인 시에 차운함

[次韻題海印寺]」[243]이라는 시가 그 처음이다. 시의 내용은 다음과 같다.

石徑幽深鳥伴行	돌길이 깊고 깊어 새를 짝하여 가니,
滿軒煙月放歡情	난간 가득 저녁 달빛 나를 환영하네.
憧憧掩映溪涵影	어른거리는 그림자 시냇물에 잠기고,
鍾梵鏘洋谷答聲	울리는 범종 소리에 골짜기가 답하네.
坐欠洞雲生又滅	앉아 동구 구름 보니 생겼다 없어져,
談餘籠燭暗還明	환담하다 보니 촛불 어두웠다 밝았다.
許多風物○取拾	수많은 풍물(風物) 수습하여 ○하니,
作記吾今愧李程	이를 기술하는 이정(李程)보다 못해.

이 시는 제목에서 알 수 있듯이 가야산을 바로 읊은 것이 아니라 가야산에 있는 해인사를 제재로 하여 읊었다. 여기서 우리가 주목하여야 할 부분은 미련(尾聯) 대구(對句)의 이정(李程)에 얽힌 고사이다. 이정의 고사는 일찍 최고운이 쓴 적이 있다. 곧, 그의 「벽주 정응적 상서에게 보낸 두 번째 글[壁州鄭凝績尙書 第二]」에, "이때 상서께서 팔화전(八花塼)의 그림자를 밟고 오색필(五色筆)의 글을 엮어 아름답게 단장해 주신 은혜가 깊고 높이 드날려 주신 뜻이 소중한데도 불구하고, 얼른 감격스러운 심정을 토로하며 멀리 칭찬해 주신 말씀에 감사드리지 못하였습니다."[244]라는 대목을 보면 팔화전이 이정과 관련 있음을 알 수 있다. 팔화전(八花塼)은 대궐 안의 길을 말한다. 당 덕종(唐德宗) 때 한림원(翰林院) 앞에 꽃무늬 새긴 벽돌을 여

243 白賁華, 『南陽詩集』 卷下(『韓國文集叢刊』 2, 316쪽).

244 "此時未審尙書躡八花塼之影, 綴五色筆之詞, 刻畫恩深, 游揚意重, 不獲早申感激, 遠謝褒稱." 崔致遠, 『桂苑筆耕集』 卷9, [別紙].

덟 줄로 깔아 놓고서, 해그림자가 오전(五塼)에 이르면 학사들이 청사에 들어오곤 하였는데, 이정(李程)은 언제나 해그림자가 팔전(八塼)을 지난 뒤에 들어왔으므로 사람들이 그를 팔전학사(八塼學士)라고 불렀다[245]고 한다.

홍간(洪侃)도 7언고시 12수를 지었는데 백비화와 같이 창작 동기가 다른 데 있었다. 홍간은 가야산에 있는 사고(史庫)에 간직한 사초(史草)를 말리러 가는 추옥섬이라는 사람을 전송하면서 시를 지었다. 그 제목이 「사초를 말리러 해인사로 가는 추옥섬을 보내며[送秋玉蟾曬史海印寺]」[246]이다.

先生詩格何淸越	선생 시격(詩格)이 어찌나 청월한지,
霜空萬里亭亭月	서리 찬 허공 만 리의 깨끗한 달 같네.
氷光浩蕩瀉山河	얼음 빛 호탕히 산과 강에 쏟아 내면,
萬象森羅坐可掇	온갖 형상을 앉아서 주울 수 있다네.
先生直筆何森嚴	선생의 곧은 필법 얼마나 삼엄한가,
古鏡飛出雙龍匳	옛 거울 쌍룡 경대에서 날아 나온 듯.
是是非非俱自然	시시비비(是是非非)는 모두 자연이니,
懦夫有立頑夫廉	게으른 이 뜻 세우고 탐하는 이 청렴해.
吾聞伽耶山海印寺	내 듣건대 가야산 해인사라는 곳은,
儒仙崔子曾遊地	유선인 최고운이 일찍 노니시던 곳.

245 『新唐書』 卷131, 「李程列傳」.

246 洪侃, 『洪崖遺稿』(『韓國文集叢刊』 2, 436쪽).
이 시의 원주(原註)를 보면, "해인사는 성주 가야산 서쪽, 합천군 야로현의 북쪽에 있다. 신라 애장왕 때 창건되어, 고려 때 역대 실록을 이 절에 보관하였는데, 사관이 승역(乘驛)하여 3년에 1번 볕에 쪼이게 하였다. 본조(조선)에서는 성주로 이장하였다.[在星州伽倻山之西陜川郡冶爐縣之北, 新羅哀莊王所創. 高麗嘗藏歷代實錄于此寺中, 令史官乘驛三年一曝焉. 本朝移藏于星州.]"라고 하고 있다.

人間風月不能到	인간 세상의 풍월은 이르지 못하나니,
寶書玉牒如雲委	보서와 옥첩이 구름처럼 쌓였다네.
此中奉使必是神仙曹	왕명 받고 그곳 가는 이 반드시 신선들,
三年鶴駕下雲霄	3년 만에 학 타고 구름 하늘에서 내려와.
多君今年得此行	그대가 올해 그곳에 가게 되었으니,
秋光遠與人爭淸	가을빛이 사람과 같이 맑기 다투리라.

…(下略)…

백비화가 쇄사(曬史) 추옥섬을 해인사로 보내면서도 그의 머릿속에 가야산 하면 먼저 최고운이 떠오른다. 바로 자신이 듣건대 해인사는 유선(儒仙)인 최고운이 노닐던 곳이라 하였기 때문이다. 급암(及菴) 민사평(閔思平)도 「실록을 볕에 쪼이러 해인사에 가는 최덕성 사관을 보내며[送崔德成史官曬史海印寺]」[247]라는 시를 지었다. 목은(牧隱) 이색(李穡)이 「대장경을

---

247 그 시를 들어 보면 다음과 같다.

海印名藍在何許	이름난 절 해인사(海印寺) 어디 있나,
冶爐縣裡伽邪山	야로현 안의 가야산(伽倻山)에 있네.
聞昔孤雲隱居此	**옛적에 최고운이 이곳에 숨어 지내다,**
白日飛升唯掛冠	**낮에 갓 걸어 두고 하늘로 올라갔네.**
緱山笙鶴今尙在	구산(緱山)의 신선 학은 아직도 있어,
往往地仙相往還	언제나 지상 선인들과 서로 오간다네.
云是三災末到處	이곳은 삼재 이르지 않는 곳이라 해,
三韓文籍藏其間	삼한의 서적들을 여기에 보관한다네.
我嘗承乏曬國史	나도 일찍 국사 포쇄하는 임무 맡아,
公餘無事身長閑	공무 끝난 뒤 일 없어 오래 한가했네.
是時淸秋好時節	그때는 맑은 가을, 좋은 계절이어서,
乘興日日窮躋攀	흥을 타고 날마다 끝까지 등반하였네.
州牧趨風競投刺	수령 소문 듣고 다투어 명함 내놓고,
紅粧載馬張杯盤	기생들은 말에 실려 와 술상을 차렸네.
爭勸少年行樂耳	다투어 권하길 젊을 때 즐겁게 놀자고,
此間不可不盡歡	이곳에서 기쁨 다해야 한다고 하였네.

인출(印出)하러 해인사로 떠나는 나옹의 제자를 보내면서[送懶翁弟子印大藏海印寺]」[248]라는 시를 지었다. 그 내용을 들어 보면 다음과 같다.

舍利光芒照刹塵	스승의 사리 영롱하게 온 누리 비치는데,
門生幹事有精神	일 맡은 제자 역시 그러한 정신이 있네.
伽倻海印印全藏	가야산 해인사로 대장경 찍으러 떠나며,
自道無爲閑道人	스스로 할 일 없는 한가한 도인 말하네.
天闊春光方浩蕩	하늘 멀리 뻗친 봄빛 끝도 없이 펼쳐지고,
雲收山勢更嶙峋	구름 걷힌 산 모습 더욱 우뚝 솟았으리.
歸來明效非難見	돌아오면 분명한 효과 보기 어렵지 않아,
九五箕疇獻紫宸	기주의 구오를 듬뿍 대궐에 바쳐 올리리.

이처럼 고려 시대 시인들이 해인사(海印寺)를 제재나 소재로 하여 지은 시가 몇 수 있다. 그러나 그 시를 지은 시인들이 직접 가야산이나 해인사

猶嫌油頭汚淨境	그래도 기녀들 깨끗한 곳을 더럽힐까,
斥去不顧心自安	물리쳐 안 돌아보니 마음 절로 편해.
歸來一步登騎省	돌아올 때는 한걸음에 기성에 오르니,
自古淸要稱郎官	예부터 청요직으로 낭관을 일컬었네.
轉頭廿又九年强	돌아보니 이십구 년 남짓이 지난 일,
至今兩袖餘芸香	지금도 양 소매에 운향초 향기 남아.
崔侯手有董狐筆	최문창후는 손에 동호의 붓을 잡았고,
文章遠繼班馬揚	문장은 멀리 반고 사마천 양웅을 이어.
快哉此行世希有	기분 좋다, 이번 행차 세상에 드문 일,
況復萊衣稱壽觴	게다가 색동옷 입고 축수를 올림에랴.
尋奇選勝得佳句	기이한 경치 찾아 좋은 시구 얻으리니,
山綠湖光溢錦囊	푸른 산 맑은 호수 빛 시 주머니 넘쳐.
吾君政爾求賢急	**우리 임금님 현인을 찾는 데 급하시니,**
來趨文陛承恩光	**최후는 조정에 와서 임금 은혜 받으리.**

– 閔思平, 『及菴先生詩集』 卷1(『韓國文集叢刊』 3, 58쪽).

248 李穡, 『牧隱詩藁』 卷28(『韓國文集叢刊』 4, 406쪽).

에 가지는 않았다. 시의 내용은 첫째, 실록을 햇볕에 말리러 가는 어떤 사관(史官)을 전송하며 지었고, 둘째, 해인사로 가는 어떤 스님을 전송하며 지었다. 해인사에는 고려 시대 사고(史庫)가 있어 3년에 한 번씩 사초(史草)한 실록(實錄)을 볕에 말려야 하였다. 따라서 고려 시대에 나온 작품들은 가야산을 제재나 소재로 하여 지은 시가 거의 없다고 할 수 있다. 그 이유는 첫째, 고려 시대의 많은 문헌이 사라져 그 흔적을 찾을 수 없기 때문이다. 고려 시대 인물로 그 문집이 전하는 사람은 많지 않다. 둘째, 고려 시대 시인들은 가야산에 대해 그다지 관심이 없었기 때문이다. 물론 고려 시대 사고(史庫)가 해인사에 있기는 하였지만, 수도가 송악(松嶽)이었기에 남쪽에 있는 가야산까지 굳이 갈 일이 없었다.

가야산이라는 말은 목은(牧隱) 이색(李穡)의 시에서 비로소 나타난다. 목은은 「유원고려국충근절의찬화공신 중대광 서녕군 유문희유공 묘지명서를 아우름(有元高麗國忠勤節義贊化功臣重大匡瑞寧君謚文僖柳公墓誌銘幷序)」[249]이라는 글에서 문희공(文僖公) 유숙(柳淑)이 "이산현의 가야산에 집을 지어 한가로이 지내면서 노년을 보냈다."[250]라고 하였다. 하지만 여기서도 가야산에 대한 언급이 없다.

조선 시대에 오면 가야산을 대상으로 하여 지은 시인과 시가 많이 등장한다. 특히 15~17세기에 걸쳐 생존한 시인들에 의해서 이 가야산이 재조명되었다. 이때는 혼자서 가야산에 오르거나 아니면 가야산을 쳐다보며 시를 지었다. 많은 시인이 가야산 정상에는 가지 않고 특정한 지역을 대상으로 하여 시를 지었는데, 그곳은 홍류동(紅流洞)·농산정(籠山亭)·해인사

---

249 李穡, 『牧隱文藁』 卷18(『韓國文集叢刊』 5, 153쪽).
250 "卜築伊山縣之伽倻山, 優游以自老."(위의 책, 같은 곳).

(海印寺)·내원암(內院菴)이다. 또 내원암에 있는 조현당·나월헌·득검지를 제재로 하여 지인 시도 있다. 작품 수를 보면 해인사를 제재로 하거나 홍류동에 있는 농산정을 배경으로 하여 지은 시가 많다. 해인사를 제재로 하거나 농산정·홍류동을 제재로 한 시는 최고운의 「가야산 독서당에 붙임」 시에 차운(次韻)하여 시를 짓거나, 그를 염두에 두고 지은 시가 대부분이다. 그러한 시들이 나온 시기는 1400년대부터 1970년대까지이다. 그 작품은 300여 수(首)가 된다.

이때 여러 시인이 이 산에 올라 시를 짓기도 하였다. 곧, 점필재(佔畢齋) 김종직(金宗直, 1431~1491)과 그 제자들, 퇴계(退溪) 이황(李滉, 1501~1570)과 그 제자들, 남명(南冥) 조식(曺植, 1501~1572)과 그 제자들, 율곡(栗谷) 이이(李珥, 1536~1584)와 그의 아우인 옥산(玉山) 이우(李瑀, 1542~1609), 한강(寒江) 정구(鄭逑, 1543~1620)와 그 제자 또는 지인들이 대표적이다.

최고운의 시가 단순히 자신의 감정을 읊은 것이라면 조선 시대 시인들의 시는 감정과 철리(哲理)를 겸하는 시가 많다. 그것은 대상을 있는 그대로 보지 않고 대상에 어떤 의미를 부여하였기 때문이다. 조선 시대에 나온 시라 하더라도 모두 다 그런 것은 아니다. 어떤 이는 가야산에 왔다가 시를 짓기도 하였다. 많은 사람이 가야산 정상까지 올라가서 시를 지은 것이 아니라 그 산 밑에서 유산(遊山)하면서 시를 짓었다.

가야산에 대해 읊은 시는 신라 시대 최고운부터 조선 말의 황현(黃玹)에 이르기까지 338제의 작품이 『한국문집총간』에 실려 있다. 그러나 『한국문집총간』에 들어 있지 않은 작품들이 많아 실제 작품 수는 이보다 훨씬 많을 것으로 보인다.

2. 시 속에 나타난 가야산

산을 대상으로 읊은 시를 보면 그 산 전체의 빼어난 경관을 묘사하는 것이 일반적이다. 물론 가야산도 이를 벗어나지는 못하나, 다른 산과 비교하여 볼 때 다른 점이 있다. 첫째, 많은 시인이 산 전체를 주람(周覽)하고 난 뒤 그 감회를 묘사한 것이 아니라 산의 한 부분을 묘사하는 데 치중한 점이 특이하다. 앞에서 언급하였듯이, 홍류동(紅流洞)과 농산정(籠山亭), 내원암(內院菴) 주위의 조현당(釣賢堂)·나월헌(蘿月軒)·득검지(得劍池) 등이 대표적이다. 둘째, 고려 시대 이인로(李仁老)가 『파한집』에서 최고운이 가야산에 신발을 벗어 놓고 신선이 되어 자취를 감추었다는 말을 한 뒤로 많은 사람이 최고운을 신선으로 여기고 있다는 점이다. 셋째, 이에 이어 최고운이 마흔 살에 가족을 데리고 가야산에 들어가 숨어 살았다는 『삼국사기』의 기록으로 미루어, 가야산을 초월 또는 초탈(超脫)의 장으로 여기고 있다는 점이다. 넷째, 송나라 성리학자들이 "독서는 등산과 같다.[讀書如登山]"라는 말을 쓴 뒤로, 조선 시대 성리학자들이 이 말을 즐겨 써 왔지만, 가야산에 대해서는 이런 말을 쓴 적이 별로 없다는 점이다. 다섯째, 곧 가야산을 어떤 철리(哲理)의 장(場)으로 보기보다는 세속의 욕심을 저버린 욕심 없는 장으로 보는 경우가 많다는 점이다. 여섯째, 다른 산도 그렇겠지만 가야산이나 그 주변을 제재로 하여 읊은 시들은 산을 묘사하는 데 치중하기보다는 산에서 만난 사람들과의 인연을 묘사한 시가 많다는 점이다.

1) 초탈의 장

도가 사람을 멀리하는 것이 아니라 사람이 도를 멀리하고, 산은 속세를 떠나지 않지만, 세속 사람들이 산을 떠난다.[251] 이 말은 이수광의 『지봉유설』에 나오는 구절이다. 이수광은 이 말을 백호(白湖) 임제(林悌)가 지은 것이라 하였으나 『백호집(白湖集)』에는 이 구절이 없다. 앞 구절은 『중용』의 말을 약간 바꾸었고, 뒤 구절은 새로이 만들어 낸 것이다. 산이 속세를 떠나지 않지만 세속의 사람들이 산을 멀리하는 데는 여러 이유가 있을 수 있다.

뒤에서 다시 논의하겠지만, 우리 선조들은 산에 많은 의미를 부여해 왔다. 그 가운데 가장 두드러진 것이 세속의 굴레에서 벗어난다는 것이다. 이는 모든 산이 공통으로 가지는 의미이나, 가야산은 이 점이 다른 산보다 더욱 강하게 나타난다. 그것은 우리가 다 알고 있듯이 신라 시대 최고운과 밀접한 관련이 있다. 최고운은 마흔 살 되던 해에 가야산에 들어가 「가야산 독서당에 붙임[題伽倻山讀書堂]」[252]이라는 시를 지은 뒤 탈속(脫俗)하였다. 그 뒤 많은 사람이 가야산을 탈속의 공간으로 여겼다. 가야산이라는 제목을 붙인 시에도 이러한 의미를 많이 내포하고 있다. 특히 농산정(籠山亭)이 있는 홍류동(紅流洞) 주위를 읊은 시들에서 이러한 점을 많이 볼 수 있다. 그뿐만 아니라 최고운의 시운(詩韻)에 차운(次韻)한 시들은 비록 제목은 다를지 모르나 대부분 세속을 초탈한 의미를 지니고 있다. 이처럼 시인들은 한편으로는 가야산을 세속을 벗어난 초탈의 장으로 묘사하였고, 다른 한편으로는 문학 창작의 공간으로 여겨 왔다.

목은(牧隱) 이색(李穡, 1328~1396)의 「동년(同年) 사공실(司空實)의 시에 차운하여, 사명을 받들고 가야산(伽耶山)으로 가는 권 사관(權史官)을 보내며

---

251 "林悌入俗離山, 讀中庸八百遍, 得句曰, **道不遠人人遠道, 山非離俗俗離山**, 用中庸語也." 李睟光, 『芝峯類說』 卷14, [文章部] 7, 「詩藝」.

252 앞의 제1부 주)192 참조.

「次同年司空實韻 送權史官奉使伽耶山」[253]라는 시를 들어 보면 다음과 같다.

我心懸丹崖　　내 마음 산수 속에 두고 있지만,
我跡埋紅塵　　내 자취는 세속에 묻혀 있다네.
俯仰天地間　　하늘을 우러르고 땅을 굽어보면,
一粟在千囷　　일천 곳간에 있는 좁쌀 한 알 같네.
神形與世作膠漆　　정신과 형체가 세상과 서로 밀착되어 있어,
萬事百憂俱日新　　오만 일 온갖 근심이 모두 날로 새롭다네.
林泉逍遙豈不好　　산수 간에 소요하는 게 어찌 좋지 않으랴만,
巢許亦是唐虞臣　　소보나 허유 같은 이도 요순의 신하였다네.
伽耶之山最奇絶　　가야산 경치는 이 세상에서 가장 빼어났고,
千載孤雲罕疇匹　　천년 세월 동안 고운과 짝할 이 드물다네.
我欲從之竟未能　　내가 그를 따르려 하나 따를 수가 없나니,
空讀遺編桂苑筆　　그가 남긴 계원필경만 부질없이 읽었다네.
請君細訪孤雲蹤　　바라건데 그대는 고운의 자취 자세히 찾아,
歸來洗我塵泥胸　　돌아와서 때 묻은 이내 가슴 씻어 주게나.
孤雲孤雲千載鶴　　고운이여! 고운은 천년 사는 학 같은 사람,
目送君歸倚高閣　　떠나는 그대 보느라 높은 누각에 기대었네.

이 시는 5언 4구와 7언 12구로 구성된 고시(古詩)이다. 시의 제목에서도 알 수 있듯이 자아, 곧 목은이 직접 가야산에 가서 지은 것이 아니다. 권씨 성을 가진 사관(史官)이 가야산에 가는데 그를 전송하면서 지은 시이다. 따라서 이 시는 경험을 통하여 느낀 것을 묘사한 것이 아니라, 자아가 자

253 李穡, 『牧隱詩藁』 卷4(『韓國文集叢刊』 3, 558쪽).

기 생각을 관념적으로 묘사한 것이다.

5언시에서 보면 자아는 산수, 곧 자연을 그리워하고 있다. 그것은 자아가 자연이 순수하다는 것을 염두에 두고 있다는 뜻이다. 그러나 현재의 자아는 세속에 있다. 세속의 명리를 추구하면서 피상적으로 자연을 동경하고 있다. 어찌 보면 자아 자신의 체면을 지키기 위한 수단으로 이런 말을 하였는지도 모른다. 또 자아는 자연의 위대함에 비하여 자신이 좁쌀보다도 작다는 것을 새삼 느끼고 있다. 이것은 자연의 무한성에 대한 인간의 유한성이다. 자연과 비교하면 인간이 보잘것없지만, 그래도 그 가운데 욕심을 부리고 있다.

7언시에 오면, 자아 자신의 형체가 세상과 붙어 있다고 하였다. 세상을 살아가기 위해서는 욕심을 부리지 않을 수 없다. 그 욕심 부리는 정도가 큰지 작은지의 차이가 있을 뿐이다. 자아 자신도 산수에 노니는 것이 좋은 줄 안다. 비록 요순시대였지만 소보(巢父)나 허유(許由)는 그 조정에서 벼슬하지 않았다.

자아는 가야산의 경치가 이 세상에서 가장 빼어나다고 하였다. 그것은 가야산이 아름다운 이유도 있겠지만 그곳에 숨어 살았던 최고운이 있어 더욱 그러한 생각을 한 것이다. 자아는 최고운을 따르려 하지만 그렇게 할 수 없다고 하였다. 이 말은 어디까지나 피상적이요, 관념적이다. 실제로 자아는 최고운을 따를 생각이 애초부터 없었다. 단지 권 사관에게 체면치레로 하는 말에 지나지 않는다. 자아가 산을 사랑한다고 하는 것은 정치인들이 종교를 믿는다는 것과 같다. 모두 액세서리, 겉치레 말이다.

끝의 4구절에서는 자아의 진심이 보인다. 그것은 최고운이 실천한 일을 자신은 행할 수 없다는 것과, 그와 그가 살았던 가야산을 동경한다는 것이다. 최고운이 천년 사는 학과 같은 사람이라고 하였다. 학은 고고하다. 신선이 학을 타고 다닌다는 전설이 있다. 그것은 곧 최고운이 신선이 되었다는 것을 자아가 인정한다는 말이다. 그뿐만 아니라 자아 자신도 최고운을 그리워한다. 따라서 누각에 올라 가야산으로 가는 권 사관을 바라보고 있다. 이처럼 목은은 가야산을 직접 가지 않고 가야산에 대해서 읊었다. 그의 머릿속에는 '가야산=최고운'이라는 등식이 성립할 정도로 가야산과 최고운을 결부시키고 있다. 최고운이 세상을 초탈하여 욕심을 버렸기 때문이다. 양촌(陽村) 권근(權近, 1352~1409)의 「가야산으로 가는 스님을 보내며[送僧之伽倻山]」[254]라는 시를 들어 보면 다음과 같다.

珈瑯山色鬱蒼蒼	가야산 빛이 울울창창하기만 한데,
千載孤雲跡渺茫	천년 전 고운의 자취 아득하다네.
今日送師空悵望	오늘 스님 보내며 서글피 바라보니,
此身何日脫名韁	이 몸 언제나 명리 굴레 벗어날까.

양촌이 직접 가야산에 간 것이 아니라 가야산으로 가는 어떤 스님을 전송하면서 지어 준 시이다. 이 시도 목은의 시와 같이 피상적·관념적이다. 자아는 가야산에 가 보지도 않고 가야산이 울창하다고 하였다. 이것은 자아의 머릿속에 산이라면 모두 숲이 무성하게 우거진 푸른 산을 떠올리고 있다는 증거이다. 이 가야산 가운데 천년 전 최고운의 자취가 아득하다. 이도 역시 자아의 상상이다. 최고운이 가야산에 들어간 것은 곧 세속의 욕심을 끊은 것과 같다고 보았다. 따라서 자아 자신이 명리의 굴레를 벗어나

254 權近, 『陽村集』 卷10(『韓國文集叢刊』 7, 112쪽).

지 못한 것을 스님에게 하소연하고 있다. 그렇지만 자아는 그 굴레를 벗어날 생각이 추호도 없다.

이처럼 목은이나 양촌의 시는 가야산을 관념적으로 읊은 데 지나지 않는다. 단지 이들의 공통점은 최고운의 행적을 부러워하고 있다는 점이다. 자신들이 실천하지 못한 것을 먼 옛날 최고운이 실천하였기 때문이다. 불우헌 정극인(丁克仁, 1401~1481)의 「고운을 생각하며[憶孤雲]」[255]라는 시가 있는데 그 내용을 들어 보면 다음과 같다.

林間冠屨去茫茫	숲속에 옷과 신발 벗어 놓고 아득히 사라져,
誰識儒仙本不亡	그 누가 알리 유선이 본디 죽지 않은 것을.
流水籠山吟已遠	흐르는 물로 산을 감싼다는 시 이미 멀어져,
風雲猶護讀書堂	바람과 구름 오히려 독서당을 감싸고 있네.

"합천 가야산 해인사에 놀러 갔다가 지었다.[游陜川伽倻山海印寺作]"라는 원주(原註)가 달린 것을 보면, 양촌과는 달리 불우헌이 직접 가야산에 가서 지었음을 알 수 있다. 기구(起句)와 승구(承句)에서는 최고운의 행적에 대하여 읊고 있는데, 이인로의 『파한집』에 나오는 내용을 용사(用事)하여 최고운이 신선이 되어 영원히 죽지 않는다고 하였다.

불우헌과 최고운의 나이 차이는 정확히 544살이다. 약 550년 전의 최고운의 행적을 불우헌이 돌이켜 본다. 전구는 최고운이 지은 「가야산 독서당에 붙임」의 결구(結句)인 "흐르는 물로 온 산을 감싸게 하였네.[故教流水盡籠山]"를 연상하게 한다. 이는 자아 자신도 그 시구를 좋아하며, 최

255 丁克仁, 『不憂軒集』 卷1(『韓國文集叢刊』 9, 25쪽).

고운처럼 세속의 굴레에서 벗어나고 싶다는 말이다. 하지만 자아가 처한 상황은 최고운의 시에서와는 다르다. 흐르는 물이 산을 감싼 것이 아니라 바람과 구름이 독서당을 감쌌다. 독서당의 정확한 위치는 알 수가 없으나, 1990년대 말까지는 홍류동 건너편에 있었다. 물론 1970년대에 지은 집이었기에 본디의 장소는 정확히 알 수 없다. 최근에는 불교 성역화 사업으로 홍류동 건너편에 있었던 최고운에 관한 비석과 건물이 모두 없어졌다.

조선 시대 많은 시인이 최고운의 시에 차운하거나 그를 제재로 하여 시를 지었다. 가야산이 최고운 때문에 문학 창작의 공간이 되었다. 1900년대 이전에 나온 시들은 학사대(學士臺)·홍류동(紅流洞)·독서당(讀書堂)·가야산(伽倻山) 등의 제목으로 고운(孤雲)의 모습을 그려 내고 있다. 또 많은 시인이 최고운의 「가야산 독서당에 붙임」 시에 차운하여 시를 지었다. 설령 「가야산 독서당에 붙임」 시에 차운하지 않았다 하더라도 가야산을 소재 또는 제재로 한 시는 속세를 초월하고자 하는 내용의 시들이 많다. 이러한 경향이 고려 말부터 조선 말까지 이어진다. 수많은 시인이 가야산이라고 하면 먼저 최고운을 떠올리며, 최고운 하면 또 속세를 등지고 욕심을 버린 사람으로 인식하고 있었기 때문이다. 금계(錦溪) 황준량(黃俊良, 1517~1563)이 지은 다음 시 「가야산에서 김모재 시에 차운함[伽倻山 次金慕齋韻]」[256] 도 이 범주를 벗어나지 못한다.

亂磴縈回滿屐苔	비탈길 돌아가니 신발엔 이끼 가득,
玉簫吹徹鶴徘徊	옥퉁소 그치자 학이 와서 춤을 추네.

256 黃俊良, 『錦溪集』 卷1(『韓國文集叢刊』 37, 6쪽).

崔仙一去無消息	최선이 한번 떠난 뒤 소식 없으니,
黃葉西風月滿臺	낙엽 지는 가을밤에 달만 대에 가득.

위의 시는 금계(錦溪)가 김모재(金慕齋)의 「도희 스님을 일찍이 해인사에서 만난 적이 있는데, 와서 시를 지어 달라 하기에 공무 가운데 마침내 박세창의 시에 차운함[有道熙師曾遇於海印寺 來索詩 簿領中 卒次朴昌世韻]」[257]이라는 시를 차운한 것이다. 그는 모재의 시에 차운하여 치원대(致遠臺)를 묘사하고 있다.

자아가 비탈길을 돌고 돌아 산 위에 올라가니 신발엔 이끼가 가득 끼었다. 기구(起句)에서는 자아가 어떤 목적지를 향하여 힘들여 산길을 가는 장면을 묘사하고 있다. 난등(亂磴)과 영회(縈回) 두 단어만 보더라도 힘들고 고달픔을 짐작할 수 있다. 이 구절에서는 목적지를 향하여 가는 자아의 모습을 묘사하고 있다. 승구는 자아가 목적지에 도달하고 난 뒤의 희열을 묘사하고 있다. 고진감래(苦盡甘來)라는 숙어를 실감할 정도로 자아는 기쁨에 젖어 있다. 자아가 부는지, 아니면 치원대에서 누가 불고 있는지는 확실하지 않지만 옥퉁소 소리에 맞춰 학이 와서 춤을 춘다. 이는 『서경』 「익직(益稷)」 편에 나오는, "순임금의 음악이 아홉 번 연주되자, 봉황새가 와서 춤을 추었다."[258]라는 구절을 연상하게 한다. 그만큼 치원대가 신성

---

257 그 시의 내용은 다음과 같다.

簿書顚倒眼昏埃	공무 처리하느라 눈앞이 희미한데,
愁緖紛紛未易排	시 지으란 부담 쉽게 떨칠 수 없네.
夢咽伽倻山水響	꿈에도 가야산 물소리 목이 메나,
雲扃無計得重開	그 절에 다시 찾아갈 기약 없다네.

– 金安國, 『慕齋集』 卷2(『韓國文集叢刊』 20, 34쪽).

258 "簫韶九成, 鳳凰來儀." 『書經集註』, 「益稷」 篇.

하다는 것을 묘사하고 있다.

그러나 전구(轉句)에 가면 이러한 신성함이 아쉬움으로 남는다. 최선(崔仙), 곧 최고운이 한번 떠난 뒤 소식이 없기 때문이다. 죽은 사람이 다시 돌아올 리가 없다. 힘들여 치원대에 올라갔건만, 목적한 대상은 이미 사라진 지 오래였다. 이때 자아의 심정은 쓸쓸하기 그지없다. 결구(結句)에서, 낙엽 지는 가을 달빛과 자아의 심정이 일치한다. 낙엽·가을·달밤은 희망적이거나 생동감 있지 않다. 서글프고, 외롭고, 쓸쓸하고, 절망적이다. 그 절망을 자아낸 당사자가 다름 아닌 최고운이다. 가야산이나 해인사·홍류동·농산정 등을 제재로 하여 지은 시들은 대부분 최고운의 행적을 그리워하며 아쉬워하고 있다. 그만큼 최고운이라는 존재가 시인들의 머릿속에 깊이 자리 잡고 있다는 것을 말하여 준다. 이러한 유(類)의 시들이 가야산을 대상으로 지은 시 가운데 가장 많다. 고려 시대는 말할 것도 없고 조선 시대 말까지 이러한 현상이 계속 이어졌다.

2) 교유의 장

조선 시대 선비들은 가야산을 교유의 공간으로 생각하였다. 그들이 생각한 것이 아니라 저절로 그들이 모이는 장소가 되었다. 어떤 때는 스승과 제자가 같이 산에 올라가는 경우도 있고 한 스승 밑에서 배운 도반(道伴)끼리 산을 찾는 경우도 있다. 어떤 때는 몇 사람이 산 위에 올라가서 절이나 암자를 찾아 그곳에 사는 스님과 시를 주고받기도 하였다. 가야산은 이 세 가지 경우를 모두 포함하고 있다. 특히, 조선 전기에서 중기로 접어들면서 많은 선비가 유산(遊山)하였다. 그들이 오가면서 그 산속의 절에 사는 스님들과 교유하였다. 그때 이러한 현상이 두드러지게 나타난다. 다음 글을 보면 그 일단을 알 수 있다.

> 선생(표연말)이 일찍 사가(四佳)와 같이 조현당(대)에 올라 노닌 적이 있었으니 그 뜻이 청일(淸逸)하였다. 사가와 함께 시를 주고받고 지팡이를 짚고 산책하면서 눈을 들어 서쪽 하늘을 바라보곤 매번 세속을 벗어날 생각을 하였다. 뒤에 한훤당 선생이 해인사에 왔다가 최고운의 독서당을 찾았으나 그것이 어디에 있는지 몰랐다. 몇 리를 돌아가다가 조현당(釣賢堂)에 올랐다. 그가 벽에 붙은 시판을 두루 살펴보았는데, 서사가·점필재·표남계·유뇌계 등 여러 선생이 지은 것이었고, 탁영이 지은 기문(記文)도 있었다. 서사가·점필재·표남계·유뇌계는 모두 당세의 현인으로 나라의 성세를 잘 읊어 『시경』「대아」의 고풍(高風)을 떨쳤다. 한훤당이 이들이 지은 시를 읊어 보고는 크게 기뻐하면서 "다시는 좋은 경치를 찾지 말아야지."라고 하였다고 한다.[259]

윗글을 보면, 사가(四佳) 서거정(徐居正)과 남계(藍溪) 표연말(表沿沫)이 같이 가야산에 올랐다가 조현당(釣賢堂)을 찾았다. 조현당은 내원암(內院菴)에 속해 있는 부속 건물이다. 가야산에 있는 내원암을 중심으로 선비와 스님이 서로 교유하였다. 이는 특히 점필재 김종직과 그의 제자들이 지은 시에 많이 나타난다. 서거정은 점필재 제자들과 묘한 관계였다. 서거정이 지공거(知貢擧) 또는 공거(貢擧)를 지낼 때 점필재 제자들이 과거에 응시하

259 "先生嘗與四佳, 登釣賢堂(臺)遊賞, 其意淸且逸矣. 相與唱酬,携杖散步,而擧目西天,每有日邊之思. 後寒暄金先生, 嘗遊海印寺, 訪文昌讀書堂, 則莫知其所, 轉進數里, 登釣賢堂, 周覽壁上詩板, 乃是徐四佳, 金畢齋, 表藍溪, 兪濡溪諸先生之所題, 而又有金濯纓所記. 徐四佳, 金畢齋, 表藍溪, 兪濡溪, 皆當世之賢, 善鳴國家之盛, 而振大雅高風者也云云. 寒暄堂吟之大喜曰, 不復探其奇勝者也云." 表沿沫, 『藍溪先生文集』 卷3, [附錄], 「諸賢讚述」(『韓國文集叢刊』 15, 439쪽).

여 대거 급제한 것이다. 따라서 이들은 사가(四佳) 서거정(徐居正)과는 좌주(座主)와 문생(門生)의 관계에 있었다. 지지당(止止堂) 김맹성(金孟性)·대봉(大峯) 양희지(楊熙止)·남계(藍溪) 표연말(表沿沫)·탁영(濯纓) 김일손(金馹孫)·뇌계(㵢溪) 유호인(兪好仁) 등이 이에 속한다.

시간이 앞서고 뒤서는 차이가 있어도 점필재 김종직과 그 제자들은 이 주위와 인연이 깊다. 앞의 글에는 없지만, 지지당(止止堂) 김맹성(金孟性, 1437~1487)도 이 내원암에 올라가서 옥명(玉明) 스님과 시를 서로 주고받았다. 그는 「나월헌에 붙임[題蘿月軒]」[260]·「조현당에 붙임[題釣賢堂]」[261]·「내원사 천태각에 붙임[題內院寺天台閣]」·「내원사 고운헌에 붙임[題內院寺孤雲軒]」·「내원사 득검지[內院寺 得劍池]」 등의 시를 지었다.

이들이 유독 내원암을 많이 찾은 이유는, 그 당시에 그곳에 옥명이라는 스님이 살았기 때문이다. 옥명에 대해서는 탁영(濯纓) 김일손(金馹孫)의 「조현당기(釣賢堂記)」[262]를 통하여 그 행적의 대략을 알 수 있다. 옥명은 당시 선비들 사이에는 명장로(明長老)라 불렸다. 그가 시를 잘 짓고 해라(海螺)를 잘 불어 점필재(佔畢齋)가 나화상(螺和尙)이라는 별명을 붙여 주기도 하였다. 지지당의 「옥명 스님에게 줌[贈明師]」[263]이라는 시를 들어 보면 다음과 같다.

不見明師己五年	옥명 스님 못 본 지 벌써 다섯 해,
相逢一夜對燈前	하룻밤 등잔 앞에서 서로 만났네.

260 金孟性, 『止止堂詩集』 卷1.

261 위와 같은 책, 같은 곳.

262 金馹孫, 『濯纓集』 卷3.

263 金孟性, 『止止堂詩集』 卷1.

明朝又向塵中去	내일 아침 다시 속세로 가겠지만,
還憶紅流洞裏仙	다시 홍류동 안의 신선을 생각하겠지.

위 시에서 보면 자아가 옥명 스님을 5년 만에 만났다. 자아는 옥명 스님과 초면(初面)이 아니고 구면(舊面)이다. 자아와 옥명 스님은 이전에 한 번 이상 만난 적이 있다. 이들은 등잔불 아래에서 그동안 살아온 이야기를 서로 나눈다.

아무리 다정한 사이라도 자아와 스님이 살아가는 세상은 다르다. 스님이 속세를 떠났고, 자아는 속세를 떠나지 않았다. 스님은 산에서 살면 그만이지만, 자아는 다시 세상으로 돌아가야 한다. 그러나 막상 산을 떠나려니 미련이 남는다. 아득한 옛날 최고운이 세상을 등진 것과는 차원이 다르다. 자아도 이를 생각하고 이를 동경하지만, 세속을 벗어나지 못하고 있다. 결구의 "다시 홍류동 안의 신선을 생각하겠지."라는 구절로 미루어 알 수 있다.

종교 또는 종파와 관계없이 선비와 승려의 교유는 서로 다른 세계관을 가진 사람들의 융합을 의미한다. 최고운이 말한 접화군생(接化群生)이다. 숭유억불(崇儒抑佛)을 교시로 하였던 조선 시대 선비들도 승려들과 많이 교유하였다. 유명한 학자치고 절에서 공부하지 않은 사람이 없다고 할 만큼 많은 선비들이 절에 들어가서 공부하였고, 또 그곳에 사는 스님들과 교유하였다. 조선 시대에도 선비와 스님들의 관계는 상호 배타적이지 않았다. 이들은 종교나 종파를 벗어나 서로의 마음을 주고받았다.

뇌계 유호인(兪好仁, 1445~1494)의 「가야산 내원암에 나화상 옥명 스님을 찾아갔다가 만나지 못하여[伽倻山內院菴訪螺師玉明不遇]」[264]라는 시 일부를 들어 보면 다음과 같다.

---

264 兪好仁, 『㵢谿集』 卷4(『韓國文集叢刊』 15, 132쪽).

內院菴住伽倻裏　　가야산 속에 있는 내원암의 주지인,
明禪龜縮餘十禩　　옥명 스님이 이곳에 산 지 10여 년.
飡霞服朮導天根　　안개 마시고 백출을 먹고 야생하니,
藏神訴破蔬筍園　　산신령이 절간을 부수라고 야단이네.
平生老慣法雷音　　평소 강설은 천둥소리같이 우렁차고,
天西梵語超禪林　　불가의 설법은 선림에선 으뜸이었네.
千年老蚌元不剖　　천년 묵은 늙은 소라 쪼개지도 않고,
來伴袖中眞耐久　　소매 속에 넣어 온 지 참 오래되었네.
數聲哮吼振岩谷　　몇 곡조 불면 바윗골이 뒤흔들리며,
木客慄膽山都泣　　목객이 부르르 떨고 원숭이 우짖었네.
有時遍干詞林宗　　이따금씩 두루 시단(詩壇)의 종장 찾아다녀,
唯將此癖代刺謁　　오직 이 버릇으로 인사를 대신한다네.
…(下略)…

위 시에서 자아는 옥명(玉明) 스님의 삶을 읊고 있다. 옥명 스님이 내원암에 살면서 안개 마시고 백출(白朮)을 먹으면서 양생(養生)하고 있는데, 그 모습이 마치 신선의 생활과 같다. 따라서 자아가 산신령이 절간을 부수라 야단이라 하였다. 옥명 스님은 인간 세상을 초월하여 신선의 경지에 이르렀기 때문에 독경이나 하는 스님과는 차원이 다르다.

그런데 그는 설법도 잘한다. 목소리가 커서 온 산이 쩌렁쩌렁 울릴 정도이고, 또 불경에도 해박하다. 그의 설법이 불가에서 으뜸이라며, 자아는 옥명 스님을 대단히 높이 평가하고 있다. 점필재가 그의 별명을 나화상(螺和尙)이라 붙였듯이 그는 천년 묵은 소라 껍데기를 소매 속에 넣어 다니면서 불곤 하였다. 이 소라를 한번 불면 바위가 흔들리고 목객(木客)이 부르

르 떨며, 원숭이가 우짖는다. 실제로 우리나라에 야생 원숭이는 없다. 그러나 자아는 옥명 스님의 나발 소리를 원숭이 울음소리에 비유하였다. 또 옥명 스님은 시단(詩壇)의 종장(宗匠)을 찾아다니면서 시 짓기를 겨루었다. 그만큼 다재다능한 재주를 타고난 사람이 나화상, 곧 옥명 스님이다. 이러한 사실들을 통해 자아는 자신과 옥명 스님의 관계가 보통이 아니라는 것을 은연중에 드러내고 있다. 그만큼 서로 마음을 주고받고 있다.

내원암을 중심으로 한 시들은 대부분 스승과 제자, 좌주(座主)와 문생(門生), 선비와 스님의 만남과 화해를 묘사하고 있다. 종교나 종파를 벗어나 인간으로서 믿음을 바탕으로 자신들의 시재(詩才)를 유감없이 발휘하고 있다. 이는 「가야산 유산기(伽倻山遊山記)」에서 스님 또는 불가를 폄하(貶下)하는 경향과는 차이가 있다. 그 이유는 서로 다른 사람을 연결하는 연결고리가 다르기 때문이다. 「가야산 유산기」에서는 공통분모가 적었지만, 이 음영 시(吟詠詩)에는 이들 간에 공통분모가 그만큼 많기 때문이다.

3) 명승의 장

필자는 산을 자주 찾는다. 조선 시대 선비들처럼 산에 의미를 부여하기보다는 그저 자연과 함께하고 싶어서이다. 어느 산이나 산을 올라가 보면 나름의 아름다움이 있다. 어떤 산은 나무가 울창하여 눈을 시원하게 한다. 또 어떤 산은 바위가 삐죽삐죽하여 굳센 힘을 자랑하기도 한다.

영남 지방 선비들이 가장 많이 갔던 산은 지리산(智異山: 함양)·청량산(淸涼山: 봉화)·가야산(伽倻山: 합천)·황악산(黃嶽山: 김천)·금오산(金烏山: 구미)·금오산(金鼇山: 경주) 등이다. 지리산과 황악산은 점필재와 그 제자들로 인해 유명해졌고, 청량산은 퇴계와 그 제자들로 인해 유명해졌다. 가야산은 그 크기에 비하여 많은 선비가 다녀갔다. 신라 시대 최고운이 숨었다는 사실 때문에 그리하였다는 것은 부정할 수 없다. 그만큼 유서 깊은 산이 가야산이다. 물론 최고운은 지리산에도 갔다. 아직 논란의 여지가 있지만, 이수광의 『지봉유설』에 실려 있는 「둔세시(遁世詩)」가 이를 입증한다.

산을 찾는 사람들은 그 산의 경관에 대하여 찬사를 보낸다. 그 크기와는 상관없이 어느 산이나 나름의 아름다움을 지니고 있기 때문이다. 가야산도 예외가 아니다. 현재 전하는 시 가운데는 가야산의 빼어난 경관을 읊은 시가 많다. 어떤 이는 경치를 보고 자신의 정감을 실어 묘사하고 또 어떤 이는 자연경관을 보고 그것에 의미를 부여하기도 하였다. 시인들은 가야산의 빼어난 경치를 읊으면서 아울러 최고운을 그리워하고 있다. 신재(愼齋) 주세붕(周世鵬, 1495~1554)은 「가야산(伽倻山)」이라는 제목의 시 두 수를 지었다. 한 수는 5언배율이고 다른 한 수는 5언율시이다. 그의 배율시[265]를 들어 보면 다음과 같다.

東國多仙山	우리나라에는 선산이 많지만,
伽倻固無雙	가야산에 비할 곳이 없다네.
試入海印寺	처음으로 해인사에 들어가서,
手排碧雲窓	손으로 벽운창을 열어젖혔네.
千峯疑畫出	산봉우리 그림 그린 듯 솟고,
萬壑響淙淙	골짜기 물 흐르는 소리 졸졸.
我欲弄玉簫	내가 옥퉁소를 불면서,
碧海爲酒缸	푸른 바다를 술 단지로 삼아.

265 周世鵬, 『武陵雜稿』 卷1, [別集](『韓國文集叢刊』 27, 83쪽).

携手崔孤雲	최고운의 손을 부여잡고,
共吐平生腔	같이 평소 생각 토로하고파.
空懷焉能果	부질없는 생각 어찌 이루리,
淚瀉如長江	흐르는 눈물 큰 강물 같다네.

위 시는 모두 12구로 되어 있고, 염(黏)이 맞아 5언배율이다. 운자(韻字)는 쌍(雙)·창(窓)·종(淙)·강(缸)·강(腔)·강(江)으로 종(淙)을 빼면 평성 강운(江韻)을 쓰고 있다. 종(淙)이 다른 운자와 운(韻)이 다르므로 엄격히 말하면 배율시(排律詩)가 아니다. 그러나 종(淙) 자는 다른 운자로 통운(通韻)이 되기 때문에 5언배율로 보아야 한다.

자아는 먼저 우리나라에는 신선이 산다는 산이 많지만, 이들은 모두 가야산에는 못 미친다고 하였다. 그만큼 가야산이 신령스럽다는 말이다. 제3구에서 처음으로 해인사에 들어갔다고 하였다. 이 구절에는 주어가 없다. 언뜻 보면 자아가 해인사에 들어간 것 같지만 사실이 아니다. 해인사에 들어간 사람은 최고운이다. 앞의 여섯 구는 최고운의 행적을 읊고 있고, 뒤의 여섯 구는 자아 자신의 심정을 읊고 있다.

자아는 최고운이 해인사에 들어가서 벽운창(碧雲窓)을 열어젖혔다고 하였다. 벽운창은 실제로 존재하는 창(窓)이 아니라 자아의 머릿속에 있는 창문, 곧 푸른 하늘과 맑은 구름을 말한다. 즉 신선이 타고 오르내리는 천상의 세계를 가리킨다. 천상의 세계를 오르내리는 사람 역시 자아가 아니라 최고운이다. 고려 시대 이인로의 『파한집』에서 말한 내용을 염두에 두고 자아가 그렇게 표현하였다. 이러한 표현은 비단 신재(愼齋)만이 그렇게 한 것이 아니다. 퇴계나 율곡 등 가야산을 제재로 시를 지은 사람은 처음에는 가야산의 높고도 기이함을 묘사하지만, 뒤에 가면 반드시 최고운을 거론하곤 한다. 퇴계(退溪) 이황(李滉, 1501~1570)이 그의 나이 33살 되던 해(1533)에 지은 「가야산을 바라보며[望伽倻山]」[266]를 들어 보면 다음과 같다.

伽倻山在古伽倻	가야산이 옛날 가야의 땅에 있나니,
連峯疊嶂高嵯峨	겹겹이 쌓인 봉우리가 높기도 하네.
縹氣漫漫接紫霄	푸른 산기운 아득히 하늘에 닿았고,
疑是聖母凌蒼霞	성모가 푸른 안개를 뿜어내는 듯하네.
靈神異跡訪遺俗	신령스런 자취 끼친 풍속에서 찾아,
古記相傳莽眞訛	전하는 옛 기록이 참인지 거짓인지.
山中聞有海印寺	들으니 이 산엔 해인사란 절이 있어,
金堂玉室眞仙家	금당과 옥실이 참으로 선가(仙家)네.
崔仙去後一千載	최선(崔仙)이 떠난 지 천년이 지나,
白雲寂寂留山阿	흰 구름이 쓸쓸히 산마루에 떠 있네.
古閣唯餘藏灝噩	이 절에만 오직 호악문이 남아 있어,
玄壇不復養芝砂	현단에 다시 지초와 단사 기르지 않네.
至今猿鳥嘯青熒	지금도 원숭이 새소리 푸른 숲에 들려,
石徑埋沒蒼苔多	돌길은 없어지고 푸른 이끼 무성하네.
我欲南尋智異問至道	내가 지도(至道)를 물으러 남쪽 지리산에 가려다,
歸來及見山桃花	돌아오는 길에 산 복사꽃을 보았다네.
紅流洞裏青竹杖	홍류동 안에서 청죽장(青竹杖)을 짚고,
喚起崔仙從以萬素娥	최선(崔仙) 불러 흰옷 입은 선녀 따라오게 하여,
彈倻琴弄雲月	가야금을 연주하여 음풍농월하면서,
一醉千日遊無何	한 번 취해 천 일간 무하지향(無河之鄕)에서 노세.

266 李滉, 『退溪集別集』 卷1(『韓國文集叢刊』 31, 11쪽).

자아는 가야산의 위치와 모습을 먼저 묘사하고 이어서 최고운의 고사에 대해 아쉬움을, 마지막에 자신의 포부를 읊고 있다. 처음 네 구에서는 가야산의 지리적 위치와 좋은 경관에 대해 읊고 있다. 곧, 가야산은 옛 가야 땅에 있다고 한 말이 그것이다. 이어서 자아는 겹겹이 싸인 봉우리가 높기도 높다고 하였다. 여기에 더하여 성모(聖母)가 푸른 안개를 뿜어내는 듯 온 산이 푸르다고 하였다. 여기서 우리는 자아가 강산을 신성시하고 있다는 것을 알 수 있다. 성모가 푸른 안개를 뿜어내는 것은 초인문적(超人文的) 현상이다. 그뿐만 아니라, 그 아래의 신령(靈神)·이적(異跡)·금당(金堂)·옥실(玉室)·선가(仙家)·최선(崔仙)·현단(玄壇)·지초(芝草)·단사(丹砂)·청죽장(靑竹杖)·무하유지향(無何有之鄕) 등의 시어(詩語)도 유가(儒家)의 용어가 아니다. 대부분 도가(道家)나 선가(仙家)에서 쓰는 말이다.

그러면 자아가 이러한 시어를 사용한 까닭은 다름 아닌 최고운을 신성화하려는 생각에서이다. 시대의 선후를 떠나 많은 사람이 최고운이 신선이 되었다고 한다. 곧, '최치원=신선'이라는 등식이 성립한다. 자아인 퇴계는 비록 대유학자였지만 그의 머릿속에서는 이러한 통념을 부정하려 하지 않았다. 보편적·일반적 통념을 깨는 것이 도리어 어색하기 때문이다. 따라서 자아 자신도 이를 십분 활용하여 가야산이 단지 경치만 좋은 산이 아니라 그만큼 신비로움을 간직한 산이라는 것을 인정하고 있다.

자아는 이 절에만 호악문(灝噩文)이 남아 있다고 하였다. 호악문은 아주 오래된 비석을 두고 한 말이다. 또 호악문의 호악(灝噩)은 당우삼대(唐虞三代)의 문장을 평론한 말이다. 양웅(揚雄)의 『법언(法言)』에, "우하 시대의 글은 혼혼하고, 상서는 호호하고, 주서는 악악하다.[虞夏之書渾渾爾, 商書灝灝爾, 周書噩噩爾.]"라고 한 데서 온 말이다. 혼혼은 밝고 엄숙한 모양,

호호는 끝없이 멀고 아득한 모양, 악악은 엄숙한 모양 또는 밝고 곧은 모양이다. 여기서 우리는 자아의 정신이 어디를 지향하고 있는지를 알 수 있다. 그것은 다름 아닌 당우삼대(唐虞三代)와 태평성대로 돌아가고자 함이다. 이는 어느 시대를 막론하고 인간이면 누구나 다 바라는 세계이다. 특히 유학자들은 이러한 도덕적 이상 세계를 지향(志向)하고 있다. 곧, 자아가 유학자임을 은연중에 드러내고 있다.

다른 한편, 자아는 홍류동(紅流洞)에서 청죽장(青竹杖)을 짚고 최고운에게 흰옷 입은 선녀를 데려오게 하여 가야금을 연주하며 음풍농월(吟風弄月)하면서 무하유지향(無何有之鄉)에서 놀고 싶었기 때문이다. 무하유지향은 『장자』「소요유(逍遙遊)」에 나오는 말로, 자아가 상대적인 세계인 현실의 제약을 벗어난 무위자연(無爲自然)의 세계를 가리킨다. 이 또한 자아의 이상이기도 하다. 자아는 당우삼대(唐虞三代)의 도덕적 이상 세계로 돌아가고 싶었다. 이것이 자아의 현실적 이상이라면, 아래의 무하유지향에서 노닐고 싶은 것은 비현실적 이상이다. 이처럼 자아는 이 시에서 가야산을 매개로 하여 자신의 현실적·비현실적 이상을 묘사하고 있다.

한편, 율곡(栗谷) 이이(李珥)는 「가야산부(伽倻山賦)」[267]를 지었는데, 이 작품에서도 가야산을 신령스럽고 아주 빼어난 산으로 묘사하고 있다. 그 일단을 들어 보면 다음과 같다.

…(上略)…

惟伽倻之奇挺	가야산만 기이하게 우뚝 솟아,
作雄鎭於火維	영남의 웅진(雄鎭)이 되었다네.

---

267 李珥, 『栗谷全書拾遺』 卷1(『韓國文集叢刊』 45, 464쪽).

淑氣之所磅礴	맑은 기운이 한 곳에 모인 곳,
神明之所扶持	신명이 애지중지 여기셨다네.
齊維嶽之峻極	천태산 우뚝 하늘에 닿은 듯,
等赤城之建標	적성산에 푯말 세운 것과 같네.

…(下略)…

앞의 구절을 생략하여 내용을 볼 수 없지만, 율곡은 이 부에서 용사(用事)를 많이 하고 있다. 첫 구절의 기정(奇挺)이나 화유(火維)[268]·신명부지(神明扶持)·유악(維嶽)[269]·적성(赤城)·건표(建標) 등이 그것이다. 여기서는 『시경』·『문선』·『진서(晉書)』「손작전(孫綽傳)」의 고사를 인용하여 새로운 의미, 곧 가야산의 높고도 웅장함을 묘사하고 있다. 진(晉)나라 손작(孫綽)이 지은 「천태산을 유람함[遊天台山]」이라는 부(賦)에 "아 기이하게 우뚝 솟은 천태산이여, 신명이 그야말로 붙들어 일으켜 주셨나 보다.[嗟台嶽之所奇挺, 寔神明之所扶持.]"[270]라는 구절과 율곡의 이 부가 산의 높고도 기이한 모습을 묘사하고 있는 면이 서로 비슷하다.

율곡은 『진서』「손작전」에 나오는 고사를 아울러 용사하였다. 손작(孫綽)이 천태산(天台山) 자락인 적성산(赤城山)에 푯말을 세우고 은거 생활을 즐기면서 「수초부(遂初賦)」를 지었는데, 뒤에 벼슬하다가 환온(桓溫)의 뜻

268 남방(南方)이 화(火)에 해당하므로 화유(火維)는 남방(南方)을 뜻하는데, 여기서는 영남 지방을 말한다.

269 『시경』[대아(大雅)]「숭고(崧高)」편에 "산악이 신을 내려 보후(甫侯)와 신후(申侯)를 내셨도다.[維嶽降神 生甫及申]"라 하였고, 『장자』「대종사(大宗師)」에 "부열(傅說)이 도를 얻어 …(중략)… 죽은 뒤에 천상의 별이 되어서 동유성(東維星)과 기미성을 걸터타고서 뭇별과 나란히 있다.[傅說得之 …(中略)… 乘東維騎箕尾 而比於列星]"라고 하였다.

270 蕭統, 『文選』卷11.

을 거슬러 반대 상소를 올리자, 환온이 불쾌하게 여기면서 "그대는 어찌하여 수초부대로 살려 하지 않고 남의 국가의 일을 간섭하는가.[何不尋君遂初賦, 知人家國事邪.]"[271]라고 말하였다는 고사이다. 율곡이 손작과 최고운의 삶을 동일화하고 있다. 곧 '최고운=은거'라는 등식이 성립한다. 여기서 우리는 율곡이 겉으로는 가야산의 빼어난 경치를 읊고 있지만, 그의 마음속에는 최고운이 크게 자리 잡고 있음을 알 수 있다.

앞에서도 말하였듯이, 율곡은 직접 가야산까지는 갔으나 그 산 정상에 올라가지는 않았다. 말을 타고 갔다가 가파른 산길 입구에서 되돌아왔다. 그가 본 것은 합천(陜川) 쪽의 가야산이 아니라 성주(星州) 쪽에서 본 가야산일 가능성이 크다. 왜냐하면 그의 처가가 성주였기 때문이다. 율곡은 밑에서 위를 향하여 산을 보았지 산 위에서 아래를 본 것이 아니다. 다시 말해 율곡 또한 앞의 목은 이색이나 양촌 권근과 같이 피상적·관념적으로 산을 묘사하고 있다. 율곡의 아우인 옥산(玉山) 이우(李瑀, 1542~1609)가 「을축년 맑고 화창한 날 가야산 홍류동에 놀러 감[乙丑 淸華 遊伽倻山紅流洞]」[272]이라는 시를 지었는데, 그 내용을 들어 보면 다음과 같다.

蒼苔白石散芒鞋	푸른 이끼 흰 돌길에 짚신 떨어졌는데,
萬疊奇巖中有溪	첩첩이 쌓인 기암 가운데 시내 흐르네.
一陣香風穿洞壑	한 줄기 향기 바람이 골짜기를 휩쓰니,
落花飄錦水東西	떨어지는 꽃이 이곳저곳을 수놓고 있네.

271 『晉書』, 「孫綽傳」. 손작의 「천태산부(天台山賦)」에 "적성산에는 노을이 일어나 표지를 세웠네.[赤城霞起而建標]"라는 시구가 있다.

272 李瑀, 『玉山詩稿』(『韓國文集叢刊』 53, 4쪽).

을축년(1565)은 옥산(玉山)의 나이 24살 때이다. 그의 처가가 선산(善山)에 있었고, 그의 장인이 고산(孤山) 황기로(黃耆老)였다. 황고산은 선산(善山) 고아(高雅)의 낙동강 가에 매학정(梅學亭)이라는 정자를 짓고 송나라의 고산(孤山) 임포(林逋)를 동경하면서 살았다. 따라서 옥산도 지금의 성주군 수륜면의 백운동을 지나 홍류동으로 갔을 가능성이 크다. 옥산 역시 그의 형인 율곡처럼 가야산 꼭대기에 올라가서 아래를 내려다보며 읊지 않았다. 최고운의 「가야산 독서당에 붙임」 시가 나오게 된 홍류동을 제재로 하여 시를 읊었다. 첩첩이 쌓인 기암괴석 사이로 시냇물이 흐르고 있다. 그런데 그때 마침 바람이 불어와 꽃이 시냇물 위로 떨어진다. 이것이 홍류(紅流)이다. 옥산은 최고운의 고사 또는 그의 시를 생각하면서 이 시를 지었다. 그는 머릿속에서 가야산의 빼어난 경관(景觀)에 최고운의 행적을 더하고 있다. 그렇기 때문에 자아가 경치를 읊어도 최고운의 범주에서 벗어나지 못하고 있다. 청천(靑泉) 신유한(申維翰, 1681~?)의 「가야산에서 인초스님에게 줌[伽倻山贈演初上人]」[273]이라는 시가 두 수 있는데 첫 번째 것을 들어 보면 다음과 같다.

伽倻秀色上衣冠	가야산 빼어난 빛에 시인 정취 돋고,
天半芙蓉次第看	하늘 높이 부용봉이 차례로 보이네.
地得西婆千佛現	땅은 서역의 천불(千佛)이 나타난 듯,
山浮東海六鼇蟠	산은 동해의 여섯 마리 용이 서린 듯.
談經月照蓮花凈	달밤에 불경 이야기가 연꽃처럼 맑고,
綴曲霜侵桂樹寒	골골이 서리 내려 계수나무도 차갑네.

273 申維翰, 『靑泉集』 卷1(『韓國文集叢刊』 200, 239쪽).

我且欲尋仙學士	내가 장차 신선이 된 학사 찾으려고,
三更玉笛倚闌干	깊은 밤 난간에 기대어 옥피리 부네.

이 시는 어쩌면 가야산의 경관을 읊는 것이 주가 아니라 신선이 되어서 학을 타고 구름 속으로 사라진 최고운의 행적을 찾는 것이 목적인 것 같다. 『시경(詩經)』 육의(六義) 가운데 선경후정(先景後情)의 흥체(興體)이기 때문에 먼저 자연경관을 읊는 것이 당연하다.

자아는 가야산의 빼어난 경치가 시인의 정취를 일깨운다고 하였다. 경치가 너무 좋아 시가 저절로 나온다는 말이다. 자아의 시선은 위를 향하고 있으며 눈이 한곳에 머무르지 않고 수직·수평으로 이동한다. 하늘 높이 우뚝 솟아 있는 부용봉이 우선 자아의 눈에 들어온다. 부용(芙蓉)은 연꽃이고 연꽃은 불교와 밀접한 관련이 있다. 산이 부용봉이니 그 밑에 있는 땅은 마치 서역, 곧 극락정토(極樂淨土)여서 천불(千佛)이 나타난 듯하다. 또 그가 산을 보니 마치 동해의 여섯 마리 용이 서려 있는 듯하다. 자아는 땅과 산에 신이성(神異性)을 부여하고 있다. 용은 임금을 상징한다. 해동의 여섯 마리 용은 조선 태조 이성계와 그의 다섯 선조를 가리킨다. 이는 곧 「용비어천가」의 제재였다.

이처럼 가야산의 경관을 읊은 시들도 처음에는 그 산의 빼어남을 읊었지만, 최고운과 결부시켜 신이성(神異性)을 부여하고 있다. 이들이 최고운을 염두에 두고 있었음을 알 수 있다. 시인 자신의 신분이 어떻든 가야산의 경관을 읊은 시인들은 대부분 초인문정신(超人文精神) 세계에서 가야산을 묘사하고 있다. 이 점이 다른 산의 경관을 묘사한 것과 차이가 있다. 이것은 최고운의 행적이 이들의 머릿속에 큰 비중을 차지하고 있음을 입증한다.

4) 도학의 장

예부터 선현들은 산에 의미를 부여하였다. 첫째, 『주역』에서 산은 그친다[止]는 의미이다. 둘째, 인자요산(仁者樂山) 지자요수(知者樂水)라는 말이 있듯이 산은 어진 이가 좋아한다. 산이 모든 것을 다 포용하기 때문이다. 셋째, 맹자가 말한 호연지기(浩然之氣)의 대상이다. 넷째, 무욕(無慾)의 상징이다. 다섯째, 지조와 절개의 대상이다. 언제나 말없이 변함이 없기 때문이다. 여섯째, 도학의 원두(源頭)이다. 조선이나 송나라 선비들은 산수에 의미를 부여하였다. 물론 그 전후의 시인들도 없지는 않지만, 성리학자들은 유산(遊山)을 학문과 연계시키고 있다. 고려 말부터 학자들 사이에는 "글 읽기는 산놀이와 같다.[讀書如登山 또는 讀書如遊山]"라는 말을 자주 쓰곤 하였다. 이는 우리나라에 성리학이 들어온 시기와 같다.

『주자대전(朱子大全)』이나 『주자어류(朱子語類)』를 보면 독서(讀書)라는 말이 많이 등장한다. 주자의 글 가운데 한두 대목을 들어 보면 다음과 같다. 주자는, "글을 읽어 성현의 뜻을 살피고, 성현의 뜻으로 자연의 이치를 살핀다."[274]라고 하였다. 이것이 글공부하는 목적이다. 그는 "학문의 도는 궁리보다 앞서는 것이 없고 궁리의 요체는 반드시 독서에 있다. 책을 읽는 방법은 순서에 따라 정밀하게 읽는 것보다 귀한 것이 없다. 순서에 따라 정밀하게 읽는[致精] 것의 바탕은 정신을 집중[居敬]하고 원대한 의지를 세우는[持志] 데 있으니, 이것은 바뀌지 않는 이치이다."[275]라고 하여 글공부하는 방법을 말하고 있다.

---

274 "讀書以觀聖賢之意, 因聖賢之意, 以觀自然之理." 朱熹, 『朱子語類』 卷9, [學] 3, 「論知行」.

275 "蓋爲學之道, 莫先於窮理, 窮理之要, 必在於讀書. 讀書之法, 莫貴於循序而致精, 而致精之本, 則又在於居敬而持志, 此不易之理也." 朱熹, 『朱子大全』 卷14, 「行宮便殿奏箚」 2.

우리나라에서 글공부와 산놀이를 같은 것으로 본 사람은 고려 말 목은(牧隱) 이색(李穡)이 처음이다. 그의 「독서(讀書)」[276]라는 시 첫 구에서 "글 읽음은 산을 유람하는 것 같다.[讀書如遊山]"라고 읊고 있다. 조선 중기 신재(愼齋) 주세붕의 「산놀이(遊山)」[277], 퇴계의 「글 읽기와 산놀이는 같다[讀書如遊山]」[278] 등에서 산에 오르는 것과 글공부를 결부하고 있다.

율곡(栗谷) 이이(李珥)가 「험한 산길에 말을 세워 가야산을 돌아봄[立馬羊腸 回望伽倻山]」[279]이라는 시를 지었는데 그 내용을 들면 다음과 같다.

立馬羊腸口	험한 산길 입구에 말 세웠으나,
雲回不見山	구름이 가려 산이 보이지 않네.
慇懃碧溪水	은근히 흐르는 푸른 시냇물이,
隨我出人閒	나 따라 세속 벗어나 욕심 없네.

율곡은 가야산 정상에 올라가지 않았다. 그는 말을 타고 와 험한 산길 입구에 말을 세우고 가야산을 우러러보고, 또 그 밑에 흐르는 냇물을 내려다보았다. 엄밀히 말하면 가야산을 돌아보고 지은 시가 아니지만, 율곡은 산 밑에 흐르는 계곡물을 보고 세속을 벗어나 무욕(無慾)의 의미를 생각하였다. 산은 세속과 함께 있으면서도 세상 사람들과는 달리 욕심을 지

276 李穡, 『牧隱詩藁』 卷7(『韓國文集叢刊』 4, 34쪽).

277 周世鵬, 『武陵雜稿』 卷1(『韓國文集叢刊』 26, 485쪽).

278 李滉, 『退溪集』 卷3(『韓國文集叢刊』 29, 126쪽). 이 밖에 김부필(金富弼, 1516~1577)·김부윤(金富倫, 1531~1598)·박성(朴惺, 1549~1606)·유도원(柳道源, 1721~1791)·정종로(鄭宗魯, 1738~1816)·곽종석(郭鍾錫, 1846~1919) 등이 자신들의 시나 문에서 이 같은 말을 하고 있다.

279 李珥, 『栗谷全書』 卷1(『韓國文集叢刊』 44, 16쪽).

니지 않는다. 사람들은 이 산, 곧 자연의 운행을 보고 자기 삶의 본보기로 삼는다. 이것은 동양의 자연관과도 일치한다. 곧 훈리자(訓理者)로서의 자연관이다.

용주(龍洲) 조경(趙絅, 1586~1669)이 「강양에 가야산이 있고 내포에도 가야산이 있는데, 사평[洪城]과 아림[居昌]에서 객지 생활을 하면서 모두 그 산을 마주하였기에 언급함[江陽有伽倻山 內浦亦有伽倻 而沙平娥林客居皆對其山 故及之]」[280]이라는 7언율시를 남겼는데, 그 내용을 들어 보면 다음과 같다.

丙丁多難自飄蓬	병자, 정유년 난리 때 떠돌이 신세,
南嶺三年四載洪	영남 생활 서너 해 많은 경험하였지.
僮僕渾迷故國語	하인들은 자기 나라 말조차 모르고,
耕犁常學異鄉風	농부들 언제나 다른 나라 풍속 배워.
誅茅計拙甘煙眼	띳집에 살며 고졸하게 자연 좋아해,
答客辭繁喜病聾	사람들 말이 많아 귀 어두운 것 다행.
唯有伽倻不負我	오직 가야산만 나를 등지지 않나니,
青青兩地美名同	독야청청 두 곳 아름다운 이름 같네.

용주는 가야산이라는 이름을 지닌 산이 강양 곧 합천과 내포 곧 홍성에 있다고 하였다. 그는 임진왜란과 정유재란의 소용돌이 속에서 나그네가 되어 거창(居昌)과 홍성(洪城)에서 객지 생활을 하였다. 난리 기간 중이니, 인심이 사나워지고 사람들의 사고방식도 많이 변하였다. 무식한 사람들

280 趙絅, 『龍洲遺稿』 卷3(『韓國文集叢刊』 90, 47쪽).

은 자기 나라의 말도 모른다. 또 농부들은 다른 나라 풍습을 익히고 있다. 그만큼 전쟁의 피해가 컸다는 말이다.

그러나 자아만 일반인과 달리 생각하고 있다. 띳집에 조용히 살면서 고졸(古拙)한 생각을 하고 있다. 고(古)와 졸(拙)은 인공적으로 꾸미지 않은 소박한 모습이다. 이것이 바로 자연(自然)이다. 자아가 만난 사람들은 고졸하지 않다. 무엇을 물어도 말이 너무 많다. 말이 많은 것은 고졸과는 거리가 멀다. 자아가 보니 오직 가야산만이 자신의 마음과 같다. 언제나 변함이 없는 것이 산의 모습이다. 세상이 아무리 혼란하여도 그에 휩쓸리지 않는 것이 자아요, 산이다. 자아는 산의 모습을 보고 항심(恒心)을 생각하였다. 오봉(梧峯) 신지제(申之悌, 1562~1624)가 「꿈속에서 가야산을 지나가니 가을빛이 상쾌하고 산세가 가파른 것 같았다. 고운과 남명을 생각하면서 한참 동안 조용히 읊음[夢中過伽倻山 秋光凄爽 山勢料峭 思孤雲南冥 沈吟久之]」[281]이라는 시를 지었다. 그 내용을 들면 다음과 같다.

萬丈伽倻秋色高	만 길 높은 가야산 가을빛 만연한데,
霜風吹葉響刀刀	가을바람에 날리는 낙엽 소리 스르륵.
輕霞細霧光輝薄	이내와 안개에 햇살 희부옇게 빛나고,
峭壁奇巖氣勢豪	가파른 절벽엔 기암의 기세 호방하네.
苔暗洞仙題字石	이끼 낀 동선(洞仙) 바위에 새긴 글씨,
草生山叟倚雲皐	초생과 산 늙은이 구름 언덕에 의지해.
昔人不見靑山在	옛 분들은 청산이 있는 줄 몰랐으니,
山自無心人自勞	산은 무심한데 사람들만 괴로워하네.

281 申之悌, 『梧峯先生文集』 卷5(『韓國文集叢刊』 續12, 474~475쪽).

이 시의 핵심은 마지막 구, "산은 무심한데 사람들만 괴로워하네."에 있다. 옛사람들은 푸른 산이 이곳에 있는 줄을 몰랐다. 자아가 산의 겉모습은 알았지만, 산이라는 글자 안에 숨어 있는 의미를 몰랐다는 말이다. 앞에서도 언급했듯이 산은 세속을 멀리하지 않는다. 산은 언제나 말없이 그 자리에 있기에 겉으로 보면 무심한 것 같다. 가만히 있는 산을 두고 사람들은 말이 많다. 이 시도 위의 오봉(梧峯)의 시와 같이 변하지 않는 삶의 모습을 노래하고 있다.

팔곡(八谷) 구사맹(具思孟, 1531~1604)은 「가야산에 놀러감[遊伽倻山]」[282] 이라는 7언절구 시를 지었는데, 그 내용을 들면 다음과 같다.

迢迢束峽强驅馳	아스라이 좁은 골짜기를 억지로 올라,
纔到仙山興已隨	선산에 도착하자마자 흥 이미 따르네.
以目勞身堪一笑	고생한 이 몸 보곤 한번 웃음 짓나니,
世間何事不如斯	세상의 무슨 일이 이 같지 않으리요.

팔곡(八谷)은 등산을 인생사에 비유하였다. 좁은 골짜기를 힘겨워하면서 억지로 정상까지 올라갔다. 어느 산이든 정상에 오르려면 고비가 있다. 특히 해발 1,000m가 넘는 산은 더욱 그러하다. 소위 '할딱 고개'가 있어 빠르면 7부, 늦으면 8부에서 9부 능선까지 가면 숨이 넘어갈 듯이 힘겹다. 이 고비를 넘겨 정상까지 올라가면 그동안의 힘듦이 기쁨으로 바뀐다. 산 정상에서 확 트인 사방을 보면 속이 시원하다. 이것이 바로 인간사와 같다. 고생한 뒤에는 반드시 보람이 오기 때문이다.

---

282 具思孟,『八谷先生集』卷2(『韓國文集叢刊』40, 484쪽).

기구(起句)에서 자아는 골짜기를 오르며 고생하는 모습을 묘사하였고, 승구에서는 정상에 도착한 뒤의 희열을 묘사하였다. 전구와 결구에서는 이 등산의 희열을 인간사와 연계시켰다. 앞에서 말한 '독서여등산(讀書如登山)'이라는 구절과도 서로 통한다. 결구에서 자아가 말하고 있듯이 세상의 모든 일은 이 등산과 같다. 독서, 곧 학문도 인간사의 한 부분이다. 학자들은 글공부가 자기 삶의 전부라고 생각할 수 있으나 따지고 보면 남들보다 공부를 많이 한다는 것뿐이지 그것도 삶의 일부분이다. 팔곡은 등산을 인생사의 종개념(種概念)이 아닌 유개념(類概念)으로 보았다.

무민당(无悶堂) 박인(朴絪, 1583~1640)은 「가야산에 올라 주자의 축융봉 시에 차운함[登伽倻山 次朱子祝融峰韻]」[283]이라는 7언절구 시를 지었는데 그 내용을 들어 보면 다음과 같다.

笙鶴飄然上界風　　생학이 훨훨 나니 상계엔 바람 일고,
手捫星斗豁心胷　　손엔 별이 잡힐 만큼 높아 속 시원.
悠悠目送三韓外　　유유히 눈길은 삼한 밖에 있나니,
方丈雲邊第一峰　　구름 가 방장산 가장 높은 봉우리.

이 시는 제목에서 알 수 있듯이 주자의 시를 차운하여 지었다. 주자의 시 제목이 「술에 취하여 축융봉에서 내려오면서 지음[醉下祝融峰作]」[284]이

---

283 朴絪, 『无悶堂集』 卷1(『韓國文集叢刊』 續21, 24쪽).

284 원시(原詩)는 다음과 같다.

我來萬里駕長風　　나는 멀리서 장풍을 타고 왔나니,
絶壑層雲許盪胸　　깊은 골 층층 구름에 속이 시원해.
濁酒三杯豪氣發　　막걸리 세 잔에 호기가 일어나서,
朗吟飛下祝融峯　　낭랑히 읊으며 축융봉을 내려오네.
– 朱熹, 『朱子大全』 卷5

다. 기구(起句)를 보면 자아가 생학(笙鶴)이 훨훨 나니 상계(上界)에는 바람이 일어난다고 하였다. 생학은 신선이 학을 타고 생황을 연주하는 것으로, 일반적으로 선학(仙鶴)을 뜻한다. 학이 상계, 곧 하늘 위의 선계(仙界)[285]에서 날고 있다. 전구(轉句)와 결구(結句)는 두보의 시를 용사하고 있는데, "방장산은 삼한의 밖에 위치하고, 곤륜산은 만국의 서쪽에 솟아 있네.[方丈三韓外, 崑崙萬國西.]"[286]라는 구절이다. 우리나라에서 삼한은 마한·진한·변한으로 남부 지방을 일컫는다.

이 시를 언뜻 보면 그다지 의미가 없어 보인다. 자아가 가야산에 올라 주위를 살피는 모습을 묘사하고 있기 때문이다. 주자의 시가 산꼭대기에서 내려오면서 지은 것이라면 무민당(无悶堂)의 시는 산 정상에 올라가서 지은 시이다. 산꼭대기에 올라가면 사방이 훤히 다 보인다. 이를 학문 또는 독서에 비유하면 많은 책을 읽어 그 이치를 두루 깨닫는 것과 같다. 자아가 자신의 학문이 어느 정도 완숙 단계에 접어들었다고 자부하는 것인지도 모른다. 학문하는 사람은 옹졸하여서는 안 된다. 다양하게 지식을 넓혀 통유(通儒)가 되어야 한다. 자아가 말한 우뚝 솟은 방장산은 남보다 우월한 학문의 경지를 말한다. 삼연(三淵) 김창흡(金昌翕, 1653~1722)의 「가야산 홍류동(伽倻山紅流洞)」[287]이라는 시를 보면 다음과 같다.

285 참고로 당나라 노동(盧仝)의 「차노래[茶歌]」라는 시에 "봉래산 신선들이 속세를 다스린다마는, 맑고 높은 자리 풍우와 멀리 떨어져 있네. 어찌 알리요 억만창생의 목숨이, 벼랑에서 떨어져서 고통을 받고 있는 줄.[山上群仙司下土, 地位清高隔風雨. 安得知百萬億蒼生, 命墮顚崖受辛苦.]"이라는 구절이 보인다.

286 杜甫, 『杜少陵詩集』 卷3, 「奉贈太常張卿垍 20韻」.

287 金昌翕, 『三淵集拾遺』 卷7(『韓國文集叢刊』 166, 338쪽).

孤雲無迹亂峯高	고운 자취 사라진 곳 봉우리 높은데,
玉洞明花半是桃	옥동에 활짝 핀 꽃 반은 복사꽃이네.
千載石橋名不滅	천년 동안 돌다리는 이름 그대로인데,
一源春水與周遭	한줄기 원두의 봄물 사방에서 만나네.
(一源流水又春濤)	(원두에서 흐르는 물 봄 맞아 출렁이네.)

기·승·전구는 가야산에 은거하여 신선이 되었다고 하는 최고운을 염두에 두고 자신의 심정을 묘사하고 있다. 비록 최고운의 자취가 사라지고 없지만, 산은 옛 산 그대로 높고도 높다.

삼연(三淵)은 이 시의 결구에서 주자의 「책을 보다 느낌이 있어[觀書有感]」[288](2수)의 구절을 용사(用事)하고 있다. 조선의 선비들은 이 시를 주자

---

288 주희(朱熹)의 『주자대전(朱子大全)』 권1에 실려 있는 이 시 두 수의 원문을 들면 다음과 같다.

半畝方塘一鑑開	조그만 연못에 거울 하나가 열렸는데,
天光雲影共徘徊	하늘빛 구름 그림자 함께 떠돌아다녀.
問渠那得淸如許	묻노니, 어찌 그렇게 맑을 수 있는가,
爲有源頭活水來	맑은 물 흘러나오는 근원 있어서라네.

昨夜江邊春水生	지난밤 강가에는 봄물이 불어나더니,
艨衝巨艦一毛輕	몽충 같은 큰 전함도 깃털처럼 가볍네.
向來枉費推移力	지금까지 미는 힘 헛되이 써 버렸으나,
此日中流自在行	오늘은 강 가운데로 자유로이 흘러가네.

주자(朱子)가 실제로 철리적인 의미를 염두에 두고 이 시를 지었는지는 모른다. 겉으로 보면 이 시는 그저 조그만 연못의 잔잔한 물결에 비친 사물을 보고 느낌이 일어 지은 것 같기도 하다. 첫 번째 시를 보면, 자아가 조그만 연못에 거울 하나 열렸다고 하였다. 거울은 말할 것도 없이 잔잔한 물결이다. 거울 같은 물, 곧 아주 맑은 물이다. 그곳에 하늘과 구름이 비친다. 어찌하여 물이 이처럼 맑을 수 있느냐고 자아가 자기 스스로에게 묻는다. 그러자 그것은 원두에서 흘러내리는 물이 있기 때문이라고 다시 자아 자신이 대답한다.
두 번째 시는 봄이 되자 얼음 녹은 물이 흘러내려 강물이 불었다. 그러자 몽충(艨衝) 같은 전함도 가벼이 떠다닌다. 이는 그만큼 강물이 많다는 말이다. 지금까지, 곧 겨울 동안에는 힘을 헛되이 써 버렸지만, 봄이 되자 불어난 강물 덕에 큰 배가 강 가운데에 자유로이 떠간다.
이처럼 겉으로 보면, 이 두 수의 시는 그냥 물속에 비치거나 물 위를 떠다니는 사물을 보고

의 도통시(道通詩)라고 하였다. 그만큼 이 시에는 드러나지 않은 형이상학적 의미가 담겨 있다. 자아는 결구에서 원두의 봄물이 사방에서 만난다고 하였다. 원두(源頭)에서 내려오는 물은 활수(活水)이기 때문에 맑다. 같은 이치로 사람의 정신도 위로 올라가면 맑아진다. 학문도 마찬가지이다. 학문의 근원은 밑에 있는 것이 아니다. 마치 샘물이 내려와서 큰 강이 되듯이 모든 근원은 위에 있다. 강의 기원은 산에 있다. 산에서 솟는 샘물이 흘러 내와 강을 이룬다. 흐르는 물은 썩지 않는다. 사람의 정신세계도 이와 같다. 근원에서 솟아 살아 있는 물이 흘러내려 가듯, 사람의 정신도 활발발(活潑潑)하여야 한다. 언제나 그 의식이 깨어 있어야 한다. 이처럼 삼연(三淵)은 주자의 시를 바탕으로 자신의 심회를 재구성하였다. 그는 자연에 새로운 의미를 부여하고 있다.

묘사한 것 같다. 그러나 후대의 학자들은 이 시들에 많은 의미를 부여하였다.

제3부

발해 시인들의 시와 지향의식

제13장

일본과의 외교에 앞장선 양태사

1. 발해와 일본의 교류

698년 대조영이 건국한 발해는 926년까지 신라와 남북국의 관계에 있었다. 발해는 건국 초기 영토 확장을 위한 외교정책으로 돌궐 및 일본과는 우호적인 관계를 맺고 신라와 당나라는 견제하였다. 무왕(武王, 719~737 재위)의 뒤를 이은 문왕(文王, 737~793 재위) 때 발해는 당나라와 친선 관계를 회복하여 주변국과 정치세력의 균형을 유지하였다. 그 뒤 선왕(宣王) 대인수(大仁秀, 818~830 재위) 때는 연해주 지역에 지배권을 확립하였다. 그러면서 요동으로 진출하여 당나라에 버금가는 지배력을 구축하여, 해동성국(海東盛國)[1]으로 불릴 만큼 전성기를 누렸다. 당나라의 문물과 제도를 수용하여 자국의 문화를 더욱 융성하게 발전시켰다. 이 중국 문화의 유입은 당나라에 건너간 유학생들을 중심으로 이루어졌다. 이 시기 발해는 당나

1 『동국통감(東國通鑑)』 권11 「신라기 흥덕왕(新羅紀 興德王)」 조에, "흥덕왕 5년 발해왕 인수가 죽었다. 인수는 조영의 아우인 야발의 4세손이다. 발해 북부의 여러 부족을 토벌하여 국경을 크게 넓혔다. 대조영 이래로 자주 제생(諸生)을 장안의 대학에 파견하여 고금의 제도를 배워 익히게 하였다. 이때에 이르러 마침내 해동성국이 되었다.[興德王五年, 渤海王仁秀卒, 仁秀祚榮弟野勃四世孫也. 頗能討伐海北諸部, 開大境宇, 自祚榮以來, 數遣諸生, 詣京師大學, 習識古今制度. 至是遂爲海東盛國.]"라고 하였다.

라에 유학생을 파견하고 사신을 보내어 정치와 문화를 활발히 교류하였다. 이 교류는 당시 사회의 공통 문자인 한자를 매개로 진행되었다. 정형(定型)인 한시의 격식은 어디 가도 변할 수 없었으며, 외교적인 만남에서도 필수적이었다.

사신들이 주고받은 시는 당시 서로의 문화 역량을 확인할 수 있는 척도였다. 또 상호 간 긴장을 완화하고 개인적인 우의를 두텁게 하는 매개체 역할을 하기도 하였다. 그리고 사신들은 시를 지어 자신의 감회나 불만을 나타내기도 하였다. 사신 길에 오른 사람이 고국을 그리워하고 벼슬에서 밀려나면 고독하게 자연을 찾는 심정을 시에 실어 후대까지 전하였다. 이러한 분위기와 맞물려 발해 사람들은 그들의 한문학을 더욱 발전시켰다.

발해는 35차례에 걸쳐 일본에 사절단을 파견하였다. 이들 사절단은 정치, 경제, 문화 면에서 일본과 우호 관계를 맺고자 하였다. 발해인의 시는 정소가 중국에서 지은 1수를 제외하면 모두 일본에 파견된 사신들이 지은 것이다. 일본 문인들과 시문을 교환했던 발해 사신으로는 759년에 파견된 부사(副使) 양태사(楊泰師, ?~?), 814년에 파견된 대사(大使) 왕효렴(王孝廉)과 부사(副使) 고경수(高景秀), 녹사(錄事) 석인정(釋仁貞, ?~815) 등이 있다. 지금까지 전하는 발해 사신들의 시는 양태사 2수, 왕효렴 5수, 석인정 1수, 석정소(釋貞素, ?~828) 1수로 모두 9수이다. 형식은 5언율시 2수, 7언고시 1수, 7언절구 6수로 되어 있다. 이를 통하여 보면, 발해인들이 7언시를 즐겨 지었음을 알 수 있다.

발해가 일본과 교류한 초기에는 당나라와 신라를 견제하기 위한 정치, 군사적 목적이 있었다. 그러나 759년, 네 번째 사절부터는 교역이 주된 목적이었다. 그 뒤 762년 여섯 번째 사절부터는 문관이 주류를 이루게 되었

다. 이때 사절(使節)의 대부분은 한시(漢詩)를 잘 짓는 문인들이었다.[2]

현재 문헌상에 나와 있는 자료를 토대로 할 때, 일본에 사신으로 가서 가장 먼저 작품을 남긴 발해 사람은 양태사(楊泰師)이다. 양태사는 생몰 연대가 불확실하다. 그는 발해 제3대 왕인 문왕 때 귀덕장군(歸德將軍) 벼슬을 한 무인(武人)이었다. 그는 무인이면서도 시를 잘 지었다. 문왕 23년에 부사(副使)의 자격으로 일본에 갔다.[3] 그때 지은 작품이 「밤에 다듬이 소리를 듣고[夜聽擣衣聲]」와 「기조신공이 눈을 읊은 시에 화답함[奉和紀朝臣公詠雪詩]」[4]이다.

고원유(高元裕)는 일본에는 가지 않았지만, 9세기 전반에 당나라에서 과거에 급제해 벼슬길에 올라 말년에는 이부상서를 지냈다. 『전당시(全唐詩)』에 7언시 한 연(聯)만 실려 있다. 왕효렴(王孝廉, ?~815)은 제8대 희왕(僖王) 때 벼슬이 태수였으며, 희왕 2년(814) 9월에 정사로 일본에 상륙, 12월에 국서를 전한 것으로 알려져 있다. 왕효렴의 시는 일본 자료에 한시 5수가 남아 있다.

석인정(釋仁貞)과 석정소(釋貞素)는 녹사의 직책으로 왕효렴을 따라간 승려이다. 인정(仁貞)은 이때 지은 시 한 편이 남아 있다. 정소도 승려로, 당나라에 있을 때 일본 승려의 죽음을 애도하는 시 한 편을 남겼다. 발해의 종교적 지주는 불교였기에 건국 초기부터 불교가 발해인들의 마음속에 깊이 자리 잡고 있었다. 특히 전륜성왕(轉輪聖王)을 표방하였던 문왕 때부터 융성하기 시작하여 9세기에 들어서는 승려들의 활동이 두드러지게

2 張源哲, 「발해 한시 문학의 현황과 창작 경향」, 『大東漢文學』제26집, 大東漢文學會, 2007.

3 金毓黻 撰, 王有立 主編, 『渤海國志長編』 卷10, 太學社 影印本, 1977 참조.

4 『經國集』 卷13; 『渤海國志長編』 卷18.

나타났다. 그 승려들 가운데 대표적인 사람이 바로 인정(仁貞)과 정소(貞素)이다. 왕효렴, 인정, 정소에 관하여는 다음 장에서 다시 논의한다.

양태사보다 뒤지지만, 역시 외교 사절이었던 배정(裴頲)이 있다. 그는 발해의 사신으로, 일본에서 현인으로 추앙받은 인물이다. 일본에서는 배정을 영특하고 아주 빼어난 현인이며 온화한 용모에다 행동거지에 거침이 없었으며, 높은 문화적 소양을 가진 인물로 묘사하였다. 일본인들은 그가 입에서 뱉으면 문장을 이루어 7보를 걷는 사이에 시 한 수를 지을 수 있는 재주, 즉 칠보지재(七步之才)라고 칭송하는 등 당시 발해의 문화 수준은 일본보다 높은 편이었다.

배정은 882년에 서른 번째, 894년에 서른두 번째 발해 대사로 일본에 갔다. 이때 일본에서는 당시 일본을 대표하는 문인인 도전충신(嶋田忠臣), 관원도진(菅原道眞), 기장곡웅(紀長谷雄)[5] 등과 시문(詩文)를 주고받았다. 882년 일본을 방문한 배정(裴頲)에게 창수(唱酬)하기 위해서 그와 동갑인 관원도진(菅原道眞)을 내세웠는데, 그는 배정과의 창수(唱酬)를 통해 59수의

---

5 908년 기장곡웅(紀長谷雄, きのはせお)이 일본의 우다천황(宇多天皇, うだてんのう)을 대신해서 배정에게 보낸 「법황이 발해 배정에게 보내는 편지[法皇賜渤海裴頲書]」가 『본조문수(本朝文粹)』에 실려 있다. 그 내용은 다음과 같다.

> 배정 족하, 어제 다시 뵙고 사랑스러운 풍채가 저의 마음속에 남아 있습니다. 저는 야인으로 서로 말씀을 나눈 적은 없으나, 풍채를 상상하면서 북쪽을 바라보며 사모하는 마음이 더하였습니다. 방금 명부의 아들로 사신의 예를 마치고 고향으로 돌아가시니 차마 마음을 누를 길이 없어 편지를 부칩니다. 은자의 뜻은 가벼이 버리지 못하겠습니다. 아, 저는 남산의 남쪽에 살며 뜬구름같이 안정되지 않고, 그대의 집은 북해의 북쪽에 있어 사납고 험한 파도가 그 몇 겹입니까? 이 하늘 아래에서 서로 그리워하는 줄 알아야 하고, 나라 안에서 이름을 드날리지 못함을 괴이하게 여기지 말아야 할 것입니다. 일본국 서학동 거사 무명삼가 올림. 연희 8년 5월 12일.[裴公足下, 昔再入覲, 光儀可愛, 遺在人心. 余是野人, 未曾交語, 徒想風姿, 北望增戀. 方今名父之子, 禮畢歸鄕, 不忍方寸, 聊付私信. 逋客之志, 不輕相棄. 嗟呼, 余栖南山之南, 浮雲不定. 君家北海之北, 嶮浪幾重. 一天之下, 宜知有相思, 四海之內, 莫怪不得名. 日本國栖鶴洞居士無名, 謹狀. 延喜八年　五月十二日.]

시를 지어 『홍월로증답시집(鴻月盧 贈答詩集)』을 편찬하였다. 그러나 배정의 작품은 시 한 구절만 전한다. 이 뒤를 이어 배구(裴璆)라는 사람이 나타난다. 그의 작품은 남아 전하는 것이 없다. 그러나 그에게 준 일본인들의 시와 글은 여러 편 전한다. 일본인들은 그의 시가 놀랍고 예의 준엄하며 생각이 깊다고 하였다.

발해는 주변 국가의 다양한 문화를 흡수해 자기만의 색채로 발전시켜 세련된 문화와 예술을 자랑하였다. 발해는 여러 민족으로 구성되어 있어 문화 면에서 다양성을 드러내었다. 초기부터 유학생을 당(唐)나라에 파견하였는데, 제3대 왕인 문왕 때에는 문치(文治)를 추진하면서 유학이 주요한 사상적 기반으로 자리 잡게 되었다. 중앙행정기구인 6부(部)를 유교 덕목인 충(忠)·인(仁)·의(儀)·지(知)·예(禮)·신(信)으로 명명한 것도 특기할 만하다. 발해인들이 남긴 문학 작품으로는 공식적인 외교문서나 묘지명을 제외하고도 양태사(楊泰師), 왕효렴(王孝廉) 등이 남긴 시가 전한다.

발해 문화는 다양한 양상을 띠고 있는데, 이것은 활발한 대외관계와 관련이 있다. 발해에는 5개의 주요 대외 교통로가 있었다. 바다를 통하여 일본과 왕래하던 일본도(日本道), 함경도의 동해 연안을 따라 개설되었던 신라도(新羅道), 요하(遼河) 상류 쪽으로 연결되었던 거란도(契丹道)가 그것이다. 또 당나라와 왕래하던 길은 2개가 있었으니, 하나는 요동반도와 산동(山東)반도를 잇는 바닷길인 조공도(朝貢道)이고, 다른 하나는 요동(遼東)과 요서(遼西) 지방의 내륙 교통로로 이어지던 영주도(營州道)이다. 그리고 문헌에는 보이지 않지만, 발해 북쪽을 통하여 중앙아시아와 연결되는 교통로도 있었을 것으로 추정하기도 한다.

발해는 8세기 중반부터 당나라 문화를 적극적으로 받아들이게 된다. 3

성 6부의 중앙 통치기구, 10위의 중앙 군사제도를 비롯하여 지방 행정제도, 문무 관료제도, 관복제도 등은 모두 당나라 제도를 본받았다. 그러다 보니 발해가 220여 년간 유지되면서 독창성이 부족한 것이 발해 문화의 단점이다. 759년과 814년에 각기 일본에 사신으로 간 양태사(楊泰師)·왕효렴(王孝廉) 같은 시인들이 일본에 남긴 작품은 문화 수준을 자랑하려는 의지와 함께, 멀리 떠나온 고국을 그리워하는 정감을 잘 나타내고 있다.

발해 멸망 뒤에 유민으로서 문학 작품을 남긴 인물도 적지 않다. 이러한 인물로는 요나라 때의 천조제 문비 대씨(天祚帝 文妃 大氏), 금나라 때의 왕준고(王遵古)·왕정견(王庭堅)·왕정균(王庭筠)·왕만경(王萬慶) 집안, 고간(高衎)·고헌(高憲) 집안, 장여위(張汝爲)·장여능(張汝能) 형제 등이 있다.

지금 우리는 발해 문학에 대해서 지나칠 수 없다. 우리 문학의 영역을 확장하기 위해서는 발해나 고구려 문학이 그만큼 중요하기 때문이다. 기존의 연구에서 개괄적인 고찰은 이미 이루어졌다.[6] 그러나 개별 작품에 대한 치밀한 고찰은 아직 이루어지지 않았다.

양태사(楊泰師)는 두 수의 시를 남겼다. 「밤에 다듬이 소리를 듣고[夜聽

---

6 장원철, 「渤海의 漢詩文學에 대하여-日本의 勅撰漢詩集에 수록된 작품을 중심으로-」 『인문학 연구』 제1집, 경상대학교 인문학연구소, 1995, 5~75쪽.
柳在日, 「渤海漢詩의 作品 硏究」, 『洌上古典硏究』 제9집, 洌上古典硏究會, 1996, 5~29쪽.
柳在日, 「渤海 遺裔人의 漢詩 作品 硏究」, 『洌上古典硏究』 제10집, 洌上古典硏究會, 1997.
柳在日, 「王庭筠 시 작품의 문예 공간」, 『韓國漢詩의 探究』, 이회, 2003, 75~95쪽.
張源哲, 「발해 한시 문학의 현황과 창작 경향」, 『大東漢文學』 제26집, 大東漢文學會, 2007.
이연숙, 「발해와 일본의 문학교류 양상」, 『동의어문논집』 제11집, 새얼어문학회, 1998 등이다.
또 劉國賓이 편집·간행한 『渤海詩文輯校』(中國: 吉林文史出版社, 1999)에는 작자 190명의 시문 546편이 실려 있는데, 그동안 찾기 힘들었던 발해 문학 작품을 정리하였다는 데 의의가 있다. 이 책의 내용에 관하여는 姜林昌, 「渤海國歷史文化硏究的基礎-讀劉國賓渤海詩文輯校」(『社會科學輯刊』 2001年 02期, 中國社會科學硏究院歷史硏究所, 2001)가 참고가 된다.

擣衣聲]」[7]와 「기조신공이 눈을 읊은 시에 화답함[奉和紀朝臣公詠雪詩]」[8]이 그것이다. 이들 시는 매우 서정적이다.

2. 양태사 시의 자아 지향

1) 귀소 의지와 열린 공간

한시에 있어 그 형식은 대단히 중요하다. 시(詩)뿐만 아니라 문(文)도 예외일 수 없다. 「밤에 다듬이 소리를 듣고[夜聽擣衣聲]」는 초기 근체시의 모습을 하고 있다.

형식 면에서 보면 이 시는 7언배율(七言排律)이라 할 수 있다. 그러나 이 시는 배율 형태를 완전히 갖추고 있지는 않다. 평측(平仄)과 운에서 아직 불완전하기 때문이다. 곧, 이 시는 근체시의 형태가 완성되기 전의 모습을 하고 있다.

전체를 두고 보면 염(黏)은 그런대로 구식(句式)에 맞다. 앞의 네 구절을 예로 들어 보면, 첫 구절에서 천(天: 平 先[9])·조(照: 去 嘯)·하(河: 平 歌), 둘째 구절에서 자(子: 上 紙)·귀(歸: 平 微, 去 實)·유(有: 上 有, 去 宥), 셋째 구절에서 좌(坐: 去 箇, 上 哿) ·소(宵: 平 蕭)·욕(欲: 入 沃), 넷째 구절에서 문(聞: 平 文, 去 問)·여(女: 上 語, 去 御)·의(衣: 平 微, 去 未)이다. 성(聲)만 두고 볼 때 이 시의 염은 그런대로 맞다. 그러나 서로 드나드는 경우가 있어 성(聲)이 완전하다고 할 수는 없다.

---

7 『經國集』 卷13; 金毓黻 『渤海國志長編』 卷18.

8 『經國集』 卷13; 金毓黻 『渤海國志長編』 卷18.

9 앞 글자는 성(聲), 뒤 글자는 운(韻)을 나타낸다.

근체시는 압운(押韻)에 있어 일반적으로 일관성이 있다. 그러나 이 시는 압운에 일관성이 없다. 각 연(聯)의 출구(出句)와 대구(對句)를 두고 볼 때 두 연(聯)씩 운이 바뀌고 있다. 그것도 평성(平聲) 운(韻)과 측성(仄聲) 운을 뒤섞어 쓰고 있다.

일반적으로 율시(律詩)나 배율(排律)의 운(韻)은 짝수 행의 마지막 글자에 둔다. 구법대로 따른다면, 이 시의 운은 정(情: 平 庚), 성(聲: 平 庚), 지(止: 上 紙), 사(似: 上 紙, 去 寘), 평(平: 平 庚), 완(腕: 去 翰), 한(寒: 平 寒), 단(端: 平 寒), 식(息: 入 職), 축(縮: 入 沃), 천(穿: 平 先, 去 霰), 면(眠: 平 先)이다. 이처럼 이 시는 압운(押韻)에 일관성이 없다. 비록 압운은 일관성이 없지만, 양태사가 압운을 달리한 이유가 있다. 그것은 시에 있어 단조로움을 피하고 리듬감을 주기 위해서이다.

후반부에 가면 부(賦)에 많이 들어가는 혜(兮)라는 글자가 들어가는 구절이 몇 군데 있다. 이 글자는 의미는 없고 문법적 기능만 있는데, 곧 영탄법으로 앞뒤 구절을 연결하고 있다.

이 시의 또 다른 특징은 자아가 자신의 감정을 다른 매개물 없이 솔직하게 표현하고 있다는 점이다. 자아가 자신의 심정을 직설적으로 묘사하고 있다. 작시(作詩)에 있어 가장 일반적인 방법은 먼저 외부의 경관을 묘사하고 이어서 자신의 심정을 묘사하는 것이다. 이 시에서도 물론 첫 구에서 자연경관을 묘사하였다. 그러나 이것은 전체 시보다 대단히 간략하다. 24구 가운데 단 한 구만이 자아가 처한 배경을 읊고 있기 때문이다. 이렇게 보면 이 시는 『시경(詩經)』의 육의(六義)[10] 가운데 부체(賦體)의 작법을 따랐다.

10 『시경(詩經)』의 육의(六義)는 풍(風)·아(雅)·송(頌)·흥(興)·비(比)·부(賦)이다. 여기서 앞의 풍·아·송은 시의 내용에 따른 분류이고, 흥·비·부는 시의 형식 곧 작시법에 따른 분류이다.

이 시는 의례적인 수사법을 버리고 내면의 세계를 표현하여 감동을 자아내게 한다. 이 시에서는 청각적 심상이 가장 잘 드러나고 있다. 이 청각(聽覺) 심상(心象)을 보조하는 역할을 하는 것이 시각(視覺) 심상이다. 청각 심상의 대표적인 것이 시의 제목에서도 나온 다듬이 소리이다. 이 다듬이 소리의 분위기를 고조시키는 것이 달이 밝고 은하수가 비치는 밤이다.

구절의 구성은 원인과 결과의 형태로 나타난다. 곧, 출구(出句)가 원인이라면 대구(對句)는 결과이다. 출구가 '한다'로 되어 있는데, 이에 대해 대구(對句)에서는, '그래서 자아는 ~한다'와 '그래서 자아는 ~하지 못(안) 한다'로 표현하였다. 그만큼 시인은 출구(出句)와 대구(對句)를 깊이 배려하였다.

그뿐만 아니라 평·측성(平·仄聲)의 이미지를 안배하여 자신의 심정을 고조시키고 있다. 곧, 한시에 있어서 평성과 측성은 시의 분위기를 나타내는

흥은 먼저 다른 사물을 말하여 읊을 말을 일으킨다.[興者, 先言他物, 以引其所詠之詞也.](『詩經集傳』 卷1, 「周南·關雎」 朱子 注). 비는 저 사물을 이 사물에 비유한다.[以彼物比此物也](『詩經集傳』 卷1, 「國風·螽斯」 朱子 注). 부는 그 일을 그대로 펴서 곧바로 말한다.[敷陳其事, 而直言之者也.](『詩經集傳』 卷1, 「周南·葛覃」 朱子 注).

풍은 민속가요의 시이다. 이것을 풍이라 이르는 이유는 윗사람의 교화를 입어서 말이 있고, 그 말에 사람이 감동할 수 있으니, 마치 물건에 바람이 불어 소리가 있고, 그 소리가 또 물건을 움직일 수 있는 것과 같다.[風者, 民俗歌謠之詩也. 謂之風者, 以其被上之化以有言, 而其言, 又足以感人, 如物因風之動以有聲, 而其聲, 又足以動物也.](『詩經集傳』 卷1, 「國風」 朱子 注).

아는 바름이니, 정악의 노래이다. …(중략)… 정소아는 향연할 때 음악이요, 정대아는 조회할 때의 음악과 제사의 음복에 복을 받고 경계를 아뢰는 내용이다. 그러므로 혹 기뻐하고 화목하여 아랫사람들의 정을 다하고, 어떤 때는 공경하고 장엄해서 선왕의 덕을 드러내어, 말의 기운이 똑같지 않고 음절이 또한 다르다. 이는 주공이 예악을 제정할 때 정한 것이 많다. 변(變: 變大雅, 變小雅)에 이르러서는 일이 반드시 똑같지 않고, 각각 그 성조를 가지고 붙였으니, 그 차례와 시대는 상고할 수 없다.[雅者正也, 正樂之歌也. …(中略)… 正小雅, 燕饗之樂也, 正大雅, 會朝之樂, 受釐(禧)陳戒之辭也. 故或歡欣和說, 以盡群下之情, 或恭敬齊莊, 以發先王之德, 詞氣不同, 音節亦異, 多周公制作時所定也. 及其變也, 則事未必同, 而各以其聲附之, 其次序時世, 則有不可考者矣.](『詩經集傳』 卷9, 「小雅二」 朱子 注).

송은 종묘의 악가이다. 대서에서 말한 성덕의 모급을 찬미하여 그 성공을 신명에게 고하였다는 것이다.[誦者, 宗廟之樂歌, 大序所謂美盛德之形容, 以其成功告于神明者也.](『詩經集傳』 卷19, 「頌四」 朱子 注).

데 중요한 역할을 한다. 평성은 가벼움, 개방, 진전, 밝음, 희망 등의 이미지를 갖는다면, 측성은 무거움, 폐쇄, 정지, 어두움, 절망 등의 이미지가 들어 있다.[11] 양태사의 시에서도 평·측성의 심상을 최대한 활용하고 있다. 이 시에서 시인은 고도의 표현 기법을 구사하였다.

첫째, 심상을 주제와 연결하고 있다. 청각과 시각 심상이 어우러져 주제를 심화시키고 있다. 둘째, 시어를 적절히 안배하여 자신의 감정을 표출하는 수단으로 삼았다. 특히 구(句)의 중간에 허사(虛辭) '혜(兮)'를 넣어 독자에게 리듬감을 주면서 분위기를 환기하고 있다. 셋째, 심리적으로 원근법을 사용하고 있다. 자아의 현실과 자아의 생각이 먼 곳을 향하다가 가까운 곳으로 돌아오고, 또 가까운 곳에 머물다가 먼 곳으로 내달리고 있다. 이것은 그가 그만큼 시를 잘 지었다는 것을 입증한다.

「밤에 다듬이 소리를 듣고[夜聽擣衣聲]」는 양태사(楊泰師)가 발해국의 부사로 일본에 건너갔다가 임무를 마치고 귀국할 즈음에 다듬이 소리를 듣고 고국을 그리워하며 지은 시 두 편 가운데 한 편이다. 양태사의 이 작품은 스물넉 줄로 된 가행체(歌行體)[12]이다. 이 시는 읊기 위함이 아니라 노래하기 위하여 지었다. 이 시는 각각 4구씩 여섯 단락으로 이루어져 있다. 먼저 첫째 단락의 내용을 들어 보면 다음과 같다.

霜天月照夜河明	서리 내린 달밤에 은하수 밝기만 한데,
客子思歸別有情	나그네 돌아갈 생각에 시름이 깊어라.
厭坐長宵愁欲死	긴 밤 앉아 지새우니 시름겹기만 한데,
忽聞隣女擣衣聲	문득 들리는 이웃 아낙네 다듬이 소리.

---

11 拙著, 앞의 『崔孤雲文學研究』, 132~173쪽 참조.

12 장원철, 앞의 「발해 한시 문학의 현황과 창작 경향」, 76쪽.

이 단락을 보면, 자아가 처한 시간 배경을 알 수 있는데, 자아가 처한 시간은 밤이다. 그것도 달이 밝고, 은하수가 비치는 밤이다. 첫째 연의 출구(出句)에서 우리가 알 수 있는 것은 자아의 시선이 위를 향하고 있다는 점이다. 그런데 대구(對句)에 가면, 자아는 달과 은하수를 보며 자기 처지를 생각하고 있다. 자아는 현재 나그네 신세이다. 그러나 그가 머무는 정확한 공간은 나와 있지 않다. 나그네 신세로 자기가 살았던 고향으로 돌아갈 생각을 하고 있다. 첫째 연의 출구에서부터 분위기가 차갑고 어둡기만 하다. 서리[霜], 달[月], 밤[夜]에서 그러한 심상이 느껴진다. 서리는 가을에 내리고, 달은 밝지만 따뜻하지 못하며, 밤은 어둡다. 물론 앞의 달이 있어 밤을 밝히지만, 이 세 글자는 밝거나 희망적이지 못하다. 이러한 어둡고 절망적인 심상이 대구(對句)의 자아의 심정과 연결된다. 자아는 고향으로 돌아갈 생각에 시름겨워한다. 자아 자신의 마음속 근심이 출구의 차갑고 어두운 심상과 맞물려 그 정도가 배가되고 있다.

둘째 연(聯)에서 보면, 첫째 연의 대구(對句)의 의미를 한층 더 고조시키고 있다. 나그네인 자아는 시름겨워 밤을 지새웠다. 그것도 누워서가 아니라 앉아서. 춥고 달 밝은 밤에 자아는 혼자 방에 앉아서 근심에 싸여 밤을 새웠다. 분위기가 첫째 연보다 한층 더 가라앉았다. 그런데 이때 다듬질하는 소리가 들린다. 대구(對句)의 다듬이 소리가 가라앉은 자아의 심정을 깨어나게 한다. 첫째 연과 둘째 연의 운자는 정(情)과 성(聲)으로 모두 평성(平聲) 경(庚)운이다. 성(聲)을 두고 보면 이 두 연은 그래도 감정이 움직인다. 이처럼 첫째 연에서는 먼저 자아가 처한 시간과 공간 배경을 묘사하였다. 시간은 밤이고 그 공간은 자아의 고향이 아닌 타향이다. 이 공간 배경은 구체적으로 드러나 있지 않다. 자아가 시름겨워 잠들지 못하는데, 다듬이 소리가 자신의 마음을 움직이게 한 것을 읊고 있다. 이 다듬이 소리는 바로 자아와 이웃 아낙네를 연결하는 매개체가 된다. 이어서 두 번째 단락의 내용을 보자.

聲來斷續因風至	끊어질 듯 이어지며 바람결에 실려 와,
夜久聲低無暫止	밤 깊어 별 지도록 잠시도 쉬지 않네.
自從別國不相聞	고국을 떠나온 뒤로 듣지 못했더니,
今在他鄉聽相似	타향에서 들리는 소리가 비슷하구나.

첫째 연을 보면, 자아의 감정이 한곳에 머문다. 출구에서는 다듬이 소리가 끊어지지 않음을 묘사하고 있다. 바람결에 끊어질 듯 다시금 들려온다. 이 다듬이 소리는 밤새도록 멈추지 않는다. 이 연(聯)의 운자(韻字)는 지(止)이다. 지(止)는 상성(上聲) 지(紙)운이다. 운자가 측성이니, 그 상태에서 멈추고 있다. 그 상태는 다름 아닌, 자아는 잠을 못 자고 다듬이 소리는 계속 들려오는 것이다. 자아가 잠 못 이루는 것은 나그네로서의 근심 때문이다. 다듬이 소리는 이웃집 아낙네가 쉬지 않고 다듬질하기에 끊이지 않는다.

자아와 다듬질하는 아낙네의 계속되는 힘겨움을 표현하는 데 마지막 운자인 지(止)가 큰 역할을 한다. 자아가 운자(韻字)를 달리한 점은 자아 자신이 성운(聲韻)을 몰라서가 아니다. 형식과 의미, 그리고 심상을 연결하기 위한 시인의 고도(高度)의 수사 기법이다.

둘째 연은 첫째 연과 달리 자아의 심정이 먼 고향으로 향하고 있다. 고향의 가족들에게 자아의 마음이 내달리고 있는 것이다. 그것도 두고 온 아내 생각, 그중에서도 다듬질하는 아내 생각이 간절하다. 자아는 이웃 아낙네의 다듬질 소리를 듣고 자기 아내를 연상한다. 둘째 연에서, 우리는 자아가 다른 나라에 와 있음을 알 수 있다. 바로 출구(出句)에 "국을 떠나온 뒤로"라는 말이 나오기 때문이다. 대구(對句)에 가면, 타향에서 듣는 다듬질 소리가 자아가 고향에 있을 때 들었던 소리와 비슷하다고 한다. 약간 비약적이지만 자아 자신의 심정과 아내의 심정을 동일시하고 있다. 자아와 그의 아내를 연결하는 매개체가 다름 아닌 다듬질 소리이다. 여기서도 운자(韻字)가 큰 역할을 하고 있다. 둘째 연의 운자는 사(似)이다. 사(似)는 상성(上聲) 지(紙)운이다. 따라서 자아의 심정과 그 아내의 심정이 서로 연결되는데, 유동적인 것이 아니라 고정되어 있다.

첫째 단락에서, 타향에서 다른 집 아낙네가 다듬질하는 소리를 묘사하고 있다면, 둘째 단락에서는 이 다듬질 소리를 통하여 고향에 두고 온 아내를 생각한다. 다듬질 소리가 자아와 그 아내를 연결하는 매개체 역할을 한다. 자아는 이 다듬이 소리를 듣고 아내를 생각하는 마음이 간절해진다. 그만큼 아내를 아끼고 있다.

不知綵杵重將輕	곱게 칠한 방망이 무거운지 가벼운지,
不悉青砧平不平	푸르른 다듬잇돌 평평한지 안 한지.
遙憐體弱多香汗	멀리서 가녀린 몸 땀 흘리고 있겠지,
預識更深勞玉腕	밤늦도록 고운 팔 지치도록 두드리리.

먼저 첫째 연을 보면, 자아와 아내의 정이 아직 깊다. 채저(綵杵)와 청침(青砧)에서 그러한 상태를 알 수 있다. 다듬이가 그냥 다듬이가 아니라 색깔을 칠한 다듬이다. 그것은 어쩌면 아내가 시집올 때 가져온 것일 수도 있다. 설령 아내가 가지고 온 것이 아니라도 부부 사이의 금실이 좋다는 것을 암시한다. 색깔을 입힌 다듬이는 화려하다. 화려한 것은 어쩌면 사치

스러울 수 있지만, 그만큼 밝고 진취적인 심상을 지닌다. 두 사람이 금슬 또한 밝고도 진취적이다. 여기서도 운자가 한몫한다.

첫째 연의 운자는 평(平)이다. 이 글자는 평성이다. 평성은 앞에서도 언급했듯이, 밝고 개방적이며 희망적이다. 비록 자아가 타국에 머물고 있지만, 그 아내와의 정분이 도탑다는 것을 은연중에 드러내고 있다. 자아는 다듬이가 무거운지 가벼운지 반문한다. 이에 대한 해답은 다듬이가 무겁다는 것이다. 그것은 자아가 자신의 아내를 생각하는 마음이 깊기 때문이다. 다듬질하는 아내의 방망이가 무거워 보이는 건 그만큼 자아가 자신의 아내를 생각한다는 뜻이다. 또 "푸른 다듬잇돌이 평평한지 안 한지?"라고 자아가 반문한다. 자아는 머릿속으로 다듬잇돌이 평평하다는 것을 전제하고 있다. 그것은 자아와 아내의 관계가 평탄하기 때문이다.

다듬이가 무겁다는 것이 둘째 연에서 드러난다. 물론 오래도록 다듬질하였으니, 여자의 몸으로는 힘겹다. 그것도 건장하지 못한 가녀린 몸이니 더욱 힘겨울 것이다. 힘이 드니 땀이 나는 것은 당연하다. 자아의 아내가 건장하지 않기에 밤늦게까지 다듬질하면 지친다. 자아는 이러한 아내가 애처롭다. 이 애처로운 심정이 마지막 글자인 완(腕)을 통해 잘 드러난다. 둘째 연의 운자(韻字)는 완(腕)이다. 이 글자는 거성(去聲) 한(翰)운이다. 거성은 정지, 무거움 등의 이미지가 있다. 아내를 아끼는 자아의 간절한 마음은 다음 연에 나타난다.

爲當欲救客衣單	길 떠난 내 홑옷 걱정에 옷 다듬겠지만,
爲復先愁閨閣寒	당신 방 차지 않을까 나 먼저 근심되오.
雖忘容儀難可問	당신 모습 가물거려 생각 잘 나지 않아,
不知遙意怨無端	멀리서 무단히 원망이나 하지 않으실지.

자아가 멀리 고향에 있는 아내를 생각하는 마음이 더욱 간절하다. 아내가 자신을 위해서 옷을 다듬고 있을 것이라는 생각에서이다. 첫째 연 출구(出句)에서 그러한 정황이 나타난다. 대구(對句)에서는 자아가 이러한 아내를 걱정하고 있다. 혹시라도 방이 차지 않을까 걱정하는 것이다. 부부가 서로를 위해 주는 모습이다. 물론 출구의 내용은 아내의 실제 행위가 아니라 자아의 상상이다.

둘째 연(聯)도 자아의 상상을 묘사하고 있다. 그러나 첫째 연과는 분위기가 사뭇 다르다. 출구에서 자아는 아내의 모습이 가물거려 생각이 잘 나지 않는다고 하였다. 자아가 아내와 떨어진 지 오래되었음을 의미한다. 아내 얼굴이 떠오르지 않는 데 대한 자책감을 대구(對句)에서 묘사하고 있다. 멀리서 떨어져 있는 아내에 대한 미안함이다. 남편으로서 역할을 제대로 하지 못하고 있기 때문이다.

첫째 연의 객(客), 의단(衣單), 수(愁), 규각(閨閣), 한(寒)이나 둘째 연의 난(難), 요의(遙意), 원(怨), 무단(無端) 등의 시어(詩語)를 보면 대부분 외롭고, 답답하고, 차갑고, 어두운 심상이다. 이것은 자아의 마음이 그다지 밝지 못하다는 것을 뜻한다. 사실 나그네의 몸으로 이국(異國)에서 머무르는 것은 쉬운 일이 아니다. 그것도 사신(使臣)의 자격으로 다른 나라에 갔으니 더욱 신경이 쓰인다. 다섯 번째 단락의 내용을 들어 이에 관한 논의를 이어가 보자.

寄異土兮無新識	이국땅에 붙어사니 새로운 친구가 없어,
相同心兮長歎息	그대와 나 한마음 긴 한숨만 나오누나.
此時獨自閨中聞	지금 홀로 방 안에서 다듬이 소리 들으니,
此夜誰知明眸縮	이 밤 눈가에 눈물 고임을 그 누가 알리.

자아의 외로운 심정이 첫째 연에서 더욱 잘 드러난다. 자아는 현재 자신이 이국땅에 붙어산다고 하였다. 그래서 정신이 자유롭지 못하다. 사신의 신분으로 일본에 갔으니, 여러 격식에 얽매여 있을 터이다. 이때 그의 의지는 열린 세계를 지향한다. 자기 스스로 능동적으로 살아가지 못하고 타의에 의해서 지내니 이런 정감이 더욱 깊어 간다. 또 마음을 터놓고 교감할 수 있는 벗이 없으니, 그의 지향은 바다 건너 자기 고향, 곧 열린 세계로 향한다. 이 연(聯)의 결구(結句)는 '○○○혜(兮)○○○'이다. 한 구절에 '혜(兮)'를 비롯한 허사가 들어가는 예는 사부(辭賦), 그중에서도 고사부(古辭賦)에 많다. 이를 보면 자아의 지향이 상고(尙古)에 있음을 알 수 있다. 이 작품에서 '혜(兮)' 자는 시인의 감정이 고조되었을 때, 영탄법(咏嘆法)이나 설의법(設疑法)으로 자아의 감정을 묘사하는 데 쓰인다.

또 운자(韻字)는 식(息)으로, 입성(入聲)이다. 결구(結句) 면에서 보면, 평서법(平敍法)이 아니라 영탄법이다. 자아의 마음이 안정을 찾지 못하고 있다. 안정을 찾지 못하니 마음이 조급하다. 자아는 운자에서 그러한 심정을 잘 드러내고 있다. 입성은 음이 빠르다. 바로 촉이색(促而塞)이기 때문이다. 시어(詩語) 자체의 의미뿐만 아니라, 성(聲)에 이르기까지 자아 자신의 정감을 드러내기 위하여 고도의 표현 기법을 구사(驅使)하고 있다. 이것은 자아의 언어 능력이 뛰어났음을 입증한다. 자아, 곧 시인은 한문(漢文)의 중의법(重意法)과 성운(聲韻)의 묘미를 최대한 살리고 있다.

첫째 연에서는 자아가 자신의 처지를 묘사하고 있다. 이국땅에 붙어사니 새로 사귄 친구가 없다고 한다. 주위에 사람이 없으니 외롭다. 이것은 멀리 남편을 떠나보낸 아내도 마찬가지이다. 아내의 처지를 상상해서 읊고 있는 것이 첫째 연 대구(對句)이다. 그러나 이러한 자아의 상상을 구체적으로 묘사하지는 않았다. 단지 자아는 "그대와 나 한마음"이라는 말로 아내의 심정을 대변하고 있다. 멀리서나마 자신의 아내와 교감하고 있다. 그것도 희망에 찬 것이 아니라 외로워서 서로를 그리워하는 정이 통하고 있다. 그러니 자아가 긴 한숨을 쉴 수밖에 없다. 이처럼 첫째 연에서는 상상 속에서 자아와 아내가 교감한다. 여섯 번째 연의 내용을 들어 보면 다음과 같다.

憶憶兮心已懸	그립고도 그리워서 마음이 매달린 듯한데,
重聞兮不可穿	다시금 들리니 갑갑한 마음 뚫을 길 없네.
卽將因夢尋聲去	꿈속에서라도 다듬이 소리 따라 가려 하지만,
只爲愁多不得眠	근심이 많아 잠조차 이루지 못 하는 데야.

자아가 다시 상상의 세계에서 현실 세계로 돌아왔다. 이제 다시 자신이 묵고 있는 곳의 이웃집에서 나는 다듬이 소리에 귀를 기울인다. 첫째 연 출구에서 그러한 자아의 모습이 그려진다. 현재 자아는 어두운 밤 방 안에 홀로 앉아 이웃집에서 들려오는 다듬이 소리를 듣는다. 이 소리를 들으니 감정이 고조되어 슬퍼진다. 물론 이는 이웃집 여자를 그리워해서가 아니라 이웃집 여자의 다듬이 소리를 듣고 자신의 아내가 생각났기 때문이다. 자아는 혼자서 아내를 생각하며 그리움에 사무친다.

이러한 고조되는 감정을 그는 여섯 글자로 표현하였다. 실제로 이 시가 온전한 배율이 되지 못하는 것은 물론 운(韻)이 일치하지 않는 점도 있지만, 여섯 번째 단락 첫째 연(聯)의 출구(出句)와 대구(對句)의 글자 수가 7언이 아니기 때문이다. 자아가 이 점을 몰라서 이렇게 지은 것이 아니다. 자신의 북받쳐 오르는 감정을 박진감 있게 표현하기 위해서 여섯 글자로 나타낸 것이다. 이 구절은 다른 구절에 비해 글자 수가 적어 호흡이 빠르다. 감정이 북받쳐 호흡이 빨라진 정황을 시인은 놓치지 않았다. 자아는 홀로 방 안에서 아내를 생각한다. 몸은 비록 방 안에 있지만, 마음은 벌써 멀리 아내가 있는 곳으로 내달린다. 그립고 그리워 마음이 매달린 듯하다고 하였다. 그런데 다듬이 소리가 다시금 들린다. 이웃집 아낙네의 다듬이 소리에 자아의 심정은 답답하기만 하다. 이웃집 아낙의 다듬이 소리를 듣고 자아는 자신의 아내를 연상한다. 지금 당장이라도 아내가 있는 곳으로 가고 싶지만 그럴 수 없는 현실에 정신적으로 괴로워하는 인간의 모습이 여과 없이 나타난다.

둘째 연에서 자아는 현실에서는 불가능하니 꿈속에서라도 자신의 바람이 이루어지길 기대하고 있다. 꿈속에서라도 다듬이 소리를 따라가 보려 한다는 말은 꿈속에서라도 아내를 만나고 싶다는 말이다. 그러나 잠이 들어야 꿈을 꿀 텐데 근심이 많아 잠조차 이루지 못하고 다듬이 소리를 들으며 방 안에 혼자 있다. 나그네는 고달프다. 그것도 외국에 사절로 갔을 때는 더욱 그러할 것이다. 이 고달픈 생활 속에서 어떤 요인이 감정을 자극하면 그 감정의 흐름은 막을 수 없다. 이 시도 마찬가지이다. '다듬이 소리'가 자아의 감정을 자극하자 한번 터진 감정의 줄기는 그칠 줄 모르고 흘러나온다. 이 시는 비록 시 전체를 관통하는 정감은 여성적이지만, 그 정감이 막힘이 없다. 조용한 가운데서 자아의 의식이 작용한다.

이 시는 전체를 두고 볼 때는 자아, 곧 시인인 양태사가 일본에 사신으로 가서 고국을 그리워하면서 지은 시이다. 그러나 구체적으로 말하면 고향에 있는 아내를 그리워하면서 지은 시이다. 아내와 자아를 연결하는 고리는 다름 아닌 다듬이 소리이다. 이 시를 지은 양태사는 물론 남자이지만 시 전체를 흐르고 있는 정서는 여성적이다. 그만큼 애상적이며 정감이 넘친다. 서리 내리고 은하수도 밝은, 가을이 깊은 이국(異國)의 밤에 홀연 어디선가 다듬이 소리가 들린다. 다듬질은 일본에는 없는 풍속이라 한다. 다듬질 풍속은 중국에서 유래한 것으로 볼 수 있다. 상고 시대부터 중국에서는 다듬질을 하였음을 알 수 있다. 당나라 때는 이백이나 백거이, 그리고 지은이를 모르는 「동선가(洞仙歌)」에서 그 흔적이 보인다.[13]

이 시는 정감이 넘친다. 그러나 그것은 밝은 느낌이 아니라 어둡고 안타까운 느낌이다. 다듬이 소리가 자아와 그의 아내를 연결하였다. 청각 심상을 최대한 살려 시의 분위기를 고조시키고 있다. 그러나 이 시가 독자에게 주는 메시지는 그다지 크지 않다. 자아의 철학이 별로 보이지 않기 때문이다. 이것이 이 시의 한계이다. 양태사는 한창 정감이 무르익는 당나라 시대에 활동한 발해 시인으로, 그가 살았던 시대에는 당시(唐詩)가 크게 유행하였다. 그 결과 『시경(詩經)』 육의(六義) 가운데 선경후정(先景後情)을 묘사하는 흥체(興體)의 시가 유행하여 정감을 묘사한 시가 많이 나왔다.

---

13 남조(南朝) 시대 제(齊)나라의 사조(謝朓)가 지은 「가을밤[秋夜]」이라는 시에는 “가을밤 베 짜는 소리, 앞집에 다듬질 소리 급하네.[秋夜促織鳴, 南隣擣衣急.]”라는 구절이 있고, 당나라 때의 「동선가(洞仙歌)」에서는 “계책 없이 떠나는 님 안타까운데, 쓸쓸히 불어오는 가을바람에, 다듬이 소리 맑고도 곱네.[無計恨征人, 爭向金風漂蕩, 擣衣嘹亮.]”라고 하였다. 이백(李白)의 「자야오가(子夜吳歌)」에는 “장안 밤하늘엔 조각달 하나, 집집마다 다듬이 소리 들려. 가을바람 끝없이 불어 오니, 모두가 옥관의 임 생각게 해. 어느 날에야 오랑캐 무찌르고, 당신 출정 마치고 돌아오시려나.[長安一片月, 萬戶擣衣聲. 秋風吹不盡, 總是玉關情. 何日平胡虜, 良人罷遠征.]”라고 하였고, 백거이(白居易)의 「아내에게 부침[寄內]」에는 “시골 아낙(아내) 시절 앎만 못 하니, 농부(남편)를 위해 가을옷을 다듬질하네.[不如村婦知時節, 解爲田夫秋擣衣.]”라는 구절이 있다. 이 다듬질의 유래는 상당히 오래된 것 같다. 남조(南朝) 때 양(梁)나라 사람 임방(任昉)이 엮은 『술이기(述異記)』(상)을 보면, “도의산은 다른 말로 영산이라고도 하는데, 낭야군에 있다. 산의 남쪽이 대단히 험한데, 바위 가운데 반듯한 돌이 있다. 옛날 신녀가 이곳에서 옷을 다듬질하여 그 돌이 반질거려 그 돌 이름을 ‘옥녀(玉女)가 비단을 다듬질한 돌’이라 하였다.[擣衣山, 一名靈山, 在瑯琊郡. 山南絶險, 巖有方石, 昔有神女於此擣衣, 其石明瑩, 謂之玉女擣練碪.]”라는 구절이 있다. 이를 미루어 보면, 그 유래를 짐작할 수 있다.

곧, 송나라 때 나온 철리적(哲理的)인 시와는 거리가 있다.

2) 외면의 겸양과 내면의 웅장함

759년 1월 27일 대보등원(大保藤原), 혜미조신(惠美朝臣) 압승(押勝)이 시골집에서 발해의 사신들을 위한 잔치를 베풀었다. 이때 일본 측 문사들이 시를 지어 송별하였는데, 양태사도 시를 지어 그들의 작품에 화답하였다.

발해는 당나라에서 해동성국(海東盛國)이라 할 정도로 번영을 누리면서 당나라와 교류하는 한편, 일본과도 만남이 잦았다. 당시 부사(副使) 자격으로 일본에 갔던 양태사는 송별연(送別宴)을 맞게 된다. 일본 문인들의 시에 화답(和答)하는 자리에서 문득 어느 날 밤 잠 못 이루던 때에 느꼈던 향수가 생각나 한 편의 시를 지었다. 「기조신공(기노 아소미)이 눈을 읊은 시에 화답함[奉和紀朝臣公詠雪詩]」이 그것이다. 그 내용을 들어 보면 다음과 같다.

昨夜龍雲上	어젯밤에 용 구름이 피어오르더니,
今朝鶴雪新	오늘 아침 학 같은 흰 눈이 새롭네.
祇看花發樹	꽃 핀 나무만 볼 수 있을 따름이오,
不聽鳥驚春	새들 놀라 지저귀는 봄소식 못 들어.
廻影疑神女	휘날리는 눈발은 신녀(神女)와 같아,
高歌似郢人	고상한 노랫가락 송옥과 비슷하네.
幽蘭難可繼	그윽한 난초는 뒤잇기가 어렵나니,
更欲效而嚬	다시금 겉모습만 흉내 내려 애쓰네.

양태사가 일본 관리, 곧 기조신공(紀朝臣公)이 지은 시에 화답한 시이다. 기조신공의 생몰 연대는 확실하지 않다. 이 시는 앞의 「밤에 다듬이 소리

를 듣고[夜聽擣衣聲]」와는 형식이 완전히 다르다. 이 시의 형식은 5언율시(五言律詩)이다. 율시는 염(黏)과 대장(對仗)을 대단히 중요하게 여긴다. 이 시는 측기식(仄起式)이다. 수련(首聯)의 출구(出句) 둘째 글자가 측성이기 때문이다. 이 시의 운은 신(新)·춘(春)·인(人)·빈(嚬)으로 평성(平聲) 진(眞)운을 쓰고 있다.

이 시는 쌍의대(雙擬對)를 이루고 있다. 수련(首聯)은 구(句)의 구성 성분으로 볼 때는 쌍의대를, 의미상으로 볼 때는 반대(反對)와 쌍의대를 겸하고 있다. 구절의 구성 성분을 나누어 보면 관형어+명사+명사+명사+서술어로 이루어져 있다. 앞의 관형어+명사는 부사어 역할을 하며, 뒤의 명사+명사는 관형어와 주어 역할을 한다. 곧, 용운(龍雲)과 학설(鶴雪)에서 앞의 '용(龍)'과 '학(鶴)'은 각각 '운(雲)'과 '설(雪)'을 꾸며 주는 관형어 역할을 한다. 작야(昨夜)와 금조(今朝)가 반대(反對)로 볼 수도 있으나, 결구면(結句面)에서 보면 관형어+명사로 쌍의대(雙擬對)를 이루고 있다. 그러나 이것은 자아가 크게 반대(反對)를 의식함이 아니다. 시 전체를 보면 그다지 큰 비중을 차지하지 않는다.

이 시의 겉모습을 보면, 수사(修辭)가 화려(華麗)하다. 심상은 밝고도 개방적이며 정감이 넘친다. 그러나 이면에는 그렇지 못한 것도 있다. 수련(首聯)부터 보면, 어젯밤과 오늘 아침이 대(對)를 이룬다. 어젯밤에는 용 구름이 피어올랐다고 하였다. 용은 동양에서 신령스러운 동물로 인식된다. 물론 세상에 존재하는 것은 아니다. 용은, 사람으로 말하면 임금이나 아주 고귀한 인물을 상징한다. 어젯밤에 용 모습과 같은 구름이 피어올랐다고 한 것은 오늘 좋은 일이 일어날 것임을 자아가 암시한 것이다. 오늘 아침에는 학 같은 눈이 내렸다. 웅장하고 모든 것을 지배할 수 있는 용과 같은 구름이 맑고도 깨끗한 흰 눈으로 변하여 내렸다. 상서로운 징조를 예견한다. 자아가 상대방을 만난 것을 영광으로 생각한다는 것을 간접적으로 이렇게 표현하였다. 이 연(聯)에서는 시간과 공간을 아울러 읊조렸다. 시간은 어젯밤과 오늘 아침이다. 공간은 하늘과 땅 위이다. 자아는 공간을 수직적으로 읊고 있다. 출구와 대구는 서로 인과 관계를 이루고 있다. 구름이 피어오른 결과 흰 눈이 내렸다. 여기서 시간 배경은 눈이 내릴 때이니 늦가을부터 이른 봄 사이이다.

함련(頷聯)에 가면 시간 배경이 구체적으로 드러난다. 나무에 꽃만 피었지 아직 새들은 지저귀지 않는다고 하였으니 이른 봄이다. 이 연은 수련과는 심상이 사뭇 다르다. 꽃은 밝고도 아름답지만 대구(對句)에서 아직 새 지저귀는 소리가 들리지 않는다고 한 것을 보면 자아의 마음이 완전히 열린 것은 아니다. 자아가 상대방을 대단히 높게 받들고 있으나 자신의 마음 한편에는 아직도 닫힌 부분이 있다. 그러나 꽃[花], 피다[發], 나무[樹], 새[鳥], 봄[春] 등의 시어에서 화려하고 밝고 희망적이고 진취적이며 생동하는 느낌이 든다. 이 시는 수련(首聯)과 함련(頷聯)에서 자연경관을 묘사하였다. 작시법 면에서 보면, 이 시는 선경후정(先景後情) 하는 『시경』의 흥체(興體)에 따랐다. 먼저 자연경관을 묘사하고 이어서 자신의 심정을 드러내었다.

경련(頸聯)과 미련(尾聯)에서는 자아가 자기 생각을 묘사하였다. 경련의 출구(出句)와 대구(對句)에서 자아는 상대방을 치켜세우고 있다. 출구에서는 휘날리는 눈발이 신녀와 같다고 하였다. 여기서 휘날리는 눈발은 다름 아닌 상대방의 센 머리카락이다. 상대방의 센 머리카락이 바람에 흩날리는 모습이 마치 신선과 같다. 물론 자아는 이러한 상대방이 신녀(神女)의 모습과 같다고 하였다. 신녀는 여자이다. 그러나 여기서 자아가 대하고 있는 사람은 여자가 아니라 남자이다. 자아가 상대방의 풍체(風體)를 그렇게 표현하였다. 그뿐만이 아니다. 상대방의 노래 솜씨, 곧 시 짓는 재주가 영인(郢人)과 같다고 하였다. 여기서 영인은 송옥(宋玉, B.C. 290~B.C. 223)을 가리킨다. 송옥은 전국 시대 초(楚)나라 사람이다. 그는 사부(詞賦)를 지어 한위육조(韓魏六朝) 시대의 사풍(詞風)을 수립한 시인이다. 그의 스승인 굴원(屈原)이 축출되자 송옥은 『초사(楚辭)』「구변(九辯)」을 지어 스승의 억울함을 슬퍼하였다. 그는 또 우언(寓言)과 탁흥(托興)으로 「신녀부(神女賦)」·「고당부(高唐賦)」를 지었다. 여기서 송옥에 견줄 만한 사람은 다름 아닌 기조신공이다. 자아는 기조신공의 겉모습이 고상(高尙)할 뿐만 아니라 시를 읊조리는 솜씨도 대단히 뛰어나다며 한껏 치켜세우고 있다.

이와는 달리 미련(尾聯)에서는 자아 자신의 겸손을 드러내었다. 그윽한 난초와 같은 기조신공의 재주를 뒤잇기 어려워 자신은 겉모습만 흉내 내려 애쓴다고 하였다. 그림을 그리거나 시를 짓는 데 있어서 겉모습만을 본뜨는 것은 그다지 어렵지 않다. 그러나 그 이면에 숨어 있는 말 밖의 의미[言外之意]를 배우는 것은 불가능하다. 그것은 화가나 시인이 스스로 노력해서 알아내야 한다. 알아내는 데만 그치는 것이 아니라 그것을 남에게 보여 주어야 한다. 겉모습만 본뜨는 형사(形似)는 배울 수 있다. 그러나 말 밖의 묘미인 전신(傳神)은 그 분야에서 높은 경지에 이르지 않고는 불가능하다. 자아는 실제로 이 점을 알고 있었다. 어쩌면 그가 기조신공보다 시를 더 잘 지었을 수도 있다. 하지만 그는 상대방인 기조신공의 시에 화답하였기에, 그 시를 지은 기조신공을 높이 찬양하였다.

남을 공경할 줄 아는 사람은 이미 높은 경지에 가 있는 사람이다. 자아가 상대방을 치켜세운 것은 크게 두 가지 이유에서다. 하나는 상대방의 시에 화답하여 시를 지었기 때문이다. 곧, 상대방을 배려하는 겸양(謙讓)의 마음에서 그렇게 하였다. 또 다른 하나는 그가 외교 사절이었기 때문이다. 그는 시를 통하여 두 나라, 발해와 일본의 관계를 원활히 해야 했다. 앞에서도 언급하였지만, 양태사가 일본으로 건너갈 때쯤 일본에서도 문학이 크게 흥성(興盛)하였다. 이 시도 앞의 「밤에 다듬이 소리를 듣고」와 마찬가지로 자아의 인생론이나 철학이 그다지 보이지 않는다. 자신의 감정을 마음껏 드러낼 뿐이다. 시의 내면적 깊이보다는 외형적 묘사가 뛰어났다.

지금까지의 논의를 정리하면 다음과 같다 양태사(楊泰師)는 발해 시인이다. 현재 문헌상에 나와 있는 자료를 토대로 할 때, 일본에 사신으로 가서 가장 먼저 작품을 남긴 발해 사람은 양태사이다. 그는 발해 제3대 왕인 문왕 때 귀덕장군 벼슬을 한 무인(武人)이었다. 그는 무인이면서 시에도 능하였다. 문왕 23년에 부사(副使)의 자격으로 일본에 갔는데, 그때 지은 시가 「밤에 다듬이 소리를 듣고[夜聽擣衣聲]」와 「기조신공이 눈을 읊은 시에 화답함[奉和紀朝臣公詠雪詩]」이다.

「밤에 다듬이 소리를 듣고[夜聽擣衣聲]」는 7언을 위주로 한 24구의 가행체(歌行體)이다. 구법 면에서 보면, 염(黏)은 그런대로 구식(句式)에 맞지만, 운(韻)에는 일관성이 없다. 또 몇 구절은 '혜(兮)' 자가 들어가 사부(辭賦)의 구법에 따랐다. 곧, 평서법(平敍法)이 아니라 영탄법(咏嘆法)을 활용하여 자아 자신의 감정을 잘 묘사하였다. 「기조신공이 눈을 읊은 시에 화답함[奉和紀朝臣公詠雪詩]」은 7언율시로 결구(結句)가 구식(句式)과 일치한다.

두 작품은 평·측성(平仄聲)의 이미지를 안배하여 자아 자신의 감정을 고조시키고 있는 점이 공통점이다. 또 두 작품 모두 자아가 자신의 감정을 다른 매개물 없이 솔직하고 직설적으로 표현하고 있다.

「밤에 다듬이 소리를 듣고[夜聽擣衣聲]」는 세 연(聯)이 한 단락이 되어 전체는 네 단락으로 나뉜다. 곧, 절구의 기구(起句)·승구(承句)·전구(轉句)·결구(結句)나 율시의 수련(首聯)·함련(頷聯)·경련(頸聯)·미련(尾聯)의 구법과 전체를 두고 보면 일치한다. 결구 방법은 현실→상상→상상→현실 세계 순으로 자기 심정을 묘사하고 있다.

현실 세계에서 사신의 자격으로 일본에 간 양태사가 이웃집에서 들리는 다듬질 소리에 상상의 세계로 빠져든다. 그는 이 다듬이 소리를 매개로 아내와 교감한다. 그리고 마지막으로 다시 현실 세계로 돌아와 자신의 처지를 묘사한다. 이 시는 시인인 양태사가 일본에 사신으로 가서 고국을 그리워하면서 지었다. 그리움의 대상은 고향에 있는 자기 아내이다. 아내와 자아를 연결하는 고리는 다름 아닌 다듬이 소리이다. 이 시를 지은 양태사는 물론 남자이다. 그러나 이 시 전체를 흐르는 정서(情緖)는 여성적이다.

이 시는 애상적이며 정감이 넘친다. 자아의 어둡고 안타까움을 통하여 시인의 밝고 흥겨움을 지향하고 있다. 또 닫힌 공간에서 열린 공간을 지향하고 있다. 이 시에서는 다듬질 소리가 자아와 아내를 연결하였다. 청각 심상을 최대한 살려 시의 분위기를 고조시키고 있다. 그러나 이 시가 독자에게 주는 메시지는 그다지 크지 않다. 자아의 철학이 별로 보이지 않는다. 이것이 이 시의 한계인데, 그 이유는 양태사가 한창 정감이 무르익는 당나라 시대에 활동한 발해 시인이었기 때문이다. 곧, 그의 시대에는 당시(唐詩)가 크게 유행하였기 때문에 시 속에 이치를 내포하는 것이 보편화되지 않았다.

「기조신공이 눈을 읊은 시에 화답함[奉和紀朝臣公詠雪詩]」은 남에게 지어 준 시이기 때문에 수사(修辭)가 대단히 화려하다. 쌍의대(雙擬對)로 대우(對偶)를 이루고 있다. 또 이 시는 비유법이 뛰어나다. 특히 은유법과 직유법을 적절히 구사하고 있다. 이 시에서 자아는 상대방을 최대한 치켜세우면서 자신은 낮추고 있다. 이를 통하여 자아가 외면의 겸양과 내면의 웅장함을 지향하고 있음을 알 수 있다. 이 시도 앞의 「밤에 다듬이 소리를 듣고」와 마찬가지로 자아의 인생론이나 철학이 그다지 보이지 않고 자신의 감정만을 마음껏 드러내었다. 내면적 깊이보다는 외형적 묘사가 뛰어났다. 양태사의 이 두 작품은 우리나라 초기의 한시이다.

제14장

왕효렴 시에 나타난 지향의식

1. 정사로 일본에 간 왕효렴

왕효렴(王孝廉, ?~815)은 발해의 시인이다. 제8대 왕인 희왕 때의 벼슬은 태수였으며, 814년(희왕 2) 9월에 정사로 일본에 상륙, 12월에 일본 왕에게 국서를 전하였다. 그리고 그 이듬해 5월 배를 타고 고국인 발해로 돌아오는 도중 풍랑을 만났다. 그 여파로 6월에 죽으니, 일본에서는 종삼위(從三位)에서 한 단계 승진시켜 정삼위(正三位)의 작위(爵位)를 주었다.[14] 왕효렴의 시는 일본 자료에 5수가 있다.

제17차 발해 대사가 된 왕효렴의 시 5수와 녹사(錄事)인 석인정(釋仁貞, ?~815), 석정소(釋貞素, ?~828)의 시 1수씩을 포함해 발해 관련 시 12수가 『문화수려집(文華秀麗集)』에 실려 있다. 발해 사절(使節)이 일본 한시 문화에 끼친 자극은 칙찬삼집(勅撰三集)[15]이 출간된 데서 가장 뚜렷이 나타난다.

인정(仁貞) 스님은 814~815년 사이 왕효렴이 일본에 정사(正使)로 갈 때

14 金毓黻, 앞의 책.

15 평안(平安) 시대 초 임금의 명에 의하여 편찬한 3대 한시집(漢詩集), 곧 『능운집(淩雲集)』(815), 『문화수려집(文華秀麗集)』(818), 『경국집(經國集)』(827)을 말한다.

녹사(錄事)로 따라갔다. 그가 지은 시 「7일 동안 궁중 연회에 정사(正使)를 모심[七日禁中陪宴]」[16] 한 수가 있다.

入朝貴國慙下客	귀국에 조공 와 하객인 것 부끄러웠는데,
七日承恩作上賓	이레 동안 은혜를 입어 상객 대접 받았네.
更見鳳(凰)聲無妓態	다시 봉황새 소리 들으니 기태가 없고,
風流變動一園(國)春	풍류가 변동하여 온 뜰에 봄이 왔다네.

그는 7일 동안 일본 궁중에 머물렀다. 상관인 왕효렴, 그리고 일본 여러 관리와 함께한 술자리에서 위 시를 읊었다. 자신의 신분이 조국인 발해를 떠나 올 때는 하급 수행관이었는데, 일본에서는 그런대로 융숭한 대접을 받은 것에 만족하고 있다.

자아는 일본에 조공 올 때는 하급 수행관이라는 신분이 부끄러웠다고 하였다. 그런데 일본에 와서 융숭한 대접을 받으니 상객과 다르지 않았다. 다시 봉황새 소리를 들으니 아양 떠는 자태가 없다. 여기서 봉황새 소리는 임금이나 고귀한 신분을 가진 사람을 가리킨다. 전구와 결구는 상대방, 곧 일본 왕에 대한 칭송이다. 일본 국왕이 거처하는 궁중에서 발해 사신들을 위해 베풀어 주는 연회이니, 그 왕을 추켜세우는 것은 당연하다.

정소(貞素) 스님은 당나라에 있을 때, 일본의 구법승(求法僧) 영선(靈仙)이 일본으로 돌아갈 때 답사(答謝)하였다. 대화(大和) 2년 영경사(靈境寺)에 다시 갔었는데, 이때 영선이 이미 죽어 정소가 그의 죽음을 애도하며 「일본국 내공봉 대덕 영선화상을 애도한 시와 서문을 붙임[哭日本國內供奉大德靈仙

16 金毓黻, 『渤海國志長編』 卷18.

和尙詩幷序]」[17]이라는 시를 지었다. 그 내용을 들어 보면 다음과 같다.

> 不航塵心淚自涓　　가지 못할 속세 마음에 절로 눈물 흘리나,
> 情因法眼奄幽泉　　선사 마음 법안 때문에 저승서 닫혀 있네.
> 明朝儻問滄波客　　내일 아침 창파의 객이 나에게 묻는다면,
> 的說遺鞋白足還　　꼭 말하리, 신발 벗고 맨발로 돌아갔다고.

발해의 종교적 지주는 불교였기 때문에 건국 초기부터 불교가 발해인들의 마음속에 깊이 자리 잡고 있었다. 특히 전륜성왕(轉輪聖王)을 표방하였던 문왕 때부터 융성하기 시작하여 9세기에 들어서는 승려들의 활동이 두드러지게 나타났다. 왕효렴이 일본에 사신으로 가서 머무는 동안 일본의 관리인 고야(高野)가 보낸 「발해국 사신 왕효렴께 보내는 편지[致渤海國使王孝廉書]」[18](주작朱雀 3년, 헌덕왕 7년, 815)가 있는데 그 내용을 들면 다음과 같다.

> 외람되이 정성이 가득 어린 한 통의 편지와 한 장의 새로 지으신 시를 받아서 감상하고 외우니 입과 손이 게으르지 않았고, 모습은 곧 호월(胡越)의 마음이었습니다. 지난번에, 한편으로는 기쁘고 한편으로는 두려운 것을 어디에 비유해야 할지 모르겠습니다.
>
> 이른 봄이라 추위가 남아 있는데, 엎드려 바라옵건대 대사(大使)의 동지(動止)에 만복이 깃드소서. 삼가 나라의 총애가 백배 항품(恒品)하니

17 金毓黻, 『渤海國志長編』 卷18, [入唐求法巡禮行記] 3.

18 "信滿至辱, 枉一封書狀, 及一章新詩, 翫之誦之, 口手不倦, 面卽胡越心也. 傾蓋一喜一懼, 不知爲喩矣. 孟春餘寒, 伏惟 大使動止萬福, 伏承 國家寵遇, 百倍恒品, 慶賀殊深. 比欲取消息, 緣信滿遲, 來不能交參, 悚悵何言. 未審, 早晩合發歸, 亦先所諮, 申王好等官品具錄示, 幸甚幸甚. 謹遣上信滿奉上, 不宣謹狀. 正月十九日, 西岳沙門空海狀, 上渤海王大使閣下." 金毓黻, 앞의 책, 卷18.

경하드림이 남달리 깊습니다. 요즈음 소식을 들으려 해도 편지가 더디 와서 서로 잘 듣지 못하니 이 안타까움을 무슨 말로 표현하겠습니까?

모르겠습니다만, 머잖아 함께 출발하여 돌아가려 합니다. 또한, 먼저 부탁드릴 것은, 신왕호(申王好) 등의 관등과 품계를 모두 기록하여 보여 주시면 대단히 좋겠습니다.

정성 어린 편지에 받들어, 삼가 이만 줄입니다. 서악 사문 공해가 발해왕 대사 각하께 올림.

고야(高野)는 왕효렴의 편지를 받고 난 뒤 그 편지에 답장을 보냈다. 내용으로 보아, 그는 왕효렴에 대해서 깍듯이 예의를 차렸다. 물론 왕효렴과 고야는 친구 사이가 아니다. 고야는 승려이다. 어찌해서 사귀었는지는 모르겠지만, 왕효렴과 몇 차례 만난 적이 있었다. 이 두 사람은 태어난 나라도 다르고 신분도 다르다. 그러나 이들은 서로 뜻이 통하는 사이라는 것을 위의 편지에서 알 수 있다.

왕효렴이 일본 승려인 공해(空海)와 서로 각별한 사이라는 것을 다음 시를 통해서 알 수 있다. 공해가 지은 「발해국 대사 왕효렴이 도중에 물고 당함을 애달파하며[傷渤海國大使王孝廉中途物故]」[19]라는 제목의 7언절구 두 구가 역시 『발해국지장편(渤海國志長編)』에 실려 있는데, 그 내용을 들면 다음과 같다.

一面新交不忍聽	한 번 처음 만나 차마 듣지 못했건만,
況乎鄕國故園情	하물며 고국과 고향 생각에 있어서야.

19 金毓黻, 앞의 책, 卷18.

공해(空海)는 일본 성(姓)이 좌백씨(佐伯氏)이며 찬기다도(讚岐多度) 사람이다. 연력(桓武 延曆, 804) 23년 당나라에 유학하여 대동(平城 大同) 원년(806) 일본으로 돌아왔다. 그가 죽고 난 뒤 시호를 홍법대사(弘法大師)라 하였으며, 고야대사(高野大師)라고도 한다.[20] 그의 시는 두 구에 지나지 않지만, 그 당시 일본이 발해를 얕잡아 보았다는 것을 알 수 있다. 사신 자격으로 자국(일본)에 온 사람을 고문한다는 것은 그 나라를 무시하는 데서 나온 발상이다. 따라서 당시 발해와 일본은 그다지 우호적인 관계가 아니었다는 것을 위 공해의 시를 통해서 알 수 있다.

2. 같은 시간 다른 공간의 심리

왕효렴에 대한 기록이 별로 없어 그에 대한 상세한 이력은 알 수 없다. 그러나 최고운보다 60여 년 앞서 외국에서 활동한 일을 두고 보면 그의 능력도 대단하였음을 알 수 있다. 물론 다음 항(項)에서 내용을 고찰하면서 다시 언급하겠지만, 그의 시 다섯 수의 외형적 특징은 다음 몇 가지로 나타난다.

첫째, 그의 시는 시어(詩語)가 평이(平易)하다. 어려운 전고를 전혀 쓰지 않고 있으며, 억지로 조탁한 흔적도 찾을 수 없다. 자신의 심정을 그대로 드러내었다. 이것은 그가 시에 능하였다는 것을 입증한다. 자아의 눈에 들어오는 대상과 자신의 심정을 결부시켜 거리낌 없이 시를 읊고 있다.

둘째, 그의 시는 대장(對仗)이 뛰어났다. 다음 항에서 논의할 「출운주(出

---

20 "日本姓佐伯氏, 讚岐多度人, 延曆二十三年, 遊學於唐, 大同元年, 歸日本. 卒後賜號弘法大師, 一稱高野大師." 『渤海國志長編』 卷18.

雲州)에서 뜻을 적어 두 칙사에게 부침[出雲州書情寄兩敕使]」이나 「비 오는 봄날 정(情) 운(韻)으로 시를 지음[春日對雨得情字]」을 보면, 쌍의대(雙擬對) 또는 반대(反對)를 서로 섞어 시구(詩句)를 이루고 있다. 출구(出句)와 대구(對句)에서 대장(對仗)이 잘 되니 생동감이 있다. 생동감이 있으니 그만큼 시의 운치를 더한다.

셋째, 첩자(疊字) 또는 첩운(疊韻)을 활용하여 리듬감을 부여하고 있다. 장장(鏘鏘)·색색(色色)·적적(寂寂)·단단(團團) 등의 시어에서 한 글자를 거듭 써서 처음 의미와는 다소 다른 의성어나 의태어로 바꾸고 있다. 곧, 첩자나 첩운을 활용하여 그 의미를 한층 심화하고 있다.

넷째, 본의 아니게 과장된 표현이 많다. 이것은 그가 사신의 자격으로 일본에 가서 지은 시이기 때문이다. 남의 나라에 가서 그곳의 왕이나 다른 사람들에게 지어 준 시가 대부분이기 때문에 자신의 솔직한 심정을 드러낼 수 없는 한계가 있었다. 이것은 물론 시인 자신의 본의가 아니다. 외교관으로 다른 나라에 가서 상대방을 치켜세우려니 어쩔 수 없이 과장된 표현이 나올 수밖에 없었다. 이 점에 대해서는 뒤에서 다시 논의한다.

자아, 곧 시인 왕효렴의 내면 심리가 시간의 진행과는 일치하지만, 공간의 확장과는 반대로 나타난다. 자아가 느끼는 외물이 자아의 심정과는 다르게 나타나고 있다. 다음의 「출운주에서 뜻을 적어 두 칙사에게 부침[出雲州書情寄兩敕使]」[21]이라는 시를 들어 이 점에 대해서 논의해 보기로 한다.

---

21 金毓黻, 앞의 책, 卷18.
小島憲之 校註,『文華秀麗集』, 岩波書店, 1964, 1刷, 229쪽.

南風海路連歸思	마파람 부는 바닷길에 고향 생각 이어지고,
北雁長天引旅情	하늘가 나는 기러기 나그네 시름 재촉하네.
賴有鏘鏘雙鳳伴	다행히 훌륭한 봉황 같은 두 영객사 계시니,
莫愁多日住邊亭	여러 날 객사에 머물러도 시름겹지 않으리.

왕효렴은 희왕(僖王) 주작(朱雀) 2년(814) 9월에 일본의 출운주(出雲州)에 도착하였다. 그는 배에서 내려, 육로로 그해 12월 일본의 도성으로 들어가 일본 왕에게 국서(國書)를 전달하였다. 그 이듬해 정월 일본 왕은 이들에게 연회를 베풀어 「땅 밟기 노래[踏歌]」를 연주하였다.[22]

위의 작품은 왕효렴 일행을 맞으러 나온 일본 칙사 두 사람에게 지어 준 시이다. 왕효렴이 언제 발해를 떠났는지는 알 수 없다. 배를 타고 일본 영토인 출운주에 도착하니 벌써 고향 생각이 간절하다. 남풍, 마파람이라 했으니 여름 바람이다. 곧, 그가 도착한 때가 여름이다. 그러나 실제 그가 출운주에 도착한 때는 위 예문의 '기러기가 난다'는 구절에서 알 수 있듯이 시간 배경이 9월이다. 9월은 아직 더위가 완전히 가시지 않아 낮에는 덥고, 밤에는 서늘하다. 또 그가 도착한 때가 9월이니, 실제로 그가 발해에서 출발한 때는 7월이나 8월일 것이다. 정확히 뱃길로 얼마나 걸리는지는 알 수 없지만 넉넉잡아 한 달로 치면 그가 고국인 발해에서 출발한 때가 8월이 된다. 음력 8월도 역시 가을이다.

가을철에 오랜 시간 동안 배를 타고 바다를 건너 타국에 도착한 자아는 고향을 생각한다. 마치 바람이 자기 생각을 고향으로 실어 가는 듯하다.

---

22 "朱雀二年秋, 奉使聘於日本, …(中略)… 九月舟至出雲登陸, 十二月入日京呈國書, 三年正月日皇宴之奏踏歌, 授孝廉三位." 金毓黻, 앞의 책, 卷10.

햇볕이 비록 따갑지만 서늘한 바닷바람, 그리고 출렁이는 물결과 고향 생각이 서로 맞물려 그 맛을 더욱 짙게 한다.

승구(承句)에서, 자아는 더욱 시름겨워한다. 하늘을 쳐다보니 기러기가 줄지어 날아가고 있다. 자아의 시선이 아래에서 위로 이동하였다. 상하, 곧 수직으로의 이동이다. 이 시선의 수직 이동은 시간이 지나면, 수직으로 이동된 상태에서 수평으로 나아가고 있다. 마치 기러기가 하늘 위에서 수평으로 날아가는 듯하다. 공간적 이동은 상하로 넓어졌다. 공간이 넓어지면 넓어질수록 자아의 내면은 공간의 확장과는 반대로 점점 위축된다.

앞에서 언급했듯이 시간 배경은 가을이다. 가을이 되면 만물이 성장을 멈춘다. 숙살기(肅殺氣)가 찾아오기 때문이다. 자아의 위축된 심정과 시간 배경이 일치한다. 곧, 자아의 심정이나 시간 배경이 밝음보다는 어두움, 개방보다는 폐쇄, 진전보다는 정지되고 있다. 기구(起句)와 승구(承句)에서 알 수 있듯이 자아의 내면과 공간 배경은 서로 어긋난다. 그러나 자아 내면과 시간 배경이 일치한다.

전구와 결구에서, 이러한 자아의 위축된 마음이 두 영객사(領客使)를 만나고는 많이 달라졌다. 사실, 달라진 것이 아니라 상대방을 치켜세우기 위해서 그렇게 표현하였다. 겉으로 드러난 것만 보면, 자아는 영객사 덕분에 근심을 덜 수 있었다. 자아는 영객사를 봉황 같다고 하였다. 그것도 그냥 봉황이 아니라 훌륭한 봉황이라 하였다.

봉황은 봉(鳳)과 황(凰)이 합성된 명사로 상상의 신조(神鳥)이다. 봉(鳳)은 수컷을, 황(凰)은 암컷을 뜻하지만, 본래는 암수를 구분하지 않고 봉(鳳) 자만 사용하였다. 봉황은 신화적으로는 성인의 출현을, 무속·민속 면에서는 태평성세를, 풍습에서는 경사나 평화 또는 훌륭한 인물을, 문화상으로는 황후나 성군의 덕치 또는 성천자(聖天子)를 상징한다.[23] 또한 모양은 한결같지 않으며, 상서롭고 아름다운 새로 여겨 왔다. 봉황은 동방 군자의 나라에서 나와 사해(四海) 밖을 날아 곤륜산 약수(弱水)에서 깃을 씻고 풍혈(風穴)에서 자며 태평성세를 이루는 나라에만 나타난다고 한다.

자아가 일본의 두 영객사를 봉황에 비긴 것은 그만큼 상대방을 치켜세우기 위해서였다. 일본 왕의 신하가 봉황 같으니, 그 임금은 말할 것도 없다. 자아는 봉황과 같은 훌륭한 사람이 곁에 있으니, 여러 날 동안 객사에 있어도 시름겹지 않으리라 하였다. 여기서 자아의 시름은 다름 아닌 고향 생각이다. 고향은 물리적인 것일 수도 있고 정신적인 것일 수도 있다. 물리적인 고향은 바로 자기 자신이 태어나 자란 곳이고 정신적인 고향은 자신의 마음을 평안히 할 수 있는 곳이다. 여기서 자아가 의미하는 고향은 겉으로는 물리적인 고향이지만, 그 내면은 정신적 고향이라 할 수 있다. 바로 자아 자신의 마음을 편안히 할 수 있는 곳이다.

이처럼 이 시에서는 시간과 공간이 자아의 내면과 결부되고 있다. 앞의 시에서 자아의 심정과 일치하는 구는 기구(起句)와 승구(承句)이다. 곧, 자아는 현재 자신이 처한 배경을 묘사하여 자신의 심정을 대변하고 있다. 전구(轉句)와 결구(結句)는 상대방에 대한 예의 수준을 벗어나지 못하고 있다. 따라서 자아의 실제 마음, 생각과는 다소 거리감이 있다.

3. 화려한 언어와 내면의 근심

왕효렴의 시에 나타난 화려한 외출용 언어 이면에는 이방인 또는 나그

23 韓國文化상징사전편찬위원회, 『韓國文化상징사전』, 동아출판사, 1992, 355~358쪽 참조.

네라는 신분에서 벗어날 수 없는 근심이 서려 있다. 따라서 외물의 화려함과는 대조적으로 내면은 침울하다. 다음의 「칙명을 받들어 내연에 참석하여 지음[奉敕部內宴]」[24]이라는 시는 화려한 수사에 치중하였다.

海國來朝自遠方	멀고 먼 나라 발해에서 귀국에 내조하러 와,
百年一醉謁天裳	천자 뵙는 잔치에 평생에 한 번 크게 취했네.
日宮座外何攸見	천자가 계시는 궁정 밖에는 무엇이 보이나,
五色雲飛萬歲光	오색구름이 피어오르며 영원토록 빛나리라.

이 시는 왕효렴이 814년 12월 일본의 도성(都城)으로 들어가 일왕(日王)에게 발해 왕의 칙서(勅書)를 전달하고 난 뒤 지은 것으로 보인다. 앞에서 언급했듯이 일본의 차아왕(嵯峨王)은 왕효렴 등이 국서를 전달하자 그들에게 연회를 베풀었다. 바로 그때 왕효렴이 이 시를 지었다.

이 시는 먼저 남에게 지어 준 시라는 것을 주목해야 한다. 게다가 그 대상은 일반 사람이 아닌 다른 나라 왕이다. 사신의 자격으로 다른 나라에 가서 그 국왕의 명을 받아 시를 지었으니, 당연히 상대방을 치켜세우기 마련이다.

기구에서 자아는 먼저 자신이 멀고 먼 나라 발해에서 왔다는 것을 묘사하고 있다. 자아는 또 일본을 귀국(貴國)이라 하였다. 사신의 자격이니 상대방의 나라를 귀국(貴國)이라 한 것은 당연하다.

승구에서는 자아가 표현을 좀 과장한다. 천자를 뵙는 자리에서 평생에 한 번 처음으로 크게 취하였다고 하였다. 이 구절에서 핵심이 되는 말은 '평생에 한 번'이다. 자아, 곧 시인이 자신의 나라인 발해에서도 많이 취했

---

24 金毓黻, 앞의 책, 卷18.
『文華秀麗集』, 210쪽.

을 것이지만, 상대방의 후의(厚意)에 고마움을 표시하기 위해서 과장해서 표현하였다. 기구와 승구는 자아가 내조(來朝)한 것과 일본 왕이 연회를 베풀기까지의 과정을 함축하여 묘사하고 있다.

전구와 결구에 가면 자아의 표현 방향이 조금 달라진다. 승구에서 궁중 안 연회장에 머물렀던 자아의 시선이 전구에 가면 궁중 밖으로 이동한다. 공간이 넓어지고 있다. 자아는 천자가 사는 궁중 밖에 보이는 것이 무엇이냐고 스스로 질문한다. 그리고 자아 스스로 그에 대해 대답을 한다. 오색 구름이 피어오른다고 하였다. 오색은 청(靑)·적(赤)·황(黃)·백(白)·흑색(黑色)이다. 이 오색에 해당하는 오상(五常)은 인(仁)·예(禮)·신(信)·의(義)·지(智)이며, 오행(五行)은 목(木)·화(火)·토(土)·금(金)·수(水)이다. 다섯 가지의 색깔이 어우러졌다는 것은 상서(祥瑞)로운 징조이다. 상서로운 징조가 영원히 이어지리라고 축원하고 있다.

실제로 자아의 눈에 다섯 색깔 구름이 피어올랐는지는 알 수 없다. 설령 구름이 피어오르지 않았다 하더라도 자아가 그렇게 표현했을 수 있다. 그냥 평범한 연회 자리가 아니기 때문이다. 이 시에서 핵심어는 결구(結句)에 있다. 곧, 다섯 색깔 구름[五色雲]과 영원히 빛남[萬歲光]이다.

이와 유사한 표현들이 『전당시(全唐詩)』에서도 가끔 나오는데, 관휴(貫休)의 잡곡가사(雜曲歌辭) 「군자가 가고 싶은 생각이 있어[君子有所思行]」[25]를 보면, "검은 용의 명월주를 깨부수고, 봉황의 오색 골수를 두드려 내네.[撲碎驪龍明月珠, 出鳳凰五色髓.]"라는 구절이 있다. 역시 관휴(貫休)의 잡곡가사(雜曲歌辭) 「소년행(少年行)」[26] 세 수 가운데 그 두 번째를 보면,

25 『全唐詩』 卷24-8.

26 『全唐詩』 卷24-68.

"스스로 오색구슬을 움켜쥐고, 남의 집으로 들어가고 있다네.[自拳五色球, 迸入他人宅.]"라는 구절이 있다.

당나라 시인인 장열(張說)의 잡곡가사(雜曲歌辭) 「무마사(舞馬詞)」[27] 다섯 수 가운데 세 번째 수의 기구와 승구를 보면, "알록달록 깃발 들고 팔일무 행렬 이루니, 때마침 용이 다섯 색깔을 사방에 펼치네.[彩旄八佾成行, 時龍五色因方.]"라고 하고 있다.

노륜(盧綸)의 잡곡가사(雜曲歌辭) 「황제감사(皇帝感詞)」[28] 네 수 가운데 그 첫 번째 수의 미련(尾聯)을 보면, "산이 일만 세를 외치니, 곧바로 구중의 성으로 들어가네.[山呼一萬歲, 直入九重城.]"라 하고 있고, 두 번째 수의 수련(首聯)을 보면, "천의는 다섯 가지 봉황의 채색이요, 임금 타신 말 여섯 색깔 용 무늬네.[天衣五鳳彩, 御馬六龍文.]"라 하고 있다.

또 이의부(李義府)의 「휴주에서 멀리 봉선을 폄[在巂州遙敘封禪]」[29] 42구 가운데 35~36구를 보면, "세 분 시조 멀리서 선물을 주고, 영원토록 거듭 다스림을 받았네.[三始貽遐貺, 萬歲受重釐.]"라는 구절이 있다.

이로 미루어 보면 오색, 오행, 오상과 만세는 모두 천자 또는 왕의 통치가 영원히 이어지는 것을 의미한다. 따라서 자아는 일본 조정이, 그것도 상서로운 기운을 가득 담은 오색구름과 함께 영원히 번창(繁昌)하기를 바라고 있다. 앞의 시와 비교하면 「비 오는 봄날 정(情) 운(韻)으로 시를 지음[春日對雨得情字]」[30]이라는 시는 외물의 번잡함과는 별개로 자아의 속마음이 어둡다.

---

27 『全唐詩』 卷28-70.

28 『全唐詩』 卷28-74.

29 『全唐詩』 卷35-31.

30 金毓黻, 앞의 책, 卷18.
앞의 『文華秀麗集』, 211쪽.

主人開宴在邊廳	주인이 변청에서 잔치를 베풀었는데,
客醉如泥等上京	나그네 흠뻑 취해 옥경에 있는 듯하네.
疑是雨師知聖意	아마도 우사가 군왕의 뜻 헤아렸는지,
甘滋芳潤灑羈情	단비 촉촉이 내려 나그네 마음 적시네.

왕효렴은 이 시를 815년 봄에 지었다. 그가 일본에 도착한 때가 814년 9월이며, 일본 도성에 도착한 때가 814년 12월이다. 그 뒤 일본을 떠나 배를 타고 발해를 향해 출발하려던 때가 815년 5월이었다. 비 오는 봄날이라고 했으니 그가 고국인 발해로 떠나기 한두 달 전이다. 그러나 그는 같은 해 6월 고국인 발해로 돌아오지 못하고 일본에서 죽었다.

먼저 기구와 승구에서 보면, 주인이 나그네인 자아를 위해 변청(邊廳)에서 잔치를 베풀었다. 이에 자아는 마음껏 술을 마셔 흠뻑 취하였다. 술에 취하니 자신이 마치 하늘 위에 옥황상제(玉皇上帝)가 산다는 서울인 옥경(玉京)에 올라간 것처럼 착각한다. 그만큼 상대방의 호의에 대한 자신의 심정을 과장해서 묘사하고 있다.

이때, 우사(雨師)가 일본 임금의 마음을 헤아렸는지 비를 뿌리고 있다. 비가 온다는 것은 복을 내림을 뜻한다. 때에 맞게 비가 오면 곡식이 잘 자라 풍년이 들기 때문이다. 따라서 군왕의 호의와 하늘의 은덕이 서로 맞아떨어지고 있다. 물론 기구(起句)의 주인은 시 전체 내용으로 미루어 보아 일본 왕이다. 자아는 현재 일본 임금이 베풀어 주는 잔치에 참여하여 대접받고 있다. 따라서 그의 시어(詩語)에는 과장된 표현이 나올 수밖에 없다. 상대방에 대해 최대한 예의를 차려 자신의 심정을 묘사하고 있기 때문이다. 이러한 표현은 물론 자아의 진심이 아니다. 상대방을 치켜세우기 위해 마음에 없는 말을 한다. 이렇게 해야 할 때, 자아의 내면은 어딘가 모르게 아쉬움이 남는다.

발해의 서울 상경(上京)을 떠난 사신은 지금의 중국 훈춘[琿春] 땅인 동경(東京)항에서 배를 타고, 겨울바람을 안고 동해를 가로질러 일본의 노도[能登]반도의 발해 객원(客院)에 닿았다. 구사일생으로 바닷길로 만리타국에 이른 날, 이른 봄비를 만난 시인의 마음이 촉촉이 젖는다. 그러나 왕효렴은 일본에 머물며 당나라 장안에서부터 친했던 일본 진언종의 개조 홍법대사 공해(空海, 774~835)와 가까이 사귀며 가을까지 시 다섯 수를 남겼다. 그러나 사신 일행이 불행히도 일본에서 객사하고 고국으로 돌아가지 못하자, 공해가 이 슬픔을 여러 편의 글로 남겼다. 이 작품들은 『칙찬 한시집(勅撰漢詩集)』에 실려, 9세기 초 일본 문학사에 크게 영향을 주었다.

4. 따스함과 차가움의 양면성

왕효렴의 시는 자연경관에 대한 묘사가 뛰어나다. 자연 가운데서도 봄날의 따사로움을 잘 표현하고 있다. 그러나 시인의 심정은 자연의 따사로움과는 반대된다. 곧, 외물의 밝음에 비해 자아의 심정은 그렇지 못하다. 먼저 「변정에서 산꽃을 노래하여 두 영객사와 자삼에게 장난삼아 지어 줌[在邊亭 賦得山花 戲寄兩領客使並滋三]」[31]이라는 시를 들어 보면 다음과 같다.

芳樹春色色甚明	꽃나무 새봄 맞아 색색이 곱기도 한데,
初開似笑聽無聲	갓 피어나 웃는 듯 소리는 안 들리네.

31 金毓黻, 앞의 책, 卷18.
앞의 『文華秀麗集』, 227쪽.

主人每日專攀盡	주인 날마다 꽃가지 꺾느라 겨를 없어,
殘片何時贈客情	손님에게 정표로 줄 시간이나 있는지.

이 시도 왕효렴이 사신으로 일본에 간 이듬해인 815년 봄에 지었다. 어쩌면 그가 발해로 돌아오려 할 때 지은 것 같기도 하다. 그를 맞아 접대했던 두 영객사와 그곳에서 친하게 지냈던 자삼(滋三) 스님에게 지어 준다고 하였기 때문이다.

시 전체에 나타난 이미지는 밝다. '새봄', '색색', '곱다', '갓 피어남', '꽃가지', '정표' 등의 시어는 밝고 생동하는 시각적 이미지를 보여 주고 있다. 또 '웃는 듯', '소리' 등의 시어는 청각 이미지를 아울러 지니고 있다. 이 시는 이미지 면에서 보면, 시각과 청각을 함께 그려 내고 있다. 또 그 이면에는 촉각 이미지도 들어 있다. 새봄의 따스함, 꽃가지 꺾는 주인 등에서 그런 면을 느낄 수 있다. 따라서 감각 면에서는 공감각(共感覺)이다. 그만큼 하나의 시어(詩語)가 두 가지 이상의 심상을 지니고 있다. 이는 시인의 언어 구사(驅使) 능력이 뛰어났음을 입증한다.

기구(起句)에서 보면, 새봄을 맞아 나뭇가지에 피어난 꽃들이 아름답다. 봄이면 만물이 활동을 시작한다. 나무에는 잎이 나고, 꽃이 핀다. 그리고 성장하기 시작한다. 이때가 외물이 아름다운 때이다. 이 구에서는 자아가 외물을 눈에 보이는 대로 묘사하였다. 곧, 자아와 외물이 교감(交感)하지 못하고 있다.

승구(承句)에서, 외물은 자아와 교감(交感)한다. 마치 갓 피어난 꽃이 자신을 보고 웃는 듯하다. '갓'이라는 말과 들리지 않는 소리가 서로 연결된다. 곧, 아직 어려서 부드럽고 여린 것을 그렇게 표현하였다. 자아와 외물이 서로 교감한다는 것은 그만큼 자아의 심정이 깨끗하다는 말이다. 또 자아는 외물에 인격을 부여하고 있다. 기구에서 자아와 외물이 서로 별개로 존재한다면, 승구에서는 자아와 외물이 서로 일치한다.

전구(轉句)에 오면, 자아의 시선이 주인에게 멈춘다. 물론 주인은 꽃과 사이를 두고 있는 것이 아니다. 주인이 꽃가지를 꺾고 있다. 그것도 한가로이 시간을 보내면서 꺾는 것이 아니라 분주히 꺾고 있다. 자아는 주인이 날마다 꽃가지를 꺾는다고 하였다. 주인이 외물을 학대한다. 외물을 있는 대로 가만히 놔두는 것이 자연이다. 외물에 사람이 인위적으로 손을 대면 이것은 자연이 아니다. 비록 주인이 꽃을 꺾어 다른 사람에게 주려 해도, 주인과 외물은 이미 서로 교감하지 못한다. 꽃이 자신의 생명을 앗아가는 사람에게 호감을 느낄 리가 없기 때문이다.

결구(結句)에 가면, 자아는 주인이 꽃을 꺾는 목적을 의아해한다. 자아가 보기에 주인이 날마다 꽃을 꺾는 것은 그 집에 찾아오는 손님에게 주기 위한 것 같다. 여기서 주인은 아마도 시인 일행이 사신으로 와서 묵고 있는 여관의 주인일 것이다. 자아가 있는 그곳은 일본의 도성이 아니다. 이 시 제목에서 '변정(邊亭)'이라고 했으니 일본의 변방에 있는 정자이다. 그러나 시인은 장난삼아 이 시를 짓는다고 했다. 따라서 이 시에 나타난 주인은 실제 인물인 여관 주인이 아니라 가공의 인물, 곧 자아의 머릿속에서 그려 낸 인물일 수도 있다. 자아는 현재 두 영객사, 그리고 자삼이라는 스님과 함께 있기 때문이다.

이처럼 이 시에서, 자아와 외물이 잠시 교감하고 있다. 자아의 시선이 한 곳에 고정된 것이 아니라 꽃나무를 중심으로 조금씩 이동하고 있기도 하다. 자아는 승구에서 잠시 외물에 인격을 부여하고 있을 뿐 시 전체에선 그렇지 못하다. 그의 「판령(사카령) 나그네가 달을 보고 고향을 생각한다는 시를 보내왔기에 화답하여 지음[和坂領客對月思鄕之作]」[32]이라는 시를 들면 다음과 같다.

寂寂朱明夜	고요하고도 고요한 여름날 밤인데,
團團白月輪	두리둥실 밝은 달 하늘에 떠올랐네.
幾山明影徹	산마다 밝은 그림자 맑게도 스미고,
萬象水天新	온갖 물상들 물속 하늘에서 새롭네.
棄妾看生悵	두고 온 아내 저 달 보고 슬퍼하리,
羈情對動神	달 본 나그네 마음 온통 흔들리네.
誰云千里隔	그 누가 천리나 떨어졌다고 하는가,
能照兩鄕人	두 곳 사람 모두 다 비출 수 있네.

이 시에서 자아가 처한 시간 배경은 밤이다. 그리고 계절은 가을이 아니라 여름이다. 앞의 시가 봄의 아름다움을 묘사한 것이라면 이 시는 그렇지 못하다. 비록 계절상으로 만물이 형통(亨通)하는 여름이지만, 낮이 아니라 밤이기 때문에 이러한 여름 기운의 왕성함이 드러나지 않는다.

수련(首聯)에서, 먼저 자아는 시간 배경과 그 분위기를 묘사하였다. 적적(寂寂)한, 주명야(朱明夜)에서 핵심어는 밝은 달밤이 아니라, '고요하고도 고요한'이다. 이러한 적적한 마음이 경련과 미련(尾聯)에서 구체적으로 드러나고 있기 때문이다. 이 수련에서는 자아의 시선이 하늘에 있다. 하늘에 뜬 둥근달을 쳐다보고 있다. 이 연(聯) 전체의 분위기는, 진취적이거나 흥분하거

32 金毓黻, 앞의 책, 卷18.
『文華秀麗集』, 228쪽.

나 산만하지 않다. 차분하게 가라앉았으며 차갑다. 비록 달빛이 밝기는 하지만, 낮의 햇빛과는 비교가 되지 않는다. 밤은 음기(陰氣)가 가득하다. 달빛도 양기(陽氣)가 아니라 음기이다. 일음일양(一陰一陽)이 서로 바뀌는데, 낮은 양이며 밤은 음이다. 따라서 밤이나 달빛은 생동감을 지닐 수 없다.

함련(頷聯)에 오면, 자아의 시선이 하늘에서 산으로 내려온다. '산마다'라고 하였으니까. 온 산에 달빛이 비친다. 달빛이 비치니 그림자가 생긴다. 이 그림자는 산에 생기는 것이 아니다. 어느덧 자아의 시선이 더 밑으로 이동하여 강물 또는 호숫물에 고정되어 있다. 산그림자와 아울러 달빛도 물속에 비치고 있다. 달밤에 물속에 비치는 달빛과 산그림자가 자아의 눈에는 새롭게 보인다. 따라서 자아는 만상(萬象)이 물속에 비친 하늘에서 새롭다고 하였다. 산이 물에 들어갔으니, 산수(山水) 몽괘(蒙卦)에서 수산(水山) 건괘(蹇卦)로 바뀌었다. 새로운 것을 깨닫고 개척하는 것이 아니라 자아의 심정도 건괘(蹇卦)처럼 어긋나고 있다. 그 구체적인 예가 경련(頸聯)에 나타난다.

자아는 경련에서 달을 보며 아내를 생각한다. 두고 온 아내(棄妾)라 하였지만 실제로는 아내만이 아니라 아내와 자식, 곧 가족 전체를 뜻한다. 자아, 곧 시인이 이국에서 생활한 지가 꽤 오래되었다. 그러니 가족들이 생각나지 않을 수 없다. 특히 지아비와 멀리 떨어져 있는 아내를 생각할 때면 심정이 착잡하기만 하다. 달을 보고 슬퍼할 아내를 생각하니, 나그네의 정신이 온통 흔들린다. 이때 달은 자아와 아내를 잇는 매개체 역할을 한다.

미련(尾聯)에서, 자아와 그 아내는 비록 몸은 멀리 떨어져 있지만 마음이 서로 통하는 것을 짐작할 수 있다. 천 리나 멀리 떨어져 있어도, 아내가 있는 곳이나 자아가 있는 곳을 두루 비추는 달처럼 그 마음은 멀리 있지 않다. 이때 자아 주변에 있는 인물과 자아는 거리감이 있다. 자아 옆에 누군가 있어도 자아는 멀리 떨어져 있는 그의 아내를 생각하기 때문이다.

이처럼 왕효렴 시에 나타난 외물은 자신을 지배하는 주재자(主宰者)도 아니고, 자아 자신에게 어떤 가르침을 주는 훈리자(訓理者)도 아니다. 자아는 눈에 보이는 그대로 외물을 자신의 심정과 연결하여 묘사하고 있다. 그는 외물을 창창자(蒼蒼者)로만 보고 있다. 외물에 자신의 정감을 실었을 뿐이다. 이것은 그가 생존한 시기가 당나라[33] 때여서 그러하다. 당나라 시인들의 시에는 외물에 인격을 부여한 예가 드물다. 외물에 인격을 부여하는 것은 송나라에 와서 유행하기 시작하였다. 당시(唐詩)와 송시(宋詩)의 특성을 보면 그것을 잘 알 수 있다.[34] 한편, 자아는 어느 정도 외물의 지배를 받았다. 외물을 보고 자신의 감정을 일으켰다. 곧, 외물을 부림[役物]이 아니라 외물의 부림을 받았다[役於物]. 이 점이 왕효렴 시의 한계이다.

---

33 왕효렴이 활동한 시기는 중당기(中唐期, 763~826)에 해당한다. 초당(初唐)은 고조(高祖)에서 예종(睿宗)까지 95년간(618~712)이다. 성당(盛唐)은 현종(玄宗)에서 숙종(肅宗)까지 50년간(713~762), 만당(晩唐)은 문종(文宗)에서 애제(哀帝)까지 91년간(827~907)이다.

34 당시(唐詩)는 ㉠ 서정(抒情)을 중시, ㉡ 구법이 정벽함[句法精闢], ㉢ 비체나 흥체를 많이 사용함[多用比興], ㉣ 대장이 공정함[工整對仗], ㉤ 성운이 아름다움[諧美聲韻], ㉥ 기세가 건발함[健拔氣勢]이고, 송시(宋詩)는 ㉠ 설리(說理)를 중시함, ㉡ 산문(散文)의 기세, ㉢ 흥을 기탁함이 깊지 않음[興寄不深], ㉣ 말뜻이 정벽함[辭旨精闢], ㉤ 말이 끝나면 의미도 다함[語絶意盡], ㉥ 전혀 여운이 없음[了無餘味], ㉦ 제목 글자를 시 안에 쓰는 것을 꺼리지 않음[不忌題字入詩] 등이다. 傅隸樸, 『中國韻文通論』(臺灣: 正中書局, 1982), 246~250쪽 참조.

제15장

왕정균 시의 자아와 외물

1. 발해 유민 왕정균

왕정균(王庭筠, 1151~1202)은 발해 유민(遺民)이다. 그의 자는 자단(子端)이며, 조부는 정일(正一), 부(父)는 준고(遵古)이다. 그는 태어난 지 1년 만에 책을 보고 17개의 글자를 알았다. 6살 때에는 아버지가 글을 외우는 소리를 듣고 그 뜻을 알았으며, 7살에는 시를 배웠다. 11살부터 시를 지을 수 있었으며, 책을 읽을 때 한꺼번에 5줄씩 읽었다. 26살에 진사에 합격하여 은주군사판관(恩州軍事判官)이 되어 훌륭한 치적을 남겼다고 한다. 명창(明昌) 원년(1190)에 황화산(黃華山)에 은거하여 황화산주(黃華山主)로 자호(自號)하였다. 특히 서화에 뛰어나 역대 조정 대신들의 법서명화(法書名畵)를 모은 『서화집(書畵集)』 550권과 사대부가에 소장하고 있던 서화를 모은 『계당집(溪堂集)』 10권을 편찬하였다. 그는 한림수찬 등 여러 관직을

---

35 金毓黻, 『渤海國志長編』 卷13, [遺裔列傳] 5, 「王庭筠」 條.
그가 지은 사(詞)는 「큰 강이 동쪽으로 흐름[大江東去]」, 「황제를 뵙고[謁金門]」, 「봉이 깃든 오동나무[鳳棲梧]」, 「보살만 회문(菩薩蠻回文)」(3), 「청평악(淸平樂)」, 「살구꽃을 읊음[賦杏花]」, 「까마귀가 밤에 욺[烏夜啼]」, 「충정을 하소연함[訴衷情]」, 「청평악(淸平樂)」(응제應製), 「수조가두(水調歌頭)」, 「황제를 뵙고[謁金門]」, 「옥 비녀를 읊음[賦玉簪]」 등이다. 문(文)은 「오송정 기문[五松亭記]」, 「향림관 기문[香林館記]」, 「이산의 풍설송삼도 시

역임하다가 장종(章宗) 태화(泰和) 2년(1202)에 52세로 죽었다. 그는 문집 40권 등 많은 저술을 남겼다. 하지만 현존하는 작품은 시(詩) 28수, 사(詞) 10제(題) 12편(篇), 문(文) 5편뿐이다.[35]

한반도의 남쪽에 신라나 고려가 존재했을 때, 한반도 북쪽에는 발해가 있었다. 지금까지는 소외되었지만, 앞으로는 발해인들의 문학도 우리 문학의 영역에 포함하여야 하며 이에 관한 연구도 활발히 전개되어야 한다.

2. 내면의 위축과 외물의 확장

사람이 외물, 곧 자연 또는 기타 사물을 인식하는 태도는 크게 세 가지로 나눌 수 있다. 첫째, 자아가 외물을 부리는 경우이고, 둘째, 자아가 외물의 부림을 받는 경우이며, 셋째, 자아가 외물과 일치하는 경우이다.

자아의 심정에 따라 외물을 묘사하는 모습이 달리 나타난다. 곧, 내면이 어떠한 상황이냐에 따라 외물을 표현하는 것이 달라진다는 말이다. 먼저 「옥중에서 망초 시를 지음[獄中賦萱]」[36]이라는 시를 들어 이에 대해 논의해 보기로 한다.

沙麓百戰場	모래 벌 싸움 많이 하던 곳에는,
舃鹵不敏樹	소금밭이라 나무가 살지 못하네.
況復幽圄中	하물며 다시 어두운 감옥 속에는,
萬古結愁霧	만고의 근심 안개처럼 맺혀 있네.

발문[李山風雪松杉圖詩跋]」, 「서경 유수청 이름을 붙인 기문 이야기[西京留守廳題名記說]」, 「탁주의 촉주묘를 중수한 비문[涿州重修蜀主墓碑]」 등이 남아 있다.

36 金毓黻, 『渤海國志長編』 卷18.

寸根不澤地	작은 뿌리는 땅을 가리지 않고,
於此生意具	여기서도 제법 생기를 갖추었네.
婆娑綠雲杪	한들거리는 푸르른 줄기의 끝을,
金鳳掣未去	금봉이 끌지만 끌려가지를 않네.
晩雨霑濡之	저물녘 비에 흠뻑 젖은 그 모습,
向我泫如訴	나를 향해 눈물지으며 하소연하듯.
忘憂定漫說	근심을 잊는다는 말 빈말인 것을,
相對淸淚雨	마주 대하노니 비 오듯 눈물지네.

이 시는 제목에서 알 수 있듯이, 자아가 연금된 상태이다. 감옥에 갇힌 자아이니 그 심정이 편안할 리 없다. 따라서 자아의 눈에 들어오는 외물도 긍정적이지 못하다. 제목에서, 망초는 물론 풀 이름이다. 그러나 이는 단순히 외물만 가리키는 것이 아니다. 바로 자아 자신을 나타낸다. 곧, 자아 자신을 천대받는 망초에 비유하였다. 제목만 보아도 그 내용을 대충 짐작할 수 있다. 감옥 안에서 망초를 읊조렸으니, 자아의 심정은 암담하기 그지없다.

형식 면에서 보면, 이 시는 고시(古詩)이다. 염(黏)이 맞지 않기 때문이다. 그러나 운(韻)은 제8구의 '거(去)'가 거성 어운(御韻)인 것 말고는 모두 거성 우운(遇韻)이다. 운은 맞으나 염(黏)이 맞지 않으니 고시인 것이다. 그러면 각 연(聯)에서 외물과 자아의 상관성에 대해서 논의해 보기로 한다.

제1연은 과거의 회상이다. 출구에서 모래 벌이 등장한다. 그곳은 다름 아닌 옛 전장(戰場)이다. 이 전장이었던 모래 벌은 소금밭이다. 여기서 모래 벌이 바로 바닷가에 있음을 알 수 있다. 바닷물이 들락거리는 모래 벌에는 나무가 살지 못한다. 소금기가 있기 때문이다. 비록 소금기가 있어 나무가 자라지 못하는 곳이지만, 그 공간은 대단히 넓다. 바다에 인접한 곳이니까. 바로 이 연은 자아가 현재 접한 상황이 아니라 과거의 사실을 돌이켜 생각한 것이다. 이 연을 통해서 볼 때 과거 자아는 전장(戰場)에 나갔거나, 그렇지 않으면 전장을 자주 접했음을 알 수 있다. 과거 자아가 접한 공간은 실내가 아니라 광장이었다. 그것도 바닷물이 쉼 없이 출렁거리는 해변이었다. 공간이 넓다는 것은 행동이 그만큼 자유롭다는 말이다.

그러나 제2연에 오면 상황은 달라진다. 공간이 갑자기 좁아지고 있다. 자아가 감옥 속에 있기 때문이다. 옛날 광장에서 내달리던 자아가 이제는 좁은 감옥에 갇혀 있다. 시간은 과거에서 현재로 흐르고, 공간은 넓은 데서 좁은 곳으로 이동하고 있다. 과거의 공간은 넓고도 밝았지만 현재의 공간은 좁고도 어둡다. 자아는 과거와 현재 상황에 대비하여 자신의 답답한 심정을 묘사하고 있다. 바로 대구(對句)에서, 만고의 시름이 안개처럼 맺혀 있다고 하였기 때문이다. 여기서 안개처럼 맺혀 있는 것은 근심만이 아니다. 바로 망초도 자아의 심정처럼 그렇게 자라고 있다.

이처럼 자아가 처한 공간이 넓은 데서 좁은 곳으로 이동하였다. 이에 따라 자아 자신도 자유의 몸에서 영어(囹圄)의 신세로 바뀌었다. 회화(繪畫)의 원근법과 같이, 자아의 시선이 먼 데서부터 가까운 곳으로 이동하고 있다. 자아가 처한 공간도 그의 시선과 마찬가지로 거시(巨視)에서 미시(微視)로 변하고 있다.

제3연에 오면 자아의 시선은 점점 섬세해진다. 자아의 시선이 이제는 감옥 곁에서 자라는 망초에 맞춰져 있다. 망초는 비록 사람들의 환심을 사지는 못하지만 작은 뿌리는 땅이 좋고 나쁜 것을 가리지 않는다. 이 점에서 보면, 자아나 망초의 처지가 서로 비슷하다. 자아 또한 사람, 여기서는 임금의 환심을 사지 못해 감옥에 갇힌 몸이기 때문이다.

자아는 감옥에서 그다지 적응을 하지 못한다. 감옥은 자유가 없는 곳이기 때문이다. 그러나 망초는 비록 좁은 공간에서 자라고 있지만 이를 탓하지 않는 것 같다. 망초는 아무 곳에서나 뿌리를 내리고 있다. 망초는 자아와는 달리 근심을 잊었는지, 좁은 공간에서도 생기를 내고 있다.

제4연에 오면, 망초가 바람에 따라 줄기를 한들거리고 있다. 줄기가 흔들린다는 것은 외풍(外風)을 맞았다는 말이다. 그러나 망초는 이를 탓하지 않는다. 자아의 눈에는 망초가 마치 즐거워 춤을 추는 듯하다. 바람에 한들거리는 망초이지만, 금봉(金鳳)에게 끌려가지 않는다. 금봉은 일반적으로 봉선화를 가리킨다.

망초는 자아와 같이 남에게 버림받은 신세이다. 망초는 천한 사람에 비유할 수 있다. 망초와 자아는 서로 같은 처지이다. 비록 남에게 버림을 받은 처지이지만, 지조를 지키고 있다. 금봉, 즉 봉선화의 유혹에 넘어가지 않는 망초나, 관작(官爵)에 유혹되지 않는 자아가 지조 면에서는 서로 같다. 봉선화는 사람으로 말하면 높은 신분의 사람이다. 이 연에서는 바로 자아가 비록 현재는 버림받은 신세이지만, 지조를 지키고 있음을 넌지시 암시하고 있다. 이처럼 제4연은 자아의 시선이 더욱 좁아지고 있다. 한 식물에 초점을 맞추고 있다. 그뿐만 아니라 이 망초를 자아와 동일시하고 있다.

제5연에 가면 이러한 현상은 더욱 깊어진다. 제5연에서 시간 배경이 나타나고 있다. 이 연(聯), 곧 이 시의의 시간적 배경은 해 질 녘이다. 황혼은 아름답기는 하지만, 그다지 희망적이지 못하다. 하루해가 저물 때이기 때문이다. 흔히들 우리는 나이가 들어 죽음을 눈앞에 둔 사람을 보고 인생의 황혼기라는 말을 쓰지 않는가. 황혼이라는 말은 왠지 쓸쓸하고, 쇠약하고, 퇴락해 가는 느낌이 든다. 자아는 해 질 녘 망초가 비에 흠뻑 젖었다고 하였다. 비는 좋은 징조를 나타내기도 한다. 그러나 여기에서 비는 그다지 상서롭지 못하다. 여기에서 비는 추위를 가져다주는 싸늘한 기운을 나타낸다. 왜냐하면, 자아의 마음이 그다지 밝지 못하기 때문이다.

대구(對句)에 오면, 이러한 어두운 감정은 그 정도를 더한다. 비를 맞고 있는 망초가 눈물지으며 무엇을 하소연하듯 자신을 바라본다고 하였기 때문이다. 사실은 망초가 눈물지으며 하소연하는 것이 아니다. 눈물짓는 것은 자아의 마음이다. 자아는 잘못도 없이 억울하게 감옥에 가 있는 상태이다. 그러니 그 마음이 어떻겠는가?

실제로 왕정균이 감옥에 간 이유는 다른 사람의 무고에 의해서이다. 왕정균은 대정(大定) 16년(1176) 진사 시험에 합격하였다. 그 뒤 그는 은주군사판관(恩州軍事判官)과 관도현(館陶縣)의 주부(注簿)를 거쳐, 명창 원년 4월 관가의 직책에 선발되었으나, 어사대(御史臺)에서 관도 재임 시의 행적을 문제 삼아 그를 파직하였다. 『발해국지장편(渤海國志長編)』을 보면 다음 기록이 있다.

> 승안 원년 지제고 조병문이 상서하면서, "서지국은 마땅히 파면시키고 종실인 수정은 크게 등용할 수 있습니다."라고 하여, 장종이 그를 불러 그 내용을 물으니 말에 자못 차이가 있었다. 이에 지대흥부사 완안고 등에게 명하여 조병문을 국문하게 하였는데, 병문이, "처음에 말씀을 올리고자 하면서 일찍 왕정균과 사사로이 의논했습니다."라고 하였다. 이에 왕정균을 하옥시키고 직책을 깎아내려 외지로 내보내며 정주 방어 판관으로 삼았다.[37]

37 "承安元年, 知制誥趙秉文, 上書論, 胥持國當罷, 宗室守貞可大用. 章宗召問, 言頗差異, 於是, 命大興府事完顔膏等鞫之, 秉文乃曰, 初欲上言, 嘗與王庭筠等私議, 乃下庭筠獄坐,

이처럼 왕정균은 조병문이라는 사람의 거짓 진술 때문에 감옥에 갇혔고, 이어서 관직이 깎였다. 이러한 상황이니 자아의 눈에 들어온 비에 젖은 망초가 좋게 보일 리가 없다. 제6연에서처럼 망우초에서 '망우(忘憂)'라고 하는 것은 빈말처럼 보이는 것이다. 왜냐하면, 자아가 억울하니, 그의 시선에 들어온 망초가 근심을 잊는 풀로 보이지 않기 때문이다.

이 시는 넓은 공간에서 시간의 순차에 따라 점점 좁은 공간으로 자아의 시선이 이동하고 있다. 이와 더불어 자아의 마음도 점점 어두워지고 있다. 자아와 동일시되는 망초를 통하여, 자아는 더욱더 근심스러워하고 있다. 바로 망우(忘憂)라는 말과 실제의 망초, 그리고 자아의 심정이 서로 차이가 있음을 드러내고 있다.

앞의 시는 자아가 옥중에서 식물인 망초를 보고 읊은 것이다. 아래 두 수의 시는 그가 동물인 제비와 까마귀에 빗대어 자신의 심정을 묘사하고 있다. 「옥중에서 제비를 봄[獄中見燕]」[38]이라는 시를 먼저 들어 보면 다음과 같다.

笑我迂疎觸禍機	나는 세상일 그르쳐 화를 입었다지만,
嗟君底事入圜扉	그대는 무슨 일로 이 감옥에 들어왔나.
洛花吹濕東風雨	지는 꽃은 봄날 비바람에 날려 젖으니,
何處茅簷不可飛	누구의 처마 밑인들 날아가지 못하리오.

이 시는 제목에서도 알 수 있듯이 자아가 갇혀 있는 감옥 안으로 날아든 제비를 보고 지은 것이다. 이 시는 자아가 상대인 제비에 인격을 부여하여 문답법으로 묘사하고 있다. 7언절구로 운자(韻字)는 기(機), 비(扉), 비

削秩, 出爲鄭州防禦判官." 金毓黻,『渤海國志長編』卷13, [遺裔列傳] 5,「王庭筠」條.

38 金毓黻,『渤海國志長編』卷18.

(飛)이며 운(韻)은 평성 미운(微韻)이다.

기구(起句)에서는, 자아 자신의 처지를 묘사하고 있다. 자아가 세상일을 그르쳐 감옥에 갇혔다고 하였다. 여기서 세상일을 그르쳤다는 말은 조병문(趙秉文)의 상소로 장종(章宗)의 노여움을 산 일이다. 이 일로 그는 감옥에 갇히는 신세가 되었다. 어찌 보면 자아, 곧 왕정균은 억울하기 그지없다. 자신이 하지도 않은 일로 감옥에 갇히는 신세가 되었기 때문이다.

승구(承句)를 보면, 이러한 자신의 처지를 아는지 모르는지 제비 한 마리가 감옥으로 날아들었다. 날짐승인 제비가 실내로 들어올 수도 있다. 그러나 이러한 일은 자주 일어나지 않는다. 제비가 감방 안으로 날아든다는 것은 기이한 일이다. 갇혀 있는 사람이 이 광경을 볼 때는 더욱 의아하다. 자아는 제비에게 감옥으로 들어온 까닭을 묻는다. 그러나 제비가 이에 대해 대답할 리 없다. 자아나 제비나 열린 공간에서 닫힌 공간으로 들어왔다. 곧, 넓은 곳에서 좁은 곳으로 이동하였다. 이와 더불어 자아의 심정도 자유로운 곳에서 그렇지 못한 곳으로 이동하였다. 공간이 좁아질수록 자아의 내면도 위축되고 있다. 그러나 시인인 자아와 외물인 제비가 교감(交感)하고 있다. 말 못 하는 제비이지만, 자아가 이 제비에 인격을 부여하고 있다.

전구(轉句)를 보면, 시간 배경이 나타나고 있다. 시간상으로는 꽃이 지는 봄이다. 물론 현재 비가 오기 때문에 꽃이 떨어지는 것일 수도 있다. 꽃이 진다는 것은 그만큼 희망이 있다는 말이다. 꽃이 떨어지는 자체는 그다지 희망적이지 못하지만 꽃이 지면 열매가 커진다. 열매가 자라면서 꽃이 떨어지기 때문이다. 그것도 봄비가 온다고 했으니, 절망적이기보다는 희망적이다. 봄에 비가 오면 만물이 생육한다. 그만큼 봄비는 만물에 은혜를 베풀어 준다. 특히 필요할 때 내리는 비를 일러 때에 알맞은 비, 곧 시우(時

雨)라 한다. 『맹자』를 보면, 군자의 다섯 가지 교육 방식을 제시하였는데, "때맞은 비가 만물을 기르듯 하는 것이 있고, 품행과 덕망을 이루게 하는 것이 있고, 재능을 배양하게 하는 것이 있고, 물음에 답을 해 주는 것이 있고, 남에게서 얻어들어 사사로이 선으로써 자신을 다스리는 것이 있다."[39] 라고 하였다. 이렇게 보면, 이 시에서의 봄비도 단순한 비가 아니다.

결구(結句)에서, 비가 오니 그 비를 피해 제비가 실내로 날아들었다. 자아는 제비가 누구 집 처마 밑인들 날아다니지 못하겠냐고 반문하였다. 그것은 그만큼 자신이 자유로워지고 싶다는 말이다. 현재 그는 비록 갇혀 있는 신세이지만, 제비같이 자신이 가고 싶은 곳으로 가기를 바라고 있다.

이처럼 이 시는 자아의 내면이 위축되어 있다. 그러면서 외물과는 서로 교감하고 있다. 자아는 외물과의 교감에만 그치는 것이 아니라, 외물을 통하여 자신의 희망을 묘사하고 있다. 다음의 「까마귀가 밤에 욺[烏夜啼]」[40] 이라는 사(詞)에서는 3인칭 전지적 작가 시점에서 외물을 묘사하고 있다.

淡煙疎雨新秋	희부연 안개 속 가랑비 내리는 초가을에,
不禁愁	수심 금할 길 없네.
記得青帘江山	생각하노니, 푸른 깃발이 꽂힌 강산의
酒家樓	술집 누각에,
人不住花不語	사람은 없고, 꽃이 말이 없네.
水空流	물만 부질없이 흐르는데,
只有一雙檣燕	돛대 위에 한 쌍의 제비만이 내려앉아
肯相留	서로 머무르려 하네.

39 "有如時雨化之者, 有成德者, 有達財者, 有答問者, 有私淑艾者."『孟子』卷13,「盡心」上篇.
40 金毓黻,『渤海國志長編』卷18.

이 사(詞)는 앞에서 본 두 수의 시와는 그 배경이 다르다. 자아가 감옥에서 앞의 시들을 지었다면, 이 사는 자아가 자유인으로서 자신의 눈에 들어온 광경을 보고 그 심정을 묘사하였다. 먼저 시간 배경을 보면, 초가을이다. 한기가 살며시 스며드는 철, 안개가 자욱이 낀 가운데 가랑비가 내리고 있다. 가을은 사물에 숙살기(肅殺氣)가 들어온다. 한해살이 식물은 열매가 익고 줄기와 가지가 시든다. 이러한 때에 자아는 수심에 싸여 있다. 여기서 자아가 근심하게 된 이유는 나와 있지 않다. 어쩌면 자신의 처지를 돌이켜 볼 때 수심이 찾아든 것인지도 모른다. 이 구절에서 보면 초가을에 가랑비가 내리고 주위는 안개에 싸여 있다. 마치 동양화를 보는 듯한 느낌이다.

이때 자아의 시선이 다시 다른 곳으로 옮겨 간다. 깃발이 꽂혀 있는 물가의 술집으로 자아의 시선이 이동한다. 그런데 그 술집에 사람이 없다. 술집은 사람이 들썩여야 정상이거늘 사람이 없다. 그것은 바로 그 술집이 더 이상 영업하지 않는다는 말이다. 술집에서 술을 팔지 않는 것은 주인이 의도적으로 일을 그만두었거나, 손님이 찾아오지 않아 부득이 그만둔 경우이다. 여기서 볼 때 뒤의 경우가 더 설득력이 있다.

술집에 손님이 없다는 것은 오가는 사람이 없다는 말이다. 청렴(青帘)은 주점(酒店)에 내거는 기(旗)이다. 술집이 있는 자리는 강가이니, 배를 타고 강을 건너는 사람이 있으면 이곳에 들르기 마련이다. 오가는 사람이 없으므로 술집이 폐쇄된 것이다. 이러한 광경을 본 자아의 심정은 어떠한가? 그 술집에 꽃이 말없이 피어 있다. 인간의 자취는 어디 가고 없는데, 그래도 자연은 항상 그대로이다. 자아는 한편으로 외로움에 사무치지만, 그래도 자연과는 교감하고 있다. 자아는 자연과 교감함으로써 자신의 슬픔을 삭이고 있다.

마지막 단락에서 보면, 물은 쉼 없이 흐른다. 그러나 무슨 목표를 지니고 흐르는 것은 아니다. 그냥 아무 생각 없이 흐른다. 자아는 이 흐르는 물을 부질없다고 하였다. 그러나 물은 부질없이 흐르지 않는다. 물은 인간에게 어떤 진리를 가르쳐 준다. 노자(老子)는 세상에서 가장 착한 것은 물과 같다[上善若水][41]고 하였고 공자는 물은 밤낮으로 쉬지 않고 흐른다[不舍晝夜][42]고 하였다. 물은 뛰어넘지 않고, 구덩이를 다 채우고 흘러간다.[43]

자연은 순리(順理)이다. 사람은 유한(有限)하지만, 자연은 무한(無限)하다. 자아는 바로 끝없는 자연과 교감한다. 이 자연이 생명이 있든 없든 상관하지 않는다. 그런데 인간이 만든 돛대 위에 한 쌍의 제비가 머무르려 한다. 물론 제비가 돛대 위에 영원히 앉아 있지는 않다. 제비는 잠시 쉬어 갈 뿐이다. 그러나 자아의 눈에는 이러한 광경들이 정겨워 보인다. 비록 자신은 인간 삶에 근심하고 있지만, 자연은 그렇지가 않다. 첫 구절에서 자아는 슬픔에 잠겨 있었다. 그러나 이 사(詞)를 읊조리는 동안 서서히 마음의 평정을 되찾아간다. 물론 완전히 마음이 안정된 것은 아니지만 자연, 곧 외물에 자아의 감정이 동화되면서 위축되었던 마음이 누그러지고 있다.

이처럼 왕정균의 시와 사(詞)를 통하여 볼 때 자아의 내면, 곧 마음이 대단히 위축(萎縮)되어 있다. 자아는 이 위축된 마음으로 외물, 즉 망초나 제

---

41 "최상의 선은 물과 같으니, 물은 만물을 잘 이롭게 하면서도 다투지 않으며, 뭇사람들이 싫어하는 낮은 곳에 처하기 때문에 도에 가깝다.[上善若水, 水善利萬物而不爭. 處衆人之所惡, 故幾於道.]"(『老子』 第8章) 하였다.

42 "흘러가는 것이 이와 같구나. 밤이고 낮이고 멈추는 법이 없다.[逝者如斯夫, 不舍晝夜.]"라고 탄식한 말이 『논어』 권9, 「자한(子罕)」 편에 나온다.

43 공자(孔子)가 물의 덕을 칭찬한 이유에 대해서 맹자(孟子)의 제자 서자(徐子)가 물어보자, 맹자가 "근원이 있는 샘물은 퐁퐁 솟아 흐르면서 밤이고 낮이고 멈추는 법이 없다. 그리고 구덩이가 파인 곳 모두를 채우고 난 뒤에야 앞으로 나아가서 드디어는 사방의 바다에 이르게 되는데, 학문에 근본이 있는 자도 바로 이와 같다.[源泉混混, 不舍晝夜. 盈科而後進, 放乎四海, 有本者如是.]"라고 대답한 말이 『맹자(孟子)』 권7, 「이루(離婁)」 하편에 나온다.

비, 까마귀와 교감하고 있다. 처음 자아가 외물을 접할 때는 관찰자의 시점에서 외물을 바라보지만 외물을 접한 뒤에는 점점 이 외물과 교감하고 있다. 자아는 외물과의 교감을 통해 마음의 위안을 얻고 있다.

3. 내면의 갈등과 외물의 형상

자아 자신의 내면이 갈등할 때, 자아는 외물을 어떠한 모습으로 접하고 있는가? 또 외물을 접하고 난 뒤 자아의 심회는 어떠한가? 이 점에 대해서 고찰해 보기로 한다. 먼저 「서재의 벽에 씀[書西齋壁]」[44]이라는 시를 들어 보면 다음과 같다.

世事雲千變	세상일 구름처럼 천만 번 변하니,
浮生夢一場	구름 같은 인생 한바탕 꿈이네.
偶然携柱杖	우연히 지팡이[柱杖]를 짚고서,
來此據胡床	이곳에 와 의자에 기대어 앉네.
有雨夜更靜	비 내리니 이 밤 더욱 고요하고,
無風花自香	바람 없이도 꽃 절로 향기 나네.
出門多道路	문을 나서면 갈림길이 많은데,
何處覓亡羊	어디서 잃어버린 양을 찾으리오.

이 시는 율시이다. 한 구의 글자가 다섯 자이니, 5언율시이다. 운자는 장(場), 장(杖), 상(床), 향(香), 양(羊)이며, 운은 평성 양운(陽韻)이다. 먼저 수련을 보면, 세상일이 구름처럼 변화가 심하니, 한바탕 꿈과 같다고 하였다.

44 金毓黻, 『渤海國志長編』 卷18.

이는 나이가 많이 든 자아가 할 수 있는 말이다. 왕정균은 52세에 죽었다. 지금의 수명으로 봐선 그다지 오래 살지 않았지만 고려 시대 왕들의 평균 수명이 44세였다 하니, 52세는 적은 나이가 아니다.

이 시를 시인이 몇 살 때 지었는지는 명확하지 않다. 그러나 시를 지을 당시 시인은 인생의 쓴맛과 단맛을 다 경험하고 난 뒤였다. 삶의 좋고 나쁜 것을 다 경험하고 나니, 인생이란 부질없는 것임을 느꼈다. 세상일에 기복이 심하니, 이것을 겪은 자아는 대단히 허무함을 느꼈을 것이다. 외물에 허무함을 느낀다는 것은 외물에 대응하는 자아의 자세가 소극적이라는 말과 통한다.

소극적으로 외물에 대처하면서, 자아는 우연히 서재에 와서 앉아 있다. 그것도 지팡이를 짚고 이곳에 왔다. 이를 통해서 볼 때 자아의 몸이 이미 쇠했음을 알 수 있다. 나이가 들어 몸을 가누기도 어려울 때 자아는 지나온 과거를 돌이켜 본다. 현실에 불만이 있는 사람은 과거로 거슬러 올라간다. 그만큼 현실이 만족스럽지 못한 것이다. 그리고 이런 사람들은 대부분 현실을 극복할 힘이 없다. 현실의 어려움을 정신적으로나 육체적으로 극복할 수 있으면, 과거를 회상할 필요가 없다. 그러나 자아는 과거를 회상하고 있다. 물론 나이가 들어 죽음에 가까웠으니, 지나온 삶의 자취를 돌아볼 만도 하다.

경련(頸聯)의 출구에서 자아는 비 내리니 이 밤 더욱 고요하다고 하였다. 여기서 시간적 배경이 나타난다. 자아가 처한 시간은 낮이 아니라 밤이다. 밤에 비가 내리는데, 혼자서 서재에 앉아 있다. 이 시는 최고운의 「가을밤 비 오는 가운데[秋夜雨中]」 시와 분위기가 닮았다. 대구에서는 바람이 일어나지 않는데, 꽃이 저절로 향기롭다고 하였다. 여기에서 향기는 실제로 꽃향기일 수도 있고 자아 자신의 향기일 수도 있다. 향기가 있으면 저절로 향기가 퍼지니[有麝自然香], 구태여 바람 불기를 기다리지 않아도 된다[何必對風立]. 자아 자신도 이러한 경지이다. 능력이 남들보다 뛰어나니 저절로 향기가 퍼질 수밖에 없다. 이처럼 이 구절은 중의법(重意法)으로 그 의미를 강조하고 있다.

미련(尾聯)에서 보면, 자아가 갈등하고 있음을 알 수 있다. 문을 나서면 갈림길이 많다고 하였다. 갈림길이 많다는 것은 그만큼 갈 방향이 정해지지 않았다는 말이다. 갈 길이 정해지지 않았으니, 헤맬 수밖에 없다. 마음이 안정이 안 되니 자신의 목적을 성취할 수 없다. 곧, 대구에서 말한 잃어버린 양을 찾을 수 없다. 여기서 잃어버린 양은 양심 또는 진리이다. 세상이 그만큼 험하니 양심을 찾을 길이 없다는 말이다. 양심 없는 사람이 많아지다 보면 세상이 혼탁할 수밖에 없다. 그러나 자아는 이를 바르게 고칠 만한 힘이 없다. 단지 말로만 자기 생각을 묘사하고 있을 뿐이다.

이 시에서 자아의 내면이 갈등한다. 이 갈등은 자연 현상과는 다르다. 자연 현상, 곧 외물은 갈등이 없는 데 비해서 자아의 내면은 갈등하고 있다. 그러나 자아는 스스로 이러한 갈등의 요소를 해결할 만한 힘이 없다. 곧, 한 사람의 나약한 지식인에 불과하였다. 다음의 「조언화에게 보임[示趙彦和]」[45]이라는 시는 앞의 시보다 덜하지만, 그래도 내면의 갈등이 다소 나타난다.

四柳危亭坐晚陰	버드나무 숲속 높은 정자에 해 지도록 앉아서,
慇懃鷄黍故人心	은근히 닭국과 기장밥 대접 옛 벗의 정이라네.

45 金毓黻, 『渤海國志長編』 卷18.

兒孫滿眼田園樂　　손자들 눈에 가득하니 전원생활의 즐거움이요,
花木成陰年歲深　　꽃나무 우거지는 것을 보면 나이가 들었구나.
十畝蒼烟秋放鶴　　푸른 내 낀 열 이랑 밭에 가을 학이 자유롭고,
一簾凉月夜橫琴　　주렴 사이 달 비치는 밤에 거문고를 연주하네.
家山活計良如此　　내 고향 집 살림살이가 진실로 이러할 것이니,
歸興秋風已不禁　　가을바람에 돌아가고픈 마음 견딜 수 없다네.

이 시의 시간 배경은 해 질 녘이다. 바로 수련(首聯)의 출구에서 나타난다. 그리고 공간 배경은 버드나무 숲속 정자이다. 이 시간과 공간 배경만 보아도 그 분위기는 그다지 밝지 않고 힘이 없다. 힘이 없으니 분위기가 희망적이지 않다. 그저 한적하고 나약한 느낌이 든다. 출구에서 보면 사방이 버들로 둘러싸여 있다고 하였다. 버드나무가 사방으로 둘러쳐 있으면서 그 가운데 높은 곳에 정자가 있다. 자아는 이곳에 해가 지도록 앉아 있다. 언제부터였는지는 모르지만, 앉아 있은 시간이 상당히 길었음을 알 수 있다. 그런데 그곳에 자아 혼자 앉아 있었던 것이 아니다. 닭국과 기장밥[46]으로 벗들을 대접한다고 했으니, 최소한 몇 명이 더 있었다.

또 어떠한가? 손자들이 가득하다 했는데, 이 손자들은 자아, 곧 시인의 후손이 아니다. 여기서 손자들은 바로 조언화의 손자들이다. 시인 자신은 조언화에게 대접받는 신세이다. 조언화가 손자들이 많은 것을 보니 나이가 들었다고 하였다. 시인은 후손들이 많은 것을 꽃나무가 우거졌다고 표현하였다. 시인, 곧 자아는 손자들이 가득한 것이 전원생활의 즐거움이라

46 닭국과 기장밥이라는 말은 『논어(論語)』 권18, 「미자(微子)」 편에, "자로가 손을 잡고 서 있으니, 자로에게 머물러 자게 하고는 닭을 잡고 기장밥을 지어 먹이고 그 두 아들을 만나게 하였다.[子路拱而立, 止子路宿, 殺鷄爲黍而食之, 見其二子焉.]"라는 말에서 유래하였다.

하였다. 여기서 즐거움을 맛보는 사람은 시인이 아니라 조언화로, 시인은 곧 조언화의 심정을 대변할 따름이다.

푸른 내가 자욱이 낀 밭이랑에 학이 한가롭다. 학이 등장하는 것은 그만큼 평화롭다는 말이다. 학이 유유히 먹이를 찾고 있으니 자연, 곧 외물은 아름답기만 하다. 그러나 이러한 아름다움이 자아가 아니라, 조언화에게 돌아간다. 이럴 때 어느덧 밤이 찾아왔다. 주렴 사이로 달빛을 받으며 거문고를 연주한다. 여유가 있는 삶이다. 이러한 여유 있는 삶을 자아 자신이 아니라 조언화가 누린다. 자아가 조언화를 내세워 자기 지향을 묘사하고 있다.

자아는 현재 타향에서 생활하고 있다. 자아는 조언화의 삶을 보고 자신의 형편을 돌이켜 생각한다. 자아 자신의 고향에도 바로 이 조언화와 같이 많은 손자가 있다. 그러나 자아는 조언화 같은 생활을 하지 못하고 있다. 그가 타향에서 생활하고 있기 때문이다. 그러니 가을바람이 부는 쓸쓸한 철에 고향으로 돌아가고 싶은 생각이 간절하다.

이처럼 이 시는 처음에는 평화롭고 여유 있는 정경을 묘사하고 있다. 가을날 밭이랑 사이에서 학이 여유 있게 먹이를 쪼고 있는 광경은 마치 한 폭의 동양화를 보는 느낌이다. 그만큼 여유가 있다. 자아의 시선이 버드나무 숲에서 점점 다른 방향으로 이동한다. 시선이 이동한다는 것은 공간 배경이 변하고 있다는 말이다. 자아의 시각만 그 대상을 바꾸는 것이 아니다. 시간 배경도 변하고 있다. 자아는 어느덧 오후를 지나 저녁을 맞고 있다. 비록 해가 넘어간 저녁이지만 외물은 평화롭기만 하다.

그러나 이 평화롭고 여유 있는 삶은 자아 자신의 것이 아니었다. 따라서 처음에 등장하는 외물은 미련(尾聯)에서와 같이 자아의 심정을 더욱 서글프게 만드는 요인이 되고 있다. 이러한 서글픈 심정을 현재로서는 해결할 수가 없다. 현재 자아가 타향에 있기 때문이다. 이처럼 처음에는 여유 있고 평화롭게 등장하는 외물이 자아와 가까워지면서 점점 서글퍼진다. 한 걸음 더 나아가 서글퍼지는 데에 그치지 않고, 자아에 다가온 외물은 어쩌면 절망적이기까지 하다. 따라서 이 시도 앞엣것과 마찬가지로 자아 내면의 갈등이 외물을 서글프게 받아들이고 있다. 시간이 가을, 그리고 밤으로 이어짐에 따라 자아의 마음도 점점 어둡고 쓸쓸하게 변하고 있다. 그러나 자아는 이러한 내면 갈등을 극복하지 못하고 있다. 자아 자신이 나약하기 때문이다. 다음 「충정을 하소연함[訴衷情]」[47]이라는 사(詞)의 내용을 들어 보면 다음과 같다.

夜凉淸露滴梧桐	밤 서늘하여 맑은 이슬 오동나무 적시고,
庭樹又西風	뜰 나무에는 또다시 가을바람 불어오네.
薰籠舊香猶在	향주머니에는 아직 옛 향기 남아 있는데,
曉帳煖芙蓉	새벽녘 휘장에 연꽃이 따스해지네.
雲淡薄月朦朧	구름은 엷고 달빛 희부연데,
小簾櫳	조그마한 방 안에서,
江湖殘夢	강호에서 못다 이룬 꿈,
半在南樓畵角聲中	반쯤은 남쪽 누각 뿔피리 소리 가운데 있다네.

이 사(詞)의 시간 배경 또한 밤이요, 가을이다. 또 자아가 있는 곳은 집이다. 첫 구절을 보면, 서늘한 가을밤에 이슬이 내리고 있다. 그것도 오동나무 위에 내린다. 이 오동나무는 뜰에 서 있다. 자아는 집에 있으면서 이러한 가을의 정취를 맛보고 있다. 밤과 가을, 서늘함, 그리고 이슬은 그다지

47 金毓黻, 『渤海國志長編』 卷18.

희망적이지 못하다. 곧, 이 시에 나타난 공간 배경은 앞의 두 수의 시와 다르다. 앞의 두 수의 시에서의 공간은 그래도 평화로웠다. 그러나 여기서는 그렇지 못하다.

뜰에는 가을바람이 불어오는데, 향주머니에는 아직 향기가 남아 있다. 향기가 남았음은 미련이 남았다는 말이다. 가을이 되면 만물이 시들어 떨어지고 말지만, 그래도 향주머니에 남은 향기가 없어지지 않았다.

그런데 시간은 점점 새벽으로 치닫고 있다. 새벽녘이 되니 서서히 양기가 올라온다. 아직 완전히 먼동이 트기 전이지만 사방은 벌써 양기를 머금고 있다. 양기를 머금으니, 마치 연꽃을 따스하게 하는 것 같다. 휘장에 수놓인 연꽃인지, 아니면 휘장을 통해서 본 연꽃인지는 명확하지 않으나 시간이 지남에 따라 양기가 점점 올라오고, 양기가 올라옴에 따라 생물이 기운을 받는다. 자아는 이러한 시간의 진행에 따른 외물의 변화를 놓치지 않았다.

구름이 엷고, 달빛이 희부옇다고 하였다. 서서히 밤이 지나고 아침이 오는 순간이다. 그런데 자아는 어떠한가? 외물은 상당히 밝고 긍정적이지만, 자아의 내면은 그렇지 못하다. 자아의 내면은 상당히 어둡다. 자신의 꿈을 이루지 못했기 때문이다. 곧, 자신이 하고자 하는 일을 이루지 못하고 한적한 곳에 물러나 있다. 그런데 그 순간 남쪽에 있는 누각에서 뿔피리 소리가 들려온다. 이 뿔피리 소리가 자아의 심정을 더욱 서글프게 만든다.

이 사(詞)는 앞의 시와 같이 계절 배경은 가을이다. 시간 배경은 가을 깊은 밤과 새벽녘이다. 밤, 서늘함, 이슬, 가을바람, 옛 향기, 구름, 달빛, 작은 방, 뿔피리 소리 등의 시어에서 밝음보다는 어두운 심상이 느껴진다. 이러한 외물이 자아의 내면과 결부되어 갈등을 이루고 있다. 여기에서 자아와 외물은 서로 대를 이루고 있다. 자아와 외물이 서로 동화되지 않는다. 이것은 바로 외물에 문제가 있는 것이 아니라 자아 내면에 갈등이 있기 때문이다. 세속에 관한 욕심이 있으므로 외물과 서로 교감하지 못하고 있다. 이러한 내면과 외물의 불일치가 시간과 공간 배경을 통해 더욱 절실히 전개되고 있다. 시간의 변화에 따라 자아의 시각이 먼 곳에서 가까운 곳으로, 위에서 아래로, 왼쪽에서 오른쪽으로 이동하며 시 속에 한 폭의 그림을 만들어 내고 있다.

4. 내면 갈등과 초월적 진실

사람은 누구나 내면의 갈등을 겪고 그것을 해결하기 마련이다. 이 내면의 갈등을 해결하는 방법에는 크게 세 가지가 있다. 첫째는 자아의 의지로 이 갈등을 극복하는 방법이다. 이렇게 하려면 자아의 의지가 상당히 강해야 한다. 자아의 의지가 강하지 않으면 외물에 넘어가기 쉽기 때문이다. 이러할 때는 자아의 마음속에 욕심이 있을 수 있다. 여기에서 욕심은 물욕이 될 수도 있겠으나, 외물을 진실한 것으로 뜯어고치고자 하는 욕심일 수도 있다. 이때는 진실로 이루고 싶어 하는 욕심이 있으면서, 그 욕심을 능가하는 자아의 실천 의지가 있어야 갈등을 해소할 수 있다. 둘째는 초월의 관점에서 외물을 받아들이는 방법이다. 곧, 외물에 관한 욕심을 없애는 것이다. 내면의 욕심을 없애면 저절로 외물에 의한 갈등이 해소된다. 물론 이 방법은 겉으로 보기는 상당히 고고한 것 같지만, 사실 외물의 힘을 자아가 감당하지 못할 때 그러하다. 셋째는 이보다 한 걸음 더 나아가 완전히 외물을 버리고 초월적인 진실 속에 은거하는 방법이다. 이것은 바로 세상에 관한 미련이나 욕심이 전혀 없는 경지이다. 이러할 때의 자아는 외물에 대해 철저히 버림받고 있다. 이러한 경지는 자아가 처한 환경이 난세일 때가 대부분이다.

이 세 가지 가운데 왕정균은 처음에는 첫째 방법을 택하였다. 따라서 그는 외물에 대해 내면의 갈등을 겪었다. 그러나 그가 둘째 방법을 택했을 때 그의 내면은 안정을 되찾게 되었다. 내면이 안정을 찾으니, 그 문 앞에 전개되는 외물 또한 긍정적으로 보이게 되는 것이다. 본 항에서는 왕정균의 내면의 갈등이 해소되면서, 외물을 어떻게 대하고 있는지를 알아보기로 한다. 그의 시 가운데 「해락정(偕樂亭)」[48]을 들면 다음과 같다.

日暮西風吹竹枝	해 저물자 샛바람이 댓가지를 흔드는데,
天寒杖履獨來時	추운 날인데도 지팡이 짚고 이곳에 왔네.
門前流水淸如鏡	문 앞의 시냇물은 맑기가 거울 같아서,
照我星星兩鬢絲	희끗희끗한 나의 두 귀밑머리를 비추네.

이 시는 7언절구로 운자(韻字)는 지(枝), 시(時), 사(絲)이며 운(韻)은 평성 지(支)운이다. 먼저 기구(起句)를 보면, 시간 배경이 나타나고 있다. 해가 저문다고 했으니까 하루로 말하면 황혼 녘이다. 그런데 샛바람이 불어온다. 샛바람은 가을바람이다. 가을바람에 대나무 가지가 흔들린다. 자아의 시선이 하늘에 있다가 어느새 대나무 위로 옮겨 왔다. 자아가 보니 대나무가 바람에 흔들리고 있다. 그 바람이 봄바람이 아니라 가을바람이다. 가을바람에 대나무가 흔들리니 스산하다. 늦가을에 부는 바람이 이러한 느낌을 더욱 짙게 한다.

48 金毓黻, 『渤海國志長編』 卷18.

그런데 자아는 지팡이를 짚고 이곳, 해락정(偕樂亭)에 왔다. 해락(偕樂)은 바로 함께 즐긴다는 뜻이다. 이름은 해락이지만, 자아와 같이 즐길 사람이 없다. 자아와 같이 노닐 대상은 자연이다. 자아가 내면의 갈등을 초월하였다. 내면의 갈등은 자아가 가지고 있던 세속의 욕심이다. 세속의 욕심을 버리고 나니 자연이 있는 그대로 보인다. 어떤 대상, 즉 어떤 외물이든지 한적하게만 보인다. 비록 바깥 날씨가 춥지만, 자아는 이를 아랑곳하지 않는다. 자연과 함께 즐기기 위해서이다.

자아가 즐기는 외물은 깨끗하다. 자아 눈에 보이는 시냇물도 맑기만 하다. 이 깨끗함이 자아의 내면과 일치한다. 현재 자아의 내면은 청정무구(淸淨無垢)하다. 자아의 내면이 외물의 맑음과 일치한다. 앞 1절에서 자아와 외물이 서로 동화하는 것과는 정도의 차이가 있다. 앞 절에서는 자아의 내면에 갈등이 있을 때 외물에 동화된 경우라면, 여기서는 완전히 내면의 갈등이 사라진 뒤의 외물과의 동화이다.

내면과 외물이 모두 청정하다. 이에 맞추어 자아의 모습을 외물, 즉 시냇물에 비추어 보았더니 머리가 희끗희끗 새었다. 그만큼 나이가 많이 들었다는 것이다. 한 인간이 삶의 막바지에 이르렀을 때 맛보는 감회이다.

이 시 또한 시 속에 그림이 있고[詩中有畵], 그림 속에 시가 있는[畵中有詩] 것과 같다. 그만큼 시 속에 동양화, 그 가운데서도 문인화(文人畵)의 기법이 녹아 있다. 이어서 「가을 교외[秋郊]」[49]라는 시를 들어 보기로 한다.

瘦馬踏晴沙	여윈 말 타고 깨끗한 모래밭을 지나니,
微風度隴斜	산들거리는 바람이 밭두렁을 스치네.

49 金毓黻, 『渤海國志長編』 卷18.

西風八九月	가을바람이 불어오는 팔구월인지라,
疎樹兩三家	성근 나뭇가지 사이로 두세 집 있네.
寒草留歸犢	차가운 풀에 돌아가는 망아지 멈추고,
夕陽送去鴉	저녁노을 돌아가는 까마귀 전송하네.
隣村有新酒	이웃집에 새로 거른 술 있다고 하니,
籬畔看黃花	울타리 가에서 국화 보며 마셔 보세.

한시는 서정적 자아와 시인이 일치한다. 『서경(書經)』「요전(舜典)」에 나오는 "시는 자기 생각을 말한 것이다.[詩言志]"나 한나라 때 사람 정현(鄭玄)이 지은 『시경(詩經)』「대서(大序)」의 "마음속에 있으면 뜻이 되고, 말로 드러내면 시가 된다.[在心爲志, 發言爲詩.]"라는 말을 미루어 보아도 역시 그러하다.

먼저 수련(首聯)을 보면, 자아가 처한 공간은 모래밭이다. 모래라고 하면 우리는 먼저 깨끗한 느낌이 든다. 모래도 깨끗하지 않은 경우가 있다. 오염된 곳은 검기조차 하다. 그러나 이 시에서 자아의 눈에 비친 모래는 오염되지 않은 깨끗한 모래밭이다. 그런데 그 위를 자아가 말을 타고 가고 있다. 그러할 때 산들바람이 불어온다. 공간은 흰 모래밭, 계절은 가을, 시간은 늦은 오후이다. 이러한 시간과 공간 배경이니 자아의 내면은 갈등이 없다. 내면이 그저 호젓할 뿐이다.

함련(頷聯)에서, 구체적으로 계절감이 나타난다. 바로 팔구월 가을이다. 음력으로 팔구월이니 가을이다. 팔구월이 가을이라 하면 기준은 인월(寅月)을 정월로 해야 한다. 그래야 팔구월이 가을이 된다. 음력 구월이 되면 나뭇잎이 떨어진다. 이때가 되면 숙살기(肅殺氣)가 들어오기 때문이다. 그런데 그 사이로 사람 사는 집이 몇 채 보인다. 분위기가 한적하고도 침잠

하다. 외물이 이러할진대 자아 내면에 갈등이 생기지 않는다. 자아 자신도 이제 외물에 관한 미련이 없기 때문이다.

경련(頸聯)에서, 가을 그것도 저녁이 되니 날씨가 쌀쌀하다. 날씨가 쌀쌀해지니 풀잎도 차갑다. 이 차가운 풀잎을 뜯어 먹기 위해 망아지가 멈춰 선다. 자아는 말을 타고 있다. 이 망아지는 자아가 타고 있는 말의 새끼인지 모른다. 그러나 망아지와 자아가 탄 말은 서로 잘 어울린다. 곧, 외물끼리 서로 화합한다. 이러한 광경을 본 자아의 내면도 이 외물과 동화한다. 자아의 시선은 수평적이다. 바로 옆의 망아지와 풀잎을 바라보고 있기 때문이다.

그런데 대구(對句)에 가면 자아의 시선이 하늘로 향한다. 수평적이 아니라 수직적이다. 하늘로 향한 자아의 시선은 날아가는 까마귀에 맞춘다. 저녁노을이 내리깔린 오후에 까마귀들이 하늘을 날아간다. 가을날 해 질 녘이니 날씨가 쌀쌀하다. 이 쌀쌀한 날씨와 더불어 자아의 내면도 차분히 가라앉았다. 마음이 차분히 가라앉았으니 어떤 갈등도 없다. 갈등이 있으려면 마음이 흥분해야 한다.

미련(尾聯)에서는, 자아의 내면이 한층 더 초연해지는 상황을 묘사하고 있다. "이웃집에 새로 거른 술이 있다고 하니, 울타리 가에서 국화 보며 마셔 보세."라고 하였다. 이제 자아는 세속의 모든 욕심을 버리고 자연으로 돌아왔다. 자아가 자연으로 돌아오니, 자아의 눈에 들어온 외물도 있는 그대로 보인다. 마치 도연명(陶淵明)이 벼슬을 그만두고 자기 고향으로 돌아와 다섯 그루 버드나무를 심고, 또 동쪽 울타리 밑에서 국화꽃을 따는 것과 같다. 자아의 내면이 세속의 욕심을 초월하자, 그만큼 마음이 평화로워졌다. 바로 초월의 관점에서 외물을 받아들이고 있다.

앞에서 본 시들은 모두 자아의 눈에 보이는 현상과 자아의 정서를 표출하고 있다. 한편 자아가 제3자, 곧 전지적 작가의 시점(視點)에서 읊은 시도 있다. 「연밥 따는 노래[采蓮曲]」[50]라는 시를 보면 다음과 같다.

南北湖亭競采蓮	남북 호정(湖亭)에서 다투어 연밥 따는,
吳娃嬌小得人憐	아름다운 여인을 사람들이 어여뻐 하네.
臨行折得新荷葉	돌아갈 때 새로이 연잎 하나 꺾어 들고,
却障斜陽入畵船	지는 해를 가리며 그림 배 안으로 드네.

이 「연밥 따는 노래[采蓮曲]」는 본디 사패(詞牌)의 이름으로, 일명 「소도홍(小桃紅)」이라고도 한다. 이 「소도홍」은 남곡패(南曲牌)와 북곡패(北曲牌) 두 가지가 있다. 여기서 「채련곡」은 북곡패에 속한다. 이 채련곡은 「강도춘(絳桃春)」, 「무릉춘(武陵春)」, 「평호악(平湖樂)」이라고도 한다.[51] 「채련곡」의 기본 글자 수는 7·5, 7·3·7, 4·4·5로 모두 8구 6운(韻)인데, 왕정균이 그 제목만을 따왔다.

기구(起句)를 보면, 자아는 남북의 호수에서 다투어 연밥을 딴다고 하였다. 여기에는 행위의 주체가 나타나지 않는다. 연밥을 따는 사람은 일반적으로 여자이다. 물론 다음의 승구(承句)에 이 행위의 주체가 나타난다. 이 행위의 주체는 오왜(吳娃), 곧 오나라의 미인이다. 이 오나라 미인은 중국의 4대 미인 가운데 한 사람인 서시(西施)이다. 서시는 저라산(苧蘿山) 서촌(西村)에 거주하던 시씨(施氏)의 딸로, 춘추 시대 월(越)나라의 절세 미녀였다. 오나라를 멸망시켜 치욕을 갚으려는 월왕 구천(句踐, B.C. ?~B.C. 465)

50 金毓黻, 『渤海國志長編』 卷18.

51 馬良春, 李福田 主編, 中國文學大辭典(2), 天津: 人民出版社, 1991, 396쪽 참조.

의 계책에 따라 오왕 부차를 홀려서 타락시키는 임무를 담당하게 하려고 선발되었다. 그녀는 오나라에 진상된 뒤 오왕 부차의 극진한 총애를 받아 관왜궁(館娃宮)·향섭랑(響屧廊)·완화지(翫花池)·완월지(翫月池)·오왕정(吳王井)·서시동(西施洞)·채련경(採蓮逕: 연꽃을 따는 호수)·금범경(錦帆逕: 비단 돛배를 타고 노는 호수)·장주원(長洲苑) 등이 오로지 서시와 오왕 부차의 유희를 위해 축조되었을 정도로 온갖 부귀영화와 지상의 향락을 맛보았으나 오나라가 멸망하자 그 부귀영화도 일장춘몽이 되고 말았다.

자아는 이 오나라 처녀가 사랑스럽다고 하였다. 교인(嬌人)은 사랑스러운 여자를 뜻한다. 남쪽과 북쪽의 호정, 곧 여기서는 연못이라 했으니 어쩌면 아가씨들이 두 편으로 나뉘어 어느 편이 연밥을 많이 따는지 경쟁을 했을지도 모른다. 사실 아가씨들이 경쟁을 했는지 그렇지 않은지는 모른다. 다만 자아의 눈에 그렇게 보일 뿐이다. 자아가 여인들을 보고 오나라 미인이라 한 것은 오나라 여인, 곧 서시(西施)를 패러디한 것이다.

이 예쁜 여인들이 연밥을 따서 돌아가려 한다. 연밥을 딴 뒤에 돌아갈 때는 배를 타고 가는데, 돌아가기 전에 그들은 연잎을 하나씩 꺾어서 간다. 바로 비치는 햇살을 가리기 위해서이다. 그것도 아침에 떠오르는 해가 아니라 저녁 무렵 지는 해이다. 지는 해를 연잎으로 가리면서 배를 타고 있다.

이 시는 자아가 관찰자의 시점에서 외물을 묘사하였다. 연밥 따는 아가씨들을 보고 묘사했지만, 이때 자아의 내면은 평온하다. 비록 시간 배경이 황혼 무렵이지만, 자아의 내면은 이에 상관없이 안정되어 있다. 이는 자아의 마음속에 갈등이 없기 때문이다. 곧, 내면에 욕심이 없으니, 자아가 접하는 외물은 한적하면서 평화롭다. 분위기가 차분히 가라앉았다.

이 시 또한 마치 한 폭의 동양화를 접하는 듯하다. 그만큼 회화성(繪畫

性)이 뛰어났다. 자아의 시선이 처음에는 연못 안의 여인들에 멈추었다. 물론 아주 멀지는 않지만, 그래도 자아와는 상당한 거리를 두고 있다. 처음 자아의 시선은 수평적이다. 그러나 마지막 결구에 가면, 자아의 시선이 하늘을 향하고 있다. 곧, 자아의 시선이 수직적으로 변한다. 그만큼 자아의 시선이 한 곳에 고정된 듯하다가 다시 다른 곳으로 이동하고 있다. 이러한 공간 배경이 시간과 잘 맞아 간다. 하루의 일과를 끝내고 집으로 돌아가는 여인들과 저무는 해가 서로 결부된다. 해가 저물면 집으로 돌아가 쉴 때이기 때문이다.

5. 시공(時空) 미학과 제화시(題畫詩)

시간과 공간은 시와 그림에 함께 나타난다. 물론 시간은 그림에 잘 보이지 않는 것 같다. 그러나 자세히 보면 계절이 화폭에 반영되어 있다. 그리고 하루로 말하면 오전이나 오후 또는 저녁때가 드러난다. 그림을 잘 못 그리는 사람이라도 시를 쓸 때는 이러한 시간과 공간을 통한 회화성이 나타나기 마련이다. 더욱이 시 짓기와 그림 그리기를 다 잘하는 사람은 그렇지 못한 사람보다 훨씬 더 실감 나게 표현할 수 있다. 왕정균이 시와 그림을 접목하게 된 배경은 크게 두 가지로 볼 수 있다. 첫째는 당시의 사회적 분위기이고 둘째는 시와 그림에 관한 재능이다.

먼저 사회적 배경을 고찰해 보면 다음과 같다. 왕정균이 살았던 시대보다 앞서, 당나라 때 왕유(王維, 699~759)가 시와 그림을 본격적으로 접목하기 시작하였다. 송나라 때의 소식(蘇軾)은 왕유의 시와 그림에 대해, "마힐(왕유의 자字)의 시를 음미해 보면 시 가운데 그림이 있고, 마힐의 그림을 관찰하여 보면 그림 가운데 시가 있다."[52]라고 하였다. 그는 문인화(文人畵) 또는 남종화(南宗畵)의 창시자이기도 하다.

송나라 이후 그림을 그리고 그 왼쪽 위에 제화시(題畫詩)를 붙이는 것이 유행하였다. 그 대표적인 것이 「소상팔경도(瀟湘八景圖)」이다. 소상팔경은 중국 호남성(湖南省) 양자강(揚子江) 남쪽의 소수(瀟水)와 상수(湘水)가 합류하는 지점의 아름다운 경치 8곳을 가리킨다. 「소상팔경도」는 중국에서 가장 아름다운 경관을 그린 그림으로 여겨져 왔다. 북송(北宋)의 이성(李成, 919~967)이 처음으로 「소상팔경도」를 그렸고, 송적(宋迪)이 그 뒤를 이었다.

우리나라와 일본에도 이러한 화법이 일찍부터 전해져 크게 유행하였다. 고려 명종(明宗, 1170~1197 재위)이 문신들에게 소상팔경을 소재로 글을 짓게 하고, 이녕(李寧)의 아들 이광필(李光弼)에게 그림을 그리게 하였다. 그러나 이 작품은 현재 전하지 않는다. 이인로(李仁老, 1152~1220), 진화(陳澕, ?~?), 이제현(李齊賢, 1287~1367)이 그 뒤를 이었다. 서거정의 『동인시화』를 보면, 고려 제19대 왕인 명종(1170~1197 재위)은 「소상팔경시」를 짓는 작시(作詩) 대회를 열었는데, 이인로가 장원(壯元), 진화가 차석(次席)을 하였다.[53] 고려 시대에는 시와 그림을 접목하는 것이 유행하였으며, 그 당시 인기 있는 그림의 주제가 소상팔경이었음을 알 수 있다.

조선 시대 들어와 「소상팔경도」는 더욱 크게 유행하였다. 세종 대 안평대군(安平大君)이 화가를 시켜 「소상팔경도」를 그리게 한 바 있고, 16세기

---

52 "味摩詰之詩, 詩中有畵, 觀摩詰之畵, 畵中有詩." 趙殿成 箋注, 『王摩詰全集』 卷28(臺灣: 世界書局 影印本, 1980).

53 이 기록은 잘못되었다. 명종 15년에 열린 시회(詩會)에 진화는 참여하지 않았다. 진화가 신종 3년(1200)에 처음으로 과거에 급제했기 때문이다. 拙著, 『高麗漢詩研究』, 亞細亞文化社, 2001, 284쪽 참조.

에는 안견파(安堅派) 화가들이 빈번하게 그렸다. 조선 중기의 이징(李澄), 김명국(金明國) 등, 후기의 정선(鄭敾), 심사정(沈師正), 최북(崔北), 김득신(金得臣), 이재관(李在寬) 등의 작품이 지금까지 전하고 있다. 이 밖에 민화로 전하는 작품도 적지 않아 유행의 폭이 넓었다.

왕정균은 발해 사람이지만, 그도 12세기 중엽부터 13세기 초반까지 생존한 사람이기 때문에 이러한 유행을 무시하지 않았다. 그보다 앞서 살았던 북송 때의 시인 매요신(梅堯臣, 1002~1060), 구양수(歐陽修, 1007~1072), 임포(林逋, 967~1028)나 소식(蘇軾, 1036~1101)도 시와 그림을 접목하려 하였다. 이를 두고 보면, 왕정균이 살았던 시기 문인들 사이에 그림과 시를 접목하는 것이 유행이었음을 알 수 있다.

다음으로, 왕정균은 시뿐만 아니라 글씨와 그림에도 일가견이 있었다. 그가 글씨와 그림에 능였다는 사실은 다음 글에서 쉽게 알 수 있다.

> 장종 3년에 왕이 왕정균을 불러 서화국도감에 임명하였다. 이윽고 응봉한림문자에 제수하여 비서랑 장여방과 함께 내부(內府)의 법서(法書)와 명화(名畵)에 등급을 매기게 하여 550권을 만들었다. 또 눈에 보이는 사대부 집안에 간직하고 있는 전현(前賢)들의 묵적(墨蹟)이나 옛 법첩(法帖)을 베껴 새기게 하여 '설계당첩(雪溪堂帖)'이라 이름 붙인 것이 10권이다.[54]

윗글에서는 그가 구체적으로 어떤 그림을 그렸으며, 또 누구의 글씨체를 썼는지는 알 수 없다. 하지만 황제가 신하에게 무슨 일을 시킨다는 것

---

54 (章宗)三年召爲書畵 局都監, 俄授應奉翰林文字, 命與秘書郎張汝方, 品第內府法書名畵, 爲五百五十卷, 又集所見, 士大夫家藏, 前賢墨蹟古法帖, 摹刻之, 號雪溪堂帖十卷."『渤海國志長編』卷13, [遺裔列傳],「王庭筠」條.

은 그의 능력이 출중하다는 뜻이다. 그 많은 신하 가운데 유독 두 사람에게 일을 맡긴 것을 보면 그만큼 장여방(張汝方)과 왕정균이 시와 그림, 글씨에 뛰어났음을 알 수 있다. 왕정균이 시와 그림뿐만 아니라 글씨를 잘 썼다는 사실은 다음 글에서도 알 수 있다.

> 서법은 황정견과 미불의 체를 배웠는데, 논하는 사람들은 "미원장[米芾]에서 기를 얻고 황노직[黃庭堅]에서 그 운치를 얻었다. 기가 뛰어난 사람은 빠른 것이 결점이고, 운치가 뛰어난 사람은 부드럽고 고운 데로만 흐른다. 그러나 왕정균은 기와 운을 모두 터득하였다."라고 말하니, 세상 사람들도 그렇게 여겼다. 조풍·조병문과 함께 글씨에도 뛰어났다. 그림의 풍격 또한 매우 높아서 산수화는 입품의 묘가 있고, 묵죽화는 거의 천기에 도달하였다. 매번 한 폭을 그릴 때마다 반드시 천냥을 호가하여 가볍게 남에게 주기를 즐기지 않았다.[55]

왕정균의 글씨체는 황정견(黃庭堅, 1045~1105)과 미불(米芾)의 체를 따랐다 한다. 황정견은 호가 산곡(山谷)이다. 그는 소식(蘇軾, 호는 동파東坡)의 문하에서 배워 소동파의 문인화파(文人畵派)에 속한다. 이 두 사람은 화풍이 비슷하다는 이유 외에도 정치적으로 불우했으므로 함께 거론되는 경우가 많다. 그는 소식·미불(米芾)·채양(蔡襄)과 함께 송나라 4대가(四大家)로 불린다. 황정견은 소동파보다 학구적이면서도 내향적인 사람이었고, 창작기법 면에서 더 신비적인 면을 보인다. 당나라의 승

55 "書法學黃魯直米元章, 論者謂, 元章得其氣, 而魯直得其韻. 氣之勝者, 失之奮迅. 韻之勝者, 流爲柔媚. 而庭筠則得於氣韻之間, 世以爲然. 與趙渢趙秉文, 俱以書名家, 畫品甚高. 山水有入品之妙, 墨竹殆天機所到. 每作一幅, 必以千文爲號, 不肯輕以予人." 金毓黻, 『渤海國志長編』 卷13, [遺裔列傳], 「王庭筠」 條.

려 회소(懷素)[56]의 맥을 잇는 자유분방한 초서체로 유명하다. 미불(米芾, 1051~1107)은 중국 북송 시대의 학자이자 서예가이다. 그가 탁월하고 직관적인 감식안을 가졌다는 점은 그의 비망록 『화사(畵史)』에서 알 수 있다.

왕정균은 그림 솜씨 또한 뛰어났으니, 산수화는 입품(入品)의 묘가 있고 묵죽화(墨竹畫)는 천기(天機)에 도달했다고 하였다. 그만큼 산수화와 묵죽화에 뛰어났다는 말이다. 이처럼 그는 글씨를 잘 쓰고, 그림을 잘 그렸다. 이에 더하여 시도 잘 지었으니, 그야말로 시(詩)·서(書)·화(畵) 삼절(三絶)이다. 그의 「양비감의 말에게 먹이를 주는 그림[楊秘監下槽馬圖]」[57]이라는 시를 들어 논의를 이어 가기로 한다.

龍眠悔畫馬	이공린이 말 그린 일 후회했으니,
政恐墮馬趣	한혈마에 현혹될까 염려했기 때문.
我今破是說	나는 지금 이런 학설들을 깨뜨리려,
試下第一句	짐짓 시 한 구절을 읊어 보려 하네.
道人三昧手	도인은 삼매 경지에 이른 솜씨로,
遊戲萬象具	자유로이 노닐며 온갖 물상 갖춰.
萬象初莫逃	만상을 처음에는 피하지 못하다가,
畢竟無所住	마침내 머무르는 곳조차 없어졌네.

56 회소(725 혹은 737~785?)는 속성(俗姓)이 전씨(錢氏)이며 자는 장진(藏眞)이고 영릉(零陵, 지금의 영주永州) 사람이다. 일곱 살에 절로 들어갔다. 형편이 좋지 않아 종이를 마련할 수 없었던 그는 검은색 바위와 목판 위에 물로 글씨를 쓰는 연습을 하다가 나중에는 절 뒤에 파초(芭蕉)를 심어 파초의 넓은 잎 위에 글씨를 썼다고 한다. 회소는 당대의 이름난 스승들을 찾아다니며 글씨를 배웠는데 안진경(顔眞卿), 위척(韋陟) 등에게도 일깨움과 격려를 받았다. 회소는 특히 초서를 좋아하여 장욱(張旭)의 광초(狂草)를 이어받은 데 그치지 않고, 자신만의 독창성을 가미한 독특한 서법(書法)을 창출하였다.

57 金毓黻, 『渤海國志長編』 卷3.

譬如大圓鏡	비유하건대, 커다랗고 둥근 거울이,
照物隨其遇	사물을 따라 비춤과 같은 이치라네.
少焉物四散	조금 뒤 사물 사방으로 흩어지나니,
影果在何處	그림자가 있는 곳은 과연 어디인가.
楊侯具此眼	양비감이 이러한 안목을 가졌으니,
透脫向上路	통속에 벗어나 높은 경지 이르렀네.
萬馬落人間	수많은 말이 사람을 떨어뜨렸으니,
蓋證龍眠誤	공린의 생각이 잘못됨을 증명하네.

16구의 장구(長句) 시이다. 자아가 양비감이라는 사람의 말에게 먹이를 주는 그림에 붙인 제화시(題畫詩)이다. 이 제화시는 당나라 왕유(王維)의 문인화(文人畵)와 밀접한 관계가 있다.

용면(龍眠)은 이공린(李公麟, 1049~1106)의 호(號)이다. 그는 북송 시대에 사대부들로부터 크게 칭송을 받았다. 문인 가문에서 태어나 1070년 진사 시험에 급제하여 중서문하(中書門下)를 거쳐 성산정관(省刪定官)이 되었으나, 1100년에 사직하고 용면산(龍眠山)에 들어가 회화에 전념했다. 개봉(開封)에서 벼슬을 하고 있을 때 서화가 소동파와 화가이자 화론가(畫論家)인 미불(米芾) 등을 비롯한 당대의 명인들과 사귀었다. 그는 또 옛 대가들의 작품을 수집하고 모사(模寫)하여 높은 안목을 갖게 되었다고 한다. 그는 그림을 그릴 때 사물 형태의 단순한 묘사와 직업적인 기술을 거부하고 고전 미술에 대한 풍부한 지식과 그 양식의 범주 안에서의 자기표현을 대단히 강조하였는데, 이것이 바로 문인화(文人畵)에서 추구하는 이상이었다.

이 시는 크게 1연(聯) 4구(句), 4단락으로 나눌 수 있다. 제1단락, 첫 연(聯) 대구(對句)의 말 그림[馬畫]은 실제로 이공린이 당나라 한간(韓幹)의 영향을 받아 잘 그렸다 한다. 그는 마화(馬畵)뿐만 아니라 불화·산수화·인물화 등 다방면에 뛰어났던 인물로 알려져 있다. 둘째 연에 오면, 자아가 이공린의 화법을 깨뜨려 보겠다 한다. 곧, 자아 나름의 화법을 시로 표현하고자 함이다.

제2단락과 제3단락은 비감(祕監) 양 아무개의 그림 솜씨가 뛰어났음을 평가하고 있다. 셋째 연에서는 도인(道人)이 삼매경에 이른 솜씨로 자유자재로 사물을 그리는 모습을, 넷째 연에서는 양비감의 그림 솜씨가 뛰어났음을 묘사하고 있다. 그가 붓을 자유자재로 놀려 만물을 그려 내고 있다. 이때 양비감은 단지 사물의 모습만을 그린 것이 아니라, 사물에 자기 영혼을 담아내었다. 소동파가 말한 형사(形似)가 아니라 전신(傳神)의 수준에 이르렀다. 제3단락에서 자아는 양비감의 그림이 둥근 거울에 사물을 비추어 내는 것과 같다고 하였다. 그림 속에 묘사한 사물이 생동감이 있다는 뜻이다.

제4단락은 자아가 양비감의 그림에 대하여 총평하고 있다. 그는 높은 안목을 가졌고, 이 안목 덕분에 통속을 벗어나 수준 높은 그림을 그려 내었다고 평가했다. 특히 그의 말 그림[畵馬]이 말 그림의 대가인 이공린보다 앞섰다고 자아는 평가하고 있다. 이어서 「장예부가 그린 계산의 진락도[張禮部溪山眞樂圖]」[58]를 들면 다음과 같다.

悠悠春天雲	유유히 떠가는 봄날 구름 보니,
想見平時閑	평소의 한가로움이 생각난다네.
朝遊溪橋畔	아침에 시내 다릿걸에서 놀고,
暮宿山堂間	해 저물면 산 속 집에서 묵었네.

58 金毓黻, 『渤海國志長編』 卷3.

澹然不知愁	마음 담담하여 근심을 몰랐고,
亦復忘所懽	다시금 기뻐함도 잊어버렸다네.
出山初無心	산 나올 때 처음엔 무심하지만,
旣出還思山	이미 나오니 다시 산이 그리워.
人間待霖雨	사람들은 장맛비를 기다리지만,
欲歸良獨難	돌아가려니 참으로 어려웁다네.
山堂悵何許	산속 집에 있는데 어찌나 슬픈지,
蕭蕭松桂寒	쓸쓸히 송계가 차갑게 보인다네.

제화시(題畫詩)를 지어 시와 그림을 결부시켰다. 위의 시는 한 폭의 동양화를 연상하게 한다. 시 가운데 그림이 있고, 그림 안에 시가 있다[詩中有畵, 畵中有詩]는 왕유의 말에 딱 들어맞는다. 설령 제화시가 아니라도 그의 시는 회화성이 대단히 높다. 그의 「하음 가는 도중에[河陰道中]」[59]라는 제목의 시 두 수는 마치 한 폭의 동양화, 그 가운데서도 문인화(文人畵)를 연상하게 한다. 그 내용을 들면 다음과 같다.

梨葉成陰杏子青	배 잎은 무성하고 살구 열매는 푸른데
榴花相映可憐生	석류꽃 서로 비추니 어여쁜 생각이 나.
林深不見人家住	숲은 깊어 사는 사람 집 보이지 않고,
道上唯聞打麥聲	길가에선 오직 보리타작 소리 들리네.

微行入麥去斜斜	살며시 보리밭 속으로 살금살금 가서
才過深林又幾家	겨우 깊은 숲 지나니 또 집 몇 채 있네.

59 金毓黻, 『渤海國志長編』 卷18.

一色生紅三十里　　　온통 붉은빛이 삼십 리에 펼쳐 있는데,
際山多少石榴花　　　산 사이에 석류꽃 무성히도 피어 있네.

이러한 시와 그림의 접목은 왕정균이 처음 시작한 것이 아니다. 앞에서도 언급했듯이, 시와 그림은 불가분의 관계에 있다. 왕정균은 시와 그림 모두에 능하였다. 시중유화(詩中有畵), 화중유시(畵中有詩)는 예술을 서로 분리하는 것이 아니라 통섭하려는 자세이다.

인간과 예술작품은 서로 분리될 수 없다. 인간이 있어야 예술이 있기 때문이다. 따라서 작품을 완상할 때 먼저 인간을 생각해야 한다. 왕정균은 한때 대단히 불우한 사람이었다. 본의 아니게 감옥에 갇히는 신세가 되었다. 그는 이를 시와 그림으로써 극복하였다. 시와 그림만이 아니라 글씨에도 뛰어났으니, 자신의 고민을 예술로 승화한 셈이다. 그는 예술 면에 있어, 그의 앞 시대와 뒤 시대를 잇는 가교(架橋) 역할을 하였다.

참고문헌

賈　雲,「賓貢進士崔致遠和他的 桂苑筆耕集」,『東南文化』 1997年 第4期, 南京博物院.(중국)

間立明,「崔致遠與九世紀後半期的唐羅關係」, 延邊大學 碩士學位論文, 2006.(중국)

강구율,「고운 한시에 나타난 이원적 현실인식과 갈등 연구」,『문학과 언어』 제23집, 문학과언어학회, 2001.

강석근,「최치원 불교시의 문학적 의미」,『동악어문학논집』 제38집, 동악어문학회, 2001.

강석근,「고운 최치원의 불교시 재론」,『고운학보』 제1집, 고운학회, 2003.

강석근,「고운 최치원의 불교시 재론」,『고운 최치원의 시문학』, 문사철, 2011.

강전섭,「최치원연구서설」,『어문연구』 제9집, 충남대학교 국어국문학과, 1976.

강정화,「지리산 유람록으로 본 최치원」,『한문학보』 제25집, 우리한문학회, 2011.

姜昌求,「新羅人與唐代人的贈詩研究」, 南京師範大學 박사학위논문, 2008.(중국)

강창구,「崔致遠與唐人的交遊詩考」(中文),『중국인문과학』 제38집, 중국인문학회, 2008.

開 琦,「崔致遠佚詩箋證」,『文學遺產』 1993年 第6期, 中國社會科學院文學研究所.(중국)

경주 최씨 호남 종약소 간,『孤雲先生實記』, 1904.

高國藩,「論崔致遠的詩」,『국제중국학연구』 창간호, 한국중국학회, 1998.

高國藩,「崔致遠仙女紅袋與高淳招賢館」,『南京史志(紫金歲月)』 1997年 第5期, 南京出版社.(중국)

高國藩,「崔致遠仙女紅袋與高淳縣招賢館」,『廣東民俗』 1997年 第4期, 1998年 第1期.(중국)

高國藩,「崔致遠與中韓文化交流」,『中韓文化研究通訊』 제3期, 中國南京大學 中韓文化研究中心.(중국)

고미야 히데타카,「9세기말 신라의 대당번진교섭과 그 성격 -최치원 귀국의 배경과 관련하여-」,『역사학보』 제226집, 역사학회, 2015.

고운국제교류사업회 편찬, 최치원연구총서 시리즈 2『고운 최치원의 철학·종교 사상』, 문사철, 2010.

고운국제교류사업회 편찬, 최치원연구총서 시리즈 3『고운 최치원의 역사관』, 문사철, 2010.

고운국제교류사업회 편찬, 최치원연구총서 시리즈 4『고운 최치원의 시문학』, 문사철, 2011.

곽노봉,「최치원의 사산비명과 진감선사비의 서예 연구」,『서예학연구』 제35-1집, 한국서예학회, 2019.

곽노봉,「최치원의 삶과 진감선사비의 서예연구」,『문화와예술연구』 제1집, 동방문화대학원대학교 문화예술콘텐츠연구소, 2013.

곽승훈,「사산비명 찬술에 나타난 최치원의 중국사 탐구와 그의 사상 동향」,『고운 최치원의 종합적 조명』, 문사철, 2009.

곽승훈,「최치원의 사산비명 찬술에 대한 시론」,『실학사상연구』 제19·20합집, 무악실학회, 2001.

곽승훈,「최치원의 중국사 탐구와 귀국 직후 정치 개선 방안- 대숭복사비명에 인용된 중국 역사 사례를 중심으로-」,『호서사학』 제37집, 호서사학회, 2004.

곽승훈,「최치원의 중국사 탐구와 귀국 직후의 정치 개선방안」,『호서사학』 제37집, 호서사학회, 2004.

곽승훈,『최치원의 중국사 탐구와 사산비명 찬술』, 한국사학, 2005.

곽승훈,「최치원의 중국사탐구와 그의 고민- 대낭혜화상비명에 인용된 중국 역사 사례를 중심으로-」,『한국실학사상연구』 제24집, 한국실학사상연구회, 2002.

곽승훈,「최치원의 중국사탐구와 그의 마지막 행보 -지증대사비명에 인용된 중국 역사 사례를 중심으로-」,『한국사상과 문화』 제17집, 한국사상문화학회, 2002.
곽승훈,「최치원의 중국사탐구와 그의 사상 동향」,『한국사상사학』 제17집, 한국사상사학회, 2001.
霍偉偉,「李白和崔致遠詩歌思想的比較硏究」, 青島大學 석사학위논문, 2013.(중국)
곽정식,「고운최치원의 문학사상 신론」,『용연어문논총』 제5집, 경성대학교, 1991.
喬清舉,「孤雲詩意 -崔致遠詩之哲學研究」,『陜西師範大學學報』(哲學社會科學版) 2013年 第6期, 陜西師範大學.(중국)
구본기,「최치원의 시세계」,『한국한시작가연구』 제10집, 한국한시학회, 1995.
구슬아,「최치원 비명의 문학성 연구 -성주사낭혜화상백월보광탑비명을 중심으로」,『한국한시연구』 제20집, 한국한시학회, 2012.
권경렬,「최치원 저술의 번역 현황 및 과제」,『민족문화』 제34집, 한국고전번역원, 2010.
권택경,「최고운전 이본의 변이양상」,『청람어문교육』 제32집, 청람어문교육학회, 2005.
今西龍,「新羅崔致遠傳」,『歷史と地理』 제2권 6호, 1918.
今西龍,「崔致遠遺宿衛學生首領等入朝及び奏請宿衛學生還蕃狀製作年時に就いて」,『新羅史研究』, 近澤書店, 1933.(일본)
今西龍,『新羅史研究』, 近澤書店, 1933.(일본)
祁慶富,「崔致遠在中國行跡考」,『烟臺大學學報』(哲學社會科學版) 2002年 第3期, 烟臺大學.(중국)
길정애,「수이전 일문 최치원 연구 -소설성을 중심으로」, 고려대학교 대학원 석사학위논문, 2004.
吉津宜英,「法藏傳の研究」,『駒澤大學 佛敎學部 研究紀要』 제37호, 1979.(일본)
吉津宜英,「法藏傳の再檢討」,『宗敎研究』 제52권 3호, 1979.(일본)
김　엽,「『최문창후전집』에 보이는 역사인식과 사료적 가치」,『세명논총』 제6집, 세명대학교, 1997.
김　진,「최치원 한시 이미지 일고 -바다 이미지를 중심으로-」,『한국문학연구』 제52집, 동국대학교 한국문학연구소, 2016.
김갑복,「수이전(작자)고」,『주간성대』 제195·196집, 1960.
김건곤,「신라수이전의 작자와 저작 배경」,『정신문화연구』 제34집, 한국정신문화연구원, 1988.
김건곤,「신라수이전의 최치원 저작설에 대한 보론」,『대동한문학』 제53집, 대동한문학회, 2017.
김근호,「고운 최치원 평가에 나타나는 통시대적 인식」,『공자학』 제39집, 한국공자학회, 2019.
김기영,「고운 최치원 관광콘텐츠 조사와 관광상품화 방안」, 창원시정연구원, 2017.
김기주,「최치원의 유학사상-사장학과 탈사장학의 이중주-」,『남명학연구』 제48집, 경상대학교 경남문화연구원, 2015.
김낙필,「고운의 도교관」,『고운 최치원』, 민음사, 1989.
김낙필,「최치원과 신선사상」,『고운 최치원과 한국사상』, 성균관 유교사상연구원, 1996.
김낙필,「최치원과 신선사상」,『고운 최치원의 철학·종교 사상』, 문사철, 2010.
金東勳,「晩唐著名朝鮮詩人崔致遠」,『中央民族大學學報』(哲學社會科學版) 1985年 第1期, 中央民族大學.(중국)
김두진,「낭혜와 그의 선사상」,『역사학보』 제57집, 역사학회, 1973.
김두헌,「최치원의 출생지 및 성장지설 검토」,『국학연구』 제26집, 한국국학진흥원, 2015.
김문기,「최치원의 사산비명 연구」,『한국의 철학』 제15집, 경북대학교 퇴계연구소, 1987.
김미경,「최치원의 삼교융합사상 연구」, 동아대학교 교육대학원 석사학위논문, 2000.
김미례,「고운 최치원의 묘합적 풍류성 연구」,『서예학연구』 제27집, 한국서예학회, 2015.

김미례, 「고운 최치원의 사산비명에 나타난 풍류성」, 『서예학연구』 제32집, 한국서예학회, 2018.
김미례, 「고운 최치원의 풍류미학사상 연구 -사산비명과 난랑비서를 중심으로」, 성균관대학교 대학원 박사학위논문, 2016.
김미숙, 「설화 속 최치원의 중국 공간체험과 인식」, 『통합인문학연구』 제9-2집, 한국방송통신대학교 통합인문학연구소, 2017.
김미숙, 「설화에 나타난 민중의식 -최치원 설화를 중심으로-」, 『신라사학보』 제15집, 신라사학회, 2009.
김미정, 「최치원에 나타난 욕망 연구」, 『서예학연구』 제23집, 한국서예학회, 2013.
김범부, 「풍류정신과 신라문화」, 『한국사상』 제3집, 한국사상연구회, 1960.
김범부, 「풍류정신과 신라문화」, 『고운 최치원의 철학·종교 사상』, 문사철, 2010.
김병곤, 「최치원의 삼한관 재고」, 『한국사연구』 제141집, 한국사연구회, 2008.
김보경, 「전당시 소재 당인증신라인시연구 -나말려초 한시의 재조명을 위하여」, 이화여자대학교 대학원 석사학위논문, 1992.
김보경, 「고운 최치원 사상의 사회 소통론적 함의-삼교융합사상과 풍류 개념을 중심으로-」, 『한국학논집』 제73집, 계명대학교 한국학연구원, 2018.
김복순, 「고운 최치원의 사상 연구」, 『사총』 제24집, 역사학연구회, 1980.
김복순, 「고운 최치원의 사상 연구」, 고려대학교 대학원 석사학위논문, 1980.
김복순, 「고운 최치원의 사상연구」, 『사총』 제24집, 고려대학교, 1980.
김복순, 「서유구의 교인계원필경집서와 최치원 연구」, 『한국사학보』 제63집, 고려사학회, 2016.
김복순, 「신라 하대 화엄종 연구 - 최치원의 불교 관계 저술과 관련하여-」, 고려대학교 박사학위논문, 1989. 민족사에서 출간(1990).
김복순, 「최치원과 최승로」, 『경주문학』 제11집, 동국대학교, 1992.
김복순, 「최치원의 경세관」, 『고운 최치원과 한국사상』, 성균관 유교사상연구원, 1996.
김복순, 「최치원의 법장화상전 검토」, 『한국사연구』 제57집, 한국사연구회, 1987.
김복순, 「최치원의 불교관계 저술에 대한 검토」, 『한국사연구』 제43집, 한국사연구회, 1983.
김복순, 「최치원의 불교관과 신라하대의 불교」, 『동과 서의 사유세계 - 장봉김지견화갑기념사우록-』 민족사, 1991.
김복순, 「최치원의 역사인식 연구」, 『민족문화』 제34집, 한국고전번역원, 2010.
김복순, 「최치원의 종교관」, 『신라 최고의 사상가 최치원 탐구』, 주류성, 2001.
김복순, 「고려의 최치원 만들기 - 지증대사비의 건립을 중심으로」, 『신라문화』 제32집, 동국대학교 신라문화연구소, 2008.
김복순, 「최치원의 지증대사적조탑비문 비교 연구」, 『신라문화』 제35집, 동국대학교 신라문화연구소, 2010.
김복순, 「최치원의 해외체험과 동아세아적 소통의 문제」, 『신라문화』 제33집, 동국대학교 신라문화연구소, 2009.
김복순, 『최치원의 역사 인식과 신라문화』, 경인문화사, 2016.
김상환 역주, 『최치원 진감선사비』, 예술의전당, 2015.
김석형, 「新羅崔致遠と其時代」, 『사학회보』 제14집, 경성제국대학, 1939.
김성태, 「고운 최치원의 서예 연구」, 동국대학교 대학원 석사학위논문, 2002.
김성환, 「고군산의 최치원 문화원형 연구 - 새만금 최치원 프로젝트를 제안하며」, 『인문콘텐츠』 제14집, 인문콘텐츠학회, 2009.
김성환, 「최치원 國有玄妙之道說의 재해석 -한국 고대 신선사상의 지속과 변용의 시각에서-」, 『도교문화연구』 제34집, 한국도교문화학회, 2011.
김성환, 「최치원의 현묘지도와 통일사상」, 『민족사상연구』 제20집, 경기대학교 민족문제연구소, 2011.
김세윤, 「신라 하대 도당유학생에 대하여」, 『한국사연구』 제37집, 한국사연구회, 1982.
김수연, 「불연속적 '빈 공간'으로서의 '귀/녀'-전기 <최치원>에 나타난 여성 인물의 정체성론」, 『동양고전연구』 제64집, 동양고전학회, 2016.
김수연, 「최고운전의 이방인 서사와 고전텍스트 읽기교육」, 『문학치료연구』 제23집, 한국문학치료학회, 2012.
김수영 편역, 『최치원 선집-새벽에 홀로 깨어』, 돌베개, 2008.
김수태, 「최치원의 은거 관념 -낭혜화상비문을 중심으로」, 『신라사학보』 제38집, 신라사학회, 2016.
金秀炫, 「崔致遠雙溪寺眞鑒禪師碑篆額研究」, 中央美術學院 석사학위논문, 2002.(중국)
金淑喜, 「新穎詩人崔致遠與其詠物詩」, 『安徽文學』(下半月) 2008年 第12期, 安徽省文聯.(중국)
金淑喜, 「崔致遠詩歌創作淺探」, 中國海洋大學 석사학위논문, 2009.(중국)
김승호, 「초기 승전의 서사구조양상 - 현수전과 균여전을 중심으로」, 『한국학연구』 제11집, 동국대학교, 1988.
김승환, 「고운 최치원의 시텍스트 범해와 유선가 해석」, 『한국문화연구』 제30집, 이화여자대학교 한국문화연구원, 2016.
김시황, 「고운 최선생의 사산비명에 대하여」, 『고운의 사상과 문학』, 파전한국학당, 1997.
김신중, 「최치원의 시관고찰 - 당대 고문운동과 관련하여」, 『어문논총』 제9호, 전남대학교, 1986.
김신호, 「최치원론」, 『한국문학작가론』, 형설출판사, 1982.
김영두, 「고운의 문학사상」, 『고운 최치원』, 민음사, 1989.
김영미, 「신라하대 유불일치론과 그 의의」, 『백산학보』 제52호, 백산학회, 1999.
김영봉, 「최치원 시의 우의성에 대한 일 고찰」, 『민족문화』 제34집, 한국고전번역원, 2010.
김영태, 「신라십성고」, 『한국학연구』 제2집, 동국대학교, 1977.
金榮華, 「崔致遠在唐事蹟考」, 『中韓交通史事論叢』, 福記文化圖書有限公司, 1985.(대만)
김용곤, 「고려 현종대의 문묘종사에 대하여 - 최치원의 경우를 중심으로-」, 『고려사의 제문제』, 1986.
김용구, 「최치원의 언설사상」, 『씨알의 소리』 제119호, 1990.
김운학, 「최치원의 금석문학 - 사산비를 중심으로」, 『불교사상』 제4집, 1974.
김운학, 「신라수이전」, 『신라불교문학연구』, 현암사, 1976.
김유성, 「난랑비서 해석에 관한 고찰」, 『대구한의대논문집』 제1집, 1984.
金允珍, 「晚唐著名韓國詩人崔致遠與桂苑筆耕集」, 華中科技大學 석사학위논문, 2012.(중국)
김은미, 「최치원의 삶과 시적 대응」, 『한국문학논총』 제67집, 한국문학회, 2014.
김은정, 「「십초시」를 통해 본 나말려초 한시 수용 양상」, 『한국한시연구』 제20집, 한국한시학회, 2012.
김인종, 「고운의 생애」, 『고운 최치원』, 민음사, 1989.
김일렬, 「수이전의 성격과 그 소설사적 맥락」, 『고소설사의 제문제』, 집문당, 1993.
金程宇, 「日本國會圖書館藏 桂苑筆耕集的文獻價值」, 『域外漢籍研究集刊』 第二輯, 中華書局, 2006.(중국)
金程宇, 「『桂苑筆耕集』流傳中國考」, 『域外漢籍叢考』, 中華書局, 2007.(중국)
김주한, 「其詩不甚高 소고」, 『한국시가연구』, 형설출판사, 1981.
김주한, 「최고운 문학관의 연원」, 『신라문화제학술발표논문집』 제7-1집, 신라문화선양회, 1986.

김주한, 「최고운 문학관의 연원」, 『신라문화제학술발표회논문집』 제7집, 경주시, 1986.
김주한, 「최고운의 문학관」, 『영남어문학』 제13집, 영남어문학회, 1986.
김주한, 「최고운의 문학관」, 『고운 최치원의 종합적 조명』, 문사철, 2009.
김중렬, 「고운 최치원의 문학사상에 관한 연구 - 그의 시에 나타난 사상을 중심으로」, 『고운 최치원과 한국사상』, 성균관 유교사상연구원, 1996.
김중렬, 「한국소설의 발생고-금오신화와 최치원전을 중심으로」, 『어문논집』 제22집, 고려대학교 국어국문학과, 1981.
김중렬, 「최치원의 저작」, 『한성어문학』 제1집, 한성대학교, 1982.
김중렬, 「최치원 문학연구」, 고려대학교 박사학위논문, 1983.
김중렬, 「최고운문학의 시대적 배경」, 『한성어문학』 제2집, 한성대학교, 1983.
김중렬, 「최고운문학 연구서설」, 『우전신호열선생고희기념논총』, 창작과비평사, 1983.
김중렬, 「고운문학에 대한 제가의 평가고(Ⅰ) - 긍정적인 총평을 주로」, 『논문집』 제9집, 군산대학교, 1984.
김중렬, 「고운문학에 대한 제가의 평가고(Ⅱ) - 否定적인 立場을 主로-」, 『논문집』 제11집, 군산대학교, 1985.
김중렬, 「최고운문학의 비교문학적 연구」, 『논문집』 제13집, 군산대학교, 1986.
김중렬, 「홍만종의 고운시평 검토」, 『군산대학교 논문집』 제16집, 1989.
김중렬, 「최치원의 시세계」, 『현대문학』 통권430호, 현대문학사, 1990.
김중렬, 「최치원의 문학사상」, 『한국문학사상사』(송민호박사고희기념논총), 계명문화사, 1991.
김중렬, 「최치원의 제참산신문' 연구」, 『국어국문학논문집』(이창규박사정년기념), 1992.
김중렬, 「최고운의 기덕시 연구」, 『웅진어문학』 제1호, 1993.
김중렬, 「최치원의 '격황소서' 연구」, 『동양고전연구』 제2집, 동양고전학회, 1994.
김중렬, 「최고운의 기행시 고찰」, 『한국기행문학작품연구』, 국학자료원, 1996.
김중렬, 「고운 최치원의 문학사상에 관한 연구」, 『고운 최치원의 종합적 조명』, 문사철, 2009.
김중렬, 「최치원의 문학사상」, 『고운 최치원의 시문학』, 문사철, 2011.
김지견, 「신라최치원찬 사산비고」, 『제4회국제불교학술회의논문집』, 대한전통불교연구원, 1981.
김지견, 「정주사산비명발견기」, 『차산안진오회갑기념동양학논총』, 1990.
김지견, 「최치원의 삼교사상」, 『한국종교』 제18집, 원광대학교, 1993.
김지견, 『사산비명 집주를 위한 연구』, 한국정신문화연구원, 1994.
김지견, 「최치원의 삼교사상」, 『고운 최치원의 철학·종교 사상』, 문사철, 2010.
김진영, 「최치원의 삶과 시세계」, 『고운 최치원 시집』, 민속원, 1997.
김진영·안영훈 역주, 『고운 최치원 시집』, 민속원, 1997.
김진호, 「고운 최치원의 진감선사비 서체 연구」, 원광대학교 대학원 석사학위논문, 2000.
김창겸, 「고운 최치원에 대한 후대인의 평가」, 『신라 최고의 사상가 최치원 탐구』, 주류성, 2001.
김창겸, 「최치원 『제왕연대력』에 대한 검토」, 『고운학보』 제2집, 고운학회, 2004.
김창겸, 「최치원의 『제왕연대력』에 대한 검토」, 『고운 최치원의 역사관』, 문사철, 2010.
김철준, 「신라하대 한문학의 경향과 최치원」, 『한국사』 제3권, 국사편찬위원회, 1981.
김철준, 「신라 하대 한문학의 경향과 최치원」, 『고운 최치원의 시문학』, 문사철, 2011.
김태호, 「최치원 시의 연구 -작시의 의식적 경향」, 성균관대학교 대학원 박사학위논문, 2012.
김태환, 「고운의 향악잡영 제2수 월전의 음영 대상과 그 성격」, 『대동문화연구』 제60집, 성균관대학교 대동문화연구원, 2007.

김학주, 「향악잡영과 당희의 비교고석」, 『아세아연구』 제7권 2호(통권 14호), 고려대학교, 1964.
김한신, 「재당시기 최치원의 막직관 경력에 대한 새로운 고찰」, 『진단학보』 제132집, 진단학회, 2019.
김현양 외, 『역주 수이전 일문』, 박이정, 1996.
김현양, 「최치원, 버림 혹은 떠남의 서사」, 『고소설연구』 제32집, 한국고소설학회, 2011.
김현우·서영이, 「우리 철학에서 본 최치원의 삼교론」, 『동양철학연구』 제97집, 동양철학연구회, 2019.
김혈조, 「최치원의 격황소서에 대한 일고」, 『동아인문학』 제9집, 동아인문학회, 2006.
김혜숙, 「최치원의 시문연구」, 서울대학교 대학원 석사학위논문, 1981.
김혜숙, 「수이전의 작자」, 『한국문학사의 쟁점』, 집문당, 1986.
김호동, 「최은함-승로 가문에 관한 연구」, 『교남사학』 제2집, 영남대학교, 1986.
金喜成, 「崔致遠與漢文詩」, 『滿族研究』 1992年 第2期, 遼寧省民族宗教問題研究中心.(중국)
남동신, 「나말려초 전환기의 지식인 최치원」, 『강좌 한국고대사』 제8권, 가락국사개발연구원, 2002.
노성미, 「최고운전의 탄생모티프 연구」, 『배달말』 제49집, 배달말학회, 2011.
노성미, 「최고운전 기우 모티프와 돋섬기우제 비교 연구」, 『배달말』 제54집, 배달말학회, 2014.
노성미, 「월영대 시에 나타난 최치원에 대한 인식」, 『한민족어문학』 제71집, 한민족어문학회, 2015.
노성미, 「최치원 문화경관과 서사의 상호텍스트성 연구 -창원지역 콘텐츠를 중심으로-」, 『비교민속학』 제61집, 비교민속학회, 2016.
노성미·조계홍·한정호 역, 『달마저 밝으니 이를 또 어찌하리-한·중 문화교류의 역사, 최치원 시선-』, 경남대학교출판부, 2016.
노성미, 「제가야산독서당 차운시 연구」, 『한국문학논총』 제76집, 한국문학회, 2017.
노성미, 「가야산 유람록에 형상된 최치원 문화경관 특성」, 『배달말』 제63집, 배달말학회, 2018.
노용필, 「보덕의 사상과 활동」, 『한국상고사학보』 제2호, 한국상고사학회, 1989.
노평규, 「최치원의 유학사상의 특성에 관한 연구」, 『범한철학』 제20집, 범한철학회, 1999.
노평규, 「최치원 유학사상의 특성」, 『고운 최치원의 철학·종교 사상』, 문사철, 2010.
党銀平, 「朝鮮活字本 桂苑筆耕集擧誤十八則」, 『古籍整理研究學刊』 1999年 第4期, 東北師範大學古籍整理研究所.(중국)
党銀平, 『崔致遠研究』, 南京大學 박사학위논문, 1999.(중국)
党銀平, 「唐末新羅文人崔致遠佔籍與家世考述」, 『東南大學學報』(철학사회과학판) 2000年 第1期, 東南大學.(중국)
党銀平, 「唐代賓貢與賓貢科考辨」, 『동서문화교류연구』 제3집, 한국돈황학회, 도서출판淸江, 2001.
党銀平, 「東國文學之祖崔致遠生卒考」, 『遼寧師範大學學報』(社會科學版) 2001年 第5期, 遼寧師範大學.(중국)
당인핑 저, 마중가 역, 『최치원 신연구』, 한림대학교 아주문화연구소, 2004.
党銀平, 「新羅文人崔致遠與唐末文士的交遊」, 『文史』 2004年 第4輯, 中華書局.(중국)
党銀平, 「從崔致遠諸文看唐末與新羅的交往關係」, 『南京師範大學院學報』 2004年 第2期, 南京師範大學文學院.(중국)
党銀平, 「崔致遠 『桂苑筆耕集』的文獻價值」, 『域外漢籍研究集刊』 第一集, 中華書局, 2005.(중국)
党銀平, 『桂苑筆耕集校注』, 中華書局, 2007.(중국)
党銀平, 「新羅文人崔致遠與淮南節度使高駢交往關係考」, 『社會科學戰線』 2007年 第6期, 吉林省社會科學院.(중국)
党銀平, 『唐與新羅文化關係研究』, 中華書局, 2007.(중국)

党銀平,「韓國漢文學之祖 -崔致遠-」,『古典文學知識』 2008年 第2期, 鳳凰出版社.(중국)
党銀平,「최치원과 당대 빈공진사의 특수체제 고찰」,『고운 최치원의 종합적 조명』, 문사철, 2009.
党銀平,「계원필경집의 국제적 위상」,『민족문화』 제34집, 한국고전번역원, 2010.
党銀平,「崔致遠在國際視野中的三大意義」(중문),『신라사학보』 제27집, 신라사학회, 2013.
党銀平·민경삼,「新羅末期儒學的狀況與崔致遠的意義」(중문),『중국학논총』 제39집, 고려대학교 중국학연구소, 2013.
党銀平·단승교,「최치원의 기록 속에 만당 시기 동남번진 쟁문의 내막」,『신라문화』 제43집, 동국대학교 신라문화연구소, 2014.
党銀平,「崔致遠在東亞交流史中的地位」(중문),『류관순 연구』 제20집, 백석대학교 류관순연구소, 2015.
党銀平,「계원필경집 전래의 역사 및 현황」,『한국사학보』 제63집, 고려사학회, 2016.
도광순,「최고운의 도교사상」,『제4회국제불교학술회의논문집』, 대한전통불교연구원, 1981.
도광순,「최고운의 도교사상」,『고운 최치원의 철학·종교 사상』, 문사철, 2010.
董　健,「崔致遠對三韓, 新羅及渤海的歷史認識」,『東北史地』 2013年 第2期, 吉林省社會科學院.(중국)
冷衛國·嶽俊麗,「東國文學之祖崔致遠研究的分歧與走向-中國大陸 2004~2015年-」,『延邊大學學報』(社會科學版) 2017年 第1期, 延邊大學.(중국)
梁太濟,「通過崔致遠的文章看羅唐交涉」,『韓國研究』 제8輯, 杭州大學出版社, 1997.(중국)
劉　旻,「崔致遠 桂苑筆耕集 駢文研究」, 雲南民族大學 碩士學位論文, 2016.(중국)
劉　偉,「桂苑筆耕集考述」, 陝西師範大學 석사학위논문, 2004.(중국)
劉廣銘,「仙女紅袋故事-原型與流變-」,『解放軍外國語學院學報』 2004年 第4期, 解放軍外國語學院.(중국)
劉鵬·張雷生,「新羅詩人崔致遠在唐朝的生平及行跡考」(중문),『첨산중국학보』 제1집, 순천향대학교 공자아카데미 중국학연구소, 2020.
류성준,「전당시 소재 신라인시」,『한국한문학연구』 제3·4합집, 한국한문학연구회, 1979.
류성준,「나당시인교류고 - 전당시소재 시를 통해서」,『한국한문학연구』 제5집, 한국한문학연구회, 1981.
류성태,「최치원의 종교관」,『한국종교』 제10집, 원광대학교, 1985.
류성태,「최치원의 한민족관」,『한국종교』 제11·12합집, 원광대학교, 1987.
류성태,「고운의 정치·사회관」,『고운 최치원』, 민음사, 1989.
류승국,「최치원의 동인의식에 관한 고찰」,『제4회국제불교학술회의논문집』, 대한전통불교연구원, 1981.
류승국,「최치원의 동인의식」,『고운 최치원의 철학·종교 사상』, 문사철, 2010.
劉增麗,「韓國漢文學的開山鼻祖 -新羅文學泰鬥崔致遠-」,『古代外國人在中國』, 劉增麗編著, 中原出版傳媒集團中原農民出版社, 2008.(중국)
劉志峰,「新羅漢詩中體現的中國文化要素」, 吉林大學 碩士學位論文, 2007.(중국)
劉春麗,「新羅留學生與漢文學」, 南京師範大學 碩士學位論文, 2006.(중국)
류탁일,「계원필경집의 문헌학적 조명」,『고운의 사상과 문학』, 파전한국학당, 1997.
류해춘,「최치원의 시세계와 녹색정신」,『국학연구논총』 제19집, 택민국학연구원, 2017.
劉後濱,「從宿衛學生到賓貢進士 -入唐新羅留學生的習業狀況」,『社會科學戰線』 2013年 01期, 吉

林省社會科學院.(중국)
陸心源,『唐文拾遺』, 中華書局, 1992.(중국)
李　岩,「新羅留學僧在唐的文學交流」,『當代韓國』 2002年 第3期, 社科文獻出版社.(중국)
李　岩,「崔致遠文學觀念简析」,『當代韓國』 2001年 第2期, 社科文獻出版社.(중국)
李嘉球,「讀崔致遠的「謝新茶狀」」,『農業考古』 1992年 第4期, 江西省社會科學院.(중국)
李光德·王軍領,「東海文聖崔致遠的文學與書藝成就」,『社會科學家』 2007年 第1期, 桂林市社會科學界聯合會.(중국)
李夢芝,「溝通唐朝與新羅的使者崔致遠」,『歷史教學』 1992年 第12期, 遼寧省民族研究所.(중국)
李時人,「新羅崔致遠生平著述及其漢文小說雙女墳記的創作遺傳」,『文史』 제4집(總제57집), 中華書局, 2001.(중국)
李時人·詹緖左,「崔致遠 桂苑筆耕集的版本及校勘劄記(續)」,『文學與文化』 2012年 第1期, 南開大學文學院.(중국)
李時人·詹緖左,「崔致遠『桂苑筆耕集』的版本及校勘劄記」,『文學與文化』 2010年 第3期, 南開大學文學院.(중국)
李時人·詹緖左 編校,『崔致遠全集』(全三冊), 古籍出版社, 2018.(중국)
李豔·張黎明,「崔致遠:異鄉人的漂泊與追尋」,『齊齊哈爾大學學報』(哲學社會科學版) 2008年 第4期, 齊齊哈爾大學.(중국)
李英顺,「試述唐朝與新羅文化的交流及影響」,『東疆學刊』 2005年 第2期, 延邊大學.(중국)
리우이스,「최치원 쌍녀분기와 장작의 유선굴 비교 연구」, 동양대학교 대학원 석사학위논문, 2019.
李在云,「고운의 생애와 정치활동」,『신라 최고의 사상가 최치원 탐구』, 주류성, 2001.
李定廣,「關於崔致遠研究的三個誤區及其突破」『學術界』 2012年 第9期, 安徽省社會科學界聯合會.(중국)
李廷先, 唐代揚州史考, 古籍出版社, 2002.(중국)
李黃振,「崔致遠生平事蹟與漢詩創作研究」, 廣西師範大學 박사학위논문, 2010.(중국)
李黃振,「崔致遠出生年份及其及第年齡再考論」,『銅仁學院學報』 2011年 第1期, 銅仁學院.(중국)
李希泌,『黃巢被害與唐軍收京日期考訂: 兼介紹唐朝鮮學者 崔致遠 桂苑筆耕集, 文獻』 1982年 第11期, 國家圖書館.(중국)
馬家駿,「崔致遠和他的詩」,『陝西師範大學學報』(哲學社會科學版) 1983年 第1期, 陝西師範大學.(중국)
만동매,「「유선굴」과「최치원」의 비교연구」, 부산대학교 대학원 석사학위논문, 2017.
木村清孝,「최치원찬법장화상전고」,『제4회국제불교학술회의논문집』, 대한전통불교연구원, 1981.
問　琦,『新羅詩人崔致遠』,『西北大學學報』(哲學社會科學版) 1993年 第1期, 西北大學.(중국)
문명대,「불국사 금동여래좌상이구와 그 조상찬문(비명)의 연구」,『미술자료』 제19호, 국립중앙박물관, 1976.
문상기,「최치원의 유·도사상에 대한 고찰」,『고운의 사상과 문학』, 파전한국학당, 1997.
문상기,「최치원의 유교사상」,『동양한문학연구』 제12집, 1998.
문상기,「최치원의 유·도사상」,『고운 최치원의 철학·종교 사상』, 문사철, 2010.
美清波,「仕唐三韓人事蹟考述」, 陝西師範大學 석사학위논문, 2002.(중국)
美清波,「入唐三韓人研究」, 暨南大學 博士學位論文, 2005.(중국)
민영현,「풍류도와 고운 최치원의 동인의식」,『선도문화』 제10집, 국제뇌교육종합대학원대학교 국학연구원, 2011.
바이징나, 「최치원과 나은의 생애와 한시 비교 연구」, 경희대학교 대학원 석사학위논문, 2016.
박남수, 「신라 숭복사비 판본의 갈래와 최치원의 割註」, 『신라사학보』 제27집, 신라사학회, 2013.
박노춘, 「천재가구 소재 신라문인의 시작품」, 『어문연구』 제3권 1·2호, 어문연구회, 1975.
박노춘, 「최치원 시작품 수 소고」, 『동양학』 제5집, 단국대학교 동양학연구소, 1975.
박동백, 「합천 홍류동 고운 최치원의 題詩石」, 『전라금석문연구』 제20집, 전라금석문연구회, 2013.
박명준, 「신라말의 정치사회와 최치원」, 연세대학교교육대학원 석사학위논문, 2002.
박병선, 「당대 한중 문인의 교류에 관한 연구 -동국문종 최치원을 중심으로-」, 『중국어문학논집』 제46집, 2003.
박병완, 「최치원론」, 『어문논문』 제23집, 한국어문교육연구회, 1995.
박수천, 「가야산 해인사의 한시 - 최치원 은둔의 유향-」, 『한국한시연구』 제5집, 한국한시학회, 1997.
박일용, 「소설의 발생과 수이전 일문의 장르적 성격」, 『조선시대애정소설』, 집문당, 1993.
박일용, 「최고운전의 창작 시기와 초기본의 특징」, 『고소설연구』 제29집, 한국고소설학회, 2010.
박일용, 「최치원의 형상화 방식과 남녀 주인공의 성적·사회적 욕망」, 『한국고전연구』 제23집, 한국고전연구학회, 2011.
박일용, 「최고운전과 삼국사기 최치원전에 그려진 최치원의 인물 형상」, 『고소설연구』 제32집, 한국고소설학회, 2011.
박종근, 「최치원의 정치이념과 종교관」, 경북대학교교육대학원 석사학위논문, 1981.
박종근, 「최치원의 정치이념과 종교관」, 『문집교육논집』 제3집, 문집교육학회, 1982.
박종근, 「최치원의 정치이념과 종교관」, 『역사교육논집』 제3집, 경북대학교 역사교육과, 1982.
박태상, 「태평통재소재 최치원전 연구」, 『고소설연구』 제1집, 고소설 연구회, 1995.
박헌도, 「최고운강산구곡연구」, 『가람 李秉岐박사송수기념논문집』, 삼화출판사, 1966.
박현규, 「중국 소장 신라 최치원 계원필경집의 실태조사」, 『한중인문과학연구』 제8집, 한중인문학회, 2002.
박희병, 「신라시대 전기소설 연구」, 『대동문화연구』 제30집, 성균관대 대동문화연구원, 1995.
方曉偉, 『崔致遠思想和作品研究』, 廣陵書社, 2007.(중국)
拜根興, 「唐中後期赴新羅使節關聯問題考辨」, 『陝西師範大學學報』(哲學社會科學版) 2004年 第6期, 陝西師範大學.(중국)
拜根興, 「朝鮮半島現存金石碑誌與古代中韓交往 -以唐與新羅關係為中心」, 『陝西師範大學學報』(哲學社會科學版) 2007年 第4期, 陝西師範大學.(중국)
拜根興·李豔濤, 「崔致遠四山塔碑銘撰寫旨趣論」, 『唐史論叢』 2012年 第2期, 陝西師範大學唐史研究所.(중국)
배연형, 「최치원의 사산비명론」, 『동악한문학논집』 제1집, 동국대학교, 1983.
배연형, 「최치원의 사산비명의 문학적 고구」, 동국대학교 대학원 석사학위논문, 1983.
樊　毓, 「崔致遠研究」, 西北大學校 석사학위논문, 2004.(중국)
樊光春, 「崔致遠『桂苑筆耕集』中的道教情結」, 『中國道教』 2014年 第3期, 中國道教協會.(중국)
樊文禮·梁太濟, 「崔致遠再次踏上唐土的時間和地點」, 『韓國研究』 第4輯, 學苑出版社, 2000.(중국)
범기철, 「고운 최치원의 풍류정신 연구」, 국제뇌교육종합대학원 석사학위논문, 2018.
傅璿琮, 『唐代科舉與文學』, 陝西人民出版社, 1986.(중국)
査屏球, 「新補 全唐詩102首」, 『文史』 2003년 제1집(總第62輯), 中華書局.(중국)

謝海平,『唐代留華外國人生活考述』, 商務印書館, 1976.(대만)
삼성현역사문화관,「불교 속에 꽃 핀 유학, 설총과 최치원」, 삼성현역사문화관, 2016.
서　성,「만당 칠언율시와 신라 한시」,『중국어문논총』 제37집, 중국어문연구회, 2008.
徐健順,「雙女墳記的創作與流傳過程辨析」,『東疆學刊』 2010年 第3期, 延邊大學.(중국)
서경보,「한국문학작가론 - 최치원론」,『영남대논문집』(인문사회과학) 제12집, 1979.
서경보,「한국문화 작가론-최치원론-」,『고운 최치원의 시문학』, 문사철, 2011.
徐東日,「新羅賓貢生的漢詩與唐代格律詩」,『東北亞論壇』 2008年 第4期, 吉林大學.(중국)
서성·홍은희,「신라 시인과 당대 시단」,『중국어문논총』 제2집, 중국어문연구회, 2005.
徐松撰,『登科記考』, 中華書局, 1984.(중국)
서수생,「동국의 문종 최치원의 문학(상·하)」,『어문학』 제1~2집, 한국어문학회, 1956·1958.
서수생,「계원필경집」,『한국의 명저』, 현암사, 1969.
서수생,「최고운의 환국시기, 귀로와 묘길상탑기에 대하여」,『어문학』 제31집, 한국어문학회, 1974.
서용규,「수이전고(1)- 서명·편저자·간행연대를 중심으로」,『대구어문논총』 제11집, 대구대학교 국문과, 1993.
서원화,「최고운적역사관」,『고운 최치원과 한국사상』, 성균관 유교사상연구원, 1996.
서철원,「최치원의 풍류 관념과 그 문화사적 맥락」,『한국고전연구』, 한국고전연구학회, 2015.
席永傑,「唐代著名朝鮮族詩人崔致遠」,『內蒙古民族師院學報』(哲學社會科學版) 1996年 第3期, 中國道教協會.(중국)
성　환,「고운 최치원의 학문정신 -현묘지도설에 담긴 혼종과 관용의 사상을 중심으로-」,『철학연구』 제93집, 철학연구회, 2011.
성균관대학교 대동문화연구원 편,『최문창후전집』, 성균관대학교 대동문화연구원, 1972.
성낙희,「최치원의 시정신 연구」, 중앙대학교 박사학위논문, 1986. 서울 관동출판사에서 출간(1986).
성낙희,「최치원의 전기적 연구 -시정신의 배경 고찰과 관련하여」,『원우논총』 제4집, 숙명여자대학교 대학원원우회, 1986.
성낙희,「최치원의 전기적 연구」,『원우논총』 제4집, 숙명여자대학교 대학원, 1986.
성낙희,「최치원 시의 이미지 연구」,『국어교육』 제59집, 한국어교육학회, 1987.
성낙희,「최치원 시의 두 가지 성격에 대하여」,『한중인문과학연구』 제3집, 한중인문과학연구회, 1998.
성낙희,「최치원 시의 고향의식」,『한중인문학연구』 제15집, 한중인문학회, 2005.
소려화,「新羅詩人崔致遠的家國意識」(중문),『민족문화연구』 제61집, 고려대학교 민족문화연구원, 2013.
小林實玄,「華嚴法藏の事傳にっぃて」,『南都佛教』 제36호, 1976.(일본)
소인호,「『수이전』의 저자와 문헌 성격에 관한 반성적 고찰」,『고소설연구』 제3집, 고소설학회, 1997.
소인호,「쌍녀분 전승의 쟁점적 고찰」,『한국융합인문학』 제4-1집, 한국융합인문학회, 2016.
孫　鋼,「儼陳醮禮 敬薦齋誠 -淺談崔致遠 桂苑筆耕集中的道教齋詞」,『中國道教』 2011年 第1期, 中國道教協會.(중국)
손문호,「최치원의 정치사상 연구 - 풍류론과 시무론을 중심으로」,『경주문화연구』 제2집, 경주대학교, 1999.
손문호,「최치원의 정치사상 연구」,『정신문화연구』 제18집, 정신문화연구원, 1983.
손문호,「최치원의 정치사상 -풍류론과 사무론을 중심으로-」,『사회과학연구』 제2집, 서원대학교 사회과학연구소, 1990.

孫長松, 「關於崔致遠在溧水史迹的幾點考述」, 『第二屆崔致遠研討會發表論文要旨』, 中國南京溧水縣, 1999.(중국)
孫鐵騎, 「崔致遠天符經解與鞠曦天符經解要之比較 -兼論崔致遠思想和作品研究一書的治學問題」, 『國際儒學論叢』 2018年 第1期, 山東社會科學院.(중국)
孫通海·王海燕主編, 『全唐詩』(增訂本), 中華書局, 1999.(중국)
孫惠欣·付晶, 「從輻射視角看中國文學對朝鮮文學的影響 -以遊仙窟, 仙女紅袋為中心」, 『長春大學學報』 2014年 第7期, 長春大學.(중국)
손환일, 「고운 최치원의 서체연구」, 『사학연구』 제58·59합집, 한국사학회, 1999.
손환일, 「고운 최치원의 서예-진감선사대공탑비를 중심으로」, 『신라 최고의 사상가 최치원 탐구』, 주류성, 2001.
송갑준, 「최치원의 유교사상」, 『가라문화』 제11집, 경남대학교, 1994.
송은일, 「최치원의 난랑비명 찬술과 그 의도」, 『역사학연구』 제34집, 호남사학회, 2008.
송은일, 「신라 하대 경문왕계 왕실에 대한 최치원의 인식」, 『신라사학보』 제22집, 신라사학회, 2011.
송준호, 「최고운 시의 시상구조」, 『연세어문학』 제9·10집, 연세대학교 국어국문학과, 1977.
송준호, 「최고운시의 재고」, 『한국문학논총』 제1집, 1979.
송준호, 「최고운시의 위상」, 『동방학지』 제36·37합집, 연세대학교, 1984.
송준호, 「기존 최고운 시문 연구들에 대한 성찰」, 『고운 최치원 연구의 회고와 전망』, 제1회 고운학회 발표논문집, 1997.
송준호, 「최고운 문학의 문화사적 의의」, 『고운학보』 제2집, 고운학회, 2004.
송준호, 「최고운 시의 시상구조 그 몇 가지 특색」, 『고운 최치원의 시문학』, 문사철, 2011.
송하준, 「문헌 기록으로 살펴본 「최고운전」의 수용 양상」, 『우리문학연구』 제54집, 우리문학회, 2017.
송항룡, 「최치원사상연구」, 『한국철학사상연구』(연구논총 82-2), 한국정신문화연구원, 1982.
송항룡, 「최치원 사상연구」, 『고운 최치원의 철학·종교 사상』, 문사철, 2010.
신기형, 「수이전소고」, 『문경』 제12집, 중앙대학교, 1961.
신운용, 「최치원 사상의 종착점과 풍류의 발현」, 『선도문화』 제14집, 국제뇌교육종합대학원대학교 국학연구원, 2013.
신의선, 「한·중 문인 선시의 선오 세계 -당대 왕유와 통일신라 최치원의 작품을 중심으로」, 『대한중국학회 학술대회 발표집』 2016-1, 대한중국학회, 2016.
신장섭, 「신라말 당나라 유학생의 한시 연구」, 강원대학교 대학원 석사학위논문, 1985.
신형식, 「최치원의 역사관」, 『신라 최고의 사상가 최치원 탐구』, 주류성, 2001.
심경호, 「최치원과 동아시아 문학」, 『고운학보』 제1집, 고운학회, 2003.
심경호, 「최치원과 동아시아 문학」, 『고운 최치원의 시문학』, 문사철, 2011.
심경호, 「新羅崔致遠の四山碑銘に關する一考察」(일문), 『Journal of Korean Culture』 제25집, 한국어문학국제학술포럼, 2014.
安佳穎·馬金科, 「論崔致遠桂苑筆耕集中的揚州形象」, 『延邊大學學報』(社會科學版) 2019年 第4期.(중국)
안동준, 「최치원의 가야보인법과 현묘지도」, 『도교문화연구』 제37집, 한국도교문화학회, 2012.
안동준, 「최치원과 오방사상」, 『단국학연구』 제37집, 단군학회, 2017.
안상복, 「향악잡영과 산대놀이의 전통」, 『한국민속학』 제34집, 민속학회, 2001.
안영석, 「종교적 공존과 관용을 위한 시론 -원효와 최치원의 사상을 중심으로-」, 『동양철학연구』 제

97집, 동양철학연구회, 2019.
안희원·최광식 외,『최치원-골품제에 가려진 육두품의 꿈』, 글뿌리 역사연구회, 2008.
양광석,「최고운의 사상과 문학」,『한국문학론』, 일월서각, 1981.
양광석,「최고운의 사상과 문학」,『고운 최치원의 시문학』, 문사철, 2011.
양기선,『고운 최치원 연구』, 한불문화출판, 1995.
양기선,『고운 최치원 연구-최치원의 문헌·저서 및 자료의 소개와 그 연구방법론의 신경지-』, 한불문화출판, 1995.
楊渭生,「崔致遠與桂苑筆耕集」,『韓國研究』第二卷, 杭州大學出版社, 1995.(중국)
양은용,「고운 최치원의 생애와 사상」,『한국종교』제39집, 원광대학교 종교문제연구소, 2016.
양재연,「신라 금환 희에 대하여」,『중앙대논문집』제8집, 1963.
양주동,「계원필경집」,『한국의 고전백선』, 동아일보사, 1968.
언 규,「최치원의 재당 유학시절 콘텐츠개발 - 스토리텔링을 통하여」, 한국외국어대학교 대학원 석사학위논문, 2009.
嚴耕望,「新羅留學生與僧徒」,『慶祝董作賓先生六十五歲論文集』하책, 중앙연구원 역사어언연구소, 1961.(대만)
엄기영,「김현감호와 최치원에서의 기이의 형상화 양상과 차별적 시선」,『선도문화』제20집, 국제뇌교육종합대학원대학교 국학연구원, 2016.
엄기영,「최치원을 보는 두 개의 시선, 전기 최치원과 삼국사기 최치원전」,『고소설연구』제62집, 한국고소설학회, 2018.
엄원대,「최치원 연구사에 대한 분석」,『고운의 사상과 문학』, 파전한국학당, 1997.
엄태식,「「최치원」의 창작 배경과 서사적 특징」,『고소설연구』제30집, 한국고소설학회, 2010.
餘國江,「文化外交與城市形象的建構 -以揚州對韓交流為例」,『公共外交季刊』2016年 第2期, 外文出版社有限责任公司.(중국)
여국강,「최치원불교사상추론」,『동북사지』2016년 제3기, 길림성사회과학원.
倪文波,「崔致遠文學創作研究」, 中央民族大學 博士學位論文, 2006.(중국)
오석원,「최치원의 유교사상」,『동양철학연구』제30집, 동양철학연구회, 2002.
오윤희,「호서지방의 최치원사적고」,『사학연구』제51집, 한국사학회, 1996.
오윤희,「최치원의 문학세계」,『신라 최고의 사상가 최치원 탐구』, 주류성, 2001.
오종근,「최치원 사상연구」,『대학원논문집』제3집, 원광대학교 대학원, 1989.
오종근,「최고운의 수행관」,『선무학술논문』제1집, 1991.
王慶雲,「新羅崔致遠羈泊山東半島詩文創作考』(중문),『동방학』제13집, 한서대학교 동양고전연구소, 2007.
王匡廷,「唐代海東石刻文獻的史料價值 -以崔致遠唐新羅朗慧和尚塔碑為例」,『古籍整理研究學刊』2001年 第4期, 東北師範大學古籍整理研究所.(중국)
王周昆,「唐代新羅留學生在中朝文化交流中的作用」,『西北大學學報』(哲學社會科學版) 1994年 第2期, 西北大學.(중국)
왕추정,「최치원의「계원필경」소재 한시연구」, 전남대학교 대학원 석사학위논문, 2010.
王勳成,『唐代銓選與文學』, 中華書局, 2001.(중국)
우 환,「중국인 학습자를 대상으로 한 한국어 교육방안 연구 -「최치원」설화를 활용하여」, 덕성여자대학교 대학원 석사학위논문, 2019.

원　원,「최치원의 생평과 한중에서의 문학활동 연구」, 안동대학교 대학원 석사학위논문, 2011.
위귀장,「사신 최치원의 당나라 방문에 관한 연구」,『신라사학보』 제34집, 신라사학회, 2015.
韋旭升,「孤雲先生居唐宦途的時期足跡考述」,『고운 최치원 연구의 회고와 전망』, 제1회 고운학회 발표논문집, 1997.
韋旭升,「崔致遠居唐宦途時期足跡考述」,『延邊大學學報』(社會科學版) 1998年 第4期, 延邊大學.(중국)
韋旭昇,「崔致遠先生居唐宦途時期足迹考述」,『韋旭昇文集』(卷3), 中央編譯出版社, 2000.(중국)
韋旭升,「崔致遠在中國」,『韋旭升文集』(卷3), 中央編譯出版社, 2000.(중국)
韋旭升,「從仙女紅袋到現代京劇崔致遠傳奇」,『韓國學研究』 創刊號, 中國延邊技術科學大學韓國學研居所編, 태학사, 2001.
유광수,「최고운전의 설화적 전승과 최치원설화의 연원」,『한국문학연구』 제39집, 동국대학교 한국문학연구소, 2010.
유광수,「최고운전의 원천 소재 활용 양상과 의미 겹침으로서의 소설」,『온지논총』 제29집, 온지학회, 2011.
유광수,「최고운전에서 최충전으로의 변이와 개작」,『한민족문화연구』 제51집, 한민족문화학회, 2015.
兪士玲,「從崔致遠, 洪純彦故事看中韓文化交流的複雜心態」(중문),『Journal of Korean Culture』 제16집, 한국어문학국제학술포럼, 2011.
유성준,「論晩唐羅隱詩와 신라 최치원 시의 관계」,『국제중국학연구』 제3집, 한국중국학회, 2000.
유성준,『신라와 발해 한시의 당시론적 고찰』, 푸른사상, 2009.
유영봉,「사산비명 연구서설」,『한국한문학연구』 제14집, 한국한문학연구회, 1991.
유영봉,「사산비명 연구」, 성균관대학교 대학원 박사학위논문, 1993.
유영봉,「몇 개의 빈출 시어로 본 최치원의 시」,『한문학보』 제7집, 우리한문학회, 2002.
유영봉,「몇 개의 빈출시어로 본 최치원의 시」,『고운학보』 제1집, 고운학회, 2003.
유영봉,「서산대사가 조선중기 불교계에 불러일으킨 최치원 바람」,『고운 최치원의 종합적 조명』, 문사철, 2009.
윤광봉,「최치원의 향악잡영 5수론 -연희사적 측면에서」, 동국대학교 대학원 석사학위논문, 1980.
윤광봉,「향악잡영오수론」,『동악어문논총』 제14집, 동국대학교, 1981.
윤기엽,「최치원의 화엄 관계 저술에 대한 고찰」, 연세대학교 대학원 석사학위논문, 1998.
尹允鎭·劉志峰,「試論崔致遠漢詩中的中國人物」,『東疆學刊』 2008年 第4期, 延邊大學.(중국)
윤인현,「계원필경집 소재 최치원의 한시 소고」,『한국고전연구』 제15집, 한국고전연구학회, 2007.
윤재근,「고운 최치원의 수용 양상 고찰」,『어문논집』 제24·25합집, 고려대학교, 1985.
윤재근,「신라조의 지식인상-원효·원광·최치원-」,『민족지성』 제1집, 1986.
이강래,「최치원의 고대 인식과 그 함의 -일통삼한을 매개로-」,『고운학보』 제2집, 고운학회, 2004.
이강래,「최치원의 고대 인식과 그 함의 -'일통삼한'을 매개로」,『고운 최치원의 역사관』, 문사철, 2010.
이검국·최환,『『신라수이전』 집교와 역주』, 영남대학교출판부, 1998.
이경우,「형성기 산문 시고 -수이전을 중심으로」,『한국고전산문연구』, 동화문화사, 1981.
이광우,「최치원 평가를 둘러싼 조선 시기 유학자의 몇 가지 고민」,『한국학논집』 제73집, 계명대학교 한국학연구원, 2018.
이구의,「최고운의 한시연구」, 영남대학교 대학원 석사학위논문, 1982.

이구의, 「최고운 시에 나타난 정신세계」, 『영남어문학』 제13집, 한민족어문학회(구, 영남어문학회), 1986.
이구의, 「최치원의 격황소서 고」, 『국어국문학연구』 제19집, 영남대 국어국문학과, 1991.
이구의, 「법장화상전고」, 『영남어문학』 제19집, 영남어문학회, 1991.
이구의, 「최고운의 문학관」, 『영남어문학』 제23집, 영남어문학회, 1993.
이구의, 「최치원의 역사의식」, 『상주문화연구』 제3집, 상주산업대학교, 1993.
이구의, 「최고운의 삶과 문학 연구」, 영남대학교 대학원 박사학위논문, 1993.
이구의, 『최고운의 삶과 문학』, 국학자료원, 1995.
이구의, 「최치원전의 소설성」, 『영남어문학』 제29집, 영남어문학회, 1996.
이구의, 「신라의 전기고」, 『한국소설의 전개』, 이동희교수정년퇴임기념논총, 1998.
이구의, 「최치원 문학에 나타난 현실인식」, 『한국사상과 문화』 제16집, 한국사상문화학회, 2002.
이구의, 「최치원의 영효부에 나타난 외물 인식」, 『동방한문학』 제23집, 동방한문학회, 2002.
이구의, 「최치원의 봉암사지증대사비문 고」, 『한민족어문학』 제42집, 한민족어문학회, 2003.
이구의, 「최치원 문학에 나타난 현실 인식」, 『고운학보』 제1집, 고운학회, 2003.
이구의, 「최치원의 낭혜화상비명고」, 『동방한문학』 제25집, 동방한문학회, 2003.
이구의, 「최치원의 대숭복사비명 고」, 『동방한문학 연구』 제26집, 동방한문학회, 2004.
이구의, 「쌍녀분기 진위고」, 『고운학보』 제2집, 고운학회, 2004.
이구의, 『최고운 문학연구』, 아세아문화사, 2004.
이구의, 「최치원의 진감선사비명 고」, 『퇴계학과 한국문화』 제35집, 경북대학교 퇴계연구소, 2004.
이구의, 「농산정 음영시에 나타난 최치원 인식」, 『한국사상과 문화』 제3집, 한국사상문화학회, 2007.
이구의, 「최치원 문학의 창작 현장과 유적에 대한 연구」, 『대동한문학』 제29집, 대동한문학회, 2008.
이구의, 「격황소서의 구성과 의미」, 『고운 최치원의 종합적 조명』, 문사철, 2009.
이구의, 「최고운 문학에 나타난 역사 정신」, 『고운 최치원의 역사관』, 문사철, 2010.
이구의, 「최치원 시문에 나타난 장안의 모습」, 『동아인문학』 제31집, 동아인문학회, 2015.
이구의, 「충남지역 최치원의 창작현장과 유적」, 『한국사상과 문화』 제81집, 한국사상문화학회, 2016.
이구의, 「함양 학사루 시에 나타난 최치원의 형상 -학사루의 효용을 겸하여-」, 『한민족어문학』 제74집, 한민족어문학회, 2016.
이규대, 「최고운의 한시연구」, 고려대학교 대학원 석사학위논문, 1975.
이근용, 「최치원 난랑비서의 풍류가 융복합시대의 소통에 주는 함의」, 『한국소통학회학술대회』 2016-06, 한국소통학회, 2016.
이기대, 「최치원 관련 자료의 활용을 통한 영암지역 스토리텔링의 방향」, 『동아시아고대학』 제51집, 동아시아고대학회, 2018.
이기동, 「신라하대 빈공급제자의 출현과 나당문인의 교환」, 『우호 전해종박사화갑기념논총』, 1979.
이기백, 「신라육두품 연구」, 『성곡논총』 제2집, 1971.(『신라정치사회사연구』, 일조각, 1974.)
이도학, 「최치원의 고구려 인식」, 『고운 최치원의 역사관』, 문사철, 2010.
이도흠, 「유불도와 선을 아우른 최치원의 평화 사상」, 『통일과 평화』 제10-1집, 서울대학교 통일평화연구원, 2018.
이동환, 「쌍녀분기의 작자와 창작 배경」, 『민족문화연구』 제37집, 고려대 민족문화연구원, 2002. 12.
이동휘, 「최치원의 북방 인식-발해관을 중심으로」, 『고운 최치원의 역사관』, 문사철, 2010.
이두현, 「신라오기고」, 『서울대논문집』 제9집, 1959.

이문기, 「신라말 대구지역 호족의 실체와 그 행방 -신라 수창군 호국성 팔각등루기의 분석을 통하여」, 『향토문화』 제9·10집, 향토문화연구회, 1995.
이문기, 「「신라수창군호국성팔각등루기」로 본 신라말 대구 호족 재론」, 『동방한문학』 제63집, 동방한문학회, 2015.
이민형, 「최치원의 진감선사비 연구 -비문 서체를 중심으로」, 동국대학교 대학원 석사학위논문, 2012.
이병혁, 「최고운의 한시고」, 『고운의 사상과 문학』, 파전한국학당, 1997.
이복규, 「원효와 최치원의 대비적 고찰」, 『서경대학교논문집』 제16집, 서경대학교 인문사회과학연구소, 1988.
이상배, 「문창후 최치원의 출생지 소고」, 『문리연구』 제1집, 원광대학교 문리과대학 학도호국단, 1983.
이상현 역, 『고운집』, 한국고전번역원 기획 올재, 2011.
이상현 역, 『계원필경집』, 한국고전번역원 기획 올재, 2013.
이석해, 「최치원 관련 유적의 문화경관 특성 연구」, 상명대학교 대학원 박사학위논문, 2005.
이성시, 「최치원과 도당유학생」, 『한국사학보』 제63집, 고려사학회, 2016.
이성애, 「최치원지위인」, 『중국학보』 제8집, 한국중국학회, 1968.
이성애, 「계원필경교감기」, 『이화여대논총』 제27집, 1975.
이성애, 「경학대장고」, 『국회도서관보』 제17권 3호, 1980.
이성호, 「최치원의 신유학 사상」, 『한국사상과 문화』 제75집, 한국사상문화학회, 2014.
이성호, 「고운자호에 대한 검토와 추야우중」, 『역사와 경계』 제97집, 부산경남사학회, 2015.
이성호, 「최치원의 저술에 나타난 입언관과 그 의의」, 『지역과 역사』 제37집, 부경역사연구소, 2015.
이성호, 「홍석주의 고문론과 『계원필경집』 중간의 의미」, 『한국사상과 문화』 제78집, 한국사상문화학회, 2015.
이성호, 『최치원 논문 선집』, 역사문화, 2017.
이성호, 「최치원의 기록에 나타난 오백년 기한설과 도통론」, 『역사와 경계』 제103집, 부산경남사학회, 2017.
이순태, 「쌍계사진감선사비의 서풍 및 사상과의 연관성」, 『서예학연구』 제30집, 한국서예학회, 2017.
이순태, 「최치원의 쌍계사진감선사대공탑비 서풍 연구」, 『목간과 문자』 제14집, 한국목간학회, 2015.
이우성, 「신라시대의 왕토사상과 공전 - 대숭복사비와 봉암사지증비의 일고」, 『효성 조명기박사화갑기념불교사학논총』, 1965.
이우성, 「남북국시대와 최치원」, 『창작과 비평』 제10권 4호(통권 38호), 1975.
이우성 교역, 『신라사산비명』, 아세아문화사, 1995.
이원균 외, 고운의 사상과 문학, 파전한국학당, 1997.
이원균, 「고운 최치원의 생애」, 『고운의 사상과 문학』, 파전한국학당, 1997.
이유진, 「최치원의 안남 인식」, 인하대학교 대학원 석사학위논문, 2015.
이윤선, 「서남해 연안 최치원설화의 수용관념과 문화코드」, 『남도민속연구』 제18집, 남도민속학회, 2009.
이은상, 「경학대장 고증담」, 『조선일보』, 1968년 9월 8일.
이은혁, 「한국서예사에 있어서 최고운의 위상」, 『고운학보』 제2집, 고운학회, 2004.
이인영, 「태평통재잔권 소고-특히 신라수이전일문에 대하여」, 『진단학보』 제12집, 진단학회, 1940.
이재곤, 「계원필경집의 구성과 성격 - 최치원의 재당생애와 관련하여」, 『우송 조동걸 정년기념 한국사학사연구』, 도서출판 나남, 1997.

이재운, 「고운 최치원의 사상과 역사인식 연구」, 이화여자대학교 대학원 박사학위논문, 1995.
이재운, 「최치원의 정치사상 연구」, 『사학연구』 제50집, 1995.
이재운, 「최치원의 생애 연구」, 『전주사학』 제3집, 전주대학교, 1995.
이재운, 「최치원의 유교관」, 『백산학보』 제46호, 백산학회, 1996.
이재운, 「고운 최치원의 도교관」, 『전주사학』 제5집, 전주대학교, 1997.
이재운, 「최치원의 삼교융합론」, 『선사와 고대』 제9집, 한국고대학회, 1997.
이재운, 「제왕역대력을 통해 본 최치원의 역사인식」, 『전주사학』 제6집, 전주대학교, 1998.
이재운, 「고려태조의 정치사상 - 최치원의 사상과 관련하여」, 『백산학보』 제52호, 백산학회, 1999.
이재운, 『최치원연구』, 백산자료원, 1999.
이재환, 「성주사 낭혜화상탑비의 득난과 오품 재검토」, 『목간과 문자』 제15집, 한국목간학회, 2015.
이정원, 「최고운전에 나타난 개인과 세계의 불화 -장르 운동의 양상을 중심으로-」, 『고소설연구』 제39집, 한국고소설학회, 2015.
이정화, 「고운 최치원의 술회시 연구」, 『한국사상과 문화』 제28집, 한국사상문화학회, 2005.
이종문, 「삼국사기 최치원 열전에 투영된 김부식의 의식의 몇 국면」, 『어문논집』 제35집, 고려대학교 국어국문연구회, 1996.
이종문, 「최치원 연구(1)-그의 재입당 여부와 한시창작시기에 관한 고찰-」, 『한문교육연구』 제13집, 한국한문교육학회, 1999.
이종문, 「최치원 연구(2)-한문문화권의 위상과 수준을 중심으로-」, 『한문교육연구』 제14집, 한국한문교육학회, 2000.
이지관, 『교감역주 역대고승비문- 신라편』, 가산문고, 1993.
이지영, 「기우 문화의 맥락을 통해 본 「최고운전」의 형성」, 『국문학연구』 제30집, 국문학회, 2014.
이푸르메, 「가야산과 최치원, 천년의 공명」, 『문헌과 해석』 제84집, 태학사, 2019.
이학주, 「최치원을 통해 본 전기소설의 글쓰기론 -전기소설적인 판타지를 통한 주제부각 측면에서」, 『동방학』 제34집, 한서대학교 동양고전연구소, 2016.
이헌홍, 「최치원전의 구조와 소설사적 의의」, 『고전소설의 이해』, 문학과 비평사, 1991.
이헌홍, 「최치원전의 전기소설적 구조」, 『수련어문논집』 제9집, 부산여대 국어교육과, 1982.
이현숙, 「나말려초 최치원과 최언위」, 『고운학보』 제2집, 고운학회, 2004.
이현숙, 「라말려초 최치원과 최언위」, 『퇴계학과 한국문화』 제35집, 경북대학교 퇴계연구소, 2004.
이현택, 「고운의 유교관」, 『고운 최치원』, 민음사, 1989.
이현혜, 「최치원의 역사인식」, 『명지사학』 제1집, 명지대학교 국사학과, 1983.
이혜순, 「신라말 빈공제자들의 시에 관하여」, 『한국한문학연구』 제7집, 한국한문학연구회, 1984.
이홍식, 「서산시의 장소성 연구 -고운 최치원과 연계하여-」, 『온지논총』 제57집, 온지학회,2018.
이홍직, 「나말의 전란과 치군」, 『사총』 제12·13합집, 고려대학교, 1968.
이황진, 「顧雲이 최치원에게 준 송별시 고운편에 대한 진위 고증 -고운편과 최치원의 재입당 시기에 대한 한중 연구사를 겸하여-」, 『인문논총』 제65집, 서울대학교 인문학연구원, 2011.
이황진, 「최치원의 재당 생애 재고찰」, 『한국민족문화』 제42집, 부산대학교 한국민족문화연구소, 2012.
이황진, 「추야우중의 창작시기 재고」, 『인문학연구』 제43집, 조선대학교 인문학연구소, 2012.
이황진, 「최치원의 재당시기 한시 고찰 -『계원필경집』에 수록되지 않은 시를 중심으로-」, 『열상고전연구』 제37집, 열상고전연구회, 2013.
이황진, 「계원필경집 권20 소재 시의 편집상의 특징 고찰」, 『국학연구』제22집, 한국국학진흥원, 2013.

이황진, 「최치원의 출생연도 및 과거급제시 연령 재고」, 『국문학논집』 제22집, 단국대학교 국어국문학회, 2013.
이황진, 「최치원의 현존시 재고」, 『아시아문화연구』 제29집, 가천대학교 아시아문화연구소, 2013.
이황진, 「최치원의 귀국 후 한시 작품 연구」, 『한국민족문화』 제51집, 부산대학교 한국민족문화연구소, 2014.
이힐한, 「최치원과 창원 지역 한시에 나타난 장소성」, 『한국지역문학연구』 제2-1집, 한국지역문학회, 2013.
임영주·송성안·한정호 엮음, 『최치원이 남겨둔 발자취-고운 최치원 유적 자료집』, 마산문화원, 2012.
임채우, 「최치원과 도교의 관계문제에 대한 비판적 검토 -고유선도와 중국도교의관계를 중심으로」, 『선도문화』 제10집, 국제뇌교육종합대학원대학교 국학연구원, 2011.
임치균, 「최고운전 연구 -파경노 화소를 중심으로-」, 『국학연구논총』 제20집, 택민국학연구원, 2017.
任曉禮, 「崔致遠羈留山東半島行程與文學創作考辨」, 『東嶽論叢』 2013年 第10期, 山東社會科學院. (중국)
張　卉, 「從『桂苑筆耕集』看唐末高駢鎭淮史事」, 中央民族大學 碩士學位論文, 2007.(중국)
장　곤, 「최고운전 탄생담 재검토」, 『한국고전연구』 제32집, 한국고전연구학회, 2015.
張固也, 「中晩唐詩人于武陵考」, 『吉林大學社會科學學報』 第48卷 第5期, 吉林大學社會科學院, 2008.(중국)
장덕순, 「최치원과 그의 수필」, 『수필문학』 제4권 8호, 1975.
張同利, 「新羅旅華文人崔致遠和他的雙女墳記」, 『中國古代小說戲劇研究』 2016年, 蘭州城市學院 中國古代小說戲劇研究所.(중국)
張碧波·張軍, 『渤海與新羅爭長的背後 -新羅崔致遠文集讀後』, 『北方文物』 1999年 第3期, 北方文物雜志社.(중국)
장병한, 「유설경학대장 찬자고」, 『고운학보』 제2집, 고운학회, 2004.
장연연, 「최치원의 중국유학시절 문학작품 분석 –문화적응이론을 중심으로-」, 『한국언어문화교육학회 학술대회』 2018-05, 한국언어문화교육학회, 2018.
장일규, 「계원필경집과 최치원의 교유관계」, 『민족문화』 제34집, 한국고전번역원, 2010.
장일규, 「계원필경집의 구성과 성격 -최치원의 재당생애와 관련하여-」, 『우송조동렬선생 정년기념논총 I 한국사학사연구』, 나남출판, 1997.
장일규, 「신라말 경주최씨 유학자와 그 활동」, 『사학연구』 제45집, 1992.
장일규, 「최치원찬 부석존자전의 복원시론」, 『북악사론』 제6집, 국민대학교, 1999.
장일규, 「최치원의 사회사상 연구」, 국민대학교 박사학위논문, 2001.
장일규, 「최치원 연구의 성과와 전망」, 『중국 소장 신라 최치원』 제9집, 북악사학회, 2002.
장일규, 「최치원의 도교사상과 그 의미」, 『한국사상과 문화』 제17집, 한국사상문화학회, 2002.
장일규, 「최치원의 유불인식과 그 의미」, 『한국사상사학』 제19집, 한국사상사학회, 2002.
장일규, 「최치원의 입당수학과 활동」, 『정신문화연구』 제26권 제2호, 한국정신문화연구원, 2003.
장일규, 「최치원의 저술」, 『중국 소장 신라 최치원』 제10집, 북악사학회, 2003.
장일규, 「최치원의 신라사회 이해와 재건 방향」, 『고운학보』 제1집, 고운학회, 2003.
장일규, 「최승로의 유교적 정치이념과 최치원 추숭」, 『한국사상과 문화』 제21집, 한국사상문화학회, 2004.
장일규, 「최치원의 유교적 정치이념과 사회개혁안」, 『한국고대사연구』 제38집, 한국사상문화학회, 2005.

장일규, 「최치원의 발해관과 그 의미」, 『한국학논총』, 국민대학교 한국학연구소, 2007.
장일규, 「최치원의 귀국 후 활동과 은둔」, 『사학연구』 제76집, 한국사학회, 2008.
장일규, 『최치원의 사회사상 연구』, 신서원, 2008.
장일규, 「최치원의 신라사회 이해와 재건 방향」, 『고운 최치원의 종합적 조명』, 문사철, 2009.
장일규, 「최치원의 신라전통 인식과 제왕연대력의 찬술」, 『고운 최치원의 역사관』, 문사철, 2010.
장일규, 「최치원의 '선' 이해」, 『한국고대사탐구』 제15집, 한국고대사탐구학회, 2013.
장일규, 『신라말 서해 항로와 최치원의 지방관 활동』, 『한국고대사탐구』 제19집, 한국고대사탐구학회, 2015.
장일규, 「최치원 관련 유적의 분포와 숭모」, 『한국사학보』 제63집, 고려사학회, 2016.
장준람, 「최치원의 한시에 나타난 지명시어 연구」, 『동아시아고대학』 제50집, 동아시아고대학회, 2018.
장지영, 「쌍녀분 설화의 소설화 양상에 관한 연구-김동리의 최치원과 김선의 고운 최치원을 중심으로」, 경성대학교 교육대학원 석사학위논문, 2009.
장지훈, 「최치원 풍류 탄생전의 서예비평적 고찰」, 『서예학연구』 제30집, 한국서예학회, 2017.
張振亭, 「崔致遠與陶淵明的詩歌意象世界-兩位孤獨詩人穿越時空的心靈對話-」, 『延邊大學學報』(社會科學版) 2007年 第3期, 延邊大學.(중국)
張天來·劉建軍, 「新羅文學家崔致遠的漢文詩」, 『東南大學學報』(철학사회과학판) 2000年 第1期, 東南大學.(중국)
翟景運, 「論崔致遠『桂苑筆耕集』在唐代駢文史上的地位」, 『東亞文學與文化研究』 2010年干, 中國社會科學出版社.(중국)
전　초, 「최치원의 문학 연구」, 가천대학교 대학원 석사학위논문, 2013.
전상모, 「고운 최치원의 풍류사상과 그 서예미학적 체현」, 『유학연구』 제37집, 충남대학교 유학연구소, 2016.
田廷柱, 「論桂苑筆耕集的史料價值 -兼評高駢其人」, 『遼寧大學學報』(哲學社會科學版) 1996年 第5期, 遼寧大學.(중국)
정　광, 『지증대사비명소고』, 경서원, 1992.
정경주, 「최치원 인물의 문화사적 의미」, 『고운의 사상과 문학』, 파전한국학당, 1997.
정대환, 「최고운의 생애와 문학」, 『명지어문학』 제19집, 명지대학교, 1990.
정병호, 「나말려초 전기소설의 대두와 최치원」, 『인문과학』 제14집, 경북대 인문과학연구소, 2000. 12.
井上秀雄, 「拓本と釋文 -大朗慧和尙碑」, 『조선학보』 제96집, 조선학회, 1980.(일본)
정숙인, 「최치원 삽입시가의 양상과 기능」, 『어문논집』 제47집, 중앙어문학회, 2011.
程瑜·金淑喜, 「崔致遠漢文詩中的海洋意象淺探」, 『長安學術』 2017年 第2期, 陝西師範大學文學院.(중국)
정종대, 「최치원의 서정시에 나타난 소외의식」, 『국어교육』 제73집, 한국어교육학회, 1991.
정현숙, 「최인연이 쓴 성주사낭혜화상백월보광탑비의 서풍 -최치원·嵇康 글씨와의 비교-」, 『서예학연구』 제32집, 한국서예학회, 2018.
정현숙, 「최치원 지은 사산비명 서풍의 특징」, 『목간과 문자』 제21집, 한국목간학회, 2018.
程曉東, 「崔致遠韓國遺址考察」, 『安徽文學』(下半月) 2014年 第3期, 安徽省文聯.(중국)
程曉東, 「崔致遠三教融合思想研究」, 煙台大學 석사학위논문, 2014.(중국)
齊文榜, 「『桂苑筆耕』敍錄」, 『周口師範學院學報』, 2003年 第6期, 周口師範學院.(중국)

제상재,「사산비명에 나타난 고운의 동인사상」,『배달문화』 제14호, 민족사 바로 찾기 국민회의, 1994.
諸祖煜,「崔致遠登第年齡考」,『揚州教育學院學報』, 2001年 第1期, 揚州教育學院.(중국)
조경미,「최치원의 한시연구」, 서원대학교 대학원 석사학위논문, 1998.
조남호,「최치원과 천부경」,『선도문화』 제10집, 국제뇌교육종합대학원대학교 국학연구원, 2011.
趙丹妮,「崔致遠漢詩中的生命意識」,『延邊大學學報』(社會科學版) 2014年 第4期, 延邊大學.(중국)
조동일,「최치원론」,『한국문학사상사시론』, 지식산업사, 1978.
조동일,「최치원론」,『고운 최치원의 시문학』, 문사철, 2011.
조미옥,「최치원의 격황소서에서 전쟁과 회유의 수사학 읽기」,『수사학』 제36집, 한국수사학회, 2019.
조범환,「낭혜무염과 성주산문」, 서강대학교 박사학위논문, 1997.
조범환,「최치원의 불교 인식과 승전의 저술」,『고운학보』 제2집, 고운학회, 2004.
조범환,「최치원의 재당활동과 귀국」,『이화사학연구』 제33집, 이화사학연구소, 2006.
趙誠煥,「隨崔致遠先生在中國唐代的歷史事蹟」(중문),『논문집』 제17집, 서라벌대학, 2000.
趙誠煥,「追隨崔致遠在中國唐代的歷史遺跡」,『陰山學刊』 2001年 第3期, 包頭師範學院.(중국)
조성환,「최치원의 관직명 고찰」,『고운학보』 제1집, 고운학회, 2003.
조성환 편역,『중국의 최치원 신연구』, 심산 2009.
조수학,「최치원전의 소설성」,『영남어문학』 제2집, 영남어문학회, 1975.
조수학,「수이전의 저술자 및 문체고」,『영남어문학』 제17집, 영남어문학회, 1990.
조수학,『수이전』, 국학자료원, 2001.
조수현,「고운 최치원의 사산비명에 관한 연구 - 나말려초의 서예세계를 중심으로」,『묵주』 제4집, 원광대학교 미술대학 서예과, 1995.
조수현,「고운 최치원의 서체 특징과 동인의식」,『한국사상과 문화』 제50집, 한국사상문화학회, 2009.
趙妍,「從中晚唐銓選制度考察崔致遠在唐及第後的仕宦經歷」,『延邊教育學院學報』 第22卷 第1期, 延邊教育學院, 2008.(중국)
조용일,「고운선생과 수운의 사상」,『한국사상』 제3권, 한국사상연구회, 1973.
조용일,「고운에서 찾아본 수운의 사상적 계보」,『고운 최치원의 철학·종교 사상』, 문사철, 2010.
조용일,「고운에서 찾아본 수운의 사상적 계보」,『한국사상』 제9집, 한국사상연구회, 1968.
曹儀婕,「論崔致遠的詩歌創作」,『廣東海洋大學學報』 2015年 第2期, 廣東海洋大學.(중국)
조인성,「최치원의 역사서술」, 서강대학교 대학원 석사학위논문, 1981.
조인성,「최치원의 역사 서술」,『문집학보』 제94집, 문집학회, 1982.
조인성,「최치원의 역사서술」,『역사학보』 제94·95합집, 역사학회, 1982.
조인성,「최치원찬술비명의 역주에 대한 일고」,『가라문화』 제11집, 경남대학교, 1994.
조종업,「한국문학작가론 - 최치원」,『현대문학』, 현대문학사, 1991.
조지 허버 존스,「최치원: 그의 시대와 삶」,『고운 최치원의 종합적 조명』, 문사철, 2009.
조형호,「바람의 공간 미의식 연구- 제망매가와 추야우중을 중심으로-」,『서강어문』 제8집, 서강어문학회, 1992.
趙紅梅,「從在唐新羅人看在唐新羅關係』, 延邊大學 석사학위논문, 2003.(중국)
주립문,「최치원과 두목의 한시 비교 연구」, 중앙대학교 대학원 석사학위논문, 2016.
周　旻,「晚唐詩與崔致遠」,『國外文學』 1990年 第2期, 北京大學.(중국)

周　昱, 崔致遠與淮陰盱眙特刊, 『中韓文化研究簡訊』(南京大學文化研究中心), 1999. 10.(중국)
周藤吉之, 「唐末淮南高駢の藩鎭體制と黃巢徒黨との關係にっぃて - 新羅末の崔致遠著桂苑筆耕集を中心にして」, 『東洋學報』 第68卷 3~4號, 東洋大學, 1987.(일본)
周藤吉之, 「新羅末の文士崔致遠전 - とくに同年進士の友顧雲の事蹟にっっぃて」, 『東洋史研究報告』 第4輯, 東洋大學, 1987.(일본)
周鴻承, 「唐代新羅賓貢致遠飮食思想研究之一 -『桂苑筆耕集』中的飮食文化記錄-」, 『韓國研究』 第9輯, 浙江大學韓國研究所, 2010.(중국)
中國人民政治協商會議 江蘇省高淳縣委員會 文史資料委員會 編, 『雙女墳與崔致遠』, 高淳縣印刷總廳, 1998.8.(중국)
증천부, 「최치원과 중국 인귀우합 이야기의 비교 연구」, 『한중언어문화연구』 제47집, 한국중국언어문화연구회, 2018.
지준모, 「신라 한시의 발전과정」, 『신라문화제학술발표회논문집』 제7집, 동국대학교 신라문화연구소, 1986.
지준모, 「신라수이전 연구」, 『어문학』 제35집, 한국어문학회, 1976.
진　영, 「최치원 시에 나타난 강남이미지 연구」, 『동아시아고대학』 제56집, 동아시아고대학회, 2019.
陳良運, 『東方漢文學鼻祖崔致遠詩述論』, 『中國韻文學刊』 1999年 第2期, 中國韻文學會.(중국)
陳良遠, 「中韓詩誼詩話四題」, 『陰山學報』 第12卷 第4期, 1999. 12.(중국)
진복규, 「최치원 서예 연구」, 경주대학교 대학원 박사학위논문, 2017.
陳尙君 輯校, 全唐詩補編, 中華書局, 1992.(중국)
陳尙君, 「崔致遠在中國文學發展中的地位」, 『漢唐文學與文獻論考』, 上海: 古籍出版社, 2008.(중국)
陳尙勝, 「論唐朝與新羅的文化交流」, 『山東大學學報』(社會科學版) 1995年 第4期, 山東大學.(중국)
陳志堅, 「唐末中和年間徐泗揚兵爭之始末 -崔致遠 『桂苑筆耕集』事箋之一」, 『魯東大學學報』(哲學社會科學版) 2008年 第5期, 魯東大學.(중국)
陳蒲清, 「論古朝鮮漢文詩與中國古典詩歌的相似特色」, 『湖南教育學院學報』, 1998年 第1期, 湖南教育學院.
陳蒲清, 「韓國漢文文學的奠基作-桂苑筆耕集-」, 『長沙大學學報』, 2002年 第1期, 長沙大學.(중국)
陳後翔, 「仙女紅袋作者與高淳雙女墳」, 『南京史志(紫金歲月)』 1998年 第1期, 南京出版社.(중국)
짱치옌, 「고운 최치원의 주체적 의식」, 경희대학교 대학원 석사학위논문, 2013.
차상찬, 「최치원」, 『조선명인전』 제1권, 조선일보사, 1939.
채상식, 「최치원의 불교인식」, 『고운의 사상과 문학』, 파전한국학당, 1997.
천인석, 「고운 최치원의 유교사적 위치」, 『유교사상연구』, 제8집, 한국유교학회, 1996.
최강현, 「신라수이전 소고 -주로 그 명칭과 저자에 관하여」, 『국어국문학』 제25집, 국어국문학회, 1962.
최강현, 「신라수이전소고(속) -주로 일문을 중심하여」, 『국어국문학』 제26집, 국어국문학회, 1963.
최경숙, 「최치원 연구」, 동아대학교 대학원 석사학위논문, 1981.
최경숙, 「최치원 연구」, 『부산사학』 제5집, 부산사학회, 1981.
최경숙, 「최치원의 역사인식」, 『고운의 사상과 문학』, 파전한국학당, 1997.
최경숙, 「최치원의 발해 인식」, 『고운 최치원의 역사관』, 문사철, 2010.
최경애, 「최치원의 풍류사상이 현대를 시는 우리에게 주는 시사점」, 『철학과 문화』 제41-1집, 한국외국어대학교 철학문화연구소, 2019.
최광식, 「계원필경집의 내용과 동아시아사적 가치」, 『한국사학보』 제63집, 고려사학회, 2016.
최광식, 「신라 하대와 최치원」, 『신라문화제학술발표논문집』 제38집, 동국대학교 신라문화연구소, 2017.

최광식·최성영 역주,『고운 최치원선생 문집』, 고운국제교류사업회, 2016.
崔國述 編,『孤雲先生文集』, 木版本, 1926.
최귀묵,「전기 최치원 다시 읽기」,『문학치료연구』 제16집, 한국문학치료학회, 2010.
최규성,「최치원 활동의 시대적 배경」,『신라 최고의 사상가 최치원 탐구』, 주류성, 2001.
최근덕,「고운 최치원의 생애와 사상」,『고운 최치원의 종합적 조명』, 문사철, 2009.
최근영,「고운 최치원의 사회개혁사상」,『한국사상』 제18집, 한국사상연구회, 1981.
최근영,「고운 최치원 사상연구 - 시에 나타난 고운의 선비정신」,『한국사상』 제19집, 한국사상연구회, 1982.
최근영,「신라말 최치원의 사상적 성격」, 단국대학교 대학원 석사학위논문, 1977.
최낙민,「최치원의 시를 통해 본 9세기 황해 항로」,『해항도시문화교섭학』 제12집, 한국해양대학교 국제해양문제연구소, 2015.
최두성,「해운 최치원의 생애와 유불선 융합론」, 성균관대학교 대학원 석사학위논문, 2010.
崔萬植 編,『孤雲先生文集』, 木版本, 1926.
최병헌,『신라하대 선종구산파성립-최치원의 사산비명의 일고』, 서울대학교 대학원 석사학위논문, 1971.
최병헌,「신라하대 선종구산맥의 성립 - 최치원의 사산비명을 중심으로」,『한국사연구』 제7집, 한국사연구회, 1972.
최병헌,『崔文昌侯全集』, 성균관대학교 대동문화연구원, 1972.
최병헌,「신라사에서 본 최치원」,『제4회국제불교학술회의논문집』, 대한전통불교연구원, 1981.
최병헌,「고운 최치원 사상의 문제점과 과제」,『원불교사상』 제21집, 원광대학교 원불교사상연구원, 1997.
최병헌,「고운 최치원 연구의 회고와 전망(사학분야)」,『제1회 고운학회 학술회의 발표논문집』, 고운학회, 1997.
최삼룡,「최고운전의 주제와 민족의식」,『국어국문학』 제25집, 전북대학교 국어국문학회, 1985.
최삼룡,「최치원의 도선사상 연구」,『한국言어문학』 제24집, 한국言어문학회, 1986.
최순용,『경남의 르네상스 최치원이 열다』, 경남, 2019.
최신호,「최치원론」,『고운 최치원의 시문학』, 문사철, 2011.
최영성,『역주 사산비명』, 아세아문화사, 1987.
최영성,『최치원의 사상연구』, 아세아문화사, 1990.
최영성,「최고운의 도교사상 연구」,『도교의 한국적 수용과 전이』, 한국도교사상연구회(편), 아세아문화사, 1994.
최영성,「최치원과 불교사상」,『동양고전연구』 제5집, 동양고전학회, 1995.
최영성,「최치원의 역사인식 연구」,『한국사상과 문화』 제2집, 한국사상문화학회, 1995.
최영성,「고운 최치원의 삼교관과 그 특질」,『동양고전연구』 제9집, 동양고전학회, 1997.
최영성,「고운 최치원의 동인의식」,『동양철학의 자연과 인간』(상허안병주교수정년기념논문집Ⅱ), 아세아문화사, 1998.
최영성,「최고운 사상 형성의 역정에 대한 고찰」,『동양고전연구』 제10집, 동양고전연구회, 1998.
최영성,「고운 최치원의 역사인식 연구」,『한국사상사학』 제11집, 한국사상사학회, 1998.
최영성,「최치원 사상 형성의 역정에 대한 고찰」,『동양고전연구』 제10집, 동양고전학회, 1998.
최영성,『역주 최치원전집-사산비명-』, 아세아문화사, 1998.

최영성, 『최치원 시무책의 건의 배경에 대한 고찰』, 『한국사상과 문화』 제1집, 한국사상문화학회, 1999.
최영성, 『최치원의 철학사상 연구』, 성균관대학교 대학원 박사학위논문, 1999.
최영성, 『역주 최치원전집-고운문집-』, 아세아문화사, 1999.
최영성, 「최치원 시무책의 건의배경에 관한 고찰」, 『사학연구』 제57·58합집, 한국사학회, 1999.
최영성 역주, 『최치원 전집 2-고운문집-』, 아세아문화사, 1999.
최영성, 「최치원의 철학사상 연구」, 성균관대학교 박사학위논문, 1999. 아세아문화사에서 『최치원의 철학사상』이라는 제목으로 출간(2001).
최영성, 「최치원의 승전 찬술과 그 사상적 함의」, 『한국의 철학』 제28호, 경북대학교 퇴계학연구소, 2000.
최영성, 「최치원의 유가적 개혁사상」, 『신라 최고의 사상가 최치원 탐구』, 주류성, 2001.
최영성, 「최치원 철학사상 연구 서설」, 『한국사상과 문화』 제16집, 한국사상문화학회, 2002.
최영성, 「최치원 철학사상 연구 서설」, 『고운학보』 제1집, 고운학회, 2003.
최영성, 「최치원 연구의 사적 계통과 호남지방」, 『한국철학논집』 제18집, 한국철학사연구회, 2006.
최영성, 「崔致遠墓在洪山說의 사상적 의미」, 『동방학』 제12집, 한서대학교 동양고전연구소, 2006.
최영성, 『고운사상의 맥』, 심산, 2008.
최영성, 「최치원 사상에서의 보편성과 특수성의 문제 -동인의식과 동문의식을 중심으로-」, 『동양문화연구』 제4집, 영산대학교 동양문화연구원, 2009.
최영성, 「고운 최치원의 동인의식」, 『고운 최치원의 철학·종교 사상』, 문사철, 2010.
최영성, 「孤雲崔致遠的三教會通論和其現代化意義」(중문), 『유교문화연구(중문판)』 제19집, 성균관대학교 유교문화연구소, 2013.
최영성, 「최치원의 풍류사상 이해와 그 기반 - 진흥왕순수비 및 『주역』 觀卦, 巽卦와 관련하여-」, 『한국철학논집』 제40집, 한국철학사연구회, 2014.
최영성, 「고운 최치원의 생애 재고찰 -생애의 중요한 몇 장면들-」, 『한국철학논집』 제51집, 한국철학사연구회, 2016.
최영성, 「최치원 말년의 역사적 발자취 - 가야산 은둔 이후를 중심으로-」, 『퇴계학논총』 제33집, 사단법인 퇴계학부산연구원, 2019.
崔藝花, 「晚唐詩在崔致遠的影響與接受」, 『人力資源管理』 2010年 第5期, 內蒙古日報社.(중국)
최완기, 「고운 최치원선생 연보」, 『신라 최고의 사상가 최치원 탐구』, 주류성, 2001.
崔雄權, 「崔致遠對陶淵明形象的文化解讀」, 『解放軍外國語學院學報』 2008年 第2期, 解放軍外國語學院.(중국)
최유진, 「최치원의 불교사상」, 『가라문화』 제11집, 경남대학교, 1994.
최유진, 「최치원의 불교사상」, 『고운 최치원의 철학·종교 사상』, 문사철, 2010.
최익한, 「최고운의 문화적 지위」, 『춘추』 제2권 6호, 1941.
최일범, 「고운 최치원의 사상연구 - 삼교관을 중심으로」, 『도원 류승국 화갑기념 - 동방사상논고』, 종로서적, 1983.
최일범, 「고운 철학사상 연구의 회고와 전망」, 『고운 최치원 연구의 회고와 전망』, 제1회 고운학회 발표 논문집, 1997.
최일범, 「문창후 고운 최치원」, 『동국십팔현』 권상, 율곡사상연구원, 1999.
최일범, 「고운 최치원의 사상 연구」, 『고운 최치원의 종합적 조명』, 문사철, 2009.

최재영,「전국의 최치원 관련 유적지 답사를 통한 관광자원화 방안」,『경주연구』24-2집, 경주지역발전협의회 부설 경주발전연구원, 2015.
최정환,「신라수창군호국성팔각등루기의 새로운 고찰」,『대구사학』제136집, 대구사학회, 2019.
최준옥 편,『고운 최치원선생 사적고』, 보련각, 1983.
최준옥 편,『국역 고운선생문집(상·하권)』, 학예사, 1972~1973.
최창렬,「고운 최치원 문학론과 시세계」, 동국대학교 대학원 석사학위논문, 2017.
최치원,『桂苑筆耕』, 木活字本, 1918.
최치원,『계원필경』, 上海 商務印書館 縮印本.
최치원,『계원필경』, 揚州 唐城遺址博物館本.
최태호,「최치원과「최고운전」연구」,『한문학논집』제19집, 근역한문학회, 2001.
崔鉉祐·崔海秀 編,『海雲先生略選』, 木版本, 1933.(표지 제목은『海雲先生文集』으로 돼 있음)
추만호,「심원사 수철화상릉가보월탑비의 금석학적 분석」,『역사민속학』창간호, 1991.
추민정,「고운 최치원의 한시연구」, 경남대학교 교육대학원 석사학위논문, 2004.
팽국동,『한중시사』, 대한민국 공보실, 1960.
편자 미상,『海雲先生略史』, 筆寫本, 간행연대 미상.
馮漢鏞,「新羅崔致遠入唐事蹟考」,『文史雜誌』1998年 第1期, 四川省文史研究館.(중국)
馮漢鏞,『道教與崔致遠』,『文史雜誌』2002年 第1期, 四川省文史研究館.(중국)
何　鳶,「朝鮮古代新羅詩人崔致遠詩作初探」,『東疆學刊』, 1986年 第1期, 延邊大學.(중국)
하갑룡,「최치원의 삼교융화사상에 관한 연구」, 부산대학교 대학원 석사학위논문, 1989.
何鳴雁,「新羅詩人崔致遠 傳播中朝文化的先驅」,『社會科學戰線』1984年 第4期.(중국)
하윤섭,「고전문학교육의 한 사례와 자성적 제언 –최치원의 추야우중, 제가야산독서당을 중심으로」,『한국어문교육』제15집, 고려대학교 한국어문교육연구소, 2014.
하일식,「해인사 전권과 묘길상탑기」,『역사와 현실』제24호, 역사비평사, 1997.
何振華,「試論崔致遠及其作品」,『中韓人文科學研究』第7輯, 2001.(중국)
何振華,「朝鮮新羅時期詩人崔致遠及其作品」,『延邊大學學報』(社會科學版)』1982年 第1期, 연변대학.(중국)
夏春豪,「新羅留唐新羅詩人崔致遠漢詩藝術成就」,『韓國研究』第4輯, 學苑出版社, 2000.(중국)
夏春豪,「中古朝鮮詩人崔致遠漢詩藝術成就」,『鹽城師範學院學報』(哲學社會科學版) 1997年 第4期, 鹽城師範學院.(중국)
郝　悅,「張喬, 崔致遠詩歌對比研究」, 延邊大學 석사학위논문, 2013.(중국)
한계호·이녹,「崔致遠傳的用事法以及文化心理解析」(중문),『연민학지』제15집, 연민학회, 2011.
한국고대사회연구소(편),『역주 한국고대금석문』제3권, 가락국사적개발연구원, 1992.
한국사학회·동국대학교 신라문화연구소 편,『신라 최고의 사상가 최치원 탐구』, 주류성, 2001.
한상우,「경남지역 최치원 문화유산 기초연구 1」,『중점정책연구 현안연구』, 경남발전연구, 2018.
한석수,「최치원전승소고 - 생애와 유적을 중심으로」,『어문논집』제27집, 고려대학교, 1987.
한석수,「최치원전승의 연구」, 고려대학교 박사학위논문, 1988. 계명문화사에서 출간(1989).
한영환,「최치원전과 유선굴의 비교연구」,『人문과학연구』제7집, 성신여자대학교, 1987.
한정호,「최치원 흠모 한시 연구 1」,『한국지역문학연구』제3-2집, 한국지역문학회, 2014.
한정호,「최치원의 합포별서와 창원의 장소성」,『가라문화』제28집, 경남대학교 가라문화연구소, 2016.

한정호, 「최치원 영정 연구」, 『한국지역문학연구』 제5-2집, 한국지역문학회, 2016.
한정호, 「최치원 한시 속에 나타난 인물과 문화교류의 현상」, 『한국지역문학연구』 제7-2집, 한국지역문학회, 2018.
한종만(외), 『고운 최치원』, 민음사, 1989.
한종만, 「고운의 불교관」, 『고운 최치원』, 민음사, 1989.
허경진, 『고운 최치원 시선』, 평민사, 1989.
허권수, 「최치원의 재당 생애에 대한 소고」, 『중국어문학』 제10집, 영남중국어문학회, 1985.
허용호, 「최치원의 신격화와 홍성 월계리 용연 마을 공동 제의의 전승 양상」, 『실천민속학연구』 제27집, 실천민속학회, 2016.
許友根, 「唐進士科考試時間探析」, 『鹽城師範學院學報』(人文社會科學版) 第21卷 第4期, 鹽城師範學院, 2001.(중국)
허호익, 「최치원의 난랑비서의 해석의 여러 쟁점: 풍류의 현묘지도와 천지인 묘합의 삼재지도」, 『조직신학논총』 제31집, 한국조직신학회, 2011.
호승희, 「신라한시연구」, 이화여자대학교 대학원 박사학위논문, 1993.
홍우흠, 「계원필경 소재 최치원 변문소고」, 『한국한문학과 유교문화』(창곡김세한교수 정년퇴직기념논총), 아세아문화사, 1991.
홍우흠, 「최고운 한시용운고」, 『신라문학의 신연구』 제7집, 신라문화선양회, 1986.
홍윤기, 「최광유 한시에 나타난 만당풍과 시의 특징에 관하여」, 『중국어문논총』 제28집, 중국어문연구회, 2005.
황병홍, 「최고운전에 나타난 최치원의 체제 저항과 인정투쟁」, 『문화와 융합』 제38-4집, 한국문화융합학회, 2016.
황선영, 「신라말기 최치원의 관계와 관직에 대하여」, 『한국중세사연구』 제9집, 한국중세사학회, 2000.
황의렬, 「사산비명의 문학성에 대한 일소고」, 『태동고전연구』 제10집, 1993.
황의렬, 「최치원의 진감선사비명 소고」, 『경상대학교논문집』 제31집 제2호, 1992.
黃義華, 「崔致遠交遊考 -以高駢為例」, 『長春教育學院學報』 2015年 第16期, 長春教育學院.(중국)
黃　平, 「朝鮮詩文集的開山鼻祖-桂苑筆耕集-」, 『益陽師專學報』, 1996年 第2期, 湖南城市學院.(중국)
황혜진, 「최치원 남녀 대화의 양상과 특성」, 『고소설연구』, 한국고소설학회, 2008.
후앙이화, 「崔致遠 及第 年齡의 再考」(중문), 『연민학지』 제21집, 연민학회, 2014.